Hans-Günter Krüsselberg

Ethik, Vermögen und Familie:
Quellen des Wohlstands in einer menschenwürdigen Ordnung

Schriften
zu Ordnungsfragen der Wirtschaft

Herausgegeben von

Prof. Dr. Gernot Gutmann, Köln
Dr. Hannelore Hamel, Marburg
Prof. Dr. Klemens Pleyer, Köln
Prof. Dr. Alfred Schüller, Marburg
Prof. Dr. H. Jörg Thieme, Düsseldorf

Unter Mitwirkung von

Prof. Dr. Dieter Cassel, Duisburg
Prof. Dr. Hans-Günter Krüsselberg, Marburg
Prof. Dr. Ulrich Wagner, Pforzheim

Redaktion: Dr. Hannelore Hamel

Band 56: Ethik, Vermögen und Familie:
Quellen des Wohlstands in einer menschenwürdigen Ordnung

 Lucius & Lucius · Stuttgart · 1997

Ethik, Vermögen und Familie

Quellen des Wohlstands in einer menschenwürdigen Ordnung

Aufsätze von

Hans-Günter Krüsselberg

 Lucius & Lucius · Stuttgart · 1997

Anschrift des Autors:

Prof. Dr. Hans-Günter Krüsselberg
In den Opfergärten 4
35085 Ebsdorfergrund

Die Deutsche Bibliothek - CIP-Einheitsaufnahme

Ethik, Vermögen und Familie/
Hans-Günter Krüsselberg.
Stuttgart: Lucius & Lucius, 1997

    (Schriften zu Ordnungsfragen der Wirtschaft; Bd. 56)
    ISBN 3-8282-0055-9
NE: Krüsselberg, Hans-Günter; GT

© Lucius & Lucius Verlags-GmbH · Stuttgart ·1997
Gerokstraße 51 · D-70184 Stuttgart

Druck und Einband: ROSCH-BUCH Druckerei GmbH, 96110 Scheßlitz

Printed in Germany

ISBN 3-8282-0055-9
ISSN 1432-9220

Vorwort

Am 30. September 1997 wurde *Hans-Günter Krüsselberg*, ordentlicher Professor für Volkswirtschaftslehre an der Philipps-Universität Marburg, emeritiert. Aus diesem Anlaß wurden 14 seiner wissenschaftlichen Beiträge unter dem Titel „Ethik, Vermögen und Familie: Quellen des Wohlstands in einer menschenwürdigen Ordnung" ausgewählt und in diesem Band zusammengestellt. Das ausführliche Verzeichnis der Schriften im Anhang dieses Bandes zeigt, daß es sich nur um einen Teil des umfangreichen wissenschaftlichen Werks des Autors handelt.

Die wirtschaftliche Lage des Menschen zu begreifen heißt für *H.-G. Krüsselberg*, die Handlungsbedingungen zu erforschen, die eine Gesellschaft frei, anpassungsfähig, stabil und wohlhabend machen. Diese Bedingungen für eine menschenwürdige Ordnung bestehen in den ethischen und rechtlichen Handlungsnormen, im Vermögen als dem wirtschaftlichen Handlungspotential der Menschen und im Kooperationsfeld der Familie. In der Familie entsteht jenes menschliche Handlungsvermögen, das durch den Aufbau von Werthaltungen und von Handelnsorientierungen Verhaltenssicherheit und damit Persönlichkeitswerte begründet.

Die Verknüpfung der Wert-, Vermögens- und Familiengrundlage menschlichen Handelns ist für *H.-G. Krüsselberg* ein zentraler Ansatzpunkt für die Erforschung des Spannungsverhältnisses von äußerer Ordnung und individuellem Handeln. Diese Fragestellung hat eine große geistesgeschichtliche Tradition. Von ihr hat sich *H.-G. Krüsselberg* immer wieder faszinieren und inspirieren lassen. Immer wieder findet er zu den Quellen der modernen Ordnungstheorie und -politik zurück - zu *Adam Smith, Max Weber, Wilhelm Röpke, Friedrich A. von Hayek, Walter Eucken* und *Alfred Müller-Armack*.

Wer in dieser Denktradition die Handlungsgrundlagen von Wirtschaft, Gesellschaft und Staat zu ergründen sucht, muß sich um die ethische, juristische, soziologische, anthropologische, politische und humanistische Basis menschlichen Handelns bemühen. Das ist die gemeinsame Botschaft der Beiträge dieses Buches.

Im Namen des Direktoriums, der Mitarbeiterinnen und Mitarbeiter der Forschungsstelle zum Vergleich wirtschaftlicher Lenkungssysteme möchte ich mit diesem Band *Hans-Günter Krüsselberg* für alles danken, was er in langjähriger vertrauensvoller, ja freundschaftlicher Zusammenarbeit der Forschungsstelle an geistigen Impulsen und tatkräftiger Unterstützung hat zuteil werden lassen.

Herrn Diplom-Volkswirt Herwig Brendel danke ich für seine umsichtige Unterstützung bei der Auswahl der Texte. Frau Diplom-Volkswirtin Rebecca Strätling, Herrn Dr. Ralf L. Weber und Herrn stud. rer. pol. Ludger Wößmann gebührt Dank für die redaktionelle Bearbeitung des Bandes.

Marburg, im Oktober 1997

Prof. Dr. Alfred Schüller

Geschäftsführender Direktor der
Forschungsstelle zum Vergleich
wirtschaftlicher Lenkungssysteme der
Philipps-Universität Marburg

Inhalt

I.

Ethik

Adam Smith und die Deutschen -
Gedanken zu den ethischen Grundlagen von Wirtschaftssystemen[1]

Hans-Günter Krüsselberg

1. Recktenwalds Anmerkungen zu diesem Thema

In seinem Bestreben, das "Dauerhafte und Unzerstörbare der Gedanken" von *Adam Smith* unter dem Stichwort: "*Adam Smith*s Politische Ökonomie heute" zu würdigen, sammelte *Horst Claus Recktenwald* Aufsätze zahlreicher prominenter Nationalökonomen und ordnete sie unter dem Gesichtspunkt jener drei „Systeme", die dessen "lebensnahe Ordnungstheorie ... sinnvoll miteinander" verknüpfen. Er meint, nur in einer Gesamtschau sei "*Smith*s Trilogie" zu verstehen. In diesem Sinne fällt dann *Recktenwald*s Titelwahl für diesen Sammelband programmatisch aus; sie lautet unter Benennung der relevanten Systeme: »Ethik, Wirtschaft und Staat« (*Recktenwald* 1985a, 2 f.). Der Herausgeber steuert zu dieser Publikation selbst verschiedene Artikel bei - unter anderem einen Beitrag, den er überschreibt mit: »Der schottische Nationalökonom und Moralphilosoph und die Deutschen« (*Recktenwald* 1985b, 391 ff.). Hier stellt seine Argumentation im wesentlichen auf die Frage ab, inwieweit und über welche Kanäle der *Smith*sche Denkansatz für die deutsche Wirtschaftswissenschaft von Belang gewesen sei. Unabhängig davon konstatiert er, daß *Smith*sche Ideen nach wie vor für die Beurteilung jüngster deutscher Erfahrungen aktuell seien. Konkret bezieht er sich dabei auf wirtschaftliche und politische "Schwierigkeiten" in der "Bundesrepublik heute", die als

---

[1] Zuerst erschienen in: Zur Transformation von Wirtschaftssystemen: Von der sozialistischen Planwirtschaft zur sozialen Marktwirtschaft, *Hannelore Hamel* zum 60. Geburtstag, Arbeitsberichte zum Systemvergleich Nr. 15, 2. überarbeitete und erweiterte Auflage, hrsg. von der Forschungsstelle zum Vergleich wirtschaftlicher Lenkungssysteme, Marburg 1991, S. 27-43.

Folge überstürzter Reformen (in der Zeit 1970-1980) aufgetreten seien (*Recktenwald* 1985b, 398).

Grundsätzlich, so meint *Recktenwald*, habe die Freiburger Schule das "in sich abgerundete System, *Smiths* moralische und ökonomische Philosophie, ... gleichsam wiederentdeckt, erneuert und zur Grundlage ihres Ordnungskonzeptes gemacht". Hier verweist er explizit auf Arbeiten von *Walter Eucken, Alfred Müller-Armack* und *Ludwig Erhard*. Er schließt zudem in die Gruppe dieser Autoren *Wilhelm Röpke* mit ein. Eines der großen Verdienste dieses Kreises sieht er darin, "daß er die im 19. und 20. Jh. durch einen (wurzellosen) Liberalismus (sowie durch den) Historismus und Marxismus verzerrten, halbierten und verfälschten Ideen *Smiths* in ihrer ursprünglichen Intention wieder aufgegriffen und weiterentwickelt hat". Vor allem aber habe er über "die moralische Grundlage und (die moralische) Rechtfertigung einer freiheitlichen Wettbewerbsordnung" nachgedacht und deren Voraussetzungen offengelegt, "um sie **analytisch** mit kollektivistischen Ordnungen zu konfrontieren". Dabei betont er, die eigentlich moralische Voraussetzung der Nationalökonomie böte *Smiths* Idee der Selbstvorsorge des Einzelnen, dessen Streben, sein Los in dieser Welt zu verbessern und sich um Anerkennung in der Gemeinschaft zu bemühen. Zugleich beschreibe *Smith* die "unabdingbaren Voraussetzungen für das Funktionieren einer marktwirtschaftlichen Ordnung". Sie bestünden (a) in einer Zähmung und Kanalisierung des Eigeninteresses durch Selbstdisziplin (wie *Smith* in seiner »Theorie der ethischen Gefühle« erklärt und begründet habe), (b) in der Kontrolle des Eigeninteresses durch die Institution "echten" Wettbewerbs (b1), durch moralische Grundsätze, die sich im Gemeinwesen herausgebildet haben (b2), und eine positive Rechtsordnung, die die gesellschaftlich verbindlichen Spielregeln festlegt und überwacht (b3). *Recktenwald* kritisiert, daß diese unabdingbaren Voraussetzungen für das Funktionieren einer marktwirtschaftlichen Ordnung von der Wissenschaft und der Praxis "bewußt oder unbewußt ... übergangen" worden seien. Von *Smiths* geschlossenem Konzept sei nur noch das "nackte Eigeninteresse in seiner Abart der Selbstsucht übriggeblieben" als "Zielscheibe aller Moralisten bis in unsere Tage" (*Recktenwald* 1985b, 395 f.).

Gerade im Zeichen des politischen und wirtschaftlichen Zusammenwachsens der beiden Teile Deutschlands scheint es mir wichtig zu sein, an diese Grundaussagen zu erinnern. Zu erinnern ist zudem an die von *Recktenwald* gleichfalls benannte Aussage von *Wilhelm Röpke*, "auch die nüchterne Welt des reinen Geschäftslebens (schöpfe) aus **sittlichen Reserven** ..., mit denen sie steht und fällt". Sie seien "wichtiger ... als alle wirtschaftlichen Gesetze und nationalökonomischen Prinzipien. Die außerökonomische, geistig-moralische und gesellschaftliche Integration ist immer die Voraussetzung der wirtschaftlichen, national wie international" (*Röpke* 1965, 147 f.). *Recktenwald* verweist in diesem Zusammenhang auf eine Schlüsselaussage von *Smith*, daß Gerechtigkeit das Integrationspotential jeglicher Gesellschaft bestimme, und er folgert: "Tatsächlich ist das System der Marktwirtschaft in einem demokratischen Staatswesen die schwierigste und aufreibendste Ordnung, die zum einen hohe Anforderungen an die moralische Selbstdisziplin, den Gemeinsinn und an die Erfahrung und Einsicht stellt, zum anderen aber aufgrund ihrer Durchlässigkeit und Offenheit ungeheuer anpassungsfähig ist, gleichsam ihre eigenen Revolutionen bereits eingebaut hat" (*Recktenwald* 1985b, 398).

Kritisch wendet er ein, daß es über den unmittelbaren und indirekten Einfluß *Smiths* auf "die sogenannte deutsche Neoklassik in der Gestalt der 'Freiburger Schule' und die deutschen Politiker, die in der Nachkriegszeit das System der Sozialen Marktwirtschaft so erfolgreich durchgesetzt und praktiziert haben, noch kaum systematische und historische Forschungen" gebe (*Recktenwald* 1985b, 392).

Er meint damit offensichtlich, daß dieses Versäumnis ein Indiz für tiefgreifende Defizite im ordnungstheoretischen Bewußtsein unserer "Sozialen" Marktwirtschaft sei. Ohne Zweifel würde *Recktenwald*, hätte er die historische Chance der Wiedervereinigung der Deutschen erleben können, heute noch nachdrücklicher fordern, sich über die geistigen und moralischen Grundlagen einer sozial gebundenen Marktwirtschaft zu vergewissern. Schließlich hat er sich selbst in vielen Arbeiten um den Nachweis bemüht, daß der Grundsatz, "über die sittlichen Reserven" ebenso wie über die außerökonomische, geistig-moralische und gesellschaftliche Integration als Voraussetzung der wirtschaftlichen nachzudenken, den Denkansatz von *Adam Smith* maßgeblich charakterisiert. Daß dabei Vorstellungen über das Menschenbild von Belang sind, das die Theorie leitet, hat - das sei hier gleich festgehalten - zumindest die Marburger Ordnungstheorie stets ebenso beachtet wie die Tatsache einer "universalen Interdependenz der Erscheinungen des sozialen Lebens, mit der man es immer zu tun hat, wenn man sich mit dem Ordnungsproblem beschäftigt"[2].

2. Menschenbild und Verfassung bei Adam Smith

Versucht man, die Spuren von *Adam Smith*s Werk in den Ordnungsentwürfen zur "Sozialen Marktwirtschaft" zu entdecken, tritt sehr rasch ein Gefühl der Entmutigung auf. Immer wieder begegnet man Verkürzungen in der Argumentation und Fehlinterpretationen, obwohl gleichfalls ständig inhaltliche Querverbindungen zu registrieren sind. Einige Hinweise mögen dies hier veranschaulichen.

Unter dem Titel »Wohlfahrt und Institutionen: Betrachtungen zur Systemkonzeption im Werk von Adam Smith« (*Krüsselberg* 1984, 185-216) hatte ich mich schon früher um den Versuch einer Ortsbestimmung der Arbeiten dieses Autors bemüht. Dabei waren in meiner Sicht einige Aspekte zutage getreten, die nicht unbedingt im landläufigen Urteil enthalten sind; sie sollen daher einleitend benannt werden. Der wichtigste zielt meines Erachtens auf die Feststellung dessen, was sich für *Smith* als Forschungsaufgabe stellt. Gefragt wird nach den Möglichkeiten einer sozialen Ordnung, die alle Chancen nutzt, ohne den Einsatz von Zwang zu Arrangements zu gelangen, die wechselseitige Vorteilsrealisierung gewährleisten. Bedeutsam ist hier die Formulierung: "ohne den Einsatz von Zwang". Sie bedingt nämlich, daß sich *Smith* zunächst um die Erforschung der moralischen und ethischen Voraussetzungen für jene soziale Ordnung bemüht. Das geschieht in seiner »Theorie der ethischen Gefühle« (1759). Dort wirft er nicht nur die Frage nach dem Menschenbild auf, das die Wirtschaftswissenschaft leiten soll, sondern zugleich die nach den menschlichen Eigenschaften, die "gute Ordnungen" ermöglichen. Was *Smith* beim Entwurf seiner Systemkonzeption von Gesellschaft zu leisten hatte,

---

[2] S. *Hensel* 1972 und *Hamel* 1972 in: *Bress, Hensel* u. a. 1972, 9 ff., 170 f. und 175, sowie *Hensel* 1977, 2, *Krüsselberg* 1989c, 223 ff.

war vor allem die analytische Umsetzung seiner Überzeugung, daß wirtschaftliche und gesellschaftliche Ordnungen **nicht allein oder gar vorrangig** durch die jeweiligen **Träger von Macht** (geistiger, geistlicher, politischer und wirtschaftlicher Art) begründet werden (können). Entscheidend ist nämlich, daß Ordnungen in ihrer Überlebensfähigkeit und in ihrem Durchsetzungsvermögen von der Legitimation durch die von ihnen betroffenen Menschen abhängen. *Smith* unterstellt, daß die Menschen meinen, sie selbst sollten es sein, die der Welt Ordnung verleihen. Worauf sie sich dabei berufen mögen, sei nicht belanglos. Es sei nicht ohne innermenschliche und zwischenmenschliche Folgen, ob sich Ordnungen durch die Verweisung auf ihre Gerechtigkeit oder Sittlichkeit rechtfertigen lassen. Menschen wollten nach eigenem Urteil und in eigener Verantwortung handeln können. Zur Debatte steht nichts Geringeres als die Idee, Menschen könnten sich aus eigener Kraft Ordnungen schaffen, die institutionell so geregelt sind, daß sie fundamentalen menschlichen Werten (wie Sicherheit, Freiheit, Gerechtigkeit und Glück) zur Gültigkeit verhelfen.

Smith glaubte annehmen zu können, daß solche Ordnungen am ehesten zustandekommen, wenn sie sich an den individuellen Interessen aller Bürger orientieren. Märkte sollten den Interessenausgleich zwischen ihnen bewirken. Für Märkte galt nicht nur die Vermutung ihrer im Vergleich zur Feudalherrschaft höheren wirtschaftlichen Effizienz, sondere die Erwartung einer Reduktion des gegebenen Grades politischer Willkür oder Demagogie. Märkte sind nach *Smith* als institutionelle Verkörperung jener freiwilligen Austauschprozesse anzusehen, in die sich Individuen mit ihren heterogenen Handlungskapazitäten begeben, um die Voraussetzungen für die Begründung kooperativer Arrangements zu schaffen, die allseitige Vorteile erwarten lassen (s. *Krüsselberg* 1984, 192 f.)

Marktrationalität ist aber eine Rationalität der Umwälzung gegebener Strukturen. Sie ist die Rationalität der neuen Erfahrung, jene Variante einer dynamischen Rationalität, "that is involved in an open-ended discovery procedure in search of maximizing human wealth" (*Krüsselberg* 1989a, 93). Sie revolutioniert Gesellschaft in Permanenz.

Die Aufgabe einer Sozialwissenschaft besteht nach *Smith* darin, sowohl auf der Ebene des individuellen Handelns als auch auf der der sittlichen und moralischen Leitbilder und - natürlich - der Gesetze, insbesondere der Verfassung, die Bedeutung jener Prinzipien, die die "allgemeine Wohlfahrt fördern", zu erläutern und für ihre Beachtung zu werben. Das sei der Maßstab für politisches Handeln: Alle "Einrichtungen der Regierung und Verwaltung (werden) doch nur in dem Verhältnis geschätzt, als sie eben die Tendenz haben, die Glückseligkeit deren, die unter ihnen leben", zu erhöhen. "Das ist ihr einziger Nutzen und ihr einziger Zweck" (*Smith* 1977, 318).

Die Verfassung diene - so meint *Smith* - dazu, die Befugnisse, Vorrechte und Freiheiten der Gemeinschaften und Stände, "die in ihrer Gesamtheit eben den Staat bilden", in ein Gleichgewicht zu bringen, das gewährleistet, "die Lebensbedingungen unserer Mitbürger so sicher, erträglich und glücklich zu machen, als wir können" (*Smith* 1977, 391 f.). Zeiten des gesellschaftlichen Umbruchs verlangen nach *Smith* Verfassungsreformen, die "die Ruhe und Glückseligkeit (der) Mitbürger im Staate für eine große Reihe von Generationen sichern" (*Smith* 1977, 394). Gefordert ist hier Klugheit, die sich paart "mit Tapferkeit, mit ausgedehntem und starkem Wohlwollen, mit einer heiligen Scheu vor den Regeln der Gerechtigkeit, ... all dies ... getragen von einem richtigen Maß von

Selbstbeherrschung" (*Smith* 1977, 367). "Derjenige, dessen Gemeinsinn ... durch Menschlichkeit und Wohlwollen genährt wird", dürfte danach streben, die "eingewurzelten Vorurteile des Volkes durch Vernunft und Überredung" zu besiegen. Nie wird er versucht sein, "sie durch Gewalt zu unterdrücken". Er wird aber selbst dann, "wenn er nicht das beste System von Gesetzen einführen kann, sich (doch bemühen), ... das beste unter jenen Systemen einzuführen, (das) das Volk ... zu ertragen vermag" (*Smith* 1977, 395).

Grundsätzlich gilt nach *Smith* für jegliches Handeln und jede gesellschaftliche Institution: "Gerechtigkeit ist der Hauptpfeiler, der das ganze Gebäude (der Gesellschaft) stützt. Wenn dieser Pfeiler entfernt wird, dann muß der gewaltige, der ungeheure Bau der menschlichen Gesellschaft in einem Augenblick zusammenstürzen und in Atome zerfallen." "Wohlwollen und Wohltätigkeit ist ... für das Bestehen der Gesellschaft weniger wesentlich als Gerechtigkeit. Eine Gesellschaft kann ohne Wohltätigkeit weiterbestehen, wenn auch freilich nicht in einem besonders guten und erfreulichen Zustande, das Überhandnehmen der Ungerechtigkeit dagegen müßte sie ganz und gar zerstören" (*Smith* 1977, 129, 128).

Bedauerlicherweise wird bei der Rezeption des Werkes von *Smith* zu häufig übersehen, daß *Smith* an entscheidenden Stellen seines Werkes den **unaufhebbaren Verbund zwischen der Entfaltung eines Systems der 'natürlichen Freiheit" und der Gerechtigkeit** betont. Auffallend ist hier, daß dies vorrangig dort geschieht, wo *Adam Smith* darauf hinweist, wie oft institutionelle Rahmenbedingungen den Menschen die Wahrnehmung ihrer individuellen Freiheit unmöglich machen. Für *Smith* verstößt manche gesellschaftliche Regelung "offenkundig gegen natürliche Freiheit und Gerechtigkeit" (so z.B. *Smith* 1978, 123). Grundsätzlich versteht nämlich *Smith* sein System als einen Ansatz, der von den liberalen Ideen der "Gleichheit, Freiheit und Gerechtigkeit" beherrscht wird (Smith 1978, 560 oder auch S. 509).

All dies verdeutlicht, daß *Smith* bereits voll über die Einsicht verfügte, die heute so formuliert wird: Gerechtigkeit ist einmal eine Tugend des Menschen, zum anderen ein Merkmal der Sozialordnung, die gewährleistet, daß die Menschen bereit sind, "in fruchtbarer Weise ihre Ideen und Kräfte zu bündeln und zusammenzuarbeiten" (*Rauscher* 1990, 13). Gerechtigkeit gegenüber dem Menschen impliziert die Wahrung seiner Würde und seiner Grundrechte. Gerechtigkeit der Institutionen bedeutet ihre Offenheit im Zugang für alle Mitbürger. An diesen Kriterien muß sich eine "Soziale Marktwirtschaft" messen lassen (*Lampert* 1990, 115-136).

3. Smith, Müller-Armack und Eucken über historische und ethische Bestimmungselemente einer marktwirtschaftlichen Ordnung

Ein zentrales Problem des Umgangs mit Verfassungen soll an dieser Stelle ganz grundsätzlich angesprochen werden. Es bezieht sich wiederum auf eine Bemerkung von *Adam Smith*, daß wir nämlich "jene allgemeinen Regeln der Gerechtigkeit, durch welche wir unsere Handlungen bestimmen sollen", durch die "Vernunft" entdecken. *Smith* fügt konkretisierend hinzu: "Die allgemeinen Grundsätze der Sittlichkeit werden wie alle anderen allgemeinen Grundsätze aus Erfahrung und Induktion gebildet"; die Vernunft lehre uns, sie zu beachten, weil sie das "Wohlgefallen" der Menschen erwecken (*Smith* 1977, 532ff.).

Als ich in *Müller-Armack*s »Religion und Wirtschaft« auf der Linie der Fragestellung *Recktenwald*s nach Bezügen zu *Adam Smith* suchte, ergab sich ein interessantes Resultat. Durchgängig verlautet dort, der wirtschaftspolitische Liberalismus habe seine Bedeutung nicht erlangt "durch die neuen Einsichten, die er vielleicht enthält, sondern durch die Formulierung von konfessionellen und politischen Überzeugungen, die fest geformt schon da waren, ehe man zu ihrer Anwendung im Wirtschaftlichen schritt" (*Müller-Armack* 1959, 138). Die Entwicklung sei so verlaufen, daß im 16. Jahrhundert die Forderung nach religiöser Freiheit erhoben wurde, im 17. Jahrhundert dieser die Forderung nach politischer Freiheit gefolgt sei und erst im 18. Jahrhundert die wirtschaftlichen Freiheitsforderungen Gestalt angenommen hätten. Das sei das Ergebnis eines allgemeinen Liberalisierungsprozesses, dessen Entstehung ohne den Calvinismus nicht zu erklären sei (*Müller-Armack* 1959, 1 10 f., 441, 497). Alle Bestandteile einer Theorie des politischen und wirtschaftlichen Liberalismus mit Freiheitsforderungen gegenüber dem Staat seien bereits Mitte des 18. Jahrhunderts vorhanden: "religiöse Toleranz, freier Austausch, die Forderung der Befreiung von Monopolen, die Idee der automatischen Währung, die Tauschgesellschaft" (*Müller-Armack* 1959, 136). Das Werk von *Smith* formuliere eher den damaligen Stand der liberalen Ideenentwicklung.

Es ist diese Abfolge in der historischen Entwicklung zu einem erfolgreichen wohlfahrtsfördernden und freiheitsstiftenden, in ein sich demokratisierendes Staatswesen eingebettetes Marktsystem, die mich interessiert. Wichtig ist zu sehen, wie Änderungen im Wertsystem dazu führen, daß institutioneller Wandel erfolgt in der Gestalt einer Hinwendung zu marktorientiertem Verhalten, das durch sich entfaltende Rechtsregeln geschätzt wird.

Diese Wertorientierung des Handelns ist für *Smith* ein dominantes Thema, wobei sehr zu beachten ist, in welcher Reihenfolge *Smith* sein Gesamtwerk schafft. Am Anfang steht die »Theorie der ethischen Gefühle« (1759). Dann folgen seine »Lectures on Jurisprudence« (1762-64). Daran schließen sich die Untersuchungen über den »Wohlstand der Nationen« (1776) an. Wie *Donald Winch* in seiner äußerst wertvollen Studie über »Adam Smith's Politics« ausgeführt hat, begründet erst diese Dreistufigkeit die Einheit des *Smith*schen Werks infolge der Interdependenz der Wertordnung, der rechtlichen und staatlichen Ordnung sowie der Wirtschaftsordnung (*Winch* 1978, s. dort etwa S. 11 ff.).

In der »Theorie der ethischen Gefühle« liefert *Smith* die Begründung für seine Auffassung von der zentralen Bedeutung der Gerechtigkeit für gesellschaftliches Zusammenleben. Entscheidend ist für ihn, daß es ihm offensichtlich gelingt, sowohl die Regeln der natürlichen Gerechtigkeit als auch die der Bestrafung von Unrecht mit seinen Annahme über fundamentale psychologische Prinzipien menschlichen Handelns zu verknüpfen. Sein Hauptinteresse gilt zunächst der "kommutativen Gerechtigkeit", von ihm definiert als persönliche Bereitschaft oder gesellschaftliche Prävention, Personen, ihrem Vermögen und der Reputation "unserer" Mitmenschen kein Unrecht zuzufügen. Solche Gerechtigkeit ist Voraussetzung für "schickliches" Verhalten. Schon dieser Gedanke widerlegt die von den "großen Vereinfachern" *Smith* oft unterstellte Annahme, das (aufgeklärte) Eigeninteresse erlange seine Rechtfertigung quasi aus sich selbst heraus, denn es bewirke eine allgemeine Wohlstandssteigerung durch eine Auslese, in der sich der Stärkere gegen den Schwächeren durchsetzt, - weil Fürsorge für den Schwächeren weder nützlich noch moralisch geboten sei.

Daß damit die humanistisch geprägten und von den Zielen der Aufklärungsphilosophie geleiteten Anforderungen, die *Adam Smith* an die Ausrichtung der Sozialwissenschaften stellte, völlig außer acht bleiben, soll hier unmißverständlich - und hoffentlich nachhaltig wirkend - ausgesprochen werden. *Smith* ging es zentral, wie er immer wieder selbst hervorhob, um die Entdeckung eines "klaren und genauen" Maßstabs, mit dessen Hilfe Menschen die "Angemessenheit oder Schicklichkeit" von Empfindungen und Handlungen in **allen** Lebensbereichen zu beurteilen vermögen. Hier sucht *Smith* jene Prinzipien zu bestimmen, die in einer "wirklich guten Gesellschaft ... - und nicht bloß in einer solchen, die man gemeinhin so nennt", von Belang sind. Solche "Prinzipien" als Grundeigenschaften des sittlichen Menschen verkörpern nach *Smith* jene Personen, deren Verhalten durch Gerechtigkeit, Bescheidenheit, Menschlichkeit und "good order", d.h. Ausrichtung auf die Regeln einer "guten Ordnung", geprägt wird (Smith 1977, 342). Gute Ordnungen verlangen vom Menschen Hingabe an menschliche Klugheit (Vernunft) und Toleranz, Respekt vor individueller Freiheit, Humanität und Bereitschaft zur wissenschaftlichen Neugier. Letztere veranlaßt die Philosophen und wissenschaftlichen Forscher, die verborgenen ("invisible") Verbindungsglieder zu entdecken, die den Menschen befähigen, im "Chaos" der Einzeltatbestände jene "Ordnung" zu finden, die "Maß und Harmonie" in sich birgt (*Smith* 1982b, 45 ff.).

Smith meint - jener Gedanke leitet zu seinen Ideen bezüglich einer politischen (staatlichen) Ordnung über: Obgleich die Menschen mit einem natürlichen Instinkt ausgestattet seien, Gesellschaft zu erhalten, und deshalb **defensive** Regeln der Gerechtigkeit entwickeln und zugleich Bestrafung für die Verletzung dieser Regeln billigen, werde zur unparteiischen Durchsetzung solcher Regeln und zur Aufrechterhaltung friedlicher sozialer Beziehungen eine kollektive Agentur notwendig. Diese "kollektive Agentur eines öffentlichen Magistrats" soll verhindern, daß jedermann sich auf eigene Faust revanchiert, wann immer er annimmt, er sei ungerecht behandelt worden (Smith 1976, 340; *Smith* 1977, 568). Die »Theorie der ethischen Gefühle« kulminiert deshalb in einem Hinweis auf die vorrangige Bedeutung einer Theorie über jene allgemeinen Prinzipien, welche für die Gesetzgebung **aller** Völker grundlegend sein sollten, für jegliche Variante von Gesellschaftstheorie. *Smith* schließt seine Ethikdiskussion in diesem Band mit der Bemerkung ab, er wolle in einer anderen Abhandlung eine Darstellung solcher allgemeiner Prinzipien des Rechts und der Regierung zu geben versuchen. Das solle in Verbindung mit einer Analyse der verschiedenen "Revolutionen", denen die verschiedenen Zeitalter und Perioden der Gesellschaft unterworfen waren, geschehen (Smith 1977, 341 f. sowie S. 569 f.).

Das muß beachtet werden, wenn man die "Staatstheorie" würdigen will, mit der *Smith* im Buch V seine »Untersuchungen über die Natur und Ursachen des Wohlstands der Nationen« abschließt. Übersehen wird zudem fast immer, daß *Smith* bereits im Buch III, welches die Hintergründe von Wohlstandsunterschieden zwischen den Ländern der Erde behandelt, und ebenfalls im Buch IV, das die Bedeutung der "Systeme der Politischen Ökonomie" für die Wohlstandsentwicklung erörtert, ganz wesentlich auf jene Verhaltensannahmen und Normensysteme rekurriert, die "gute Ordnungen" begründen. Es ist daher zumindest zu kurz gegriffen, wenn die Botschaft dieses Bandes mit dem von *Smith* selbst gelieferten Stichwort von der Entfaltung eines "Systems der natürlichen Freiheit" umschrieben wird. Tatsächlich zeigt jedes Detail der dortigen Argumentation, daß *Smith* an keiner Stelle von seiner Grundaussage abrückt, Gerechtigkeit sei "der Hauptpfeiler, der das gesamte Gebäude aufrecht erhält". Die Geschichte lehre die Menschen, daß immer dann, wenn dieser breche, "das große, immense System der menschlichen Gesellschaft in einem Augenblick in seine Atome zerfallen (muß)" (*Smith* 1976, 86; vgl. auch *Smith* 1977, 129).

Genau an diesem Punkt artikuliert die moderne (institutionelle) Theorie ihr Unbehagen gegenüber der neoklassischen Wirtschaftstheorie: Letztere könne nämlich "jenes Verhalten, dessen Triebkraft nicht das berechnete Eigeninteresse ist", ebensowenig erklären wie das der "Personen, die (Regeln und) Vorschriften einhalten, obwohl sie diesen mit erheblichem Nutzen straflos zuwiderhandeln könnten". Gleichwohl seien es jene Verhaltensmuster, die gesellschaftliche Stabilität bewirken. Die Schlußfolgerung aus all dem lautet: "Wandel und Stabilität in der Geschichte bedürfen einer Theorie der Weltanschauung, welche diese Abweichungen vom individuellen Rationalkalkül der neoklassischen Theorie erklären kann." Fest steht bislang nur das Faktum: "Wirksame moralische bzw. ethische Normen einer Gesellschaft sind das Bindemittel für die soziale Stabilität, die ein Wirtschaftssystem funktionsfähig macht" (*North* 1988, 11 f., 48). Meines Erachtens hat *Smith* exakt dies konstatiert und theoretisch begründet.

Mein eigener Versuch, dessen Denkansatz aufzunehmen, betont nachdrücklich die Relevanz der Perspektive, die *Smith* gewählt hatte. Zu fragen ist weiterhin nach den Möglichkeiten der Handlungsorientierung in einer komplexen gesellschaftlichen Umwelt und der "Leistung" von Wertmustern und Institutionen für geordnetes Handeln. Hier gilt meines Erachtens folgendes: "Für jeden Menschen ist davon auszugehen, daß ein individuelles Bedürfnis existiert, sich in einer komplexen Welt orientieren zu können. Für menschliches Handeln in einer vielfältig strukturierten Umwelt und unter den Bedingungen einer zumindest z.T. ungewissen Zukunft ist es wichtig, auf eine gedankliche, **innere Ordnung** als Zuordnungs- und Beurteilungsmaßstab für konkrete Realität zurückgreifen zu können. Menschliches Handlungsvermögen ('Humanvermögen') umfaßt somit in einem sehr entscheidenden Ausmaß die Fähigkeit von Menschen, in ihren Ordnungen zu leben und die mit diesen Ordnungen an sie herangetragenen Ansprüche (und Möglichkeiten) koordinieren zu können.

Damit verknüpft sich das Problem der Ordnung von Wirtschaft und Gesellschaft durch gesellschaftliche Institutionen, das Problem der äußeren Ordnung. Der Mensch bedarf in seinen Entscheidungen einer Entlastung durch eine **äußere Ordnung**. Institutionen sind soziale Arrangements, die signalisieren, was unter bestimmten Umständen vom Einzelnen zu tun erwartet wird. Institutionelle Arrangements bieten vornehmlich Informationen über die Regeln des vom Einzelnen geforderten Umgangs mit Menschen und Sachen unter gleichzeitiger Vermittlung von Kenntnissen über die Folgen der Übertretung grundlegender Regeln. In ihrer Gesamtheit betten sie jeden Menschen in eine ihm vorgegebene äußere Ordnung ein. Soweit diese äußere Ordnung einheitlichen

Prinzipien unterworfen ist, wird sie verstehbar und kritisierbar im positiven und negativen Sinn - vor dem Hintergrund jener inneren (gedanklichen) Ordnungen, die die Wertmuster der Bürger letztlich repräsentieren" (s. *Krüsselberg* 1989b, 102).

Wichtig ist hier zu registrieren, daß jene inneren und äußeren Ordnungen die individuellen Transaktionskosten reduzieren. Noch wichtiger ist es zu erkennen, daß sie das Ergebnis gesellschaftlicher Lernprozesse sind. *Smith* sah das Spannungsverhältnis zwischen Stabilität und der Notwendigkeit etwaigen Wandels sehr klar; er umschrieb es in bezug auf das politische System mit den Worten: "No government is quite perfect, but it is better to submit to some inconveniences than make attempts against it" (Smith 1982a, 72, sowie *Winch* 1978, 55).

Mir scheint, all diese Punkte müssen sehr sorgfältig bedacht werden, wenn Menschen, die in einem Gesellschaftssystem vom Typ der DDR lebten, aus einer bislang sehr geschlossen wirkenden politischen und ideologischen Einheit in eine wesentlich andere versetzt werden. Weder der historische Lernprozeß, der zumindest nach Generationen zu bemessen ist, noch die Chance, vor dem Hintergrund ihrer Erfahrungen mit einem anderen System eine eigene Verfassung zu schaffen, bieten hier gegenwärtig nennenswerte Entlastungen bezüglich der erforderlichen gedanklichen Neuorientierung in Richtung auf eine demokratische Verfassung. Ich könnte mir vorstellen, daß für alle, die sich um eine eigene Perspektive bemühen, die Rückbesinnung auf die Situation in Westdeutschland vor der Verabschiedung des Grundgesetzes wichtig ist.

Zwar wird von Kritikern der Verfassung der Bundesrepublik bis heute moniert, in der Verfassungsdiskussion sei auch bei uns die politische Vergangenheit nur unzulänglich bewältigt worden. Sicher scheint mir allerdings zu sein, daß dieses Urteil zumindest **nicht** für die Autoren gilt, die *Recktenwald* im Zusammenhang mit *Smith* oben namentlich genannt hat. Ich glaube, daß ich kürzlich für *Eucken* das habe nachweisen können, was ich bereits früher über *Wilhelm Röpke* gesagt habe: Der Werteverlust und Ordnungsverlust, den die Gesellschaft unter dem Nationalsozialismus erlitt, prägte entscheidend die Denkstruktur ihrer wirtschaftswissenschaftlichen Arbeiten. Jenes Erleben, jener moralische geistige Schock, ihr Entsetzen über die - von ihnen erlebte - Enthumanisierung von Wirtschaft, Staat und Gesellschaft veranlaßte sie, an Entwürfen für eine Wirtschafts- und Gesellschaftsordnung zu arbeiten die die Rahmenbedingungen für deren Freiheitlichkeit **und** Gerechtigkeit unmißverständlich explizieren (s. *Krüsselberg* 1989d, 42-45, sowie *Krüsselberg* 1989c, 228-235).

Zentral geht es um die Verfassung einer "Friedensordnung". Friedensordnungen sind die Grundlage für die Anerkennung der Würde des Menschen, wo immer es auch sei. Nicht von ungefähr bezeichnet *Alfred Müller-Armack* seine wissenschaftliche Grundlegung der Sozialen Marktwirtschaft als einen irenischen Entwurf. Irenik als Lehre vom Frieden fundiert das System der Sozialen Marktwirtschaft in der *Smith*schen, *Erhard*schen, der *Eucken*schen und der *Müller-Armack*schen Form. Es ist eine Ordnung, die versucht, "die wesentlichen Ziele einer freien Gesellschaft zu einem neuen, bisher in der Geschichte noch nicht realisierten praktischen Ausgleich zu bringen". Dazu verlautet: "Freiheit, Gerechtigkeit und Gleichheit sind ... wesensnotwendige Ausprägungen des Sozialen. Kein soziales System vermag auch nur auf einen dieser Werte ganz zu verzichten, ohne die Sittlichkeit in Frage zu stellen". Exakt diese Perspektive veranlaßte

Müller-Armack (wie vorher schon *Röpke* und *Rüstow*), Politik in einer marktwirtschaftlichen Ordnung dem Anspruch zu unterwerfen, sich als Vitalpolitik zu verstehen, als Politik, "die jenseits des Ökonomischen auf die vitale Einheit des Menschen gerichtet ist" (*Müller-Armack* 1966, 300 ff., 189, 280).

Offensichtlich steht damit wieder die Frage nach der Legitimation für Verfassungen im Raum und zugleich die nach der Fähigkeit von Menschen, sich mit deren Inhalten nachhaltig zu identifizieren. Ich finde, hier zeigt sich der handlungstheoretische Kern des Ordnungsproblems. Bei allen Bemühungen um die Herstellung der deutschen Einheit darf nicht vergessen werden, daß Verfassungen "gelebt" werden müssen. Dazu müssen sie verstanden sein; der Einzelne muß sich mit ihren Inhalten individuell auseinandersetzen, sie für sich zu akzeptieren bereit und zugleich willens sein, sie zu praktizieren. Voraussetzung ist nicht mehr und nicht weniger als die gesamtheitliche Akzeptanz der moralischen und ethischen Handlungsorientierungen. Was sagte dazu *Walter Eucken*: "Das will verstanden sein" (*Eucken* 1968, 14; s. auch *Krüsselberg* 1989c, 238). Um dieses Verständnis sollten wir Ökonomen stets bemüht sein!

4. Gesellschaftstheorie und die Theorie menschlicher Ordnungen

Mit solchen Feststellungen ist der These die Grundlage entzogen, die Lehre von der Wirtschaft (Sozialökonomik) sei nur von der Ebene des wirtschaftlichen Handelns her zu entwickeln. Zudem sind gegen die Ansicht, Wissenschaft erfordere zwangsläufig die Spezialisierung, gravierende wissenschaftstheoretische Bedenken erhoben worden. Man sah vor allem zwei Probleme: a) das Problem der Separierung von Wissen, der Trennung von Wissenszusammenhängen in einer künstlichen Partialisierung von Wissensinhalten; b) das Problem der Vernachlässigung von Analysen über die Auswirkungen auf Teilsysteme, die aus Veränderungen im Gesamtsystem resultieren. In einer Studie zum Thema »Ökonomische Methodik und soziale Argumentation« betont z.B. *J.K. Galbraith* (1968, 444): "Im Leben bewirkt ein Wandel an einer Stelle eine Veränderung an anderer Stelle, die wiederum Rückwirkungen auf den ersten Wandel und andere Dinge zeitigt. Deshalb bedeutet eine Beschäftigung mit dem Gesamtkomplex der Wandlungsprozesse eine Beschäftigung mit der Welt, wie sie ist."

Galbraith hebt hervor, daß derjenige, der Wandlungsprozesse in ihren großen Zusammenhängen sieht, auch auf Entwicklungen vorbereitet sei, die ihm ansonsten als abwegig vorkommen würden. In diesem Rahmen werden einige Fragen, die die Öffentlichkeit und den Menschen im Alltagsleben ständig beunruhigen, immer wieder aktuell; sie lauten: Wie sollen und wie können solche Veränderungen bewertet werden? Welche Instanz ist für Bewertungen zuständig? Ist es die Instanz des spezialisierten Ökonomen? - Generell geht es um das grundlegende Problem, **Kriterien zur Definition von Gemeinwohl** zu finden. In der Wissenschaft ist man sich einig, daß nur dann keine Abgrenzungsschwierigkeiten entstehen, wenn alle Urteile bezüglich eines gemeinsamen und allgemein akzeptierten Ziels übereinstimmen. Exakt dies aber fordert *Galbraith* zum Widerspruch auf. Angesichts des zwiespältigen Charakters des Wandels in der Wirtschaft könne es nicht möglich sein, so zu verfahren, als ob jegliche "soziale Leistung mit wirtschaftlicher Leistung identisch ist" (*Galbraith* 1968, 49 f.).

Damit ist das Spannungsfeld berührt, in welches das wissenschaftliche Erkenntnisstreben eingebunden ist. Es geht um nichts anderes als um einen Koordinationsbedarf für spezialistisches Wissen. Es geht um die Frage nach der Möglichkeit, in Ordnungen zu denke in einer Welt der Vielfalt. Zu fragen ist: Was begründet die Einheit einer Ordnung? Auf welche Weise meint Wissenschaft, die Einheit der Orientierung herstellen zu können?

Hier zeigen sich Notwendigkeiten einer anthropologischen Begründung wissenschaftlicher Urteile. Zentral wird in diesem Zusammenhang unsere oben bereits erwähnte These, daß der Mensch einer äußeren und einer inneren Orientierung bedarf. Menschliches Handeln bedarf jener Orientierungen, weil sie den Menschen ethisch entlasten. Ethische Appelle an ein Sonderverhalten des Einzelnen überfordern ihn. Äußere Orientierung, äußere Ordnungen verhelfen ihm dazu, in komplexen Situationen angemessen zu handeln. Der Mensch muß insbesondere wissen, worin seine Rechte bestehen und seine Pflichten als Anforderungen, die ständig an ihn gestellt werden. Solche Orientierung leisten jene Institutionen, die Alltagsverhalten regeln. Sie vermitteln die Kenntnisse der Verhaltensmuster, an die Bürger unter "normalen" Bedingungen gebunden sind. Institutionen sind soziale Arrangements, die regeln, was unter bestimmten Umständen getan werden muß und wie es getan werden muß.

Damit aber stellt sich die weitere, gleichfalls bereits erwähnte grundlegende Frage nach der Legitimation von Ordnungen, nach der gesellschaftlichen Begründung institutioneller Arrangements durch den Menschen selbst, die Frage nach der inneren Ordnung. Es ist eben nicht ohne innermenschliche und zwischenmenschliche Folgen, wenn sich Menschen letztlich auf a) die Gerechtigkeit einer Ordnung, b) auf Gott oder Gottes Schöpfung oder c) auf Sittlichkeit berufen. Das Entscheidende bleibt gleichwohl, sie wollen in eigener Verantwortung handeln können. Diese Selbstverpflichtung verlangt einmal nach Legitimation für die den Menschen auferlegten Ordnungen. Andererseits folgt aus dieser Wechselseitigkeit der Bindung von Ordnungen und Bindung an Ordnungen, daß Menschen sich befähigt fühlen, über ihr Handeln in selbstverantworteten Umwelten ihre eigene Identität zu erkennen, sich ihrer Stellung in der Welt, ihres sozialen Status zu vergewissern.

Ganz offensichtlich zeigt sich hier, wie Wissenschaft in Begründungszwänge hineingerät, wie sie in einen Konflikt hineingezogen wird zwischen einer für Wissenschaft mutmaßlich geforderten "Wertfreiheit" und der Notwendigkeit einzugestehen, daß Menschen auf der Basis von Werturteilen handeln. Mit dem Hinweis auf die von *Max Weber* propagierte Wertfreiheit der Wissenschaft ergibt sich ein Bedarf an Aufdeckung des Denkmusters im *Weber*schen Gesamtwerk. Dieser Autor hatte auf die Bedeutung einer bestimmten Art von Rationalität im Modernisierungsprozeß aufmerksam gemacht. Zugleich thematisierte er die Zwiespältigkeit moderner Rationalität unmißverständlich. Einmal war ihm klar, daß sie einen religiösen Ursprung hatte. Protestantische Ethik bezog sich ganz zentral auf die Legitimation, jeweilige Situationen des Status quo aufzubrechen. Die Ethik dieser Form von Rationalität war begründet in einer Abwehr der Verherrlichung etablierter traditioneller Systeme. Sie rekurrierte auf das schöpferische Potential des Menschen, auf seine Kreativität und seine Fähigkeit, sich in der Welt zu verwirklichen. Den Zwiespalt trug diese Dynamik eines aktiven Lebens in die Welt durch ihre Begleiterscheinung, die Welt zu "entzaubern". Entzauberung der Welt durch zweckrationales Denken bedrohte die gegebenen Lebensverbände durch ein Infragestellen ihrer gesellschaftlichen Funktionen. Die Aufwertung von Fachwissen ermöglichte Tendenzen der Bürokratisierung, der Schaffung von Amtswissen, das neue Herrschaftsformen denkmöglich und praktikabel machte. Die Entzauberung der Welt bedrohte (zugleich) eine Bestandswahrung der gesellschaftlichen Werte.

Zur Debatte steht damit immer wieder die "Frage nach den Kriterien und den Mustern einer 'richtigen' Ordnung des menschlichen Gemeinschaftslebens", nach der "besten Verfassung", nach dem "wahren" Staat. Zur Erörterung steht die Möglichkeit einer Ausstattung der Welt mit Sinn, die Frage nach einer praktischen Ethik, die Antworten gibt zum Thema: Was sollen wir tun? Hier stößt man auf die Gemeinwohlproblematik in komprimierter Form, die letztlich in der Suche gipfelt nach endgültigen, verbindlichen Kriterien zur Beurteilung von Ordnungen. Dabei ist es nicht von ungefähr, daß durchgängig als grundlegendes Legitimationskriterium das der Gerechtigkeit, der Gerechtigkeit in den zwischenmenschlichen Beziehungen, genannt wird. Zu Recht wird an dieser Stelle auf einen zentralen Tatbestand der Moderne verwiesen, daß Verfassungen "gelebt" werden müssen. Dazu müssen sie - wie bereits betont wurde - in ihren Inhalten und Merkmalen verstanden sein. Der Einzelne muß sich mit ihren Inhalten und Merkmalen individuell auseinandersetzen, sie für sich zu akzeptieren bereit sein und zugleich willens sein, sie umzusetzen.

Die Voraussetzung dafür, daß Verfassungen mit Leben erfüllt werden, ist die Akzeptanz ihrer Regelsysteme. In diesem Zusammenhang mag hier an ein Werk erinnert werden, dessen Ausgangspunkt die folgenden Worte schilderten: "Mitten unter uns geht eine große demokratische Revolution vor sich". Die Sorge des Autors galt damals (1835) der Frage, ob die große demokratische Revolution in der Lage sei, die Erwartungen, die die Menschen in sie setzten, zu erfüllen. Erhofften sie doch von ihr die Schaffung einer Ordnung, in der sich nebeneinander und gleichrangig die Grundwerte der Freiheit, Gleichheit und Gerechtigkeit entfalten konnten und in dieser Balance den Menschen Frieden und Wohlstand zu gewähren vermochten. Vor den Augen von *Alexis de Tocqueville* stand "das Bild einer Gesellschaft, in der alle das Gesetz lieben, weil sie es als ihr Werk betrachten und sich ihm gern unterwürfen" (*Tocqueville* 1976, 5, 11). Dabei komme es - so verlautet hier - letztlich nicht auf "die Güte besonderer Gesetze" an, sondern "auf den Geist, der ... die Gesetzgebung beseelt".

Worum es ihm im Entscheidenden geht, das zeichnet *Tocqueville* zwanzig Jahre später unmißverständlich auf: "Ich glaube ... nicht, daß die wahre Freiheitsliebe jemals allein durch die Aussicht auf die materiellen Güter geweckt werde, die sie verschafft; denn diese Aussicht verdunkelt sich oft. Mit der Zeit bringt allerdings die Freiheit diejenigen, die sie zu behaupten wissen, stets zu Wohlstand und oft zu Reichtum; aber es gibt Zeiten, in denen sie den Genuß solcher Güter für den Augenblick stört; es gibt andere, in denen allein der Despotismus ihren vorübergehenden Genuß gewähren kann. Die Menschen, die in der Freiheit nur diese Güter suchen, haben die Freiheit nie lange bewahrt ... Wer in der Freiheit etwas anderes als sie selber sucht, ist zur Knechtschaft geboren" (*Tocqueville* 1969, 152, 147).

Es ist nicht unwichtig, darauf zu verweisen, daß auch die Veränderungen in unserer gesellschaftlichen Wirklichkeit das Ergebnis geistiger Prozesse sind. Es ist daher immer wieder zu betonen, die moderne Verfassung und das demokratische Selbstverständnis sind das Ergebnis einer jahrhundertelangen Entwicklung im Geiste des Humanismus und der Aufklärung, einer Entwicklung, die - wie *Tocqueville* ahnte - dem Phänomen des Despotismus nicht dauerhaft entrinnen konnte. Ohne Zweifel bestätigt diese Tatsache die oben genannte Auffassung *Recktenwald*s bezüglich der hohen Anforderungen, die diese "schwierigste und aufreibendste Ordnung" marktwirtschaftlicher **und** demokratischer Prägung an die Menschen stellt. Das ist ein Indiz für die Notwendigkeit, in Permanenz über den Zusammenhang zwischen Wirtschafts- und Gesellschaftsordnung nachzudenken.

Nun ist nicht zu leugnen, daß die Wirtschaftswissenschaft über eine sehr lange Zeitspanne diese Frage nicht zentral zu ihrem Forschungsthema gemacht hat. Daraus resultieren massive Fehlinterpretationen des Grundmusters ökonomischen Denkens. Verwunderlich ist es dann nicht, wenn ein exzellenter Text über »Das Staatsideal im Wandel der Weltgeschichte« (*Friedrich Berber* 1973) weder *Adam Smith*, *Walter Eucken* noch *Alfred Müller-Armack* als Autoren nennt, die hier von Belang sind. Bewiesen oder zumindest unterstrichen wird damit das skeptische Urteil *Recktenwald*s, hier bestünden noch erhebliche Lücken in der wissenschaftlichen Auseinandersetzung und in der Darstellung des Selbstverständnisses moderner Wirtschaftswissenschaft.

Literatur

Berber, F. (1973), Das Staatsideal im Wandel der Weltgeschichte, München.

Bottke, W. und *A. Rauscher* (Hrsg.) (1990), Gerechtigkeit als Aufgabe, Festgabe für *Heinz Lampert* zum 60. Geburtstag, St. Ottilien.

Bress, L., K.P. Hensel u.a. (1972), Wirtschaftssysteme des Sozialismus im Experiment - Plan oder Markt -, Frankfurt am Main.

Eucken, W. (1968), Grundsätze der Wirtschaftspolitik, 4. Aufl., Tübingen und Zürich.

Galbraith, J.K. (1968), Die moderne Industriegesellschaft, München, Zürich.

Hamel, H. (1972), Die Experimente der sozialistischen Marktwirtschaft, in: *Bress, Hensel* u.a. (1972), S. 170-202.

Hensel, K.P. (1972), Ordnungstheoretische Ausgangslage, in: *Bress, Hensel* u.a. (1972), S. 9-13.

Hensel, K.P. (1977), Systemvergleich als Aufgabe, Stuttgart und New York.

Krüsselberg, H. G. (1984), Wohlfahrt und Institutionen: Betrachtungen zur Systemkonzeption im Werk von Adam Smith, in: *F.-X. Kaufmann* und *H.G. Krüsselberg* (Hrsg.), Staat, Markt und Solidarität bei Adam Smith, Frankfurt und New York, S. 185-216.

Krüsselberg, H.G. (1989a), Core Issues of Comparative Systems Analysis: Interdependence, Institutional Diversity, Social Maintenance of Assets' Value, in: *J. Jonás* (Hrsg.), Theoretical Approaches to Economic Mechanism in Czechoslovakia and Federal Republic of Germany, Prag, S. 81-109.

Krüsselberg, H.G. (1989b), Ordnungstheorie - Zur Konstituierung und Begründung der Rahmenbedingungen, in: *B. Biervert* und *M. Held* (Hrsg.), Ethische Grundlagen der ökonomischen Theorie, Frankfurt und New York, S. 100-133.

Krüsselberg, H. G. (1989c), Zur Interdependenz von Wirtschaftsordnung und Gesellschaftsordnung: Euckens Plädoyer für ein umfassendes Denken in Ordnungen, in: Ordo, Band 40, S. 223-241.

Krüsselberg, H. G. (1989d), Wirtschaftswissenschaft an der Philipps-Universität: Blickpunkte - Brennpunkte, in: *W. Lück* (Hrsg.), Wirtschaftswissenschaften in Theorie und Praxis, Marburg, S. 31-47.

Lampert, H. (1990), Die Bedeutung der Gerechtigkeit im Konzept der Sozialen Marktwirtschaft, in: *Bottke* und *Rauscher* (1990), S. 115-136.

Müller-Armack, A. (1959), Religion und Wirtschaft, 2., unveränderte Aufl., Stuttgart.

Müller-Armack, A. (1966), Wirtschaftsordnung und Wirtschaftspolitik, Freiburg im Breisgau.

North, D. C (1988), Theorie des institutionellen Wandels, Tübingen.

Rauscher, A. (1990), Zum Verhältnis von Naturrecht und positivem Recht in der christlichen Denktradition, in: *Bottke* und *Rauscher* (1990), S. 9-20.

Recktenwald, H.C (Hrsg.) (1985a), Ethik, Wirtschaft und Staat - Adam Smiths Politische Ökonomie heute, Darmstadt.

Recktenwald, H. C (1985b), Der schottische Nationalökonom und Moralphilosoph und die Deutschen, in: *Recktenwald* (1985a), S. 391-399.

Röpke, W. (1965), Fronten der Freiheit, Stuttgart.

Smith, A. (1976), The Theory of Moral Sentiments, Oxford. Erste englische Ausgabe 1759.

Smith, A. (1977), Theorie der ethischen Gefühle, 2. Aufl., Hamburg. Übersetzt nach der 6. englischen Auflage 1790; erste deutsche Ausgabe 1926.

Smith, A. (1978), Der Wohlstand der Nationen, München. Erste englische Ausgabe 1776.

Smith, A. (1982a), Lectures on Jurisprudence, Indianapolis. Ursprüngliche Fassung der Texte 1762-64; erste englische Ausgabe 1896.

Smith, A. (1982b), Essays on Philosophical Subjects, Indianapolis. Erste englische Ausgabe 1795.

Tocqueville, A. de (1969), Der alte Staat und die Revolution, Reinbek. Erste französische Ausgabe 1856.

Tocqueville, A. de (1976), Über die Demokratie in Amerika, München. Erste französische Ausgabe Teil 1: 1835, Teil 2: 1840.

Winch, D. (1978), Adam Smith's Politics, Cambridge.

Ethik und Wirtschaftsordnung -
Eine Problemskizze unter besonderer Berücksichtigung der Denkansätze von Walter Eucken und Alfred Müller-Armack[1]

Hans-Günter Krüsselberg

---

[1]   Zuerst erschienen in: Loccumer Protokolle - Theologische Aspekte der Wirtschaftsethik III,
S. 23-66, Loccum 1987.

*"Sollte eine Wissenschaft vom Zusammenleben der
Menschen, wie es die Ökonomik ist, der hohen
Ethik wirklich ganz entraten können?"*

(Edgar Salin, Lynkeus, 216)

1. Ethik und das klassische Erkenntnisprogramm der Wirtschaftswissenschaften

1.1. Abgrenzungen und Problembestimmungen

1.1.1. Einige Klassifikationsvorschläge

Prinzipiell kann davon ausgegangen werden, daß die u.a. von *Rich* verwendete Terminologie (*Rich* 1984, 20 ff.) keine Verständnis- und Verwendungsprobleme für Wirtschaftswissenschafler begründen dürfte: **Deskriptive Ethik** beschäftigt sich mit Ethischem als empirischem Tatbestand. **Normative Ethik** befasst sich mit der Frage des Ethischen als Sollensforderung. **Metaethik** bemüht sich um die philosophische Klärung der Voraussetzung ethischer Urteile.

Diskussionen über Ethik intendieren Aussagen über die Begründung von Normen, die für menschliche Existenz von Belang sind. Menschliche Existenz bedeutet **Vielfalt**:

Einmal erscheint der Mensch als **Individuum**, als einzigartiges Wesen, dessen Wert in sich begründet ist. Dessen spezifische Bedürfnisse gehen als zentraler Bezugspunkt in das wirtschaftliche Kalkül ein. Dessen Hoffnung, den eigenen Lebensplan verwirklichen zu können, wird zum Maßstab der ökonomischen Erörterung über Handlungsmöglichkeiten und -begrenzungen.

Der Mensch ist ferner **Person**, ein Wesen, das sich selbst nur im Spiegel der Urteile anderer zu erkennen vermag - wie bereits *Adam Smith* sehr präzis darlegte -. Auf die "Frage jeglicher modernen Moraltheorie ...: Wie sind ethische Urteile in einer Welt (oder Kultur) möglich, die sich weder auf die Gewißheiten einer transzendenten Offenbarung noch auf die Evidenzen einer feststehenden Menschennatur verlassen kann?" antwortete er erfahrungswissenschaftlich: "... der einzige Spiegel, der es uns ermöglicht, die Schicklichkeit (propriety) unseres eigenen Verhaltens einigermaßen ... zu untersuchen", ist die Existenz **anderer** Leute.

"Bringe (den) Menschen in Gesellschaft anderer, und er ist sogleich mit dem Spiegel ausgerüstet, dessen er vorher entbehrte." ... "Welches ist der Lohn, der am meisten geeignet ist, die Übung der Wahrhaftigkeit, Gerechtigkeit und Menschlichkeit zu fördern? Das Vertrauen, die Achtung und die Liebe derjenigen, mit denen wir umgehen." Die "Theory of Moral Sentiments" wird damit zu einer Studie über Gegenseitigkeit! (S. ausführlich *Kaufmann* 1984, 174 - 177).

Als in institutionellen Feldern geprägtes sozialisiertes Wesen erkennt sich der Mensch als **Teil einer humanen Umwelt**. Als Wesen, dessen überleben von der Verfügbarkeit über Ressourcen abhängt, ist der Mensch zudem **Teil einer nicht-humanen**

Umwelt. Aber hier gilt es wiederum, auch tatsächlich zu unterscheiden - wie es z.B. bei *Erich Preiser* deutlich vollzogen wird (*Preiser* 1961, 107 ff.). Wo es um die **technischen** Grundlagen und die ökonomischen Bedingungen geht, "unter denen das Wirtschaften als Kampf des Menschen mit der Natur steht", - also um reale Größen -, spricht er von den "**natural-ökonomischen**" Aspekten menschlichen Handelns (*H.J. Seraphim* nennt das "Umweltbeziehungen"). Davon sei zu trennen die Betrachtung der **gesellschaftlichen** Phänomene, die anläßlich der "Auseinandersetzung des Menschen mit dem Menschen beim Wirtschaften" auftreten. Diese sind Tatbestände **sozial-ökonomischer** Art (*H.J. Seraphim*: "Mitweltbeziehungen").

Unbestritten ist auch für Ökonomen, daß in all diesen Lebensbereichen der Mensch Verantwortung übernimmt (*Rich* 1984, 56 ff.). Er ist verantwortlich für sich selbst, gegenüber anderen, gegenüber der "Welt" als institutionell geprägtem Lebensraum und gegenüber der "Natur". Vor allem ist dies unausweichlich, wenn wir mit *G.L.S. Shackle* (s. etwa *Shackle* 1972) eine Welt unterstellen, in der es echte Handlungsmöglichkeiten gibt, die eine eigene Geschichte aufweist, welche nicht vorgegeben ist und sich bloß in aufeinanderfolgenden Stufen dem menschlichen Bewußtsein enthüllt. Dort wo die Ereignisse nur zum Teil durch das, was bereits geschah, vorgeformt sind, wird ein Mensch nicht definitiv wissen, was aus seinem Handeln folgt. Verantwortung zu übernehmen, heißt dann, sich dennoch fähig fühlen, Urteile zu fällen über die Dinge, die geschehen mögen. "Es gibt keine Gewißheit, daher lassen sich echte Entscheidungen fällen. Es existiert eine begrenzte Ungewißheit, daher mag man - selbst angesichts der nicht vorhandenen Gewißheit - sinnvolle Wahlen treffen. Eine Entscheidung ist eine Wahl bei begrenzter Ungewißheit; in einem strengen und umfassenden Sinne ist sie ein Beginn, irgendwie "constrained indeed but not determined"[2].

1.1.2. Beziehungsfelder der Ethik und die Zweidimensionalität der ethischen Grundfrage nach Rich

In den von *Rich* ausgegrenzten Beziehungsfeldern der Ethik vermag sich somit wirtschaftswissenschaftliches Denken anzusiedeln, wenn formuliert wird (*Rich* 1984, 56 f.): Im Individualaspekt der Beziehung von Ich und Selbst thematisiere sich die Frage nach einer **Individualethik** als verantwortlichem Umgang des Ich mit seinem Selbst. Im personalen Aspekt des Ich zum Du/Ihr sei **Personalethik** im Spiel als Aussage über verantwortlichen und humanen Umgang mit Mitmenschen. Im ökologischen Aspekt der Beziehung des Ich/Wir zum Es sei **Umweltethik** gefragt als Normenkatalog für den verantwortlichen Umgang mit Natur und den verfügbaren nicht-humanen Ressourcen.

Sozialethik schließlich (*Rich* 1984, 65 f.) greife den institutionellen Aspekt der Beziehung des Ich/Wir zur Gesellschaft, zur gesellschaftlichen Ordnung in ihrem institutionellen Feld auf. **Sozial**ethik zentriere sich um das Thema der Verantwortung im Gesamtkontext gesellschaftliche Ordnungsstrukturen, "die den unabdingbaren Rahmen der menschlichen Existenz darstellen". "Sozialethik fragt nach der strukturellen Ordnung des institutionell vermittelten Daseins" und betone dabei den "Tatbestand der Interdependenz". Das Phänomen der Interdependenz erhalte - so meint *Rich* - seine beson-

---

[2] Zu diesen Thesen *Shackles* s. *Krüsselberg* 1965, 203 ff.

dere Bedeutung in der Sozialethik angesichts des Erfordernisses, alle Handlungs- und Ethikdimensionen miteinander zu verknüpfen: Interdependenz stehe somit für das Postulat der Notwendigkeit der wechselseitigen Berücksichtigung von Individual-, Personal-, Ökologie- und institutionellen Perspektiven. Insbesondere der ordnungstheoretische Ansatz von *Walter Eucken* wird diesen Gesichtspunkt der Interdependenz ganz zentral ins Zentrum der Erörterungen rücken.

Zu Recht vermerkt *Arthur Rich* weiterhin, daß sich die ethische Frage "in ihrer Eigentlichkeit" als "Frage nach dem **Guten und Rechten**" versteht. Das sei mehr "als Moral, als Sitte, als bürgerliche Rechtlichkeit" (*Rich 1984*, 15 ff.). Gewiß sei ethisches Verhalten definiert einmal als sittengemäßes Verhalten, als ein Verhalten gemäß Konvention und Tradition, als Normen-orientiert, als an Gesetzen orientiert. Daneben aber verstehe sich ethisches Handeln als "Handeln im Sinne eines kategorischen Imperativs". In eben diesem Sinne sei die ethische Frage die Frage nach dem Guten und Rechten. So spitze sich die Erörterung über die Zweidimensionalität in der Ethik zu als Ethos im Sinne dessen, was man tut, gegen Ethos im Sinne dessen, was ich tun soll. So könne es sein, daß sich der Einzelne zu einem neuenTun und Handeln herausgefordert fühlt. Hier stehe dann: "Gewissen gegen Konvention"!

1.2. Gewissen als Grundelement und Problem liberaler Gesellschaftstheorie

Auch der Begriff des Gewissens ist der wirtschaftswissenschaftlichen Diskussion nicht fremd, soweit sie sich speziell der ordnungstheoretischen Fragestellung widmet. Schon *Adam Smith* begründete das Grundschema seiner Politischen Ökonomik mit dem Hinweis auf die zentrale Rolle, die dem Menschen hier zufällt. Sein System der Politischen Ökonomik stellt den Menschen als psychophysische Lebenseinheit in den Mittelpunkt der gesellschaftlichen Entwicklung. Für ihn gibt es - wie bereits erwähnt - keine angeborene, sondern nur eine erlernte Moral. In einem sozialen Prozeß, der aus der Beurteilung anderer und den Urteilen der anderen erwächst, entwickelt der Mensch - nach *Smith* - seinen Sinn für "richtiges" und "falsches" Verhalten. Quelle des menschlichen Gewissens sind soziale Interaktionen (s. *Krüsselberg* 1984, 187 f.).

Aber *Smith* betont zugleich, Gewissen allein sei kein Garant für "gute Gesellschaft". Dazu bedürfe es eines umfassenderen Kontrollsystems, das jedes Individuum mehrstufig einbindet - in Regeln der Ethik sowie des positiven Rechts und zudem in das Testfeld der Konkurrenz, wo um die Akzeptanz von Ideen, Handlungen und Gütern gerungen wird. Auch ethische Standards rivalisieren miteinander.

Horst Claus Recktenwald (1985, 61) veranschaulicht diese Systemidee von *Adam Smith* in folgender Weise:

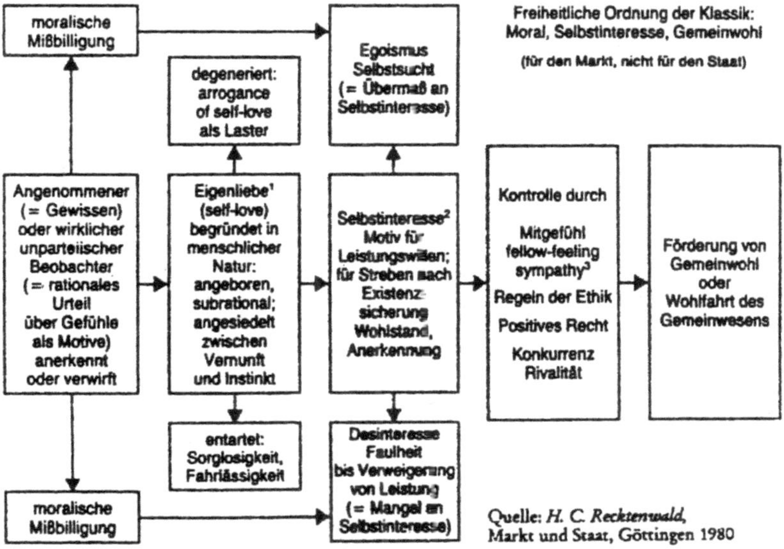
Freiheitliche Ordnung der Klassik: Moral, Selbstinteresse, Gemeinwohl
(für den Markt, nicht für den Staat)
moralische Mißbilligung
degeneriert: arrogance of self-love als Laster
Egoismus Selbstsucht (= Übermaß an Selbstinteresse)
Angenommener (= Gewissen) oder wirklicher unparteiischer Beobachter (= rationales Urteil über Gefühle als Motive) anerkennt oder verwirft
Eigenliebe¹ (self-love) begründet in menschlicher Natur: angeboren, subrational; angesiedelt zwischen Vernunft und Instinkt
Selbstinteresse² Motiv für Leistungswillen; für Streben nach Existenzsicherung Wohlstand, Anerkennung
Kontrolle durch
Mitgefühl fellow-feeling sympathy³
Regeln der Ethik
Positives Recht
Konkurrenz Rivalität
Förderung von Gemeinwohl oder Wohlfahrt des Gemeinwesens
entartet: Sorglosigkeit, Fahrlässigkeit
Desinteresse Faulheit bis Verweigerung von Leistung (= Mangel an Selbstinteresse)
moralische Mißbilligung

Quelle: *H. C. Recktenwald*, Markt und Staat, Göttingen 1980

¹ Eigenliebe (= Motiv für individuelles Handeln) ist ein natürliches Gefühl, „which comes to us from womb and never leaves us till we go into the grave".
² Selbstinteresse in allen möglichen Äußerungen (z. B. als Erwerbsstreben) als Tugend und Laster.
³ Nicht zu verwechseln mit Wohltat oder Altruismus (= beneficience im Unterschied zu benevolence), ohne Mitgefühl ist Vernunft inhuman und machtlos, ohne vernünftiges Urteil bleibt das Mitgefühl taub. Weder auf ihm noch auf Wohltat läßt sich eine Ordnung dauerhaft aufrechterhalten. Für Gott, nicht für den Menschen, mag Wohltat das einzige Prinzip sein.

Daß auch "Gewissen" korrumpierbar ist, zeigen nach *Alexander Rüstow* (1957, 453, 457 f., 690) die "verheerenden sozialpädagogischen Erfolge des Nationalsozialismus". Sie sind für ihn "ein **furchtbarer** Beweis für den **sozialen** Charakter des Gewissens". Wenn Gewissen "seinem jeweiligen aktuellen Inhalt nach nicht ... Angeborenes, jedem einzelnen Menschen unmittelbar von Gott oder der Natur Eingepflanztes" ist, vermag Gewissen zum "Bevollmächtigten der sozialen Gruppe im Inneren eines jeden Einzelnen (zu werden), übernehme der Mensch als von Natur soziales Wesen instinktiv die geltenden Wertungen der Gruppe, in die er hineingeboren wurde, die ihn erzog und umgibt". Unter bestimmten Rahmenbedingungen lasse sich der Einzelne dann in weit wirksamerer Weise beeinflussen als durch nur von außen wirkenden Zwang. So vermöchte sich auch aus dem sozialen Charakter des Gewissens sein von der Massenpsychologie festgestelltes scheinbares Aussetzen bei Massenpsychosen erklären. Damit wäre Verhalten über eine "Oberflächenwirkung des Gewissens" steuerbar, auch dann wenn beim Einzelnen "Gewissenskonflikte" verblieben.

So spielt "Erfahrung", erlebte Geschichte in die Gewissensdebatte hinein, wie die Auseinandersetzung des Ordo-Liberalismus mit dem Nationalsozialismus und den dabei zu beobachtenden "Massenphänomenen" zeigt. Dessen **Metaethik**, also die im Ordo-Kreis vollzogene philosophische Begründung der Voraussetzung ethischer Urteile, ist berührt angesichts seiner Bemühungen, Ordnungsstrukturen zu schaffen, deren Funktionszusammenhänge einer "Verfassung der Freiheit" entsprechen. Die Auffassung, Freiheit sei in ein soziales Gleichgewichtssystem einzuschließen (s. *René König* 1987, 51), der Einzelne sei in Institutionen einzubinden, um ihn zu verantwortlichem Handeln zu befähigen, sie verknüpft den "alten" mit dem "neuen" Liberalismus. Gewiß drückt sich darin zunächst nur die formale Position der Verantwortungsethik aus, ein Geschehen nach seinen Folgen zu beurteilen und es abzulehnen, weil man die Folgen ablehnt. Zugleich aber wird das Bemühen um eine "Bewußtseinserhellung durch die Wissenschaft" zum Grund-Element einer besonderen, der wissenschaftlichen Verantwortungsethik.

Zu Recht konstatiert *René König* (1987, 216 ff.) in diesem Zusammenhang: "Wir werden uns zu fragen haben, welches die 'Gesinnung' sein mag, die die wissenschaftliche Objektivität begründet. Auch das ist ein Begegnungsort für Werturteil und Wissenschaft, wobei interessanterweise die Forderung nach Werturteilsfreiheit aus der ethischen Zurückweisung oder Ablehnung der Folgen jenes Denkens erfolgt, das der Forderung wie der Wirkung nach in Werturteilen gründet. ... So heißt es bei *Weber*: 'Auch das Rationale im Sinne der logischen oder teleologischen 'Konsequenz' einer intellektuell-theoretischen oder praktisch-ethischen Stellungnahme hat nun einmal (und hatte von jeher) Gewalt über die Menschen, so begrenzt und labil diese Macht auch gegenüber anderen Mächten des historischen Lebens überall war und ist.' Damit wird als letzte Wurzel der theoretischen Rationalität eine eigene Verantwortung und Ethik, also ein eigentlicher 'existentieller Rationalismus' sichtbar, der seinerseits zurückwirkt auf die Konzeption der theoretischen Rationalität. So wird also letztlich die Enthaltung von Werturteilen als theoretisches Postulat im Sinne der Verantwortungsethik *Max Weber*s zu begründen sein aus dem Abwägen der jeweils gegebenen Mittel mit den Möglichkeiten und Folgen des Handelns. Die Bedeutung der werturteilsfreien Wissenschaft in diesem Sinne resultiert dann unter anderem aus der Ablehnung gewisser Konsequenzen, die mit dem werturteilsbehafteten Denken verbunden sind."

Exakt dies war aber auch die Position, auf die sich *Alfred Müller-Armack* (1947) berief, als er dem "Problem unserer Zeit", "einer Epoche, deren Ende in der Gegenwart von Schuld und Zerstörung, von Irrtum und Unglück erfüllt ist", nachzugehen suchte und dabei auf "die Kräfte eines neuen geistigen Beginns" glaubte verweisen zu können (*Müller-Armack* 1959, 373 ff.).

1.3. Das Problem der Normenbegründung nach Höffe

"Die philosophische Ethik findet sich dort, wo überkommene Lebensweisen und Konstitutionen ihre selbstverständliche Geltung verlieren" (*Höffe* 1977, S.7). Wenn umstritten ist, welches Handeln sittlich geboten, verboten oder erlaubt ist, - und dies kennzeichnet das Lebensgefühl der Menschen in Phasen, in denen alte Ordnungen gebrochen und andere zu begründen sind - erhebt sich die Frage nach den Grundsätzen für eine Legitimation jener Kräfte und Prinzipien, die eine Um- und Neu-Gestaltung der geschichtlich-gesellschaftlichen Welt intendieren.

Für die ordnungstheoretischen Entwürfe der Nachkriegszeit in Deutschland waren das Erleben des Nationalsozialismus und seiner politischen, wirtschaftlichen und gesellschaftlichen Folgen ebenso ausschlaggebend wie die politischen, wirtschaftlichen und gesellschaftlichen Auswirkungen der Weltwirtschaftskrise. Aus jenen Erfahrungen, die ihnen Zeichen einer "geistesgeschichtlichen Krisis" waren, leiteten *Walter Eucken* und *Alfred Müller-Armack* eine "Verantwortung des Nationalökonomen gegenüber der Wirklichkeit" ab. Verlangt sei "Kraft zur Wirklichkeit", und das bedeute Anerkennung dessen, daß die "Gestaltung der Ordnung" eine große wirtschaftspolitische Aufgabe sei, "deren gedankliche Lösung vom Nationalökonomen geleistet werden müsse"[3]. Gedankliche Lösung einer Gestaltungsaufgabe heißt Begründung durch eine rationale Argumentation. Dazu gehört die Begründung oder Rechtfertigung der zugrunde gelegten oder geforderten Normen.

Nach *Höffe* (1977, 16 f.) - dies sei hier lediglich berichterstattend bemerkt - ist ein philosophisch zufriedenstellender Begründungsprozeß zweiteilig und in methodisch mehrfach differenzierter Form zu leisten:

Der erste Teil sei reduktiv. In einer Selbstreflektion des sittlichen Bewußtseins suche man dieses sittliche Bewußtsein auf **sein Prinzip** zurückzuführen. Ein konkretes Sittlichkeitsurteil erfolge stets als Synthese einer sittlichen Maxime mit den wechselnden Situationsbedingungen. Daher sei im Begründungsverfahren zunächst vom nichtsittlichen Element, den Situationsbedingungen, auch von geschichtlich-gesellschaftlichen Vorgaben, zu abstrahieren. Ähnliches gelte für die verschiedenen Inhalte der Maximen. Am Ende verbleibe der Begriff einer Verpflichtung, die schlechthin oder unbedingt gültig ist, - unabhängig von den zufälligen Gegebenheiten individueller, geschichtlich-gesellschaftlicher, selbst gattungsmäßiger Natur, als Qualität des Sittlichen selbst, - "eine formale Gleichheit".

Sittliche Gebote oder Verbote erscheinen in diesem Sinne als objektiv, notwendig und allgemein (für jedes Vernunftswesen) gültig. Ihre Besonderheit bestehe darin, daß sie ihren Ursprung in der Selbstbestimmung des Willens finden (Freiheit im Sinne von Autonomie). Letztlich sei man deshalb sittlich, weil man in seinem sittlichen Handeln selbst gesetzten Geboten folgt, also im strengen Sinn frei ist. Das Kriterium für die Autonomie eines Handelns sei die "Verallgemeinbarkeit" der Maxime, der das Handeln folgt - als kategorischer Imperativ.

Der zweite Teil der Begründung sei deduktiv: mit Hilfe der genannten Kritierien könne man Handlungsmaximen, somit auch moralische Alltagsurteile, auf ihre Sittlichkeit hin prüfen, sie bestätigen oder revidieren. Die entsprechend begründeten Maximen schrieben in der Regel noch kein konkretes Handeln vor. Sie hätten vielmehr die methodische Bedeutung von normativen Leitprinzipien.

Die Begründung von Normen wolle weder einen sittlichen Standpunkt noch ein konkretes sittliches Urteil "aus dem Nichts" hervorbringen. Vielmehr leiste sie eine Aufklärung einer gelebten Moral, eines schon vorhandenen sittlichen Bewußtseins über sich selbst. Durch die Erkenntnis des Prinzips gewahre man, daß sittliche Gebote nicht eine Sache willkürlicher Dezision oder persönlichen Gefühls, nicht eine Frage der Herkunft, des Taktes oder der eingespielten Konvention und letztlich auch nicht Gebote einer religiösen Instanz sind. - In diesem Verfahren werde sich der Mensch seiner Autonomie

---

[3]   Vorwort und Geleitwort zu *Eucken* 1952, V, XI ff. sowie *Müller-Armack* 1966, 9f., 20 ff.

bewußt. Zugleich gewinne er das Kriterium, nach dem sich die Autonomie seines Handelns prüfen ließe.

In der Situation einer als allgemein empfundenen Krise könne die Philosophie nicht einfach einen verlorengegangenen Konsens über sittliche und politische Werte wiederherstellen. Sie könne jedoch auf methodischem Wege - und ohne eine letzte Berufung auf politische und religiöse Autoritäten als solche oder auf das von altersher Gewohnte und Bewährte - Aussagen über die menschliche Existenz suchen, die an der leitenden Idee eines humanen Lebens, eines Zusichselbstkommens der Menschen orientiert sind. Eine gegenwartsnahe Ethik könne dabei auf den Wissensfonds der zeitgenössischen Humanwissenschaften nicht verzichten.

1.4. Argumente zum Erkenntnisprogramm der Wirtschaftswissenschaft und zur Theorie wirtschaftlicher Ordnungen - die Position von H. Albert

Das Grundproblem der Ordnungstheorie stellt sich - wie gezeigt - zunächst als wissenschaftstheoretische Frage. Es ist das Problem der Auseinandersetzung mit der normativ-explikativen Doppelfunktion der Wirtschaftswissenschaften. Nicht ohne Grund sieht *Hans Albert* darin die zentrale Problematik des ökonomischen Denkens begründet (s. vor allem *Albert* 1978, 49 ff.). Sie verknüpft sich mit zwei Fragen: Hat die Wirtschaftswissenschaft Erklärungsleistungen zu erbringen? Oder: Hat sie Anhaltspunkte für die Beurteilung sozialer Tatbestände oder gar Normen für menschliches Handeln zu liefern?

Heute sieht man die besondere Leistung der klassischen Nationalökonomie darin, daß sie erstmalig in der Wissenschaftsgeschichte ein **nicht-autoritäres System** der sozialen Kontrolle theoretisch darstellt. Mit der Frage nach der Funktionsfähigkeit eines solchen Systems und der nach seinen Leistungen für die Mitglieder der Gesellschaft wird die Problematik der sozialen Steuerung erörtert - und zwar im Gegensatz zu den auf Befehl und Gehorsam beruhenden hierarchischen Systemen. So entfaltet sich ein System Politischer Ökonomik, das sich von einem gesellschaftstheoretischen Leitbild her strukturiert und auf dieser Basis Politikkonzepte zu entwickeln bemüht ist.

Es ist somit nicht zu bezweifeln, daß das sozialphilosophische Rahmenwerk, innerhalb dessen diese Politische Ökonomik diskutiert wurde, Wertgesichtspunkte enthielt. Diese Wertgesichtspunkte ordnen sich um die Idee eines "Systems der natürlichen Freiheit", das nicht nur Wohlstand verhieß und ermöglichte, sondern auch politisch als vorzugswürdig anzusehen ist. Es entstand als "Leitbild" gegen Systeme, die im Erscheinungsbild eine Verbindung von Despotie und Massenelend sichtbar machten.

Hans Albert meint, hier sei auch das erste soziologische Erkenntnisprogramm entworfen worden, dessen Grundideen "ohne Zweifel" das Programm einer theoretischen Soziologie im besten Sinne des Wortes - etwa in dem Sinne, wie *Max Weber* sie verstanden hat - ausmache, einer Soziologie, die imstande wäre, historische Erklärungen zu liefern und darüber hinaus sozialtechnologisch umgesetzt und daher praktisch verwertet zu werden. *Hans Albert* hält dieses Programm immer noch für aktuell. Es unterscheide sich vorteilhaft von anderen Systemspekulationen. Eine der wichtigsten Entdeckungen, die im Rahmen dieses Programms gemacht wurden, bestehe darin, daß die 'Funktion' einer Tätigkeit, ihre Leistung für die Mitglieder der Gesellschaft, keineswegs ein Motiv - oder gar das wichtigste oder einzige Motiv für ihre Entstehung, ihre Ausübung oder ihre Verbreitung sein muß. ... Die Entdeckung, daß viele positiv oder negativ bewertete soziale Tatbestände das unbeabsichtigte, unerwartete oder sogar unvorhersehbare Resultat individueller Handlungen sind - im ökonomischen Denken zunächst auf die Wohlfahrtswirkungen des Gewinnstrebens bezogen -, sei keineswegs nur für den wirtschaftlichen Bereich von Bedeutung. Es handele sich vielmehr um eine allgemeine soziologische Einsicht, die sich z.B. auch auf die Entwicklung der Wissenschaft beziehen ließe. Für besonders wichtig hält *Hans Albert* die Berücksichtigung der Idee der negativen Rückkoppelung.

Fünf Grundideen sind für dieses klassische Erkenntnisprogramm konstitutiv:

1. Der **methodologische Individualismus**, die Idee also der Erklärung sozialer Tatbestände. aus dem Zusammenspiel individueller Handlungen unter verschiedenen Bedingungen, aus Interaktionen.

2. Die **nomologische Orientierung**, also: die Vorstellung der Existenz von Gesetzmäßigkeiten, die eine solche Erklärung ermöglichen.

3. Der Gedanke, daß **die Orientierung am Selbstinteresse** ausschlaggebend ist für menschliches Verhalten. Das aber bedeutet keineswegs Egoismus, sondern nur die Annahme eines nicht unbeschränkten Altruismus.

4. Die Annahme, daß **die Knappheit der Mittel** für die Erfüllung menschlicher Wünsche einen wesentlichen Aspekt der menschlichen Lebenssituation - und damit: der zu untersuchenden Tatbestände - ausmacht.

5. **Der theoretische Institutionalismus**, die Idee der Kanalisierung menschlichen Verhaltens durch die bestehenden - jeweils historisch variablen - institutionellen Vorkehrungen des sozialen Lebens. Damit ergeben sich bei unterschiedlichen Rechtsregelungen unterschiedliche Verhaltensweisen.

Die These des methodologischen Individualismus geht nun dahin, daß menschliches Verhalten eine Rolle spielt, daß alle ökonomischen Vorgänge letzten Endes in Handlungsverkettungen - in Konfigurationen individueller Verhaltensweisen - auflösbar sind. Notwendig ist es also zu analysieren, wie diese Handlungen beschaffen sind, wie sie zusammenhängen. Exakt dies ist dann entscheidend für den jeweiligen Ablauf und die daraus entstehende Ordnung oder Unordnung.

Handlungsverkettungen zu analysieren, gehört zum Kern aller Erklärungsversuche der Ökonomik und damit zum Kern ökonomischer Modelle. Hier spielt der Tatbestand der Knappheit als allgemeiner sozialer Tatbestand nicht von ungefähr eine bedeutende Rolle.

Gleichwohl hat die Entwicklung der ökonomischen Theorie bis zur Gegenwart zu zwei entscheidenden Defiziten geführt. Zunächst einmal wurde ein wesentlicher Punkt des klassischen Denkens beiseite geschoben, daß nämlich die Anreizwirkungen verschiedenartiger rechtlicher Regelungen von ungeheurer Bedeutung für den Wirtschaftsablauf sind. Zu spezifizieren sind die **äußeren** Restriktionen, z.B. der Rechtsregeln und anderer sozial-kultureller Tatbestände. Dieses Defizit gilt es nach wie vor zu beseitigen.

Daneben existiert ein **psychologisches** Defizit, denn die internen Beschränkungen, denen unser Problemlösungsverhalten de facto unterliegt, müssen ebenso in Rechnung gestellt werden, wie die externen Beschränkungen.

Tatsächlich kann der Anspruch des methodologischen Individualismus nur durch die Vermittlung einer realistischen Auffassung vom menschlichen Problemlösungsverhalten eingelöst werden.

All dies berührt natürlich ordnungstheoretische und ordnungspolitische Fragestellungen. Insbesondere interessiert hier die Problemstellung gemäß 1. und 5. als Frage nach jenen Handlungsverkettungen, die Individuen in ihrem Problemlösungsverhalten fördern. Solche dürften nämlich am ehesten geeignet sein, Ordnung im Sinne eines von den Betroffenen akzeptierten Musters von Handlungsmodi zu begründen. Das, was ökonomische Theorie in diesem Zusammenhang zu leisten hat, zielt in Richtung auf eine komparative Analyse institutioneller Vorkehrungen im Hinblick auf Leistungsmerkmale - wie Freiheit, Sicherheit, Stabilität -, ein Leistungsbündel, das sich nicht auf ein umfassendes Effizienz-Kriterium reduzieren läßt (*Albert* 1986, 87 ff.).

1.5. Konkurrierende Positionen zum Erkenntnisprogramm der Wirtschaftswissenschaften: "Rationaltheorie" versus "Politische Ökonomik"?

Wirtschafts- und Sozialordnungen sind auf die Verwirklichung gesellschaftlicher Grundziele ausgerichtet. Wirtschaften als Aktivität zur Minderung von Knappheit dient außerwirtschaftlichen Zwecken menschlicher Daseinsgestaltung: der Lebenserhaltung und der kulturellen, politischen sowie humanitären Formung der Lebensbedingungen. Unvermeidlich wird damit wirtschaftliches Handeln durch Verhaltensnormen rechtlicher und sittlicher Art geprägt. Neben eine Lehre von der Wirtschaftspolitik, die sich auf die Betrachtung von Zielen und Maßnahmen der staatlichen Instanzen erstreckt, muß folglich eine Analyse der Ziel- und Handlungspotentiale der in der Wirtschaft tätigen Personen und Gruppen treten. Deren Kenntnis ist eine wichtige Voraussetzung für eine Wirtschaftspolitik, der die Aufgabe zugewiesen wird, auf den Handlungszusammenhang dieser notwendigerweise unterschiedlichen Aktivitäten ordnend, regelnd und stabilisierend einzuwirken.

Auch nach ökonomischem Grundverständnis ist der Mensch "des Gemeinlebens bedürftig und fähig" (*K.P. Hensel*). Aus seiner Individualität erwächst gleichwohl ein Streben nach Selbstentfaltung und Selbstbestätigung. Wirtschaftliches Geschehen vollzieht sich daher in einem Spannungsfeld zwischen Gemeinschafts- und Individualbedürfnissen. Dem Mit- und Füreinanderwirken bleibt stets ein potentielles Gegeneinander der Wünsche, Interessen und Absichten verhaftet. Nach modernem sozialwissenschaftlichem Verständnis realisiert sich Ordnung in freiheitlichen Gesellschaften "einzig und allein im gemeinsamen Wollen der Beteiligten" (*R. König*). Entscheidende Rahmenbedingung ist für die freie Artikulation solchen Wollens die rechtliche Konstituierung und Begrenzung sowohl der öffentlichen Gewalt als auch der privaten wirtschaftlichen Handlungsspielräume durch materielle und formelle Verfassungsprinzipien (Grundrechte, sozialer Rechtsstaat, Gewaltenteilung).

Öffentliche Gewalt (sie begründet Interventionsrechte des Staates) bedarf der demokratischen Legitimation und pluralistischen Kontrolle in einem Verfassungsstaat, der durch eben diese seine Verfassungsprinzipien seine kooperative und damit grundsätzlich "offene" Struktur erhält. Die Delegation von Handlungskompetenz an den Staat, d.h. die Schaffung öffentlicher Gewalt, ist (in der demokratischen Interpretation) prinzipiell eine Abtretung von Souveränitätsrechten auf Zeit.

Privatwirtschaftliche, d.h. den Mitgliedern von Haushalten und nichtöffentlichen Unternehmen zugestandene Handlungsspielräume werden durch - (für die jeweilige politische Führungsspitze) unantastbare - Grundrechte und volkswirtschaftlich erwünschte Leistungen (insbesondere durch kostengünstige Befriedigung der individuell geäußerten Versorgungswünsche) legitimiert.

Daß privatwirtschaftliche Entscheidungs- und Handlungsfreiheiten der Förderung des Gesamtwohls dienlich sein können, wird durch folgende Erkenntnis gestützt: Gesellschaftliches Wissen ist unabdingbar an Personen gebunden und somit gesellschaftlich breit gestreut. Soll es allen Mitgliedern der Gesellschaft nutzbar gemacht werden, muß gewährleistet sein, daß sich Angebot und Nachfrage unbeeinflußt artikulieren können. Da auch die Träger solcher Wünsche räumlich verteilt leben, wird die Dezentralisierung von Entscheidungskompetenzen über den Einsatz vorhandener Ressourcen wesentlich dazu beitragen, daß sich Leistungsangebote und Bedarfsäußerungen bestmöglich entsprechen. Vorausgesetzt wird hier, daß - abgesehen von ganz bestimmten (von Fall zu Fall ziemlich genau benennbaren) Sondersituationen gesellschaftlichen Lebens - der Einzelne definitiv in der Lage ist zu entscheiden, welche Leistungsangebote der Wirtschaft seinen Bedürfnissen und Wünschen am ehesten genügen.

Das ist zugleich die Grundposition, von der sich individuelle Grundrechte, also Entscheidungsrechte, ableiten lassen.

All dies gilt im wesentlichen als nicht kontrovers. Als Problem erscheint gleichwohl die Fähigkeit der Wissenschaft, die Vielfalt möglicher Lebensordnungen theoretisch zu erfassen und als Einheit zu denken. Immer wieder - und gerade auch heute - wird eine Krise der Wissenschaft dahingehend konstatiert, daß sie die konkrete Realität weder sinnvoll zu erklären noch zu gestalten vermag.

Das war das Thema, das sich *Walter Eucken* als Grundlagenproblem der Nationalökonomie stellte (*Eucken* 1950). Bei entschiedener Ablehnung des Begriffsrealismus wie des Historismus (*E. Preiser* 1961, Vorwort). wollte er einen Weg finden, die Tatsachen der Alltagserfahrung sowohl individuell-historisch als auch allgemein-theoretisch bestimmen zu können. "Abstrakte Zusammenhänge" aufzudecken unter Verlust des Wissens von der "Vielfältigkeit historisch-konkreter Formen und einzelner Tatsachen" verwickle die Nationalökonomie in eine "große Antinomie", "ohne deren Überwindung es keine Erkenntnis des Wirtschaftsablaufs gibt" (*Preiser* 1961, 21).

"Die Spannung, welche diese Antinomie in sich schließt, muß in ihrer ganzen Schärfe begriffen werden: Der geschichtliche Charakter des Problems verlangt Anschauung, Intuition, Synthese, Verstehen, Einfühlung in individuelles Leben; - der allgemeintheoretische Charakter indessen fordert rationales Denken, Analyse, Arbeiten mit gedanklichen Modellen. Hier Leben - da Ratio. Wie soll beides, lebendige Anschauung und theoretisches Denken, zu faktischem Zusammenwirken gebracht werden ? Wie läßt sich das Problem in seiner vollen historisch-individuellen Vielfältigkeit und seinem dauernden Wechsel erfassen und gleichwohl durch Hebung ins Allgemeine theoretischer Untersuchung zuführen?"

Den "Ausgleich zwischen der lebendigen Geschichte und der Wissenschaft" zu erzielen, "geschichtliche Mannigfaltigkeit kraft der Einheit des theoretischen Systems" zu erfassen, erschien ihm als Aufgabe der "echten, nicht spekulativen Nationalökonomie" (*Preiser* 1961, 22 f.).

Euckens Lösungsvorschlag lautete: notwendig ist ein Denken in Ordnungen. Hier begegnen sich die ordnungstheoretischen Studien von *Walter Eucken* und *Alfred Müller-Armack*. Ihr Gedanke, Ordnung entstehe nicht von selbst, Ordnung sei zu gestalten, setzte die Kenntnis von Theorie unabdingbar voraus. Ordnungstheorie impliziert die Synthese von Aussagen über Kausalzusammenhänge. Sie verlangt zudem, sich ein Urteil zu bilden und Stellung zu nehmen zu den Zielen der Wirtschaftspolltik selbst, wie es das Selbstverständnis einer "Politischen Ökonomik" vorsieht. Grundlegend ist die Erkenntnis, daß Wirtschaftspolitik, da sie in ihrer konkreten Ausprägung jeweils auf politische Basisentscheidungen zurückführt, stets Politische Ökonomik ist. Aus der Einheit oder zumindest der Komplementarität von Ordnungs- und Prozeßtheorie sollte ein Theoriekonzept erwachsen, das es erlaubt, die "große Antinomie" zu überwinden. Jedes wirtschaftliche Problem sei danach sowohl im bereits genannten Sinne als "individuell historisch" und "gleichzeitig allgemein theoretisch" zu erfassen. - Mit diesem Denkansatz rückten sie nicht nur von der Lehre des Laissez-faire, sondern zugleich von der Idee einer zwangsläufigen Gesellschaftsentwicklung ab (s. Geleitwort zu *Eucken* 1952, VIII ff.).

Daß diese Gemeinsamkeit zwischen *Müller-Armack* und *Eucken* weit trägt, ist nicht zu bezweifeln. Ihre meta-ethischen Begründungen variieren jedoch sehr wesentlich. Bislang sind die Werke der beiden genannten Autoren kaum systematisch unter diesem Aspekt betrachtet worden. Ein erster Schritt soll hier getan werden. Damit würde gewiß auch ihrem ausdrücklichen Anliegen entsprochen, "Gedanken zu weiteren Überlegungen und zu neuer Untersuchung der Wirklichkeit" (*Eucken* 1952, VI) bzw. eine gründlichere "geistige Durcharbeitung dieses Gedankens" (*Müller-Armack* 1966, 11) anzuregen.

Ob die Ansicht *Edgar Salins* zutrifft, die insbesondere auf *Eucken* zielt, hier werde das politische Element als wirkende Kraft nicht hinreichend gewürdigt, soll dabei nicht erörtert werden. Gewiß ist der Ordo-Liberalismus keine reine Theorie. Inwieweit dort jedoch "in Verkennung der politischen und sozialen Kräfte und Mächte ein theoretisches Modell als politisches Soll gesetzt wird - eine Identifizierung, die nur zufällig, in ganz kurzen Zeitspannen, unter schnell vergänglichen Voraussetzungen, der Wirklichkeit entsprechen kann" (*Salin* 1963, 217), bleibt weiterhin diskussionsbedürftig.

2. Müller-Armacks Studien zum Thema "Wirtschaftsordnung"

2.1. Das Problem der Grundmuster gesellschaftlicher Prozesse

Für *Müller-Armack*s Denken ist grundlegend die Forderung, zu einer Theorie wirtschaftlicher und gesellschaftlicher Entwicklung zu gelangen, die Spontaneität und Freiheit als grundlegende Kategorien des historischen Ablaufs anerkennt (*Müller-Armack* 1932, 164 ff., 121 ff., 167 ff., 199). Spontaneität der Entwicklungsanstöße und Offenheit in bezug auf das Endziel gelten ihm - wie bereits *J.A. Schumpeter* - als die entscheidenden Merkmale einer "dialektischen Ablaufsform der Geschichte", die stets über ihre aktuellen Formen hinauswächst, indem sie neue schafft.

Geschichtlichkeit der Situation bedeutet, daß die gegenwärtige Situation hinreichend überschaubar, die Zukunft jedoch verdeckt ist. 'Zukunftsverdecktheit' - als historische Ungewißheit - hebt die Möglichkeit einer schematischen Abtrennung des Politischen vom Wirtschaftlichen auf: Stetiger Wandel der geschichtlichen Situation zerstört die Fiktion vollkommener Voraussicht und zwingt jeder gestaltenden Aktion ein Moment des irrationalen Einsatzes für eine bestimmte Position auf. 'Politisch' heißt die Fähigkeit, erreichte Lösungen in Frage zu stellen und neue Lösungsvorschläge durchsetzen zu können. Politik und Macht erweisen sich als Ausdrucksform der 'Geschichtlichkeit' mit Blickrichtung auf situationsgebundene annehmbare Lösungen im Normen- und Gruppenkonflikt.

Marktwirtschaftliche Entwicklung zeichnet sich - in freiheitlich-demokratische Strukturen eingebettet - speziell durch ihre Offenheit aus. Sozial fixierte und technisch organisatorische Basisstrukturen sind ein Widerspruch zu marktwirtschaftlicher Formbildung, denn "erst im Prozeß der Entwicklung" bildet sich "die Struktur der sozialen und wirtschaftlichen Ordnung" (*Müller-Armack* 1932, 46 ff.) aus. Damit bleiben die Erwartungen hinsichtlich der Zukunft ungewiß. Die Tatsache, daß im Prozeß Veränderungen zwangsläufig sind, beeinflußt jegliches auf die Zukunft gerichtete Verhalten.

Entscheidungen heute implizieren nicht unwiderruflich eine Bindung für die Entscheidungsstruktur von morgen. Das ist die Bedingung für die Offenheit des Systems. Wandel, Unvorhersehbarkeit der Zukunft, ungewisse Erwartungen - alles Grundtatbestände des auf Evolution und Dynamik ausgerichteten marktwirtschaftlichen Kalküls - sind mit den statischen Basisannahmen wohlfahrtstheoretischen Optimum-Denkens (wie Konstanz der Bewertungshorizonte, Konstanz der ökonomischen und institutionellen Strukturen) unvereinbar. All dies gilt für einzelwirtschaftliche (private) und staatliche Entscheidungen in absolut identischer Weise (s. auch *Krüsselberg* 1985).

Müller-Armack geht gleichwohl davon aus, daß es notwendig sei, die wissenschaftliche Fragestellung von den zentralen Anliegen der jeweiligen Gegenwart her zu bestimmen. Daher könne sich die Wissenschaft nicht der Aufgabe entziehen, ihre geschichtliche Erfahrung in den Dienst von Neuorientierungen des Lebens zu stellen. Sie müsse es als eine echte wissenschaftliche Aufgabe begreifen, sowohl die geschichtliche Vergangenheit zu erklären als auch der geschichtlichen Gestaltung zu dienen. Das Ideal werturteilsfreier Erkenntnis erscheine auch heute noch insofern berechtigt, als es die Forderung enthält, im Erkennen selbst nur der Sache zu folgen. Wenn aber das Erkennen einen konkreten Lebenssinn behalten soll, bedeute das nicht, das Ergebnis solch sachgerechter Erkenntnis nicht im Dienste des Lebens einsetzen zu dürfen und gar von der Wissenschaft her jegliche Antwort auf dringende Lebensfragen zu verweigern (*Müller-Armack* 1959, 12 f.).

2.2. Die Seinslogik aller Säkularisation

Problem für *Müller-Armack* ist, sich der Seinslogik aller Säkularisation bewußt zu werden. Diese könne der Mensch ebensowenig "wie seinen Schatten überspringen". Die Sinngesetzlichkeiten der Glaubensauflösungen versucht *Müller-Armack* in den folgenden Sätzen zu erfassen:

1. Der Mensch ist seinem Wesen nach derart auf die Erfahrung einer religiösen Transzendenz angelegt, daß er zwar zum Glaubensabfall innerlich befähigt ist, nicht aber dazu, in seiner immanenten Welt den Akt des Transzendenten auszuschalten. Es verlagert sich in der Glaubensabwendung der religiöse Akt in eine ihm nicht adäquate Sphäre.

2. Es gibt keine Glaubensablösung schlechthin, sondern nur eine solche von einer bestimmten Religion. Deren Struktur bestimmt in vielem auch weiterhin die Form des säkularisierten Glaubens, vor allem die Richtung, in der die Ersatzwerte gesucht werden. Hier ist bedeutsam, ob die Ablösung von einer an sich festbleibenden Dogmatik erfolgt oder sich im Wege der Umbildung und Auflösung des dogmatischen Gefüges selbst vollzieht (*Müller-Armack* 1959, 406).

Für *Müller-Armack* gilt, daß der Glaube an die zentrale Rolle der wirtschaftlichen und biologischen Werte zu einer Wertblindheit für die sonstigen Werte des Geistigen und Politischen führte (*Müller-Armack* 1959, 447).

Die neuzeitliche Wissenschaft bedeute den Versuch einer umfassenden Welterkenntnis auf dem Wege über eine Ausschaltung alles religiös-transzendenten Denkens und durch die Beschränkung auf die empirischen inneren Gesetzlichkeiten dieser Welt, deren Erkenntnis von einer autonom geführten Vernunft erwartet wird.

Als Kernstücke des wissenschaftlichen Ansatzes bezeichnet er die **Antitranszendenz**, die **Immanenz** und die **Autonomie**. Alle drei erscheinen ihm im übrigen nur als Ausdrucksformen einer einheitlichen Grundhaltung.

Der Gedanke wissenschaftlicher Autonomie führe zur Annahme, es sei jeder Teilbereich unserer Welt auch jeweils einer bestimmten selbständigen Erkenntnismethode zu überantworten, die daraus resultierende Spezialisierung sei nicht nur Folge der vergrößerten Stoffmassen und der Vorzüge einer klaren Methodik. Sie sei auch Ausdruck einer unausgesprochenen Glaubensposition, eben des Vertrauens auf die Autonomie der einzelnen Daseinsbereiche.

Freie Bahn habe dies gegeben zu einer auch den Menschen rein naturwissenschaftlich fassenden Betrachtung. Der Dualismus von Natur- und Geisteswissenschaften zerbreche aber eben an der natürlich-geistigen Einheit des Menschenwesens. Ein blasser Idealismus und ein Naturalismus, der den Menschen nicht tierisch genug sehen konnte, mußte dazu führen, daß gerade dem zentralen Problem der Einheit der menschlichen

Natur gegenüber das wissenschaftliche Denken versagen mußte (*Müller-Armack* 1959, 478 - 480).

Diese Annahme einer Autonomie der Wissenschaft für die ihr jeweils überwiesenen Lebensbereiche werde durch den Gedanken der **Immanenz** noch verstärkt. Alle Lebenserscheinungen - das sei der Sinn dieser Idee - seien einzig zu erklären aus ihrer konkret innerweltlichen Gebundenheit an eine bestimmte Daseinsschicht. Hier werde insbesondere die Geschichtlichkeit des Menschen und seiner geistigen Schöpfungen betont und angesichts solcher historischer Gebundenheit der Gedanke einer überzeitlichen Geltung bestimmter Geistformen überhaupt abgelehnt (*Müller-Armack* 1959, 481).

Im übrigen hindere die Eingenommenheit gegen jede Transzendenz, im Religiösen ein eigenes geistiges Sinngebiet zu sehen (*Müller-Armack* 1959, 482).

2.3. Die philosophische Anthropologie

Inzwischen aber zeige sich eine Wende, insbesondere in den zahlreichen Versuchen zur **philosophischen Anthropologie**. Das allein verfügbare Argument gegen die Transzendenz des menschlichen Geistes, seine umwelthafte Gebundenheit, sei in seiner Fragwürdigkeit längst durchschaut und auf sein Maß zurückgeführt worden. Die für den Menschen behauptete Umweltbindung sei mit der Umweltbeziehung des Tieres verwechselt worden. Für die spezifisch menschliche Form der Weltbeziehung sei beachtlich, daß die Gebundenheit des Menschen an die geschichtliche Situation, in der er sich vorfindet, nicht schlechthin gilt, da er diese Situation selbst mitbestimmt, daß er sich in dieser Gebundenheit von ihr distanzieren kann und so über den Grad der Gebundenheit selbst bestimmt, auch wenn er aus eigenem sich nicht über seine geschichtlich-kreatürliche Welt zu erheben vermag. Die Geschichtlichkeit des Menschen und seine biologische wie soziale Gebundenheit bleiben gleichwohl ein Problem, mit dem der Mensch sich immer wieder erneut zu befassen hat, um innezuwerden, wie weit er seiner menschlichen Berufung zu geschichtlicher und geistiger Freiheit wirklich entspricht (*Müller-Armack* 1959, 485 - 487).

Auf diese 1948 publizierten Gedanken weist *Müller-Armack* noch einmal ausdrücklich hin, als er im Jahre 1973 über das Thema "Der humane Gehalt der Sozialen Marktwirtschaft" reflektiert. Zwei wesentliche Forschungsepochen bilden seines Erachtens den Hintergrund der Entwicklung des Stilkonzepts der Sozialen Marktwirtschaft: 1. die Entwicklung der philosophischen Anthropologie und 2. die mit *Max Weber* einsetzende geistesgeschichtliche Soziologie, speziell die Variante der Religions- und Kultursoziologie.

Die Denkansätze der philosophischen Anthropologie intendieren die Deutung der menschlichen Geschichtlichkeit. Die Existenzform des Menschen sei dadurch bestimmt, daß er zwar wie das Tier an eine biologische Umwelt gebunden, aber befähigt sei, in dieser Umwelt eine Welt zu transzendieren. Seine Daseinsform sei die der Geschichtlichkeit. Der Mensch finde sich in eine bestimmte historische Stelle hineingeboren. Er habe die Fähigkeit, diese Immanenz einer bestimmten Zeitstelle durch sein eigenes geschichtliches Handeln zu verändern, ohne je in eine außergeschichtliche Position hinüberwechseln zu können. Der Mensch sei, wie *H. Plessner* gesagt hat, ein Wesen, dessen Wesensmitte ihm selbst verdeckt ist und das erst in der Geschichtlichkeit zur Erfahrung dessen kommt, was es zu sein vermag.

Damit sei die Überwindung der reinen Immanenztheorie möglich geworden - sowohl des Idealismus des 19. Jahrhunderts als auch der Rassen- und Klassentheorien des 19. Jahrhunderts. Die sozialen Gruppierungen, in denen der Mensch steht, seien durchaus flexibel. Es sei auch möglich, daß die Fronten wechseln. Der Mensch gelange durch seine Bindung an ein bestimmtes biotopisches Umweltsystem, das in sich schon von dem des Tieres abgehoben sei, zu einer Welt, die ihm als geschichtliche Aufgabe vorgegeben ist.

2.4. "Ordnungen nach dem Maße des Menschen"

Müller-Armack sieht somit die Frage: "Worin haben wir das zentrale Kennzeichen des Menschen zu sehen?" (*Müller-Armack* 1932, 141, 136 ff.), also die Frage nach dem Menschenbild der Wissenschaft, durch die philosophische Anthropologie als beantwortet an. Als die für seine "Zwecke beziehungsreichste Form", in der diese Ideen niedergelegt sind, bezeichnet er das Werk von *Helmuth Plessner*. *Plessner* sieht den Menschen durch seine "exzentrische Positionalität" geprägt. "Er steht **in** der Situation als Betroffener, Entscheidender, Handelnder, und er steht **über** der Situation als ein sich selbst in der Situation vergegenwärtigender, seine Lage objektivierender, sich in der zeitlichen Dimension frei bewegender Mensch. Er **ist** sein Körper, hier ist er verletzlich, letztlich tödlich gefährdet, und er hat seinen Körper, in dem er sich darstellt, mit dem er sich bewegt, agiert, zu anderen in Kontakt tritt, dessen Leistungen der Verwirklichung individueller und kollektiver Ziele dienen." Diese "kategoriale Bestimmung der menschlichen Daseinsart bricht mit einseitigen, weil letztlich vordergründigen Wertungen verhafteten Wesensbestimmungen des Menschen" (so *von Ferber* 1985, 812).

Für *Müller-Armack* ergibt sich die Schlußfolgerung, die Dialektik einer vorfindlichen historischen Welt und ihrer begrenzten historischen Variierbarkeit sei die Grundformel für die Existenzweise des Menschen. Ordnungsentwürfe müßten "Ordnungen nach dem Maße des Menschen" sein. Sie blieben aber an das gebunden, was "in der vorfindlichen Welt" existiert: Individuen, zwischenmenschliche Beziehungen, Gruppen, Markt und Staat. Niemals dürfe man glauben, "ein fertiges Rezept... (zu haben), das nicht ständiger Überprüfung im Lichte der Erfahrungen bedürfe."

Die philosophische Anthropologie sei "eine Wissenschaft der Kategorien, der Möglichkeiten und der Grenzen, die der geschichtlichen Aktion gesetzt sind". Die Soziale Marktwirtschaft sei "der Versuch, die spezifische Geschichtlichkeit des Menschen und menschlicher Ordnungen in ihren Möglichkeiten und Grenzen zu umschreiben". Von *Max Weber* sei übernomen worden die Erkenntnis, daß sich die Wirtschafts- und Sozialgeschichte im Zusammenhang mit der Geistesgeschichte in durchgreifenden einheitlichen Stilformen vollzieht. Daraus folge, daß es dort, wo die Entscheidung zu einer bestimmten Wirtschaftsordnung getroffen werden soll, gelte, einen einheitlichen Ordnungsgedanken zugrunde zu legen (*Müller-Armack* 1973, 19 ff.).

Der Dualismus zwischen der vorfindlichen historischen Realität und dem für den Menschen Machbaren und Programmierbaren kehre im übrigen transportiert in der praktischen Wirtschaftspolitik wieder.

Insgesamt sei anzuerkennen: Die Geschichtlichkeit des Menschen und seine geschichtliche Geistesform verbieten es dem Mensch, sich in eine außergeschichtliche endgültige Form seiner Existenz zu versetzen. Nichts anderes sage die christliche Anthropologie, wenn sie die Unfähigkeit des Menschen behauptet, sich in dieser Welt durch sich selbst zu erlösen. Die anthropologische Grundform versage den Menschen den Schritt in die Utopie einer endgültigen Form menschlicher Gesellschaft und Existenz. Darin äußere sich auch die Verfehltheit aller Endzielvorstellungen von Gesellschaft[4].

2.5. Wirtschaftsethik im Konzept von Müller-Armack

Wirtschaftsethik bezieht sich auf eine das Wirtschaften selbst erfassende Gesinnung. Sie analysiert (oder intendiert) die Verknüpfung von Gesinnung und Tun im Alltag mit Normen und Werten. Wirtschaftsethik bedeutet normative Durchdringung des Wirtschaftlichen und Sozialen (*Müller-Armack* 1959, 74), die "Ethisierung des alltäglichen wirtschaftlichen und auch des politischen Lebens" (*Müller-Armack* 1959, 78). Ihr Anliegen ist die "geistige Durchdringung der wirtschaftlichen Vorgänge" (*Müller-Armack* 1959, 90) in einem Verfahren, "aus der Tektonik des Ganzen auf die darin wahrscheinlichen Funde zu schließen" (*Müller-Armack* 1959, 203). Das "Streben nach einer Ordnung und Prägung des weltlichen Lebens durch eine sittliche Kontrolle" (*Müller-Armack* 1959, 355) setzt die Kenntnis der realen Zusamenhänge wirtschaftlicher Dinge (*Müller-Armack* 1959, 90) voraus, die Kenntnis der Interdependenz aller Lebensordnungen.

"Im Blick auf die dem Wirtschaftlichen überlegenen menschlichen Werte", die - nach *Müller-Armack* - als "zielsichernde zentrale Werte ... nur dem christlichen Wertfundament entstammen können (*Müller-Armack* 1959, 507), - so heißt es weiter - "gewinnen wir den Standort für eine Wirtschaftsethik und wirtschaftspolitische Ordnung im tieferen Sinne" (*Müller-Armack* 1959, 506).

Ordnung dieser Art meint: alle Entfernung und Trennung zwischen den Lebensgebieten sei nicht so groß, daß sie sich nicht durch **eine letzte Einheit** (Hervorhebung H.G.K.) behauptet (*Müller-Armack* 1959, 519). Wenn der Mensch ein seine immanente Erdenwelt transzendierendes Wesen ist - so wiederum *Müller-Armack* wörtlich -, dann "ist auch seine geistige Kultur eine Einheit, die zwar äußerlich aufgeteilt werden mag, deren letztes Verständnis aber nur in der Wesensdimension des Menschen möglich ist" (*Müller-Armack* 1959, 558). Wissenschaftliche Fundierung von Ordnungskonzepten setzt voraus, Distanz zu schaffen, "die es erlaubt, Fragen der Wirtschaft sachlich zu diskutieren" (*Müller-Armack* 1959, 506). Wirtschaftsethik darf sich jedoch nie darin erschöpfen, daß sie lediglich danach fragt, wo konkrete Tatsachen mit den Normen der Ethik vereinbar sein mögen oder auch nicht. Gegebene Erscheinungen an vorhandenen

---

[4] S. ferner den Beitrag von *Falk Wagner* in diesem Band.

Wertmaßstäben zu messen, bleibt vordergründig (*Müller-Armack* 1959, 90). Ebenfalls muß dagegen Stellung genommen werden, daß wirtschaftspolitische Prinzipien zu Glaubenspostulaten übersteigert werden: "Gerade weil wir uns nicht der Illusion hingeben, im Wirtschaftsleben bereits ein ideal geordnetes Gebiet zu besitzen, gerade weil es einen vollen Anteil menschlicher Unzulänglichkeit in sich trägt, bedarf es einer ausgleichenden regulierenden Gestaltung" (*Müller-Armack* 1959, 507). "Die Volkswirtschaftslehre ist längst dahin gelangt, die Grundsätze freier oder gebundener Ordnung sachlich auf ihre relativen Vorzüge und Nachteile zu prüfen" (*Müller-Armack* 1959, 506).

2.6. Das "übermarktwirtschaftliche" Ordnungskonzept nach Müller-Armack

2.6.1. Die Grundposition

Für *Müller-Armack* steht die Gesellschaftspolitik "heute" mit dem Ganzen der Wirtschaftspolitik in unlösbarer Verbindung (*Müller-Armack* 1959, 229). Sie sei damit komplizierter geworden; schließlich sei Gesellschaftspolitik mehr als Wirtschaftspolitik (*Müller-Armack* 1959, 275).

Die soziale Ideologie (*Müller-Armack* 1959, 187) verkenne die ihr gestellte Aufgabe, wenn sie glaubt, **einen** Zentralwert in den Vordergrund stellen zu können. Es sei der Irrtum jedes sozialen Primitivismus zu glauben, das Soziale sei ein solch eindeutiges Ziel. Nichts sei komplexen als gerade dieser Wert. Jede soziale Politik umschließe ethische, soziologische und wirtschaftliche Forderungen, die in einem vielfältigen Spannungsverhältnis zueinander stehen.

Aber selbst innerhalb der einzelnen Wertbereiche gebe es verschiedene Werte, die miteinander rivalisieren und dort als spezifisch soziale Werte in gleicher Weise angesprochen werden müßten: Freiheit, Gerechtigkeit und Gleichheit in der gesellschaftlichen Ordnung, Fortschritt und Sicherung in der wirtschaftlichen. Das sind nach *Müller-Armack* verschiedenartige Wertziele, die sich oft ergänzen, sich aber auch ausschließen können, gleichwohl erst in ihrer Gesamtheit den Umkreis des sozialen Ideals erfüllen.

Freiheit, Gerechtigkeit und Gleichheit sind für *Müller-Armack* wesensnotwendige Ausprägungen des Sozialen. So werde auch ein vollständiger Verzicht auf eines dieser genannten Ziele absolut unmöglich: Im Sinne der Grenznutzenausgleichstheorie (als einem Hinweis auf das Rationalprinzip allen menschlichen Handelns) muß nach *Müller-Armack* die Systemlösung gefunden werden (*Müller-Armack* 1959, 188). Partialanalytische Ansätze bleiben unbefriedigend: Zu entwickeln ist deshalb ein gesellschaftspolitisches Leitbild, das nicht nur geeignet ist, den Ansatzpunkt für praktische Einzelmaßnahmen zu bilden. Es muß dazu befähigen, eine Gesamtsicht auf gesellschaftliche Zielsetzungen freizugeben, die von den Menschen der heutigen Massengesellschaft als Ganzes mitvollzogen werden können und damit auch innerlich bejaht werden (*Müller-Armack* 1959, 274).

Gesellschaftspolitische Probleme treten vor die ökonomischen (*Müller-Armack* 1959, 273), denn (*Müller-Armack* 1959, 295) weiteres ökonomisches Wachstum genügt nicht und wird relativ uninteressant gegenüber Aufgaben anderer Art, die ihre Bewältigung fordern.

2.6.2. Über die Möglichkeit einer die Weltanschauungen verbindenden Sozialidee

Müller-Armack verknüpft die Frage nach den Inhalten einer sozialen Ordnung mit der Idee einer "sozialen Irenik", einer sozialen Friedenslehre.

Für ihn sind es in der Hauptsache vier Kräfte, die sich in der westlichen Welt gegenwärtig die Waage halten: "überall irgendwie verankert, aber keine mit der begründeten Chance versehen, die alleinige Herrschaft zu erringen oder verdrängt zu werden". Das sind

    a) der Katholizismus
    b) der Protestantismus
    c) der evolutionistische Sozialismus
    d) der Liberalismus.

Eine Versöhnung erscheint daher nur möglich in Anerkennung bestimmter Standorte und in einem Nachdenken über Gemeinsames (*Müller-Armack* 1959, 575).

Gemeinsamkeit könnten folgende Elemente begründen:

    A. die Ordo- (Ordnungs-) Idee,

die in der katholischen Soziallehre und der liberalen Konzeption enthalten ist. Aus der "Ebenbildlichkeit des Menschen" will *Müller-Armack* die zeitüberlegenen Wertziele gewinnen, die als Basis einer aus abendländischem Geiste gegründeten christlichen Gesamtkultur dienen können. Vor allem aber die grundsätzliche Fundamentierung der sozialen Ordnung sei damit angesprochen. Allerdings solle die ständisch-korporative Orientierung der katholischen Soziallehre aufgegeben werden. Das reiche bis hin zur Ablehnung der sozial-politischen Überhöhung des Einzelbetriebes zu einer den Menschen bindenden Arbeitsstätte. Bindung und Zwang als brauchbare Mittel zur Erhöhung des sozialen Schutzes werden grundsätzlich in Frage gestellt.

Obwohl das Bild des Protestantismus unserer Zeit durch eine geistige Unsicherheit bestimmt werde (*Müller-Armack* 1959, 561), meint *Müller-Armack*, es stünde vor allem im Zeichen einer

    B. Verantwortung für das Diesseits der Welt.

Hier akzentuiert der Autor vor allem in Richtung auf das Luthertum. Es habe dem Absoluten keinen festen Platz in oder außer der Welt angewiesen, es habe die Welt als Offenbarung hingenommen. Damit gewinne es "den Spielraum zu einer großartigen Durchseelung der Welt". Ohne in das asketische Extrem der calvinistischen Wirtschaftshaltung zu verfallen, habe es - wie *Max Weber* gezeigt habe - Beruf in einem eigentümlichen Doppelsinn von wirtschaftlicher Tätigkeit und religiöser Berufung interpretiert. Das Luthertum unterscheide sich "sozial vorteilhaft" vom Calvinismus, weil es auf die Bewährungsethik von Arbeit und weniger auf die Erfolgsethik des Unternehmertums abgehoben habe (*Müller-Armack* 1959, 122). Damit werde ein soziales Verantwortungsgefühl sichtbar, das über die Idee der brüderlichen Hilfsbereitschaft (Innere Mission) die Entwicklung neuzeitlicher Formen der Sozialpolitik ermöglicht habe.

C. Das sittliche Wollen des Sozialismus

verknüpfe sich mit der sozial-ethischen Fundierung der prostestantischen Konzeption.

Dessen sozialen Impulse und Einsichten in die Gefahren der modernen Arbeitswelt seien den Bestrebungen einer modernen sozialen Irenik einzufügen (*Müller-Armack* 1959, 573). Nichts stehe im Wege, in einem irenischen Gespräch schonungslos die besondere moderne Problematik der sozialen Frage anzusprechen, die damit verbundene Kritik mit allem Nachdruck zu beherzigen. Im Zusamenhang mit diesen Grundpositionen könne

D. die Einsicht in neue Organisationsprinzipien,

die im "neuen Liberalismus" gewonnen worden sei, viel bewirken. Einzubinden sei dieser Liberalismus in eine "versöhnliche Einheit" mit den bereits genannten, insbesondere den christlichen Positionen, wenn er sich unter Aufgabe allgemein weltanschaulicher Ambitionen "wesentlich nüchterner als eine Technik zweckmäßiger sozialer und wirtschaftlicher Organisation" begreife. In diesem Sinne sei es notwendig, vor allem die Reichweite von Marktprozessen zu reflektieren. Für einen "instrumentalen Liberalismus" sei auch der Markt lediglich ein Instrument in einer umfassenden institutionellen Ordnung.

3. Die Botschaft Walter Euckens von der Interdependenz der Wirtschaftsordnung mit allen übrigen Lebensordnungen

"Es ist wohl kaum eine andere Wissenschaft so sehr wie die Politische Ökonomie und Soziologie darauf angewiesen, daß sich immer wieder unter ihren Trägern solche finden, bei denen das lebendige Ethos der wissenschaftlichen Forschung und Lehre Antrieb und Nachdruck verleiht. Manch ein Gelehrter ... hat zu seiner Zeit die Funktion zu erfüllen und erfüllt, daß er im Bewußtsein seiner verantwortlichen Aufgabe nach seinen Kräften die Gewissen wachrüttelte und wissenschaftlich um die Ziele rang, die sich von Ethik und ethischer Politik her für ihn stellten - die Vertreter des Werturteils sind des nicht minder Zeuge als der große Vorkämpfer der Werturteilsfreiheit in den Sozialwissenschaften. In ihre Reihe hat *Walter Eucken* gehört" (*Salin* 1963, 47 f.)

Vorbemerkung: Die ordnungstheoretische Konzeption von *Walter Eucken* wird hier bewußt als "Botschaft" umschrieben. Im Unterschied zu *Müller-Armack* kann dessen Werk nicht als abgeschlossen angesehen werden. Seine "Grundsätze der Wirtschaftspolitik" sind aus dem Nachlaß herausgegeben worden. An nicht unwichtigen Stellen, insbesondere dort, wo es um die Verknüpfung von Wirtschafts- und Gesellschaftspolitik geht, finden sich lediglich Hinweise oder einleitende Notizen. Dennoch ist eine Skizzierung des *Eucken*schen Ansatzes für eine Debatte über "Ethik und Wirtschaftsordnung" aufschlußreich. Wenn - wie *Rich* meint - Sozialethik nach der strukturellen Ordnung des institutionell vermittelten Daseins fragt und dabei den Tatbestand der Interdependenz betont (s. 1.1.2.), wird die Kenntnisnahme dieser Gedanken sogar unentbehrlich.

3.1. Das Programm

Mir scheint, grundsätzlich läßt sich das Wissenschaftsprogramm *Walter Euckens* durch folgende Formulierung umreißen:

These 1:

"Es besteht ... nicht nur eine ökonomische Interdependenz, sondern auch eine Interdependenz der Wirtschaftsordnung mit allen übrigen Lebensordnungen. Das will verstanden sein".

Diese Formulierung verknüpft *Eucken* mit der Feststellung, daß Menschen nur in bestimmten Ordnungen leben können. Gleichzeitig aber neigten sie in ihrer Gesamtheit dazu, gerade die funktionsfähigen Ordnungen zu zerstören (*Eucken* 1952, 14). Damit ergibt sich für die Debatte über das Werk von *Eucken* die

These 2:

Jede wissenschaftliche Diskussion muß die Annahme der permanenten Gefährdung von Ordnungen in ihre Betrachtungen einbeziehen.

Eucken postuliert, es müsse versucht werden, "Ordnungen aufzubauen, die dem Zeitalter der Industrialisierung, der raschen Bevölkerungsvermehrung, der Verstädterung und Technisierung gerecht werden". Von selbst - so meint er - würden diese Ordnungen nicht entstehen. Vielmehr erweise sich das Denken, das in der Wissenschaft zur Entfaltung kommt, für das Handeln als unentbehrlich (*Eucken* 1952, 14). Impliziert ist in diesen Sätzen: Die Wissenschaft übernimmt Verantwortung für den Entwurf und die Überlebensfähigkeit von Ordnungen.

Für sich selbst akzentuiert *Eucken* mit folgenden Hinweisen die Aufgabenstellung. Er meint, generell gelte es, die "Disproportionalität" zwischen "neuartigen Lebensumständen" und den existierenden Ordnungen zu beheben. Speziell lautet seine Formulierung: "Soziale Sicherheit" und "Soziale Gerechtigkeit" sind die großen Anliegen unserer Zeit. Vor allem auf die Lösung der "Sozialen Frage" müßten Denken und Handeln ausgerichtet sein (*Eucken* 1952, 1). Für seine "Grundsätze der Wirtschaftspolitik" stellt er fest: das ist "auch die Aufgabe dieses Buches" (*Eucken* 1952, 16). Doch nur eine arbeitsfähige Theorie - das ist eine Grundüberzeugung *Euckens* - vermag die Rationalität der Gestaltungsaufgaben zu sichern, die unmißverständlich zu umschreiben sind.

Die Lösung der modernen Wirtschaftsordnungsprobleme denkend vorzubereiten, sei eine Sache der Wissenschaft. Je weiter die Arbeitsteilung greife, je komplizierter der Wirtschaftsprozeß werde und je mehr die Industrialisierung fortschreite, um so schwerer werde es, "die richtige, die wahrhaft humane Ordnung" zu verwirklichen. Gleichwohl lautet

These 3:

"Die Ordnung ist zu suchen, welche der Sache, der historischen Situation und dem Menschen entspricht".

3.2. Zwei Ordnungsbegriffe

In den Wirtschaftssystemen - so heißt es - bilden sich in systematischer Bestimmung idealtypisch die reinen Formelemente ab, "aus denen alle historischen Wirtschaftsgebilde gebaut sind" (*Eucken* 1950, 79). Zu erarbeiten seien die Systemgedanken, die in die Komplexität der realen Erscheinungen die Strukturen tragen, welche das Gesamtphänomen erkennbar machen. Sie sollen also nicht nur dazu dienen, "den Aufbau der konkreten Wirtschaftsordnungen verständlich zu machen". Sie sollen zugleich die Basis für theoretisch-allgemeine Fragestellungen und für theoretische Analysen abgeben (*Eucken* 1950, 124). Wirtschaftsordnungen sind nach *Eucken* "stets und überall" die Formen, in denen sich der Wirtschaftsprozeß vollzieht; sie können gewachsen oder gesetzt sein (*Eucken* 1950, 50 ff.). Generell bedeute Wirtschaftsordnung "eine individuelle, positiv gegebene Tatsache", die ihren Ordnungscharakter durch die "Zusammengehörigkeit und Gliederung von konkreten Tatbeständen" erhält. Gleichwohl vermag nach *Eucken* allein die Wissenschaft die Frage nach dem jeweils gegebenen Ordnungsgefüge zu beantworten. Alltagserfahrung vermittle nur Ausschnitte, den Blick auf "ein sehr kleines Zimmer im riesigen Bau der modernen Wirtschaftsordnung". Erst im Bild der Wirtschaftsordnung erhielte "das scheinbar chaotische Nebeneinander" einzelner Tatsachenfeststellungen einen Sinn. Dazu müsse die Wissenschaft alle Teilordnungen genau bezeichnen und zeigen, wie sie "zu einer Gesamtordnung ineinandergefügt sind". Das aber sei stets eine äußerst schwierige Aufgabe. Die Ordnung eines Teilgebiets im Rahmen der Gesamtordnung zu begreifen vermöge "**nur** die Wissenschaft" (*Eucken* 1950, 56 ff.).

Daneben fällt bei *Eucken* jedoch dem Begriff "Ordnung" eine weitere Bedeutung zu: "als Ordnung, die dem Wesen des Menschen und der Sache entspricht". Das ist eine Idee, die - wie *Eucken* sagt - wieder auflebe angesichts "der dringenden Notwendigkeit, für die industrialisierte Wirtschaft die fehlende funktionsfähige und menschenwürdige Ordnung der Wirtschaft, der Gesellschaft, des Rechtes und des Staates" zu finden (*Eucken* 1950, 238 ff.). In diesem Sinne heißt es: Gesucht wird "eine funktionsfähige **und** menschenwürdige Ordnung" der modernen industrialisierten Welt (*Eucken* 1950, 14). Notwendig werde eine Bestimmung der Lenkungsformen und ein Denken **und** Handeln in Ordnungen (*Eucken* 1950, 19) - und zwar im Rahmen einer politischen Ordnung, die "Eliten", die "Führungsschichten" an die zu entdeckenden bzw. durch die Wissenschaft entdeckten Regeln der Ordnung bindet (*Eucken* 1950, 18 f.).

An dieser Stelle begegnen wir *Eucken*s

These 4:

"Die fundamentalen Fragen der Welt und des Menschen sind an keine Zeit gebunden" (*Eucken* 1950, 15).

Worin - so wäre zu erfahren - bestehen eben diese fundamentalen Fragen? *Eucken* antwortet: Alle miteinander rivalisierenden Gruppen erklären, für Freiheit, Recht und Humanität einzutreten. Das bedeute umfassenden Konsens bezüglich der Grundorientierung an Zielsetzungen wie Freiheit, Soziale Sicherheit, Soziale Gerechtigkeit. Will man wissen, woran zu erkennen sei, daß etwas fundamental ist, so antwortet *Eucken*, es sei die Erfahrung, die "Wendung zum Objekt"; sie müsse Gewicht erhalten, nicht "Ideologie" (*Eucken* 1950, 19).

3.3. Das Denken in Ordnungen als Institutionenlehre?

"Erfahrung soll unverfälscht zur Geltung kommen" (*Eucken* 1950, 25); das ermöglicht eine zielgerechte Lösung des Ordnungsproblems. Erfahrung und Kritik liefern der Wissenschaft die notwendigen Einsichten, wenn es gilt, bereits verwirklichte Ordnungsformen gemäß ihren positiven und negativen Ergebnissen zu bewerten, um sich für diejenigen entscheiden zu können, die sich bewährt haben.

Ratio statt Mythos! Lernen durch Erkennen soll das Kriterium für die Selektion wünschenswerter Institutionen sein. *Eucken* plädiert hier eindeutig für das, was heute bei *Buchanan* u.a. "public" oder "institutional choce" genannt wird - ohne allerdings deren formale Ableitungsmuster zu antizipieren[5]. Sein Selektionsfeld ist die Geschichte der Gegenwart und der Vergangenheit. In diesem Sinn betrachtet *Eucken* wohl - wie gegenwärtig *Vincent Ostrom* - Institutionen als "soziale Artefakte": Stets tragen sie das Merkmal sozialer Experimente, deren Ergebnisse die Experimentierenden selbst betreffen und berühren. Solange Menschen "fehlbar" sind, bleiben ihre Entscheidungen der Ungewißheit verhaftet und bedürfen als Experiment der Kontrolle. Erst im aktuellen Vollzug läßt sich erkennen, ob sie positive oder negative Ergebnisse zeitigen. Auch Institutionen sind diesem Prozeß zu unterwerfen und der Frage auszusetzen, was sie leisten sollen und wie das geschehen mag[6].

Mir scheint, in diesem Argument verknüpfen sich *Müller-Armack*s Anthropologie und *Euckens* Institutionenlehre. Nicht übersehen werden darf allerdings, daß es *Eucken* zunächst vor allem darauf ankam, deutlich zu machen, wie entscheidend die Wahl der institutionellen Plattform für eine Gesellschaftsgründung **nach** dem Nationalsozialismus sein würde. *Müller-Armack* blieb hingegen auch im Bereich des Themas "institutional choice" sehr viel stärker seinem Evolutionskonzept treu.

Zu diskutieren bleibt gleichwohl das Verfahren, das *Eucken* zur Entdeckung wünschenswerter Ordnungen führen soll.

Bekanntlich glaubte dieser Autor den archimedischen Punkt für seine Morphologie, die auf Erkenntnis reiner Formen gesellschaftlichen Zusammenlebens rekurriert, in einer Basisthese gefunden zu haben.

These 5:

Alle geschichtliche Vielfalt ist aus der Verschmelzung relativ weniger reiner Formen gebildet.

Jede Individualität ergibt sich aus der "Verschmelzung" einer verschiedengearteten Auslese aus einer begrenzten Zahl reiner Formen (*Eucken* 1952, 21, 23).

Eucken setzt dann den Grundakzent mit

---

[5] S. in diesem Band den Beitrag von *K.H. Hartwig*.
[6] S. zu diesem Argument *Ostrom* 1987, 44 ff., 222 f.

These 6:

Alles wirtschaftliche Handeln basiert auf **Plänen**. Wirtschaftsordnung heißt dann die Gesamtheit der jeweils z.B. durch Haushalte oder Betriebe realisierten Formen selbständiger Planerstellung.

Planungssystem heißt System der Plankoordination. *Eucken* meint weiter:

These 7:

Ohne Morphologie ist die Erkenntnis der wirtschaftlichen Wirklichkeit unmöglich. Durch Anwendung des morphologischen Systems läßt sich alle reale Wirtschaft in ihrem Ordnungsaufbau erkennen (*Eucken* 1952, 23).

Wie aber verknüpft sich konkrete Realität?

Eucken betont, daß je nach der Ordnungsform Rechtsinstitutionen ihre Funktion ändern (*Eucken* 1952, 24). Das bedeutet aber: Institutionen bestimmen im Rahmen einer Gesamtordnung über die Nützlichkeit des Einsatzes und den Ort des Einsatzes von Systemen der Plankoordination. Oder: Der institutionelle Rahmen leistet die Verknüpfung unterschiedlicher Systeme der Plankoordination.

3.4. Das Interdependenz-Postulat

Eucken formuliert weiter: "Die Einheit der Teilordnungen vollzieht ... die Wirtschaftsordnung" (*Eucken* 1952, 11). Offensichtlich zeigt sich in diesen beiden Aussagen:

a) *Eucken*s Sorge bezüglich der Möglichkeit der Entartung von Ordnungen sowie

b) dessen Überzeugung von der Notwendigkeit eines permanenten Plädoyers für zeitgerechte Rahmenordnungsentscheidungen (im Sinne der Setzung von "Daten").

Damit wird daran erinnert, daß nach *Eucken* in einer funktionsfähigen Ordnung alle Teilordnungen Glieder **einer** Gesamtordnung - und zwar einer einheitlichen Gesamtordnung - sind.

Zu notieren ist hier ein Text-Hinweis auf *Miksch*, der die Bedeutung der Forderung nach Einheitlichkeit herausgestellt habe (*Eucken* 1952, 11). Die Komplexität (arbeitsteiliger Systeme) verlange nach Einheitlichkeit. Komplexität sei das Ergebnis eines arbeitsteiligen Systems und eines hochentwickelten Rechnungswesens. Das Thema lautet nun, was bewirkt die "Reduktion von Komplexität"? Es ist nicht genau auszumachen, ob *Eucken* die Antwort geben will: Solches bewirkt das hochentwickelte (sensible) Rechnungswesen. Von ihm sagt *Eucken*, es reagiere mit größter Empfindlichkeit auf alle Widersprüche. Es mag allerdings auch sein, daß *Eucken* eher antworten würde bzw. heute antworten wollte: Die Reduktion von Komplexität leistet eine einheitliche Verfassung. Kategorisch besteht *Eucken* darauf, eine Laissez-faire-Politik sei gefährlich, **denn** Märkte und Geldordnungen könnten entarten; unvermeidbare Gleichgewichtsstörungen der wirtschaftlichen Prozesse führten zum Thema der Konjunkturpolitik; und eine Politik der Wettbewerbsordnung bedürfe der Ergänzung durch Sozialpolitik: "auch bei der besten Ordnungspolitik (werden) soziale Hilfsmaßnahmen nötig sein" (*Eucken* 1952, etwa S. 54 f., 313 ff.). Zu leisten sei deshalb die "Gestaltung der Spielregeln, des Rahmenwerks oder der Formen, in denen gewirtschaftet wird".

Entscheidend bleibt für Eucken das Postulat der Interdependenz, die

These 8:

Wirtschaftspolitik muß auf Grund **einer** wirtschaftsordnungspolitischen **Gesamtentscheidung** vonstatten gehen, und **alle** wirtschaftspolitischen Akte müssen sich in Anwendung der erforderlichen Prinzipien **ergänzen** (*Eucken* 1952, 305, Hervorhebung *H.G.K.*).

Eucken spricht von konstituierenden und regulierenden Prinzipien, die insgesamt beachtet werden müssen, soll eine funktionsfähige Wirtschaftsordnung entstehen (*Eucken* 1952, 253 ff.). Als **konstituierende Prinzipien** nennt dieser Autor:

> Primat der Währungspolitik
> Offene Märkte
> Privateigentum
> Haftung
> Konstanz der Wirtschaftspolitik.

Ausdrücklich unterstreicht *Eucken* die Notwendigkeit, alle Prinzipien - die konstituierenden und die regulierenden - als zueinander **komplementär** anzusehen: **sie gehören untrennbar zusammen** (*Eucken* 1952, 304).

Die von ihm genannten regulierenden Prinzipien sind:

> Prophylaktische Monopolkontrolle
> Einkommensumverteilungspolitik
> Korrektur der privaten Wirtschaftsrechnung durch
> Einschränkung der Planungsfreiheit der Unternehmen

Bereits 1944 hatte *Eucken* betont, das Preissystem beziehe nicht das ein, was heute "externe Effekte" genannt wird - jene Rückwirkungen auf die gesamtwirtschaftlichen Daten, die "nicht im **eigenen** Planungsbereich der einzelnen Betriebsleitung spürbar werden". Hier gehe es nicht allein um Umweltschutz, sondern auch um Arbeiterschutz (*Eucken* 1952, 302).

*Eucken*s ordnungstheoretisches Programm basiert somit m.E. auf der Idee der Handlungsverkettungen durch institutionelle Verknüpfung. Dabei ist es auf folgende Maximen ausgerichtet:

1) Suche die "reinen" Formen als Handlungskonstellation je konkreter Art. Markt ist nicht gleich Markt, es gibt viele Marktformen, und ihre Wohlfahrtswirkungen sind sehr unterschiedlich.

2) "Reine" Formen sind nicht aus sich selbst heraus effizient, gerecht oder human.

3) Verknüpfe deshalb jede Form mit jenen Formelementen, durch die sie ergänzt werden muß, wenn wünschenswerte Handlungsmuster entstehen sollen.

Ein Beispiel ist die von *Eucken* energisch verfochtene Meinung, daß Privateigentum durch Haftung einzubinden ist und Märkte nur offengehalten werden können, wenn es Privateigentum gibt. Die von ihm geforderte Verknüpfung von Wettbewerbs- und Sozialordnung wurde bereits erwähnt.

An dieser Stelle wäre weiterzuarbeiten. Hier zeigen sich zentrale Ansatzpunkte für eine entwickelte Ordnungstheorie.

Es kann somit gar kein Zweifel darüber bestehen, daß das Werk *Euckens* "Baugesetze der Gesellschaft" (*Oswald von Nell-Breuning*) zu enthüllen sucht. M.E. ist es mißlich, wenn es pauschal verworfen oder pauschal akzeptiert wird (was mir gegenwärtig die Praxis zu sein scheint). Ob und wie weit sein Verfahren, dem wir in Thesenform nachzugehen suchten, zur Bewältigung der gestellten Aufgabe trägt, ist m.W. bislang nie ernsthaft diskutiert worden. Für die sozialethische Debatte ist dies jedoch zwingend erforderlich. Ordnungstheoretiker, die sich mit dem Grundsatz-Problem in nicht-formaler Weise beschäftigen, gibt es nicht viele; sie sind auch leichter angreifbar. Gleichwohl begegnet *Euckens* Persönlichkeit und Schaffen der Respekt vieler jener Wissenschaftler, die wie er fragen und dennoch glauben, andere Wege gehen zu müssen, was *Salin* wiederholt bekundet hat und neuerdings z.B. auch *Ota Šik* (1987, 53 ff.) erkennen läßt.

Im Jahre 1980 erörterte der Verein für Socialpolitik die "Zukunftsprobleme der Sozialen Marktwirtschaft". Absicht war u.a., "das allgemein konstatierte Desinteresse an ordnungspolitischen Fragen zu überwinden" (*Issing* 1981). In seiner Schlußansprache bekundet der Vorsitzende (*H. Hesse*), daß "teilweise geradezu begierig ordnungspolitische Grundsatzfragen" aufgegriffen worden seien, und vermerkt die Existenz einer Diskrepanz zwischen Ordnungstheorie und -politik (*Hesse* 1981, 905). "Denken in Ordnungen" ist offensichtlich wiederum gefordert!

4. Eine Schlußbemerkung

Anliegen dieses Beitrags war es vor allem, Positionen darzulegen, Fragen aufzuwerfen und über mögliche Verknüpfungen zwischen Ethischem und Ökonomischem zu reflektieren. Dabei standen die Denkansätze von *Alfred Müller-Armack* und *Walter Eucken* im Vordergrund. Ohne Zweifel zeichnen sich hier beachtliche Ansatzpunkte für einen Dialog zwischen Ethik und Ökonomik ab. M.E. bündeln sich diverse Botschaften in den folgenden Sätzen: Nur wer sich bindet, ist wirklich frei. Freiheit des Menschen kann nie heißen Freiheit von sozialen Bindungen. Freiheit des Menschen bedeutet, sich für Werte, für Lebens-Inhalte entscheiden und sein Handeln daran ausrichten zu können. Damit wird die Konzeption der exzentrischen Positionalität des Menschen zum "Begriff einer Verpflichtung, die schlechthin oder unbedingt gültig ist" (*Höffe*; s. oben 1.3). In Verknüpfung mit der Idee *Max Webers* (s. *König* 1987, 217 f., 221 f.), daß für Verantwortungsethik die Bindung des Menschen an sein zweckhaft-bewußtes und zugleich vollverantwortliches Wollen konstitutiv ist, resultiert daraus, daß auch das Abwägen jeweils verfügbarer Institutionen und die Wahl zwischen ihnen eine immerwährende Aufgabe von Wissenschaft und Politik ist. "Das Schicksal einer Kulturepoche, die vom Baum der Erkenntnis gegessen hat, ist es, wissen zu müssen, daß wir den **Sinn** des

Weltgeschehens nicht aus dem noch so sehr vervollkommneten Ergebnis seiner Durchforschung ablesen können, sondern **ihn selbst zu schaffen imstande sein müssen, daß** 'Weltanschauungen' niemals Produkt fortschreitenden Erfahrungswissens sein können, **und daß also die höchsten Ideale, die uns am mächtigsten bewegen, für alle Zeit nur im Kampf mit anderen Idealen sich auswirken, die anderen ebenso heilig sind, wie uns die unseren.**" (*Max Weber*)

Werfen wir zum Schluß noch einmal einen Blick auf die Botschaften *Müller-Armack*s und *Eucken*s, die "Ordnungen nach dem Maße des Menschen" verwirklicht wissen wollen. Für dynamische Umwelten wird damit Evolution zum Programm. *0. Schlecht* (1981, 30 f.) resümiert dazu: "Für *Müller-Armack* war die Weiterentwicklung der Sozialen Marktwirtschaft von Anfang an systemimmanent." In der Sprache *Eucken*s bedeute dies: "Auf der Grundlage der 'konstituierenden Prinzipien' müssen die 'regulierenden Prinzipien' (jeweils) den veränderten wirtschaftlichen und gesellschaftlichen Bedingungen und neuen wissenschaftlichen Erkenntnissen angepaßt werden." Auch hier ergibt sich die Frage nach den institutionellen Mustern, die solches gewährleisten können. Das ist gewiß ein zentrales Anliegen einer auf Realität ausgerichteten Sozialethik.

Literatur

Albert, Hans (1978), Nationalökonomie als sozialwissenschaftliches Erkenntnisprogram, in: *Hans Albert* u.a., Ökonometrische Modelle und sozialwissenschaftliche Erkenntnisprogramme, Mannheim, S. 49 ff.

Albert, Hans (1985), Anmerkungen zum ökonomischen Denken, Konstanzer Blätter für Hochschulfragen, 86, Jg. XXIII, Heft 1, S. 6 - 17.

Albert, Hans (1986), Freiheit und Ordnung, Tübingen.

Eucken, Walter (1950), Die Grundlagen der Nationalökonomie, Berlin.

Eucken, Walter (1952), Grundsätze der Wirtschaftspolitik, Tübingen, 4. Aufl. 1968.

Eucken, Walter (1961), Nationalökonomie wozu?, Düsseldorf.

Ferber, Christian von (1985), Helmuth Plessner zum Gedächtnis, Kölner Zeitschrift für Soziologie und Sozialpsychologie, 37. Jg., S. 811 - 813.

Hesse, Helmut (1981), Schlußansprache, in: *Otmar Issing* (Hrsg.), Zukunftsprobleme der sozialen Marktwirtschaft, Schriften des Vereins für Socialpolitik, N.F. Band 116, Berlin.

Höffe, Otfried (Hrsg.) (1977), Lexikon der Ethik, München.

Issing, Otmar (1981), Vorwort, in: *Otmar Issing* (Hrsg.), Zukunftsprobleme der sozialen Marktwirtschaft, Schriften des Vereins für Socialpolitik, N.F. Band 116, Berlin.

Kaufmann, Franz-Xaver (1984), Solidarität als Steuerungsform - Erklärungsansätze bei Adam Smith, in: *Franz-Xaver Kaufmann* und *Hans-Günter Krüsselberg* (Hrsg.), Markt, Staat und Solidarität bei Adam Smith, Frankfurt-New York.

König, René (1987), Soziologie in Deutschland, München.

Krüsselberg, Hans-Günter (1965), Lehren aus der Vergangenheit?, Kölner Zeitschrift für Soziologie und Sozialpsychologie, 17. Jg., S. 118 ff.

Krüsselberg, Hans-Günter (1965), Organisationstheorie, Theorie der Unternehmung und Oligopol, Berlin.

Krüsselberg, Hans-Günter (1984), Wohlfahrt und Institutionen, in: *Franz-Xaver Kaufmann* und *Hans-Günter Krüsselberg* (Hrsg.), Markt, Staat und Solidarität bei Adam Smith, Frankfurt-New York.

Krüsselberg, Hans-Günter (1985), Umwelteffekte in Marktwirtschaften, List Forum, S. 101-117.

Müller-Armack, Alfred (1932), Entwicklungsgesetze des Kapitalismus, Berlin.

Müller-Armack, Alfred (1959), Religion und Wirtschaft, Stuttgart.

Müller-Armack, Alfred (1966), Wirtschaftsordnung und Wirtschaftspolitik, Freiburg i.Br.

Müller-Armack, Alfred (1973), Der humane Gehalt der Sozialen Marktwirtschaft, in: *Egon Tuchtfeldt* (Hrsg.), Soziale Marktwirtschaft im Wandel, Freiburg i.Br., S. 15 - 26.

Ostrom, Vincent (1987), The Political Theory of a Compound Republic, 2. ed., Lincoln-London.

Preiser, Erich (1961), Bildung und Verteilung des Volkseinkommens, Göttingen.

Recktenwald, Horst Claus (1985), Ordnungstheorie und ökonomische Wissenschaft, Erlangen.

Rich, Arthur (1984), Wirtschaftsethik, Gütersloh.

Rüstow, Alexander (1957), Herrschaft oder Freiheit?, Erlenbach-Zürich.

Salin, Edgar (1963), Lynkeus, Tübingen.

Schlecht, Otto (1981), Die Genesis des Konzepts der Sozialen Marktwirtschaft, in: *Otmar Issing* (Hrsg.), Zukunftsprobleme der sozialen Marktwirtschaft, Schriften des Vereins für Socialpolitik, N.F. Band 116, Berlin.

Shackle, G.L.S. (1972), Epistemics and Economics, Cambridge.

Šik, Ota (1987), Wirtschaftssysteme, Berlin.

Die immanente Ethik des Vermögensbegriffs bei Adam Smith - Kooperationspotential einer freien und gerechten Gesellschaft[1]

Hans-Günter Krüsselberg

Das Thema des folgenden Beitrags ist die Ethik der Gerechtigkeit im Werk von *Adam Smith*. Diese enthüllt sich nach unserer Auffassung vor allem dort, wo *Smith* über die Möglichkeiten der Sicherung menschlichen Handlungsvermögens in arbeitsteiligen Gesellschaften reflektiert. Er fordert, den Menschen in seine "vollkommenen Rechte" einzusetzen, die sich grundlegend in der Unantastbarkeit der Person, ihrem Recht auf ungestörten Zugang zum gesellschaftlich relevanten Wissen und zur regelgebundenen selbstverantwortlichen Nutzung realen Vermögens verkörpern. *Smiths* Theorie der Gerechtigkeit entfaltet sich auf drei Ebenen: als Forderung nach einer vom Individuum zu vertretenden Tugend der Gerechtigkeit einerseits und nach Regeln andererseits, die ge-

---

[1] Zuerst erschienen in: *Arnold Meyer-Faje* und *Peter Ulrich* (Hrsg.), Der andere Adam Smith - Beiträge zu Neubestimmung von Ökonomie als Politischer Ökonomie, St. Galler Beiträge zur Wirtschaftsethik Band 5, S. 193-222, Bern und Stuttgart 1991.

rechtes Verhalten durch rechtliche Institutionen, letztlich durch Verfassung, sichern, und schliesslich als Forderung zur Schaffung von Marktinstitutionen, die durch die Trennung von Verfügungsrechten und Eigentumsrechten Effizienz und Gerechtigkeit fördern.

1. Drei innovative Aspekte der Gesellschaftstheorie

Unter dem Titel "Wohlfahrt und Institutionen: Betrachtungen zur Systemkonzeption im Werk von Adam Smith" (*Krüsselberg* 1984a) hatte ich schon früher den Versuch einer zeitgerechten Neubewertung der Arbeiten dieses in der Entwicklung der Wirtschafts- und Sozialwissenschaften bahnbrechend wirkenden Autors unternommen. Dabei waren in meiner Sicht vor allem drei Aspekte zutage getreten, die im landläufigen Urteil keine Berücksichtigung gefunden hatten. Sie sollen einleitend benannt werden, da sie den Rahmen für die hier vorgetragenen Erwägungen mit abstecken.

Der **erste** (und zugleich umfassendste) Aspekt zielt auf die unmissverständliche Bestimmung der Forschungsaufgabe: Gefragt wird nach den Möglichkeiten, eine soziale Ordnung zu schaffen, die alle Chancen nutzt, ohne den Einsatz von Zwang zu Arrangements zu gelangen, welche eine wechselseitige Vorteilsrealisierung zwischen den beteiligten Menschen gewährleisten. Damit geht es zugleich um die Erforschung der moralischen und ethischen Voraussetzungen für jene soziale Ordnung. Bedeutsam ist hier die Formulierung: "ohne den Einsatz von Zwang".

Was *Smith* historisch zu leisten hatte, war die analytische Umsetzung einer zentralen Einsicht (oder auch Vision) der schottischen Moralphilosophie in ihre Systemkonzeption von Gesellschaft. *Smith* ging nämlich davon aus, dass wirtschaftliche und gesellschaftliche Ordnungen **nicht allein oder etwa vorrangig** durch die jeweiligen Träger von Macht (geistiger, geistlicher, politischer und wirtschaftlicher Art) begründet werden (dürfen). Unzureichend erschien ihm ferner zur Erklärung von Ordnungen der alleinige (oder vorrangige) Rückgriff auf etablierte (vermeintlich sogar unveränderliche) Wert- und Sozialstrukturen politischer und geistlicher Prägung. Bislang waren hier von den Moralphilosophen vornehmlich Ethik und Moral (wie immer sie auch begründet sein mochten) und politische Macht als die für Gesellschaften relevanten Kontroll- und Steuerungsmuster erachtet worden. Ein Grundthema der Aufklärungsphilosophie war nun aber deren Auseinandersetzung mit dem Problem politischer und/oder geistiger Korruption gewesen, das - wie man meinte - in elitär geführten Gesellschaften und in Feudalsystemen (was im wesentlichen den politischen Verhältnissen der damaligen Zeit entsprach) überall ansteht oder droht. Zumindest Autoren wie *Hume* und *Montesquieu* zweifelten daran, dass für die Gerechtigkeit (und damit den Erfolg) von neuzeitlichen Regierungssystemen die Existenz lediglich politisch bestimmter (Bürger-) Tugenden ausschlaggebend sei. Sie glaubten stattdessen, dass durch ein Aufblühen von Handel und Gewerbe bessere Sitten zum Tragen kommen könnten. Sie erwarteten davon eine höhere sittliche Qualität der Gesellschaft und schlossen nicht aus, dass "the emergence of commercial society" einer gesellschaftlichen Entwicklung förderlich sein könne, die einem Regime von "liberty and justice" zustrebt (s. *Winch* 1978, etwa S. 33 - 35, 70 ff.).

Als Beleg für diesen Denkansatz möge das folgende Zitat bei *Montesquieu* angesehen werden:

"Es ist richtig, dass es in einer Demokratie, die auf dem Handel beruht, sehr gut vorkommen kann, dass einzelne Bürger grossen Reichtum besitzen, ohne dass die Sitten darunter leiden, und zwar deshalb, weil der Handelsgeist den Geist der Einfachheit, Sparsamkeit, Mässigkeit, des Fleisses, der Klugheit, Ruhe und geregelten Ordnung mit sich führt. Solange daher dieser Geist besteht, hat der Reichtum, den er hervorbringt, keine schlimmen Folgen. Das Übel tritt erst ein, wenn übermässiger Reichtum diesen Handelsgeist zerstört; dann treten plötzlich die störenden Folgen der Ungleichheit auf, die bisher noch nicht fühlbar waren." (*Montesquieu* 1967, 104)

Wichtig sind hier einmal der Hinweis auf nicht-heroische (unpolitische) Tugenden eines Handelssystems, denen man eine friedensstiftende Funktion glaubt zusprechen zu können, zum anderen der nicht zu übersehende Vermerk, dass Ordnungen, die ihr Gleichgewicht verlieren, entarten werden.

Die mutmasslichen Auswirkungen dieses dritten (denkmöglichen und praktisch bereits wirksamem) ordnungsstiftenden Handlungsmusters: "commercial system" bzw. Marktsystem - davon war *Smith* zutiefst überzeugt - musste die Gesellschaftstheorie reflektieren. Für Märkte sprach nicht nur die Vermutung ihrer höheren wirtschaftlichen Effizienz, sondern die Erwartung einer Reduktion des Grades politischer Willkür oder Demagogie.

Märkte sind die institutionelle Verkörperung jener freiwilligen Austauschprozesse, in die in bewusster **Abwägung** Individuen ihre heterogenen Handlungskapazitäten einbringen. Gelingt es, gesellschaftliche Regeln zu schaffen, die die Sicherheit solcher kooperativen Arrangements gewährleisten, werden allseitige Vorteile zu erwarten sein (s. *Krüsselberg* 1984a, 192f.). Beachtlich ist die doppelte Komponente in Marktbeziehungen. Grundsätzlich ist **Marktrationalität** die Rationalität der neuen Erfahrung, jene Variante einer dynamischen Rationalität, "that s involved in an openended discovery procedure in search of maximizing human wealth" (*Krüsselberg* 1989, 93). Sie ist zudem eine Rationalität der Umwälzung gegebener Strukturen; sie ist eine Rationalität der ständigen Neu- und Umbewertung der vorhandenen Bestände ökonomischer Ressourcen. Das ist von nicht unerheblicher gesellschaftspolitischer Bedeutung: "Wealth" ist nicht "power" - "wie *Hobbes* meinte" (WN I.v.3) Direkte politische Macht, die willkürlichen und persönlichen Zugriff auf Menschen erlaubt, ist nicht gleich der Möglichkeit, durch den Einsatz von ökonomischen Ressourcen (Vermögen, "fortune") Güter und Dienstleistungen an sich zu ziehen. Die wichtigste Willkürbeschränkung ist dabei die, das Vermögen, das sich für jeden Menschen in seiner Person und Arbeit verkörpert, als das "heiligste und unverletzlichste" Gut anzuerkennen (WN I.x.c.12; *Winch* 1978, 91; *Krüsselberg* 1984a, 206).

Der **zweite** Aspekt, den ich seinerzeit glaubte hervorheben zu müssen, betrifft die Einschätzung der Arbeitsweise von *Smith*. Er zielt auf die Zurückweisung einer weit verbreiteten These, *Smith*s ökonomisches Werk enthalte keine Theorie der Produktion; es erschöpfe sich in einem (sicherlich umfassenden) Entwurf "der Waren tauschenden

Wirtschaftsgesellschaft". Ich betone hingegen, dass *Smiths* Theorie der Wohlstandsmehrung ganz grundsätzlich als eine Theorie des Schutzes und der Akkumulation von **Vermögen** angelegt ist. *Smith* fragt nämlich dezidiert nach den Voraussetzungen für eine wohlstandsstiftende Produktion. Dabei folgt er dem Denkansatz der Physiokratie, die wusste, dass erst dann, wenn eine hinreichend sinnvolle Ansammlung "produktiver Fonds" **im voraus** ("en avance") erfolgt ist, Wohlstandsgewinne zu erwarten sind (*Krüsselberg* 1984b, 46ff.). Solange jedoch die Sicherheit der Nutzung von Vermögen nicht gewährleistet ist, bleibt die Gerechtigkeit auf der Strecke. Zu klären ist stets zudem der Spielraum für die Entwicklung menschlichen Handlungspotentials (vor dem Hintergrund institutioneller Vorkehrungen, die Freiheitrechte konstituieren). *Adam Smith* geht es definitiv um die Entdeckung der materiellen **und** institutionellen Voraussetzungen für die Entfaltung von Wohlstand, um die Frage nach einer Sozialordnung, die das Problem der Armut löst (*Albert* 1967, 170). Von Anbeginn wird hier konsequent vermögenstheoretisch argumentiert. Gefragt wird nach den Quellen, nach den Fonds, aus denen ein Volk versorgt werden kann. Zu erklären ist - so konstatierte *Smith* - das Muster eines gerechten Zustandekommens und eines gerechten Zusammenwirkens all jener Quellen und Fonds, aus denen die Güter fliessen, die der laufenden Bedarfsdeckung dienen (WN, 3 ff.), in einem System der effizienzsteigernden Arbeitsteilung.

Der **dritte** Aspekt folgt aus den beiden vorgenannten. Er kulminiert in der These, dass eine Wohlfahrtsanalyse sehr viel stärker als bisher üblich auf die Voraussetzungen zur Erzielung eines dauerhaften Wohlstands als etwa auf die Möglichkeiten der Umverteilung gegebener Sozialproduktsvolumina achten müsse. **Vermögen sind "Vorschüsse"**. Als Geld oder Güter in der Form der "Subsistenzmittel der 'produktiven' Arbeiter" und als "produzierte Produktionsmittel" sowie als erworbene und natürliche Fähigkeiten aller Einwohner vor Beginn der in Frage stehenden Produktion angesammelt (akkumuliert), ist ihre Existenz die Voraussetzung für wirtschaftliche Aktivität.

Voraussetzung für die Bereitstellung von Gütern und Diensten ist der Aufbau und die dauerhafte Existenz produktiver Ressourcen: ein Bestand an handlungsfähiger Bevölkerung (Humanvermögen) und an angesammeltem ("akkumuliertem") Realvermögen. Damit sind der Aufbau ("the accumulation of capital and skill") und die Bewahrung von Vermögen ("the maintenance of capital and skill") als grundlegende wohlfahrtsbestimmende Kräfte anzusehen. Es ist kein Zufall, dass das Prinzip der Wahrung des Status quo im Sinne der Bestandserhaltung vorhandenen Handlungsvermögens für die Handlungstheorie (*Boulding* 1962, 26ff.) und das Prinzip der Substanzerhaltung für die Theorie der Unternehmung (*Krüsselberg* 1969, 214 ff.; *Schneider* 1985, 372f., 416ff., 425) konstitutiv geworden sind.

Nicht zuletzt deshalb haben alle Gesellschaften ihr Rechts- und Moral-System so konstruiert, dass es zur Sicherung ihres Leistungspotentials für die nachfolgenden Generationen Vermögensverzehr zu vermeiden sucht. Gesellschaften, die sich der Verantwortung für die Lebenslage zukünftiger Menschheit bewusst sind, suchen solche Institutionen aufzubauen und mit gesellschaftlicher Zustimmung auszustatten, die gewährleisten, dass Vermögen zumindest erhalten wird. Vermögen wird damit zu einem Schlüsselbegriff der Ordnungstheorie[2].

Es mag deutlich geworden sein, welche wohlfahrtstheoretische Implikation aus dieser Perspektive folgt. Für *Smith* - so meinen wir - gilt grundsätzlich: Die Wohlfahrt einer Gesellschaft, die im wesentlichen bestimmt wird durch das "Wohlbefinden" ihrer Mitglieder, die Achtung ihrer Freiheits- und Sicherungsrechte (und deren Schutz) sowie die Befriedigung eines Gefühls für Gerechtigkeit, ist von der Aufgliederung der Gesamtvermögen dieser Gesellschaft, ihrer Bündelung bei einzelnen Handlungseinheiten und den dabei verwendeten institutionellen Regeln und den Rechte und Pflichten sichernden Gesetzen (im Rahmen einer in sich widerspruchsfreien Verfassung) abhängig.

Aufgabe der folgenden Passagen ist es, diese Auffassung von *Adam Smith* her zu begründen und zugleich ihre Bedeutung für unsere Gegenwart und die Zukunft zu erörtern. Dabei möchten wir deutlich machen, dass sich sowohl mit dem Aufbau von Vermögen als auch mit dessen Nutzung **Kooperationschancen** für eine Wirtschaftsgesellschaft erschliessen, die von *Smith* zu Recht als wohlstandsfördernd und freiheitsstiftend beurteilt wurden.

2. Adam Smith über die Mehrdimensionalität einer "wirklich guten" Ordnung

Es ist nicht unbegründet, wenn zu *Adam Smith*s Werk gesagt wird, die Textanalyse werde "fortschreitend" verdrängt "von der Symbolwirkung des Namens".[3] Gemeint sind damit sowohl billigende als auch missbilligende Stellungnahmen zu dem, was *Smith* vermeintlich als gesellschaftliche Botschaft vermitteln wollte. Im allgemeinen geht es um ein Für und Wider bezüglich einer ihm unterstellten Annahme, das (aufgeklärte) Eigeninteresse erlange seine Rechtfertigung aus sich selbst heraus. Es bewirke eine umfassende Wohlstandssteigerung durch eine Auslese, in der sich der Stärkere gegen den Schwächeren durchsetzt und Fürsorge für den Schwächeren weder nützlich noch moralisch geboten ist. Dass damit die humanistisch geprägten und von den Zielen der Aufklärungsphilosophie geleiteten Anforderungen, die *Adam Smith* an die Sozialwissenschaften stellte, völlig ausser acht gerieten, soll hier - mit einschlägigen Textbelegen - veranschaulicht werden.

2.1 Smiths Auffassung von den Möglichkeiten eines "guten" Handelns und Empfindens des Menschen

Smith ging es wesentlich um die Enthüllung eines "klaren und genauen" Massstabs, mit dessen Hilfe Menschen die "Angemessenheit oder Schicklichkeit" ihrer eigenen Empfindungen und Handlungen sowie der anderer zu beurteilen vermögen. Hier stellt *Smith* auf Prinzipien ab, die in einer "wirklich guten Gesellschaft ... - und nicht bloss in

---

[2] *Krüsselberg* 1984a, 185 ff.; *Krüsselberg* 1984b, 37 ff.; s. *Krüsselberg* 1988, 301f.

[3] *Mestmäcker* 1978, 141; s. zum folgenden ebenfalls S. 141-144, wo sich der Verfasser sehr kritisch mit der Neigung vieler Autoren zur Verbreitung von Irrlehren über *Smith* beschäftigt.

einer solchen, die man gemeinhin so nennt", von Belang sind. Dort verehrt man solche Personen, denen man Gerechtigkeit, Bescheidenheit, Menschlichkeit und "good order", d.h. Einbindung in die Regeln einer "guten Ordnung" nachsagt (TEG, 342).

Die menschliche Gesellschaft kann - so meint *Smith* - nicht ausschliesslich durch eine logische (Vernunft-) Notwendigkeit oder durch eine Natur-Notwendigkeit bestimmt sein. Der menschliche Verstand reicht nicht aus, von vornherein zu gewährleisten, dass dieses oder jenes Verhalten der Situation angemessen und angepasst ist. Der Einzelne kann unmöglich alle positiven und negativen Auswirkungen seiner Handlungen voraussehen. Er ist jedoch ständig **urteilsfähig** - sowohl im Hinblick auf eigenes und fremdes Handeln. Menschen besitzen die (angeborene) Fähigkeit und Neigung, sich in die Situation eines anderen agierenden Menschen hineinzuversetzen. Solches befähigt sie dazu, in einem niemals abbrechenden sozialen Prozess einen Sinn für "richtiges" und "falsches" Verhalten zu entwickeln. Das geschieht vermittels einer ständigen Abwägung zwischen den Urteilen über eigenes und fremdes Verhalten und jenen anderer über sich selbst.

Sehr sorgfältig grenzt *Smith* die verschiedenen Beurteilungsebene im menschlichen Handeln voneinander ab. Jeder Mensch ist, so heisst es, **in erster Linie und hauptsächlich** seiner eigenen Obsorge empfohlen. Sicherlich sei jeder Mensch in jeglicher Beziehung geschickter und geeigneter, für sich selbst zu sorgen als für irgendeinen anderen. Jedermann fühle seine eigene Lust und seine eigene Unlust viel lebhafter als die eines Mitmenschen (TEG, 371).

Zusammenfassend formuliert *Smith* dann aber in deutlicher Einbindung dieses Bezugspunktes in gesellschaftliche Zusammenhänge: Die Sorge um unsere eigene Glückseligkeit empfiehlt uns die Tugend der **Klugheit**. Die Sorge um die Glückseligkeit anderer Menschen legt uns die Tugenden der **Gerechtigkeit** und der **Wohltätigkeit** nahe: Von diesen hält uns die eine davon ab, deren Glückseligkeit zu verletzen, die andere treibt uns an, sie zu fördern. Unabhängig von jeglicher Rücksichtnahme darauf, welches die Empfindungen anderer Leute wirklich sind oder sein sollten oder unter einer gewissen Bedingung sein würden, wird uns die Klugheit ursprünglich durch unsere ichbezogenen Neigungen empfohlen. Die Wertschätzung von Gerechtigkeit und Wohltätigkeit erwächst hingegen aus unseren Gefühlen des Wohlwollens gegenüber unseren Mitmenschen. Dieses Eingehen auf die Empfindungen anderer Menschen verstärkt in uns lediglich die Ausübung der Tugenden und weist unserem Handeln die Richtung. Endgültiger Massstab sämtlichen Handelns sind die Empfindungen jenes - mutmasslich - **unparteiischen Zuschauers** in uns, den man "Gewissen" nennt, weil er zum grossen Richter und Schiedsherrn über unser Verhalten wird. "Die Urteile dieses uns innewohnenden Richters zu leiten, ist ... das grosse Ziel der Moralsysteme" (TEG, 489). Nur so könne gewährleistet sein, dass ein Mensch "sein ganzes Leben hindurch oder auch nur während eines beträchtlichen Abschnittes seines Lebens beständig und gleichförmig auf den Pfaden der Klugheit, der Gerechtigkeit oder der richtigen Wohltätigkeit" wandelt (TEG, 442).

Meines Erachtens wird diese Position nirgends deutlicher von *Smith* angesprochen als dort, wo er sich in seinen Briefen mit kritischen Fragen über die Bedeutung auseinandersetzt, die dem "unparteiischen Beobachter" in seinem Werk zukommt. Dort sagt er: der Mensch sei deshalb ein moralisches Wesen, weil er der **Verantwortung** unterworfen ist. Verantwortlichkeit bedeute, dass jeder hinsichtlich seiner Handlungen rechenschaftspflichtig sei. Diese Pflicht zur Rechenschaft bestehe als Pflicht gegenüber anderen. Wörtlich formuliert *Smith* an dieser Stelle, dass der Mensch "Gott und seinen Mitmenschen" gegenüber verantwortlich sei. Vorrangig müsse er sich jedoch als gegenüber seinen Mitmenschen verantwortlich verstehen. Sie seien es, die ihm unmittelbar begegneten. Die Erfahrung mit ihnen präge sein Leben, bevor sich in ihm eine Idee ausbilden könne über die Gottheit oder über die Regeln, durch die ein göttliches Wesen sein Verhalten beurteilen möge. Obwohl zweifellos der Mensch prinzipiell Gott verantwortlich sei, begegne die Gottheit dem Einzelnen zunächst unmittelbar in seinen Mitmenschen (Corr. 40. 10 Oct. 1759, To Gilbert Elliot).

Unmissverständlich macht *Smith* an vielen Stellen seines Werkes darauf aufmerksam, dass der Mensch mehrfache Verantwortung trägt. Er ist verantwortlich beteiligt an der "Verbesserung unserer Verhältnisse" als "grosses Endziel menschlichen Lebens", (TEG, 71). Hier bleibt er stets verantwortlich für sein "eigenes Glück" und das kluge Wahrnehmen seines "persönlichen Vorteils", nicht zuletzt durch die Pflege von Charaktereigenschaften wie "Wirtschaftlichkeit, Fleiss, Umsicht, Aufmerksamkeit (und) geistige Regsamkeit". Jedem Einzelmenschen obliege - so verlautet - die "richtige Obsorge für seine Gesundheit, sein Leben oder sein Vermögen" (TEG, 506 f.). Ausdrücklich bescheinigt *Smith* einem solchen Verhalten, es sei sehr lobenswert. Es unterliegt allerdings dem Massstab der Verantwortung gegenüber seinen Mitmenschen.

Bewusst haben wir hier Schlüsselaussagen der TEG wörtlich zitiert. Denn erst dann, wenn diese Basiseigenschaft *Smith*schen Denkens, sein Denken in gesellschaftlichen Zusammenhängen, die stets auf menschliche Normen und Masse rekurrieren, erkannt ist, lässt sich sein Werk hinreichend verstehen. Dazu gehört massgeblich die Einsicht, **dass die Welt wirtschaftlichen Handelns in die Welt moralischen Handelns integriert** ist. Schliesslich kann "doch die letztere gar nicht anders gedacht werden, als das ganze Leben umfassend" (so urteilt *Walther Eckstein* zutreffend in seiner Einleitung zu der deutschsprachigen Ausgabe der TEG, LVI).

2.2 Smiths Anforderung an institutionelle Rahmenbedingungen: Regeln der Gerechtigkeit

Gute Ordnungen erfordern Hingabe an menschliche Klugheit (Vernunft) und Toleranz, Respekt vor individueller Freiheit, Humanität und Bereitschaft zur wissenschaftlichen Neugier. Letztere veranlasse die Philosophen und wissenschaftlichen Forscher, jene verborgenen ("invisible") Verbindungsglieder zu entdecken, die den Menschen befähigen, im "Chaos" der Einzeltatbestände jene "Ordnung" zu finden, die ihr "Mass und Harmonie" in sich birgt (EPS Astronomy, II.12). Aufgabe der Moralphilosophie ist es insbesondere, weil solche Einblicke der Alltagserfahrung vorenthalten bleiben, jene Regeln ausfindig zu machen, die darauf "berechnet" sind, "denselben grossen Zweck zu befördern: die Ordnung der Welt und die Vollkommenheit und Glückseligkeit der Menschheit" (TEG, 255; vgl. *Krüsselberg* 1984a, 186f.). Sie können dann zur Grundlage werden für die versuchsweise Einführung von Institutionen, die menschliches Handeln in jene Bahnen lenken, welche die Förderung der "Glückseligkeit der Individuen und der Gesellschaft" durch eine "Verbesserung der Lebensbedingungen" ermöglichen (TEG, 320 f.).

Die Aufgabe einer Sozialwissenschaft besteht deshalb darin, sowohl auf der Ebene des individuellen Handelns als auch auf der der sittlichen und moralischen Leitbilder und - natürlich - der Gesetze, insbesondere der Verfassung, die Bedeutung jener **Prinzipien, die die "allgemeine Wohlfahrt fördern"**, zu erläutern und für ihre Beachtung zu werben. Das ist der Massstab für politisches Handeln: alle "Einrichtungen der Regierung und Verwaltung (werden) nur in dem Verhältnis geschätzt, als sie ... die Tendenz haben, die Glückseligkeit derer, die unter ihnen leben", zu erhöhen (TEG, 318).

Wie ist in menschlichen Gesellschaften zu gewährleisten, dass die Beachtung des Eigeninteresses, des Wohls der Mitmenschen und der Belange des "Gemeinwohls" wechselseitig vereinbar sind (und bleiben)?

Seinen Lösungsvorschlag, an dem er bis zu seinem Lebensende festhält, hat *Smith* in der "Theorie der ethischen Gefühle" unterbreitet, wo er "essentials" und Desiderata vor dem Hintergrund seines Basis-Axioms skizziert, dass der Mensch nur in Gemeinschaft mit anderen zu Wohlstand gelangen kann. Dort verlautet diagnostizierend grundsätzlich:

"Der Mensch, der nur in Gesellschaft bestehen kann, (wurde) von der Natur jener Situation angepasst, für die er geschaffen war. Alle Mitglieder der menschlichen Gesellschaft bedürfen des gegenseitigem Beistandes; andererseits ist auch jedes von ihnen den Beleidigungen des anderen ausgesetzt" (TEG, 127).

Problemlos ist hier offensichtlich folgende gesellschaftliche Variante:

"Wo jener notwendige Beistand aus wechselseitiger Liebe, aus Dankbarkeit, aus Freundschaft und Achtung von einem Mitglied dem anderen gewährt wird, da blüht die Gesellschaft und da ist sie glücklich. Alle ihre Mitglieder sind dann durch die schönen Bande der Liebe und Zuneigung verbunden und gravitieren gleichsam zu einem gemeinschaftlichen Zentrum gegenseitiger guter Dienste" (TEG, 127).

Aber auch bei weniger optimistischen Grundannahmen kann Gesellschaft gedeihen:

"Mag aber ... der notwendige Beistand nicht aus solchen edlen und selbstlosen Beweggründen gewährt werden, ... so wird die Gesellschaft zwar weniger glücklich und harmonisch sein. (Sie) wird sich deshalb doch nicht auflösen müssen. Die Gesellschaft kann zwischen einer Anzahl von Menschen - wie eine Gesellschaft unter mehreren Kaufleuten - ... aus einem Gefühl ihrer Nützlichkeit heraus, ohne gegenseitige Liebe und Zuneigung bestehen bleiben. Mag auch kein Mensch in dieser Gesellschaft einem anderen verpflichtet oder in Dankbarkeit verbunden sein, so kann die Gesellschaft doch durch eine Art kaufmännischen Austausches guter Dienste, die gleichsam nach einer vereinbarten Wertbestimmung geschätzt werden, aufrechterhalten werden" (TEG, 127f.).

Resümierend unterscheidet *Smith* zwischen Desiderata und "Essentials":

"Die Wohltätigkeit ist die Verzierung, die das Gebäude verschönt, nicht das Fundament, das es trägt. Darum war es hinreichend, sie dem einzelnen anzuempfehlen, keineswegs jedoch nötig, sie zwingend vorzuschreiben. Gerechtigkeit dagegen ist der Hauptpfeiler, der das ganze Gebäude stützt. Wenn dieser Pfeiler entfernt wird, muss der gewaltige, der ungeheuere Bau der menschlichen Gesellschaft, jener Bau, den aufzuführen und zu erhalten, in dieser Welt, wenn ich so sagen darf, die besondere Lieblingssorge der Natur gewesen zu sein scheint, in einem Augenblick zusammenstürzen und in Atome zerfallen" (TEG, 128f.).

Mir scheint, hier begegnet uns der "andere *Smith*" sehr deutlich, und dieses Bild bleibt verbindlich. Mit dem Aspekt der Verantwortung des Menschen vor Gott und seinen Mitmenschen verknüpft *Adam Smith* die Verpflichtung des Menschen auf die Prinzipien von (Handlungs-) Freiheit und Gerechtigkeit.

3. Gerechtigkeit gegenüber dem Menschen und Gerechtigkeit durch Institutionen: Zwei Stufen der Gerechtigkeit

"Gerechtigkeit ... ist der Hauptpfeiler, der das ganze Gebäude (der Gesellschaft) stützt. Wenn dieser Pfeiler entfernt wird, dann muss der gewaltige, der ungeheuere Bau der menschlichen Gesellschaft ... in einem Augenblick zusammenstürzen und in Atome zerfallen." "Wohlwollen und Wohltätigkeit ist ... für das Bestehen der Gesellschaft weniger wesentlich als Gerechtigkeit. Eine Gesellschaft kann ohne Wohltätigkeit weiter bestehen, wenn auch freilich nicht in einem besonders guten und erfreulichen Zustande, das Überhandnehmen der Ungerechtigkeit dagegen müsste sie ganz und gar zerstören" (TEG, 129, 128).

Dieses Argumentationsmuster ist typisch für *Smith*: er fragt immer nach den grundlegenden Tatbeständen für eine "gute" Gesellschaft. Diese sind zueinander additiv und komplementär. Dabei gibt es eine Grundschicht, auf der andere Schichten des Lebens ruhen. Nur in ihrer Gesamtheit vermitteln sie der menschlichen Gesellschaft jene "Schönheit", die ihr "in einem gewissen abstrakten und philosophischen Lichte" gesehen aus der Steigerung der "Wohlfahrt der Gesellschaft" durch die "unzähligen Vorteile eines gesitteten und vergesellschafteten Lebens" erwächst (TEG, 526 f.).

Für *Smith* ist die **Grundschicht**, aus der "gute" Gesellschaften resultieren, die der **Gerechtigkeit**. Sie zu gewährleisten, ist eine Angelegenheit a) der menschlichen Tugend (s. dazu 2.1.), b) der Institutionalisierung von Gerechtigkeit im gesellschaftlichen Entwicklungsprozess und c) Aufgabe des "governmnet", der Regierung, besser: des Staates.

Diese Entscheidung ist grundsätzlicher Art. Sie bedarf deshalb einer hinreichend klaren Erläuterung und Abgrenzung, weil sonst Fehlinterpretationen drohen. Nur für die Gerechtigkeitskriterien der Bereiche a) und b) gilt nämlich die in Abschnitt 1 thematisierte Frage von *Smith* nach den Möglichkeiten, eine soziale Ordnung zu schaffen, die alle Chancen nutzt, ohne den Einsatz von Zwang zu (für die Beteiligten) wechselseitigen Vorteilen zu gelangen. Dass in dieser Formulierung "ohne den Einsatz von Zwang" der Schlüssel für den Gerechtigkeitsbegriff bei *Smith* enthalten ist, wurde meines Erachtens bislang gleichfalls nicht hinreichend erkannt. Mit den Merkmalen: a) "ohne Zwang" zu **handeln** und b) "ohne Zwang" handeln zu *können*, umschreibt dieser Autor seine Anforderungen an Gesellschaften mit "guter Ordnung" auf zumindest zwei Stufen von Gerechtigkeit.

In der **Ebene zwischenmenschlichen Handelns** realisiert sich für *Smith* individuelle Gerechtigkeit als menschliche Tugend, als konkrete Möglichkeit sittlichen Tuns. Er meint dazu, wenn ein von "Bosheit", "Neid" und "Eigensucht" freier Mensch sich für einen Menschen aus einem Gerechtigkeitsgefühl heraus einsetze und sich gegen einen anderen aus Empörung gegen dessen Ungerechtigkeit wende, werde das Gebot der **Gerechtigkeit gegenüber dem Mitmenschen** erfüllt.

Ohne Zwang handeln zu können, bedeutet für *Smith* jedoch deutlich, erforderlich sei mehr: die Freisetzung des Menschen von gesellschaftlichen Zwängen. Zu verbergen sei das Grundrecht des Menschen als Ausdruck einer "natürlichen Gerechtigkeit", nicht gezwungen zu sein, Unrecht gegenüber seiner Person, seinen Gütern und seinen Handlungsrechten zu erdulden. Solch unverbrüchlicher Schutz des Menschen und der **Freiheit seines Handlungsvermögens** ist prinzipiell zu gewährleisten. Solche unverbrüchliche Garantie für die Handlungsfreiheit des Einzelnen darf nach *Smith* allerdings nicht allein der Tugend der Menschen anvertraut sein. Sie bedarf der **Sicherung durch Regeln**, für die die Gesellschaft insgesamt verantwortlich ist. Daher besteht ein gesellschaftlicher Bedarf an Institutionen, die in diesem Sinne "gerecht" sind. Sie können - das schloss *Smith* zumindest als Chance, die die Geschichte bietet, nicht aus - ausserstaatlich aus menschlichen Erfahrungen mit Regeln, die in der Vergangenheit erfolgreich Probleme lösten, "erwachsen".

In seiner "Theorie der ethischen Gefühle" erörtert *Smith* zunächst die Unabdingbarkeit von Tugenden, die das Ergebnis eines freien Handelns sind. Sie könnten jemandem nicht mit Gewalt abgenötigt werden, und ihr Mangel setze an und für sich noch keinen Menschen einer Bestrafung aus. Schliesslich ziele ihr Mangel nicht darauf ab, ein wirkliches, positives Übel zu stiften.

Im Gegensatz dazu gebe es eine "Tugend", eine Stufe gesellschaftlicher Gerechtigkeit, die nicht dem freien Belieben unseres Willens anheimgestellt ist. Sie könne vielmehr mit Gewalt erzwungen werden.

Deren Verletzung setze uns zudem dem Vergeltungsgefühl und infolgedessen der Bestrafung aus. "Diese Tugend ist die Gerechtigkeit", sagt *Smith* - und konkretisiert: die Verletzung von Gerechtigkeit ist ein Unrecht. Jedes Unrecht "fügt einer bestimmten Person einen wirklichen und positiven Schaden zu, und zwar aus Motiven, die natürlicherweise missbilligt werden. Es ist deshalb der angemessene Gegenstand des Vergeltungsgefühls und auch der Bestrafung, welche die naturgemässe Folge des Vergeltungsgefühls darstellt" (TEG, 115 f., 117).

Smith leitet aus der Forderung nach Gerechtigkeit gegenüber dem Menschen **auf der staatlichen Ebene** die Legitimation für eine Machtinstanz ab, Strafen zu erlassen und durchzusetzen, durch die ein durch eine Rechtsverletzung zugefügter Schaden geahndet wird. *Smith* betont als Besonderheit solcher Regeln der Gerechtigkeit, dass sie negativ sind. Sie sollen verhindern, dass ein Mensch das Glück eines anderen zerstört, nur weil es seinem eigenen im Wege steht. Es gilt zu vermeiden, dass einer dem anderen nimmt, was ihm nützlich ist, nur weil es für ihn ebenso nützlich oder noch nützlicher sein mag. Zulässig soll nicht sein, einem anderen "den Untergang (zu) bereiten, (nur) um (ein) Missgeschick von uns abzuwenden, oder selbst um unseren eigenen Untergang zu verhüten" (TEG, 122 f.). So bezeichnet *Smith* dann auch konsequent als die

"heiligsten Gesetze der Gerechtigkeit diejenigen, deren Verletzung am lautesten nach Ahndung und Bestrafung zu rufen scheint, ... die Gesetze, welche das Leben und die Person unseres Nächsten schützen; die nächstwichtigen sind diejenigen, die sein Eigentum und seine Besitzung schützen; und als letzte von allen kommen jene, die seine sogenannten persönlichen Rechte oder die Ansprüche, die ihm aus den Versprechungen anderer zustehen, in ihren Schutz nehmen" (TEG, 125).

Es ist zu beachten, dass *Smith* mit diesen Passagen auf sein Grundkonzept einer gerechten Gesellschaft hinarbeitet. Es geht um eine Gesellschaft, in der eine ausgewogene Abstufung zwischen Gerechtigkeit und Wohltätigkeit gilt. Gewiss - so hörten wir bereits - blühe jede Gesellschaft und sei sie glücklich, wo alle Mitglieder der menschlichen Gesellschaft sich gegenseitigen Beistand leisten. Aber auch dort, wo keine wechselseitige Liebe und Zuneigung bestehe, werde sich die Gesellschaft deshalb nicht auflösen müssen. Sie könne dauerhaft existieren, wenn - ohne dass ein Mensch in dieser Gesellschaft einem anderen verpflichtet oder in Dankbarkeit verbunden ist - diese Gesellschaft einen den Menschen als nützlich erscheinenden Handlungsverbund ermöglicht. Gesellschaft mag also selbst dann noch weiterbestehen, wenn "eine Art kaufmännischen Austausches guter Dienste" "according to an agreed valuation" erfolgt (TEG, 128; TMS II.ii.3.2). Wohlwollen und Wohltätigkeit seien daher insgesamt für das Bestehen einer Gesellschaft weniger wesentlich als Gerechtigkeit. *Smith* billigt - wie es scheint - die Auffassung von Gerechtigkeit in der Philosophie *Platons*, der von ihr als der grössten aller Tugenden spricht. Ausdrücklich kennzeichnet er ihre Varianten als kommutative, distributive und - wenngleich nicht explizit - als sittliche Gerechtigkeit. Sie beinhalten insgesamt Gerechtigkeit auf mehrfachen Ebenen:

a) Verzicht darauf, einem anderen irgendeine positive Schädigung zuzufügen - weder an seiner Person noch an seinem Vermögen oder in seinem guten Ruf (kommutative, ausgleichende Gerechtigkeit);

b) Zuwendung von eigenen Gütern und Empfindungen der Liebe, Achtung und Wertschätzung an andere, um sie angesichts ihres Charakters, ihrer Lebenslage und ihres Verhältnisses zu uns in eine Situation zu versetzen, "in welcher der unparteiische Zuschauer (sie) gerne sehen würde" (distributive, austeilende Gerechtigkeit);

c) "genaue und vollkommene Schicklichkeit oder sittliche Richtigkeit des Verhaltens und Benehmens" als Gesamtheit der Tugenden der kommutativen und distributiven Gerechtigkeit sowie "der Klugheit, der Tapferkeit, der Mässigkeit" (TEG, 453 ff.).

Ausdrücklich vermerkt *Smith*, dass ihn **dieses** Schema bei der Betrachtung von Gerechtigkeit geleitet habe. Gerechtigkeit sei unteilbar. Das - so meint *Smith* - werde kaum verstanden. Viel zu wenig hätten die Menschen über die Notwendigkeit von Gerechtigkeit für den Bestand der Gesellschaft nachgedacht (TEG, 134). Natürlich sei es unbillig anzunehmen, Unrecht solle bloss um der Ordnung der Gesellschaft willen bestraft werden (TEG, 137). Da die Natur und die Regeln, die sie befolgt, ebenso wie die Regeln, die der Mensch befolgt, "darauf berechnet (sind), denselben grossen Zweck zu befördern, (nämlich) die Ordnung der Welt und die Vollkommenheit und Glückseligkeit der Menschheit" (TEG, 255), erweise sich die **Ausrichtung auf Gerechtigkeit als eine Grundeigenschaft des Menschen**. Deshalb reiche es nicht aus, sich auf Pflichten der Dankbarkeit, Freundschaft, des Edelmuts zu berufen, um in Konfliktfeldern der Gesellschaft zu "gerechten" Ergebnissen zu gelangen, - wie "schicklich" solches Verhalten auch immer sein möge.

In allen Bereichen, in denen allgemeine Regeln bestimmen wollten, was die Pflichten bestimmter Tugenden seien, zeige sich ihre grosse Unbestimmtheit (TEG, 264 f.). Es gäbe jedoch eine Tugend,

> "auf deren Gebiet allgemeine Regeln mit der grössten Genauigkeit jede äussere Handlung bestimmen, die sie erfordert. Diese Tugend ist die Gerechtigkeit. Die Regeln der Gerechtigkeit sind im höchsten Masse genau und lassen keine anderen Ausnahmen oder Modifikationen zu, als solche, die ganz ebenso genau bestimmt werden können wie die Regeln selbst" (TEG, 266).

Was zu leisten sei, wieviel zu leisten sei, und wann und wo, alles das sei ganz genau festzusetzen und zu bestimmen, wie es z.B. bei der Zurückzahlung einer Schuld von "zehn Pfund" - einem Vorgang in der "commercial society" - üblich sei. Ebenso klar müsse jedem sein, dass Diebstahl und Ehebruch - wie immer man die "Schwäche der menschlichen Natur" einschätze - "das allgemeine Vertrauen" in der Gesellschaft zerstöre und den Einzelnen in diesem Sinne an der Gesellschaft "schuldig" mache. "Mord" sei "entsetzlich" und widerspreche "allen Prinzipien der menschlichen Natur". Deshalb könnten die Regeln der Gerechtigkeit mit den Regeln der Grammatik verglichen werden: "fest bestimmt, genau und unnachlässlich" (TEG, 266, 268 - 270).

Diese Aussage mag - allem Nachdruck in der Formulierung trotzend - unbefriedigend erscheinen. Sehr begründet verweist allerdings *Mestmäcker* auf die Möglichkeit, "wirtschaftliches Handeln an den Massstäben des Rechts und der Gerechtigkeit zu messen", indem man dieses Handeln an Regeln bindet, die "anhand der Erfahrung aus konkreten Konflikten gewonnen" wurden (*Mestmäcker* 1978, 158f.). Wichtig ist zudem sein Verweis auf die "Unterscheidung zwischen Recht als Befehl und Recht als Regel". Das ist ein wichtiges Thema in *Smith*s "Lectures on Jurisprudence": "Das erste, was bei der Erörterung von Rechten zu beachten ist, ist der Ursprung oder die Basis 'from whence they arise'" (LJ(A) i.24). Diese Betrachtung ermöglicht nämlich ein Urteil über die Rangfolge von Rechten, über den Grad ihrer "Heiligkeit" und "Unverletzlichkeit".

Smith schreibt: "Das Ziel, an dem sich Gerechtigkeit ausrichtet, besteht darin, den Menschen ihre **vollkommenen Rechte** zu gewährleisten" (LJ(A) i.1). "Vollkommene Rechte" sind durch den Staat ("government") zu sichern; damit werden sie zu einem Thema der Rechtstheorie als Frage nach den Bedingungen für kommutative Gerechtigkeit. Es geht um das Recht "one has to the free use of his person and in a word to do what he has a mind when it does not prove detrimental to any other person" (LJ(A) i.13). Hier geht es um ganz präzise Tatbestände: Gerechtigkeit zwischen den Menschen ist eine abgestufte Gerechtigkeit. Deshalb werde es hier wiederholt: Grundsätzlich gilt jene Variante von Gerechtigkeit als die höchste und heiligste, die den Menschen an sich, sein **Leben** und seine **Persönlichkeit**, schützt. Ihr folgt jene, die sein **Vermögen** schützt. An dritter Stelle steht die Gerechtigkeit, die die **Beachtung wechselseitiger Zusagen** schützt.

Halten wir zunächst fest: Für *Smith* basieren alle menschlichen Gesellschaften auf anerkannten Vorstellungen über Gut und Böse, über Recht und Unrecht. Diese Vorstellungen über Moral leiten sich aus der sozialen Natur des Menschen an sich ab[4]. Sie sind in der Natur des Menschen angelegt (TEG, 248 f.). In diesem Sinne ist auch Gerechtigkeit für *Smith* "natürlich" und "heilig". Sie ist deshalb natürlich, weil sie aus der menschlichen Natur erwächst und sich unvermeidlich dort ausdrückt, wo es menschliche Interaktion gibt. Gerechtigkeit gegenüber dem Menschen ist heilig, weil sie der Ausdruck des Göttlichen in der Natur ist (TEG, 161). Grundlage der Gerechtigkeit und der Gesellschaft ist für *Smith* das "Gefühl für das, was man seinen Mitmenschen schuldig ist" ("sense of what is due to his fellow-creatures", TMS II.iii.2.8). Hier wird *Smith* ganz deutlich: Was der Mensch dem Menschen in erster Instanz schuldet, ist das **Recht der selbständigen Verfügung** über sich selbst, seine Befreiung von jeglicher Form von Sklaverei und Leibeigenschaft. Solche Gerechtigkeit ist damit der Tatbestand, der nicht nur Gesellschaft erhält, sondern Gesellschaft erst ermöglicht (*Billet* 1976, 303).

Smith sieht Gerechtigkeit als Ziel an sich, weil Gerechtigkeit unbedingt die Handlungs-Sicherheit und die persönliche Unabhängigkeit jedes Einzelmenschen (TEG, 134 f.) fordert, - Rechte, die dem Menschen als Person zustehen und unantastbar sind. Die Notwendigkeit ihrer Gewährleistung setzt *Smith* als durch ihn bewiesen voraus, wenn ihn dann weiterhin im Hinblick auf das Entstehen der "commercial society" die Frage nach der **"justice of police"** beschäftigt, die Frage nach der Gerechtigkeit einer Politik, welche den Wohlstand der Nationen fördern will (LJ(A) i.1-4).

Beides fällt in die Rubrik "Jurisprudence" und ist Gegenstand der diesem Thema gewidmeten "Lectures". "Justice of police" bezieht sich auf die gesellschaftliche Chance der Wohlstandsmehrung, die alle begünstigen soll. Zu bedenken sind hier insbesondere die Wechselbeziehungen zwischen den Ergebnissen der Wohlstandssteigerung und dem Grad der Betroffenheit der Menschen durch diese Veränderung ihrer Lebenslage in ihren persönlichen Rechten. Aus dem kommenden "age of commerce" resultiert nämlich eine Fülle neuer Handlungsmöglichkeiten und eine signifikante Erweiterung des Bestandes an wirtschaftlich relevanten Ressourcen: "The subjects of property are greatly increased". Folglich müsste - so folgert *Smith* - auch der Bedarf an rechtlichen Regelungen zunehmen. **Um klären zu können, unter welchen Voraussetzungen das Entstehen und der Erwerb von Vermögen legitim ist, bedurfte *Smith* einer Theorie der Gerechtigkeit.** Explizit verweist er in den LJ auf die TEG, die hier zu Rate zu ziehen sei (LJ(A) i.32-38). Damit erschliesst sich eine weitere institutionelle Perspektive von Gerechtigkeit, die ausdrücklich benannt sein muss, will man *Smiths* grundlegende Botschaft an die Wissenschaft von der Wirtschaft und Gesellschaft unverkürzt erfassen.

---

[4] S. in diesem Sinne TEG, 134 ff.

Es ist nicht zu verstehen, dass selbst Ökonomen mit bestem Ruf die ordnungstheoretische und ordnungspolitische Bedeutung einer scharfen **Unterscheidung zwischen Vermögen und Eigentum** nicht erkannt haben. *Smith* allerdings behandelt in den LJ durchgängig die Frage, wie durch die spezielle Art der Vermögensbildung, d.h. des Aufbaus eines Bestandes von Ressourcen, deren Nutzung die Voraussetzung für die Güterproduktion und Einkommensentstehung ist, die Entwicklung von Recht und die Gestaltung von Rechtsinstitutionen geradezu herausgefordert wird. Der Begriff des **Vermögens als ökonomischer Ausdruck für die systematische Erfassung aller produktiven Aktiva einer Gesellschaft** zielt auf einen anderen Tatbestand als der Begriff Eigentum (mit dem das Rechtsverhältnis benannt wird, welches zwischen jenen Aktiva und Personen(gruppen) besteht). Der Vermögensbegriff ist überall dort unentbehrlich, wo die Verfügungsgewalt über Aktiva (Ressourcen, die produktiv genutzt werden), konkret: die Entscheidungen über die gesellschaftliche Wertschöpfung, nicht allein den Eigentümern von Produktionsmitteln vorbehalten sind (oder sein sollten).

Offensichtlich ist für *Smith*, dass es nur einen Fall geben darf, in dem ein produktives Aktivum zugleich persönliches Eigentum des Inhabers sein muss. **Nur beim Menschen gebietet es die Gerechtigkeit, dass die Verfügungsmacht über sein Handlungsvermögen diesem allein in eindeutiger und unkündbarer Zuständigkeit zustehen soll** - wenngleich unter Beachtung allgemeiner Rechtsregeln. Das ist gemeint, wenn *Smith* von "vollkommenem Recht" spricht. In allen anderen Bereichen des wirtschaftlich nutzbaren Vermögens - so hatte ihn die Geschichte gelehrt - empfiehlt die Gerechtigkeit die Einführung eines Rechtssystems, welches verhindert, dass durch die - historisch (fast) unvermeidlich auftretende - Ungleichheit der Vermögensverteilung Subordinationsverhältnisse entstehen, die gegen die Menschengerechtigkeit verstossen. Eine Gesellschaft, die um diese Gefährdung von Freiheit weiss, wird humaner, wenn ihr die Diversifikation von Vermögen und Eigentum gelingt.

Einen guten Einblick in diesen Argumentationszug bei *Smith* liefert der Teil 2 im 5. Buch des WN. Dieser enthält, was für seine Beurteilung wichtig ist, im Titel den Begriff "justice". Eindrucksvoll wird dann demonstriert, wie prekär die Balance zwischen der Gerechtigkeit gegenüber Menschen und der Gerechtigkeit durch Institutionen in unterschiedlichen Gesellschaftssystemen und unterschiedlichen Entwicklungsphasen sein mag. Erforderlich sind deshalb **Regelungen, die über die Zulässigkeit des Umgangs mit Vermögen klare Anweisungen geben** - und zwar dort, wo es um Vermögenskategorien geht, die nicht Humanvermögen sind, das allein schon durch die Forderung nach Beachtung der menschlichen Würde geschätzt ist. Zu bedenken ist dabei einmal, dass die Vermögensvarianten im historischen Ablauf immer vielfältiger geworden sind, weil sich die Subsistenzquellen für die Menschheit auf ihrem Wege von der Jägergesellschaft über eine Hirtengesellschaft und eine agrarische Gesellschaft bis zur kommerziellen Gesellschaft ständig vergrösserten. Zum anderen aber hatten sich für eine wachsende Zahl von Personen die Zugriffsmöglichkeiten auf Ressourcen erweitert. Das ist für *Smith* eine Konsequenz des fortschreitenden Ausmasses von technischer und sozialer Arbeitsteilung in "commercial societies".

Smith setzt bereits in den LJ(B) (206-214) auf das Prinzip der sozialen Arbeitsteilung als "the most proper way of procuring wealth and abundance". Arbeitsteilung ist jedoch nur dann effizient, wenn eine Koordination der Arbeitsaufgaben stattfinden kann. Das ist der Ausgangspunkt für unsere Auffassung von **Vermögen als Kooperationspotential für Gesellschaft.** Die rechtlich abgesicherte Möglichkeit eines (zeitweiligen) Verzichts der Eigentümer auf die Verfügungsgewalt über Teile ihres Vermögens eröffnet auch für Nicht-Eigentümer in der Gesellschaft die Chance zur selbstverantwortlichen, produktiven Verknüpfung aller Varianten von Vermögen einschliesslich ihres Humanvermögens und dessen anderer Menschen.

Zur Gestaltungsaufgabe legitimiert *Smith* den Gesetzgeber ausdrücklich in seiner TEG: durch "menschliche Gesetze, die ja die Folgen menschlicher Empfindungen sind", werde es möglich, "die (natürliche) Verteilung der Dinge zu korrigieren" (TMS III.5.9). Welchen Weg die Gesetzgebung hier wählen soll, belegt *Smith*s Werk über die Einsicht, dass nur jene Gesellschaft gerecht ist, die sich bemüht, **jedem Menschen den Zugang zur Bildung von Vermögen in allen seinen Varianten (vom Humanvermögen bis zum Produktivvermögen) durch die Schaffung und effiziente Nutzung geeigneter Gesetze und Institutionen bestmöglich zu erschliessen.** Diese Auffassung bestimmt *Smith*s Vision einer freien und gerechten Gesellschaft. Sie begründet ein Leitbild, auf das sich meines Erachtens unsere Gegenwart gleichfalls verpflichten kann (und soll).

4. Ein Kooperationsfeld: Aufbau von Humanvermögen

Das System der Arbeitsteilung ist bei *Smith* - das zeigte unsere obige Diskussion - trotz seines berühmten Stecknadelbeispiels nicht mechanistisch gedacht, sondern als ein Handlungssystem, das infolge einer sozialen Gestaltung der Arbeitsteilung, d.h. einer Aufgliederung von Aufgaben zwischen Menschen je nach ihrer spezifischen Befähigung, wechselseitige Vorteile schafft. Es ist ein kooperatives System, ein System von Zusammenarbeit, dessen Prinzipien allerdings nicht nur auf wechselseitige Hilfe abstellen, sondern stets zugleich auf das wohlverstandene Eigeninteresse. Dieses spricht *Adam Smith* unmissverständlich aus: "In einer zivilisierten Gesellschaft ist der Mensch ständig auf die Kooperation und die Hilfe vieler anderer angewiesen." Er fügt sogleich hinzu, dass, obwohl der Mensch fast immer auf Hilfe angewiesen ist, er jedoch "kaum erwarten kann, dass er sie allein durch das Wohlwollen der Mitmenschen erhalten wird" (WN I.ii.2).

Erneut zeigt sich, dass *Smith* menschliches Handeln auf mehreren Ebenen angesiedelt sieht, von denen keine für sich Ausschliesslichkeit der Geltung für zwischenmenschliches Handeln und Gesellschaftsentwicklung beanspruchen kann. Gerade das aber ist die durchgängige Linie der *Smith*schen Handlungstheorie. Gleichwohl ist der Mensch immer auf den anderen hin angelegt und erfährt durch andere, was Menschsein ist und worin seine eigene Identität besteht. Nirgendwo wird dies deutlicher als im Erziehungsprozess, den die Wirtschaftswissenschaft als Investition in Humanvermögen interpretiert. Eine starke zeitliche Beanspruchung und eine betont emotionale Zuwendung sind die Faktoren, die in Verbindung mit der menschlichen Begabung zur "Sympathie" dazu beitragen, dass der Sozialisationsprozess des Menschen gelingt.

Nach *Smith* kennzeichnet das Wort **"Sympathie"** "unser Mitgefühl mit jeder Art von Affekten". Gemeint ist die Fähigkeit eines Menschen, sich in die Situation eines anderen hineinzuversetzen, also sein Urteilsvermögen in bezug auf zwischenmenschliche Tatbestände (TEG, 4 ff.). Dieses Urteilsvermögen verhilft dem Menschen dazu, wie wir bereits erwähnten, sein "Gewissen" auszubilden, seine Unterscheidungsinstanz im Bereich von Gut und Böse. Im **Kooperationsfeld der Familie** entsteht unter den eben genannten Bedingungen jenes individuelle Handlungspotential, das ich **Vitalvermögen** nenne. Gemeint ist jenes menschliche Handlungsvermögen, das Verhaltenssicherheit durch den Aufbau von Werthaltungen, von Handelnsorientierungen und durch Gesundheit konstituiert und damit Persönlichkeitswerte begründet (vgl. *Krüsselberg* 1984a, etwa S. 205-207).

Smith legt in der TEG grossen Wert darauf zu betonen, dass für den Menschen die Affekte unterschiedlich stark sind. Sehr intensiv sind sie dort, wo sie "in erster Linie ... andere Personen betreffen, die uns ganz besonders teuer sind, wie etwa ... unsere Kinder ... . Oder es sind solche, die uns selbst unmittelbar und direkt berühren, indem sie ... unseren Ruf treffen" (TEG, 209). *Smith* geht nie davon aus, dass Menschen alle Dinge einigermassen gleich behandeln. Auffällig ist, dass er in diesem Zusammenhang stets "die Erhaltung" von Situationen, insbesondere der menschlichen "Art" und der den Menschen verfügbaren Ressourcen (TEG, 209), für besonders dringlich hält. Es ist meines Wissens in der Literatur kaum beachtet worden, dass die Ausrichtung eines Menschen auf einen anderen bei *Smith* immer Andersartigkeit voraussetzt. Solche Verschiedenartigkeit in einer Beziehung, die auf Erfüllung gegenseitiger Wünsche angelegt ist, verbunden mit der Absicht, in einer auf eine gewisse Dauer angelegten Form des Zusammenlebens Gemeinsamkeiten zu begründen (so auch *Grass* und *Stützel* 1983, 163), charakterisiert nicht zuletzt die kooperativen Elemente in der Institution der Familie. "Die Erhaltung und Fortpflanzung der Art" (TEG, 209) empfiehlt der unparteiische Beobachter der eigenen Obsorge des Menschen. Aber - vorsorglich - steuert "die Natur" hilfreiche Empfindungen in diesen Prozess ein, indem sie die Kinder in den Bereich der "elterlichen Zärtlichkeit" einbettet, was für die Erhaltung der Art insofern von Belang ist, als die Existenz und Erhaltung des Kindes von der Fürsorge der Eltern abhängt und der "Ruf" der Eltern von ihrer Fürsorge für die Kinder (TEG, 209).

Dieser Punkt ist für *Smith* so bedeutsam, dass er ihn in der Theorie der ethischen Gefühle ausdrücklich wiederholt: "Die Mitglieder seiner eigenen Familie, diejenigen, die gewöhnlich mit ihm im gleichen Hause leben, seine Eltern, seine Kinder, seine Geschwister, das sind, zunächst nach seiner eigenen Personen, diejenigen Menschen, auf die sich seine wärmste Zuneigung richtet" (TEG, 372). Fast wörtlich bringt *Smith* an dieser Stelle erneut den Satz von der Notwendigkeit der Obsorge der Eltern für die Kinder, die eine sehr starke Sympathie erwecke, also auf grosse gesellschaftliche Billigung stosse: "Und es soll dem so sein. Alles kann von dem Kinde erwartet oder doch erhofft werden" (TEG, 372), weil es die Zukunft verkörpert.

Die Verknüpfung dieser Partien aus der TEG mit anderen aus LJ und WN zeigt, welch zentrale Bedeutung für den Prozess der Entwicklung der menschlichen Gesellschaft *Adam Smith* der Institution der Familie zumass. Für *Smith* besteht die Gesamtaufgabe einer systematisch begründeten Sozialwissenschaft in der Behandlung der Frage, "worin Glück und Vollkommenheit des Menschen nicht nur als Individuum, sondern auch als Mitglied einer Familie, eines Staates und der menschlichen Gesellschaft insgesamt bestehen" (WN V.i.f. 30). Dass exakt mit dieser Umschreibung die Basisstruktur des *Smith*schen Werkes bestimmt wird, förderte erst die aktuelle *Smith*-Forschung wieder zutage.

Durch die Erhaltung und Wiederentdeckung von Mitschriften seiner "Lectures on Jurisprudence" lässt sich leicht der zentrale Stellenwert von Familie im *Smith*schen System bestimmen. Die Hauptaufgabe jeder zivilen Regierung sei es - so hiess es dort -, den Menschen die Gewährleistung ihrer vollständigen Rechte zu sichern. Solche Rechte seien für jeden Einzelnen in seiner jeweiligen Eigenschaft als **Individuum**, als Mitglied einer **Familie** und als Mitglied einer **Gesellschaft** zu errichten. Ein Blick auf die von *Smith* gewählte Systematik zeigt die Reichweite seines Ansatzes (LJ(A) Contents, Vol. 1), über den wir bereits im Abschnitt 3 unseres Beitrags sprachen.

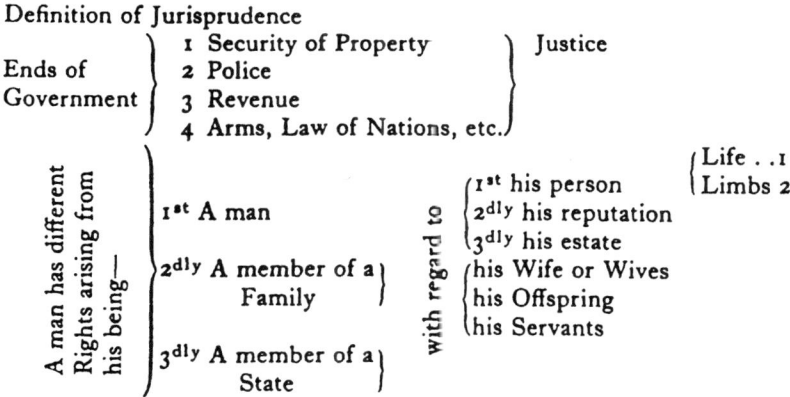

Ausdrücklich betont *Smith*, dass jede Gesellschaft die **Interessen zukünftiger Generationen** in ihr Regelwerk mit einzubeziehen habe. Jede Generation verhalte sich nur dann als **gerecht**, wenn sie so disponiert, als ob mit den Folgegenerationen ein sozialer Kontrakt bestünde, welcher sichert, dass deren Eigeninteressen in jeglicher Gegenwart Beachtung finden.

Diese Aussage führt in Verbindung mit einem Blick auf die Systematik der LJ zu einem ersten bedeutsamen Ergebnis: Leistungen der Eltern und der Gesellschaft zum Aufbau von Humanvermögen setzen die "security of property" bezüglich der Erzielung von Einkommen in der Familie und "policy" zum Zweck von "schooling and higher education" voraus. All diese Aktivitäten schulde: die Gesellschaft der zukünftigen Generation im Zeichen der Gewährleistung ihrer "vollkommenen Rechte", d.h. unter dem Aspekt der "Gerechtigkeit gegenüber dem Menschen". **Gefordert ist die kooperative Kapazität und Befähigung des Gesellschaftssystems; sie allein sichert den Fortbestand von Gesellschaft.** Zugleich zeigt sich hier, mit welcher Selbstverständlichkeit *Smith* die Notwendigkeit einer "distributiven" Gerechtigkeit unterstellt. Die Ungleichheit der gesellschaftlichen Position (hier: der Eltern gegenüber den Kindern) verlangt von ihnen Leistungen, für die die Gegenleistungen - so sagt *Smith* selbst - zumindest ungewiss sind.

Das zweite weitreichende Ergebnis knüpft an unsere Abschlussthese von Abschnitt 3 an, wo das Kooperationspotential von Gesellschaft dahingehend umschrieben worden war, dass es eine selbstverantwortliche, produktive Verknüpfung aller Varianten von Vermögen einschliesslich des Humanvermögens ermöglicht.

In unseren einleitenden Bemerkungen (Abschnitt 1) verlautete: Für *Smith* sei die Wohlfahrt einer Gesellschaft abhängig von der Art und der Qualität ihrer Bestände an Human- und Produktivvermögen sowie von jenen Techniken, Gesetzen, Normen und Institutionen, die über den Umgang mit diesen Vermögensbeständen entscheiden. Unter diesem Aspekt bezeichnet *Smith* alle Tätigkeiten als **produktiv**, die dazu dienen, Vermögen aufzubauen. Jegliche Vermögensbildung setzt voraus, dass auf unmittelbare Vorteile in der Gegenwart verzichtet wird, um zukünftige "benefits" zu erlangen. Die blosse Bereitstellung von Einkommen sagt nichts darüber aus, ob diese Einkommen dazu dienen, produktive **oder** unproduktive Arbeit zu erhalten (so auch *Campbell* und *Skinner* 1976, 30).

Lange Zeit ist nun völlig unbestritten weltweit behauptet worden, *Adam Smith* habe die Leistungen des Familienhaushalts ebenso wie andere wertvolle soziale Dienstleistungen als unproduktive Arbeit bezeichnet. Ich bin hingegen der Meinung, dass diese Behauptung als ein (weiterer) Beleg für ein oft unzulängliches, weil theorieloses Studium seines Werkes anzusehen ist. Diese These ist falsch - soweit sie einen "normalen" Familienhaushalt in seiner Funktion als Stätte des Aufbaus von Humanvermögen betrifft. Wer *Smith*s Werk in vermögenstheoretischer Sicht betrachtet, muss es entdecken: *Smith*s Veranschaulichungsfälle für dessen vermeintliche These von der Unproduktivität von Hausarbeit sind im wesentlichen die der "grossen Haushalte" des Adels und der Reichen. Alle Arbeiten, die zu deren Luxus, Müssiggang und Verschwendung betrieben werden, das ist die Position von *Smith*, sind unproduktiv. Unproduktiv ist das, was Werte verzehrt, in den unmittelbaren Konsum fliesst (WN II.iii.6,7). Produktive Arbeit steht im Dienste der Investition, unproduktive im Dienst des Konsums. Nur Leistungen, die **nicht** der Vermögenserhaltung und der Vermögensbildung dienen, nennt *Smith* **unproduktiv**.

Smith verweist selbst auf die vermögenstheoretische Grundlegung dieser These in einem späteren - dogmenhistorischen - Kapitel seines Buches, was bis heute wohl niemanden ernsthaft interessierte. Dort heisst es ganz unmissverständlich im Hinblick auf den Familienhaushalt (**nicht** auf den Fürstenhaushalt): Wenn eine Handlung dazu beiträgt, den Fortbestand von Vermögen zu sichern, "dürfte es allein schon aus diesem Grund als **höchst unangebracht** erscheinen, sie als steril oder unproduktiv zu bezeichnen". Wörtlich fährt *Smith* fort: "Wir sollten eine Ehe selbst dann nicht unnütz oder unproduktiv nennen, wenn aus ihr lediglich ein Sohn und eine Tochter hervorgehen, welche Vater und Mutter ersetzen, ... womit das bleibt, was war". Es sei völlig unangebracht, Leistungen der Familienbildung als volkswirtschaftlich gleichrangig zu Aktivitäten des Hausgesindes in konsumorientierten Haushalten zu sehen. Dessen Arbeit sichert **nicht** den Fortbestand des Fonds, aus dem alle versorgt und beschäftigt werden (WN IV.ix.29, 30).

Wiederholt plädiert *Smith* ausdrücklich für hohe Arbeitslöhne. Sie sollen dem Familienhaushalt Handlungsspielräume verschaffen und eine Gewähr dafür bieten, dass Kinder gut ernährt und umsorgt werden. Sind sie unter solchen Bedingungen herangewachsen, "übersteigt der Wert ihrer Arbeitsleistung bei weitem die Kosten ihres Unterhalts" (WN IV.vii.b.3). Zudem fordert er bekanntlich ein Eingreifen des Staates, um eine Schulbildung für die gesamte Bevölkerung zu sichern (s. etwa *Krüsselberg* 1984a, 207-210).

Mir scheint, das Thema ist nach wie vor aktuell. Es wird bei *Smith* und auch heute noch zu einem familienpolitischen Thema durch die Kernfrage: Inwieweit tragen die Entscheidungen des Familienhaushaltes zur Aufzehrung von für die Zukunft wichtigen Ressourcen oder zu deren Erhaltung oder Vermehrung bei? Nur bei Einbeziehung auch der generativen Funktion des Familienhaushalts ergänzt sich der Aufgabenkatalog für Familienhaushalte zu einer Gesamtheit. Von dieser Warte - und allein von dieser Warte her - lassen sich sinnvolle Antworten bezüglich der Bedeutung der Erfassung der Werte schaffenden und Werte sichernden Leistung der Tätigkeiten im Familienhaushalt finden. In jedem Fall sind die Produktionsmasse sozialökonomischen Handelns zu korrigieren.

Das Thema bleibt auch deshalb aktuell, weil die vermögenstheoretische Wendung der Betrachtung von produktiver und unproduktiver Arbeit nicht nur für die Bewahrung der Ressource Mensch plädiert, sondern für die Erhaltung aller potentiell produktiven Bestände einschliesslich derjenigen **der Natur.**

5. Vermögensmärkte: Kooperationschancen für Nutzer und Eigentümer - eine dritte Stufe von Gerechtigkeit

Arbeit ist nach *Smith* produktiv, wenn sie dazu dient, das Handlungspotential des wirtschaftenden Menschen in der Zukunft zu vergrössern. Allerdings sind Arbeit und Kapital (als Geld für Investitionszwecke) zueinander komplementär, - und nicht jede potentiell produktive Arbeit ist in der Lage, sich das notwendige Produktivvermögen unmittelbar zu verschaffen, selbst dann, wenn die Voraussetzung erfüllt ist, frei über ihren Arbeitseinsatz entscheiden zu können. Noch einmal geht es hier um die "Vollkommenheit" der persönlichen Rechte, die Handlungsfreiheit für Menschen fordert, denn:

"The property which every man has in his own labour, as it is the original foundation of all other property, so it is the most sacred and inviolable" (WN I.x.c.12).

Das Vermögen, das sich für jeden Menschen in seiner eigenen Arbeit verkörpert, ist, da es vom Ursprung her die Grundlage für die Entstehung alles anderen Vermögens darstellt, deshalb das heiligste und unverletzlichste. Das Vermögen, das "a poor man", der besitzlose Mensch, von seinen Vätern geerbt hat (*Smith* sagt: "Patrimonium"), ist allein die Kraft und die Geschicklichkeit seiner Hände. Deshalb stellen sämtliche Behinderungen seiner Absichten, sein Handlungsvermögen dort einzusetzen, wo er es für richtig hält, sofern er dabei seinen Nachbarn nicht schädigt, eine klare Verletzung dieses heiligsten Rechts dar. Sie sind ein offenkundiger Übergriff auf die **"gerechte Freiheit"** des Menschen (WN I.x.c.12).

Mehrfach beschäftigt sich *Smith* mit der Frage, wie der Mensch grundsätzlich zu dieser "gerechten Freiheit" kommen kann, und er antwortet stets: durch die Zugriffsmöglichkeit auf relevantes Vermögen. In den LJ hatte er im historischen Rückblick diejenigen Bevölkerungsgruppen lokalisiert, die jeweils Monopolmacht als politische Macht über humane und materielle Ressourcen besassen. Er meinte beobachtet zu haben, dass gesellschaftlicher und wirtschaftlicher Fortschritt jeweils den Zusammenbruch solcher monopolistischen Mächtigkeit voraussetzte. Für seine Gegenwart, schloss er daher unter Hinweis auf die europäische Geschichte, hätte überall "the power of the nobles", die Macht des Adels (also die der Feudalherren) zum Ruin gebracht werden müssen, um "a system of liberty" entstehen lassen zu können. Die Feudalherren seien - so klagt er an - als die grössten aller denkbaren Gegner und Unterdrücker von "liberty" anzusehen, weit mehr als selbst die absoluten Monarchen. "The people ... never can have security in person or estate till the nobility have been greatly crushed" (LJ(A) IV.165, 166; s. auch *Winch* 1978, 60ff).

Es ist somit nicht zu übersehen, dass es *Adam Smith* in seinem Werk sowohl um den Entwurf von Kriterien und den Hinweis auf Institutionen geht, die eine gerechte Gesellschaft konstituieren, als auch um die Analyse der Bedingungen zur Entfaltung eines Systems der "natürlichen Freiheit". Es ist kaum zu bestreiten, dass dieses Stichwort von der "natürlichen Freiheit" bei der Rezeption und Diskussion *Smith*scher Ideen eine sehr viel stärkere Rolle gespielt hat als seine Erwägungen über Gerechtigkeit. Nicht zuletzt deshalb beschäftigten wir uns hier zunächst mit dem Gerechtigkeitsthema, bevor wir das Freiheitsthema nunmehr aufnehmen.

Damit folgen wir allerdings streng der Arbeitsweise von *Smith*. Vielleicht lässt sich die Öffentlichkeit doch allmählich davon überzeugen, dass sich mit dem Hinweis von *Smith* auf die Notwendigkeit, zu einem System der natürlichen Freiheit zu gelangen, seine Gesamtperspektive nicht erfassen lässt. Zwar ist es üblich geworden, sich auf jene Textpartie zu konzentrieren, die "das einsichtige und einfache System der natürlichen Freiheit" (WN, 582) preist. Damit wird jedoch übersehen, dass *Smith* an den entscheidenden Stellen seines Werkes den **unaufhebbaren Verbund von Freiheit und Gerechtigkeit** betont. Auffallend ist, dass dies vorrangig dort geschieht, wo *Adam Smith* darauf hinweist, dass es die **institutionellen Rahmenbedingungen** sind, die den Menschen die Wahrnehmung ihrer individuellen Freiheit unmöglich machen. Diese verstossen so häufig "offenkundig gegen natürliche Freiheit und Gerechtigkeit" (so z.B. WN, 123). *Smith* versteht sein System als ein Konzept, das durchgängig von den - wie er selbst sagt: liberalen - Ideen der "Gleichheit, Freiheit und Gerechtigkeit" beherrscht wird (WN, 560 oder auch S. 509).

Es lässt sich deshalb unmissverständlich feststellen, dass *Smith* auch in seinem vermeintlich ökonomisch ausgerichteten Werk über den "Wohlstand der Nationen" den Begriff der Gerechtigkeit aus seiner Sozialphilosophie in seine Auffassungen über die Politische Ökonomie transportiert. Zu Recht lässt sich dazu sagen, dass eine Ausblendung des Gerechtigkeitspostulats der Betonung, die *Adam Smith* dem Wert der Freiheit zukommen lässt, die moralische Grundlage entzöge (s. auch *Billet* 1976, 297).

Bei der Abwägung dieser Aussage darf nie vergessen werden, wie sehr es *Smith* darauf ankam, "den Ursprung der Meinungen und der Institutionen, die er beschreibt, in den Prinzipien der menschlichen Natur oder den Umständen von Gesellschaft aufzuspüren" (EPS Stewart, II.52 und EPS General Introduction, I). Zu erinnern ist zudem daran, dass die wissenschaftliche Methode von *Smith* eine empirische, eine "experimentelle", besser: eine erfahrungswissenschaftliche, ist. Ihr Gegenstand ist die Beobachtung geschichtlicher Abläufe. *Dugald Stewart* spricht daher immer dort von "konjekturaler Geschichtsanalyse", wo er über das empirische Fundament des Werkes von *Smith* nachdenkt.

Das bedeutet, über das historische Material der LJ sind TEG und WN unauflösbar miteinander verknüpft. "Zahlreiche lange Abhandlungen im WN" zeigen, wie sich *Smith* historische Abläufe durch die Bezugnahme auf die Prinzipien der menschlichen Natur und die Umstände ihrer internen Lage erschliesst (EPS Stewart, H.52,47). Prinzipien der menschlichen Natur sind in der Wortbedeutung bei *Smith* nicht Grundsätze, sondern "Grundtriebe", genauer: **Grunddispositionen des Menschen** (s. auch *Eckstein* in: TEG, LXI und 598). *Smith* ist aber davon überzeugt, wie wir sehen, dass der Mensch auf Freiheit und Gerechtigkeit hin angelegt ist und die Ordnungen, in denen er lebt, nach Massgabe ihrer Fähigkeit, deren Miteinander zu verwirklichen, akzeptiert oder verwirft; das heisst in der Sprache der TEG: billigt oder missbilligt.

Im dritten Buch des WN, das den Titel "Die unterschiedliche Zunahme des Wohlstands in einzelnen Ländern" trägt, führt er an einer zentralen Stelle beschreibend **und** wertend aus:

> "Handel und Gewerbe führten nach und nach zu Ordnung und gutem Regierungsstil. Daraus erwuchsen Freiheit und Sicherheit der Individuen unter den Bewohnern des Landes, die zuvor in einem beinah dauerhaften Verhältnis des Krieges mit ihren Nachbarn und der sklavischen Abhängigkeit vom Grund- oder Dienstherrn gelebt hatten."

Dies ist nach *Smith* die wichtigste aller Wirkungen von Handel und Gewerbe, obwohl diese von den Gesellschaftstheoretikern und -kritikern bislang am wenigsten benannt worden sei (WN III.iv.4). In den Passagen vor dieser Feststellung taucht immer wieder das kombinierte Argument von "Freiheit **und** Unabhängigkeit" auf; verknüpft mit dem Argument der persönlichen Sicherheit.

Interessant ist, dass *Smith* in diesem Zusammenhang sehr selten den Begriff "freedom" verwendet. Viel häufiger gebraucht er das Wort "liberty". An einer Stelle jedoch spricht *Smith* explizit von "Freiheit in dem Sinne, in dem wir das Wort Freiheit verwenden" (WN III.iii.5). Dort bedeutet die Gewinnung von Freiheit die Lösung der Bürger von den prinzipiellen Attributen der Leibeigenschaft und Sklaverei durch ihr Recht, ihre Töchter ohne Erlaubnis des Grundherrn verheiraten zu dürfen, den eigenen Kindern Güter zu überlassen und über die Auswirkungen eigenen Handelns **willentlich** entscheiden zu können (WN III.iii.1 und 5). Diese Freiheiten des Einzelnen seien nur dann garantiert, wenn es **Sicherheit unter der Herrschaft der Gesetze** gibt. Das ist **"liberty"**. Diese Libertät schliesst eine grundlegende wirtschaftliche Freiheit ein, die nämlich, die gewährleistet, dass jeglicher gewerblicher Fleiss "die Früchte seiner eigenen Arbeit geniessen können soll" (WN I.xi.n.1). Erneut thematisiert er hier die Unterscheidung zwischen "Gerechtigkeit gegenüber dem Menschen" und "Gerechtigkeit von

Institutionen". Infolge der freiheitsbeschränkenden Merkmale des Feudalsystems ist dessen Untergang Voraussetzung dafür, dass eine freie und gerechte Regierung für eine freie und gerechte Gesellschaft entstehen kann.

Die Schlüsselaussage der These über die Grunddisposition des Menschen findet man wiederum in den LJ. Dort heisst es:

> "Nothing tends so much to corrupt and enervate and debase the mind as dependency, and nothing gives such noble and generous notions of probity as freedom and independency" (LJ(A) vi.6).

Hier klingt die bereits in Abschnitt 1 genannte Korruptionsvermutung unmittelbar an. Freiheit und Unabhängigkeit mit ihrer Einbindung in gerechte Verfassungsregeln werden ausdrücklich als Mittel, als Präventivtatbestände gegen eine drohende Korruption hervorgehoben.

Wichtig ist zu reflektieren, was nach *Smith* in einem Feudalsystem bewirkte, dass Freiheit möglich wurde. Um solches zu erreichen, musste sich nämlich "that state of property and manners" ändern, "from which the disorders arose" (WN III.iv.9). Es ist die Einführung des **Pachtsystems** in der Landwirtschaft, das die persönliche Abhängigkeit löst:

> "Wegen der monetären Vorteile, die sie wechselseitig realisieren, stellt ein Pächter weder sein Leben noch sein Vermögen in den Dienst des Grundherrn" (WN III.iv. 14).[5]

Es ist eine Spekulation wert zu fragen, ob *Smith* in diesem Gedanken bestärkt worden ist durch die Kenntnis der Arbeiten von *Quesnay*. Dort zeigt sich nämlich noch deutlicher als bei *Smith* die vermögenstheoretische Bedeutung jener ökonomischen Innovation im Feld der Investitionen. **Die Pacht ermöglichte die Trennung von Eigentum und Vermögen** (als Verfügungsmacht über Aktiva; s. zum folgenden *Krüsselberg* 1984b, 46 ff. und S. 51-58). Sie bewirkte eine Steigerung sowohl der wirtschaftlichen Effizienz als auch der menschlichen Freiheit in einer kommerziellen Gesellschaft. Sie schuf einen Freiraum für Unternehmertum durch die Schaffung eines Marktes für produktive Ressourcen, eines **Vermögensmarktes**. Entdeckt wurde, dass die produktiven Träger des wirtschaftlichen Prozesses nicht als Eigentümer, sondern als über Vermögen Verfügende tätig sind ("intelligente Pächter ... nicht Eigentümer des Bodens, ... wohl aber frei von jeder Einmischung seitens der Grundbesitzer ..." (*Schumpeter* 1965, 303f)).

Nach wie vor bemüht sich die marktwirtschaftlich orientierte Vermögenspolitik um solche institutionellen Innovationen - mit der gleichen Intention, die *Smith*s Botschaft bestimmte: Erhöhung der wirtschaftlichen Effizienz und Ausweitung der menschlichen Freiheit.

---

[5] S. auch *Winch* 1978, 77-79, den allerdings die mutmasslichen Folgen in der Änderung der Sitten interessieren, während wir hier den Konsequenzen der Änderung in der Vermögensordnung nachgehen.

6. Resümee

Wie umfassend bereits *Adam Smith* über die Bedeutung von Institutionen nachgedacht hat, die Eigentümermonopole aufbrechen, ist bedauerlicherweise kaum bekannt. In seiner gesellschaftskritischen Auseinandersetzung mit der Praxis des feudalistischen Merkantilismus fragte er unbefangen nach den Voraussetzungen, unter denen sich "die laut gepriesene Freiheit" des Untertanen konkret entfalten mag. Referenzpunkt für die Bestimmung der "Freiheit in dem Sinne, in dem wir dieses Wort verstehen", ist für ihn die Voraussetzung der Befreiung des Menschen von den Hauptattributen der "Leibeigenschaft und Sklaverei". In dieser Perspektive bedingen sich Freiheit der Person und persönliche Sicherheit wechselseitig. Sicherung der Freiheit bedeutet Freiheit zur selbstbestimmten Nutzung individuellen Handlungsvermögens, konkret das Recht auf Eigentum an der eigenen Person. Mit dieser Freiheit entfällt ein grundlegendes Attribut der Sklaverei im Zeichen einer Gerechtigkeit gegenüber dem Menschen.

Smith weiss um das Spannungsverhältnis, das sich einzelwirtschaftlich und gesamtwirtschaftlich zwischen "Kapitalfonds" und "Konsumfonds" ergibt und thematisiert dies unter dem Stichwort eines Spannungsverhältnisses zwischen Erwerbsstreben und Müssiggang. Er fragt nach den Bedingungen zur Verbesserung der Neigung zur investiven Nutzung von Ressourcen und entdeckt die Bedeutung einer gerechten und effizienten Vermögensordnung.

Für *Smith* ist ein Mensch erst dann wirklich frei, wenn er fähig ist, in einem doppelten Sinn Vermögen zu erwerben: einmal an der eigenen Person, zum anderen - zumindest anteilig - an jenen Gütern, die er über seinen Lebensunterhalt hinaus produziert. Sobald die Gesetze eines Landes jene Freiheit zur ungeteilten Vermögensbildung sichern, als Freiheit der Person und als Freiheit zum persönlichen Erwerb nicht-humanen Vermögens, vollzieht sich nach *Smith* jene so wichtige Revolution, die den wirtschaftlichen Fortschritt in einem System institutionalisierter Gerechtigkeit fundiert.

Die Institutionalisierung von Gerechtigkeit ist - für *Smith* - in Staat und Wirtschaft unabdingbar. Doch auch in diesem Zusammenhang interessiert *Smith* allein das Los des Einzelmenschen in seinem je historischen Alltag. *Smith* misst die Qualität von Gerechtigkeit an der Sensibilität des Menschen für das Schicksal anderer Menschen. Um Gerechtigkeit erfahren zu können, muss sie gelebt werden. So vollendet sich die Ethik im Werk von *Smith* mit der Botschaft der "Theorie der ethischen Gefühle": Gerechtigkeit bedarf in all ihren Varianten der sittlichen Verankerung in den Gedanken und Empfindungen der Bürger, ihrer Verpflichtung auf das Gebot der Mitmenschlichkeit.

Literatur

Albert, H. (1967), Marktsoziologie und Entscheidungslogik, Neuwied a.Rh., Berlin.

Billet, L. (1976), The Just Economy: The Moral Basis of the Wealth of Nations, in: Review of Social Economy, Vol. 34, No. 3.

Boulding, K.E. (1962), A Reconstruction of Economics, New York.

Campbell, R.H. und A.S. Skinner (1976), General Introduction, in: *Adam Smith*, An Inquiry into the Nature and Causes of the Wealth of Nations, hsrg. von *R.H. Campbell* und *A.S. Skinner*, Glasgow Edition Vol. II, Oxford.

Grass, R.-D. und *W. Stützel* (1983), Volkswirtschaftslehre, München.

Krüsselberg, H.G. (1969), Marktwirtschaft und ökonomische Theorie, Freiburg i.Br.

Krüsselberg, H.G. (1984a), Wohlfahrt und Institutionen: Betrachtungen zur Systemkonzeption im Werk von Adam Smith, in: *F.-X. Kaufmann* und *H.G. Krüsselberg* (Hrsg.), Staat, Markt und Solidarität bei Adam Smith, Frankfurt, New York, S. 185-216.

Krüsselberg, H.G. (1984b), Vermögen, Kapital, Eigentum - Schlüsselbegriffe der Ordnungstheorie, in: *H.G. Krüsselberg* (Hrsg.), Vermögen im Systemvergleich, Stuttgart, New York, S. 46ff.

Krüsselberg, H.G. (1988), Vermögenspolitik im Sozialen Rechtsstaat, in: Ordo, Band 39.

Krüsselberg, H.G. (1989), Core Issues of Comparative Systems Analysis: Interdependence, Institutional Diversity, Social Maintenance of Assets' Value, in: *J. Jonás* (Hrsg.), Theoretical Approaches to Economic Mechanism in Czechoslovakia and Federal Republic of Germany, Prag, S. 81-109.

Mestmäcker, E.-J. (1978), Die sichtbare Hand des Rechts - Über das Verhältnis von Rechtsordnung und Wirtschaftssystem bei Adam Smith, in: *E.-J. Mestmäcker* (Hrsg.), Recht und ökonomisches Gesetz, Baden-Baden.

Montesquieu (1967), Vom Geist der Gesetze, München.

Schneider, D. (1985), Allgemeine Betriebswirtschaftslehre, 2. Aufl., München, Wien.

Schumpeter, J.A. (1965), Geschichte der ökonomischen Analyse, Göttingen.

Smith, A.

Corr.: The Correspondence of Adam Smith, hsrg. von *E.C. Mossner* und *I.S. Ross*, Glasgow Edition Vol. VI, Oxford 1977.

EPS: Essays on Philosophical Subjects with Dugald Stewart's Account of Adam Smith, hsrg. von *W.P.D. Wightman, J.C. Bryce* und *I.S. Ross*, Glasgow Edition Vol. III, Oxford 1980; Astronomy: History of Astronomy; Stewart: Account of the Life and Writings of Adam Smith, LL.D.

LJ: Lectures on Jurisprudence, hsrg. von *R.L. Meek, D.D. Raphael* und *P.G. Stein*, Glasgow Edition Vol. V, Oxford 1978; (A): Report of 1762-3; (B): Report dated 1766.

TEG: Theorie der ethischen Gefühle, nach der Auflage letzter Hand, hrsg. von *W. Eckstein*, 1. Aufl. 1926, Nachdruck Hamburg 1985.

TMS: Theory of Moral Sentiments, hsrg. von *D.D. Raphael* und *A.L. Macfie*, Glasgow Edition Vol. I, Oxford 1976.

WN (mit Kapitelangabe): An Inquiry into the Nature and Causes of the Wealth of Nations, hsrg. von *R.H. Campbell* und *A.S. Skinner*, Glasgow Edition Vol. II, Oxford 1976.

WN (mit Seitenangabe): Vom Wohlstand der Nationen: Eine Untersuchung seiner Natur und seiner Ursachen, hrsg. von *H.C. Recktenwald*, München 1974.

Winch, D. (1978), Adam Smith's Politics. An Essay in Historiographic Revision, Cambridge.

Die Wiederentdeckung der Politischen Ökonomie - Betrachtungen zum gegenwärtigen Stand der Diskussion über die Beziehung zwischen Wirtschaft und Gesellschaft[1]

Hans-Günter Krüsselberg

I

"Das ökonomische System wird primär nicht in Begriffen von Beziehungen zwischen Menschen und Menschen (soziale Beziehungen), sondern in Begriffen von Beziehungen zwischen Menschen und Dingen definiert." (*Sweezy* 1970, 17; Hervorhebung nicht im Original). Das ist ein Vorwurf, vielleicht der zentrale Vorwurf, den Sozialökonomen, welche sich der marxistischen Tradition der Wirtschaftswissenschaften zurechnen, gegenüber den Lehrstücken, die man heute als "im Westen herrschend" bezeichnen, erheben. Sie glauben, dort habe man die Tatsache aus den Augen verloren, daß wirtschaftliche Beziehungen in erster Linie soziale Beziehungen sind. Das bürgerlich-ökonomische Vokabular verhindere direkt eine systematische Analyse sozialer Beziehungen, obgleich es permanent auf eben solche gesellschaftlichen Tatbestände angewandt werde.

Eine solche Kritik erscheint uns als weitgehend berechtigt, wenn sie auf jene spezielle Entwicklungslinie der Wirtschaftswissenschaft zielt, die bei Dominanz der sogenannten hypothetisch-deduktiven Methode "alle philosophischen, politischen und soziologischen Rückstände"[2] eliminierte und die moderne Variante der Neoklassik entstehen ließ, welche man - *Ludwig M. Lachmann* folgend - generell als "spätklassischen Formalismus" bezeichnen sollte[3]. Aber es kann andererseits kaum bestritten werden, daß solche Kritik (vom Aspekt der **tatsächlichen** Forschungsbemühungen in den Wirtschaftswissenschaften her gesehen) heute schon längst einen "cultural lag" aufweist - ebenso wie die neoklassischen Formalismen, die allerdings in den Lehrbüchern für Wirtschaftstheorie noch viel zu oft vorherrschen. Ob und inwieweit sich diese Auffassung hinrei-

---

[1] Zuerst erschienen in: *Günter Albrecht, Hans-Jürgen Daheim* und *Fritz Sack* (Hrsg.), Soziologie - Sprache, Bezug und Praxis, Verhältnis zu anderen Wissenschaften, *René König* zum 65. Geburtstag, S. 434-452, Köln-Opladen 1973.

[2] S. die sehr wichtige Studie: *Lowe* 1968, 17, 188 ff., 218 ff.

[3] *Lachmann* 1966, 261 ff.; zur weiteren Begründung s. *Krüsselberg* 1969, 17 ff., 89-97, 159 ff. - In der Sache deckt sich diese Kritik vollauf mit der Stellungnahme *Hans Alberts* zu diesen Fragen. *Albert* spricht hier bekanntlich von "Modell-Platonismus"; s. dazu das gleichnamige Kapitel in: *Albert* 1967, 331 ff.

chend belegen läßt, wird vor dem Hintergrund der hier anstehenden Betrachtungen jeder Leser selbst zu entscheiden haben. Generell gilt meines Erachtens nach wie vor das, was ich anläßlich einer Rezension des Werkes von *Joan Robinson* über "Economic Philosophy" in folgender Weise notierte: Es heißt "Vorsorge zu treffen, daß nicht etwa Probleme der Gegenwartsgesellschaft deshalb ungelöst bleiben, weil die herrschende Doktrin so beschaffen ist, daß sie solche Probleme ignoriert oder gar explizit als Probleme zurückweist"; sowie auch: "Wir befinden uns in der unangenehmen Situation, selbst nachdenken zu müssen[4]." Wissenschaft entbindet nicht von Entscheidungen, was in unserem Zusammenhang bedeutet, daß Wirtschaftswissenschaft letztlich stets politische Ökonomie ist.

Mir scheint daher die Aussage berechtigt zu sein, daß es in der Gegenwart nur noch eine verhältnismäßig geringe Zahl von Wirtschaftswissenschaftlern gibt, welche ernsthaft die Ansicht vertreten, die Wirtschaftswissenschaft sei etwas anderes als ein Bestandteil der Sozialwissenschaft. Weithin gilt die "soziale Wirklichkeit" als wirtschaftswissenschaftliches Forschungsobjekt. Sozialökonomik ist eben grundsätzlich nicht ablösbar von den sozialen Lebenszusammenhängen, aus denen das wirtschaftliche Geschehen erwachsen ist (*René König*)[5].

Allerdings folgt daraus nicht - und kann wohl auch kaum folgen -, daß sich **nur eine** Entwicklungslinie der modernen Nationalökonomie aufzeigen läßt. Als *Frank H. Knight* (1967, XX) einst meinte, daß es nichts gäbe, was in der Nationalökonomie besonders originell und zugleich richtig sei, deutete er den breiten Fächer von Grundauffassungen an, die sich im Wandel der Zeiten jeweils mehr oder weniger ausgeprägt in verschiede-

---

[4] *Krüsselberg* 1966, 763, 766. Wichtig sind auch für die hier anstehenden Erörterungen folgende Feststellungen (S. 763): Es könne "nicht ausbleiben, daß ideologische Momente allen wissenschaftlichen Arbeiten an sich stets ... (anhaften). Metaphysische Behauptungen seien zwar nicht nachprüfbar; dennoch drückten sie einen Standpunkt aus und bildeten somit die Basis für politische Programme. Dieser Sachverhalt fordert zugleich die Wissenschaft heraus, die sich nicht damit begnügen kann, Definitionen zu geben, sondern Kriterien zur Überprüfung zunächst inhaltsleer erscheinender Sätze benötigt und sie selbst zu entwickeln bemüht ist. Die Ideologie könne somit Forschungsprojekte provozieren (S. 8 ff.): sofern es als Aufgabe der Wissenschaft gilt, die Methoden der jeweiligen Disziplin gründlich genug zu durchleuchten, um diese von allen metaphysischen Konzepten zu säubern (S. 148).
Offensichtlich bieten, solange dies noch nicht geschehen ist, allein diese metaphysischen Sätze eine Orientierung für ein Handeln in die Zukunft, und der Rückgriff auf diese Sätze dauert unter Umständen dann noch an, wenn die Wissenschaft deren Aussagefähigkeit und Orientierungsbasis hat infrage stellen müssen. Wissenschaft aber besteht letztlich darin, über eine Methode zu verfügen, die der Eliminierung von Irrtümern dient."
Schließlich ist zu beachten, daß die Aufgabe der Wirtschaftstheorie "im Gegensatz zur Wirtschaftstheologie" darin besteht, "Hypothesen" zu entwickeln, "die getestet werden können" (*Robinson* 1968, 89); unseres Erachtens kann sich auch eine "Politische Ökonomie" von dieser Forderung in ihrem instrumentalen, d. h. dem für die Bewältigung der Gegenwart und Zukunft entscheidenden Gestaltungsteil nicht freimachen.

[5] Ein äußerst interessantes Beispiel dieser Art ist die scharfe Zurückweisung der These von der Relevanz einer "rein ökonomischen Perspektive", d. h. der Aussage, "daß das Ökonomische etwas Besonderes, **Autonomes**" sei, in der Theorie der Wettbewerbspolitik durch *Erich Hoppmann*. Als adäquate Bezugsbasis für eine wissenschaftliche Behandlung dieses Gebietes gilt *Hoppmann* allein ein voll bestimmtes System der "Politischen Ökonomie" (siehe etwa *Hoppmann* 1968a, obige Zitate auf S. 85 u. 101; sowie *Hoppmann* 1968b).

nen Lehrmeinungen niedergeschlagen hatten. Sicherlich trifft bis heute noch *Erwin von Beckeraths* Feststellung zu, daß "die unterschiedlichen Züge, welche die geistige Geschichte Europas ... in ständigem Wechsel geprägt haben, ein ziemlich getreues Abbild in den Werken des Faches finden". Es ist auch kaum verwunderlich, wenn dabei immer wieder entdeckt wurde, daß gewisse Systeme in ihrem Modellcharakter zu "Einbahnstraßen" geworden waren, "von denen man den Rückweg zur Realität ..., die man erklären wollte, nicht mehr finden konnte" (s. *von Beckerath* 1957, 13 f., 18).

Sicherlich zählt zu solchen "Einbahnstraßen", die den Weg zu einer sozialökonomischen Theorie nicht zu öffnen vermögen, das Systemkonzept des allgemeinen Gleichgewichts vom Typ der Walras-Paretianischen Theorie, welches für den "spätklassischen Formalismus" konstitutiv geworden ist. Allerdings läßt sich unschwer der gegenwärtige Trend der Diskussion über das relevante Theoriekonzept der Wirtschaftswissenschaft geradezu bestimmen sowohl durch den Hinweis auf "the ruin of this great edifice" infolge einer systematischen Klärung der Grundannahmen und Folgerungen dieses Systems als auch durch die Feststellung, daß sich alle Reparatur- und Rettungsversuche lediglich als Stückwerk erwiesen haben (so etwa *Shackle* 1961, 483 f.). Es kann also keinem Zweifel unterliegen, daß die Schließung dieser Einbahnstraße erfolgt oder zumindest im vollen Gange ist.

In welcher Weise aber geht dies vor sich - und wo liegt der Bezugspunkt für eine Neuorientierung? In Form einer Herausforderung an die formale Wirtschaftstheorie ist dieser direkt - durchaus im Sinne unseres oben skizzierten Problems - die Frage nach ihrem Gesellschaftsbild präsentiert worden. Dabei hieß es, es dürfe "erwartet werden", daß ein hinreichend tragfähiges Gesellschaftskonzept "Antwort auf drei wesentliche Fragen sucht": Es müsse beziehbar sein auf die Aktionsbedingungen für zwischenmenschliche Kommunikation, auf "die gesellschaftliche Rollenverteilung", d. h. wohl Gliederung der Gesellschaft, und schließlich auf die aus ihrer Grundkonstellation folgende Entwicklung (s. *Hofmann* 1968, 92 ff.). Wir sind nun der Überzeugung, daß sich die Entwicklung der Wirtschaftstheorie in einem permanenten Bemühen um die Formulierung solcher Antworten vollzieht. Dabei gilt allerdings für den kritischen Betrachter, daß "the venturesome should look for guidance from economists specialists in the relevant field. Textbooks - and economists in the wrong field - are likely to prove unhelpful and disappointing" (*Joy* 1967, 44). Versuchen wir hier, einige der relevaten Ansatzpunkte für eine Neuorientierung zu benennen.

II

Am weitesten dürfte die Analyse der handlungstheoretischen Grundlagen der Wirtschaftstheorie vorangeschritten sein - nicht zuletzt durch die bekannten Studien von *Hans Albert*[6] und *Gérard Gäfgen*[7]. Weltweit ist inzwischen die Reflexion darüber, ob der Bezugspunkt "individual choice" (*Sweezy* 1970, 16) als geeignete Systemidee für die Wirtschaftstheorie angesehen werden könne, zu eindeutigen Ergebnissen gelangt: So ist

---

[6] Siehe vor allem die gesammelten Aufsätze, sowie die Beiträge von *Oskar Morgenstern, T. W. Hutchison* und *Oskar Lange*, in: *Albert* 1964, Abschnitt V.

[7] *Gäfgen* 1968. Siehe zum folgenden etwa S. 38 ff.

es nach *James Buchanan* (1969, 47 ff.) fraglich, ob eine **Wissenschaft** des Wahlverhaltens überhaupt möglich ist. Er meint, daß es hier einen Widerspruch schon im Begrifflichen gebe: wählen heiße nämlich, gemäß Präferenz über das Verfügbare zu urteilen, eine Selektion zu betreiben - Wahl bedeute also die Handlung des Wählens oder Selektierens. Wählen müsse folglich von Verhalten unterschieden werden. Letzteres impliziere Handlung, weise jedoch dabei keinen direkten Bezug zu einer bewußten Wahl zwischen Alternativen auf. Verhalten umfasse stets auch relativ konstante Elemente und sei insofern einer Prognose zugänglich, Wahl entsprechend ihrer Natur allerdings nicht. Sie bleibe Wahl, bestimmbar allein im Vollzug. Sobald man Wissenschaft im Sinne konzeptionell falsifizierbarer Prognosen definiere, werde der Begriff "Wissenschaft der Wahlakte" widersprüchlich. Wie *G. L. S. Shackle* (1969; sowie *Krüsselberg* 1965a, 203 ff.) betont *Buchanan*, daß in einer völlig deterministischen Welt eine Wahlhandlung rein illusorisch sein müsse. Vor diesem Hintergrund entscheide sich der Wirtschaftswissenschaftler, wenn er darauf bestehe, daß Wirtschaftswissenschaft die Wissenschaft der Wahlakte sei, für eine offensichtliche methodologische Inkonsistenz. Natürlich scheine für den Ökonomen das Wahlproblem konstitutiv zu sein infolge der Tatsache (relativer) Knappheit. Bei einer zugegebenen Vielfalt von Zielen und einer Begrenzung der Mittel werde es notwendig, eine Auswahl zwischen Alternativen zu treffen. Das ist seines Erachtens durchaus ein Bezugsrahmen für eine Klassifikation zum Zwecke des Studiums selektiver Handlungen in Form einer Entscheidungslogik.

Nach *Buchanan* ist es aber nicht unbeachtlich, ob man das Wort **Studium** oder das Wort **Wissenschaft** verwendet. Setzt man die Begriffe Studium und Wissenschaft gleich, kann daraus resultieren, daß eine derart definierte Wissenschaft ihren Prognose-Bezug verliert. Wenn nun einige Ökonomen diesen Verlust an empirischem Gehalt konzedieren, während andere auf einer empirischen Überprüfbarkeit von Hypothesen bestehen, wird es notwendig, **das Kategorialsystem der ökonomischen Theorien** zu gliedern gemäß der jeweiligen Intention theoretischer Fragestellungen. Auf diese Weise lassen sich auch die methodologischen Konfusionen in der modernen Wirtschaftswissenschaft beheben. Nebeneinander stehen dann Theoriestücke vom Typ einer Logik der Wahlhandlungen, einer abstrakten Wissenschaft ökonomischen Verhaltens, einer prognostischen Wissenschaft ökonomischen Verhaltens sowie letztlich einer Verhaltenswissenschaft des Wirtschaftens[8].

---

[8] *Buchanan* begründet diese Zuordnung wie folgt: Die **Logik der ökonomischen Wahl** entspricht der sogenannten "ökonomischen Perspektive". Im **normativen** Bereich reduziert sie sich auf das ökonomische Prinzip, das in diesem allgemeinen Sinne empirisch ohne Gehalt ist. Empirische Gehaltlosigkeit muß jedoch nicht Nutzlosigkeit bedeuten. Indem man Entscheidende instruiert, wie sie wählen sollten, mögen sie zu "besseren" Wahlen gelangen, bezogen auf ihre eigenen Standards. Zur Logik der Wahl gibt es einen **positiven** Gegenpart - und zwar in der Theorie der Interaktion zwischen unterschiedlichen Handlungseinheiten. Ausgehend von der Tatsache, daß Aktoren wählen und daß sie dies unter Beschränkungen tun, die das Verhalten anderer einschließen, kann der Ökonom damit beginnen, aussagefähige Feststellungen zu treffen über die Ergebnisse, die sich aus der Interaktion zwischen verschiedenen Handlungseinheiten ergeben mögen. Die Analyse versucht nicht, Präferenzskalen für unterschiedliche Aktoren zu spezifizieren. Im strengsten Sinne läßt sich der Aktor in der reinen Logik der Wahlakte nicht spezifizieren. Allerdings können die Normen für ef-

In dieser letzten Variante lebt unmittelbar der handlungstheoretische Aspekt als autonomer Ausgangspunkt für die Theoriebildung wieder auf. Zugleich impliziert dieser Schritt die explizite Anerkennung der Tatsache, daß der ökonomische Sektor ein Subsystem der Gesellschaft ist und erst aus seinem mutmaßlichen Beitrag zu einem gesellschaftlichen Ziel seine Legitimation erhält. Zu bestimmen ist daher das "relevante Attitüdenfeld", was nichts anderes bedeutet, als daß durch eine "allgemeine Situationslogik sowie eine Theorie der Institutionen und Traditionen" die theoretische Basis einer Sozialwissenschaft umrissen werden kann[9].

Daraus folgt (*Myrdal* 1970, 10 ff.), daß es in Wirklichkeit keine (rein) "ökonomischen" Probleme gibt. Es gibt ganz einfach Probleme, und diese sind komplex. Zu ihrer Analyse kann man vom wissenschaftlichen Standpunkt aus gesehen allenfalls zwischen relevanten und weniger relevanten Faktoren eine Trennungslinie ziehen; - und das ist auch unter logischen Aspekten das einzig vertretbare. Damit wird allerdings vom Sozialwissenschaftler Kärrnerarbeit gefordert, denn hinfort muß jeder eindimensionale Einstieg in eine Problematik von vornherein als eine Belastung für eine sinnvolle Fragestellung angesehen werden. In einer Zeit, in der nur interdependente soziale Modelle als relevant erscheinen, entfällt zugleich die Möglichkeit "zu behaupten, jede soziale Handlung, Institution oder Beziehung habe eine ökonomische Grundlage" (*Runciman* 1967, 12).

---

fiziente Wahlen unabhängig von den Prozessen behandelt werden, durch die Entscheidungen tatsächlich erfolgen.

In der logischen Theorie werden keine Ziele spezifiziert. Die Wahl bleibt frei und ist deshalb Wahl. Sobald aber eine spezifische Motivation dem Entscheidenden zugesprochen wird, fällt der echte Wahlakt aus der Theorie heraus. Es geht hinfort um **Verhalten, nicht um Wahl**, um Verhalten, auf welches Prognoseaussagen beziehbar sein können. Die Einheit, welche handelt, tut dies in Übereinstimmung mit den Verhaltensmustern, die durch die Postulate der ökonomischen Theorie bestimmt sind. Der Aktor dieses Systems ist in gewisser Weise "programmiert", sich in unmittelbarer Reaktion auf Anreize zu ergehen. Eine **abstrakte Wissenschaft ökonomischen Verhaltens** dieser Art besitzt empirischen Gehalt. Das Verhalten des Aktors ist dann für einen externen Beobachter voraussagbar. Das bedeutet, daß irgendwelche Verhaltenskriterien objektiv meßbar sind. Diese "Objektivität" kommt dadurch ins Spiel, daß die Verhaltenspostulate ins Modell eingeführt werden. Zugleich bedingt dies die Beschränkung der Aussagefähigkeit auf die Fälle der tatsächlichen Befolgung dieses Verhaltens.

Gibt der Ökonom die ceteris-paribus-Annahmen obigen Stils auf, kann er zu einer **prognostischen Wissenschaft ökonomischen Verhaltens** gelangen, wenn es das empirische Material erlaubt, die Verhaltenshypothesen über ökonomisches Handeln auf das Verhalten durchschnittlicher oder repräsentativer Teilnehmer am Wirtschaftsprozeß zu übertragen. Obwohl tatsächliches Verhalten auch nichtökonomische Elemente einbezieht, könnte nämlich die Vielfalt der Handlungsteilnehmer Ergebnisse zeitigen, die mit denen des abstrakten Wissenschaftsmodell übereinstimmen.

Eine **Verhaltenswissenschaft der Wirtschaft** bedarf der Bezugnahme auf Motivationsmuster. Hier zeigt sich die stärkste Nahtstelle zwischen der Wirtschaftswissenschaft und den übrigen Sozialwissenschaften. Daß aber auch in diesem Zusammenhang die erstere "angebotsfähig" ist, scheint mir u. a. durch die eindrucksvolle Studie *Wilhelm Krelles* (*Krelle* 1968) unter Beweis gestellt zu werden.

[9] Siehe hierzu meine Ausführungen in: *Krüsselberg* 1965b, 127 ff., die sich u. a. auf *Gunnar Myrdal* und *Karl R. Popper*, aber auch auf *M. J. Herskovits* und *G. Balandier* beziehen.

In dieser Situation muß gezwungenermaßen mehrdimensional gearbeitet werden -
und kein Teilbereich von Theorie ist legitimiert, für das Ganze zu sprechen. Erforderlich
sind Fortschritte jener "analytischen Theorie", welche sich um eine klassifikatorische,
also gedanklich zuordnende Behandlung komplexen Systembereiche bemüht; der
"positiven Theorie", die mit der Entwicklung instrumentaler Ansätze zur Bewältigung
von Problemlösungen befaßt ist; der "normativen Theorie", welche die Auseinandersetzung um entscheidungsbedürftige Kriterien als notwendige Vorstufe für die Lösung von
Zielkonflikten betreibt, und schließlich der "kritischen Theorie", welche zu ihrem Platz
in diesem umfassenden Theorie-Komplex finden wird, soweit sie über denkmögliche
Systementwicklungen reflektiert und dabei Ansätze vom Typ "orientierender Feststellungen" (*Homans* 1969, 26 ff., 29) gewinnt, weil sie auf die Phänomene aufmerksam
macht, die untersuchungsbedürftig sind.

In welchem Teilbereich von Theorie ist jedoch die Politische Ökonomik anzusiedeln,
wenn sich diese von vornherein als gesellschaftliche Theorie zu verstehen sucht? Unseres Erachtens setzt die Beantwortung dieser Frage voraus, daß sich sowohl das **Gesell-
schafts- als auch das Politikkonzept** der verschiedenen "Politischen Ökonomien" lokalisieren lassen. Auch hinsichtlich dieser Aufgabe scheint mir noch Entscheidendes zu
leisten zu sein. Versuchen wir dennoch, zumindest die Umrisse dieser Aufgabe sichtbar
zu machen.

III

Prüfen wir nunmehr zunächst, in welchem Zusammenhang das Konzept der "Politischen Ökonomie" in der Geschichte der Nationalökonomie im einzelnen verwendet
worden ist. Unbestritten ist, daß dieser Begriff von *Antoine de Montchrétien* anläßlich
der Publikation seiner Schrift "Traité de l'économie politique" (Rouen 1615) in die wissenschaftliche Diskussion eingeführt worden ist[10]. Er wird bei ihm, dem Merkantilisten,
"in einem Sinn verwendet, der 'den Ruhm, die Vergrößerung und die Bereicherung der
Staaten' als selbstverständliches, erstes Ziel aller Staatskunst erachtet" (*Edgar Salin*). In
gleicher Weise[11] verstanden alle bedeutenden wirtschaftswissenschaftlichen Autoren
des 18. und 19. Jahrhunderts (Physiokraten und Klassiker) Politische Ökonomie als die
Wissenschaft, welche über die "Natur und Ursachen des Reichtums der Nationen"
(*Adam Smith*) reflektiert und lehrt, wie "**das gesamte menschliche Geschlecht**" zu
Wohlstand gelangen kann. Sie tritt somit in der Gestalt einer Lehre von den Interessen
aller Nationen auf und handelt von der Wohlfahrt der menschlichen Gesellschaft im
allgemeinen.

Diesen Teil der Wirtschaftslehre nennt *Friedrich List* in seiner kritischen Abgrenzung kosmopolitische Ökonomie. Seines Erachtens ist Politische Ökonomie als "Theorie der produktiven Kräfte" jedoch zunächst die Lehre von der Politik, welche die **Ein-
zelnationen** zu befolgen haben, um in ihrer ökonomischen Lage Fortschritte zu erzielen.
Politische Ökonomie lehrt, indem sie von dem "Begriff und der Natur der Nationalität"

---

[10] So etwa *Lange* 1963, 42; *Salin* 1967, 45; *Stavenhagen* 1969, 22 f.
[11] Von besonderer Bedeutung sind unseres Erachtens in diesem Zusammenhang die brillanten
      Ausführungen von *List* 1959, 133 ff.

ausgeht, "wie eine gegebene Nation bei der gegenwärtigen Weltlage und bei ihren besonderen Nationalverhältnissen ihre ökonomischen Zustände behaupten und verbessern kann".

Damit siedelt er jenes Konzept diesseits der "Idee des ewigen Friedens", d. h. in einer konkreten Welt an, für die die Existenz unterschiedlicher Interessenkonstellationen (eben von Separat-Interessen) hier: der einzelnen Nationen reale Wirklichkeit bedeutet. Keineswegs bestreitet *F. List* die Vernunft, die hinter dieser Idee (des ewigen Friedens) steckt, denn "wenn schon der Zweikampf zwischen Individuen vernunftswidrig ist, um wie viel mehr muß es der Zweikampf zwischen Nationen sein?" Aber es ist für sein Wissenschaftsverständnis einfach untragbar, "einen Zustand, der erst werden soll, als wirklich bestehend" anzunehmen, um darauf ein analytisches System zu gründen.

Mit *Karl Marx* vollzieht sich eine erneute Akzentverschiebung hinsichtlich des Begriffes Politische Ökonomie. Sein Ausgangspunkt ist "eine, wenn auch teilhafte, (so) doch unbestreitbare Wahrheit, daß die kapitalistische Wirtschaftsgesellschaft nicht eine harmonische Abgestimmtheit **aller ihrer Teile** sicherte". Das bedeutet für *E. Salin* realiter, daß "die geschichtliche These vom Klassenkampf ... nur die wirtschaftlich-gesellschaftliche Tatsache ihrer Zeit bei Namen nennt"[12]. Daß Marx dabei keineswegs einen Sonderfall darstellt, daß sein Werk ein Teilstück einer allgemein aufflammenden Kritik an der klassischen Ökonomie darstellt, wird heute so oft aus den Augen verloren, daß man Namen wie *Auguste Comte, Simonde de Sismondi* und *Lorenz von Stein* an dieser Stelle eigens zu erwähnen verpflichtet ist. Allerdings unterscheiden sie sich von *Marx* von vornherein "darin, daß sie sich nicht 'von dem gewaltigsten Widerspruch (ihrer) Zeit' überwältigen" lassen, um (zumindest in gedanklicher Antizipation) endzeitlich alle bisherige Geschichte zu beenden. Ihnen galt die praktische Lösung "drängender Lebensnöte (ihrer unmittelbaren) Gegenwart" als vordringlicher und konkreter Ausgangspunkt wissenschaftlicher Arbeit[13].

Betrachtet man weiterhin die Linie der Nachfolge zu *Marx*, zeigt sich hier, daß sie sich auf Grund verschiedener kategorischer Feststellungen bei *Marx* selbst in verschiedene Versionen "Politischer Ökonomie" aufspaltet.

Da ist zunächst die Äußerung (*Marx* 1955, 11 f.), daß die Politische Ökonomie - "soweit sie bürgerlich ist, d. h. die kapitalistische Ordnung ... als absolute und letzte Gestalt der gesellschaftlichen Produktion auffaßt" - nur solange Wissenschaft sein könne, als der Klassenkampf zwischen Bourgeoisie und Proletariat latent bleibt oder sich "in nur vereinzelten Erscheinungen offenbart". Konsequenterweise zieht daraus *Oskar Lange* den Schluß, man müsse, da die Politische Ökonomie die Wirkung der ökonomischen Gesetze im Rahmen der einzelnen Gesellschaftsformationen zu untersuchen habe, Politische Ökonomie für alle derartigen Formationen von der Urgemeinschaft bis zum Sozialismus entwickeln. Nur stelle bis heute lediglich die Politische Ökonomie des Kapitalismus einen voll entwickelten Zweig dieser Disziplin dar (*Lange* 1963, 127 ff.).

---

[12] Siehe *Salin* 1967, 109 f., sowie den Abschnitt S. 103-113 (Hervorhebung nicht im Original).
[13] Nach wie vor gebührt der außerordentlich eindringlichen Behandlung jenes Zeitabschnitts bei *König* 1949, 20-30, spezielle Beachtung.

Die zweite Version der Politischen Ökonomie marxistischen Typs geht offensichtlich auf die Aussage von *Marx* zurück, Kritik an der bürgerlichen Ökonomie sei allein möglich, wenn sie das Proletariat vertrete, die Klasse, "deren geschichtlicher Beruf ... die schließliche Abschaffung der Klassen" sei (*Marx* 1955, 14). Nach dieser Meinung ist der Umschlag in eine "neue Qualität" durch die Entwicklung der kapitalistischen Produktionsverhältnisse und die Zuspitzung des Klassenkampfes **inzwischen vollzogen**. Weil *Marx* jedoch die Widersprüche der bürgerlichen Ökonomie vermittels der Neufundierung des theoretischen Systems auf der Basis des gesellschaftlichen Standpunktes der Arbeiterklasse bereits überwunden hatte, sei durch ihn auch die Politische Ökonomie vom Standpunkt des Proletariats als "wissenschaftliche Ökonomie im eigentlichen Sinne" entwickelt worden: sie als sozialistische Wissenschaft sei die von allen Einseitigkeiten und Defekten der bürgerlichen Ökonomie befreite Wissenschaft[14], d. h. also die eigentliche Wissenschaft von der Wirtschaft.

Schließlich ist drittens noch der Satz (aus der Studie "Das Elend der Philosophie") überliefert - von den Sozialisten und Kommunisten als Theoretikern der Klasse des Proletariats, die es mit fortschreitender Geschichte und sich deutlicher abzeichnendem Kampf des Proletariats "nicht mehr nötig (haben), die Wissenschaft in ihrem Kopf zu suchen; sie haben nur sich Rechenschaft abzulegen von dem, was sich vor ihren Augen abspielt und sich zum Organ desselben zu machen" (*Marx* 1932, 564). Auf dieser Aussage fußt die These vom Absterben der ökonomischen Wissenschaft an sich: ihr obliegt hinfort weder eine Gestaltungs- noch eine Erklärungsaufgabe. Sie wird Teil des zwingend vorgegebenen Ablaufs der Geschichte.

An dieser Stelle enthüllt sich endgültig der Ansatzpunkt für die oben genannte Aufspaltung: die Frage nach dem Gegenstand der **zeitgenössischen** Politischen Ökonomie. Ist sie definiert durch die Aufgabe, den Prozeß der Produktion und Distribution in seinen Gesetzmäßigkeiten zu erforschen, schließt dies nicht aus, daß auch im System des Sozialismus weiterhin die Entwicklung "dialektisch durch das Entstehen und die Überwindung von Widersprüchen" erfolgt, wenngleich "nicht spontan, sondern durch die bewußte und zielgerichtete Tätigkeit der organisierten Gesellschaft, einer Tätigkeit, die die objektiven soziologischen und ökonomischen Gesetze ausnutzt mit dem Ziel, die Absichten der Menschen zu verwirklichen" (*Lange* 1963, 36, 120). Auf der Linie einer derartigen Äußerung scheint sich Politische Ökonomie vornehmlich im Sinne der klassischen Tradition als Gestaltungswissenschaft der Gesellschaft zu verstehen. Die in diesem Zusammenhang angedeutete Meinung *Langes*, es müsse also ein Gebiet einer allgemeinen (suprahistorischen) Politischen Ökonomie geben, trägt ihm jedoch einen scharfen (meta-ökonomisch begründeten, wenngleich zunächst nicht dahingehend explizit ausgewiesenen) Tadel seitens *Roman Rosdolsky* (1963, 626 ff.; s. auch *Rosdolsky* 1969, 653) ein: *Engels* habe bekanntlich jenes suprahistorische Gebiet der Wirtschaftswissenschaft auf ein Minimum begrenzt, im übrigen könne (und brauche) man den Cha-

---

[14] *Behrens* 1952, 3 ff., 17 ff., 22 ff., 28 ff.; im Abschnitt über die gesellschaftliche Bedingtheit und die gesellschaftliche Rolle der ökonomischen Wissenschaft scheint auch *Lange* sich so zu äußern; allerdings sind seine Grundaussagen nicht auf das Vollendete im Wissen, sondern auf ungehemmte Erkenntnisgewinnung über die Entwicklung der ökonomischen Verhältnisse ausgerichtet, siehe *Lange* 1963, 386 ff.

rakter der *Marx*schen Ökonomie nicht zu "verabsolutieren". Nach diesem Hinweis bietet er unbefangen die These von der "bewundernswerten Durchsichtigkeit" des "sozialistische(n) 'Verein(s) freier Menschen' der Zukunft an" als ökonomische Bedingung, die alle vergangenen und zukünftigen gesellschaftlichen Produktionsbeziehungen **im Gegensatz** zu den kapitalistischen aufweisen: nur die Gesetze der Warenproduktion, vor allem der kapitalistischen Produktion, wirken als nicht "von ihrem assoziierten Verstand begriffene und damit beherrschte Gesetze". Jetzt erst heißt es: Wer dies nicht versteht, dem geht "jede Fühlung mit den philosophischen Ausgangspunkten von *Marx* und *Engels*" ab. Damit ist wiederum die berühmte Feststellung des Unterschiedes "zwischen der realen Existenz und der inneren Kerngestalt von Tatsachen" (*Georg Lukács*) im Spiel, durch die jeder empirischen Forschung dogmatisch die Legitimationsbasis entzogen werden kann.

Hier aber muß entschieden werden: Glaubt man andererseits, die Wissenschaft müsse Gegenwartsanalyse betreiben, gilt unmißverständlich, daß diese "kein 'Absolutes' (kennt), dies - nebenbei - ein Grundzug aller Wissenschaftslogik: sie ist weder Meta-Politik noch Meta-Biologie. Das ewig Relative, der unaufhörlich sich umwälzende Prozeß gesellschaftlichen Werdens ist ihr einziges Feld" (*König* 1949, 37).

IV

Wo aber findet sich ein Bezugspunkt für eine solche Wissenschaft? Kann er anders gewonnen werden als vor einem "metaethischen Horizont" (*König* 1971, 59 ff.)? Eine Antwort auf diese Frage, der meines Erachtens ein erheblicher Teil der nichtmarxistischen Sozialwissenschaftler beipflichten würde, gibt *René König* durch den Hinweis auf "ein eigenes Humanitätsideal", begründet durch "die Wertentscheidung zur Rationalität", derart, daß der Handelnde sich bemüht auf die Folgen zu schauen. Hier wird der Wissenschaftsauftrag begründet durch das "von der Rationalität nicht ablösbare Moment der Kritik, in der die Folgen eines beliebigen Mittels an der rationalen Idee von Menschlichkeit gemessen werden"[15] , - kurzum: begründet durch "die Haltung der Verantwortungsethik, welche in der praktischen Sphäre das Pendant zur Rationalität in der theoretischen Dimension darstellt". - Man kann dies auch anders ausdrücken, indem man sagt: "Diktatur bleibt Diktatur, ganz gleich von wem und in wessen Namen sie ausgeübt wird ... Und wenn (Wissenschaft) nach festen Werten Ausschau hält, so sieht sie diese auch nicht in einem 'Reich der Freiheit', das einzig für die Religion und Metaphysik zugänglich ist, sondern ausschließlich in dem Rahmen, der durch die zwischenmenschlichen Beziehungen und ihre Ordnungen in Brauch, Sitte und Recht abgesteckt wird." (*König* 1949, 36 f.)

---

[15] Das Zitat endet bei *König* 1971, 62, wie folgt: "Schlechterdings keine der anderen Wertentscheidungen kann dies Moment aufweisen, so daß alle nur versuchen, ihren Wert als Wert universaler Natur zu setzen, alle anderen Werte damit notwendigerweise zu entwerten und damit einen Kampf der Werte zu provozieren, in dem ein Ende grundsätzlich nicht abzusehen ist. Darum ist auch die Durchsetzung aller beliebigen Werte immer mit der Verletzung jeweils anderer Werte verbunden. Einzig die Realisierung der Zweckrationalität vermag mit ihrem Blick auf die Folgen ihre eigenen Grenzen kritisch abzustecken, sowie sie die menschliche Substanz verletzt, weil Kritik ihr nicht äußerlich, sondern inhärent ist."

Obwohl sich in der wirtschaftswissenschaftlichen Literatur stark ausgeprägt diese Linie einer "Politischen Ökonomie" entfaltet, ist es ein wenig verblüffend, daß in der aktuellen Debatte diesem Tatbestand kaum Rechnung getragen wird: Wer liest heute noch solche - sagen wir - sozialliberalen, zum Teil äußerst bedeutsamen Texte zum Thema Wirtschaft und Gesellschaft, also zum Grundthema der "Politischen Ökonomie", wie etwa die von *Franz Oppenheimer, Eduard Heimann* und *Adolph Lowe* oder gar von *Alfred Müller-Armack* und *Alexander Rüstow*? Für diese, sich durchaus nicht völlig deckenden Richtungen, kann hier gleichfalls nur eine Grundskizze angeboten werden, die durch konkretes Quellenstudium inhaltlich angereichert werden sollte.

Für solche Autoren ist unwiderruflich "alle ökonomische Wissenschaft Sozialwissenschaft, ... und darum von Anbeginn bis in alle Zukunft Politische Ökonomie"[16]. Politische Ökonomie ist also etwas anderes und meint etwas anderes "als die einfache Anwendung eines theoretischen Modells auf eine (der 'reinen' Theorie und ihrem Datenkranz gegenüber) stets vielgestaltigere, oft widersprüchliche Wirklichkeit". Dabei tut sie gut daran, sich bewußt zu bleiben, daß es auch ihr nicht vergönnt ist, den "Schleier der Zukunft ganz zu heben, und daß ... alle Determiniertheit aufgehoben wird durch das Unvorhergesehene und das Unerforschliche". Immer muß sich der politische Ökonom vergegenwärtigen, daß bestimmte Institutionen unter Umständen nur angesichts ganz bestimmter politischer und moralischer Voraussetzungen funktionieren, die "einmalig" und "nicht wiederholbar" sein mögen. Dies schließt die Aufgabe ein, dem Prozeß der Veränderung bestehender Strukturen nachzugehen und seine Möglichkeiten gedanklich zu antizipieren.

Bereits in den 30er Jahren hatte *Alfred Müller-Armack* die Entwicklung neuartiger Kategorien für eine dynamische Theorie gefordert, als deren eigentliche Funktion die "Herausstellung der spezifischen Bewegungsstruktur des Sozialen" bezeichnet wurde. Schlüsseltheorie werde sie sein, sofern sie zu einer "Lehre von den Bedingungen der Möglichkeit der Geschichte" entwickelt werden könne (*Müller-Armack* 1932, 7 ff., 15). ,

Joseph Schumpeter suchte die Wissenschaft der Gegenwart auf der Linie der *Marx*schen Vision ("einer Theorie ... des wirtschaftlichen Prozesses in historischer Zeit") auf "eine Wirtschaftstheorie der Zukunft" zu verpflichten; und in der Antwort auf den Vorwurf des "Defätismus", der gegen ihn erhoben wurde, liefert er zugleich ein klassisches Beispiel für die Attitüde der "Verantwortungsethik": Sowohl "die Paten einer privatkapitalistischen Gesellschaft" als auch "die Paten eines demokratischen Sozialismus ... haben nur zu gewinnen, wenn sie klarer, als sie es im allgemeinen tun, das Wesen der sozialen Situation erkennen, in der ihnen vom Schicksal zu handeln aufgegeben ist. - Freimütig auch unheilschwangere Tatbestände aufzuzeigen, war noch nie so nötig wie heute; denn es scheint, wir haben den Eskapismus, die Flucht vor der Wirklichkeit, zu einem Denksystem entwickelt (*Schumpeter* 1950, 78 und 491)."

Inzwischen heißt es zu Recht, daß der Wirtschaftshistoriker nur mit größten Schwierigkeiten vermeiden könne, zu einem "general dynamic theorist of whole societies" zu werden (*Rostow* 1962, 334). *Eduard Heimann* (1963, 2 und 32 f.) möchte daher eine Theorie konzipiert sehen, in der "das Adjektiv sozial ... durch das fast gleich bedeutende Wort 'historisch' ersetzt werden (könnte)". Versteht *Heimann* diesen Terminus so, daß er "die Gegenwart und die in die Zukunft gerichteten Tendenzen einschließt", so charakte-

---

[16] *Salin* 1967, VII; zum folgenden siehe auch *Salin* 1963, 218 ff.

risiert *Wilhelm E. Mühlmann* (1956, 186-205, hier S. 186, 190 ff.) als geschichtliche Komponente im sozialwissenschaftlichen Sinne geradezu das aus Erfahrung und Lernprozessen resultierende aktuelle, auf die Zukunft gerichtete Verhaltensmuster. Das bedeutet, daß für jede gegebene historische Situation eine Bestandsaufnahme ihrer "Widersprüche und Konflikte" zu erfolgen hätte um so die Voraussetzung für ihre Überwindung zu schaffen. Tatsächlich entfalten sich gegenwärtig in der westlichen Welt speziell auf der Linie dieses Argumentes zahlreiche Entwürfe "Politischer Ökonomie"[17].

In ganz entscheidendem Maße hat nämlich in der Wirtschaftswissenschaft der Anspruch an Boden gewonnen, der Wirtschaftswissenschaft als Sozialwissenschaft obliege eine konkrete Gestaltungsaufgabe. Schließlich könne sich eine Wirtschafts- und Gesellschaftsordnung "nur dann im geschichtlichen Wandel behaupten ..., wenn sie die Wandlungen unserer Gesamtsituation berücksichtigt". Ferner sei keine Sozialordnung in der Lage, darauf zu verzichten, von einem Wertbewußtsein getragen zu sein, "das die Voraussetzung auch der Verantwortung für den Mitmenschen ist" (*Müller-Armack* 1966, 294, 298). Nachdrücklich fordert man heute wiederum eine Synthese in den Sozialwissenschaften (*Landauer* 1966, 660 ff.), und überall haben umfassende Arbeiten dieser Art begonnen.

Es zeigt sich allerdings, daß der Grundtatbestand, auf den sich die Neuorientierung ausrichtet, eben die Gesellschaftsbezogenheit des Wirtschaftens, keineswegs ausreicht, die recht heterogenen Ansätze, welche heute unter der Rubrik "Politische Ökonomie" angeboten werden, sachlich und methodisch exakt zuzurechnen. So muß denn von vornherein herausgehoben werden, welchen Bezugspunkt man selbst in diesem Bereich zum entscheidenden Kriterium erhebt.

Mir scheint, daß nur ein Zugang zu dieser Problematik möglich ist: die Feststellung, daß sich moderne (freiheitliche) Wirtschaftsgesellschaften in zunehmendem Maße als "verantwortliche Gesellschaften" (*Weisser* 1967, 127) verstehen. Damit wandelt sich auch die Rolle der Wirtschaftswissenschaft in der Gegenwartsgesellschaft. Sie steht deutlich unter dem Zeichen bewußter sozialer Verantwortlichkeiten anläßlich der Gestaltung des Wirtschaftslebens vor dem Hintergrund einer Fülle von in komplexen Gesellschaften artikulierten Zielvorstellungen[18] Dabei geht es um kein geringeres Problem als um den Vollzug einer "Synthese von Freiheit und Ordnung" (*Lowe* 1968, 151). Das bedeutet nichts anderes, als daß auf diese Weise das Grundproblem gesellschaftlicher Organisation zu erörtern ist. Schließlich wird eine Theorie der Gesellschaft erst möglich durch die Erkenntnis der Sozialgebundenheit auch von Freiheit: "Erhält der Mensch sein Selbst erst als gesellschaftliches Wesen, so erfüllt sich die höchste Freiheit für ihn in der Zuwendung der Erkenntnis auf die gesellschaftliche Existenz, was sich dann unmittelbar

---

[17] *Johnson* 1964, 167, verwendet diesen Terminus im Sinne einer "excuse for a broad, discursive political-philosophical approach, and a willingness to deal with difficult theoretical questions by sage circumlocution".

[18] Siehe hierzu die grundlegende Schrift von *Jöhr* und *Singer* 1964; ferner die meines Erachtens äußerst treffenden Bemerkungen von *Lerner* 1969, 131 ff., über die Bedeutung der oben bereits genannten Untersuchung von *Lowe* (1968) zum Thema Politische Ökonomik.

wiederum in sozial geregelten Handlungen der gesellschaftlichen Selbstgestaltung kundtut." (*König* 1971, 85)

Konkrete Konturen gelangen in diesen Komplex, wenn man den methodischen Ansatz lokalisiert und zugleich die inhaltliche, d. h. materielle Auffüllung des Gesellschaftsbildes hinzufügt. Hinsichtlich der Entscheidung über die Grundformen wirtschaftlicher Organisation gemäß der Polarität Marktwirtschaft und Privateigentum sowie Staatseigentum und Wirtschaftsplanung heißt es unmißverständlich, daß solche "summarischen Alternativen ... die Mannigfaltigkeit der aktuellen Phänomene nicht wieder (geben)" (*Aron* 1970, 264). Aus diesem Grund muß denn auch gefordert werden[19], daß "sowohl die Frage der Wirtschaftsordnung als auch die gesamte Wirklichkeit auf ein **neues Koordinatensystem**" bezogen wird. Als erster Schritt in diese Richtung hat die Erkenntnis zu gelten, "daß die gesamte gesellschaftliche Wirklichkeit polar aufgebaut ist" und die üblichen Konzepte von Wirtschaftssystemen einseitige Denkformen schaffen, welche gedankliche Gegensätze von vornherein fixieren. In jeder realen Gesellschaft ist jedoch "eine Mischung aller Gegensatzpaare" zu finden, da alle Gegensätze immer latent vorhanden sind in Form einer Polarität "von Freiheit und Gebundenheit, von Zentralisation und Dezentralisation, von Beherrschen und Verzichten, von Leistungsprinzip und Sozialprinzip". Weder Autonomie oder Politisierung, noch Freiheit oder staatlicher Zwang können daher Ziel der Entwicklung sein; sie müssen "**relative Forderungen**" bleiben als Elemente in einem Zielbündel optimalen Ausgleichs. Einseitigkeiten in der Gesellschaft müssen korrigiert werden (und korrigierbar bleiben) durch den Widerstand und die Anstrengungen anderer gesellschaftlicher Gruppen, die durch die einseitige Entwicklung in irgendeiner Weise benachteiligt worden sind: Das Denken in rationalistischen Systemen "heißt ... Verkennung der Polarität alles Lebendigen, heißt Mißachtung der Tatsache, daß das Ziel des persönlichen und gesellschaftlichen Lebens nicht Verwirklichung eines Extrems von Freiheit oder Gebundenheit oder von Individualismus oder Solidarität ist, sondern eines lebendigen Ausgleichs zwischen den Extremen, daß man das eine Prinzip überhaupt nicht extrem verfolgen kann, ohne das andere zu erwecken, solange es nicht durch brutalen Zwang niedergehalten wird".

V

In diesem Abschnitt soll versucht werden, in das oben angesprochene Koordinatensystem, das auf die Grundvorstellung von Gesellschaft als ein sozial-interdependentes Gefüge abhebt, einige inhaltliche Elemente einzubringen. Sicher veranlaßte wohl auch das Leitbild einer Gesellschaft, die ihre Gestaltungsaufgabe selbst wahrzunehmen bereit ist, *J. E. Meade* (1968, 372-392) dazu, sein "sozial-liberales" Programm zu entwickeln. Dabei stellt er heraus, daß es hier stets um die Frage des Aufbaus oder der Förderung relevanter Institutionen geht, und zwar in einem System einer "komplexen, äußerst dif-

---

[19] *Böhler* 1965, 332 f., 335, 333, 342; siehe hierzu auch meine Rezension dieses Buches in: *Krüsselberg* 1967, 154 ff.

ferenzierten, hierarchisch gegliederten Gesellschaft, in der der gesellschaftliche Status letztlich (in immer stärkerem Maße) durch Ausbildung bestimmt wird"[20].

Aber auch dieses Problem einer Institutionenlehre hat die politischen Ökonomen beschäftigt (*Lachmann* 1970, 88 ff.). Dabei fällt zunächst die Basisaussage an, daß Institutionen eine Koordination von Handlungen in Gesellschaften bewirken, sowie die weitere, daß sie zu diesem Zweck eine Struktur ausbilden müssen, der "Kohärenz und Permanenz" zugeschrieben werden kann, da ihre Zeitdimension nicht nur die Gegenwart, sondern stets auch die Zukunft ist.

Daraus folgt, daß solche Institutionen in ihrer **inhaltlichen Ausrichtung** beziehbar sein müssen auf einen "wissenschaftlich-empirisch fundierten Begriff des Menschen und des menschlichen Verhaltens"[21]. Gemeint ist damit, daß "die Kriterien der Rationalität eines neuen Humanismus ... substantieller Natur sein (müssen), das heißt, sie müssen in dem Grad der Sicherstellung konkreter Lebensbedingungen bzw. in dem Grad der Befriedigung existentieller Grundbedürfnisse gesucht und gefunden werden". Sie stellen sich dar in der Form von "Mindesttoleranzgrenzen" als "maximale Belastungsgrenzen des Menschen", die nicht überschritten werden dürfen, soll "außer der Erfüllung der elementaren Bedingungen für seine physische Gesundheit gleichzeitig (gewährleistet sein die) Aufrechterhaltung seines psychosomatischen Gleichgewichts und des Erwerbs der Fähigkeit, sein Leben zu gestalten".

Institutionen - so sagten wir eben - koordinieren über Handlungen die Pläne der Mitglieder einer Gesellschaft. Ohne Zweifel trifft nun in diesem Zusammenhang der Vorwurf von *Meade* gegenüber *Galbraith* vollauf zu, seine Systementwürfe ließen jenen Aspekt der notwendigen Plankoordination völlig außer acht. *Meade* betont, daß auch mit einem privatwirtschaftlichen System ein Konzept nationaler indikativer Planung nicht inkompatibel sei, wenn sie exakt auf den Informationsaspekt von Wettbewerb bezogen ist: Bekanntlich versteht man in der modernen Wettbewerbstheorie Wettbewerb ganz wesentlich als einen Prozeß der Meinungsbildung. Indem Wettbewerb Informationen verbreitet, trägt er zur Einheit und zum Zusammenhang innerhalb von Wirtschaftssystemen bei. Indikative Planung gilt als ein Versuch, durch den Austausch von Information zwischen Planinstanz und betroffenen Unternehmen individuelle Pläne so zu modifizieren, daß sie sich zu einem kohärenten Ganzen fügen. Darüber hinaus ist *Meades* Programm ein Pädoyer für "the reinforcement in modern industrial conditions of the constraints of the market mechanism". Dies ist nicht nur ein formales Argument für die Auflockerung starrer industrieller Strukturen, sondern eine unmittelbare Aufforderung an den Gesetzgeber seitens der Ökonomen. Der Wettbewerbsmechanismus gilt Ökonomen seit langem als ein "inexpensive mechanism for allocating goods and services with tolerable efficiency." Dem Soziologen erscheint zumindest ebensolang der Markt infolge des streng rationalen, frei paktierten Tausches ("ein aktuelles Kompromiß entgegengesetzt, aber komplementär Interessierter") als den "reinsten Typen der Vergesellschaftung" zugehörig[22].

---

[20] Siehe hierzu *Johnson* 1964, 179; die in der Klammer enthaltene Einschränkung seiner Aussage erfolgte durch mich.

[21] S. zum folgenden *Kapp* 1967, 307 ff., 330, sowie *Kapp* 1968, 22, 1 ff., 12 ff., 20 f.

[22] *Weber* 1964, 29 f.; zu den folgenden ökonomischen Ausführungen siehe *Mishan* 1967, 70 ff.; sowie *Mishan* 1969, 36 ff.

Obwohl in der wirtschaftswissenschaftlichen Forschung die These vom "Versagen des Marktmechanismus" breite Grundlagen gefunden hat, hat die damit verbundene Diskussion unmißverständlich gezeigt, daß solches Versagen nicht unbedingt dem Marktmechanismus als Institution angelastet werden muß, sondern wesentlich dem rechtlichen Rahmen, in dem er wirkt. Exakt diese Erkenntnis macht den heutigen Ökonomen zu einem für den Gesetzgeber unangenehmen Gesprächspartner. Hat sich nämlich einmal ergeben, daß das, was als Kosten in die Wirtschaftsrechnung von Unternehmen eingeht, durch das herrschende Recht bestimmt wird, können solche Dispositionsgrundlagen naturgemäß durch Gesetzgebung verändert werden.

Es lassen sich daher inhaltliche Ansprüche zwecks Humanisierung des Wirtschaftssystems mit marktwirtschaftlichen Koordinationsmechanismen verbinden. Als vorläufiger, d. h. zum Zweck der Fixierung der Diskussionsgrundlage eingeführter theoretischer Bezugspunkt könnte hier das Prinzip der "Amenitätsrechte", von *E. J. Mishan* verwendet, genannt werden. Es basiert auf der Idee von der Existenz unverzichtbarer individueller "Vermögensrechte", Rechte, die mit Blickrichtung auf den adäquaten Lebensbereich des Menschen definiert sind wie der Anspruch auf eine nicht gesundheitsschädliche Atmosphäre, auf Schutz vor Angriffen gegen die Person sowie eine gesellschaftsbezogene Entfaltung des Persönlichkeitsbereichs. Ist einmal dieses **Prinzip der** - wie ich zu sagen vorziehen würde - **existentiellen Vermögensrechte** gesetzlich begründet worden, würde daraus ein Wohlfahrtstheoretiker mit Notwendigkeit die Schlußfolgerung zu ziehen haben, daß für Beeinträchtigungen dieser Lebenslagen Kompensationszahlungen zu entrichten sind. Materiell bedeutet dies, daß sie ihre oft gegebene Flüchtigkeit verlieren und zu konkreten, eindeutig quantitativ bestimmbaren "Aktiva" der Person werden. Ein in diesem Zusammenhang möglicher Vorwurf der Monetisierung des Humanen dürfte nur den schrecken, der undurchsetzbare oder je nach Person unterschiedlich realisierbare qualitative Rechte höher schätzt als allen Bürgern ("citoyens") gleichmäßig realisierbare quantitative.

Daß damit sowohl Allokations- als auch Distributionswirkungen erheblicher Art, beide aber in Richtung auf eine Humanisierung von Gesellschaft zum Tragen kämen, dürfte völlig unbestritten sein. Es ist nicht uninteressant zu sehen, daß auf diese Weise ein wesentlicher Schritt in Richtung auf die Wiederherstellung des ursprünglichen Sinnes von Privateigentum erfolgen kann, da das Konzept Privateigentum mehr umfaßt als ein Recht auf Einkommen aus Vermögen: "Es ist vor allem ein System von Regeln, durch die über die (gesellschaftliche) Zweckmäßigkeit der Verwendung (und humane Realisierung) dieses Vermögens entschieden wird. Aus diesen Regeln erwächst (somit) ein System von Schlüsselvorstellungen und Verhaltensantrieben, welches trotz gewisser Imperfektionen dazu beiträgt, gesellschaftliche Aktivitäten zu koordinieren. In diesem Rahmen fungiert also das Preissystem in der Art eines soziopolitischen Prozesses äußerst differenzierten Gepräges, durch den die Beziehungen zwischen Individuen unterschiedlichen Einflußgrades gesellschaftlichen Kontrollmechanismen unterworfen sind[23]."

---

[23] *Krüsselberg* 1969, 147. Von größter Bedeutung ist hier der Satz von *Hannah Arendt* (1968, 234): "Erst im zwanzigsten Jahrhundert, das die vollen staatsbürgerlichen Rechte von kei-

Angesichts dieser (und ähnlicher) Ansätze läßt sich unseres Erachtens schwerlich behaupten, daß die aktuelle wirtschaftstheoretische und wirtschaftspolitische Diskussion nicht in dem Sinne "Politische Ökonomie" ist, daß sie sich um das Problem der Gestaltung von Gesellschaft im Dienst für den Menschen verpflichtet weiß. Zugleich muß konstatiert werden, daß alle entscheidenden Entwürfe solcher Art von der Grundthese ausgehen, die westlichen Industriegesellschaften seien mit Problemlösungen befaßt, die sowohl den Liberalismus als auch den Sozialismus transzendieren: unsere Gegenwart liege im Bereich "post-*Marshall* und post-*Marx*" (*Kerr* 1969, 73). Unsere Welt sei zudem so beschaffen, daß sich die These von der Autonomie der ökonomischen Sphäre tagtäglich als überholte Fiktion darstellt. Alle laufend anfallenden Ereignisse seien Ergebnis einer Interaktion zahlreicher komplexen Systeme, in denen wiederum eine Pluralität von Faktoren durch Rückkopplungsprozesse aufeinander einwirken, und diese Interaktion "is much more complex and much less explored and understood than the functioning of any of the various systems which the conventional social disciplines have ever studied" (*Kapp* 1970, 843). All das ist sicher richtig, aber zugleich auch Grund genug, Politische Ökonomik vornehmlich von einem Aspekt wie dem "existentieller Vermögensrechte" her zu fundieren.

Wie sehr die oben vorgeführte Mehr-Dimensionalität von Theorie an dieser Aufgabe der Fundierung von Wirtschaftswissenschaft als Sozialwissenschaft teilhat, wie stark zudem ferner der handlungstheoretische Hintergrund solcher Konzepte ist, zeigt *A. Lowe* mit der Aussage auf, "daß Wissen untrennbar vom Handeln ist, weil das zu Erkennende erst als Abbild eines rational entwickelten Planes geschaffen werden muß" (*Lowe* 1968, 185). In dieser Erkenntnis sieht er zugleich den für ihn entscheidenden Unterschied zwischen Gesellschafts- und Naturwissenschaft.

Wer aber vor dem Hintergrund obiger Skizze immer noch glaubt, die Pauschal-Kritiker der Wirtschaftswissenschaft vor dem Satz *Walter Euckens*: "Die Flucht in den personifizierten Allgemeinbegriff 'Kapitalismus' ersetzt die echte Untersuchung der Wirklichkeit" (*Eucken* 1965, 63), in Schutz nehmen zu müssen, dem ist kaum noch zu helfen, denn er schützt Ignoranten und Eiferer; und beiden gebührt kein Platz - in der Wissenschaft ebensowenig wie in der Politik

VI

Es steht also außer Frage: In der Politischen Ökonomik, soweit sie sich als Handlungswissenschaft versteht, muß permanent reflektiert und entschieden werden! Es muß entschieden werden sowohl über die konkrete Zielsetzung von Wirtschaft und Gesellschaft als auch über die Zulässigkeit von Mitteln. Zu klären bleibt dabei im Sinne der eben zitierten Aussage von *Lowe* noch, auf welche Weise man entscheidet. Ohne Zweifel herrscht in einer Welt ständigen Wandels stets ein allgemeiner Mangel an Information nicht nur hinsichtlich der gerade gegenwärtigen Struktur, sondern auch hinsichtlich der Entscheidungsspielräume. Daraus resultiert die Notwendigkeit, "auf neuartige Si-

---

nem Besitzstand mehr abhängig machte, hat man der Freiheit zugemutet, sich gegen Staat und Gesellschaft ohne den Schutz, den das Eigentum gewährt, zu behaupten." Siehe auch im gleichen Buch die Ausführungen über "öffentliches Glück und öffentliche Freiheit", z. B. S. 170-178.

tuationen mit schöpferischen Antworten zu reagieren, die durch keine Kalkulation im Rahmen ein für allemal festgelegter abstrakter Regelsysteme vorweggenommen werden können"[24]. Wissen ist folglich in dynamischer Gesellschaft von menschlicher Aktivität nicht ablösbar. Handlung umfaßt stets auch Wissensgewinn und -verlust. Ist dies richtig, gelangt selbst in die Wertdiskussion eine völlig neue Perspektive: In Situationen, in denen der Wissensstand keine unmittelbare Handlungsanweisung zuläßt - in denen jedoch gehandelt werden muß -, scheint sich dem potentiellen Aktor ein Rückzug auf normative Grundpositionen als einzige Orientierungshilfe anzubieten. Damit droht allerdings der Rückfall auf dogmatische Prinzipien, die keiner Kritik mehr unterworfen sind. Generell könnte es sogar belanglos werden, welche Teilbereiche des eigenen Denkansatzes der Aktor im Sinne des Terminus "letztes Wertaxiom" (= Orientierungshilfe und Legitimation) als glaubensmäßig begründet und damit gegenüber Kritik immun erklärt.

Infolge des permanenten Wandels der Lebensmöglichkeiten muß aber gerade in der Politischen Ökonomie der Wunsch, Gewißheit zu erlangen, ersetzt werden durch die unaufkündbare Bereitschaft, "Problemlösungen zu erreichen, die für mögliche Kritik offen bleiben, daher dem Widerstand anderer Mitglieder der Gesellschaft ausgesetzt sind und sich dabei bewähren oder scheitern können". Ich meine sogar, daß nur derjenige, der diese Voraussetzung akzeptiert, überhaupt die Existenz von Gesellschaft akzeptiert!

Nur sie gewährleistet den notwendigen Abstand von einer "Vakuum-Fiktion", daß nämlich Individuen, "losgelöst von jeder wertfremden Erwägung und damit auch von jeder Rücksicht auf Erkenntnisse", zu einem bestimmten Zeitpunkt über ihr "fundamentales Wertsystem als Ganzes zu entscheiden" hätten. Daher kann sich auch der politische Ökonom nicht der Einsicht *Max Webers* entziehen, daß sich seine wissenschaftliche (und menschliche) Legitimation allein durch eine Haltung des "existentiellen Rationalismus" begründet - durch eine "Attitüde des Ausharrens, der Prüfung, der Kritik, der Skepsis gegen allen billigen Irrationalismus (religiöser und ästhetischer Art)" -, eine Einstellung, die zugleich dazu beiträgt, den "eigentlichen Weg der menschlichen Emanzipation im Sinne der wirklichen (und nicht bloß intelligiblen) Freiheit" offen zu halten (*König* 1971, 41 f.).

Jetzt lassen sich auch die oben aufgeworfenen Grundfragen nach dem relevanten Gesellschaftsbild beantworten. Die erste, die nach den Aktionsbedingungen für zwischenmenschliche Kommunikation, verweist uns direkt auf eine existentielle Basis, die den Handlungsmöglichkeiten des Menschen entspricht: In einer nichtdeterministischen Welt und angesichts eines existentiell bedingten beschränkten Wissensstandes aller Handlungseinheiten müssen die notwendigen Entscheidungen einer allgemeinen gesellschaftlich sanktionierbaren Maxime folgen, die sicherlich nur die der Verantwortungsethik sein kann. Infolge ihrer Wertbezogenheit tragen solche Entscheidungen angesichts Ungewißheit unseres Erachtens stets ein politisches Element in sich. In Anbetracht dieser Sachlage, die - wie wir meinen - für die Sozialwissenschaften konstitutiv ist, haben

---

[24] *Albert* 1969, 68; siehe zum folgenden Argument weiterhin S. 69 ff., speziell S. 73, 77. Siehe zudem den Text der Fußnote 4.

wir bereits früher (*Krüsselberg* 1969, 107) als **politisches Element** jenen Aspekt sozialen Handelns bezeichnet, der eine Entscheidung über einen Tatbestand trotz Existenz von Ungewißheit ermöglicht. Uns scheint sogar, daß nur auf diese Weise Gesellschaft in den Sozialwissenschaften sichtbar wird, wenn nicht Gesellschaft etwas anderes sein soll als ein Handlungszusammenhang, der keinen einzigen, aber auch wirklich keinen einzigen Menschen als unbeachtlich aus dem Gesellschaftskalkül entläßt. Ähnlich sieht es wohl auch *Hannah Arendt*, wenn sie sagt: "Erst wenn man (die) verhängnisvolle Reduktion des Politischen auf den Herrschaftsbereich eliminiert, werden die ursprünglichen Gegebenheiten in dem Bereich der menschlichen Angelegenheiten in der ihnen eigentümlichen Vielfalt wieder sichtbar werden." ... "Was den Menschen zu einem politischen Wesen macht, ist seine Fähigkeit zu handeln ..." "In Wahrheit ... ist es die Funktion jeden Handelns, im Unterschied zu einem bloß reaktiven Sichverhalten (behavior), Prozesse zu unterbrechen, die sonst automatisch und damit voraussagbar verlaufen würden." (*Arendt* 1970, 45 und 35) Einem solchen Handlungskonzept, das nicht nur seine ökonomische Determination verloren hat, sondern politisch, d. h. auf die Gestaltbarkeit der Zukunft projiziert, ist, muß natürlich das Gliederungskonzept der Gesellschaft adäquat sein. Wie das Handeln verliert die Gesellschaft ihre Determination. Zugleich erweist sich die Annahme einer etwaigen physischen oder geistigen Homogenität aller - oder auch nur großer Gruppen der - Gesellschaftsmitglieder als unannehmbar. Nicht solche Homogenität integriert Gesellschaften, nicht die Identität von Präferenzfunktionen, sondern eher die Heterogenität der Handlungseinheiten angesichts eines Prozesses der Konvergenz ihrer Präferenzfunktionen (so z.B. *Boulding* 1958, 163). Solche Offenheit des Systems erscheint zugleich als entscheidende Voraussetzung für die Anpassungsfähigkeit von Gesellschaften an jegliche Konstellation auf dem Wege der aktiven Gestaltung ihrer Lebensbedingungen. Das bedeutet nicht, daß das relevante Gesellschaftsbild nicht unter dem Aspekt der Macht gesehen werden kann. "Jede Gesellschaft besteht aus positiv oder negativ privilegierten Statusgruppen, die danach streben, ihren gegenwärtigen 'Lebensstil' zu erhalten oder zu verbessern, und zwar durch soziale Distanz und Exklusivität sowie durch die Monopolisierung wirtschaftlicher Chancen." Jede beobachtbare "teilweise Übereinstimmung ihrer Ideen und Interessen" ist ein Ergebnis "vorhergegangene(r) Konflikte". Gesellschaft bedeutet auch, "daß es schließlich zu einer Lösung in einem Herrschaftssystem und zu allgemein akzeptierten Verhaltensmustern gekommen ist" (*Bendix* 1964, 201). Doch die Frage nach den Lösungsinhalten stellt sich im geschichtlichen Ablauf stets aufs neue.

Und fragt man schließlich nach der "Entwicklung, in welcher die irgendwie ihren inneren Bedingungen folgende Gesellschaft steht" (*Hofmann* 1968, 94), so gibt es wiederum klare Antworten: "... Am Anfang muß die grundsätzliche geistige Entscheidung stehen, ob wir in Reflexion auf eine harmonische Struktur unserer Gesellschaft tätig werden wollen ..., ... (um) bessere, humanere, freiere und sozialere Lösungen für die Lebensfragen der heutigen Welt zu finden. ... Das organisatorische Problem einer freiheitlichen Gesamtordnung besteht aber darin, daß in ihr verschiedene Wertordnungen miteinander existieren müssen, ohne daß einer Gruppe der totale Anspruch auf die Repräsentation des Ganzen zuerkannt werden kann[25]." Es mag zudem daran erinnert werden, daß zwar allein durch ihre bloße Existenz die Wirtschaftswissenschaft, soweit sie Lehre von den gesellschaftlichen Mitteln zur Knappheitsbewältigung ist, demonstriert gegen "eine Welt, in der die meisten Chancen auf ein der Verwirklichung echter Ziele gewidmetes Leben auf die Mühe und Plage der Mittelbeschaffung geopfert werden muß" (*Lowe* 1968, 27). Soweit sie auf die Zukunft gerichtet ist, besteht jedoch selbst in einer Welt, die gelegentlich als "opulente Gesellschaft" (*H. G. Johnson*) apostrophiert wird, eine ihrer wichtigen Aufgaben darin, dafür zu sorgen, daß diese nicht zu einer Welt der ausgeschöpften natürlichen Ressourcen wird[26].

Es zeigt sich somit, daß Politische Ökonomik sehr wesentlich eine Disziplin ist, die auf einen umfassenden Problembereich bezogen ist. Da aber ihr Gegenstand immer noch die Frage nach der menschenwürdigsten Gesellschaftsordnung ist, ist und bleibt sie Sozialwissenschaft im anspruchsvollsten und verantwortlichsten Sinne. Diese Grundauffassung - zumindest in großen Zügen - zu belegen, war das Anliegen dieser gezielten Bestandsaufnahme im Bereich der "Politischen Ökonomie".

Literatur

Albert, Hans (Hrsg.) (1964), Theorie und Realität, Tübingen.

Albert, Hans (1967), Marktsoziologie und Entscheidungslogik, Neuwied.

Albert, Hans (1969), Traktat über kritische Vernunft, 2. Aufl. Tübingen.

Arendt, Hannah (1968), Über die Revolution, Frankfurt a. M.

Arendt, Hannah (1970), Macht und Gewalt, München.

Aron, Raymond (1970), Demokratie und Totalitarismus, Homburg.

Beckerath, Erwin von (1957), Wissenschaft und Wirtschaftspolitik, in: *Erwin von Beckerath, Fritz W. Meyer* und *Alfred Müller-Armack* (Hrsg.), Wirtschaftsfragen der freien Welt, Frankfurt a. M.

Behrens, Fritz (1952), Zur Methode der Politischen Ökonomie, Berlin.

Bendix, Reinhard (1964), Max Weber - Das Werk, München.

Böhler, Eugen (1965), Der Mythos in Wirtsdiaft und Wissenschaft, Freiburg i. Br.

Boulding, Kenneth E. (1958), The Skills of the Economist, Cleveland.

Boulding, Kenneth E. (1970), Economics as a Science, New York.

Buchanan, James M. (1969), Is Eonomics the Science of Choice?, in: *Erich Streissler* u. a. (Hrsg.), Roads to Freedom, London.

Eucken, Walter (1965), Die Grundlagen der Nationalökonomie, 8. Aufl. Berlin-Heidelberg-New York.

---

[25] *Müller-Armack* 1966. Die oben ausgewiesenen Zitate wurden unter Bezugnahme auf Ausführungen zusammengestellt, die jeweils auf S. 310, 295 und S. 298 f. zu finden sind.

[26] *Boulding* 1970, 147: "Indeed scarcity may be more than it (seems) in our wildly extravagant and expansive world of omnipresent today." ... "Therefore, if the society toward which we are developing is not to be a nightmare of exhaustion, we must use the interlude of the present era to develop a new technology which is based on a circular flow of materials such that the only source of man's provisions will be his own waste products."

Gäfgen, Gérard (1968), Theorie der wirtschaftlichen Entscheidung, 2. Aufl. Tübingen.

Heimann, Eduard (1963), Soziale Theorie der Wirtschaftssysteme, Tübingen.

Hofmann, Werner (1968), Universität, Ideologie, Gesellschaft, Frankfurt a. M.

Homans, George C. (1969), Was ist Sozialwissenschaft?, Köln-Opladen.

Hoppmann, Erich (1968a), Zum Schutzobjekt des GWB. Die sogenannten volkswirtschaftlichen Erkenntnisse und ihre Bedeutung für die Schutzobjektdiskussion, in: Wettbewerb als Aufgabe. Nach zehn Jahren Gesetz gegen Wettbewerbsbeschränkungen, Bad Homburg v. d. H.

Hoppmann, Erich (1968b), Zum Problem einer wirtschaftspolitisch praktikablen Definition des Wettbewerbs, in: Grundlagen der Wettbewerbspolitik, Berlin.

Jöhr, W. A. und *H. W. Singer* (1964), Die Nationalökonomie im Dienste der Wirtschaftspolitik, 2. Aufl. Göttingen.

Johnson, Harry G. (1964), Money, Trade and Economic Growth, 2. Aufl. London.

Joy, Leonard (1967), One Economist's View of the Relationship between Economics and Anthropology, in: *Raymond Firth* (Hrsg.), Themes in Economic Anthropology, London.

Kapp, K. William (1967), Zum Problem der Enthumanisierung der "reinen Theorie" und der gesellschaftlichen Realität, in: Kyklos 20.

Kapp, K. William (1968), Nationalökonomie und rationaler Humanismus, in: Kyklos 21.

Kapp, K. William (1970), Environmental Disruption and Social Costs: A Challenge to Economics, in: Kyklos 23.

Kerr, Clark (1969), Marshall, Marx und Modern Times, Cambridge.

Knight, Frank H. (1967), Risk, Uncertainty and Profit, Boston-New York (1921).

König, René (1949), Soziologie heute, Zürich.

König, René (1971), Studien zur Soziologie, Frankfurt a. M.

Krelle, Wilhelm (1968), Präferenz- und Entscheidungstheorie, Tübingen.

Krüsselberg, Hans-Günter (1965a), Organisationstheorie, Theorie der Unternehmung und Oligopol, Berlin.

Krüsselberg, Hans-Günter (1965b), Lehren aus der Vergangenheit?, in: Kölner Zeitschrift für Soziologie und Sozialpsychologie 17.

Krüsselberg, Hans-Günter (1966), Rezension von *Joan Robinson*, Doktrinen der Wirtschaftswissenschaft, deutsche Übersetzung von Economic Philosophy, in: Kölner Zeitschrift für Soziologie und Sozialpsychologie 18.

Krüsselberg, Hans-Günter (1967), Rezension von *Eugen Böhler*, Der Mythos in Wirtschaft und Wissenschaft, in: Kölner Zeitschrift für Soziologie und Sozialpsychologie 19.

Krüsselberg, Hans-Günter (1969), Marktwirtschaft und ökonomische Theorie, Freiburg i. Br.

Lachmann, Ludwig M. (1966), Marktwirtschaft und Modellkonstruktion, in: Ordo 17.

Lachmann, Ludwig M. (1970), The Legacy of Max Weber, London.

Landauer, Carl (1966), Synthesis and Specialization in the Social Sciences, in: Kyklos 19.

Lange, Oskar (1963), Politische Ökonomie, Bd. I, Allgemeine Probleme, Frankfurt a. M.

Lerner, A. P. (1969), On Instrumental Analysis, in: *R. L. Heilbroner* (Hrsg.), Economic Means and Social Ends, Essays in Political Economics, Englewood Cliffs, N. J.

List, Friedrich (1959), Das nationale System der Politischen Ökonomie, Stuttgart-Tübingen 1841, jetzt in der Ausgabe Basel-Tübingen.

Lowe, Adolph (1968), Politische Ökonomik, Frankfurt a. M.

Marx, Karl (1932), Der historische Materialismus, Die Frühschriften, hrsg. von *S. Landhut* und *J. P. Mayer*, zweiter Band, Leipzig.

Marx, Karl (1955), Das Kapital, 1. Bd., Berlin.

Meade, J. E. (1968), Is "the New Industrial State" Inevitable?, in: Economic Journal 78.

Mishan, E. J. (1967), The Cost of Economic Growth, London.

Mishan, E. J. (1969), Growth: The Price We Pay, London.

Mühlmann, Wilhelm E. (1956), Ethnologie als soziologische Theorie der interethnischen Systeme, in: Kölner Zeitschrift für Soziologie und Sozialpsychologie 8.

Müller-Armack, Alfred (1932), Entwicklungsgesetze des Kapitalismus, Berlin.

Müller-Armack, Alfred (1966), Wirtschaftsordnung und Wirtschaftspolitik, Freiburg i. Br.

Myrdal, Gunnar (1970), Politisches Manifest über die Armut in der Welt, Frankfurt a. M.

Robinson, Joan (1968), Doktrinen der Wirtschaftswissenschaft 2. Aufl., München, deutsche Übersetzung von Economic Philosophy, London 1962.

Rosdolsky, Roman (1963), Ein neomarxistisches Lehrbuch der Politischen Ökonomie, in: Kyklos 16.

Rosdolsky, Roman (1969), Zur Entstehungsgeschichte des Marxschen "Kapital", Bd. I, 2. Aufl. Frankfurt a. M.

Rostow, Walt W. (1962), A Process of Economic Growth, New York.

Runciman, W. G. (1967), Sozialwissenschaft und Politische Theorie, Frankfurt a. M.

Salin, Edgar (1963), Lynkeus, Tübingen.

Salin, Edgar (1967), Politische Ökonomie, Tübingen-Zürich.

Schumpeter, Joseph A. (1950), Kapitalismus, Sozialismus und Demokratie, Bern.

Shackle, G. L. S. (1961), The Ruin of Economy, in: Kyklos 14.

Shackle, G. L. S. (1969), Decision, Order and Time in Human Affairs, 2. Aufl., Cambridge.

Stavenhagen, G. (1969), Geschichte der Wirtschaftstheorie, 4. Aufl. Göttingen.

Sweezy, Paul M. (1970), Theorie der kapitalistischen Entwicklung, Frankfurt a. M.

Weber, Max (1964), Wirtschaft und Gesellschaft, Köln.

Weisser, Gerhard (1967), Die "praktischen" Aussagen von Politologie und Wirtschaftswissenschaft, in: Festgabe für *Gert von Eynern*, Interdependenzen von Politik und Wirtschaft, Berlin.

Ordnungstheorie -
Zur Konstituierung und Begründung der Rahmenbedingungen[1]

Hans-Günter Krüsselberg

---

[1] Zuerst erschienen in: *Bernd Biervert* und *Martin Held* (Hrsg.), Ethische Grundlagen der ökonomischen Theorie - Eigentum, Verträge, Institutionen, S. 100-133, Frankfurt und New York 1989.

1. Ordnungstheorie im Defizit?

"Zukunftsprobleme der Sozialen Marktwirtschaft" - so lautete im Jahre 1980 das Ge-
neralthema der Tagung des Vereins für Socialpolitik. Absicht war, gegen "das allgemein
konstatierte Desinteresse an ordnungspolitischen Fragen" anzugehen (*Issing* 1981, Vorwort). Plädiert wurde für eine Verstärkung der Ordnungstheorie "in Forschung und Lehre", für "ein dauerhaftes wissenschaftliches Interesse" an Ordnungstheorie sowie für
eine breit angelegte Bereitschaft, "an ihrer Fortentwicklung ständig mitzuarbeiten". In
den Schlußbemerkungen resümierte *Helmut Hesse*, der Trend, "sich verstärkt ordnungspolitischer und ordnungstheoretischer Fragestellungen wissenschaftlich anzunehmen",
sei bekräftigt worden und dürfe sich nach den Tagungsergebnissen weiter ausprägen.
Gefordert seien Bemühungen um ein hinreichend sicheres (ordnungs-)theoretisches
Fundament, das auf Faktenkenntnis rekurriert und institutionelles Wissen über Möglichkeiten und Unmöglichkeiten gestaltenden Handelns einzubeziehen vermag. Jetzt
müsse den ordnungspolitischen Grundproblemen mehr Gewicht und deutlich mehr
Aufmerksamkeit zugewandt werden (*Hesse* 1981, 3 ff. und S. 905 ff.).

Welche Ansprüche an die Ordnungstheorie zu stellen sind, skizzierte *Knut Borchardt*
in sehr präzisen Formulierungen: "... eine Theorie der Wirtschaftsordnung kann nicht
mehr nur aus einer Menge von theoretischen Aussagen über die Rechtfertigung dieser
oder jener Ordnungselemente bestehen, sondern muß selbst **Theorie der Bedingungen
der Möglichkeit von Ordnungen** sein". Sie hat sich "den Fragen der **Herbeiführung**
und der **politischen Sicherung von vorzugswürdigen Ordnungen** genauer zuzuwen-
den. Dies erfordert ... eine Theorie des institutionellen Wandels, nicht nur eine vergleichende Typologie à la 'Comparative Economic Systems'" (*Borchardt* 1981, 47; Hervorh. *H.G.K.*).

Diese These deckt sich mit den Grundaussagen mehrerer Arbeiten, die ich schon
zwischen 1969 und 1973 vorgelegt habe[2]. Dort ging es um Bemühungen, das Ordnungsproblem ganz ausdrücklich in einer Form anzugehen, welche sich nicht auf Klas-
sifikationsversuche und (statische) Modellkonstruktionen beschränkt. Eigens wurden
hier die Prozeßdimension von Ordnungen und die daraus resultierenden Gestaltungsaufgaben der Wissenschaften betont. Dabei wurde sehr dezidiert auf die deutsche Tradition
der Ordnungstheorie aufmerksam gemacht, die u.a. nicht nur mit den Werken von *Walter Eucken, Alfred Müller-Armack, Wilhelm Röpke* und *Alexander Rüstow* verknüpft ist,
sondern auch mit jenen von *Max Weber, Joseph A. Schumpeter, Eduard Heimann,
Adolph Lowe* und *Edgar Salin*. Offensichtlich konnte dieser Appell in einer Zeit, die
ihre Forschungsstandards im Ausland suchte, nur wenig dazu beitragen, daß sich die
Wissenschaft wieder dessen bewußt wurde, wie sehr das Problem der Gestaltung von
Ordnungen zu ihrer ureigenen Aufgabe gehört.

Angemahnt wurde damals von mir das Selbstverständnis der Sozialökonomik, eine
Handlungswissenschaft zu sein, deren Objekt nicht ablösbar ist von den sozialen Lebenszusammenhängen, aus denen auch das wirtschaftliche Geschehen erwächst. Wirtschaftswissenschaft zu betreiben, ohne die Frage nach ihrem Gesellschaftsbild zu stel-

---

[2] *Krüsselberg* 1969; *Krüsselberg* 1972a, 26-45; *Krüsselberg* 1973, 434-452.

len, müsse fragwürdig werden. Um die Tradition der Ordnungstheorie zeitgerecht neu begründen zu können, sei es notwendig wiederzuentdecken, daß alle ökonomische Wissenschaft Sozialwissenschaft - und darum von Anbeginn bis in alle Zukunft Politische Ökonomik ist. Auch der Hinweis auf einen "metaethischen Horizont" als Bezugspunkt für diese Variante von Wissenschaft fehlte nicht (s. *Krüsselberg* 1973, 440-443).

Inzwischen hat sich weltweit ein Gespür dafür entwickelt, daß es bei Ordnungsproblemen um Schlüsselfragen auch der Wirtschaftswissenschaften geht. So sind erfreulicherweise tatsächlich an zahlreichen Stellen Bemühungen um eine Konkretisierung der normativen Grundlagen moderner Wirtschaftsgesellschaften unter Fortschreibung bereits erzielter Ergebnisse in Gang gekommen. Wichtige Ansätze zielen auf das Thema "Ökonomische Theorie und Ethik" (*Biervert* und *Held* 1987). In diesem Rahmen wird auch hier über Möglichkeiten und Tatbestände einer Ordnungstheorie zu diskutieren sein.

Natürlich kann an dieser Stelle nur ein - möglichst wohlbegründeter - Problemaufriß angeboten werden. Dabei werden die Einzelpositionen in den Details unterschiedlich stark ausgebaut. Beabsichtigt ist insgesamt gleichwohl ein **Disput über die Frage der wissenschaftlichen Begründung gesellschaftlicher Ordnungen**[3].

2. Grundvoraussetzungen einer handlungsorientierten Ordnungstheorie

- Für jeden Menschen ist davon auszugehen, daß ein individuelles Bedürfnis existiert, sich in einer komplexen Welt orientieren zu können. Für menschliches Handeln in einer vielfältig strukturierten Umwelt und unter den Bedingungen einer zumindest z.T. ungewissen Zukunft ist es wichtig, auf eine gedankliche, **innere Ordnung** als Zuordnungs- und Beurteilungsmaßstab für konkrete Realität zurückgreifen zu können. Menschliches Handlungsvermögen ("Humanvermögen") umfaßt somit in einem sehr entscheidenden Ausmaß die Fähigkeit von Menschen, in ihren Ordnungen zu leben und die mit diesen Ordnungen an sie herangetragenen Ansprüche (und Möglichkeiten) koordinieren zu können.

---

[3] Gern registriere ich, daß sich für die von mir bezogene Position zahlreiche Anknüpfungspunkte in bereits vorliegenden Erörterungen der Evangelischen Akademie Tutzing zum Thema "Ökonomische Theorie und Ethik" bieten. Gefordert wird dort u.a. ein interdisziplinärer Ansatz zur Erfassung des **menschlichen Handelns als Einheit**. Plädiert wird ferner für die Anerkennung folgender Einsicht: "die Einheit des Einzelnen, verstanden als Raum von Handlungsmöglichkeiten, ist ... zu begreifen als etwas, das es durch kollektive Selbstbindung in Form von Recht und Moral erst (zu) produzieren gilt". Zudem verlautet: "Individuen (sind) die einzige Quelle von Werten; daher können es nur die Mitglieder der Gesellschaft sein, die die Normen 'festlegen', nach denen sie leben wollen. Es gibt keine Werte ... unabhängig von den in der Gesellschaft Lebenden". Was impliziert diese weitreichende Forderung, menschliches Handeln als Einheit zu sehen? M.E. läßt sich das Wesentliche dieses Postulats, das letztlich die Frage nach der anthropologischen Grundlegung der Ordnungstheorie aufwirft, anhand unseres Schaubildes 1 "Humanvermögen als Resultante gesellschaftlicher Teilordnungen" grundlegend klären.
S. dazu insgesamt *Biervert* und *Held* 1987; sowie speziell *Homann* und *Suchanek* 1987, 113-115.

- Damit verknüpft sich das Problem der Ordnung von Wirtschaft und Gesellschaft durch gesellschaftliche Institutionen, das Problem der äußeren Ordnung. Der Mensch bedarf in seinen Entscheidungen einer Entlastung durch eine **äußere Ordnung**. Institutionen sind soziale Arrangements, die signalisieren, was unter bestimmten Umständen vom Einzelnen zu tun erwartet wird. Institutionelle Arrangements bieten vornehmlich Informationen über die Regeln des vom Einzelnen geforderten Umgangs mit Menschen und Sachen - unter gleichzeitiger Vermittlung von Kenntnissen über die Folgen der Übertretung grundlegender Regeln. In ihrer Gesamtheit betten sie jeden Menschen in eine ihm vorgegebene äußere Ordnung ein. Soweit diese äußere Ordnung einheitlichen Prinzipien unterworfen ist, wird sie verstehbar und kritisierbar im positiven und negativen Sinn - vor dem Hintergrund jener inneren (gedanklichen) Ordnungen, die die Wertmuster der Bürger letztlich repräsentieren.

- Grundsätzlich stehen in beiden Ebenen die Art und Qualität von Lebensmustern sowie die Prinzipien, die über ihre Ausformung und Entwicklungsmöglichkeiten bestimmen, zur Diskussion.

Schaubild 1: **Humanvermögen als Resultante gesellschaftlicher Teilordnungen**

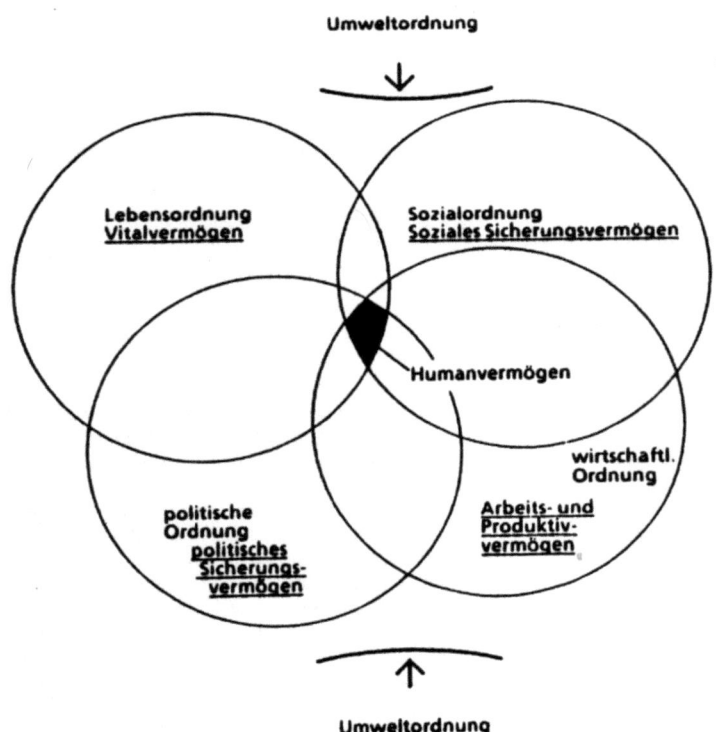

Mit Hilfe des Schaubildes 1 (Humanvermögen als Resultante gesellschaftlicher Teilordnungen) soll auf die Einbettung des Menschen in miteinander verbundene Teilordnungen aufmerksam gemacht werden. Sein Handlungspotential ("Humanvermögen") ist eine Einheit, gebildet aus der Gesamtheit der durch jede Teilordnung spezifisch vermittelten Ordnungselemente. Die "Lebensordnung" schließt z.B. Glaubens- und Wissensordnung ein. "Vitalvermögen" als Handlungsgrundlage des Alltagslebens und "Arbeitsvermögen" als spezifisch wirtschaftliches Handlungspotential sind auf unterschiedliche Existenzgrundlagen ausgerichtete Komponenten des umfassenden Konzepts: Humanvermögen.

3. Das Problem der gesellschaftlichen Legitimation von Ordnungen

Was aber verleiht einer äußeren Ordnung miteinander verknüpfter Institutionen ihre soziale Geltung? Wie erhält sie ihre gesellschaftliche Legitimation? Die Geschichte der Menschheit registriert zahlreiche philosophische Bemühungen um eine **sichere** Begründung sozialer Normen- und Regulierungssysteme. Solchen Legitimationsversuchen stehen seit der Aufklärung Denkansätze gegenüber, die darauf hinweisen, daß Verhaltensstabilitäten nur dann zu erwarten sind, wenn die durch Regelungen Betroffenen in der Lage sind, sich in einem permanenten Prozeß stets aufs neue mit den regulativen Ideen und Steuerungsmechanismen zu identifizieren.

Nach vorherrschendem Selbstverständnis des abendländischen Menschen ist folgendes zu unterstellen: Menschen meinen, daß sie es selbst sein sollten, die der Welt Ordnung verleihen. Worauf sie sich dabei berufen, ist **nicht** belanglos. Es ist **nicht** ohne innermenschliche und zwischenmenschliche Folgen, ob Menschen Ordnungen akzeptieren, weil sie sie für "gerecht" oder für "sittlich geboten" halten oder als Werk Gottes oder Gottes Schöpfung ansehen. Das Entscheidende bleibt gleichwohl: Sie wollen in **eigener** Verantwortung handeln können. Diese Selbstverpflichtung auf die eigene Verantwortung begründet einerseits die Legitimationsforderung für die menschliches Handeln bindende Ordnung. Andererseits folgt aus dieser Wechselseitigkeit der Bildung von Ordnungen und Bindung an Ordnungen, daß sich Menschen imstande fühlen, über ihr Handeln in selbstverantworteten Umwelten ihre eigene Identität zu erkennen, sich ihrer Stellung in der Welt, ihres sozialen **Status** zu vergewissern.

Zur Debatte steht nichts Geringeres als die Idee, Menschen könnten sich Ordnungen schaffen, die institutionell so geregelt sind, daß sie fundamentalen Werten (wie Sicherheit, Freiheit, Gerechtigkeit und Glück) zur Gültigkeit verhelfen. *Vincent Ostrom*[4] demonstrierte bei seinem Versuch, die theoretischen Grundlagen für die "Verfassungswahl" in den USA zu bestimmen, eindrucksvoll, welche gewichtigen Implikationen aus der Annahme erwachsen, daß Gesellschaften in der Lage sind, sich ihre Rahmenordnung selbst zu geben und im Ablauf der Geschichte weitere Experimente im Bereich der "constitutional choice" zu wagen.

---

[4]   S. zur Erörterung der Leitgedanken von "constitutional choice" anhand des amerikanischen verfassungsgebenden "Experiments" die wichtige Studie von *Ostrom* 1987, z.B. S. 3 ff., 35, 67 ff., 214 ff.; wörtliches Zitat s. S. 35.

Entscheidungen über die Art der gewählten äußeren Ordnung zu treffen, heißt: reflektierte Wahl institutioneller Arrangements. Voraussetzung ist nicht allein ein Konsens über fundamentale Werte. In den Konsens müssen weitere Grundverständnisse bezüglich konstitutiver Elemente eines Gesamtkonzepts von Gesellschaft eingeschlossen werden. Zentrale Aussagen dazu lauten:

- "Individuals are the basic units to be considered in the design of (political) institutions".
- "Individuals are self-interested and will seek to enhance their relative advantage".
- "Humans are fallible and capable for learning".
- "Conditions of reason and justice, and conditions of social organization, depend upon some form of political order".

Vor dem Hintergrund dieser Vorentscheidungen stellt sich das Problem der Auswahl (als angemessen erscheinender) institutioneller Arrangements. Hier interessieren den Theoretiker die potentiellen Wirkungen institutioneller Arrangements auf menschliches Verhalten und die daraus folgenden (mutmaßlichen) Ergebnisse (s. hierzu auch den Beitrag von *Karl Homann* in diesem Band). Institutionelle Arrangements basieren auf Regeln, die von Menschen genutzt werden, um zu bestimmen, wer und was in Entscheidungssituationen einbezogen ist, wie Informationen strukturiert werden, welche Handlungen unternommen werden können und in welcher Folge und wie individuelle Aktionen sich zu kollektiven Entscheidungen aggregieren (s. *Kiser* und *Ostrom* 1982, 179 ff.).

Wenn es zutrifft, daß menschliche Ordnungen sich z.T. spontan, d.h. über Lernprozesse entwickeln, z.T. aber auch von Menschen bewußt geschaffen werden, gilt die wissenschaftliche Schlüsselfrage den Kriterien, die gewährleisten, daß sich Ordnungen realisieren, welche als "richtig", als "wahrhaft human", angesehen werden. Sie müssen - so lautet die Botschaft *Walter Euckens* - zugleich "dem Menschen, der Sache und der historischen Situation" entsprechen (s. *Krüsselberg* 1987, 23-66). Dabei ist zu beachten, daß alle Handlungsbereiche zueinander interdependent sind. Das gilt nicht nur für ökonomische Tatbestände. Es besteht stets auch eine Interdependenz der Wirtschaftsordnung mit **allen anderen** Lebensordnungen.

Jegliche Variante von Ordnungstheorie beruht somit auf folgenden Grundaussagen: Unabdingbar leben Menschen in Ordnungen, sie denken in Ordnungen, sie erfahren ihre eigene Identität in und durch Ordnungen, und Ordnungen sind gestaltbar!

Ordnungstheorie intendiert die Analyse von als **realisierbar einzuschätzenden** Möglichkeiten, vorzugswürdige Ordnungen herbeizuführen und sie zeitgerecht fortzuschreiben. Welche Ordnung ist aber vorzugswürdig?

4. Wohlfahrtsökonomik und Ordnungstheorie

Die Frage nach der Vorzugswürdigkeit von Ordnungen ist stets als zentrales Element ökonomischer Forschungsarbeit angesehen worden. "Ever since its birth economic science has been used to find out what economic order or regime leads to the maximum well-being of a nation or a wider community." Versuche dieser Art nennen sich bis heute "Wohlfahrtstheorie" und bemühen sich auch um die Einbeziehung institutioneller

Faktoren: "The problem of the optimum order may then be formulated to find the set of institutions which together make for a maximum of welfare, taking into account the constraints"[5].

Dennoch sind diese Ansätze zur Bestimmung "optimaler Regimes" bislang recht formal geblieben, obwohl sie immer in ordnungstheoretischer und ordnungspolitischer Absicht präsentiert worden sind. Das Hauptproblem dieser Forschungsrichtung scheint mir bereits in ihrem Ausgangspunkt, in ihrer wissenschaftlichen Intention begründet zu sein. Die "Wohlfahrtsökonomik" ist nämlich nichts anderes als das Ergebnis einer sich über Jahrzehnte erstreckenden Diskussion über die Möglichkeit, die Wirtschaftstheorie als wissenschaftliche Disziplin so anzulegen, daß sich ihre Aussagen "objektiv", "rein wissenschaftlich und **nicht-ethisch**" begründen lassen. Allgemein ist man sich **einig, daß diese Bemühungen gescheitert sind.**

Der Versuch, eine vorgeblich wertfreie Sozialwissenschaft zu begründen, führt zu einem technokratischen Modell. Auf diese Weise wurde - wie *Joseph A. Schumpeter* immer wieder hervorhob - den Neigungen von Sozialphilosophen, ihr eigenes Schema der Werte des Lebens zur ethischen Norm, zur Bewertungsbasis für die Verhaltensmuster aller anderen Menschen zu erheben, eher Vorschub geleistet. Ungeklärt bleibt weiterhin, wie man in einer Gesellschaft, für die die "sozialen Ziele" nicht vorgegeben sind, zur Annahme einer Stufenleiter sozialer und menschlicher Werte, die von niemandem, wer es auch sei, geleugnet oder ungültig erklärt werden kann, zu gelangen vermag.

Aus dem Versuch, eine Wohlfahrtsökonomik zu entwickeln, die wirtschaftspolitische Empfehlungen geben kann, ohne auf Werturteile zurückzugreifen, ist somit eine "reine Wohlfahrtsanalyse" erwachsen, die durch die Verwendung von Konstruktionen wie der "vollständigen Information" oder eines "Supermannes" den Bedarf an politischen "Wahlhandlungen" und Entscheidungen in einem ernsthaften Sinn des Wortes eliminiert hat. Supermann oder vollständige Information beantworten hier die Frage: "Ist X besser als Y?" für alle denkbaren Werte von X und Y - und darüber hinaus für alle denkmöglichen Konfigurationen des Sozialsystems[6].

In unserem Zusammenhang ist es wichtig, über dieses unbefriedigende Ergebnis, das Scheitern wohlfahrtstheoretischer Forschungsintentionen, ein wenig länger als offensichtlich üblich nachzudenken. Der wohlfahrtstheoretische Ansatz konnte in seinem Streben nach "rein wissenschaftlichen", "wertfreien" Aussagen seiner Absicht nach nie etwas anderes sein als ein Versuch, das Sprachsystem der Wirtschaftswissenschaften ethisch auszudünnen. Das Maximum dieser ethischen Ausdünnung wurde erreicht im System der neoklassischen Theorie des allgemeinen Gleichgewichts. Zu Recht wird dieser Theoriebereich als spätklassischer Formalismus bezeichnet. Damit wird er als Denkansatz einer reinen Logik erkannt, der dem Anspruch, einer Theorie wirklichen menschlichen Verhaltens zu entsprechen, nicht gerecht werden kann. Es ist nun ohne Zweifel **überraschend zu sehen, daß exakt dieser gescheiterte Forschungsversuch,** der ein Formalsystem hinterließ, welches tatsächlich mit einem äußersten Minimum an

---

[5] S. insbesondere *Tinbergen* 1967, 125-132; wörtliche Zitate s. S. 125 und S. 127.
[6] S. ausführlich zu diesem Stand der Diskussion *Krüsselberg* 1983a, 45-77, zum genannten Punkt insbesondere S. 52-59.

ethisch relevanten Annahmen auszukommen bemüht ist, **als Beleg für das Defizit der Wirtschaftswissenschaften an ethischem Gehalt dienen soll.**

Als Erklärung kann dazu allenfalls angeführt werden, daß immer noch viele Anhänger, vor allem aber die Kritiker einer vermeintlich marktwirtschaftlich ausgerichteten Theorie hartnäckig der Auffassung sind, dieses System sei politikrelevant und bilde darüber hinaus die Auffassung der Wirtschaftswissenschaften über Realitäten ab. Daß dies in mannigfaltiger Weise ein verhängnisvoller Irrtum ist, daß alte Urteile über den Stand und die Grundauffassungen der Wirtschaftswissenschaften, die sich auf dieses Sozialsystem stützen, fehlgehen müssen, ist - aus welchen Gründen auch immer - bislang bedauerlicherweise wenig in Rechnung gestellt worden. Viele der grassierenden Fehlurteile über ökonomisches Denken finden hier ihre Wurzeln.

Dennoch führt die Intention, menschenwürdige Ordnungen zu denken und sie - so weit wie möglich - zu realisieren, auf einige Punkte zurück, die die Wohlfahrtsökonomik erörterte. Einmal liefert die Wohlfahrtsökonomik wichtige Gedanken zur Allokationspolitik, die hier nicht vertieft werden sollen. Insbesondere die Lehre von der Berechtigung wirtschaftspolitischer Interventionen in Marktprozesse infolge externer Effekte geht auf diesen Denkansatz zurück. Darin besteht dessen prozeßtheoretische Bedeutung (*Sohmen* 1976; ferner: *Krüsselberg* 1985/86, 101-117). Darüber hinaus ergeben sich - ich meine: als Folge der Zuspitzung von Verhaltenshypothesen - Anstöße zur Beantwortung von Grundfragen der Ordnungstheorie.

Speziell diejenigen, die Kriterien für eine "Verfassung der Freiheit" zu bestimmen suchten, konnten ihre Bemühungen mit der wohlfahrtsökonomischen Debatte verknüpfen. Es ist nämlich selbst der neoklassischen Theorie nicht gelungen, sich von all den gedanklichen Voraussetzungen zu trennen, die die mit ihr konkurrierenden und ihr vorangegangenen Theoriesysteme bei ihrem Aufbau berücksichtigen mußten. Überall sind Rudimente von Wertaussagen übrig geblieben, - vor allem solche, von denen man glaubt, daß sich der in Sozialbeziehungen lebende Mensch auf sie einigen kann. Oft sind auch nur Kürzel verblieben, über deren grundlegende Bedeutung einfach nicht mehr nachgedacht wurde. Ich meine, solche Sätze sind und bleiben konstitutiv für die Debatte über die Rahmenbedingungen menschenwürdiger Ordnungen.

Dazu zählen Aussagen folgender Art - etwa zum Thema Arbeitsteilung: Wenn Menschen unterschiedliche Begabungen aufweisen und ihre durch die Umwelt bedingten Handlungsmöglichkeiten divergieren, ist es sinnvoll, Rahmenbedingungen zu schaffen, die dazu ermutigen, diese spezifischen Fähigkeiten gezielt zur Entfaltung zu bringen. Dabei ist es der Einzelne selbst, auf dessen Bestrebungen, seine Lebenschancen zu verbessern, zu bauen ist. Hier werden - so finde ich - anthropologische Grundannahmen und Menschenbildideen miteinander verflochten, um auf die Zweckmäßigkeit von Institutionen zu verweisen.

Ein weiterer Argumentationszug lautet: Individuelle Wohlfahrt ist abhängig von der Realisierung persönlicher Präferenzen. In ordnungstheoretischer Interpretation heißt dies: In einer Gesellschaft, in der dem Individuum, dem Menschen in seiner Eigenart und Besonderheit, ein Eigenwert zuerkannt wird, muß ein Ordnungsrahmen der Tatsache Rechnung tragen, daß es schwierig ist zu behaupten, andere als dieses Menschenwesen selbst seien permanent befugt, für eben diese Person Entscheidungen zu fällen. Da allerdings die Entscheidungskompetenz von vielen Faktoren abhängt, zu denen z.B. Lebensalter, Ausbildungsstand und praktische Erfahrung im Einzelfall zählen, müssen Ordnungsentwürfe sehr sorgfältig die Verteilung von Rechten und Pflichten auf Personen, Personengruppen und Funktionsträger abwägen.

Wohlfahrtsökonomen wollten - wie die Ordnungstheoretiker - menschliche Handlungsmuster entdecken, die den Wohlstand der Einzelnen und den des Gesamtwesens fördern. Ihre Präferenz für institutionelle Arrangements vom Typ des Tauschs und des Handels beruhen auf der Erkenntnis, daß durch die hier notwendige Kooperation wechselseitige Vorteile erzielt werden können - auch dann, wenn sich die individuellen Interessen unterscheiden. Solche Muster sozialer Interaktion werden sich folglich in Gesellschaften ohne Zwang durchsetzen und institutionalisieren lassen. In exakt diesem Sinne hat *Kenneth E. Boulding* immer wieder die ' ökonomische Ethik" als Friedensethik bezeichnet (*Boulding* 1958, 160 ff.). Das ist zugleich der Grund für die Vorliebe der Ökonomen für sogenannte Pareto-optimale Lösungen. Das hier implizierte Werturteil zeigt sich in der Empfehlung, Einstimmigkeit zu fordern, um niemanden in eine Situation der Benachteiligung zu drängen. Das so umschriebene Gleichgewicht weist dann insofern eine Effizienz-Eigenschaft auf, als vor Veränderungen dieser Situation gewarnt wird, weil nunmehr niemand eine Person besserstellen kann, ohne zugleich irgendeine andere zu schädigen.

Aus dieser Grundhaltung folgt wiederum eine weitere ethische Präferenz dieser Variante von Ökonomik: die Präferenz für Verhandlungslösungen, für Lösungen, die letztlich von der Idee des Zustimmungsbedarfs geprägt sind.

Damit sind wesentliche Bausteine benannt, die eine Umorientierung der Wohlfahrtsökonomik in Richtung auf eine Theorie der Wirtschaftspolitik ermöglichen, die **von Anbeginn** "normativ" ist. Gemeint ist eine Theorieform, die sich nachdrücklich mit der Frage nach ihren Wertprämissen auseinandersetzt, um dann durch die wertende Nutzung wissenschaftlicher Erkenntnisse für die Durchsetzung einer dem Menschen würdigen Wirtschaftsordnung zu wirken[7].

Das ist die Linie, auf der die Argumente einer ökonomischen Theorie der Verfassung gewonnen wurden, wie sie etwa die *Buchanan*-Gruppe vertritt[8]. Sie beweist die Notwendigkeit einer gesellschaftlichen Vereinbarung über Verfassungen. Inwieweit es ihr gelingt, auch deren Inhalte zu bestimmen, ist umstritten. Meines Erachtens läßt sich deren inhaltliche Auffüllung nur durch Rückgriff und Verweisung auf Lernprozesse in der historischen Zeit erreichen.

---

[7] So etwa *Giersch* 1960, 97 ff.; *Jochimsen* 1963, 129 ff.; neuerdings *Mishan* 1981; im einzelnen zum Thema "Verfassung der Freiheit" *Buchanan* 1977.

[8] S. konkreter in diesem Band *Karl Homann*.

5. Max Webers ordnungstheoretische Forderung: Die Wissenschaft muß sich der Frage nach dem Sinnzusammenhang gesellschaftlicher Ordnungen stellen

Jeder Versuch, der Frage nach den Kriterien einer vorzugswürdigen Ordnung nachzugehen, kann - so finde ich - nicht ohne eine Rückbesinnung auf das Werk von *Max Weber* unternommen werden. Jedenfalls sollte jeder wissen, wie *Max Weber* die Ordnungsfrage anging. Seine Grundthese lautete nämlich: Der Mensch begründet Ordnungen, indem er der Welt **Sinn verleiht**, - und die Wissenschaft kann zur Sinngebungsdebatte einen Beitrag leisten.

Das ist eine Thematik, die *Max Weber* während seines ganzen wissenschaftlichen Lebens grundlegend beschäftigt hat. Es ist bedauerlich, daß diese Besonderheit seines Denkens in ihrer Bedeutung (wohl wegen der Erwähnung des Postulats der "Wertfreiheit von Wissenschaft" durch diesen Autor) weitgehend von der Wissenschaft nicht zur Kenntnis genommen wurde.

Für *Max Weber* stellte sich die Sinnfrage vornehmlich als Frage nach dem Sinnzusammenhang gesellschaftlicher Ordnungen. Dieser Autor betonte in seinem zu Recht berühmten "Objektivitätsaufsatz", was Wissenschaft "allein leisten" könne, sei die Bereitstellung von Begriffen und Urteilen, die "... die empirische Wirklichkeit ... in gültiger Weise **denkend ordnen** lassen". Die "Möglichkeit sinnvoller Erkenntnis des für uns Wesentlichen" - so fügte er hinzu - sei gebunden an Gesichtspunkte "spezifisch besonderen Charakters", welche alle letztlich ausgerichtet seien auf **Wertideen** (*Weber* 1968, 213). "Eigentliche Aufgabe der Sozialwissenschaft" sei es, die "**Kulturbedeutung konkreter historischer Zusammenhänge**" zu erkennen. Diesem Ziel müsse und wolle "**auch** die begriffsbildende und begriffskritische Arbeit dienen" (*Weber* 1968, 214). Zentral wird hier die *Weber*sche Definition des Begriffs "Kultur". "Kultur" ist für ihn "ein vom Standpunkt des **Menschen** aus mit Sinn und Bedeutung bedachter endlicher Ausschnitt aus der sinnlosen Unendlichkeit des Weltgeschehens" (*Weber* 1968, 180).

Die Sinnfrage stellt damit die Wissenschaft vor die Aufgabe, Institutionen in ihrer "Kulturbedeutung", das heißt: in ihrem **Bedeutungsgehalt** für die je spezifisch geordnete, empirische Wirklichkeit zu erkennen. Um solches leisten zu können, muß - so *Max Weber* - die Voraussetzung eingebracht werden, daß diese Lebenserscheinungen in Bezug gesehen werden zu "Wertideen". Das ist möglich und beinahe alltäglich, denn - so heißt es wiederum wörtlich: Wir Menschen sind "**Kultur**menschen ...**, begabt mit der Fähigkeit und dem Willen, bewußt zur Welt **Stellung** zu nehmen und ihr einen **Sinn** zu verleihen" (*Weber* 1968, 180; **alle** Hervorhebungen in den Zitaten durch *M.W.*).

Max Weber sah als **transzendentale** Voraussetzung jeder "Kulturwissenschaft" (einschließlich der Wirtschaftswissenschaft) gerade diese Begabung des Menschen an, bewußt zur Welt Stellung nehmen und ihr einen Sinn verleihen zu können. Daraus folgte für ihn, Ausgangspunkt des sozialen wissenschaftlichen Interesses sei "zweifellos die wirkliche, also **individuelle Gestaltung des uns umgebenden sozialen Kulturlebens**" (*Weber* 1968, 172). Sozialwissenschaft auszuüben heißt dann, Analyse von "Bedeutung" zu betreiben, wobei Bedeutung durch Werte verliehen wird.

Diese Aussage wird für die Ordnungstheorie zentral: Ihr obliegt es, Realität zu bewerten, um ihr Bedeutung zu verleihen. Daß die Wirtschaftswissenschaft über Verfahren zu verfügen scheint, die Bewertungen ermöglichen, hat ihr vor allem in der Politik besondere Einflußmöglichkeiten verschafft. Prinzipiell ist gleichwohl auch hier mit *Max Weber* zu bedenken, daß Politik **nicht** bedeutet, ein Problem sei aufgrund bloß technischer Erwägungen aus feststehenden Zwecken heraus zu erledigen. Hauptmerkmal von Politik sei vielmehr, daß zur Lösung gegebener Probleme um **die regulativen Wertmaßstäbe selbst gestritten** werden müsse. Die Verständigung im politischen Disput hat aber nach *Max Weber* als entscheidenden Wertgesichtspunkt die Frage einzuschließen: Was wird aus den Menschen, die unter exakt den rechtlichen und faktischen Existenzbedingungen leben müssen, welche aus den zu treffenden Rahmenentscheidungen resultieren?

Ins Zentrum des Kalküls rückt die Erörterung der Stellung des Menschen in einer mehrdimensionalen komplexen Ordnung. *Alexander Rüstow* versuchte ganz in diesem Sinne, Politik zur "Vitalpolitik" werden zu lassen, sie auf eine besondere Aufmerksamkeit für individuelle Lebenslagen einzuschwören. Seine These lautete unmißverständlich: Die Wirtschaft ist Mittel, die Vitalsituation der Zweck[9]! Damit ist eine Richtungsaussage erfolgt, die inhaltlich noch unbestimmt bleibt. Aber sie weist einen Weg: Sie macht die Lebenslage des Menschen, seine Vitalsituation, zum Maßstab für die Bestimmung der Kriterien für eine funktionsfähige und menschenwürdige Ordnung der Wirtschaft, der Gesellschaft, des Rechts und des Staates.

6. Ordnungstheorie und Verfassung

Es ist ein wenig verblüffend, daß *Walter Eucken* die Ordnungs-Variante *Weber*schen Denkens nicht registrierte, denn m.E. entspricht sie exakt seinem eigenen Vorgehen. Nicht nur der Tatbestand, daß im Politikbereich um die regulativen Ideen als Wertmaßstäbe gestritten werden muß, wird für ihn bedeutsam. Das Problem der Begründung von Sinnzusammenhängen durch Ordnung ist für seine Arbeit geradezu konstitutiv (s. hierzu und zum folgenden *Eucken* 1968, 18):

"Realistisch ist es, Agrarpolitik, Gesellschaftsrecht usw. als die Gestaltung von Teilordnungen und diese Teilordnungen als Glieder einer Gesamtordnung anzusehen ... Ein in der Vergangenheit nie erreichter Grad der Arbeitsteilung und eine neuartige Rationalisierung aller wirtschaftlichen Vorgänge durch ein hochentwickeltes Rechnungswesen haben die moderne Wirtschaft zu einem äußerst komplizierten Apparat gemacht ... **Die moderne Wirtschaft kann nur noch im Rahmen einer einheitlichen Verfassung voll funktionsfähig sein.**" (*Eucken* 1968, 11; Hervorh. *H.G.K.*)

Mit diesen Worten erläuterte *Walter Eucken* seine Auffassung, alle wirtschaftspolitischen Fragen erhielten nur im Rahmen der Frage nach der Ordnung der Wirtschaft einen Sinn: "Es besteht also nicht nur eine ökonomische Interdependenz, sondern auch eine

---

[9] *Rüstow* 1957; *Rüstow* 1950; s. auch *Krüsselberg* 1979, 143 ff.

Interdependenz der Wirtschaftsordnung mit allen übrigen Lebensordnungen. **Das will verstanden sein.**" (*Eucken* 1968, 14)

Es habe wenig Wert, in unkonkreter Weise davon zu sprechen, die Politik bestimme die Wirtschaft, oder darauf zu erwidern, die Wirtschaft bestimme die Politik. Ein exaktes Erkennen der Ordnungsformen und ihrer wechselseitigen Beziehungen sei nötig. So könne gezeigt werden, daß mit der **Gesamtentscheidung** für weitgehende Realisierung der Zentralverwaltungswirtschaft die **Gesamtentscheidung** für den Rechtsstaat nicht vereinbar ist. Hier werde das Prinzip der Kontrolle der Verwaltung durch Gerichte, d.h. der Möglichkeit, gegen Entscheidungen der Planstellen Gerichte anzurufen, aufgegeben werden müssen. - Wenn Menschen zudem dauernd davon überzeugt werden müßten, daß es richtig ist, den Planzielen mit allen Kräften zu dienen und individuelle Pläne fallen zu lassen, könne die Freiheit des Denkens und der Bildung kaum gewahrt bleiben. - Die Geschichte habe zwar gezeigt, daß immer wieder versucht werde, kollidierende Ordnungen zu verwirklichen. Wenn jedoch die einzelnen Ordnungen nicht aufeinander abgestimmt sind, müsse es eben zu einer "Kollision" der Ordnungen kommen; bei tiefgreifenden inneren Widersprüchen entstehe aber keine funktionsfähige Gesamtordnung. Daraus folgt ein "**wesentlicher Grundsatz wirtschaftspolitischen Handelns** ...: Die Ordnungsprinzipien der Wirtschaft sollten mit den Prinzipien anderer Ordnungen - z.B. des Staates - von vornherein abgestimmt sein." (*Eucken* 1968, 133) Werde mit der Realisierung rechtsstaatlicher Prinzipien Ernst gemacht, so könne die Politik zentraler Leitung des Wirtschaftsprozesses **nicht mit Konsequenz** betrieben werden. Ohne Verwirklichung des Rechtsstaates aber gebe es keine Freiheit der Person.

Bereits 1937 meinten *Franz Böhm*, *Walter Eucken* und *Hans Grossmann-Doerth*, die Wissenschaft sei dem "Beruf zur Gesetzgebung" verpflichtet und habe rechtsschöpferisch auf eine neue und gerechte Ordnung hinzuarbeiten, die dem Wesen des Menschen und "der Sache" entspricht, in der Maß und Gleichgewicht herrschen. Die Rechtsordnung müsse stets auch Wirtschaftsordnung sein (*Böhm* u.a. 1937, VII-XXI). Es ist nicht überflüssig, an dieser Stelle zu betonen, daß diese Autoren, wie *K. Paul Hensel* es immer wieder ausdrücklich hervorhob (s. z.B. *Hensel* 1977, 3), jede konkrete Ordnung darüber hinaus durch Sitten und Gebräuche charakterisiert sahen sowie die Bindung des Verhaltens der Menschen an "Religion und Weltanschauungen" konstatierten.

Die Aufgabe, vor die sich jeder Versuch, Verfassungen zu finden, die obigen Kriterien genügen, gestellt sieht, ist die Bündelung gesellschaftlich relevanter Lebensbereiche (und ihrer Ablaufregeln: ihrer Rationalitäten).

Das ist aber nichts anderes als ein Plädoyer für Notwendigkeit und Möglichkeit von "constitutional choice", einer Ordnung begründenden Verfassungsentscheidung. *Walter Eucken* akzeptiert unter ausdrücklicher Würdigung der Macht der Geschichte ("trotz aller Wucht des geschichtlichen Herganges") eine Handlungsfreiheit für den Menschen, jene Bedingungskonstellationen oder Ordnungen zu verwirklichen, die Verletzungen der Menschenwürde neutralisieren oder gar außer Kraft setzen.

Eucken betont gegen die These von der "Unentrinnbarkeit der Geschichte" erstens, daß deren Tendenz nur eine Richtung zeige, für jedes Detail aber Entscheidungsfreiheiten bestehen. Zentral werden für ihn zweitens historische Einschnitte. Hier wandle sich der Trend, weil sich Menschen gegen ihn wenden. *Eucken* spricht von "Momenten der Krisis", die auf Jahre hinaus richtungsweisend zu werden vermochten. Gar nicht selten seien es Schlüsselereignisse, die zu grundsätzlichem Umdenken führen und grundsätzliche Wendungen möglich machen.

Durch bestimmte Konstellationen der politischen Kräfte käme es dann zu Grundsatzentscheidungen, die eine Kette weiterer Entscheidungen und Tendenzen auslösen. Als Beispiele nennt *Eucken* die Jahre zwischen 1807 und 1811 in Preußen, 1879 und 1933 in Deutschland, 1917 und 1928 in Rußland, 1931/32 in England. - Bedeutsam wird das gesellschaftliche Gewicht alternativer "Auffassungen, Haltungen und Gesamtkonzeptionen" für die Meinungsbildung. Nur ihre inhaltliche Überzeugungskraft entscheidet, ob sie geeignet (oder auch nicht geeignet) sind, im Rahmen von "Tendenzen" neue Wege zu weisen, in "Momenten der Krisis" Geltung zu gewinnen und neue Bedingungskonstellationen zu schaffen (*Eucken* 1968, 219, 222).

Eucken bezeichnet - wie *Vincent Ostrom* - seine Erwägungen zur Frage nach Zwangsläufigkeit oder Freiheit in Gesellschaften als einen "Versuch", auf den man die Probe machen müsse (und könne) und benennt zugleich die unmittelbare Konsequenz für wirtschaftspolitisches Handeln: "Jeder Akt - mag es sich um ein Genossenschaftsgesetz oder um ein Gesetz über Markenartikel oder über die Verstaatlichung der Notenbanken handeln - sollte **rechtzeitig** in seiner unmittelbaren Wirkung auf Wirtschaftsordnung und Wirtschaftsprozeß, in seinen Tendenzen zur Veränderung der Wirtschaftsordnung, die er auslösen kann, und drittens in seiner Weiterwirkung auf andere Ordnungen gesehen werden. **Diese Maxime ist ein fundamentales Prinzip der Wirtschaftspolitik.**" (*Eucken* 1968, 221)

Hier zeigt sich unmißverständlich, für *Walter Eucken* geht es um eine Ordnung, die Freiheit in einem sozialen Rechtsstaat gewährleistet. Die These *Alexander Rüstow*s, institutionelle Regelungen seien Mittel, die Vitalsituation der Zweck von Ordnungen, läßt sich offensichtlich auf alle Tellbereiche sozialer Existenz anwenden. Sie verknüpft sich zwangsläufig mit der Hypothese von der Interdependenz aller Ordnungen. Diese bildet aber die Basis für die zentrale Aussage *Walter Eucken*s: **Allein im Rahmen einer einheitlichen Verfassung kann die moderne Wirtschaft voll funktionsfähig sein.**

Hinsichtlich der inhaltllichen Auffüllung einer derartigen Verfassung ist sich - so sehen wir ferner - die deutsche Ordnungstheorie - und das gilt nicht nur für den Ordo-Liberalismus, sondern auch für den freiheitlichen bzw. religiösen Sozialismus - einig: die Einzelgrundrechte, die zur (Wirtschafts-)Verfassung gehören, sind aus historischen "Verwundungen" in "Momenten der Krise" zu verschiedenen Zeiten hervorgegangen. Sie heben die dauerhafte Geltung verschiedener Werte hervor, und ihr geschichtliches Wesen äußert sich auch heute in unterschiedlicher Gefährdung und Schutzbedürftigkeit (*Huber* und *Tuchtfeldt* 1970).

Schauen wir in die deutsche Verfassungsgeschichte, nicht zuletzt in die Entstehungsgeschichte des Grundgesetzes, zeigen sich zahlreiche Belege für diese These einer historischen, einer evolutionären Wertbestimmung für Ordnungen. Man kann gewiß die Auffassung vertreten, durch diese Blickrichtung habe die Ordnungstheorie Impulse erhalten, deren Bedeutung bislang kaum erkannt worden ist.

7. Ordnungstheorie ist "Politische Ökonomik"

Angesichts solch deutlicher Betonung von Sinn- und Wertideen im Ordnungszu-
sammenhang wird jede Debatte über die Ordnungsmöglichkeiten menschlichen Zusammenlebens auf einen Tatbestand verwiesen, den unser Fach von altersher als den
einer **Politischen** Ökonomie umschrieb. Gemeint ist eine Perspektive, die *Edgar Salin*
wie folgt programmatisch umriß: Politische Ökonomik verstehe sich als Wissenschaft,
die sich gegen jeglichen Versuch einer Ablösung des Wirtschaftlichen vom Staatlichen,
Sozialen und Geschichtlichen stemmt. - Explizit einbezogen wird der Aspekt der äußeren Ordnung einschließlich der Beziehung zwischen Herrschaft und Wirtschaft. Politische Ökonomik ist somit die Lehre von den Wechselbeziehungen zwischen Politik,
Wirtschaft, Recht, Staat und Geschichte (*Salin* 1967).

Nach diesem Grundverständnis ist der Mensch "des Gemeinlebens bedürftig und fähig" (*Hensel* 1972). Aus seiner Individualität erwächst jedoch ein Streben nach Selbstentfaltung und Selbstbestätigung. Wirtschaftliches Geschehen vollzieht sich in einem
Spannungsfeld zwischen Gemeinschafts- und Individualbedürfnissen. Mit jeglichem
Mit- und Füreinanderwirken bleibt stets ein potentielles Gegeneinander der Wünsche,
Interessen und Absichten verknüpft. Daraus erwächst eine grundlegende Verantwortung
aller Handelnden gegenüber ihrer Umwelt und ihren Mitmenschen und die spezielle
Aufgabe der Recht setzenden und Recht tragenden Instanzen, zur Schaffung einer Wirt-
schafts- und Sozialordnung beizutragen, die einen breiten Wertkonsens innerhalb der
Bevölkerung begründet. Das ist zugleich auch eine Grundposition, von der sich individuelle Grundrechte und Entscheidungsrechte ableiten lassen.

Systeme Politischer Ökonomik sind jene Systeme der Wirtschaftswissenschaft, die
sich von gesellschaftstheoretischen Leitbildern her strukturieren und auf dieser Basis
Ordnungs- und Politik-Konzepte zu entwickeln bemüht sind. Soweit sie dabei einheitlichen Kriterien unterworfen sind, orientieren sie sich an bestimmten Ideensystemen. Zu
oft wird in der politischen Diskussion übersehen, welch konkrete Ordnungsfunktion
Leitbildern zukommt. **Leitbilder** leisten einen fundamentalen Beitrag zur Legitimation
gesellschaftlicher Institutionen in einem gegebenen Wirtschaftssystem. Lange Zeit
scheint dies in der Bundesrepublik Deutschland die Formel "Soziale Marktwirtschaft"
geleistet zu haben.

Ausdrücklich bezeichnete *Alfred Müller-Armack* diesen von ihm geprägten Begriff
als "irenisch", denn nach seinem Wissenschaftsverständnis verknüpfte sich für ihn unabdingbar die Frage **nach den Inhalten einer sozialen Ordnung** mit der Idee einer
"Sozialen Irenik", einer sozialen Friedenslehre. "Soziale Marktwirtschaft" sollte eine
irenische Formel sein, die einmal die Anerkennung verschiedener Wertpositionen leistet
und diese zum anderen durch ein Nachdenken über Gemeinsames miteinander versöhnt.
"Soziale Marktwirtschaft" - so meinte *Müller-Armack* - sucht den Ausgleich zwischen
den vier Kräften, die sich in der westlichen Welt seines Erachtens gegenwärtig die
Waage halten, zwischen Katholizismus, Protestantismus, evolutionistischem Sozialismus und Liberalismus (*Müller-Armack* 1959; s. auch *Krüsselberg* 1987). Dabei geht es
nicht nur um die Anerkennung einer dauerhaften Geltung zueinander komplementärer
Werte, sondern zugleich stets um eine evolutionäre Wertbestimmung für eine konkrete

Ordnung, mit deren gesellschaftlichem Leitbild sich die Menschen der jeweiligen Gegenwart zu identifizieren vermögen.

Wichtig ist es zu erkennen, daß jedes Leitbild die **Bündelung mehrerer Werte** intendiert. Wird aber ein Leitbild als zutreffender Inbegriff einer gedachten und zugleich gewollten Ordnung wirtschaftlicher und gesellschaftlicher Zustände empfunden, wird es nicht nur zum Ausdruck menschlichen Wollens, sondern zugleich zum Maßstab für menschliches Urteilen und damit zu einem Motor menschlichen Handelns. Leitbilder sind Vorstellungen, die menschlichen Aktivitäten Richtung und Ziel geben. In diesem Sinne ist ein Leitbild immer zukunftsorientiert: "Es richtet sich auf ein vorgestelltes Seinsgefüge (und) erhebt dieses zur Richtschnur für das Urteil über geschichtliche und gegenwärtige Daseinsformen und zum Ziel politischer Aktivitäten" (*Kloten* 1967, 331 ff.; wörtliches Zitat S. 334).

Um in der Realität wirksam zu werden, muß sich das Denken in Leitbildern mit dem gedanklichen Entwurf einer institutionellen Ordnung **und** deren ethischer Begründung verknüpfen. "Constitutional choice", die ordnungspolitische Grundentscheidung für eine Verfassung und ein Bündel von Institutionen, wird damit zum Kernprozeß Politischer Ökonomik. Ordnung der Wirtschaft, des Staates und der Gesellschaft auf der Grundlage von menschlichen Einstellungen (Moral), Werten, Normen und Recht zum Wohl der Menschen zu begründen, ist eine Aufgabe, die nur zu lösen ist, wenn für alle Teilbereiche des Lebens funktionsfähige institutionelle Arrangements zu finden und diese Arrangements in ihrer Gesamtheit miteinander **vereinbar** sind, d.h. sich einem Leitbild, einer ordnungsstiftenden Leitidee zu- oder unterordnen.

Was aber kann geschehen, um dieser Leitidee in den unterschiedlichen Bereichen des Lebens zum Durchbruch zu verhelfen? Mir scheint, hier wird die wissenschaftliche Diskussion zurückverwiesen auf die Frage nach dem Begründungszusammenhang für Teilordnungen und deren Verknüpfung zu einem Argument über gesamtgesellschaftliche Rationalität.

8. Das Problem der gesellschaftlichen Rationalität

Meine Überlegungen zur Wohlfahrtsökonomik und Ordnungstheorie (s. 4.) zielten **kritisch** auf eine zentrale Akzentverlagerung im ökonomischen Denken, auf den Versuch einer ethischen Ausdünnung der Theorie durch die Wohlfahrtsökonomik des spätklassischen Formalismus. Ein besonderes Merkmal dieser Version neoklassischen Denkens ist zudem ihre Einkommensorientierung. Eine ethische Begründung für die Einkommenserzielung schien nicht notwendig zu sein, und die Annahme, daß eine gesellschaftliche Verantwortung für die Werte erforderlich ist, aus denen Einkommen erst erwachsen, paßte offensichtlich nicht ins Konzept.

Dieser Hinweis auf die Dominanz einkommensorientierter Argumentation in den Wirtschaftswissenschaften enthüllt eine m.E. oft sträflich vernachlässigte implizite Prämisse ökonomischen Denkens. Sie ist - so finde ich - nach wie vor wie keine andere unseres Faches geeignet, ordnungstheoretisches Denken zu fundieren. Sie lautet: Es ist **rational**, dafür Sorge zu tragen, daß das gesellschaftliche Handlungspotential erhalten bleibt. Es besteht daher eine **gesellschaftliche Verantwortung, Vermögen aller Art in**

ihrem Bestand zu erhalten - und zwar zum Zweck der Bewahrung der Lebenschancen der Gesellschaft in der Zukunft.

Vermögen sind "Vorschüsse", die in Form von Gütern oder Qualifikationen vor Beginn der in Frage stehenden Produktion angesammelt wurden - als Voraussetzung für **spätere** wirtschaftliche Aktivität. Wirtschaftswissenschaftliches Denken beginnt grundsätzlich mit der Frage nach der Quelle, nach den Fonds, aus denen ein Volk versorgt werden kann. Zentrale Voraussetzung für die Möglichkeit der Bereitstellung von Gütern und Diensten ist der Aufbau und die dauerhafte Existenz von produktiven Ressourcen: ein Bestand an erwerbsfähiger Bevölkerung, d.h. an Humanvermögen, und an angesammeltem ("akkumuliertem") Produktivvermögen. Daraus folgt: **Die Rationalität der Bestandserhaltung von Vermögen muß als (ökonomische) Basis-Rationalität jeder gesellschaftlichen Formation angesehen werden.**

In der sozialwissenschaftlichen Diskussion konzentriert sich die Aufmerksamkeit statt dessen eher auf die Kategorien der wirtschaftlichen und politischen Rationalität, meist mit den Stichwörtern **Markt-** und **Plan**-Rationalität präsentiert. Sie sind vielfach in ihrer Bedeutung und Reichweite diskutiert worden und für unsere Debatte unentbehrlich. Gleichwohl ist es m.E. absolut unzureichend, in der Ordnungstheorie lediglich mit den Kategorien Markt-Rationalität und Plan- (oder Politik-)Rationalität zu arbeiten. Neben dem oben genannten Begriff der Basis-Rationalität fehlt ferner zumindest ein weiterer Rationalitätsbegriff, der auf Kriterien abstellt für das, was die von Marktprozessen und politischen Prozessen Betroffenen als rational ansehen bzw. für vernünftig halten. Ich habe deshalb vorgeschlagen, die bislang benannten Grundtypen gesellschaftlicher Rationalität um den Begriff der **Status**-Rationalität zu erweitern (*Krüsselberg* 1977, 250).

Der Status-Begriff, der uns im Text in 3. bereits begegnete, verweist sowohl auf den Tatbestand der dem Einzelnen zugerechneten Handlungsmöglichkeiten als auch auf die damit verbundene gesellschaftliche Bewertung. Was *Max Weber* von der Wissenschaft verlangt: sich der Frage nach dem Sinnzusammenhang gesellschaftlicher Ordnungen zu stellen -, gilt ebenso für jeden Einzelnen in der Alltagserfahrung oder im Alltagserleben. Auch der Einzelne muß empfinden können, daß seiner Existenz und seinem Tun Sinn zugestanden wird, daß er durch seine Existenz und sein Tun Sinn stiftet. Sinnhafte menschliche Existenz ist Existenz, die **von innen und außen** Sinnbestätigung erfährt. Nach innen gewendet heißt sinnhafte Existenz die **Entdeckung der eigenen personalen Identität.** Nach außen gewendet bedeutet sie **soziale Geltung.** In der Soziologie hat sich für eben diese Umschreibung der sozialen Geltung einer Position, die von Personen ausgefüllt wird, der Begriff des Status eingebürgert, auf den ich hier zurückgreife.

Mit dem Begriff der Status-Rationalität soll auf Prozesse der gesellschaftlichen Bewertung menschlicher Positionen aufmerksam gemacht werden. Status-Rationalität zielt speziell auf die Einbeziehung der Vitalposition von Individuen in ein gesellschaftliches Kalkül. Sie ist damit die für die Individuen, aus denen Gesellschaft letztlich besteht, entscheidende Rationalität. Sie wird dem Einzelnen zum Maßstab für seine Fähigkeit, sich der Markt-, Plan- und Basis-Rationalitäten zu bedienen, also der Fähigkeit, unterschiedliche Handlungspotentiale in bestimmten Zusammenhängen so zu bündeln, daß ihnen personal **und** gesellschaftlich Sinn zugesprochen wird. **Status-Rationalität** als

System-Rationalität ist gegeben, wenn trotz Positionsunterschieden deren Bewertungen innerhalb eines Systems so erfolgen, daß registrierte Status-Differenzen allen Betroffenen als gerechtfertigt und somit als sozial akzeptabel erscheinen. Status-Rationalität will dem Menschen sichern, was ihm gebührt: das Gefühl der eigenen Würde im Wissen darum, daß er seinen Platz in der Gesellschaft hat.

Mit Rationalitätsbegriffen in der Praxis handlich umzugehen, ist - das zeigt auch dieser Begriff - sehr viel schwieriger als oft unterstellt wird. Es ist wesentlich leichter, signifikante Verstöße gegen Rationalitäten auszumachen als die Existenz von Rationalität definitiv festzustellen.

Ein Beispiel mag dies verdeutlichen: Bei der Einführung des Systems der dynamischen Rente in der Bundesrepublik Deutschland wurde Familientätigkeit mit dem Bewertungsfaktor "unbeachtlich" versehen und Erwerbstätigkeit mit dem Indikator "allein positiv". Das ist - nicht nur von vielen Frauen - als ein Verstoß gegen die Menschenwürde empfunden worden und von einigen Wissenschaftlern als ein Verstoß gegen Grundprinzipien der gesellschaftlichen Arbeitsteilung.

Mit der Mißachtung der Familienarbeitsleistungen bei der Durchsetzung einer Zwei-Generationen-Orientierung im Rentensystem nach dem Prinzip: "allein Erwerbstätigkeit gewährleistet Alterssicherung", ergab sich ein grober Verstoß gegen das Prinzip der Status-Rationalität, denn - zumindest im Alltagswissen gibt es hier keine Zweifel - Familientätigkeit und Erwerbstätigkeit sind nicht nur im Lebenszyklus eines jeden Einzelnen zueinander **komplementär**. Sie sind es auch bezüglich der Sicherung der Überlebensfähigkeit von Gesellschaft.

Die Idee der Status-Rationalität bezieht sich also sehr zentral auf Persönlichkeitswerte und auf beobachtbare Verhaltensänderungen bei als dauerhaft angesehenen, politisch oder wirtschaftlich verursachten Statusverletzungen. So sind z.B. durch die Unterbewertung der Leistungen im Familienhaushalt im Politikfeld Ungleichgewichtslagen entstanden, die gegenwärtig einen erheblichen Korrekturbedarf haben entstehen lassen. Mühsam ist es, diese Fehlentscheidung zu korrigieren.

Familientätigkeit gewährleistet die Überlieferung von Grundwerten. Wenn der Aufbau von Humanvermögen die Notwendigkeit von Familientätigkeit voraussetzt, fällt dieser Tätigkeit der Rang einer gesellschaftlichen Basis-Rationalität zu. Jeder Verstoß gegen solche Rationalität bedroht Gesellschaften in ihren Grundstrukturen und letztlich in ihrer Existenz (*Krüsselberg* 1988, 105 ff.).

9. Ordnung, Wohlfahrt, Vermögen

Meines Erachtens lohnt es sich für die Ordnungstheorie, Studien über die Wirkungsweise von Institutionen von der Idee her anzugehen, daß das **Vermögen** in seinen unterschiedlichen Formen zentraler Ansatzpunkt für Prozesse der Institutionalisierung ist (*Krüsselberg* 1986, 85). Ich unterstelle damit, daß die geschichtliche Erfahrung alle Gesellschaften lehrte, wie sehr ihre langfristige Wohlfahrtsposition durch ihre (d.h. ihrer Mitglieder) Entscheidungen über volkswirtschaftlich bedeutsame Bestandsgrößen wie humane und reale Aktiva determiniert ist. Gemeint ist, daß jede dieser Entscheidungen letztlich von Vorstellungen darüber getragen wird, daß (und wie) in der Zukunft Werte zu schaffen sind und wie sie erhalten werden können. Dies ist aber eine Angelegenheit von "öffentlichem Interesse".

Ordnungstheorie befaßt sich mit der Frage nach den Möglichkeiten, menschliche Freiheitsspielräume aufrechterhalten zu können oder gar zu erweitern. Die ökonomische Theorie bedient sich des Bilanzbegriffs, um Handlungsmöglichkeiten zu umschreiben. Es gibt Aktiva Handlungspotentiale, die die Theorie Vermögen nennt und Passiva, die als finanzielle Verbindlichkeiten also Handlungsbeschränkungen bzw. Handlungsbindungen erscheinen. Mit dieser Zuordnung von Rechten und Pflichten zu wirtschaftlichen Werten wird letztlich ein ökonomisch und politisch weitreichender institutioneller Tatbestand angesprochen: die Begründung von Verfügungsrechten über Vermögen als Quelle der Einkommenserzielung.

Vermögen aufzubauen, heißt für Wirtschaftssubjekte und Gesellschaften: aufgrund von Annahmen über zukünftige Nutzungs- und Erwerbschancen zu **investieren**, heute auf möglichen Konsum zu verzichten, um morgen die Aufgaben - auch leichter - lösen zu können, die zur Sicherung der Existenz bzw. zur Erzielung eines bestimmten Wohlfahrtsniveaus zu bewältigen sind. Vermögensaufbau und Vermögenserhaltung sind zwingende Voraussetzung für die Bewahrung erreichter Lebenslagen und die Überlebensfähigkeit von Gesellschaften in der historischen Zeit. Demgemäß haben alle Gesellschaften erfahren müssen, daß alle Varianten von Vermögen (wenngleich in unterschiedlichem Umfang und in verschiedenen Formen) des gesellschaftlichen Schutzes und gesellschaftlicher Kontrolle bedürfen. Zu diesem Zweck umgeben alle Gesellschaften Vermögen mit unterschiedlichen Institutionen als je spezifische "Arrangements für interdependente Entscheidungsprozesse angesichts reziproker und vereinter Bemühungen" (*Ostrom* 1976, 841).

Wir meinen, über die Annahme, die Ordnungstheorie zentriere sich um den Kern: Vermögensbildung und Vermögenserhaltung, lassen sich zumindest interessante Hypothesen ableiten. Sie eröffnet zudem die Möglichkeit, das Thema der Ordnungstheorie von einer **Basis-Aussage** abzuleiten. Sie lautet: Die **Wohlfahrt einer Gesellschaft** ist eine Funktion der Struktur ihrer Vermögenskategorien einschließlich ihrer grundlegenden Gesetze und Institutionen. Gesetze und Institutionen regeln fundamental die Art des Umgangs mit gesellschaftlich als bedeutsam angesehenem Vermögen und zugleich dessen Wertschätzung (s. vor allem *Krüsselberg* 1980, 13-32; *Krüsselberg* 1984, 1-17).

Eine Übersicht über Vermögen im Handlungszusammenhang mag in sowohl gesamt- als auch einzelwirtschaftlicher Sicht verdeutlichen, wie sich Vermögen in Gegenwartsgesellschaften marktwirtschaftlicher Prägung aufgliedert und zugleich zu einem Gesamtbild fügt (s. Schaubild 2). Es deutet dabei an, wie sich Vermögenskategorien zwischen den Institutionen "Familienhaushalt", "Unternehmen" und "Staat" verknüpfen. Konsum, Produktion und existentielle Grund-Sicherung sind zueinander **interdependent und** für die Lebenslage der Menschen **komplementär**. Umwelt wird als Vermögenstatbestand grundsätzlicher Art einbezogen; sie bedarf wie alle anderen Vermögensarten der Zuordnung zu institutionellen Regelungen, soll ihre Bestandserhaltung gewährleistet sein.

Vermögen ist - analytisch gesehen - eine Bestandsgröße; es bietet sich daher als Kategorie zur Erfassung von Strukturaspekten besonders an. So verdeutlicht z.B. das Auftreten von Sozialvermögen als spezifischem Sicherungsvermögen für wirtschaftliche Engpaßsituationen (wie Krankheit, Arbeitslosigkeit, Erwerbsunfähigkeit im Alter), daß sich Institutionen entwickelt haben, die individuelle soziale Sicherung leisten, ohne Institutionen vom Eigentumstyp zu sein. Insbesondere macht der Tatbestand, daß sich Sicherungsrechte dieser Art von der Bezugsgröße Humanvermögen ableiten, darauf aufmerksam, wie sehr **Eigentums**kategorien, durch die nach vielfältiger Auffassung Ordnungen bestimmt sein sollen, an Bedeutung gegenüber **Vermögens**kategorien verloren haben. Das gilt nicht nur unter Sicherungs- und Schutzaspekten.

Schaubild 2: Vermögen im Handlungszusammenhang

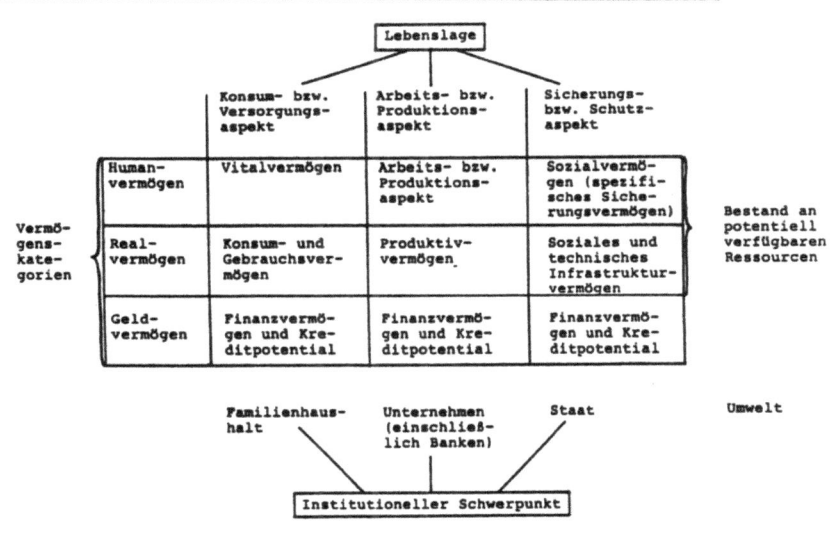

Quelle: HANS-GÜNTER KRÜSSELBERG: Vermögenspolitik im sozialen Rechtsstaat, in: ORDO, Band 39, 1988, S. 308.

Desgleichen zeigte sich im Bereich der Allokation (und Nutzung) von Ressourcen, daß immer dann, wenn in sich entfaltenden Marktsystemen die Eigentumsordnung die effiziente Nutzung von Ressourcen behindert, sich Institutionen herausbilden, die eine die Effizienz steigernde Trennung von Eigentum und Verfügungsgewalt über wirtschaftliche Güter (Vermögen) herbeiführten. Betrachtet man die Funktionsordnung konkreter Volkswirtschaften in dieser institutionellen Perspektive, erscheint speziell die Tatsache, daß Vermögenstitel in Marktwirtschaften auf Märkten gehandelt werden, als ausschlaggebende Voraussetzung für die effiziente Anpassungsfähigkeit marktwirtschaftlicher Systeme an stets neue Datenkonstellationen. Sieht man zudem, daß in der Welt von heute vielfältige vermögenswerte Rechte die Produktionsprozesse in stärkerem Maße bestimmen als das Eigentum, gebührt dann nicht der vermögenstheoretischen Perspektive in der Ordnungstheorie der Vorrang vor der eigentumstheoretischen?

Ein weiterer Aspekt, der durch die Vermögensperspektive in ordnungstheoretischer Wendung markant hervortritt, ist das Phänomen zentraler Komplementaritäten in Lebens- und Wirtschaftszusammenhängen. Die Komplementarität von Familientätigkeit und Erwerbstätigkeit hat uns bereits beschäftigt. Die Komplementarität von Arbeits- und Realvermögen im Produktionsprozeß ist offenkundig. Im Bereich der sozialen Sicherung hebt das Umlageverfahren auf generative Komplementaritäten im Humanvermögen ab. In all diesen Feldern wird die Humanvermögensbildung und -erhaltung zum dominanten Ordnungsziel.

Eine Politik für die Zukunft, die ihren Schwerpunkt in der Bildung von **materiellem** Vermögen und dessen interpersoneller Verteilung sieht, muß in der heutigen Zeit zum Scheitern verurteilt sein. Jegliche Ordnungspolitik findet ihren Kristallisationspunkt im Humanvermögen. In wachsendem Maße beruhen wirtschaftliche Handlungspotentiale auf der persönlichen Qualifikation.

10. Maximen marktwirtschaftlicher Ordnungen

Mit der Aufklärung, die über die schottische Moralphilosophie das Denken zum Thema "Verfassung der Freiheit" maßgeblich beeinflußt hat, entwickelten sich grundlegende Leitgedanken für freiheitliche Ordnungen:

a) Ein Mensch ist wirtschaftlich erst dann wirklich frei, wenn er fähig ist, **in einem doppelten Sinn Vermögen** zu erwerben: einmal an der eigenen Person, zum anderen - zumindest anteilig - an jenen Gütern, die er über seinen Lebensunterhalt hinaus produziert. Sobald die Gesetze eines Landes jene Freiheit zur ungeteilten Vermögensbildung sichern - als Freiheit der Person und als Freiheit zum persönlichen Erwerb nichthumanen Vermögens -, vollzieht sich - so schon *Adam Smith* - jene so wichtige Revolution, die den wirtschaftlichen Fortschritt institutionell fundiert.

b) Der Förderung der öffentlichen Wohlfahrt wird bestmöglich gedient durch die Maximierung der Zahl der als wechselseitig vorteilhaft empfundenen (freiwilligen) Vereinbarungen zwischen Verhandlungspartnern.

c) Alle Teil-Ordnungen eines Systems müssen zueinander komplementär sein. Wir wissen, alle ökonomischen Prozesse vollziehen sich in institutionalisierten Feldern. Nur durch die Verknüpfung von Handlungsmustern komplementärer Art ergeben sich wünschenswerte Ordnungen. Beispiele sind die Verknüpfung der Institution des Privateigentums mit der der Haftung oder die wechselseitige Beziehung zwischen Wettbewerbsordnung und Sozialpolitik.

d) Es reicht nicht aus, allein den Preis- und Einkommensmechanismus als Koordinationsinstrument einer Marktwirtschaft betrachten zu wollen. Selbst in einem reinen Unternehmenssystem wirken gleichzeitig weitere sozialökonomische Prozesse der Systemstabilisierung und -kontrolle wie die Entwicklung von Status und Autorität. Die von mir bereits vor vielen Jahren entwickelte These, daß auch das Unternehmenssystem einer Volkswirtschaft, "die Welt der Unternehmungen", als ein Sozialsystem interpretiert werden muß, dessen Abläufe nicht determiniert und deshalb gestaltbar sind, hat beachtliche Konsequenzen für die Ordnungstheorie und Ordnungspolitik. Wenn hier **Spielräume** gegeben sind, wenn die Offenheit des marktwirtschaftlichen Prozesses das Ergebnis vielfach wirkender Kreativität und deren organisatorischer Umsetzung in Unternehmen ist - von Innovationen im Bereich technischer Entwicklung, der Produktgestaltung, der Absatzwege und der Finanzierungsvarianten - (*Krüsselberg* 1965, 21-24, 28 f., 32-35, 196-206), entstehen permanent Vorsprungpositionen **und** zugleich ein Anpassungsbedarf für die Nachzügler an neue Standards. Entscheidend für die Wohlfahrtseffekte (und Ethik) eines Wettbewerbssystems sind deshalb die institutionellen Rahmenbedingungen dieses Systems. Sie müssen so beschaffen sein, daß Vorrang- und Vormachtpositionen leistungsabhängig **bleiben**, tendenziell also Vorrangpositionen **auf Zeit** sind. Dies wird nur dann der Fall sein, wenn Neuerungsimpulse von allen Branchen und allen Unternehmen, welche Größe sie auch immer erreicht haben mögen, ausgehen können. Aus diesem Grund meine ich, daß das wettbewerbspolitische Leitbild für entwickelte Industriegesellschaften das eines **Kontinuums effizienter Unternehmensgrößen**, einer zueinander komplementären Vielfalt von Klein-, Mittel- und Großunternehmen sein muß[10]. Daraus folgt:

e) Die wirtschaftspolitische Entscheidung zugunsten des Marktmechanismus enthält ebenso ein politisches Element wie die Entscheidung zugunsten eines staatlichen Interventionismus. Politisch ist dieses Element vorrangig deshalb, weil mit dieser Entscheidung bestimmten Handlungseinheiten, den Unternehmungen nämlich, die gesellschaftliche Legitimation zugewiesen wird, in einer Welt permanenten Wandels Entscheidungen zu fällen, die infolge ihrer Eigenschaft, Gegenwartsstrukturen (z.B. der Güterversorgung und der Beschäftigung) und Lebensformen zu ändern, wesentlich die Interessen der Gesamtheit der Bürger berühren. Das legitimatorische Element zeigt sich in einem zentralen Merkmal der marktwirtschaftlichen Institution Unternehmung (*Krüsselberg* 1972, Sp. 535): in der zwar durch die Wirtschaftsordnung eingebundenen, doch prinzipiell gewährleisteten Autonomie ihres Handelns nach innen und außen. Die Unternehmensleitung ist es vor allem, welche die Unternehmensaktivität in eigener Verantwortung, wenngleich im Namen und auf Rechnung des Unternehmens bestimmt[11].

Zwar neigt die marktwirtschaftliche Theorie dazu, Entscheidungen angesichts Ungewißheit, von wem sie auch immer getroffen werden, als unternehmerische Entscheidung zu bezeichnen. Wenn in einer Welt der (begrenzten) Ungewißheit Zukunftsprognosen Spekulation bedeuten (müssen), bleiben zentrale Bereiche des ökonomischen Handelns, die nämlich der Entscheidungen angesichts Ungewißheit, unabdingbar der Intuition, dem Wagnis und zugleich der Bereitschaft **und** Pflicht zur Verantwortung verhaftet. Das sind Eigenschaften, die man in der klassischen Tradition der Wirtschaftswissenschaften eher Individuen als einem Kollektiv zuzubilligen geneigt ist (*Krüsselberg* 1969, 15 f.). In institutioneller Sicht muß jedoch wegen der Bedeutung von Haftung für eigenverantwortliches Handeln dem Unternehmer als Entscheidungsträger be-

---

[10] *Krüsselberg* 1969; zur "Welt der Unternehmungen" s. S. 163-165, 203-213; zum wettbewerbspolitischen Leitbild s. S. 224-229, 306 f.; sowie ferner *Krüsselberg* 1983, 90 ff.

[11] S. auch den Beitrag von *Elmar Gerum* in diesem Band.

sondere Verantwortung zugerechnet werden können. In diesem Sinne wird die handlungstheoretische Variante einer Theorie der Marktwirtschaft zu einem Kernelement einer auf den verantwortlichen Menschen gerichteten "Politischen Ökonomik". Daraus folgt erneut eine wichtige (heute meist zu unbedacht zerredete) Einsicht:

f) Menschen, die ihr eigenes Tun selbst als Wagnis empfinden, bedürfen gleichwohl einer Bestätigung durch ihre soziale Umwelt. Sie dürfen nicht mit ihrem Wagnis allein gelassen werden; sie bedürfen der Abstützung durch ihre Mitwelt. Technische Neuerungen aller Art sind solche Wagnisse. Modernes Leben ist in seiner Gesamtheit von deren Folgen bestimmt. Es mehren sich die Stimmen, solche Wagnisse zu unterlassen, weil bestehende oder in diesem Trend entstandene "Übel" solches nahelegen. Aber: Nichts zu tun, bedeutet dies nicht, auch den Status quo nicht mehr ändern zu können?

Humaner ist es gewiß - und sinnvoller -, dem wagenden Menschen in seinem Wagnis zur Seite zu stehen. Ohne Zweifel wird es dann für jeden einfacher, das mögliche Scheitern eines Versuches, eines Wagnisses zu konstatieren und abzubrechen, um anderweitig neu zu beginnen. Geeignete Rahmenbedingungen für den Umgang mit potentiellen gesellschaftlichen Wagnissen zu fordern, soll auch bedeuten, die Verantwortung des Forschers gesellschaftlich anzuerkennen und ihn vor raschen persönlichen Schuldzuweisungen zu schützen. So wie in Marktwirtschaften kein Wagnis unternommen wird, um bewußt "Übel" zu erzeugen, darf die Bereitschaft von Wissenschaftlern und Technikern zur Übernahme von Wagnissen nicht gesellschaftliche Diskriminierung bedeuten.

So mag abschließend vermerkt werden, was jede theoretische Forschung, auch die ordnungstheoretische marktwirtschaftlicher Ausprägung, bindet - die Erkenntnis nämlich:

g) Bislang kann Zukunft nur entdeckt und **nicht** prognostiziert werden. Dies ist ein Grundmerkmal jeder "offenen Gesellschaft"[12].

Literatur

Biervert, Bernd und *Martin Held* (Hrsg.) (1987), Ökonomische Theorie und Ethik, Frankfurt a.M./New York.

Böhm, Franz, Walter Eucken und *Hans Grossmann-Doerth* (1937), Unsere Aufgabe, in: *Franz Böhm*, Die Ordnung der Wirtschaft als geschichtliche Aufgabe und rechtsschöpferische Leistung, Stuttgart/Berlin.

Borchardt, Knut (1981), Die Konzeption der Sozialen Marktwirtschaft in heutiger Sicht, in: *Otmar Issing* (Hrsg.): Zukunftsprobleme der Sozialen Marktwirtschaft. Schriften des Vereins für Socialpolitik N.F. 116, Berlin.

Boulding, Kenneth E. (1958), The Skills of the Economist, Cleveland (Ohio).

Buchanan, James M. (1977), Freedom in Constitutional Contract, London.

Eucken, Walter (1968), Grundsätze der Wirtschaftspolitik, 4. Auflage, Tübingen.

Giersch, Herbert (1960), Allgemeine Wirtschaftspolitik - Grundlagen, Wiesbaden.

---

[12] *Popper* 1970; s. insbesondere Bd. I, 228-268.

Hensel, K. Paul (1972), Grundformen der Wirtschaftsordnung, München.

Hensel, K. Paul (1977), Systemvergleich als Aufgabe, Stuttgart/New York.

Hesse, Helmut (1981), Begrüßungsansprache und Schlußansprache, in: *Otmar Issing* (Hrsg.), Zukunftsprobleme der Sozialen Marktwirtschaft. Schriften des Vereins für Socialpolitik N.F. 116, Berlin.

Homann, Karl und *Andreas Suchanek* (1987), Wirtschaftsethik - Angewandte Ethik oder Beitrag zur Grundlagendiskussion?, in: *Bernd Biervert* und *Martin Held* (Hrsg.): Ökonomische Theorie und Ethik, Frankfurt a.M./New York.

Huber, Hans und *Egon Tuchtfeldt* (1970), Wirtschaftspolitische Ziele in der Verfassung, Bern.

Issing, Otmar (Hrsg.) (1981), Zukunftsprobleme der Sozialen Marktwirtschaft. Schriften des Vereins für Socialpolitik N.F. 116, Berlin.

Jochimsen, Reimut (1963), Grenzen und Entwicklungsmöglichkeiten der Welfare Economics, in: *Erwin von Beckerath* und *Herbert Giersch* (Hrsg.), Probleme der normativen Ökonomik und der wirtschaftspolitischen Beratung. Schriften des Vereins für Socialpolitik, N.F. 29, Berlin.

Kiser, Larry L. und *Elinor Ostrom* (1982), The Three Worlds of Action: A Metatheoretical Synthesis of Institutional Approaches, in: *Elinor Ostrom* (Hrsg.), Strategies of Political Inquiry, Beverly Hills/London/New Delhi.

Kloten, Norbert (1967), Utopie und Leitbild im wirtschaftlichen Denken, in: Kyklos, Vol. XX.

Krüsselberg, Hans-Günter (1965), Organisationstheorie, Theorie der Unternehmung und Oligopol, Berlin.

Krüsselberg, Hans-Günter (1969), Marktwirtschaft und ökonomische Theorie, Freiburg.

Krüsselberg, Hans-Günter (1972a), Das Systemkonzept und die Ordnungstheorie: Gedanken über einige Forschungsaufgaben, in: *Dieter Cassel, Gernot Gutmann* und *H. Jörg Thieme* (Hrsg.), 25 Jahre Marktwirtschaft in der Bundesrepublik Deutschland, Stuttgart.

Krüsselberg, Hans-Günter (1972b), Unternehmen. A. Das kapitalistische Unternehmen, in: Sowjetsystem und demokratische Gesellschaft, Bd. 6, Freiburg/Basel/Wien.

Krüsselberg, Hans-Günter (1973), Die Wiederentdeckung der politischen Ökonomie. Betrachtungen zum gegenwärtigen Stand der Diskussion über die Beziehung zwischen Wirtschaft und Gesellschaft, in: *Günter Albrecht, Hans-Jürgen Daheim* und *Fritz Sack* (Hrsg.), Soziologie. *René König* zum 65. Geburtstag, Opladen.

Krüsselberg, Hans-Günter (1977), Die vermögenstheoretische Dimension in der Theorie der Sozialpolitik. Ein Kooperationsfeld für Soziologie und Ökonomie, in: *Christian von Ferber* und *Franz-Xaver Kaufmann* (Hrsg.), Soziologie und Sozialpolitik, Sonderheft 19 der Kölner Zeitschrift für Soziologie und Sozialpsychologie, Köln/Opladen.

Krüsselberg, Hans-Günter (1979), Vitalvermögenspolitik und die Einheit des Sozialbudgets: Die ökonomische Perspektive der Sozialpolitik für das Kind, in: *Kurt Lüscher* (Hrsg.), Sozialpolitik für das Kind, Stuttgart.

Krüsselberg, Hans-Günter (1980), Die vermögenstheoretische Tradition in der Ordnungstheorie, in: *Hans-Günter Krüsselberg* (Hrsg.) Vermögen in ordnungstheoretischer und ordnungspolitischer Sicht, Köln.

Krüsselberg, Hans-Günter (1983a), Property Rights-Theorie und Wohlfahrtsökonomik, in: *Alfred Schüller* (Hrsg.), Property Rights und ökonomische Theorie, München.

Krüsselberg, Hans-Günter (1983b), Paradigmawechsel in der Wettbewerbstheorie?, in: *Harald Enke, Walter Kühler* und *Wilfried Schulz* (Hrsg.), Struktur und Dynamik der Wirtschaft. Beiträge zum 60. Geburtstag von *Karl Brandt*, Freiburg i. Br.

Krüsselberg, Hans-Günter (1984), Vermögen im Systemvergleich - die Problemstellung, in: *Hans-Günter Krüsselberg* (Hrsg.), Vermögen im Systemvergleich, Stuttgart/New York.

Krüsselberg, Hans-Günter (1985/86), Umwelteffekte in Marktwirtschaften, in: List Forum, Bd. 13.

Krüsselberg, Hans-Günter (1986), Transaktionskostenanalyse der Unternehmung, in: *Helmut Leipold* und *Alfred Schüller* (Hrsg.), Zur Interdependenz von Unternehmens- und Wirtschaftsordnung, Stuttgart/New York.

Krüsselberg, Hans-Günter (1987), Ethik und Wirtschaftsordnung. Eine Problemskizze unter besonderer Berücksichtigung der Denkansätze von Walter Eucken und Alfred Müller-Armack, in: Loccumer Protokolle. Theologische Aspekte der Wirtschaftsethik III, Mainz/Loccum.

Krüsselberg, Hans-Günter (1988), Die werteschaffende Leistung der Frau im Haus, in: *Hildegard Rapin* (Hrsg.), Frauenforschung und Hausarbeit, Frankfurt a.M.

Mishan, Ezra J. (1981), Introduction to Normative Economics, New York/Oxford.

Müller-Armack, Alfred (1959), Religion und Wirtschaft, Stuttgart.

Ostrom, Vincent (1976), John R. Commons' Foundations of Policy Analysis, in: Journal of Economic Issues, 10/4.

Ostrom, Vincent (1987), The Political Theory of a Compound Republic. Designing the American Republic, Second Edition, Lincoln/London.

Popper, Karl R. (1970), Die offene Gesellschaft und ihre Feinde, Bd. I und Bd. II, 2. Aufl., Bern/München.

Rüstow, Alexander (1950), Das Versagen des Wirtschaftsliberalismus, 2. Auflage, Düsseldorf.

Rüstow, Alexander (1957), Ortsbestimmung der Gegenwart, Bd. 3: Herrschaft oder Freiheit?, Erlenbach-Zürich.

Salin, Edgar (1967), Politische Ökonomie, Tübingen/Zürich.

Sohmen, Egon (1976), Allokationstheorie und Wirtschaftspolitik, Tübingen.

Tinbergen, Jan (1967), Some Suggestions on a Modern Theory of the Optimum Regime, in: Socialism, Capitalism and Economic Growth. Essays presented to Maurice Dobb, Cambridge.

Weber, Max (1968), Gesammelte Aufsätze zur Wissenschaftslehre, 3. Auflage, Tübingen.

II.

Vermögen

Die vermögenstheoretische Tradition in der Ordnungstheorie[1]

Hans-Günter Krüsselberg

"Sinnzusammenhänge zwischen wirtschaftlichen Sachverhalten, wirtschaftlichen Problemen und den Wirtschaftsordnungen" freizulegen und nachzuweisen, ist eine zentrale Aufgabe der Ordnungstheorie. Sie zu bewältigen, bedeutet, "ordnungspolitische Entscheidungen zu erleichtern". "Die möglichen Ordnungen zu kennen und ein möglichst klares Bild davon zu gewinnen, wie verschiedenartig unser Leben durch die Ordnungen vorgeformt, beeinflußt und geprägt wird" (*Hensel* 1972, 9), ist Voraussetzung für solche politischen Weichenstellungen, die wiederum die Qualität des Ablaufs wirtschaftlicher Prozesse und die Zielbezogenheit ihrer Ergebnisse präformieren.

Wirtschaften als Aktivität zur Minderung von Knappheit dient außerwirtschaftlichen Zwecken menschlicher Daseinsgestaltung: der "Lebenserhaltung" und der kulturellen, politischen oder humanitären "Formung" der Lebensbedingungen. Die Ziele der Daseinsgestaltung sind Maßstab für die Bewertung der Effizienz und Angemessenheit wirtschaftlicher Institutionen. Ein wichtiger, wenngleich oft recht undifferenziert veranschlagter Effizienzfaktor ist die Beschaffenheit der Wirtschaftsordnung selbst. Mit ihr werden Vorentscheidungen gefällt über die Art, in der sich der volkswirtschaftliche Produktionsapparat entfalten kann, der mit seinen Elementen Human- und Sachvermögen das Leistungspotential einer Volkswirtschaft bestimmt (s. wiederum *Hensel* 1972, 15 ff., 82 ff.). Aus diesem Grund muß - ob reflektiert oder nicht reflektiert - in jedem Ordnungskonzept eine vermögenstheoretische Dimension enthalten sein. Sie zu erörtern, ist Ziel dieser Ausführungen.

---

[1] Zuerst erschienen in: *Hans-Günter Krüsselberg* (Hrsg.), Vermögen in ordnungstheoretischer und ordnungspolitischer Sicht, S. 13-32, Köln 1980.

1. Vermögen in der Perspektive Politischer Ökonomik[2]

"Schon lange bevor die Ökonomen das Wort Kapital zu verwenden begannen[3], war es in die Terminologie der Jurisprudenz und der Wirtschaftspraxis eingegangen." Es bezeichnete zunächst eine Darlehenssumme, später "die von den Teilhabern einer Personal- oder Kapitalgesellschaft eingebrachten Geldsummen oder deren Äquivalent, oder die Gesamtsumme der Aktiva einer Unternehmung und ähnliches mehr". Dieser Begriff erfaßte "entweder tatsächliches Geld oder Geldansprüche oder in Geld bewertete Güter". Er ist damit "völlig unzweideutig" monetär. Bei dieser monetären und buchhaltungstechnischen Bedeutung zu bleiben, wäre - so meinte *Schumpeter* - "vernünftig" gewesen: Viele "verworrene, unfruchtbare und geradezu einfältige Kontroversen" wären der Wirtschaftswissenschaft erspart geblieben.

So aber bedarf es z. B. für den deutschen Sprachbereich der Erinnerung von *Erich Preiser* aus dem Jahre 1953, daß Kapital Geld und Finanzierungsmittel für Investitionen ist; nach dem Investitionsakt ist das Geld "weg, aber dafür sind Produktivgüter da. Sie bilden das Vermögen der Unternehmung" als Anlage- und Umlaufvermögen. Ganz klar und eindeutig scheide die Bilanz die Aktivseite von der Passivseite, scheide Vermögen und Kapital. Grundsätzlich sollten Vermögen und Kapital "begrifflich so scharf getrennt werden, wie es die Buchführung de facto tut" (*Preiser* 1961, 106 f.).

In der im 17., 18., 19. Jahrhundert sich allmählich ausbildenden Kapitaltheorie wurden allerdings Begriffe wie Reichtum, Vermögen und Bestand (stock) bevorzugt. Nach *Schumpeter* stammt das Fundament der Kapitaltheorie von *Quesnay* (und anderen Physiokraten). Ausgegangen wurde dort von einem physischen oder realen "Kapitalbegriff", d.h. von Realvermögen. Es schloß Geld, erworbene und nützliche Fähigkeiten aller Einwohner und die "Subsistenzmittel der 'produktiven' Arbeiter" mit ein. Vermögen sind "Vorschüsse", die in Form von Gütern oder Qualifikationen vor Beginn der in Frage stehenden Produktion angesammelt wurden - als Voraussetzung für wirtschaftliche Aktivität. - Und *Schumpeter* weist bereits anläßlich der Analyse des *Quesnay*schen Agrarprogramms darauf hin, daß die Träger des wirtschaftlichen Prozesses nicht als Eigentümer, sondern als über Vermögen Verfügende tätig sind ("intelligente Pächter ... nicht Eigentümer ihres Bodens, ... der frei ist von jeder Einmischung seitens der Grundbesitzer ...", *Schumpeter* 1965, 303 f.).

Zu Recht zieht *Schumpeter* von dieser Position eine Verbindungslinie zur ökonomischen Grundkonzeption bei *Adam Smith*. Betrachtet man den Aufbau von "An Inquiry into the Nature and Causes of the Wealth of Nations" (1776), dann läßt sich nicht übersehen, daß hier ganz konsequent vermögenstheoretisch argumentiert wird. Es beginnt mit der Frage nach der Quelle, nach den Fonds, aus denen ein Volk versorgt werden kann. Zu erklären ist - so konstatierte *Smith* - das Zustandekommen der Quellen oder Fonds, aus denen die Güter fließen, die der laufenden Bedarfsdeckung dienen (*Smith* 1961, 1 ff.; *Smith* 1974, 3 ff.). Der Denkansatz lautet: Voraussetzung für die Existenz

---

2   Siehe zum Thema "Die Wiederentdeckung der Politischen Ökonomie - Betrachtungen zum gegenwärtigen Stand der Diskussion über die Beziehungen zwischen Wirtschaft und Gesellschaft" *Krüsselberg* 1973, 434 ff.

3   "Vor dem achtzehnten Jahrhundert ... machten sie von dem Begriff nahezu überhaupt keinen Gebrauch" (*Schumpeter* 1965, 409f.).

von Gütern und Diensten ist der Aufbau und die dauerhafte Existenz von produktiven Ressourcen: ein Bestand an erwerbsfähiger Bevölkerung, d. h. an Humanvermögen (Buch 1 des "Wealth of Nations"), und an angesammeltem ("akkumuliertem") Produktivvermögen (Buch 2).

Humanvermögen und Produktivvermögen sind zueinander komplementär, aber die Vielfalt an Kombinationsmöglichkeiten begründet unterschiedliche Stadien des Wohlstandes. Bei der Beantwortung der Frage nach den Wohlstandsunterschieden zwischen den Völkern deckt *Smith* die Ursache auf: es sind die Varianten in den Gesetzen und Institutionen. Ungleicher Schutz für große und kleine Vermögen, ungehemmte Zugriffsmöglichkeiten der politischen Autoritäten auf "kleine Kapitalien" und Unsicherheit hinsichtlich der Erfüllung vertraglicher Vereinbarungen im Kreditgeschäft zählen für diesen Autor zu den Elementen, die die Entfaltung von Wohlstand behindern müssen (*Smith* 1974, 82). Aber die zentrale Institution zur Förderung des Wohlstandes durch effiziente, d.h. bedarfsorientierte Akkumulation ist die des Wettbewerbs (*Smith* 1974, 53, 272, 296 f., 484). Wettbewerb ist ein Instrument ökonomischer Prosperität, die Institution, die den ökonomischen Fortschritt vorantreibt[4].

Die Betonung des Gewichts dieser Institution durch *Smith* bot jedoch für *Friedrich List* (1959, 143 ff., 149 ff., 125, 211 ff.) den Ansatzpunkt zu einer kritischen Auseinandersetzung mit der klassischen Tradition der Nationalökonomie. Er konstatierte die Existenz eines Spannungsverhältnisses zwischen einer "**Theorie der Werte**" und einer "**Theorie der produktiven Kräfte**" und hob - sicherlich nachdrücklicher als es *Smith* formulierte - hervor, man müsse der Theorie der Werte eine **eigene** Theorie der produktiven Kräfte zur Seite stellen, um erklären zu können, wie sich ein gesellschaftlicher Handlungsablauf vollziehe bzw. wodurch gesellschaftliche und individuelle Aktivität in Gang komme. Zu analysieren seien "der Geist, der die Individuen belebt, ... die gesellschaftliche Ordnung, welche ihre Tätigkeit befruchtet, ... die Naturkräfte, deren Benützung ihnen zu Gebote stehen", und die Art, in der der Mensch seine Beziehung zur "Zukunft" sieht. Der jetzige Zustand der Nationen sei "eine Folge der Anhäufung aller Entdeckungen, Erfindungen, Verbesserungen, Vervollkommnungen und Anstrengungen aller Generationen, die vor uns gelebt haben; sie bilden das geistige Kapital der lebenden Menschheit". Auch gehöre die Kategorie der Politik und der politischen Macht in eine Theorie der Politischen Ökonomie. Überall zeige uns die Geschichte eine mächtige Wechselwirkung zwischen den gesellschaftlichen und den individuellen Kräften und Zuständen; sie lehre, daß die **Individuen den größten Teil ihrer produktiven Kraft aus den gesellschaftlichen Institutionen und Zuständen schöpfen**.

Für *List* erlangt die Nation "ihre produktive Kraft aus den geistigen und physischen Kräften der Individuen, oder aus ihren sozialen, bürgerlichen und politischen Zuständen und Institutionen, oder aus den ihr zu Gebote stehenden Naturkräften, oder aus den in ihrem Besitz befindlichen Instrumenten, den materiellen Produkten früherer geistiger und körperlicher Anstrengungen (materielles Agrikultur-, Manufaktur- und Handelskapital)". *List* bekennt, er würde den Ausdruck "**Instrumentalkräfte**" an sich dem Begriff "Kapital" vorziehen. Auch er entscheidet sich damit für den Vorrang der Vermö-

---

[4] S. zum klassischen Wohlfahrtskonzept *Krüsselberg* 1969, 91 f.

gensperspektive. In jedem Einzelfall will er jedoch unterschieden wissen, und zwar exakt unterschieden wissen, zwischen geistigem und materiellem "Kapital", d. h. zwischen den "moralischen und physischen Kräften, welche der Persönlichkeit ankleben oder welche die Individuen aus den sozialen, bürgerlichen und politischen Zuständen schöpfen", und den "materiellen Instrumenten der Produktion", zwischen materiellem Agrikultur-, Manufaktur- und Handelskapital und schließlich zwischen Privat- und Nationalkapital. - Der analytische Kern des *List*schen Werkes ist somit in seinem **Instrumentalkraftkonzept** zu sehen. Seine begrifflichen Grundelemente stellen Kapazitäten im Sinne von Handlungspotential dar. Sie verkörpern sich in unterschiedlicher Form als individuelle, institutionelle, natürliche und instrumentale Kapazität, die sich untereinander zu bestimmten Strukturmustern ordnen. Wie diese Muster beschaffen sind, hängt von der Verfügungsgewalt über solche Kapazitäten ab.

Diese im Werk sowohl von *Smith* als auch von *List* angelegte Dominanz der vermögenstheoretischen Perspektive reicht bis in die Gegenwart. So wird weiterhin dezidiert die Auffassung vertreten - wie auch immer das Problem der Meßbarkeit der relevanten Größen aussehen mag -, die angemessene Interpretation verschiedener Arten ökonomischer Aktivität könne stets aus einem Bezugsrahmen, der auf Vermögen abstellt, abgeleitet werden; und sie werde oft unangemessen abgeleitet, wenn die Grundaussage ignoriert werde, daß Einkommen aus Vermögen und aus keiner anderen Quelle resultiert. Ein umfassendes Muster von Vermögensbilanzen könne zwei allgemeinen Klassifikationsprinziplen folgen - die nach Vermögenstyp und Eigentümerschaft. Eine mögliche Gliederung enthalte 1. reproduzierbares materielles Vermögen ("structures and durable equipment"), 2. reproduzierbares immaterielles Vermögen (Bestand an nicht verkörpertem gesellschaftlich nützlichem Wissen), 3. Humanvermögen (Bestand an Qualifikationen und Wissen, in Personen verkörpert), 4. natürliche physische Ressourcen (Bestand an Bodenschätzen, Wäldern, Wasser; Klima usw.); 5. sozio-politisches Vermögen (Bestand an personeller und nationaler Sicherheit, Freiheit, Gerechtigkeit, Privatsphäre usw.)[5]. Die Klassifikation nach Eigentümern erfolgt nach 1. Unternehmensvermögen (einschließlich derer mit nicht primär erwerbswirtschaftlichen Zielen), 2. persönliches und familiales Vermögen, 3. Staats-(Gemeinschafts-)Vermögen (*Juster* 1973, 41 f.).

In mikroökonomischer Wendung hat vor allem *Kenneth F. Boulding* diese Perspektive aufgenommen und ihre Relevanz für die Behandlung des Wohlfahrtproblems hervorgehoben (*Boulding* 1970, 43 ff.; 1971, IX f.). Die Wohlfahrt der Gesellschaft soll "strictly by its state or condition" gemessen werden, d. h. durch deren "totale Vermögensstruktur einschließlich ihres Humanvermögens". Auch die Wohlfahrt einer Person hänge sehr viel stärker ab von den ihr verfügbaren Handlungsvoraussetzungen als "stocks" (Bestandsgrößen), welche von ihren "totalen Aktiva" bestimmt sind, als von ihrem Einkommen oder gar ihrem Konsum, die "flows" (Bewegungsgrößen) darstellen und notwendig sind, um Bestandsgrößen oder Handlungsvoraussetzungen zu erhalten oder zu erweitern. "The significant measure of human welfare however is not the

---

[5] Siehe zu diesem Thema ausführlich *Krüsselberg* (1977, 232 ff.).

throughput of energy or materials or even values. It consists of the state and the environment of the human individual".

Zu Recht wird gegen "existierende Theorien der Einkommensverteilung" eingewandt (*Chenery* und *Ahluwalia* 1974, 42 ff.), daß das Hauptelement, welches ihnen fehle, eine "explizite Behandlung der Verteilung der verschiedenen Formen von Aktiva" sei. Schließlich ist das reale Einkommen der Unternehmen, Haushalte oder Familien (als relevante Ausgabeneinheiten) abgeleitet aus der Verfügungsgewalt über eine Vielfalt von "Aktiva" wie Boden, Anlage- und Humanvermögen mit unterschiedlichen Qualifikationen, aber auch aus der Möglichkeit des Zugangs zu öffentlichen Gütern und allgemeinen Rechten. Daher lassen sich Differenzen in den "benefits" auf Unterschiede in menschlichem Handlungsvermögen, im Zugang zu komplementären Aktiva und anderen Inputs sowie im materiellen Vermögen zurückführen. - Das Bindeglied zwischen allen Aspekten gesellschaftlicher, d. h. nicht lediglich monetärer Verteilung, ist - so zeigt sich - die Verfügbarkeit von Vermögen in Form verschiedener Arten von Aktiva.

Das theoretische Grundmodell, das hier zugrunde zu legen ist, muß ein Modell der Struktur aller Aktiva einer Volkswirtschaft sein, die Zugriffsmöglichkeiten auf die Bedingungen menschlicher Daseinsgestaltung (unter Einschluß des Sozialprodukts) begründen. Die Verbindung zwischen Aktiva und Einkommen oder "Nutzen" wird durch Wertgrößen geschaffen. Im historischen Prozeß bildet sich eine Struktur relativer Preise für Aktiva heraus, die nur z. T. durch Marktpreise, z. T. aber durch Wertaussagen ausgefüllt wird, die Ergebnisse dieses historischen Prozesses, z. B. im politischen Raum, sind. Durch die Berücksichtigung des Phänomens sozialen und wirtschaftlichen Wandels, das sich ganz konkret in Strukturveränderungen und Wertänderungen der Aktiva äußert, wird auch die Dynamik der Vermögensverteilung dem Datenkranz-Denken (*Boulding*) entrückt, in das sie oft verbannt wurde (*Krüsselberg* 1976, 17; 1979, 163 ff.).

2. Vermögen im wirtschaftlichen Prozeß

Im Rückblick auf eine beachtliche Tradition der vermögenstheoretischen Perspektive in der Ordnungstheorie muß es verwundern, wenn *Frederic L. Pryor* in seiner Pionierarbeit über Vermögen und industrielle Organisation in kommunistischen und kapitalistischen Nationen (*Pryor* 1973) feststellt, in den Wirtschaftswissenschaften sei das Vermögenskonzept in erheblichem Umfang vernachlässigt worden. Oft sei direkt die Auffassung vertreten worden, von Vermögen gehe wenig Einfluß auf die Funktionsweise der Volkswirtschaft aus. *Pryor* mutmaßte, dies sei möglicherweise auf eine zu enge Definition zurückzuführen, die Vermögen primär auf Einkommenskategorien reduziert. Entscheidender ist aber wohl seine Feststellung, daß in den meisten ökonomischen Analysen eine gegebene unabänderliche institutionelle Regelung für den Umgang mit Vermögen unterstellt wird, wodurch die Wirkungen von Veränderungen in den Vermögensrechten (und - so muß ergänzt werden - in den Vermögensstrukturen) außer acht gelassen wurden. Ohne Zweifel seien Untersuchungen im Bereich der industriellen Organisation, in dem Studium von Einkommen und Reichtum und in der ökonomischen Anthropologie erfolgt. Dennoch habe fehlendes Interesse an einem allgemeineren Konzept zur Vernachlässigung der Untersuchung wichtiger Wechselbeziehungen zwischen diesen Gebieten geführt.

Vermögen wird von *Pryor* definiert als ein Bündel von Rechten oder ein Muster von Beziehungen zwischen Personen mit Hinblick auf ein Gut, eine Dienstleistung oder ein "Ding"; solche Rechte müssen ökonomischen Wert besitzen und müssen in irgendeiner gesellschaftlich anerkannten Weise durchgesetzt werden. Dieses Vermögenskonzept, das auf die Bestimmung von Verhaltensdeterminanten und nicht auf moralische Standards abhebt, sei bewußt breit angelegt und decke sich mit Begriffen wie "ökonomische Macht", "Entscheidungsprozeß" ("decision making") oder "Kontrolle". Es schließt nicht nur Eigentum im traditionellen Sinne ein, sondern auch die verschiedenen Typen bürokratischer Rechte (z. B. Befehlsgewalt gegenüber Untergebenen) und von Rechten, die durch soziale Vereinbarung (Sitte) oder durch informelle Arrangements ebenso wie durch legale Mittel durchgesetzt werden können. Mit diesem Konzept will *Pryor* die Diskussion beleben und konkrete Forschungsanstöße geben.

Es ist nun zunächst zu fragen, ob auf dem Weg über eine reine Entscheidungslogik viel zu gewinnen ist. Es sieht nämlich nicht so aus, als ob die Morphologie (als Lehre von der Darstellung relevanter Strukturen) große Fortschritte gegenüber den Klassikern des Faches erzielt hätte. So deckt z. B. die *List*sche Gruppierung mehr ab, als die moderne Klassifikation nach *Neuburger* und *Duffy* leistet (s. *Leipold* 1980, 33 ff.), die nach "Decision-Making", "Information", "Motivation" gruppiert: "Der Geist, der die Individuen belebt" - heute nennt man ihn "Motivation"; "die Ordnung, welche ihre Tätigkeit befruchtet" - sie umfaßt in der modernen Terminologie die Rahmenbedingungen für gesellschaftlich akzeptiertes individuelles "Entscheiden"; "die Art, in der der Mensch seine Beziehung zur Zukunft sieht" - hier geht es um das "Informationssystem". Sie alle sind relevant für wirtschaftliches Handeln. Aber es fehlt die Kategorie der "Instrumentalkräfte", die Vermögenskategorie, die die Vermittlung leistet zwischen den Akteuren und den "Kräften, deren Benutzung ihnen zu Gebote steht". Nur die Vermögenskategorie zwingt den Analytiker dazu, die abstrakte Klassifikationsebene des entscheidungstheoretischen Ansatzes aufzugeben und Abläufe angesichts der Existenz jener Institutionen konkret zu untersuchen, die Verfügungsrechte zuordnen (s. grundsätzlich *Lampert* 1980).

Generell wird nun die Unterstellung *Pryor*s, Vermögen sei nach westlicher Theorieauffassung ohne großen Einfluß, alle diejenigen verblüffen, die sich mit den Gegenwartsströmungen in der monetären Theorie befassen. So wählt z. B. *James Tobin* zwecks Darlegung eines allgemeinen Rahmens für eine monetäre Analyse einen Ansatz, der sich "auf die Vermögenskonten der ökonomischen Einheiten, der Sektoren der Wirtschaft und der Gesamtwirtschaft" konzentriert. Geld wird grundsätzlich als ein Aktivum in einem breiten Spektrum vorhandener Aktiva betrachtet. - Und der vermögenstheoretische Ansatz spielt eine wichtige Rolle in der Diskussion über die Auswirkung monetärer Impulse auf monetäre und realwirtschaftliche Elemente des wirtschaftlichen Prozesses[6].

---

[6]   Siehe hierzu insgesamt z.B. *Leijonhufvud* 1973, insbes. IV, 150 ff.; *Brunner* u. a. 1974, 219 ff.; 14 ff., 182 ff., 74 ff.; *Duwendag* u. a. 1977, 186 ff.; *Hartwig* und *Thieme* 1979, 99 ff.; *Bender* u. a. 1980.

Vor diesem Hintergrund läßt sich *Pryors* Verdikt nur so verstehen, daß ihn andere Fragen beschäftigen als sie hier verhandelt werden, daß es ihm um Veränderungen im institutionellen Rahmen der Vermögensdispositionen geht, um eine ordnungs-, nicht eine prozeßtheoretische Diskussion. Dann aber verlagert sich die Themenstellung in Richtung auf ein von *Hayek* ausgearbeitetes Analysemuster, das die Dynamik in Teilbereichen sich selbst erhaltender komplexer Strukturen zum Forschungsgegenstand erhebt. Grundthese (*Hayek* 1979a, 17f.) ist hier: alle dauerhaften Strukturen sind das Ergebnis selektiver Evolutionsprozesse; sie können nur so erklärt werden. Die komplexeren unter ihnen erhalten sich dadurch, daß ihre Elemente die Fähigkeit besitzen, ihren inneren Zustand ständig an Änderungen in der Umwelt anzupassen. - Die Gesellschaft ist eine Struktur, kein Massenphänomen. "Alle ihre charakteristischen Attribute sind die einer sich ständig ändernden Ordnung ...". Insbesondere geht es bei der Erklärung der ökonomischen Aspekte großer Gesellschaftssysteme nicht um die Erklärung hypothetischer Gleichgewichtszustände, die durch bekannte Daten bestimmt sind. Um die ökonomischen Aspekte großer Sozialsysteme erklären zu können, müssen wir "account for the course of a flowing stream, constantly adapting itself as a whole," (*Hayek* 1979b, 159) an Veränderungen in den Umständen, von denen jeder Teilnehmer nur einen kleinen Bruchteil kennt.

Es ist zu Recht festgestellt worden, daß *Hayek* mit diesem Programm für eine Umstrukturierung der ökonomischen Theorie plädiert. Die Gleichgewichtsökonomik hat das wichtige Problem aus den Augen verloren, die sozialen Institutionen zu finden, die ökonomische Aktivitäten bestmöglich koordinieren. "Economics must then be theoretical and institutional if it is to elucidate social phenomena" (*O'Driscoll, Jr.* 1978, XVII ff.).

Unseres Erachtens macht die Aufgabe, "to account for the course" eines in historischer Zeit ablaufenden Prozesses, die Verwendung vermögenstheoretischer Ansätze unentbehrlich. Wie *Shackle* immer wieder angeführt hat, sind nämlich mit dem Zeitfaktor folgende Elemente der Realität untrennbar verbunden: Erwartungen und Ungewißheit; Wandel und Wachstum; Hoffnungen und Furcht; Entdeckungen, Erfindungen und Innovation; Neuheit und Information (*Shackle* 1958, 93; s. auch *Krüsselberg* 1969, 46 ff., 167 f.). Sie alle bündeln sich in der laufenden Bewertung von Gütern und spiegeln sich in den jeweils individuellen Bewertungen solcher Aktiva, die in den eigenen Verfügungsbereich fallen (*Shackle* 1972, 178 ff., 195 ff.).

Zu Recht bekräftigt *Boulding* 1962 (Preface) noch einmal seine bereits viel früher ausgedrückte Überzeugung, es sei insbesondere für die Analyse ökonomischer Dynamik unabdingbar, das ökonomische System in Form von Bilanzkonzepten darzustellen. Dynamik enthülle sich in der Veränderung von Bilanzpositionen (als Sequenz von Bestandsänderungen). Die akkurate Beschreibung von Gegenwartspositionen sei deshalb eine wesentliche Voraussetzung für das Studium jener Sequenzen von Bestandsänderungen. Ungewißheit der Zukunft reflektiere sich in der Gegenwart im ungewissen Wert der Aktiva sowie in den Schutzmaßnahmen gegen Ungewißheit, die sich in der Wahl der Aktiva für das eigene Portefeuille äußern. Angesichts der Ungewißheit der Zukunft als zentralem Phänomen wirtschaftlicher Existenz wird sich dann für jeden wirtschaftlichen Akteur die Schlüsselfrage nach der Bestandserhaltung des Handlungspotentials stellen, das sich in der Struktur der verfügbaren Aktiva ausdrückt.

Die Tatsache, daß alle Objekte, die wirtschaftlich genutzt werden, vergänglich sind, daß "ein 'Eignen', das 'Haben' ein Verhältnis von Menschen zu **schwindenden** Sachen ist, zu Sachen, die sich in dauernder Bewegung befinden, ein 'Haben', das sich ständig zu einem 'Nichthaben' hinbewegt" (*Šik* 1973, 142 f.), ist ein Phänomen, das *F.A. von Hayek* bei seinen konjunkturtheoretischen Studien (*Hayek* 1939, 83 ff.) unter dem Stichwort "Maintenance of Capital" erheblich beschäftigt hat. Unter dynamischen Bedingungen - so konstatierte er - kommt dem Konzept der Erhaltung von Kapital keine konkrete Bedeutung zu. Es besteht nicht einmal ein Grund anzunehmen, daß selbst der rationalste und intelligenteste Unternehmer gewillt oder fähig sein wird, diese Erwägung so anzustellen, daß sie sich auf irgendeine der meßbaren Eigenschaften von Kapital selbst bezieht. Dieses Urteil ist die zwangsläufige Konsequenz der Annahme, daß nur für das Geld als Finanzierungsmittel für Investitionen (= Kapital) die Eigenschaft der Homogenität gilt, nicht aber für die Vermögensgegenstände, über die nach der Investition zu disponieren ist. Sie sind heterogen und spezifisch: ihre spezielle Eignung für die unternehmensindividuelle Produktion drückt sowohl ihre Besonderheit als auch ihre Unentbehrlichkeit aus (*Krüsselberg* 1969, 207ff.).

In einer Welt ständigen Wandels müssen spezifische Kombinationen immer wieder aufgelöst und neu begründet werden. Ob dabei die Bestandserhaltung von Vermögen gewährleistet ist, bleibt fraglich. Tatsächlich wird aber jede Veränderung in der Art der Bündelung von Ressourcen deren Wert beeinflussen, so daß Kapitalgewinne und -verluste entstehen (*Lachmann* 1977, 311 ff.). In dieser Welt herrscht kein Gesetz der Konservierung von Vermögen, wohl aber ein ständiges Streben der Verfügungsberechtigten über Vermögensteile, jene Aktiva zu verkaufen, die der Markt höher bewertet als sie selbst, und jene zu erwerben, bei denen die Eigeneinschätzung der Nutzbarkeit höher liegt als es bei anderen der Fall ist (*Shackle* 1972, 195 f.).

Hier geht es um eine grundsätzliche Position hinsichtlich der Wahl der theoretisch relevanten Perspektive, aber es klingt recht überzeugend, wenn Vertreter der österreichischen Schule heute zum Thema der Behandlung von Vermögen in der Theorie die Meinung vertreten: Vermögensmärkte ("assets markets"), unter ihnen als besonders auffällige Institution der Kapitalmarkt, seien die vielleicht charakteristischsten aller Institutionen einer Marktwirtschaft. So sei es kaum übertrieben zu sagen, ohne Kapitalmarkt keine Marktwirtschaft! Die Fähigkeit von Individuen, frei Anteile an den materiellen Ressourcen der Produktion zu kaufen und zu verkaufen, stelle den wirklich entscheidenden Unterschied zur sozialistischen Wirtschaft dar (*Lachmann* 1977, 161). - Aber sie kritisieren auch den Verzicht von Vertretern der Chicago - Schule auf eine detaillierte Erklärung der Abläufe zwischen der Störung einer Gleichgewichtslage und der vollständigen Anpassung an ihre Auswirkungen sehr pointiert. Mit ihrer Annahme, es sei selbstverständlich, daß Märkte ökonomische Aktivitäten koordinieren, ignorierten sie jene komplexen Fragen ökonomischer Koordination, von deren Lösung der Grad ökonomischer Koordination abhänge. Ausdrücklich wird auf eine Bemerkung *Hayeks* verwiesen, daß die Preisbildung zwar als ein kontinuierlicher Prozeß des Sammelns und der Verbreitung von Informationen anzusehen sei, aber erst der institutionelle Rahmen sowohl das Ausmaß bestimmt, in dem Preise in der Lage sind, diese potentielle Signal- oder Allokationsfunktion zu erfüllen, als auch den Grad des Erfolges, mit dem dieses geschieht (*O'Driscoll, Jr.* 1978, 122 ff.).

Stets muß deshalb exakt geprüft werden, was auf einzelnen Märkten geschieht, und hier registriert man besonders schwerwiegende Mängel bei der Analyse von Kapitalmärkten. Traditionell gesehen sei die Hauptfunktion des Kapitalmarktes die, den Strom der Ersparnisse zu kanalisieren, bevor sie in Zuwächse zum Produktionsvermögen transformiert werden. *Keynes* habe gelehrt, die Aufteilung des Sparstroms auf die verschiedenen Investitionen als eine Funktion zu sehen, die gegenüber dem ständigen Umschlag eines vorhandenen Bestandes an Wertpapieren, der von divergierenden Erwartungen gelenkt wird, subsidiär ist. Es sei bekannt, daß *Keynes* nicht in der Lage war, die Art des Problems zu erkennen, das sich durch die Existenz inkonsistenter Erwartungen ergibt. Statt nun den Prozeß zu studieren, durch den Menschen im Markt Wissen miteinander tauschen und dadurch allmählich den Grad der Inkonsistenz durch ihre Handlungen reduzieren, nannte er die sensitivste Institution für den Austausch von Wissen, die die Marktwirtschaft je produzierte, rundheraus ein Kasino.

Durch die Einbeziehung des Marktprozesses in die Betrachtung wird - für diese Lehrmeinung - sowohl die Bedeutung von Produktivvermögen für den laufenden Prozeß als auch die Funktion des Kapitalmarktes sichtbar.

Jegliche Unternehmensplanung wird sich im Hinblick auf Erfolg oder Mißerfolg in einem Kapitalgewinn oder Kapitalverlust ausdrücken. Schließlich erfordert jeder Plan eine Faktorkombination, in der der Bestand an Produktivvermögen zum Ausgangspunkt wird. Unternehmenserfolge führen zu einer Wertsteigerung des Vermögens. Erfolglosigkeit reduziert durch Kapitalverluste die Handlungssphäre des Unternehmens. Da die Kombination verfügbarer Vermögenselemente das Grundgerüst jeder Planung ausmacht, bringt jede Kalkulation über die Verwendbarkeit von Vermögen Erwartungsgrößen in die Planung ein. Im Marktprozeß erfolgt die Realisierung der Planungsvorstellungen. Dabei erweist es sich, daß der Markt nicht nur die Einkommensverteilung bestimmt, sondern zugleich die Verteilung des Vermögens durch Änderungen im Wert der Produktivgüter.

Wenn auf dem Kapitalmarkt Anteile der verschiedenen Vermögenskombinationen kontinuierlich bewertet werden, werden nicht nur Erfolg und Mißerfolg registriert; gleichzeitig äußern sich auch die Erwartungen über die Aussichten der Pläne, die sich in der Ausführung befinden. Funktion des Kapitalmarkts ist es daher, aus vielen individuellen Erwartungen eine "Markterwartung" herauszudestillieren, die ihren Ausdruck im Vermögenspreis findet, an dem sich jede interessierte Person selbst orientieren kann. Funktion des Kapitalmarktes kann es nicht sein, die Zukunft zu erschließen, sondern soweit wie möglich gegenwärtige Aktivitäten, die sich in eine ungewisse Zukunft erstrecken, miteinander vereinbar zu machen.

Da alle Aktiva, die auf dem Kapitalmarkt gehandelt werden, sich gegeneinander substituieren lassen, bilden diese Märkte ein System. Damit vollzieht die Marktwirtschaft täglich eine konsistente, weil simultane Bewertung all ihrer entscheidenden produktiven Aktiva. Die praktische Bedeutung dieser Tatsache besteht darin, daß der Transfer der Kontrolle materieller Ressourcen von denjenigen, die ihren Einsatz pessimistisch beurteilen, zu denen möglich wird, die glauben, sie nutzbringender einsetzen zu können als die anderen. Daß ein Gleichgewichtspreis, der auf einer Balance von Erwartungen beruht, flexibel sein muß, wird dann zu erkennen sein, wenn man zugesteht, daß Erwartungen stets auf unvollkommenem Wissen beruhen und nie ein Tag vergehen kann ohne eine Änderung der Art der Diffusion von Wissen. Schwankungen im Gleichgewichtspreis auf Vermögensmärkten signalisieren damit die Diffusion neuen Wissens und ermöglichen die Umorientierung von Erwartungen (s. *Lachmann* 1977, 123 ff., 142, 161 ff.).

Mir scheint, daß einige der Entdeckungen über den Wirkungszusammenhang von Vermögen und wirtschaftlichen Prozessen stärker, als es bisher geschehen ist, in die Erwägungen der Ordnungstheorie einzubeziehen sind. Dabei sollte bedacht werden, daß es kein Verfahren gibt, mit dessen Hilfe die Ungewißheit der Zukunft berechenbar wird (*Wittmann* 1975, 24). Dann muß auch die Frage nach der Bedeutung und Existenz von Institutionen beantwortet werden, die sichern, daß das Vermögen sich dort befindet, wo es erhalten wird[7].

3. Mißverständnisse und Fehlinterpretationen in der Ordnungstheorie - ein Ergebnis des Defizits an vermögenstheoretischer Perspektive?

Sie kleidet sich zwar in unterschiedliche Versionen, im Tenor ist sie jedoch unmißverständlich - die in der Gegenwart immer wieder vorgetragene These vom "Versagen der Wissenschaft" in der Ordnungstheorie. Politiker - so erfährt man - müssen Ordnungspolitik deshalb "zwangsläufig mehr oder weniger konzeptionslos nach dem Prinzip des 'trial and error' betreiben". Die Wissenschaft trage "durch ihr Versagen in der Ordnungslehre letztlich zur Verwirrung und Vergiftung der politischen Atmosphäre bei, statt aufklärend zu wirken und Zurechnungen von Wirkungen und Ursachen offenzulegen". Zur Überwindung der heute herrschenden Ordnungslehren sei "eine nicht normative, eine verhaltensorientierte Ordnungslehre" zu entwickeln. Abgelehnt wird der aus der neoklassischen Tradition hergeleitete Vorrang der Marktlehre zur Beantwortung ordnungspolitischer Fragen. Hierarchien, nicht Märkte müßten die wichtigste Stelle im Theoriegebäude einnehmen. Das zentrale Problem sei nämlich in der "Verteilung von Kompetenzen für wirtschaftliche Entscheidungen auf Individuen, Organisationen und Staat" als Optimallösung zu sehen. Benötigt werde eine Theorie der Hierarchie (-Typen), "die angibt, auf welcher Ebene hierüber entschieden wird, welchen Beschränkungen und Zwängen die entscheidende Instanz unterliegt und welche Freiheitsgrade sie hat" (*Schenk* 1979, 82 ff.).

Schon viel früher hatte *Hajo Riese* (1972, 24 ff.) der neoliberalen Ordnungstheorie "asozialen und ahistorischen Charakter" zugeschrieben und ihr Unzulänglichkeiten bei der Erklärung konkreter Wirtschaftssysteme angelastet: "Die Grundlagen der Ordnungstheorie vermögen nicht zu überzeugen ... Offensichtlich vermag eine Analyse des Realitätsgehalts des Ordnungsdenkens keine Einsichten zu vermitteln" (*Riese* 1972, 26). Dem Ordoliberalismus sei der Schritt zu "einer eigentlichen Theorie der Wirtschaftsordnung"

---

[7]   Siehe dazu die Beiträge von *Krüsselberg/Brendel* und *Alfred Schüller* in diesem Band. Zum Thema: Gefahr eines "Reservenverzehrs" s. *Willgerodt* (1980a, 37ff.).

nicht gelungen, und "die Dichotomie von totaler Freiheit, sich eine Wirtschaftsordnung zu wählen, und totalem Zwang, die Wirtschaftspolitik an der einmal getroffenen Wahl auszurichten", wirke dann "absurd, wenn man sie von historischen Gegebenheiten oder einem Demokratiebegriff her untersucht" (*Riese* 1972, 37). Das Resultat sei "ein gesellschaftstheoretisches Vakuum" und "eine entpolitisierte Theorie der Wirtschaftspolitik".

Die Kritik an der Ordnungstheorie setzt sich in einer unlängst erschienenen Studie mit dem Titel "Zur Analyse von Wirtschaftssystemen" (*Wagener* 1979) fort. Hier spricht der Autor davon, bis heute hapere es hinsichtlich der Analyse und des Vergleichs von Wirtschaftssystemen an einem "ausreichend großen Vorrat gesicherter Erkenntnisse über die Realität, der systematisiert und vermittelt werden kann." Ebenso fehle ein anerkannter Kanon von methodischen Verhaltensregeln, die man zur Analyse der Realität unterschiedlicher Wirtschaftssysteme weitergeben kann (*Wagener* 1979, VI). Die übliche pragmatische Vorgehensweise trage zwar positiv zum Wissensgewinn bei. "Selten" sei jedoch - "so zentral das Wirtschaftssystem in allen ökonomischen Beziehungen steht" - dieses selbst Gegenstand eigener theoretischer Bemühungen; gering sei zudem der Konsens über ordnungstheoretisch relevante Aussagen.

Schärfer noch sind die Formulierungen von *Dieter Lösch* (1978), der von "Unzulänglichkeiten der Eigentums- **und** Ordnungstheorie" (*Lösch* 1978, 14) spricht und in der Schwäche der Eigentumstheorie zugleich die Schwäche der Ordnungstheorie erblickt (*Lösch* 1978, 13). Kritisiert wird vor allem die Polarisierung der Systeme nach den Eigentumsverhältnissen einerseits und den Planungssystemen andererseits und die "Hilflosigkeit" gegenüber dem Problem der strukturellen Interdependenzen (der Vereinbarkeit bzw. Unvereinbarkeit) einzelner Ordnungsinstitutionen. Es mangele an der Fähigkeit zur inhaltlichen Konkretisierung des abstrakten Begriffs der Wirtschaftsordnung. In seinem idealtypischen Zuschnitt auf "konstitutive" Merkmale sei der Begriff Wirtschaftsordnung "auf eine zu komplexe Realität gerichtet", um leistungsfähig zu sein (*Lösch* 1978, 15, 31, 38 f.).

Bei der Behandlung des Stichworts "idealtypische Betrachtungsweise" sucht *H.J. Wagener* die Positionen von *Max Weber* und *Walter Eucken* zu vergleichen. Dabei bescheinigt er *Eucken*, daß dieser die eigentliche Intention von *Weber* nicht verstanden oder doch mißverstanden habe, "nämlich die unendlich komplexe Realität einer historischen Situation begrifflich auf ein weniger komplexes, typisches System zu reduzieren, so daß sie einem Sinnverstehen zugänglich gemacht werden kann" (*Wagener* 1979, 70). *Weber* suchte die möglichst enge Anlehnung an **tatsächliches Handeln**; bei *Eucken* seien dabei "abstrakte" und deshalb "ahistorische" und "in diesem Sinne ideale Typen" entstanden. *Eucken* habe zwar die "Verteilung und Reichweite der Entscheidungsgewalt" zum zentralen Kriterium seiner Analyse der Wirtschaftssysteme gemacht. Mit der Frage nach Zentralisierung oder Dezentralisierung ökonomischer Entscheidungsbefugnisse oder nach der Koordination individueller Aktivitäten, die sich in jeder konkreten historischen Situation stelle, ließen sich jedoch bestimmte sozio-ökonomische Prozesse nicht erklären, "wie z. B. die Industrialisierung" (*Wagener* 1979, 71). Zentralisierung und Dezentralisierung von Entscheidungsgewalt zur Systembestimmung zu nutzen, sei zudem schwieriger, als man auf den ersten Blick vermuten würde (*Wagener* 1979, 73). Die These: "Ohne Pläne aber wirtschaften Menschen niemals!" sei entweder eine Tautologie oder empirisch bedenklich (da sie aktuelles und traditionales Handeln als wirtschaftliches Handeln ausschließe).

So sei *Euckens* "Wirtschaften" nicht soziales Handeln, und seine Systeme seien nicht soziale Systeme. Als reine und ausschließliche Produktions- bzw. Konsumeinheiten seien Betriebe und Haushalte selbst Idealtypen: "(sie) haben also mit den sozialen Gebilden gleichen Namens nur entfernt etwas zu tun". Es fehle an der Analyse von Sozialsystemen, in denen "sich gesellschaftliche Arbeit auf sehr verschiedene Weise organisiert" (*Wagener* 1979, 73). Mit dem Verzicht auf die Analyse der Funktionsunterschiede zwischen Zentralverwaltungswirtschaft und Fabrik (= Betrieb) entziehe sich *Eucken* hinsichtlich der Analyse der zentral geleiteten Wirtschaft praktisch die empirische Basis. In seiner Dichotomie von zwei Extremtypen: der zentralkoordinierten, zentralgeleiteten und der dezentral koordinierten Verkehrswirtschaft lasse er alle **Zwischenformen der Hierarchisierung des Wirtschaftsprozesses** unberücksichtigt. Letzten Endes sei aber der Betrieb für das betriebliche Handeln des Einzelnen das unmittelbar relevante Sozialsystem, nicht die ganze Volkswirtschaft. Hier werde bedeutsam, daß die innerbetriebliche Koordination sich in den derzeit bestehenden industriellen Wirtschaftssystemen "kaum" unterscheide. Die zwischenbetriebliche Koordination ökonomischer Aktivitäten aber sei der Ansatzpunkt für die Bestimmung von Wirtschaftssystemen.

Zum Paradigma der "herrschenden Theorie", die Art der zwischenbetrieblichen Koordination der ökonomischen Aktivitäten unterscheide Wirtschaftssysteme, habe *Eucken* zentral beigetragen. Es sei allerdings mit "einigem Grund" die daraus folgende Dichotomie "als mißglückt" bezeichnet worden (*Wagener* 1979, 72). Diesem Urteil pflichtet *Wagener* offensichtlich auch deshalb bei, weil für dieses theoretische Paradigma die "sehr wichtigen Fragen ... von geringer Bedeutung" sind: Wer koordiniert? Wie werden die Koordinatoren selektiert? und: Wer kontrolliert die Koordinatoren? Die Frage nach den Entscheidungsstrukturen, nach Über- und Unterordnung von Organisationseinheiten in der Realität, nach der Art der Mischungen von Souveränitätsrechten in sozialen Systemen (definiert als Subjekt-Subjekt-Beziehungen), kurz: die Frage der Behandlung des Hierarchieproblems im zeitlichen Wandel werde bei *Eucken* nicht ausdiskutiert. Daraus resultiere "die relative Unergiebigkeit seines Einteilungsschemas für Wirtschaftssysteme" (*Wagener* 1979, 75). "Entscheidend für die Gestaltung eines Wirtschaftssystems ist es ..., welche ökonomischen Aktivitäten der Entscheidungsbefugnis der Individuen, welche derjenigen des Kollektivorgans unterstellt werden" (*Wagener* 1979, 285)!

Akzeptiert man meinen Vorschlag, den *H. Willgerodt* unter das Stichwort "weitester Eigentumsbegriff" faßt (*Willgerodt* 1980b, 176), Vermögen als auf knappe Güter bezogenes Handlungspotential eines Entscheidungsträgers im Rahmen einer sozialen Umwelt zu definieren (*Krüsselberg* 1977, 238f.), so läßt sich sagen: offensichtlich plädieren alle hier genannten Autoren für eine Ergänzung der Ordnungstheorie um einen Aspekt, der die konkreten Verfügungsrechte jeweils Personen und Personengruppen zuordnet, die hinreichend präzis zu identifizieren sind, für ein vermögenstheoretisch fundiertes Theoriesystem zur Erklärung der Unterschiede zwischen Wirtschaftssystemen.

Dann aber zeigt sich direkt der eigentliche Dissens in der Ordnungstheorie, er wurzelt in der Schwierigkeit des Übergangs von der Form (von Aktivitäten, Interaktionen,

Entscheidungsmustern, Souveränitäten usw.) zum Inhalt solcher erklärungsbedeutsamen Phänomene. Diese Schwierigkeit ist es, die die Ordnungstheorie dort lähmt, wo sie nicht explizit das Bewertungsproblem einbezieht.

Gewiß unterscheidet sich die innerbetriebliche Koordination in Industriegesellschaften formal kaum. Aber es ist problematisch, **alle** Wirtschaftssysteme als Drei-Ebenen-Systeme zu sehen, die durch die Elemente: Kollektivorgan Staat (Gesamtsystem), Betriebe des Systems (Betriebsebene), Gesellschaftsmitglieder (Individualebene) gebildet werden (*Wagener* 1979, 186, 198). Umgangen wird mit dieser Zuordnung die in der wirtschaftswissenschaftlichen Forschung gängige Unterscheidung hinsichtlich der Gliederung der Betriebsmerkmale zwischen systembezogenen und systemindifferenten Tatbeständen (*E. Gutenberg*). Als systemindifferent erscheinen lediglich die Bezugnahme der Leistungserstellung auf ein System von Produktionsfaktoren (Faktorsystem), die Kombination dieser Faktoren nach dem Prinzip der Wirtschaftlichkeit und das Prinzip der Wahrung des finanziellen Gleichgewichts (*Krüsselberg* 1972, 531 ff.).

Alle anderen Merkmale, z. B. von Unternehmen als dem Betriebstyp marktwirtschaftlicher Systeme, sind mit institutionellen Spezialitäten solcher Systeme verflochten. Sie regeln die Bedingungen, unter denen Ressourcen für die Unternehmen verfügbar, d. h. zu Aktiva in der Bilanz der Unternehmen werden. Institutionelle Spezialitäten dieser Art sind nicht nur Güter- und Dienstleistungsmärkte, Kapital- und Arbeitsmärkte, sondern auch die Tarifautonomie im Bereich der Arbeitsmärkte, zudem die Existenz eines bestimmten Systems sozialer Sicherung, das der Grundidee der Sozialversicherung folgt: der Stützung einer dem Äquivalenzprinzip entsprechenden risikogerechten Beitragserhebung und beitragsgerechten Leistungsgewährung durch ein Prinzip der Solidarhaftung. Ein Verzicht auf die Einbeziehung dieser institutionellen Dimension in die Theorie des Vergleichs von Wirtschaftssystemen begründet erhebliche Erklärungs- und Beurteilungsdefizite.

Ich kann deshalb nicht erkennen, daß die oben skizzierte Kritik an *Eucken* und *Hensel* zutrifft. Eher dürfte es so sein, daß übersehen wurde, wie intensiv die Frage der Verteilung von Verfügungsrechten die genannten Autoren beschäftigte. Es wird wohl auch mißverstanden, wie hoch die Bedeutung von Institutionen von ihnen eingeschätzt wurde.

Güterknappheit zu mindern, ist - nach *Hensel* - die erste Ordnungsfunktion für ein wirtschaftliches System - ein entwicklungstheoretischer Aspekt von zentraler Bedeutung. "Die wichtigste Form von Macht, die wirtschaftlich begründet wird, ist die Macht zur Lebensgestaltung". Leben läßt sich jedoch in nahezu jeglicher Hinsicht nur gestalten, "wenn man über die dazu nötigen äußeren Dinge ... verfügen kann. Diese Dinge sind aber von der Wirtschaft darzubieten" und die ökonomische **Qualität** von Sozialsystemen wird bestimmt durch die Fähigkeit, "mehr oder weniger wirksam" Güterknappheit zu mindern (*Hensel* 1977, 7, 29).

Wirtschaftliche Planung bedeutet für *Hensel*, "die Verwendung der knappen Mittel ... zu planen". "Soll Knappheit gemindert werden, dann sind die knappen Mittel und Kräfte zu disponieren, zu kalkulieren, zu bewerten und zweckmäßig zu kombinieren" ... "Alles Wirtschaften ist notwendig 'Planwirtschaft'." Pläne werden in "**sozialen Einheiten** ausgearbeitet", wirksam entfaltet durch menschliches Handeln, "das sich stets im Rahmen von (Gesellschafts- und) Wirtschaftsordnungen ereignet". *Hensel* betont: "Durch diese Ordnungen wird Handlungsfreiheit belassen, normiert, begrenzt, freigegeben oder unterbunden, angeregt, angereizt, aktiviert, kontrolliert und geformt. Es wird mit diesen Ordnungen mehr oder weniger weitgehend festgelegt, wer Subjekt oder Objekt des Geschehens sein soll oder kann" (*Hensel* 1977, 3, 15, 27).

Es gibt m. E. zwei Grundlinien im Werk von *K. P. Hensel*: Die erste ist ausgerichtet auf die theoretische Grundlegung für Studien zum Vergleich wirtschaftlicher Lenkungssysteme; hier geht es um positive Theorie[8]. Er entdeckt und analysiert den "Planmechanismus" als Grundlage der Wirtschaftsrechnung in einem System zentraler Lenkung. Er konstatiert die Möglichkeit einer rationalen Lenkung der knappen Mittel in Ausrichtung auf Ziele, die eine politische Führung Bürgern verbindlich vorgibt, da in den Salden zentraler Planbilanzen die gesamtwirtschaftlichen Knappheitsgrade erkennbar werden. Er folgert: da ökonomische rationale Planung der Wirtschaftsprozesse die Quantifizierung der Güterknappheit voraussetzt und nur zwei Formen der Knappheitsanzeige nachzuweisen sind, kann es nur Wirtschaftssysteme zentraler und dezentraler Planung der Prozesse geben, - und beide Planungssysteme sind nicht mischbar.

Die Aufteilung von Verfügungsgewalt, die Legitimation, Vermögen zu nutzen, die Verteilung des Rechts auf Nutzung eines Handlungspotentials als Vermögensrecht ist ordnungsbedingt geregelt durch Recht. Recht bezieht sich stets auf einen durch Normen geregelten Handlungszusammenhang. Durch die Zuweisung von Vermögensrechten an bestimmte Personen, Gruppen oder Organisationen werden Verhaltensnormen in bezug auf Dinge spezifiziert, die jede Handlungseinheit in ihren Interaktionen mit anderen zu beachten hat - und bei deren Nichtbeachtung Kosten entstehen bzw. für deren Nichtbeachtung die jeweilige Handlungseinheit die Konsequenzen selbst übernimmt.

Wichtig ist hier die gesellschaftliche Einbindung der Vermögensrechte, d. h. die Sozialbindung von Handlungspotential, die explizite Anerkennung und Betonung der analytischen sowie praktischen Konsequenzen der Sozialrelevanz von Sachenverwendung (d. h. Relevanz für soziale Beziehungen). Bedeutsam ist gleichfalls die Feststellung eines Rechts, das jemandem zugestanden wird, um ihn zu befähigen, seine Handlungen so anzulegen, daß er dessen Ergebnisse selbst erkennt, - ohne damit rechnen zu müssen, daß unkontrollierbare Einflüsse seine Dispositionen durchkreuzen. Vermögensrechte sind in dem Sinne Ausschlußrechte, daß sie nur durch die Begrenzungen beschränkt sind, die explizit in einem Gesetz oder einer Norm (wie sie jeweils interpretiert werden) ausgedrückt sind. Damit sind sie stets "sozial" beschränkt.

Neben die Frage der Planung der Prozesse tritt explizit die der Entscheidung über die Verwendungsstruktur von Vermögen; sie erfordert - wie wir sehen - die Einbeziehung weiterer theoretischer Instrumente.

Die zweite Linie zielt auf die Wert-Dimension, damit in den Bereich normativer Theorie. Hier bescheinigt *Hensel* beiden Systemen wegen der "unterschiedlichen Stel-

---

[8] *Hensel* 1977, etwa S. 23, 32 f.; s. auch das Vorwort von *H. Hamel*; ferner: *Hensel* 1979, dort etwa S. 205 f.

lung des Menschen im Rahmen beider Systeme ... eine gegensätzliche Wertbedeutung. Sie stellen wirtschaftlich, gesellschaftlich, politisch und ethisch zwei Welten dar, und die Entscheidung für dieses oder jenes Wirtschaftssystem ist mehr als eine rein wirtschaftliche" (*Hensel* 1979, 213). Systeme mit gegensätzlicher Wertbedeutung sind offensichtlich gleichfalls nicht "mischbar".

Was bedeutet nun diese Aussage? Als Theoretiker, der sich "mit der Analyse der Wirklichkeit beschäftigt" hatte, registrierte *Eucken* (1960, 59, 100, 103 f., 79), daß die fundamentale Logik des wirtschaftlichen Verhaltens in der kommerziellen und der sozialistischen Gesellschaft **nicht** gleich ist. Sobald sich nämlich die Struktur der Vermögens- (bzw. Verfügungs-) Rechte ändert, weil etwa die „Formelemente der zentralen Planungswirtschaft zu dominieren beginnen, verändern auch alle wirtschaftlichen Institutionen ihren Charakter". Rechtssätze werden verändert, und Rechtsinstitute, die formal unverändert bleiben, verändern ihre Funktion, denn Eigentumsrechte sind grundsätzlich nicht identisch mit Vermögensrechten. Selbst Umwertungen in den Sozialstrukturen finden statt.

Hieraus folgt: In einem System dezentraler Planung leiten den Planungsprozeß Vermögensrechte nach Maßgabe der individuell konstatierten Verfügbarkeit von Mitteln. - In einem System zentraler Planung entfaltet sich der wirtschaftliche Entscheidungsprozeß nicht auf der Basis von Urteilen über vorhandene einsetzbare Vermögen, sondern aus einem Programmentscheid über Ziele der Daseinsgestaltung.

Es könnte also a) ein Verfügbarkeitsmodell zur Daseinsgestaltung von einem b) Programmmodell der Daseinsgestaltung unterschieden werden. Der m. E. bedeutendste Unterschied besteht in den mutmaßlichen Auswirkungen auf die Erstellung des jeweiligen Güterbündels. Nach der Logik des Verfügbarkeitsmodells eines Systems dezentraler Planung ist die Frage der Realisierbarkeit konstitutiv für Angebots- und Nachfrageentscheidungen. Der Mechanismus der mengenmäßigen Abstimmung wird der Wirkung des Preismechanismus folgen und je nach unterschiedlichen Wertschätzungen "subjektiv als unbedeutend empfundene Bedarfe" unbefriedigt lassen.

Im Programmmodell der Daseinsgestaltung werden bei nicht ausreichenden Einsatzmengen solche Bedarfe nicht mehr befriedigt werden, die in der Kollektivbewertung als nachrangig eingestuft worden sind - ungeachtet möglicher individuell divergierender Wertschätzungen.

Wiederum zeigt sich, daß das Zentralproblem in diesem Bereich das der jeweils konkreten Verteilung von Verfügungsrechten ist. Damit ergibt sich eine Fülle von Anknüpfungspunkten für weitere Forschung. Wir wollten hier zunächst nur begründen, weshalb uns die Beachtung der vermögenstheoretischen Perspektive in der Ordnungstheorie wichtig ist. Sie baut die Brücke zur Analyse der Funktion von Institutionen in Wirtschaftssystemen.

Literatur

Bender, Dieter u.a. (1980), Vahlens Kompendium der Wirtschaftstheorie und Wirtschaftspolitik, Bd. 1, München.

Boulding, Kenneth E. (1962), A Reconstruction of Economics, New York.

Boulding, Kenneth E. (1970), Economics as a Science, New York.

Boulding, Kenneth E. (1971), Collected Papers, Vol. 1, Boulder, Col.

Brunner, Karl u.a. (Hrsg.) (1974), Geldtheorie, Köln.

Chenery, Hollis und *Montek S. Ahluwalia* (1974), The Economic Framework, in: *Hollis Chenery* u.a. (Hrsg.), Redistribution with Growth, London, S. 38 ff.

Duwendag, Dieter u.a. (1977), Geldtheorie und Geldpolitik, Köln.

Eucken, Walter (1960), Grundsätze der Wirtschaftspolitik, 3. Aufl., Tübingen.

Hartwig, Karl-Hans und *Hans-Jörg Thieme* (1979), Schwankungen von Geldmenge, Umlaufgeschwindigkeit und Inflationsrate: Diagnose- und Meßprobleme in unterschiedlichen Wirtschaftssystemen, in: *Hans-Jörg Thieme* (Hrsg.), Gesamtwirtschaftliche Instabilitäten im Systemvergleich, Stuttgart, S. 97ff.

Hayek, Friedrich A. von (1939), Profits, Interest and Investment, London.

Hayek, Friedrich A. von (1979a), Die drei Quellen der menschlichen Werte, Tübingen.

Hayek, Friedrich A. von (1979b), Law, Legislation and Liberty, Vol. III, London.

Hensel, Karl-Paul (1979), Einführung in die Theorie der Zentralverwaltungswirtschaft, 3. unv. Aufl., Stuttgart.

Hensel, Karl-Paul (1972), Grundformen der Wirtschaftsordnung. Marktwirtschaft-Zentralverwaltungswirtschaft, München.

Hensel, Karl-Paul (1977), Systemvergleich als Aufgabe, Stuttgart.

Juster, F. Thomas (1973), A Framework for the Measurement of Economic and Social Performance, in: *Milton Moss* (Hrsg.), The Measurement of Economic and Social Performance, New York, London, S. 25 ff.

Krüsselberg, Hans-Günter (1967), Profite, externe Vorteile und wirtschaftliche Entwicklung, in: *Hans Besters* (Hrsg.), Theoretische und institutionelle Grundlagen der Wirtschaftspolitik, Berlin, S. 271 ff.

Krüsselberg, Hans-Günter (1969), Marktwirtschaft und ökonomische Theorie, Freiburg im Breisgau.

Krüsselberg, Hans-Günter (1972), Unternehmen, in: Sowjetsystem und Demokratische Gesellschaft, Eine vergleichende Enzyklopädie, Bd. 6, Freiburg, Basel, Wien.

Krüsselberg, Hans-Günter (1973), Die Wiederentdeckung der Politischen Ökonomie - Betrachtungen zum gegenwärtigen Stand der Diskussion über die Beziehung zwischen Wirtschaft und Gesellschaft, in: *Günter Albrecht* (Hrsg.), Soziologie. Sprache, Bezug zur Praxis, Verhältnis zu anderen Wissenschaften. *René König* zum 65. Geburtstag, Opladen, S. 434 ff.

Krüsselberg, Hans-Günter (1976), Aspekte der Einkommensverteilung: Theorie und Politik, in: *Dieter Cassel* und *Hans-Jörg Thieme*, Einkommensverteilung im Systemvergleich, Stuttgart, S. 11 ff.

Krüsselberg, Hans-Günter (1977), Die vermögenstheoretische Dimension in der Theorie der Sozialpolitik - Ein Kooperationsfeld für Soziologie und Ökonomie, in: *Christian von Ferber* und *Franz-Xaver Kaufmann* (Hrsg.), Soziologie und Sozialpolitik, Sonderheft 19 der Kölner Zeitschrift für Soziologie und Sozialpsychologie, Köln-Opladen, S. 232 ff.

Krüsselberg, Hans-Günter (1979), Vitalvermögenspolitik und die Einheit des Sozialbudgets. Die ökonomische Perspektive der Sozialpolitik für das Kind, in. *Kurt Lüscher* (Hrsg.), Sozialpolitik für das Kind, Stuttgart, S. 143 ff.

Lachmann, Ludwig M. (1977), Capital, Exceptions, and the Market Process. Essays on the Theory of the Market Economy, Kansas City.

Lampert, Heinz (1980), Volkswirtschaftliche Institutionen, München.

Leijonhufvud, Axel (1973), Über Keynes und den Keynesianismus. Eine Studie zur monetären Theorie, Köln.

Leipold, Helmut (1980), Wirtschafts- und Gesellschaftssysteme im Vergleich, 2. Aufl., Stuttgart.

List, Friedrich (1959), Das nationale System der Politischen Ökonomie, Basel.

Lösch, Dieter (1978), Produktionsmitteleigentum und Wirtschafts- und Gesellschaftssystem, Hamburg.

0'Driscoll, Gerald P. Jr. (1978), Spontaneous Order and the Coordination of Economic Activities, in: *Louis M. Spadaro* (Hrsg.), New Directions in Austrian Economics, San Francisco, S. 1-18.

Preiser, Erich (1961), Bildung und Verteilung des Volkseinkommens, 2. Aufl., Göttingen.

Pryor, Frederic LeRoy (1973), Property and Industrial Organization in Communist and Capitalist Nations, Bloomington-London.

Riese, Hajo (1972), Ordnungsidee und Ordnungspolitik - Kritik einer wirtschaftspolitischen Konzeption, Kyklos, Vol. XXV, S. 24ff.

Schenk, Karl-Ernst (1979), Das Versagen der Wissenschaft, Wirtschaftswoche 11.

Schumpeter, Joseph A. (1965), Geschichte der ökonomischen Analyse, Göttingen.

Shackle, G.L.S. (1958), Time in Economics, Amsterdam.

Shackle, G.L.S. (1972), Epistemics and Economics, Cambridge.

Šik, Ota (1973), Argumente für den Dritten Weg, Hamburg.

Smith, Adam (1961), An Inquiry into the Nature and Causes of the Wealth of Nations, Vol 1, London.

Smith, Adam (1974), Der Wohlstand der Nationen. Eine Untersuchung seiner Natur und seiner Ursachen, hrsg. von *Horst Claus Recktenwald*, München.

Wagener, Hans-Jürgen (1979), Zur Analyse von Wirtschaftssystemen, Berlin, Heidelberg, New York.

Willgerodt, Hans (1980a), Kapital- und Vermögensbildung - ordnungspolitische Konsequenzen, in: *Walter Kannengießer* (Hrsg.), Vermögensbildung, Kapitalbildung, Krisenvorbeugung, Köln.

Willgerodt, Hans (1980b), Eigentumsordnung (einschließlich Bodenordnung), in: Handwörterbuch der Wirtschaftswissenschaft (HdWW), Bd. 2, Stuttgart, New York, Tübingen, Göttingen und Zürich, S. 175 ff.

Wittmann, Waldemar (1975), Entscheidungen unter Ungewißheit, Wiesbaden.

Einige ordnungstheoretische Thesen zum Thema
»Eigentum und/oder Verfügungsrechte (Vermögen)«[1]

Hans-Günter Krüsselberg

1. Nach *Eucken, Hensel* und *Müller-Armack* wird durch Eigentumsrecht keine bestimmte Wirtschaftsordnung geschaffen. Wirtschaftsordnungen lassen sich deshalb eher anhand des Kriteriums der Planung wirtschaftlicher Prozesse unterscheiden: Gibt es eine zentrale Lenkungsstelle als Instrument zur Durchsetzung zentraler Pläne (Zentralverwaltungswirtschaft) oder treffen zahlreiche Individuen eigene wirtschaftliche Entscheidungen, die sich nur durchsetzen lassen, wenn sie auf die Anerkennung durch andere stoßen (Markt- bzw. Verkehrswirtschaft)? Einmal geht es um die Dominanz der Subordination aller Pläne unter ein Zielsystem (der Grundherrschaft - der Fronhöfe, der Kartellherren oder des Staates), zum anderen um die Koordination von (auf sehr unterschiedliche individuelle Zielvorstellungen rekurrierenden) Einzelplänen durch Märkte und Marktpreise. - Die Tatsache, daß z.B. in Deutschland bei gleichem Eigentumsrecht beide Varianten von Wirtschaftsordnungen historisch möglich waren, spricht für die Plausibilität dieser Annahme.

2. Rechtsordnungen, auch Eigentumsordnungen, enthalten keine Prinzipien, die gewährleisten, daß sich wirtschaftliches Alltagshandeln zu einem funktionsfähigen wirtschaftlichen Gesamtprozeß verknüpft. Dazu bedarf es der Durchsetzung einer Wirtschaftsverfassung, die jene Ordnungsgrundsätze benennt und rechtspolitisch realisiert, ohne deren Geltung auch Wettbewerbsordnungen entarten können. *Eucken* insistiert: Privateigentum an den Produktionsmitteln bedarf der Kontrolle durch den Wettbewerbsprozeß. Allein mit der Einführung der Institution des Privateigentums sei keine Garantie für die Schaffung einer Wettbewerbsordnung gegeben. Privateigentum sei zwar wichtig; um es zu einem ökonomisch und sozial brauchbaren Instrument des Ordnungsaufbaus werden zu lassen, müßten wichtige Rahmenbedingungen verwirklicht sein (s. Abb. 1).

3. Nach *Schumpeter* ergibt sich die historische Besonderheit der Dynamik marktwirtschaftlicher Prozesse aus einem Antriebsmechanismus der "industriellen Mutation", der "schöpferischen Zerstörung". Unaufhörlich werden neue Güter, neue Produktions- und Transportmethoden, neue Märkte und neue Formen der industriellen Organisation durch die "kapitalistische Unternehmung" geschaffen.

---

[1] Zuerst erschienen in: *Friedhelm Hengsbach SJ* und *Matthias Möhring-Hesse* (Hrsg.), Eigentum und/oder Verfügungsrechte - Thesen zur Nachbereitung einer Fachkonferenz, Frankfurter Arbeitspapiere zur gesellschaftsethischen und sozialwissenschaftlichen Forschung (FAgsF), Heft 9, S. 8-14, Frankfurt am Main 1994.

Schon die Physiokratie, die gegen den Zentralismus absoluter Herrschaftssysteme und die Verelendung breiter Bevölkerungsschichten revoltierte, vermerkte, daß die Unternehmeraktivität in der vorindustriellen Zeit nicht durch die Eigentümer des Bodens, sondern durch intelligente, aktive Pächter ausgeübt wird, die bereit und in der Lage sind, Geldvermögen in produktive Fonds umzuwandeln, d.h. innovative Realinvestitionen zu tätigen. Den Anreiz zur Re-Investition der individuell erwirtschafteten Überschüsse der Pächter schafft nach Ansicht der Physiokratie ein institutionelles Rahmenwerk, das diesen Pächtern die Bildung von Privatvermögen aus ihren "Revenuen" eigentumsmäßig garantiert, d.h. den "gesicherten Genuß ihres Verdienstes" (*Quesnay*) ermöglicht.

4. Die Klasse der produktiv tätigen Pächter erfüllt, ohne Eigentümer der ursprünglichen Produktionsmittel zu sein, nicht nur die Aufgabe der "Kapital"-Reproduktion, sondern auch die der erweiterten Reproduktion, d.h. des Aufbaus zusätzlichen Produktivvermögens. Schon *Quesnay* und (unter Bezugnahme auf ihn auch) *Marx* registrierten, daß mit dem Zuwachs der Bedeutung des "Kreditsystems" in kapitalistischen Gesellschaften eine revolutionäre institutionelle Innovation der Marktwirtschaft vollzogen wird. Kreditschöpfung ermöglicht es Unternehmern, die über keine eigenen Finanzierungsmittel verfügen, Innovationen mit geliehenem ("geborgtem") Geld zu realisieren, d.h. jene Produktionsfaktoren zu akquirieren, die sie zur Durchsetzung ihrer Produktions- und Absatzpläne benötigen.

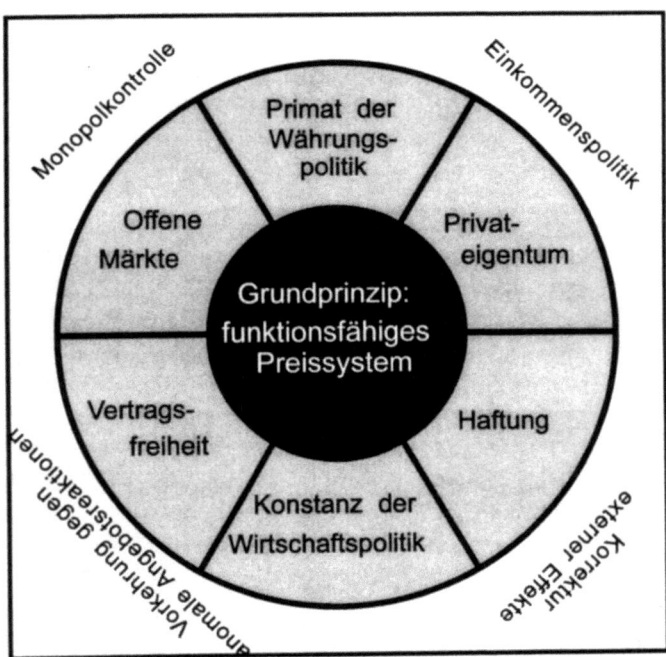

Abbildung 1:   Die konstituierenden und regulierenden Prinzipien einer Wettbewerbsordnung

Offensichtlich wurden diese Veränderungen in den institutionellen Rahmenbedingungen des Wirtschaftens, die mit dem Übergang zu geld- und marktwirtschaftlichen Systemen eintraten, wissenschaftlich nicht hinreichend reflektiert. Die bis heute nicht völlig beseitigte sprachliche Verknüpfung des Kapitalbegriffs mit dem Vermögensbegriff hat zu erheblichen inhaltlichen Konfusionen geführt. Unerläßlich ist die deutliche Unterscheidung zwischen den monetären und realwirtschaftlichen Aspekten unternehmerischen Handelns.

In der monetären Ebene steht der Begriff "Kapital" als Ausdruck für die Geldsumme, die der Unternehmer auf dem Kapitalmarkt zum Zwecke der Finanzierung seiner Produktion zu erhalten sucht. Kapital bedeutet nichts anderes als "Finanzierungsmittel für Investitionszwecke". Der wirtschaftswissenschaftliche Ausgangspunkt für eine saubere Zuordnung der Begriffe "Kapital" und "Vermögen" unter Beachtung der institutionellen Rahmenbedingungen für eine marktwirtschaftlich relevante Kapitalrechnung ist somit die "Höhe der Kapitalsumme".

Der realwirtschaftliche Tatbestand, daß Produktion den Einsatz materieller und immaterieller Ressourcen erfordert, führte die Praxis zur Verwendung des Bilanzschemas. Dort erscheinen alle mit diesem "Kapital" erworbenen Einsatzfaktoren als Aktiva. Deren Gesamtheit liefert einen Überblick über die in der Verfügungsgewalt einer Handlungseinheit befindlichen produktionsrelevanten Ressourcen, die in der Bilanzsprache "Vermögen" genannt werden.

Als Ausdruck für das als notwendig erachtete Startkapital wird die "Höhe der Kapitalsumme" zur Grundlage der Ermittlung des Erfolgs oder Mißerfolgs einer Unternehmung. Zu diesem Zweck erfaßt die Praxis die Wertansätze von Eigen- und Fremdkapital auf der Passivseite der Bilanz und vergleicht damit die am Bilanzstichtag vorhandenen Vermögenswerte auf der Aktivseite. Das durch die Abschlußbilanz ermittelte Mehr oder Minder an Vermögen bestimmt den Erfolg oder Mißerfolg (Gewinn oder Verlust) von Unternehmen in einer Erwerbswirtschaft.

Die unmißverständliche Trennung der Vermögens- von der Kapitalperspektive trägt dem grundlegenden Tatbestand Rechnung, daß beim Erwerb oder der Schaffung von Vermögen (=Real-Investition) das dazu aufgenommene bzw. eingesetzte Geld (- Kapital) "versinkt" und allein das Ertragspotential des Vermögens (d.h. die Erwartung einer Vermögensrente) als Aktivum verbleibt. Jede Real-Investition ist mit diesem Tatbestand des "versunkenen Kapitals" ("sunk capital" - A. Marshall) unabdingbar verknüpft.

5. Sozialökonomisch sind hier zwei Tatbestände voneinander zu scheiden. Es gibt einmal den Finanzier, den Anleger von Geld, zum anderen den Investor, denjenigen also, der dieses Geld zum Zweck des Erwerbs von Produktionsmitteln nutzt. Der Anleger erwirbt gegen Hingabe von Geld ein Recht, das potentiell "Rentenquelle" ist. Er erwirbt einen Rechtstitel in Gestalt einer Forderung (auf Rückerstattung der eingebrachten Geldsumme), der in seiner Bilanz als Vermögenselement, als das Aktivum "Finanzvermögen" erscheint. - Realvermögen schafft (durch seine Investition) der Investor - gleichfalls mit der Absicht, eine Renten-, eine Einkommensquelle zu erschließen. Da die Einkommensquelle in der Bilanzsprache "Vermögen" heißt, ist der für die

ökonomische Problematik entscheidende Begriff nicht das Eigentum, sondern das Vermögen (*Preiser*). "Eigentum" grenzt den Güterbesitz der Wirtschaftssubjekte gegenüber dem anderen Wirtschaftssubjekte ab. Eigentum - so auch *Eucken* - ist "ein Rechtsbegriff, kein Begriff der Nationalökonomie". Im Grundsatz sind sich die Ökonomen einig: Vom Standpunkt der Theorie wirtschaftlichen Fortschritts ist "security in the administration of property" noch bedeutsamer als die "security of ownership" (*Boulding*).

6. Die Bedeutung der vermögenstheoretischen Perspektive für die Analyse wirtschaftlicher Prozesse zeigt sich vor allem darin, daß sie handlungstheoretisch angelegt ist. Sie schärft zudem den Blick für die Funktionen, die Institutionen im wirtschaftlichen Prozeß übernehmen. Intendiert ist eine Verknüpfung von Vermögenskategorien mit relevanten Institutionen. Mit Hilfe des folgenden Schemas (Abb. 2) soll demonstriert werden, wie durch die Bündelung verschiedener Varianten von Vermögen in gesellschaftlichen Institutionen (wie Haushalte, Unternehmen und Staat) die Lebenslage der Menschen (Wohlfahrt) bestimmt wird.

Diese Darstellung berücksichtigt, daß zum Aufbau eines modernen Gesellschaftssystems auch Investitionen in die soziale und technische Infrastruktur (des Gesundheits-, Bildungs-, Ausbildungs-, Forschungs- und Beratungswesens) notwendig sind.

7. Von besonderem Interesse ist in diesem Zusammenhang die Frage, inwieweit sich gesellschaftliche Ansprüche auf den "sicheren Genuß" anderer vermögenswerter Leistungen als den Rentenpotentialen des Finanz- und Realvermögens begründen lassen. Zentral geht es um die Ausdehnung der Eigentumsschutzrechte auf das menschliche Handlungspotential, das Humanvermögen. Gesellschaftspolitisch gesehen sollte das System der sozialen Sicherung die Aufgabe übernehmen, die Handlungsdefizite zu beseitigen, welche der "nicht-besitzenden" Bevölkerung beim Ausfall ihrer Arbeitskraft drohten. Die Sozialversicherung übernahm nicht die Funktion des "Eigentumsersatzes" (wo kein Vermögen besteht, gibt es keine Zugriffsmöglichkeit für potentielle Eigentümer), sondern des "Vermögensersatzes".

8. Nach *Irving Fisher* stellen sich alle Einkommen als Ertragsströme aus Vermögen dar; das gilt auch für gesetzlich garantierte Sozialleistungszahlungen. Wie stark diese gesetzliche Garantie sein kann, zeigt sich darin, daß (Leistungs-) Ansprüchen an die Rentenversicherungsträger oder an die Bundesanstalt für Arbeit nach höchstrichterlicher Rechtsprechung in der Bundesrepublik Deutschland ausdrücklich Eigentumsschutz gem. Art. 14 GG zugesichert wird. Bezüglich der Ermittlung der Vermögensqualität dieser sozialen Rechte ergibt sich jedoch eine wichtige Komplikation dahingehend, daß diesem verfassungsmäßig garantierten privaten Vermögensanspruch volkswirtschaftlich lediglich ein verbriefter Zugriff der vielen rentenberechtigten Einzelnen auf die "Früchte" der Nutzung von Produktiv- und Humanvermögen in späteren Produktionsperioden gegenübersteht.

Sozialvermögen stellt sich daher in institutionalisierter Form als Gesamtheit politisch begründeter Zahlungsversprechen für die Zukunft dar. Diesen Zahlungsversprechen liegt die Hypothese zugrunde, das Handlungs- und Produktivvermögen der Zukunft gewährleiste die Bereitstellung eines Güterbündels, dessen partielle Umverteilung von den

Produzenten auf die Nicht-Produzenten ohne soziale Spannungen, als Akt einer unantastbar geltenden Solidarität zwischen den Generationen erfolgen wird.

9. Die heute notwendigen begrifflichen Abgrenzungen von Vermögen machten bereits deutlich, daß die lange Zeit übliche, ausschließlich auf das Produktivvermögen und dessen (ungleiche) Verteilung gerichtete vermögenspolitische Debatte kaum noch als problemgerecht bezeichnet werden kann. Eine Vermögenspolitik, die sich allein auf diese Perspektive beschränkt, übersieht, daß technisches, ökonomisches und soziales Wissen (eben Humanvermögen) über den Einsatz von Geld- und Sachvermögen entscheidet. Sie mißachtet zudem die Erkenntnis, daß soziale Risiken wie Arbeitslosigkeit, Krankheit, Invalidität und Alter, die früher eine individuelle Daseinsvorsorge über die Bildung von Rücklagen erforderten, heute durch ein kollektives Sicherungssystem abgedeckt werden.

Gleichwohl bleibt die Zielsetzung der Beteiligung möglichst aller Bevölkerungsschichten am Produktivvermögen weiterhin gültig. Nach wie vor soll Vermögenspolitik zur Entschärfung des für Marktwirtschaften generell konstatierten Verteilungskonflikts beitragen, indem Kapitaleinkommen (Zinsen, Gewinne) als zusätzliche Einkommen anfallen und Kontrollrechte über den Kapitaleinsatz in Volkswirtschaften etabliert werden. Zugleich aber soll Vermögenspolitik einen Beitrag zur Verbesserung der Eigenkapitalausstattung der Unternehmen leisten.

Vermögenspolitik kann als Politik zur Beeinflussung der Ausstattung der Gesellschaftsmitglieder mit Vermögen definiert werden. Sie mag sich dabei einmal um die Schaffung möglichst günstiger Rahmenbedingungen für die Bildung von Vermögen aller Art bemühen; zum anderen mag sie auf Maßnahmen zur Veränderung einer gegebenen (Einkommens- und) Vermögensstruktur abstellen.

10. Interessant ist es festzustellen, daß jenes Vermögen, das sich im menschlichen Handlungspotential verkörpert (Humanvermögen), seit der Aufklärung identifiziert wird mit der Vorstellung menschlicher Freiheit. Verfassungen garantieren das Privateigentum an der eigenen Person, das historisch nicht selbstverständlich war.

Gleichzeitig bildeten sich in der Dynamik der Marktsysteme überall dort Institutionen heraus, die eine die Effizienz steigernde Trennung von Eigentum an wirtschaftlichen Gütern und der Verfügungsgewalt über sie (Vermögen) herbeiführten, wo die Eigentumsordnung die effiziente Nutzung von Ressourcen zu behindern schien.

Dort aber wo das Humanvermögenspotential nicht ausreichte, soziale Sicherung zu gewährleisten, entstanden in den westlichen Demokratien Sozialvermögen schaffende und verwaltende Institutionen, die soziale Defizite der Privateigentumsordnung auszugleichen suchten.

Offensichtlich sind es jene Prozesse der wechselseitigen Trennung und Verknüpfung unterschiedlicher Vermögens- und Eigentumsrechte, die den Weg zu einer wirklichen "Sozialen Marktwirtschaft" bahnen.

Hans-Günter Krüsselberg

Vermögenskategorien	I. Familienhaushalt	II. Unternehmen (einschl. Banken)	III. Staat	IV. Umwelt
Wohlfahrtsaspekt	Handlungspotential und -kompetenz in Lebenslagen durch Endkonsumproduktion, Sozialisations- und Versorgungsarbeit	Wirtschaftlichkeit durch Produktions- und Distributionsleistungen	Soziale Sicherheit durch Stabilisierungs-, Schutz-, Redistributionsaktivitäten	Bewahrung des Überlebenspotentials durch Schonung der unvermehrbaren Ressourcen
Humanvermögen	Vitalvermögen	Arbeits- und Entscheidungsvermögen (Erwerbs-Humanvermögen)	Sozialvermögen (spezifisches Sicherungsvermögen)	
	Arbeitsvermögen (Nichterwerbs-Humanvermögen)			
Realvermögen	Konsum- und Gebrauchsvermögen	Produktivvermögen (einschl. Umweltschutz-Aktiva)	Soziales und technisches Infrastrukturvermögen	(Noch) unbewertete potentielle Faktorvermögen (freie Güter)
Geldvermögen	Finanzvermögen und Kreditpotential	Finanzvermögen und Kreditpotential	Finanzvermögen und Kreditpotential	

Abbildung 2 *Vermögen in institutioneller Zuordnung*

Die vermögenstheoretische Dimension in der Theorie der Sozialpolitik - Ein Kooperationsfeld für Soziologie und Ökonomie[1]

Hans-Günter Krüsselberg

Diese Studie versteht sich als Versuch eines soziologisch interessierten Ökonomen, in die aktuelle Debatte über "soziologische Theorieansätze und ihre Relevanz für die Sozialpolitik" einige Gesichtspunkte einzubringen, die von der Auffassung ausgehen, daß innerhalb des sozialwissenschaftlichen Erkenntnisprogramms die "ökonomische Tradition im soziologischen Denken"[2] Gewicht hat und die Notwendigkeit besteht, von speziellen Theorien zu allgemeineren Theorien voranzuschreiten. Eingebracht werden soll insbesondere die Idee, daß eine vermögenstheoretische Perspektive integrative

---

[1]   Zuerst erschienen in: *Christian von Ferber* und *Franz-Xaver Kaufmann* (Hrsg.), Soziologie und Sozialpolitik, Kölner Zeitschrift für Soziologie und Sozialpsychologie, Sonderheft 19, S. 232-259, Köln-Opladen 1977.

[2]   Intendiert ist hiermit zugleich ein Plädoyer für eine Wissenschaftsdiskussion, die die mutmaßlichen Grenzen von Einzeldisziplinen überschreitet und bemüht ist, durch eine Ausfächerung ihrer Aussagen den wissenschaftlichen Erklärungsgehalt von Theorien zu erweitern. S. zu diesem Programm vor allem die verschiedenen Arbeiten von *Hans Albert*, u. a. *Albert* 1967 oder *Albert* 1976.

Funktion hinsichtlich der Verknüpfung mit anderen (für eine **Wissenschaft** von der Sozialpolitik) relevanten Ansätzen haben mag.

Natürlich können an dieser Stelle nur die Umrisse eines vermögenstheoretischen Systems der Sozialpolitik skizziert werden. Unser Bestreben, dem Linienzug vermögenstheoretischen Denkens in der Wirtschaftswissenschaft (als Sozialwissenschaft) in seiner Bedeutung für die Sozialpolitik bis zur Gegenwart nachzuspüren, muß sich daher **exemplarischem Vorgehen** unterwerfen: so trägt diese Studie unvermeidlich ein **selektives** (und deshalb **fragmentarisches**) Gewand.

Vorrangig geht es also um einen Beitrag zur **Theoriediskussion** der Sozialpolitik. Anerkannt wird ausdrücklich die Berechtigung der These *Christian von Ferber*s von "einer weitverbreiteten Ahnungslosigkeit über den gesellschaftlichen Funktionswert der Sozialpolitik" sowie dessen Forderung nach Reflexion über die der Sozialpolitik zukommende Rolle in einer entwickelten Industriegesellschaft und nach nüchterner selbstkritischer Analyse sozialpolitischen Handelns (*von Ferber* 1967, 11). Zugestanden wird zugleich die Angemessenheit der Feststellung eines existierenden "Theoriedefizits im Bereich der Sozialpolitik" (*Widmaier* 1976, 14) und der Ansicht, daß eine Sozialpolitik-Theorie interdisziplinär angelegt sowie historisch und empirisch abgesichert werden müsse (so etwa *Badura* und *Groß* 1976, 11).

1. Sozialreformen im Spannungsfeld zwischen Tatsachen und Wertungen

Ausgangspunkt für unsere Überlegungen sollen die kategorische Aussage: "'Social Policy' is not a technical term with an exact meaning" (*Marshall* 1965, 7) und die Formulierung: "Sozialpolitik ist kein systematischer, sondern ein historischer Begriff" (*von Ferber* 1967, 26) sein. Beide Sätze ermöglichen den Rückgriff auf die wissenschaftliche Tradition des Faches und ermutigen zur Wiederaufnahme der Diskussion über Werke z. B. von Wissenschaftlern des 19. Jahrhunderts wie etwa *Bruno Hildebrand*. Dieser sah zu seiner Zeit die **"politische Ökonomie"** in Deutschland immer dringender vor die Aufgabe gestellt, "die große allgemeine Frage" zu beantworten, "welche Sozialreformen die wachsende Kluft zwischen Arm und Reich erfordert, und welche Pflichten das Recht des Besitzes auferlegt" (*Hildebrand* 1922, 2).

Die Forderung nach Sozialreformen war bekanntlich die große Formel, deren einigende Kraft zur Entstehung des Vereins für Socialpolitik führte (s. *Schmoller* 1890, 1-13) - zunächst als "ein Forum und Sprachrohr für aufklärende und aufrüttelnde Wirkung im Dienste der Sozialreform", - später eine "wissenschaftliche Gesellschaft" (so *Schmölders* 1962, 59), bemüht, "die bisherige Alleinherrschaft einer Doktrin ... in den Tagesdebatten zu beseitigen", dabei nicht gewillt, jemanden "auf allgemeine Theorien (zu) verpflichten"[3]. *Gustav Schmoller* umreißt die "Sphäre" des Vereins als auf der "Grenze zwischen Wissenschaft und Praxis" liegend: "Er will die Resultate neuer Theorien durch die Einwendungen vernünftiger Praktiker prüfen, die keimenden Reformideen durch gegenseitigen Austausch reifen lassen, die öffentliche Meinung für sie gewin-

---

[3] Diese und die folgenden Formulierungen sind entnommen dem Text: *Schmoller* 1898, 202 ff.

nen". Ziel der sozialen Reform (*Schmoller* 1898, 117) und deren Vorgehensweise sind für *Schmoller* klar: kritische Untersuchung aller an bestehenden "Härten in einer bestimmten Zeit und in einem bestimmten Volk" mitwirkenden Faktoren und "reformatorischer Mut" zu einer Sozialgesetzgebung, die "gegen die Degeneration, gegen die zunehmende körperliche und geistige Ungleichheit der Menschen ankämpft" (*Schmoller* 1898, 35). Dabei ist das "Bestehende", "weil eben das Bestehende in den Überzeugungen und Lebensgewohnheiten der Masse wurzelt", als "Basis der Reform", als Ausgangspunkt der sozialreformerischen Tätigkeit anzuerkennen (*Hildebrand* 1922, 11).

Intendiert wurde durch die Aussprachemöglichkeiten im "Verein" eine "**Annäherung auseinander gehender Meinungen, eine Verständigung wenigstens in den brennendsten Punkten der sozialen Frage**" anhand der Diskussion konkreter **Probleme** (*Hildebrand* 1922, 2, Hervorhebung im Original). Es scheint, als ob hier die Auffassungen *G. Schmoller*s und *Max Weber*s konvergieren; für *Weber* (1968, 153 u. 157) gilt - wie man weiß - als Kennzeichen des sozial politischen Charakters eines Problems "geradezu, daß es nicht auf Grund bloß technischer Erwägungen aus feststehenden Zwecken heraus zu erledigen ist", daß vielmehr "um die regulativen Wertmaßstäbe selbst **gestritten** werden kann und **muß**, ... gestritten nicht nur ... zwischen 'Klasseninteressen', **sondern auch zwischen Weltanschauungen**". Sozialwissenschaft bedeutet ihm "denkende Ordnung der Tatsachen", Sozialpolitik "die Darlegung von Idealen". Mir scheint, die Problemlage einer Wissenschaft von der Sozialpolitik hat sich nicht geändert. Nach wie vor steht neben dem **Tatsachen**- das **Bewertungs**problem: z. B. das der Ableitung von einheitlichen Maßstäben für "verteilende Gerechtigkeit als leitendem Prinzip der sozialen Reformen" (*Schmoller* 1890, 85).

Allerdings beschert der Politikbegriff selbst noch eine besondere Schwierigkeit für die wissenschaftliche Diskussion. Er ist - zumindest in der oben genannten (verkürzten) *Weber*schen Fassung als "Darlegung von Idealen" - undefiniert in bezug auf die soziale Bezugseinheit und die Handlungsträger. Daher empfiehlt es sich, für unsere Erörterung der Unterscheidung zu folgen, die *Wilhelm Abel* für die Agrarpolitik trifft, zwischen **praktischer** ... - Politik die "als Gestaltungsaufgabe der im Staatsverband organisierten Wirtschaftsgesellschaft obliegt", und der **Wissenschaft** von der ... - Politik, die sich "auf die Gesamtheit der Beziehungen, die die ... Bevölkerung untereinander und mit der ... Wirtschaftsgesellschaft verbinden", erstreckt; zu ergänzen wäre meines Erachtens[4] : soweit diese als gestaltungsbedürftig empfunden werden.

Damit wird deutlich, daß hier **kein** Anspruch erhoben werden soll im Sinne einer Auffassung, ökonomische Analyse könne allein eine umfassende Antwort auf irgendein soziales Problem geben. Jede Politik-Debatte umfaßt soziologische, politische, rechtliche, historische, psychologische und technische Dimensionen, ist somit mehr-dimensional. Und exakt an dieser Mehr-Dimensionalität setzt die **Notwendigkeit einer Kooperation** zwischen Ökonomie und Soziologie (sowie weiteren sozialwissenschaftlichen Disziplinen) in Sachen Sozialpolitik an, weil aus der jeweiligen Zuständigkeit für ledig-

---

[4]   S. *Abel* 1967, 15 und 32 ff. *Abel* ergänzt seine Wissenschaftsdefinition an dieser Stelle um die Formulierung: "soweit daraus politische Aufgaben erwachsen". Unsere Fassung zielt auf die explizite Einbeziehung der Frage nach den Handlungs- und Entscheidungsträgern.

lich ein Teilgebiet gesellschaftlicher Politik eine **Favorisierung bestimmter Bewertungskriterien zu Lasten** anderer resultieren mag, die Politik-Aufgabe jedoch darin besteht, über den Vor- oder Nachrang von Zielbereichen und die Angemessenheit der einzusetzenden Mittel zu entscheiden. Das ist zugleich der Grund für die wieder auflebende Diskussion über "Effektivität versus Effizienz". Hier geht es letztlich um die Unterscheidung - wie ich es unter Verwendung des Sprachsystems der Organisationstheorie nenne[5] - zwischen einer "politischen Logik der Bewertung" und einer "Logik der Effizienz".

Wenn nun vermerkt werden kann, daß sich Wissenschaften notgedrungen zu spezialisieren haben und eine der wichtigsten Spezialisierungen der Ökonomik sich auf deren Befaßtsein mit ökonomischen Quantitäten und ihren Relationen bezieht" (s. u. a. auch *Boulding* 1971, 221), bedeutet das nicht deren Exkulpierung in der Angelegenheit der "politischen Logik der Bewertung". Bekanntlich wurde für die USA die "Explosion" der Ausgabenlast für soziale Dienstleistungen unter einer republikanischen Administration u. a. begründet mit einem Hinweis auf die "Unkontrollierbarkeit der Ausgaben" angesichts eines Gesetzes, das lediglich eine politische Absicht kundtat und keine präzise Definition der Dienstleistungen bot, sowie die Problematik einer Exekutive, die es versäumt hatte, "grant-in-aid regulations" systematisch und unter Berücksichtigung der finanziellen Belastung "and other consequences" zu formulieren. An diesem Beispiel einer Sozialreform, deren Programm darin bestand, "the whole approach to welfare" umzuorientieren "from a straight cash handout operation to one in which the emphasis is on rehabilitation of those on relief and prevention ahead of time" (s. *Derthick* 1975, etwa S. 1 ff., 7, 106 ff.), zeigt sich, welch schwierige Probleme durch eine Mißachtung der Mehr-Dimensionalität von Tatsachen und Bewertungen entstehen können. Wir meinen, daß deren Behandlung wesentlich an Transparenz gewinnen würde, wenn von der These ausgegangen würde, daß sozialpolitisch relevante Quantitäten in einem politisch bedeutsamen Sinne Vermögenscharakter besitzen.

2. Theoriedefizit und defizitäre Tatsachenanalyse - zur Problemlage der Sozialpolitik-Lehre

Daß ein Dilemma obiger Art entstehen kann, ist offensichtlich ein Ergebnis der oft kritisierten Zusammenhanglosigkeit der Sozialpolitik-Lehre, für die als Ursache die Schwächen des theoretischen Unterbaus für eine Tatsachenanalyse zu nominieren sind.

---

[5] Erstere sucht der Tatsache Rechnung zu tragen, daß jede Intervention (im Sinne einer Veränderung der Ausgangslage einer Handlungseinheit zu einer Folge von Reaktionen führt, bei der sowohl ein unmittelbares Ziel als auch eine Anzahl vorteilhafter Nebenwirkungen erreicht werden mag, aber gleichfalls für die allgemeinen Ziele jener Einheit negative Resultate anfallen. Ein Effektivitätsmaß erfordert daher die Verwendung eines Systems der Gewichtung (= Bewertung) heterogener Wirkungen. Die "Logik der Effizienz" reduziert sich in dieser Terminologie auf die "Verwendung der zum Erreichen eines bestimmten Zieles geeignetsten Mittel ohne Beachtung der Einbußen bei anderen Zielen (= Kosten) und ohne Beschränkung der Wahl der Mittel außer der auf die engste Beziehung zum Ziel". S. *Krüsselberg* 1965, etwa S. 80 f., 120 f. sowie *Krüsselberg* 1963, 19 f., 40, 43 f.

Zum Thema Tatsachenanalyse vermerkte *Hans Achinger*[6] noch im Jahre 1969 kritisch, in der wissenschaftlichen Aussprache über Sozialpolitik zeige sich ein "offensichtlicher 'Nichtbedarf' an sozialen Daten". Auffallend sei die "Eigenständigkeit der oberhalb der sozialen Wirklichkeit etablierten Diskussion" in der Theorie der Sozialpolitik. Im einzelnen entwickelt *Achinger* in seiner Auseinandersetzung mit den - seines Erachtens derzeit dominierenden - Themen empirischer ökonomischer Forschung ein klares **Argument gegen die Dominanz der Makroperspektive** in der ökonomischen Forschung. Gemeint sind Studien auf dem Gebiet der volkswirtschaftlichen Gesamtrechnung, vornehmlich hinsichtlich ihrer funktionalen Ausrichtung: nicht Produktionsfaktoren in ihren volkswirtschaftlichen Funktionen, sondern Personen und Lebens- bzw. Handlungseinheiten sind für *Achinger* (1969, in der Folge der Belege S. 7, 4, 6, 8, 15, 16 f.) Adressaten für Sozialpolitik. Das Aggregationsproblem ist Ausgangspunkt für seine "Kritik an einer Aufassung der Sozialpolitik, die im Schlepptau der modernen Nationalökonomie zum Ziele kommen möchte". Gegenstand sozialpolitischer Analyse müssen nämlich sein die "Diagnose sozialer Verhältnisse und einer entsprechenden Therapie", "Einsichten in die Lebenslage von Menschen", "Gruppen so klein wie möglich" unter Berücksichtigung ihrer "realen Lebensumstände" **und** in Anbetracht des "Zeitfaktors" ("die 'soziale Frage' betrifft immer die heute vom Unglück geschlagenen"), die "Beschreibung des individuellen Lebensraums ebenso ... wie die privaten Außenbeziehungen des Haushalts" einschließlich der "Zukunftschancen" der Personen. Rechne man die "**Chancen** der einzelnen und der Familienhaushalte zu den sozialen Daten", folge aus der Existenz von Institutionen für Rentenversicherung, Krankenhilfe, Hilfen bei langfristigen Leiden und Gebrechen, Kinderbeihilfen ein "Versprechen" an die "große Mehrzahl der Bevölkerung", das den "gesamten Duktus des Lebens in seiner Planung und seiner Stimmung beeinflußt und das zugleich für alle Fragen der sozialen Geltung, für den Status und die Statussymbole" weitreichende Konsequenzen zeitige. Die politische Praxis könne allerdings die Fragestellungen von Sozialpolitik nicht allein auf Mehrheitsverhältnisse zuschneiden. Sozialpolitik als solche wäre ineffizient, wenn ihr eine "Blindheit gegenüber kleinen Minderheiten, ja dem Einzelfall" zugerechnet werden müsse.

Am Einzelfall ermittle sich letztlich die soziale Wirkung sozialpolitischer Leistungen; hier aber sei der "Tatbestand einer weitgehenden Unwissenheit" nicht zu leugnen. Die Verständigung über sozialpolitische Dinge - so würde es wohl *Max Weber* hier formulieren[7] - enthält als entscheidenden Wertgesichtspunkt die Frage: Was wird aus den Menschen, die in jene rechtlichen und faktischen Existenzbedingungen hineingestellt sind, mit denen wir uns heute beschäftigen? Gefragt wird offensichtlich nach den **Bedingungen der Mikrostruktur**, den Voraussetzungen, unter denen sich die konkrete Existenz eines jeden einzelnen vollzieht. Zur Diskussion steht der Bedarf an Mikro-

---

[6] *Achinger* 1969, 3. Unter anderem vermerkt der Verfasser in diesem Text: "Nur soviel ist zu vermuten: wenn es ein Gebiet gibt, auf welchem sich Nationalökonomie und Soziologie dauernd und notwendig auf die Zehen treten müssen, so ist es die wissenschaftliche Analyse der Sozialpolitik" (*Achinger* 1969, 14).

[7] S. *Weber* 1924, 395. Die Formulierung des Originaltextes lautet: "Was wird 'charakterologisch' - um das Wort zu gebrauchen - aus den Menschen, die ...?"

Daten für eine Sozialpolitik, die sich dem Postulat der Erfolgskontrolle unterwirft und als Erfolgskriterium individuelle Wohlfahrt im Sinne wünschenswerter individueller Lebenslagen[8] akzeptiert, "die persönliche Existenz" gilt als "letzte Instanz für die Beschreibung sozialer Politik" (*Achinger* 1971, 127).

Es wäre allerdings verfehlt, *Achinger*s Perspektive auf die Mikro-Dimension allein zu reduzieren. Für ihn (*Achinger* 1971, 7 und 115) muß Sozialpolitik als Gesellschaftspolitik, wissenschaftlich betrieben, von "übergreifenden gesellschaftlichen Tatbeständen" ausgehen und den "Gesamtablauf der gesellschaftlichen Entwicklung" im Auge behalten. Schließlich gibt es die **makroökonomischen Folgen sozialpolitischer Handlungen**, Wirkungen auf lange Sicht. Die Tendenz fortschreitender Wandlungen als Resultat der gestaltenden Wirkung von Sozialpolitik zu erfassen bemüht sein, zählt unabdingbar zum Aufgabenbereich einer Wissenschaft von der Sozialpolitik. In diesem Sinne ist Sozialpolitik **prinzipiell** eine Politik der Datensetzung und der Datenänderung, für die die ökonomische Betrachtungsweise nach *Liefmann-Keil* "wenn auch nicht immer ausreichend, so doch angemessen und erforderlich" ist. In **realpolitischer** Wendung hingegen sei sie zu einer Politik der Einkommensverteilung geworden, "ungeachtet mancher Ansätze und Bestrebungen, aus ihr eine Gesellschaftspolitik zu machen" (*Liefmann-Keil* 1961, V und 1).

Den Konflikt, der somit an der Sozialpolitik offenbar wird, akzentuierte *Christian von Ferber* bekanntlich durch den Gegensatz verschiedener Bezugssysteme (*von Ferber* 1967, 29 ff., 43 ff., 70 ff.). Obwohl sich im **Gegensatz zum sozialökonomischen Denksystem die Eindeutigkeit des sozialpolitischen Arguments** konstituiere, werde das Feld dieses Anti-Ökonomismus bis in die Gegenwart hinein durch viele Denksysteme unterschiedlicher politischer Ausprägung besetzt. So vollziehe sich Sozialpolitik im Sog einer Wirtschaftsordnung, d. h. einer kollektiven Fiktion, was sichtbar werde in der Selbstbeschränkung z. B. der deutschen Sozialpolitik, die unter dem Stichwort "ökonomische Theorie der Sozialpolitik" ihre zentrale Aufgabe darin erblicke, Sozialpolitik systematisch in seines Erachtens verkürzter Perspektive als Einkommenspolitik zu begründen. Zwar definiere Sozialpolitik zutreffend die Bewertung von Menschen durch eine "Ordnung", die Leistende, Empfangende und Vermittelnde nach ihren Kriterien gruppiert. Die politisch sanktionierten, d. h. die "offiziellen" Denksysteme setzten damit aber in der Sozialpolitik eine Schwelle für die Erweiterung des Programms, das dem Wandel des sozialpolitisch relevanten Wissens nur mit Verzögerung bzw. einseitig folge. Aus der tendenziellen "Blindheit" der sozialpolitischen Programme leite sich also eine **Kernfrage** des Verhältnisses von sozialwissenschaftlicher Erkenntnis und sozialwissenschaftlicher Praxis ab. So erweise sich die "Borniertheit" der sozialpolitischen Einrichtung, die prinzipielle Beschränkung des handlungsbegründenden Systems auf seine Denkschemata sowie eine abgeschwächte Empfindlichkeit der Einrichtung gegen-

---

[8]   Vgl. *Weisser* 1971, 110 ff.: Unter dem Stichwort der "Verteilung von Lebenslagen" entwickelte *Weisser* "Postulate der Verteilung" bezüglich der Vermögens- und Einkommensverteilung, der Ausbildungschancen, der Selbstgestaltungsmöglichkeiten für wirtschaftliche Aktivität und der Sicherheit der Lebenshaltung ebenso wie der Gleichheit personeller Startbedingungen.

über allen andersartigen Situationen ihrer Umgebung, die ihrer Erfahrung verschlossen bleiben, als ein Wissenschaftsproblem mit eminent praktischer Bedeutung.

Gesteht man - wie es zu Beginn dieses Abschnittes geschah - die Legitimität einer derartigen Perspektivenkritik zu, akzeptiert man sogar deren Relevanz für konkrete Realitäten, vollzieht sich damit dennoch nicht mehr als eine Problematisierung der Frage nach einem übergreifenden Theorieansatz. So wichtig es ist, beim Umgang mit dieser Aufgabe danach zu fragen, inwieweit auf dem Wege der wissenschaftlichen Begründung gegebener Institutionen Verkürzungen der ökonomischen oder einer anderen sozialwissenschaftlichen Perspektive vor dem Hintergrund eines umfassenderen Erkenntnisziels unterlaufen sind; von gleicher Bedeutung ist es, zugleich zu prüfen, ob nicht der gegenwärtige Wissensstand Teilerkenntnisse bietet, die als Elemente einer allgemeinen Theorie der Sozialpolitik Berücksichtigung finden könnten. Die Suche nach tragfähigen Bausteinen für eine solche Theorie wird nämlich erst dann erfolgversprechend sein, wenn "some conceptual framework" bereitgestellt wird, der zu diskriminieren erlaubt zwischen relevanten und irrelevanten Daten. Erst ein "übergeordneter Standpunkt ..., von dem aus Zusammenhänge deutlich werden, die den Handelnden selbst nicht bewußt sein müssen", verspricht "eine wissenschaftliche Ausbeute" (*Achinger* 1971, 3). Wir finden, daß es der Mühe wert ist, über die Reichweite der vermögenstheoretischen Perspektive in diesem Kontext zu reflektieren. Es geht um die Chance eines nichtpartikularen Ansatzes zur Theorie der Sozialpolitik.

3. Die vermögenstheoretische Perspektive in der Sozialökonomik

Meines Erachtens resultiert die Bedeutung der obigen Ausführungen *Achinger*s für unser Thema aus der konsequenten Betonung der Notwendigkeit einer Strukturbetrachtung für eine theoretische Behandlung des Feldes der bewußten Gestaltung gesellschaftlicher Phänomene. In ähnlicher Weise äußerte *Gunnar Myrdal* (s. *Myrdal* 1965, 253 f. und *Myrdal* 1968, 19 ff. sowie S. 26 43) seine Bedenken hinsichtlich der Verwendbarkeit ökonomischer Modelle für gestaltende Politik. Nachdrücklich wandte er sich gegen Trennungsversuche von "ökonomischen" und "nichtökonomischen" Tatbeständen; zugleich bekannte er sich explizit zur **"institutionellen Methode"**: Deren Basis sei die "soziale Matrix"; auf sie müsse eine analytische Struktur anwendbar sein, die Probleme der Dynamik zu lokalisieren ermöglicht, d. h. - wie ich meine - auf diese "soziale Matrix" müsse ein Theoriekonzept angewendet werden, das Situationsveränderungen zu erfassen und gedanklich zu ordnen erlaubt. *Myrdal* meinte zudem, über die Ausformulierung von Wertprämissen rücke n der Regel ohnehin sowohl die politische als auch eine dynamische Perspektive in die jeweils vorgeschlagenen theoretischen Ansätze ein.

In den einführenden Bemerkungen zu seinen Gesammelten Aufsätzen meinte *Kenneth E. Boulding* (1971, IX f.), daß - obwohl er sich seines Erachtens stets eng an die Hauptlinie ökonomischen Denkens, die sich von *Adam Smith* bis zu *John Maynard Keynes* erstrecke, gehalten habe - er dennoch das Gefühl habe, erst von Institutionalisten adäquat rezipiert worden zu sein. Er glaubt seine "prinzipielle Häresie" wie folgt bestimmen zu können: Für ihn hängt die **Wohlfahrt einer Person** sehr viel stärker ab von den ihr verfügbaren Handlungsvoraussetzungen als "stocks" (= **Bestandsvariable**), welche von ihren "totalen Aktiva" bestimmt sind, und weniger von ihrem Einkommen oder gar ihrem Konsum, die "flows", also **Bewegungsgrößen**, darstellen und notwendig sind, um Bestandsgrößen oder Handlungsvoraussetzungen zu erhalten oder zu erweitern. Wohlfahrt sei eher auf ein Nutzungspotential als auf ein Konsumpotential zu beziehen: Konsum impliziere schließlich den Untergang von Wertdingen durch Nutzung. Jede Entdeckung, welche die Bedeutung von Konsum für die Aufrechterhaltung von Leben reduziert, müsse ebenso einen ökonomischen Vorteil begründen wie eine Entdeckung, die etwa ein produktives Geschick erhöht.

Meines Erachtens müßten, wenn den Implikationen **dieser** Polarität im ökonomischen Denken nachgegangen wird, beachtliche Einsichten über den Möglichkeitsbereich einer gesellschaftlichen Theorie der Sozialpolitik anfallen. Thematisiert wird nämlich nichts Geringeres als das **Spannungsverhältnis zwischen einer "Theorie der Werte" und "einer Theorie der produktiven Kräfte"**, ein Problem, das bekanntlich *Friedrich List* (s. List 1959, 143 ff., 149 ff., 125, 211 ff.) den Ansatzpunkt für eine kritische Auseinandersetzung mit der klassischen Tradition der Nationalökonomie bot. Dabei betonte er, man müsse der Theorie der Werte eine eigene Theorie der produktiven Kräfte zur Seite stellen, um erklären zu können, wie sich ein gesellschaftlicher Handlungsablauf vollziehe bzw. wodurch gesellschaftliche und individuelle Aktivität in Gang komme. Zu analysieren seien "der Geist, der die Individuen belebt, ... die gesellschaftliche Ordnung, welche ihre Tätigkeit befruchtet, ... die Naturkräfte, deren Benützung ihnen zu Gebote stehen", und die Art, in der der Mensch seine Beziehung zur "Zukunft" sieht. Der jetzige Zustand der Nationen sei "eine Folge der Anhäufung aller Entdeckungen, Erfindungen, Verbesserungen, Vervollkommnungen und Anstrengungen aller Generationen, die vor uns gelebt haben; sie bilden das **geistige Kapital der lebenden Menschheit**". Auch gehöre die Kategorie der Politik und der politischen Macht in eine Theorie der politischen Ökonomie: Zustände von Nationen seien in ihrer "Totalität" zu erfassen. Überall zeige uns die Geschichte eine mächtige Wechselwirkung zwischen den gesellschaftlichen und den individuellen Kräften und Zuständen; sie lehre, daß die Individuen den größten Teil ihrer produktiven Kraft aus den gesellschaftlichen Institutionen und Zuständen schöpfen. Kurzum: Das *List*sche Programm einer Theorie der politischen Ökonomie setzt die Bestandsaufnahme und die Diskussion der Struktur aller gesellschaftlich relevanten Kräfte voraus.

Für *List* schöpft die Nation "ihre produktive Kraft aus den geistigen und physischen Kräften der Individuen, oder aus ihren sozialen, bürgerlichen und politischen Zuständen und Institutionen, oder aus den ihr zu Gebote stehenden Naturkräften, oder aus den in ihrem Besitz befindlichen Instrumenten, den materiellen Produkten früherer geistiger und körperlicher Anstrengungen (materielles Agrikultur-, Manufaktur- und Handelskapital)". *List* würde den Ausdruck "Instrumentalkräfte" an sich dem Begriff "Kapital" vorziehen. In jedem Einzelfall will er jedoch unterschieden wissen, und zwar exakt unterschieden wissen, zwischen geistigem und materiellem Kapital, also zwischen den "moralischen und physischen Kräften, welche der Persönlichkeit ankleben oder welche die Individuen aus den sozialen, bürgerlichen und politischen Zuständen schöpfen", und den "materiellen Instrumenten der Produktion", dann zwischen materiellem Agrikultur-, Manufaktur- und Handelskapital und schließlich zwischen Privat- und Nationalkapital.

- Das hat zu dem Hinweis geführt, hier ginge es um den Entwurf, ja sogar die "Schöpfung" einer "überökonomischen Wirtschaftslehre" (so *Sommer* 1959, X). Es ist gewiß berechtigt, den analytischen Kern des *List*schen Werkes in seinem Instrumentalkraftkonzept zu sehen und davon zu sprechen, daß seine begrifflichen Grundelemente Kapazitäten im Sinne von Handlungspotential sind und ihre Form erhalten als individuelle, institutionelle, natürliche und instrumentale Kapazität. Für eine Bestandsaufnahme folgt daraus die Möglichkeit, das Problem der Verfügungsgewalt über solche Kapazitäten gesondert zu erörtern.

Mit den Arbeiten von *Erich Preiser* (1961, 99 ff., 107 ff., 121 ff.) hat sich in der deutschsprachigen Literatur folgendes Vokabular durchgesetzt: Vermögen ist ein sozialökonomischer Begriff. Vermögen ist definiert als "Inbegriff von Gütern, die in der Verfügungsgewalt einer Person stehen". Im Begriff des Vermögens ist nicht nur das Moment der Verfügungsgewalt, sondern auch der Gedanke an die Rente, die es bringen kann, enthalten. Vermögen vermag neben der Rentenerzielung Nutzen zu stiften. Es impliziert somit ein **Handlungspotential im Rahmen einer sozialen Umwelt:** Inwieweit die Verfügungsgewalt der Nutzenstiftung oder der Rentenerzielung dient, hängt von bestimmten gesellschaftlichen Bedingungen ab. Kapital ist Geld für Investitionszwecke, Finanzierungsmittel für Investitionen. Erst seine Zuordnung zum Vermögen läßt seinen potentiellen Rentencharakter erkennen. Eigentum grenzt den Güterbesitz der Wirtschaftssubjekte gegenüber dem anderer ab. Eigentum ist somit ebenfalls ein sozialökonomischer Begriff; als Rechtsbegriff knüpft er an das Verhältnis zwischen Personen in bezug auf eine Sache an und regelt dieses Verhältnis.

Eigentum erscheint als Recht auf Nutzung eines Handlungspotentials, d. h. als ein Vermögensrecht. Recht bezieht sich stets auf einen durch Normen geregelten Handlungszusammenhang. Durch die Zuweisung von Vermögensrechten an bestimmte Personen, Gruppen oder Organisationen werden Verhaltensnormen in bezug auf Dinge spezifiziert, die jede Handlungseinheit in ihren Interaktionen mit anderen zu beachten hat - und bei deren Nichtbeachtung Kosten entstehen bzw. für deren Nichtbeachtung die jeweilige Handlungseinheit die Konsequenzen selbst übernimmt. Wichtig ist hier die gesellschaftliche Einbindung der Vermögensrechte, d. h. die Sozialbindung von Handlungspotential, die explizite Anerkennung und Betonung der analytischen sowie praktischen Konsequenzen der Sozialrelevanz von Sachenverwendung (d. h. Relevanz für soziale Beziehungen); aber auch die Feststellung eines Rechts, das jemandem zugestanden wird, um ihn zu befähigen, seine Handlungen so anzulegen, daß er dessen Folgen erfahren kann, - ohne damit rechnen zu müssen, daß unkontrollierbare Einflüsse seine Dispositionen durchkreuzen. Vermögensrechte sind in dem Sinne Ausschlußrechte, daß sie nur durch die Begrenzungen beschränkt sind, die explizit in einem Gesetz oder einer Norm (wie sie jeweils interpretiert werden) ausgedrückt sind. Damit sind sie stets beschränkt.

Vermögen ist - analytisch gesehen - eine Bestandsgröße; es bietet sich daher als Kategorie zur Erfassung von Strukturaspekten an. Unter Bezugnahme auf den Unterschied zwischen "stocks" und "flows", von Bestands- und Bewegungsgrößen, bezeichnet *Boulding* (1962, 190, 135 ff.) das "Akkumulationsprinzip" als den vielleicht "fundamentalsten Satz aller Wissenschaft". Aus der Identität: Investition gleich Einkommen minus

Ausgaben gleich Sparen folge nämlich die Möglichkeit der Verknüpfung von Bestands- und Bewegungsgrößen. Mit den Begriffen Vermögen und Eigentum bieten sich Termini an, die sowohl systemtheoretisch (d. h. in der Makrosphäre) als auch handlungstheoretisch (d. h. in der Mikrosphäre) verortet werden können. Offenkundig ist das *List*sche Vokabular auf Makrodimensionen ausgerichtet: "die Fähigkeit der ganzen Nation" besteht in ihrem Handlungs- "Vermögen" (*List* 1959, 213), heißt es dort. Zugleich eröffnet jener Denkansatz die Chance, **individuelle Positionen** zu bestimmen - und zwar nach Maßgabe ihrer **Zuordnung in eine Struktur** ebenso wie hinsichtlich ihrer **Veränderung** durch eine "Verbesserung" bzw. "Verschlechterung" der Nettoposition. Er schafft die Voraussetzungen für die Analyse von Handlungspotential in komplexeren dynamischen Systemen.

4. Humanvermögen und Sozialpolitik

Zu Recht betonte *Achinger* (1971, 1, 47, 15, 102 ff., 2) in seinen Grundsatzdiskussionen: Jeder Ausgangspunkt für die Begründung der Sozialpolitik aus gesellschaftlichen Tatbeständen setzt eine zumindest rudimentäre Theoriekonzeption voraus. **Jeder Versuch einer neuen theoretischen Begründung der Sozialpolitik muß daher so angelegt sein, daß er sich um einen zentralen Begriff gruppiert,** der geeignet ist, als Basis für eine Theorie zu dienen, die über Wirkungszusammenhänge handelt. Seine praktischen Erfahrungen im Bereich der internationalen Sozialpolitik veranlassen ihn zudem, der internationalen gemeinsamen "Suche nach einem Begriffsinhalt, der die gemeinsame Zielsetzung bezeichnet", große Bedeutung zu attestieren, da die logische Klärung des Feldes, auf dem man tätig sei, über die Chance der Selbstbestimmung Wege zur dauerhaften Kooperation ebnen könne, Kooperation nicht nur zwischen den internationalen Trägern der Sozialpolitik, sondern auch zwischen den sozialwissenschaftlichen Disziplinen.

Wir möchten nun ohne weitere Debatte (lediglich zur Veranschaulichung) eine der Gliederungsmöglichkeiten[9] des Gesamtvermögens vorführen (**Abbildung 1**) und sogleich **eine andere gezielt** auf das *Achinger*sche **Votum eingehende systematische Untergliederung des Makrovermögenskonzeptes** zur Erörterung stellen. Volkswirtschaftliches Vermögen soll aufgeteilt werden in Produktivvermögen, Gebrauchsvermögen, soziales und staatliches Sicherungsvermögen, Arbeits- (besser wohl: Erwerbshuman-)vermögen und Vitalvermögen. Arbeits- und Vitalvermögen werden unter dem Oberbegriff Humanvermögen zusammengefaßt. Diese Abgrenzung orientiert sich bewußt an Kriterien der Politik. Sie vollzieht eine gedanklich saubere Scheidung der Politik der sozialen Sicherung von einer Politik (der Förderung) der Bildung **und** Sicherung von Vitalvermögen in einem **gemeinsamen** Feld von Sozialpolitik **als** Gesellschaftspolitik. Diese Terminologie mag dazu beitragen, den gedanklichen Dispositionsspielraum wieder zurückzugewinnen, der dieser Sozialpolitik als Gesellschaftspolitik durch die Zentrierung praktischer sozialer Politik auf einzelne Teilaspekte (*Achinger* 1971, 7) offensichtlich abhanden gekommen ist.

---

[9]   Zur allgemeinen Diskussion über angemessene Abgrenzungen des Vermögensbegriffes s. u. a. *Willgerodt, Bartel* und *Schillert* 1971, 35 ff; *Engels, Sablotny* und *Zickler* 1974, 29 ff.; *Stobbe* 1976, 39 ff.

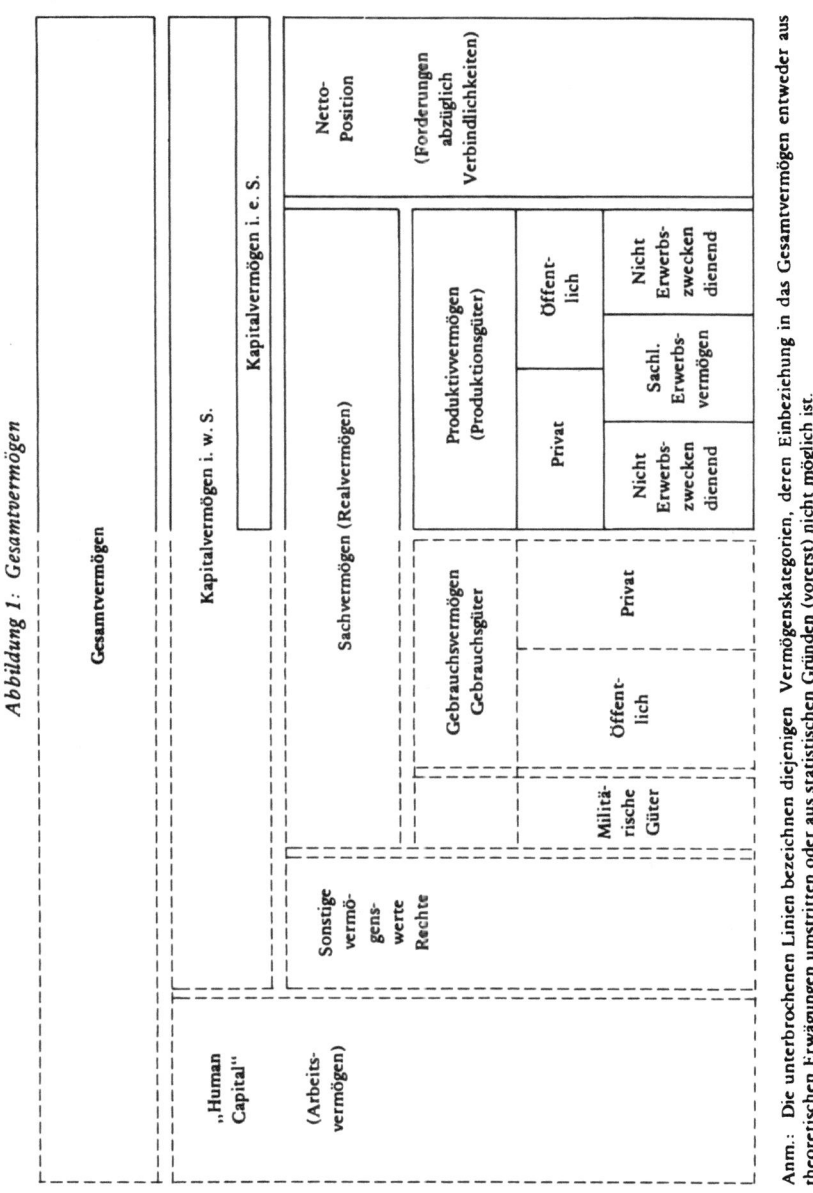

Abbildung 1: Gesamtvermögen

Anm.: Die unterbrochenen Linien bezeichnen diejenigen Vermögenskategorien, deren Einbeziehung in das Gesamtvermögen entweder aus theoretischen Erwägungen umstritten oder aus statistischen Gründen (vorerst) nicht möglich ist.

Quelle: *Friedemann Allgayer, Friedrich Geigant*, u.a. Der Milliardenkreislauf – Volkseinkommen und Volksvermögen, München, Wien 1972, S. 167.

Es soll nun der Vorschlag unterbreitet werden, als **Objektbereich von Sozialpolitik im engeren Sinne** zu betrachten **die gestaltende Einflußnahme** von mit Handlungsmacht und Legitimation ausgestatteten Akteuren **auf a) die Bildung und b) die Erhaltung von Humanvermögen**.

Humanvermögen gilt hier als Begriff für eine gezielte Bestandsaufnahme menschlicher Ressourcen. Menschliche Ressourcen stellen sich dar als individuelles Handlungspotential physischer, psychischer, sozialer und kultureller Art, **dessen Einsatz Werte begründet**; vornehmlich Werte in Form von a) Werthaltungen und Wissensfonds, die die Bildung von personorientierten Handelnsordnungen im Alltag und "Nutzenstiftung" für die Person ermöglichen, sowie in Form von b) ökonomischen Gütern, die sich vermittels "Rentenerzielung" ausweisen im Bereich der Produktion und des Konsums. Das Ressourcenfeld, das auf den erst genannten Lebensbereich bezogen ist, soll der Kategorie des Vitalvermögens, desjenige, welches auf den zweiten abhebt, der des Arbeits- (oder Erwerbs-Human-)Vermögens zugerechnet werden.

Üblicherweise versteht man unter Humanvermögen das allgemeine Handlungspotential eines Menschen bezüglich seiner marktmäßigen und nichtmarktmäßigen Verwendung. Vermarktungschancen hängen von der privaten und öffentlichen Nachfrage nach spezifischen Humanvermögensleistungen ab; sie bestimmen das Niveau der erzielten Einkommen, deren Mengen- und Preiskomponente über Marktmechanismen oder diskretionäre Entscheidungen (z. B. durch von Instanzen gesetzte Preise) bestimmt wird. Nichtmarktmäßige Verwendung von Humanvermögen dient der Erzielung von Nutzen oder "Einkommen" außerhalb des Marktsektors - etwa in Haushalten oder bei Individuen: in der Regel durch reale Produktion, die hier außer-marktmäßigen Bewertungskriterien unterworfen sein wird und damit Kriterien einer individuell oder kollektiv (z. B. familial) angestrebten Bedürfnisbefriedigung folgt.

Diese Formulierung zeigt, daß die *Boulding*sche Häresie Schule macht, daß berechtigterweise von einem zentralen Einkommenskonzept gesprochen wird, "which has nothing to do with markets or business, which would exist in a socialist economy without the latter and a Crusoe economy without the former": In der Formel: Kapitalakkumulation = Einkommen ./. Konsum = Sparen bedeutet Konsum Dienstleistungen für Individuen ("services rendering final utility"), ungeachtet dessen, wer sie bereitstellt oder ob sie in Marktgrößen ausgedrückt werden können, und Kapitalakkumulation oder Investition die Umwandlung von Einkommensteilen in Vermögen ohne Ansehen der materiellen oder institutionellen Form, ungeachtet dessen, ob es um Produktivvermögen, um die Entwicklung des Bestandes an natürlichen Ressourcen oder um "human or intangible capital of knowledge, training and skills, social or individual" geht[10]. Humanvermögen ist somit das Ergebnis von Entscheidungen investiver Art. Die Quantität und Qualität von Humanvermögen wird bestimmt über Investitionen "in 1) schooling and higher education, 2) postschool training and learning, 3) preschool learning activities, 4) migration, 5) health, 6) information and 7) investment in children (population)"[11]. Ganz allgemein nimmt auch die Sozialisation in der Familie den Charakter einer Investition in Humanvermögen an[12]. Gerade dieser Tatbestand ist für die Theorie der Sozialpolitik von besonderem Gewicht: Die Art, der Umfang und die Qualität solcher Aufwendungen zur Formation von Humanvermögen begründen nämlich nicht un-

---

[10] So *Robert Eisner*, in einer Diskussion über Maßgrößen für "Wohlfahrt", s. *Moss* 1973, 99 f.

[11] Von besonderem Gewicht ist hier die Studie von *Theodore W. Schultz* (1972, 1-84).

[12] Zu diesem Punkt s. *Krüsselberg* 1975, 163 ff.

erhebliche Unterschiede an Handlungsvermögen von Individuen und Gruppen in je konkreten historischen Lebenslagen[13].

Obwohl Investitionen in Humanvermögen simultan stets sowohl die Ebene des Einkommens- (und Erwerbs-)potentials als auch die des Nutzungs- (und Orientierungs-) potentials berühren, erscheint es uns als notwendig, diese Ebenen terminologisch voneinander abzuheben, weil eben unterschiedliche Lebenssphären berührt sind, und Sozialpolitik das Resultat der Anerkennung der an Bedeutung alles andere überragenden Aufgabe der Humanwissenschaften ist, "den leidenden Menschen zu helfen" und - wie *Walter A. Jöhr* (1971, 96) formuliert - der Anerkennung dieser Aufgabe vor allem der Wert zugrunde liegt, "daß jeder Mensch Anrecht auf ein Leben hat, in dem er seine Anlagen entfalten kann und das möglichst wenig durch Schmerzen, Entbehrungen und andere Nöte beeinträchtigt ist".

Für die Praxis wissenschaftlicher Arbeit läßt sich damit feststellen, daß die Idee, Menschen investierten in sich selbst sowohl für unmittelbare als auch zukünftige monetäre und nicht-monetäre Erträge, den "harten Kern" des Forschungsprogramms über Humanvermögen bildet. Daß mit diesem Konzept eine gemeinsame analytische Grundlage für die Arbeitsökonomik ("labor economics") und die Ökonomik der Sozialleistungen bereitgestellt wurde, ist in der Literatur nicht mehr umstritten. Generell wird, wenngleich mit nach wie vor spürbarer Zurückhaltung anerkannt, daß es heute auf diesem Gebiet bezüglich seiner Reichweite und Stringenz für das Programm der Humanvermögensforschung keinen gleichwertigen Rivalen gäbe (*Blaug* 1976, 827 ff., insbesondere S. 829 ff., 849 f.). Gemeint ist damit im Sinne unserer Terminologie das Erwerbs-Humanvermögen, - und "human capital is strictly an economic concept" (*Schultz* 1972, 5) - jedenfalls bisher!

Anders steht es meines Erachtens um das Programm der Forschung über Vitalvermögen. Dazu ist zunächst folgendes zu vermerken: Das Konzept Vitalvermögen nimmt das Stichwort wieder auf, mit dem *Alexander Rüstow* (1950, III, 91 ff.) bereits zu Beginn der 40er Jahre über allgemeine soziologische Ursachen ökonomischer Desintegration sowie Möglichkeiten, sie zu beheben, reflektiert. Sein Stichwort lautet: "Vitalsituation" bzw. "Lebenslage": denn auch innerhalb der Wirtschaft selbst sei "das unabwägbar Vitale und Anthropologische wichtiger als das eigentlich Wirtschaftliche, in Mengenzahlen Meßbare". Für *Rüstow* ist die Vitalsituation des wirtschaftenden Menschen ein überwirtschaftlicher Wert innerhalb der Wirtschaft: "Die Wirtschaft ist Mittel, die Vitalsituation aber Zweck". Als Hauptaufgabe der Sozialpolitik müsse man die grundlegende Verbesserung unmenschlicher und menschenunwürdiger Lebenslagen erkennen und umfassend in Angriff nehmen. Die Vitalsituation des arbeitenden Menschen erscheint ihm als der soziologisch entscheidende Gesichtspunkt zur Ermittlung "struktureller Negativitäten" und zur Begründung der Forderung einer Vitalpolitik, "einer Politik, die bewußt alles einbezieht, wovon das wirkliche Sichfühlen des Menschen, seine Zufriedenheit und sein Glück, abhängen, und die es sich zum Ziel setzt, die Voraussetzungen für ein lobenswertes und verteidigungswürdiges Leben zu schaffen" (*Rüstow* 1957, 168, 170, 520).

---

[13] Zum Ansatz s. auch *Krüsselberg* 1976a, 24 f., 28 f. sowie die dort erwähnte Literatur.

Mir scheint, daß diese für *Rüstow* zentrale Kategorie der sozialen Wirklichkeit: die Vitalsituation, bis heute vor allem deshalb nicht ihren gebührenden Platz in einer Theorie der Sozialpolitik erhalten hat, weil sie in dessen Werk zu romantisch[14] und deshalb zu umfassend angelegt war. Zu Recht vermerkt *Jürgen von Kempski*[15], daß sie nicht die allein entscheidende, sondern lediglich **eine** - wenngleich bedeutsame - Dimension ausmache im Handlungsbereich des Menschen, eine andere stelle die **Rechtsordnung** dar und eine dritte schließlich werde erfaßt durch das vorhandene oder fehlende **Bewußtsein der Legitimität** von Privilegierungen und Diskriminierungen durch die Rechtsordnung. Die Handlungsdimension des Menschen ergäbe sich aus den wechselseitigen Verhältnissen von sozialer Schichtung, Rechtsordnung und Rechtsbewußtsein, eine wissenschaftlich schwierige und verwickelte Problematik, deren sachverständige Behandlung gemeinsame Forschungsbemühungen von Soziologie, Rechtswissenschaft und Wirtschaftswissenschaft voraussetzt[16]. *Rüstows* Bemühen um die Frage nach den Optima sozialer Integration[17] liege folglich **oberhalb dessen, was sich aus einer Analyse der bloßen Vitalsituation schließen läßt**, nämlich im Bereich der menschlichen Institutionen. Die Anerkennung der Bedeutung des Vitalvermögenskonzeptes bleibt trotzdem erhalten. Und die Vorstellung der **Einheit** von Arbeitsvermögen und Vitalvermögen in einer umfassenden Dimension von Humanvermögen müßte die Verweisung von Sozialpolitik in ein Feld des Anti-Ökonomismus - soweit sie sich ergeben hat[18] - aufheben können und eine Bahn brechen in Richtung auf die Entwicklung von Komplementaritätsmodellen der Gesellschaftspolitik.

5. Humanvermögen in gesellschafts- und verteilungstheoretischer Sicht

Versucht man die Chancen für die Entwicklung eines derartigen Theorietyps einer Komplementaritätstheorie der Gesellschaft abzugreifen, empfiehlt sich ein Blick auf die Geschichte des Humanvermögenskonzepts[19] ebenso wie eine Betrachtung des gegen-

---

[14] In diesem Sinne äußert auch *Franz-Xaver Kaufmann* seine Bedenken gegen *Rüstow* in seinem Buch: *Kaufmann* 1973, 259.

[15] *Von Kempski* 1964, 72 ff., 77 f.: "Hier nun zeigt sich, daß *Rüstows* Kulturkritik nicht radikal genug ist, weil sie sich letztlich nährt aus romantischen Vorstellungen vom einfachen Leben, von der fundamentalen Angemessenheit bäuerlichen Daseins an die Natur des Menschen. Mit dem wissenschaftlichen und technischen Fortschritt wächst der Bereich dessen, was grundsätzlich manipulierbar ist, die Gefahr, die der Freiheit des Menschen von daher droht, hat wenig mehr mit Überlagerung und Herrschaft alten Stils zu tun."

[16] S. *Grimm* 1976, dort insbesondere *Struck* 1976, 13 ff., *Lautmann* 1976, 35 ff., *Raisch* und *Schmidt* 1976, 143 ff., sowie zur genannten Frage *Krüsselberg* 1976b, 168 ff.

[17] S. auch *Rüstow* 1957, 157: "In soziologischer Abstraktion gesprochen handelt es sich hier um den Tatbestand der Unterintegration in seinen verschiedensten Erscheinungsformen und um das Streben nach einem der menschlichen Natur und der Natur jedes Einzelnen gemäßen Optimum der Integration."

[18] S. zur damit verbundenen Problemlage *von Ferber* 1967, 29 ff.

[19] S. u. a. *Hüfner* 1970, 12 ff. Unter unserem Aspekt leidet allerdings die dort angebotene historische Übersicht unter dem Defizit der nicht vollzogenen Trennung zwischen Arbeits- und Vitalvermögen.

wärtigen Standes der (ökonomischen) Theorie der Einkommensverteilung. Die dabei anfallenden Ergebnisse sind zumindest nicht entmutigend.

Inwieweit die Forderung nach einer vom Staat getragenen Politik der Bildung von Humanvermögen in theoretischer Begründung zur klassischen Tradition der politischen Ökonomie gehört, läßt sich leicht nachweisen durch den Rückgriff auf die Werke von *Adam Smith*[20], *Friedrich List* und *Johann Heinrich von Thünen*. Dabei spielt insbesondere das deutlich empfundene Spannungsverhältnis zwischen - wie wir sagen - Arbeitsvermögen und Vitalvermögen eine Rolle: Für *Smith* (1974, 662 ff.) ergab sich ein Argument für Politik in Form einer vom Staat erzwungenen Schulausbildung gerade aus seinem Urteil, daß infolge der im Entwicklungsprozeß erhöhten Arbeitsteilung die spezifisch berufliche Fertigkeit eines Arbeiters "**zu Lasten** seiner geistigen, sozialen und soldatischen Tauglichkeit erworben" werde.

Das Politikkonzept *List*s (1959, 164, 148, 175, 290 ff.) folgt aus der Notwendigkeit, auf ein sich nicht selbsttätig einstellendes Gleichgewicht bzw. die Harmonie der produktiven Kräfte hinzuwirken. Der gesellschaftliche Zustand einer Nation sei überhaupt nur nach dem Prinzip der Teilung der Geschäfte **und** der Konföderation der produktiven Kräfte zu beurteilen, denn beide bedingen sich wechselseitig: "Je mehr die geistigen Produzenten zur Beförderung der Moralität, Religiosität, Aufklärung, Kenntnisvermehrung und Verbreitung der Freiheit und politischen Vervollkommnung, der Sicherheit der Personen und des Eigentums im Innern, der Selbständigkeit und Macht der Nation nach außen beitragen, desto größer wird die materielle Produktion sein; je mehr die materiellen Produzenten an Gütern produzieren, umso mehr wird (wiederum) die **geistige Produktion befördert werden können**."

"Der größte Teil der Konsumtion einer Nation geht auf die Erziehung der künftigen Generation, auf die Pflege der künftigen Nationalproduktivkraft." Verfassungspolitik ist für *List* stets in Rechnung zu stellen, wenn eine richtige Würdigung der politischen Zustände in Beziehung auf den Reichtum der Nationen zur Erörterung steht. Unmißverständlich gilt ihm "diejenige Regierungsform (als) beste, welche den moralischen und materiellen Zuständen einer gegebenen Nation und ihren künftigen Fortschritten am besten entspricht". Intendiert wird die "ökonomische Erziehung der Nation" unter einem gesellschaftspädagogischen Leitbild. *List* wird heute bescheinigt, daß er den "genialen Versuch" unternommen habe, "das soziale Problem seiner Zeit theoretisch und praktisch mit den Mitteln der gesellschaftlichen Erziehung zu lösen" (*Hecker* 1968, 205 ff., s. insbesondere S. 235 f.). Ziel ist eine Gesellschaft, in der es jedem Individuum leichtfällt, "eine seiner Individualität entsprechende Beschäftigung und Bestimmung zu finden" (*List* 1959, 193).

---

[20] Daß eine "Komplementaritätstheorie der Gesellschaft" bei *Adam Smith* angelegt ist, zeigt *Willi Meyer* in knapper Form in seinem Aufsatz, *Meyer* 1976, 18 f. auf. Dort spricht er von "drei Säulen des natürlichen Systems der Freiheit: Eine Volksmoral, die sich aus den Interaktionen der Individuen ergibt und fortentwickelt, ein Marktgefüge, in dem die Beteiligten in freier Konkurrenz danach streben können, ihre Lage, d. h. ihre Vermögensposition, zu verbessern, und ein starker Staat, der sich um die Offenheit aller Märkte bemühen und die Rechtssicherheit garantieren muß".

Und in gleicher - vielleicht sogar noch erhöhter - Deutlichkeit klingt dieses Thema bei *Thünen*[21] an. Für ihn ist seinen "Untersuchungen zufolge" die Entscheidung der "viel bestrittenen Frage" nach der Zugehörigkeit der immateriellen Güter der Menschen zum "Nationalreichtum" nicht zweifelhaft. Oft bestehe überhaupt "das ganze Vermögen einer Familie in der Arbeitskraft eines Mannes". Aus der Scheu, den Menschen als "Kapital" zu betrachten, entspringe Unklarheit und Verworrenheit der Begriffe "über einen der wichtigsten Punkte der Nationalökonomie": nehme z. B. der Staat im Krieg den Mann aus der Familie, so fehle den Kindern desselben der Ernährer und der Erzieher und "seinen alten hilflosen Eltern ihr Retter von Noth und Elend im Alter". So nehme man den Armen "ihr ganzes Vermögen, ohne nur an eine Vergütung zu denken". Aus dieser theoretischen Basis leitet *von Thünen* ein sozialpolitisches Plädoyer gegen "Ungerechtigkeit" ab, z. B. die Forderung, zur Förderung des Bedürfnisses nach geistiger Entwicklung in der jüngeren Generation der Arbeiterschicht Unterrichtsanstalten auf Kosten des Staates zu errichten und zu unterhalten. *Thünen* fordert gleichfalls "ein unabhängiges, sorgenfreies und müheloses Alter" als naturgemäßen Lohn für die "unausgesetzte Anstrengung in den Tagen der Kraft und Gesundheit"; denn der Mensch, der sein Leben "rechtlich und in angestrengter Tätigkeit bis zum Greisenalter verbracht hat, soll in seinem Alter weder von der Gnade seiner Kinder, noch der bürgerlichen Gesellschaft leben".

Im übrigen sei es nachgewiesen, "daß Freiheit und Würde des Menschen auch dann, wenn er den Gesetzen des Kapitals unterworfen ist, siegreich bestehen können". Freiheit und Würde als Elemente des Vitalvermögens zu bewahren unter den Bedingungen der entwickelten Industriegesellschaft, d. h. unter den Kriterien, die humanes Erwerbsvermögen begründen, ist ohne Zweifel ein zeitgemäßes sozialpolitisches Programm.

Wie spannt sich nun der Bogen von solchen gesamtheitlich angelegten vermögenstheoretischen Programmen bis zur Sozialpolitik der Gegenwart? Diese Frage stellen heißt zu erörtern, inwieweit der Gegenstand dieser Wissenschaft mit der Eingabe eines sozialpolitischen Leitbildes zu verbinden ist, bzw. zu prüfen, ob nicht die Heraushebung der dieser Wissenschaft spezifischen sozialen Tatbestände für eine Abgrenzung ausreicht. Unseren Intentionen kommt besonders der Vorschlag von *Bernhard Külp* und *Wilfrid Schreiber* (1971, 11 ff.) entgegen, der davon ausgeht, daß sich jede politische Aktivität in der Einführung oder Veränderung von Rechten und Pflichten niederschlägt. **Ziel von Sozialpolitik** sei es, **die Verteilung der Vermögensrechte zu beeinflussen**, um **Ungerechtigkeiten zu verringern**. Sozialpolitik wäre somit eine politische Aktivität zum Zweck der Umverteilung von Vermögensrechten.

Konstitutiv wird hiermit das Urteil[22], daß in allen bekannten Gesellschaftssystemen das Verteilungsproblem auf Ziele gemeinschaftlicher **und** individueller Daseinsgestaltung bezogen ist und die Lösung des Distributionsproblems stets (zumindest teilweise)

---

[21] *Von Thünen* 1966, Zweiter Teil, II. Abteilung, 145 ff., 149, 152, 154 sowie *von Thünen* 1966, Zweiter Teil, I. Abteilung, 2, Über das Los der Arbeiter, ein Traum ernsten Inhalts.

[22] Die folgende Darstellung stützt sich auf meine Ausführungen zum Thema: *Krüsselberg* 1976a, 11 ff. Zur Konkretisierung von Einzelargumenten muß aus Raumgründen gleichfalls auf diesen Text verwiesen werden.

politische Entscheidungen über die Verteilungsmodi eines unter welchen Bedingungen auch immer erzeugten Gesamtprodukts unter dem Generalaspekt der Verteilung von Vermögensrechten impliziert. Verteilung ist somit ein Phänomen gesamtheitlicher Prägung, eine gesellschaftliche Erscheinung, die nie ganz auf rein (oder auch nur dominant) ökonomische Begriffe reduzierbar ist. Verteilungskonzepte müssen zudem kontextbezogen sein: ihr Inhalt wandelt sich im Entwicklungsgang. Notwendig ist dann für eine politisch relevante Verteilungstheorie die Einbeziehung der Sozialstruktur in ihr Erklärungsfeld, wobei unterstellt werden kann, daß die "ökonomische Struktur", der institutionelle Rahmen einer Wirtschaftsgesellschaft, als Basis-Determinante der Muster der Einkommens- und Vermögensrechteverteilung anzusehen ist.

Mit dieser Kontextkonzeption bezieht die wissenschaftliche Diskussion die Frage nach den gesellschaftlichen Sekundärwirkungen von Änderungen der Einkommensverteilung in ihre Fragestellung mit ein. Die Bestimmung der "Lebenslage" in Orientierung an Standards der "Lebensqualität" rückt in den Vordergrund der verteilungspolitischen Debatte. Lebensqualität erscheint als ein **Konzept der Bewertung** eines politischen Systems oder der Gesellschaft insgesamt - und zwar im Hinblick auf die Lebensumstände, exakt: das Vitalvermögen eines jeden einzelnen Bürgers. Jede Lebensqualitäts- bzw. Vitalvermögens-Diskussion geht davon aus, daß Existenzprobleme nicht allein durch die Ausstattung der Bevölkerung mit allgemeiner Kaufkraft gelöst werden können **oder sollten**. Das bedeutet folglich, daß die Bewertungsebene (und mit ihr die Leitbildkomponente) in einer humanvermögenstheoretischen Perspektive über den Vitalvermögensaspekt verstärkt mehr-dimensionalen Charakter erhält, was die Theorie explizit durch die Verwendung von Strukturkonzepten in Rechnung zu stellen hätte. In jedem Fall rückt hier die säkulare Struktur der personellen Einkommensverteilung ins Blickfeld - als "Brennpunkt, an dem die Funktionsweise des ökonomischen Systems die Menschen trifft, die die lebendigen Mitglieder der Gesellschaft sind, für die und durch die Gesellschaft wirkt" (*Kuznets* 1955, 2, 27). Thematisiert wird mit dieser Formulierung der Protest gegen verteilungstheoretische Diskussionen, die einem primitiven Quotenmodell für eine historisch dubiose Zwei-Klassen-Gesellschaft verhaftet sind. Gesucht wird bei "vollkommenem Wandel in der Problemstellung" nach Bindegliedern zwischen der funktionalen, also auf die Einkommen von Produktionsfaktoren bezogenen, und der personellen Verteilung. Empirisch zu ermittelnde Verteilungssituationen erscheinen als ein "Konglomerat" situationstypischer Verteilungslagen, bestimmt durch Hauptverteilungstypen, deren Eigenart durch "bestimmte Prozesse" (z. B. der Industrialisierung), "Verhaltensweisen" (z. B. zielstrebiger Erwerb von Fähigkeiten und Kenntnissen, d. h. Faktoreinsatz zum Zwecke der Akkumulation von Wissen oder "Investition in Humanvermögen") und "Normen der Einkommensfixierung" (z. B. Sicherung von Mindesteinkommen durch staatliche Intervention) festgelegt wird[23].

Gegen die existierenden Theorien der Einkommensverteilung richtet sich der kritische Einwand (vgl. *Chenery* und *Ahluwalia* 1974, 42 ff.), das Hauptelement, welches ihnen fehle, sei eine explizite Behandlung der Verteilung der verschiedenen Formen von

---

[23] *Bombach* 1972, 29. Vgl. hierzu auch seine analytisch ähnlich angelegte Diskussion, die u. a. auf die Bedeutung von Hierarchie-Modellen der personellen Verteilung aufmerksam macht (*Bombach* 1972, 22 ff.) sowie im einzelnen *Bombach, Frey* und *Gahlen* 1974.

Aktiva. Schließlich sei das reale Einkommen der Haushalte oder Familien (als relevante Ausgabeneinheiten) abgeleitet aus der Verfügungsgewalt über eine Vielfalt von "Aktiva" wie Boden, privat verfügbares Kapital und Humanvermögen mit unterschiedlichen Qualifikationsgraden, aber auch aus der Möglichkeit des Zugangs zu öffentlichen Gütern und allgemeinen Rechten. Daher sei es "ziemlich plausibel", Einkommensdifferenzen auf Unterschiede in menschlichem Handlungsvermögen und im Zugang zu komplementären Aktiva und anderen Inputs ebenso wie auf fehlendes Eigentum an physischem Kapital zurückzuführen. Die Behandlung der Akkumulation von Aktiva im Verteilungszusammenhang werde noch vordringlicher, wenn akzeptiert wird, Humanvermögen sei ein Aktivum, das im Produktionsakt Einkommen abwirft. Das Bindeglied zwischen allen Aspekten der Verteilung ist - so zeigt sich - die Verteilung des Vermögens in Form verschiedener Arten von Aktiva auf die Besitzer oder Gruppen von Besitzern. Einkommen **und** Nutzen fallen als Ergebnis der Verfügungsrechte über Aktiva an[24]. Das theoretische Grundmodell, das hier zu entwickeln wäre, müßte ein Modell der Struktur aller Aktiva einer Volkswirtschaft sein, die Zugriffsmöglichkeiten auf das Sozialprodukt begründen. Es würde dynamisiert durch eine Theorie der Umsetzung von Aktiva in Erwerbs- und Sozialeinkommen, da zwischen Vermögen bzw. Aktiva und Einkommen als "Mobilisierungselement" eine Wertgröße steht. Gesamtwirtschaftlich ergibt sich eine Struktur relativer Preise für Aktiva, die nur z. T. über Marktpreise, z. T. aber durch Werte gebildet wird, deren Höhe Ergebnis eines politischen Prozesses ist. Durch eine Theorie der Rückwirkung der Einkommensverwendung auf die Strukturveränderung und Wertänderung der Aktiva würde auch die "Dynamik der Vermögensverteilung" dem Datenkranz-Denken entrückt, in das sie oft verbannt wurde.

Wenn das Kernproblem personeller Verteilung der Gesamtzusammenhang zwischen der "Totalität der Aktiva", sozialökonomischem Status und Lebenszyklus ist, stellt die Verteilung von Einkommen und Vermögen ein hervorragendes Merkmal eines Sozialsystems dar. So konnte nicht ausbleiben, daß man auch hier den Einfluß der Sozialstruktur auf konkretes Verhalten entdeckte; denn "Einkommen als Rente aus einem Bestand an Humanvermögen hängt von vier Hauptvermögensquellen ab": die Bereitstellung von Zeit und Ressourcen für das Kind durch die familialen Erzieher als "häusliche Investition", die meßbare Leistungsfähigkeit[25], das Niveau des Studien- oder Schulabschlusses

---

[24] Mit der Erörterung der Zugangsmöglichkeiten zu ökonomischen (und politischen) Aktiva erhält die Theorie sowohl eine deskriptive als auch eine strategische Dimension. Einmal wird die willkürliche Ausgliederung von Einkommen aus Aktiva, die nicht zum Privateigentum zählen, beendet und die zeitliche Dimension von Einkommen unter Beachtung des Lebenszyklus expliziert; im wesentlichen geht es hier um die Einbeziehung von Einkommenskategorien, die als Ergebnis eines politischen Prozesses bestimmten Bevölkerungsgruppen zufließen. Zum anderen wird die Feststellung einer gegebenen Zugang-Verteilung "politisch", wenn gezeigt werden kann, daß es Variablen gibt, durch die die Einkommensanteile bestimmt werden, Größen also, deren Wert und Verteilung geändert werden können. Solche Hypothesen begründen ein Potential für Politik, d. h. deren Gestaltungsspielraum für Verteilung.

[25] Grundsätzlich wird nicht ausgeschlossen, daß es einen typischen Intelligenzquotienten gibt, der durch konkrete Messungen während des Lebenszyklus erfaßbar ist und speziell im Zusammenhang mit den verschiedenen Phasen des Ausbildungssystems durch Untersuchungen gemessen wird.

und Investitionen in Ausbildung nach dem Abschluß (die Bedeutung von "experience" in dieser Zeit wurde bereits erwähnt). Daraus ergibt sich der in **Abbildung 2** dargestellte Wirkungszusammenhang (*Leibowitz* 1974, 432 ff.).

Abbildung 2: Vermögensabhängigkeit des Einkommens

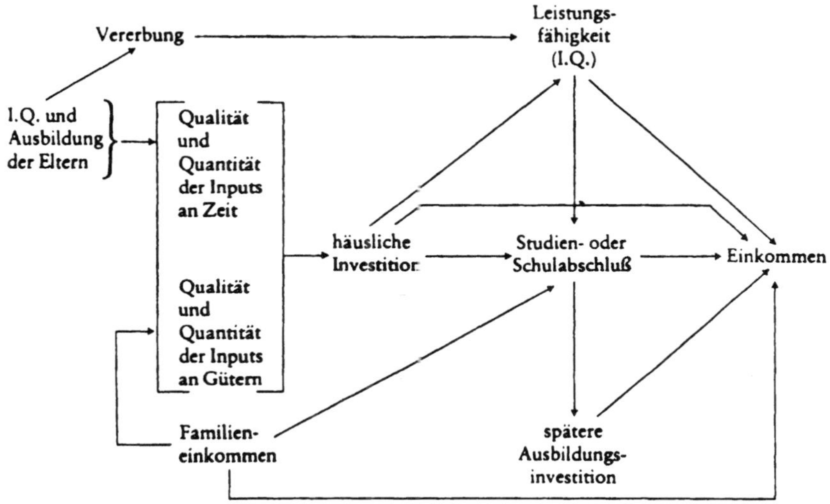

6. Bewertung von Humanvermögen - das Gewicht der Mikrodimension

Zu Beginn dieser Studie sagten wir, daß die Theorie der Sozialpolitik nach wie vor mit der Behandlung des Tatsachen- und Bewertungsproblems befaßt sei. Gemeint ist damit, daß Ist-Soll-Vergleiche, konkreter: die Bestandsaufnahme von Vermögensrechten in ihrer spezifischen Verteilung und deren politische Beurteilung im Sinne von "Wünschbarkeit" unwiderruflich ins Zentrum der sozialwissenschaftlichen Debatte führen. Inwieweit sich die gegenwärtige Diskussion in der Wirtschaftswissenschaft über die Zielkriterien von Wirtschafts- und Gesellschaftspolitik entfaltet hat, habe ich bereits an anderer Stelle unter dem Stichwort: Recht, Verfassung und Wohlfahrtsökonomie behandelt (*Krüsselberg* 1976b, 185 ff.). Gezeigt hat sich dabei die Notwendigkeit, von einer Erörterung individueller Niveaus von (Befriedigung oder) Ziel- bzw. Werterfüllung voranzuschreiten zu Betrachtungen über gesellschaftliche Niveaus solcher Ziel- bzw. Werterfüllung. Dabei rückte schließlich die Konzeption einer "virtuellen Verfassung" als Muster von Verhaltensregeln und einer Mindestzahl ethischer Normen, auf die sich eine Gemeinschaft im vorhinein zu einigen vermag und an die sie sich bei ihren Gestaltungsmaßnahmen bindet, in eine analytische Schlüsselposition.

Bekanntlich erfaßt hier der Wohlfahrtsbegriff (s. z. B. *Giersch* 1960, 97 ff. oder *Külp* u. a. 1975, etwa S. 15 ff.) die Summe der Ziele, deren Verwirklichung angestrebt wird (oder werden sollte). Für das Konzept einer Wohlfahrtsfunktion fordert die ökonomische Theorie eine operationale Definition solcher Ziele und zugleich die Benennung ihres Stellenwertes innerhalb eines Zielbündels - im Sinne einer Funktion, deren Maximum anzustreben ist. Wohlfahrtsmaße dieser Art sollen als Wertmaßstab sowohl für die Beurteilung der Realität vor dem Hintergrund eines Zielsystems als auch zur Kontrolle von Politik dienen. In diesem Spannungsbogen zwischen Tatsachenermittlung und Bewertung der Fakten bewegen sich alle Versuche, Wohlfahrtsmaße zu erhalten.

Die aktuelle Auseinandersetzung um die Möglichkeit, ein Wohlfahrtsmaß zu erhalten, vollzieht sich vornehmlich im Bereich des "Social Accounting", der sozialen Rechnungslegung. Für den hier propagierten vermögenstheoretischen Ansatz ist es nicht belanglos, daß die Bestandsermittlung in der Wirtschafts- und Sozialstatistik in Kontenform erfolgt, deren Gesamtaussagen unter den Terminus **Sozialbilanzen** gestellt werden. Jede Bilanz ist aber eben nichts anderes als eine Gegenüberstellung des Vermögens und Kapitals einer Handlungseinheit. Jede Bilanzierungsmethode zählt somit zum vermögenstheoretischen Ansatz. Weil solches an sich evident ist, fällt es umso mehr auf, daß in der Debatte über Maß- und Bewertungseinheiten für ökonomischen und sozialen Handlungsvollzug ("performance") mit wachsendem Nachdruck betont wird, das Grundprinzip, auf das solche Bilanzen zurückzuführen seien, müsse ein Vermögenskonzept sein. Schließlich leite sich jede Art von **sozialem** Einkommen von einer Vermögensart ab. Die adäquate Interpretation verschiedener Typen wirtschaftlicher und sozialer Aktivität könne immer unter Bezugnahme auf ein Vermögenskonzept erfolgen, ja, müsse es sogar, wolle man Beurteilungsfehler vermeiden. Durch den Rückgriff auf Vermögenskonzepte werde der bedeutsame Zeitfaktor unübersehbar; nur so erkenne man "the future consumption potential of present investment" (und die Notwendigkeit, mit Gegenwartswerten zukünftiger Nutzwerte zu rechnen) ebenso wie "die inhärente Willkür, Einkommen auf einen speziellen Abschnitt der chronologischen Zeit hin zu definieren". Im übrigen seien zwei allgemeine Prinzipien der Klassifikation mit beachtlichem gesellschaftlichen Stellenwert in einem vermögenstheoretischen Rahmen dominant, die nach Vermögenstyp und nach Eigentümerschaft[26].

Meines Erachtens wird dieses starke Plädoyer für den Vorrang der vermögenstheoretischen Betrachtungsweise (angesichts ihrer analytischen Evidenz) allein verständlich,

---

[26] S. *Juster* 1973, 25 ff., insbesondere S. 40 ff., dort findet man auch folgenden Klassifikationsentwurf:
"1. Reproducible tangible wealth (structures and durable equipment).
2. Reproducible intangible wealth (the stock of disembodied socially useful knowledge).
3. Human wealth (the stock of skills and knowledge embodied in persons).
4. Natural physical resource wealth (the stock of mineral, forest, water, climate, etc., assets).
5. Sociopolitical wealth (the stock of personal and national security, freedom, equity, privacy, etc.).
The classification by ownership is the familiar one:
1. Enterprise wealth including nonprofit organizations.
2. Personal and family wealth.
3. Common property (government) wealth."

wenn es vor dem Hintergrund des Eindruckes steht, hier vollzöge sich ein "Paradigma-Wechsel" (*Kuhn* 1973, 11, 96, 108, 112 ff., 208 ff.) in den Sozialwissenschaften.

Es kann an dieser Stelle nicht auf Einzelheiten der weitreichenden Debatte in den Wirtschaftswissenschaften eingegangen werden, auf welche Weise "economic und social performance" gemessen werden kann[27]. Dennoch sei festgestellt, daß als "absolutely indispensable" angesehen wird "the evolution of some sort of professional consensus on a concept that is feasible, analytically sensible, and interpretable"[28]. Weil Bewertungsprobleme "sowohl interessant als auch heimtückisch" sind, müßte einiges an Studium und Forschung hier eingebracht werden - meint *F. Thomas Juster* -, bevor man sich über relativ einfache und relativ willkürliche Unterscheidungen hinauswagen könne.

Hier zeigt sich nun deutlich die Problemlage, in die die Sozialpolitiklehre unabdingbar gerät, wenn sie auf die Bewertungsdimension stößt. Weiterführende Forschung muß deshalb bemüht sein, zumindest die Aspekte zu trennen, die in der Makrobetrachtung bzw. in der Mikroebene vorherrschen. Wir zeigten oben mit *von Kempski* die Bedeutung der sozialen Schichtung, der Rechtsordnung und das Rechtsbewußtsein für eine umfassende Behandlung unseres Problems an. *Von Ferber* wies auf die Gefahr eines Anti-Ökonomismus in der Sozialpolitik hin. Die Warnung *Franz-Xaver Kaufmann*s (1973, 343, 351 sowie S. 214 ff., 221 ff.) vor dem Mißverständnis, es bestehe kein gesellschaftliches Problem der Vermittlung zwischen den (aus der Perspektive der Subjekte) unterschiedlichen Formen "äußerer" und "innerer" Sicherheit, der "Systemsicherheit" und der "Selbstsicherheit", hat die ihr gebührende Aufmerksamkeit erfahren (*Achinger* 1971, 148 f.).

Betont wird in allen diesen Voten die Unterbewertung der Elemente sozialer Existenz, die unter die Rubrik des Vitalvermögens fallen, der "Lebensbedingungen für Individuen ..., unter denen sie ihre Zukunft nicht als Bedrohung, sondern als positive Möglichkeit erfahren" (*Kaufmann* 1973, 259).

Sicherheit als Kategorie des Humanvermögens - dieser Gedanke begegnet uns bereits bei *Adam Smith*[29]. In seiner "Theorie der ethischen Gefühle" nennt er Sicherheit "das erste und hauptsächliches Ziel der Klugheit". Als "eigentliche Aufgabe jener Tugend" bezeichnet er "the care of the health, of the fortune, of the rank and reputation of the individual" und meint damit "the objects upon which his comfort and happiness in this life are supposed principally to depend". Zu den Methoden, die jeweilige Lebenssituation zu verbessern, zählen ihm "real knowledge and skill in trade or profession". Dabei ist zu bedenken, daß der Vorteil der großen Gesellschaft der Menschheit am ehesten gefördert wird, wenn sich die Hauptaufmerksamkeit jedes Individuums auf jenen Teil richtet,

---

[27] S. die - bereits genannte - repräsentative (m. E. unbedingt zu beachtende) Publikation: *Moss* 1973.

[28] S. das Votum von *Robert M. Solow,* in: *Moss* 1973, 105. *Solow* bekennt dort, daß er (im Gegensatz zu unserer Auffassung) der Anwendung des "stock"-Konzepts auf Humanvermögen und "soziopolitisches Vermögen" wegen des "hoffnungslos subjektiven" Charakters eines solchen Verfahrens sehr mißtrauisch gegenübersteht.

[29] *Smith* 1949, 262 f., 288. Zum Originaltext s. etwa *Smith* 1970, 230, 243.

der "am stärksten innerhalb des Bereiches sowohl seiner Fähigkeiten als auch seines Verständnisses liegt". Gesundheit, Erfolg, Rang und Reputation verweisen (als Kriterien zur Abgrenzung von Vitalvermögen) die Analyse in die Ebene der Sozialstruktur, so wie sie sich durch Gesellschaft gestaltet. Es ist die Ebene, in der die sozialen Rechte und Pflichten begründet werden, aus denen sich der gesellschaftliche Status einer Person ableitet.

In Zeiten einer aktiven Sozialpolitik (s. *Sanmann* 1975, 201 ff.) ist aber der Anteil jener Rechte und Pflichten, der durch Verfassung und Recht bestimmt wird, von wesentlichem Gewicht. Unter Hinweis auf die Sozialpolitik als Beispiel für die Transformation von Spielregeln in Normen unter sich wandelnden sozialen Beziehungen betonte nun *Ralf Dahrendorf* (1966, 5 ff., 12), daß **Marktrationalität** auf Spielregeln und **Planrationalität** auf inhaltliche Normierung aus sei, beide Grundtypen der Rationalität jedoch nicht außerhalb der Ebene der politischen Sphäre, d. h. der Ebene der Herrschaft, lägen. Weil es Herrschaft gibt, resultiere daraus "unter allen Umständen" eine Ungleichheit der Teilnahme am geregelten Spiel des politischen Prozesses und eine Interessenkonstellation zur Übersetzung von Spielregeln in privilegierende inhaltliche Normen. Wie jedoch die Debatte über zeitgemäße Grundrechte, z. B. über das Grundrecht "auf Arbeit", "auf Gesundheit", "auf angemessene Sozialisation" deutlich zeigt, gehört zu den Grundtypen der gesellschaftlichen Rationalität heute der der - sagen wir - "**Statusrationalität**" im Sinne einer eigenständigen Kategorie rationaler Reflexion über die Vitalsituation des Menschen.

Nachdem die Mehrdimensionalität des Wohlfahrtsbegriffs konstatiert werden mußte, eines Begriffes, der explizit auf Wertorientierung ausgerichtet ist, sollte konsequenterweise zugestanden werden, daß Wertebildung sowohl im politischen und auch ökonomischen als auch in einem sozialkulturellen Lebensbereich erfolgt. Wenn es eine Diskussion über die Bestimmung von Persönlichkeitswerten gibt, wird sie deshalb unter einem Titel wie "Statusrationalität" zu führen sein. Reflexionen über Persönlichkeitsrechte sind jedoch unvollständig ohne die Bezugnahme auf die Frage nach der Verfügbarkeit und der Höhe des Sockels "existentieller Vermögensrechte"[30] als Minima individueller Grundsicherung der Lebenslage, als Mindestnormen der Versorgung (s. insbesondere *Schmucker* 1976, 255 ff.).

Wie weit sich der Ökonom in eigener Kompetenz in diesen Wohlfahrtsbereich des Vitalvermögens hineinzutrauen vermag, hängt von den Methoden ab, die er anwenden will. Meines Erachtens ist ein Verfahren, das *K. E. Boulding* (1971, 99 f.) vor geraumer Zeit der Aufmerksamkeit der Wohlfahrtstheoretiker empfahl, nach wie vor attraktiv: Um eine absolut strenge und eindeutige soziale Skala der Notwendigkeit zu konstruieren, solle man für die Güter und Dienstleistungen, die zur Erörterung anstehen, aus Familienbudget-Studien ermitteln, von welchen Einkommensgruppen an jene in "appreciable quantities" verwendet werden. Das Auftauchen eines Gutes in unteren Einkommensklassen signalisiere - so meinte er damals - den höheren Grad der Dringlichkeit der Nutzung. In einer Zeit, in der man (unter dem Stichwort "meritorische Güter")

---

[30] Zur Terminologie und Ableitung des Konzepts *Krüsselberg* 1973, 440 ff., insbesondere S. 444.

die Möglichkeit einer "verdienstvollen" Einmischung des Staates in die Konsumentenpräferenzen nicht ausschließt (s. *Zimmermann* und *Henke* 1975, 48 ff. oder *Krüsselberg* 1975, 159), könnte jenes Verfahren eine wichtige Kontrollfunktion für Politik übernehmen, sofern damit aufgedeckt werden kann, auf welche Bezugsgruppen diese Politik abstellt.

Wie auf der Spur solcher Bestandsaufnahmen voranzuschreiten ist, zeigt sich im Gutachten "Familie und Wohnen" des Wissenschaftlichen Beirats für Familienfragen beim Bundesministerium für Jugend, Familie und Gesundheit (1975). Dort ist auf der Linie des Schmoller-Votums (das "Bestehende" als "Basis der Reform") die Frage nach dem **sozialkulturellen Mindestbedarf** an Wohnung mit der Frage nach der konkreten Versorgungslage (und den gegenwärtigen Nutzungsmustern) in allen Teilen der Bevölkerung verknüpft worden, um Empfehlungen für eine aktive Wohnungspolitik als Politik der Verbesserung des Lebensraumes sicher fundieren zu können.

7. Sozialpolitik in Humanvermögensperspektive - eine Herausforderung zu interdisziplinärer Forschung

Es besteht kein Zweifel daran, daß ohne einen problemorientierten begrifflichen Bezugsrahmen weder ein System wissenschaftlicher Forschung noch ein System wissenschaftlicher Politik entfaltet werden kann. Es kann auch kaum bestritten werden, daß wesentliche Elemente eines Bezugsrahmens für Sozialpolitik an der Mikro-Dimension von Humanvermögen anzusetzen haben. Es ist allerdings gleichfalls klar, daß diese Diskussion erst am Anfang steht und sinnvollerweise an Hand der Ideen zu führen ist, die bereits Form angenommen haben. Deshalb sei abschließend in ähnlich exemplarischer Form wie bisher ein Entwurf von *Douglas G. Hartle*[31] **zur Bestimmung von Individualvermögen** erwähnt, der so angelegt ist, daß er interdisziplinäre Forschung zu induzieren vermag. Meines Erachtens ist er deshalb interessant, weil er die Aspekte sammelt, die Schwerpunktcharakter für die Sozialpolitiklehre beanspruchen dürften. Dazu zählen:

1. Die Lebenszeit-Perspektive, was Forschungen über den "Lebenszyklus" der Bestands- und Einkommensveränderungen notwendig macht;

2. die Frage nach der Plazierung eines Individuums innerhalb der sozialen Struktur (des Systems der sozialen Schichtung);

3. die Erkenntnis, daß Zeit letztlich die knappste Ressource ist, woraus der Stellenwert von Zeitbudget-Studien ebenso folgt wie die Bedeutung einer (humanvermögens-) theoretischen Frage nach dem ökonomischen Wert der Zeit und nach den Prinzipien der Allokation der menschlichen Zeit in entwickelten Industriegesellschaften;

4. die Beachtung des Faktums, daß jede Person in ein System der Übertragung von Begünstigungen, in ein System von Sozialbindungen, in dem Reziprozitätsnormen von Bedeutung sind, einbezogen ist.

---

[31] *Hartle* 1973, 146 ff. S. Anhang.

Die Schwäche des *Hartle*schen Ansatzes besteht meines Erachtens darin, daß er nicht handlungstheoretisch konzipiert ist, u. a. keine Unterscheidung zwischen Erwerbs- und Vitalvermögen trifft und die privat vermittelten Vermögenselemente nicht von den öffentlich vermittelten trennt. Schließlich unterscheiden sich die Ebenen der Bewertung deutlich danach, ob sie Kriterien der Markt-, Plan- oder Statusrationalität folgen. Wie wichtig diese Verschränkung der Tatsachen- und Bewertungsebene (und die daraus folgende Aufgabe ihrer präzisen Offenlegung) für unser Wissenschaftsgebiet ist, zeigt ein Satz *Erik Allardt*s: "**All the welfare values can as such be regarded as resources when a certain level of value-fulfillment has been reached**".[32]

Ressourcen aber sind Vermögenskategorien. Das Problem ihrer Beziehungen zueinander hat die Ökonomik ebenso unter dem (statischen) Aspekt ihrer Substituierbarkeit oder Komplementarität wie unter dem (dynamischen) der "zirkularen Verursachung kumulativer Prozesse" (*Myrdal*)[33] behandelt. Nach *Allardt* (1975, 15 f.) ist "central in studies of welfare" die Frage nach der "Konvertierbarkeit der Ressourcen"; das ist einmal die nach deren wechselseitiger Substituierbarkeit in einer Situation sozialen Austausches ("social exchange aspect"), zum anderen die nach dem "Kausalaspekt", wie nämlich die Existenz einer Ressource langfristig die Möglichkeit beeinflussen mag, andere Ressourcen hinzuzubekommen. Man sieht, nach wie vor geht es um die Behandlung zentraler Elemente einer Theorie der Werte **und** einer Theorie der produktiven Kräfte in vermögenstheoretischer Perspektive, und *Allardt* besteht zu Recht darauf, daß das Problem der Konvertierbarkeit ein empirisches ist. Schließen wir daher unser Plädoyer für den vermögenstheoretischen Ansatz in der Theorie der Sozialpolitik ab!

Ein Ansatz im Sinne einer vermögenstheoretischen Perspektive begünstigt die Vermittlung zwischen Mikro- und Makroperspektiven. Das Ergebnis eines volkswirtschaftlichen Produktionsprozesses hängt vom Stand an vorhandenen Ressourcen und den Entscheidungen über den Einsatz der Inputs ab. Es zeigt sich aber, daß der Zielbereich moderner Sozialpolitik sehr wesentlich auf Vermögen als Bestand an Ressourcen bestimmter Qualität und Quantität ausgerichtet ist. Das ist die **Makrokomponente** unseres Problems. Die **Mikrokomponente** dominiert in der Frage nach der Bildung und Zerstörung individuellen Handlungsvermögens im Sozialisationsprozeß oder in einem Prozeß der Desozialisation. Wegen der Einbindung individuellen Geschehens in gesamtgesellschaftliche Zusammenhänge ergibt sich in der Sprache der Produktionstheorie letztlich eine zirkulare Funktionalbeziehung.

Diese zirkulare Funktionalbeziehung, die sich durch ein logisches Kalkül ergibt, in empirische Sätze zu übertragen, setzt die Einblendung von Handlungs- und Entscheidungsprozessen voraus. Das ist die Nahtstelle, an der sich zu beweisen hat, inwieweit Formulierungen wie die von *T.H. Marshall* (1965, 10 ff., 17, 22) operationalisierbar sind, daß der Prozeß der Industrialisierung innerhalb des gesellschaftlichen Systems Kräfte freisetzt, die "durch natürliche und logische" Vorgänge dieses System selbst in "something totally unforeseen and unfamiliar" transformieren, daß in einer "logischen Entwicklung" und "natürlichen Evolution" von Ideen und Institutionen sich Teilmaß-

---

[32] *Allardt* 1975, 15. Zum Ansatz von *Allardt* s. auch *Schmucker* 1976, 258 f.
[33] S. die umfassende Darstellung bei *Kapp* 1976, 209 ff.

nahmen der Sozialpolitik allmählich zu einem einheitlichen Ganzen fügen. Es wäre zu klären, inwieweit sich "unter der Oberfläche" "processes of growth" lokalisieren lassen, die *Marshall* als Produkt der evolutionären Kräfte erscheinen, welche innerhalb der Sozialpolitik selbst am Werk sind, ob sie, die zu Beginn ein "politisches Abenteuer, von enthusiastischen Amateuren betrieben" gewesen war, zu einer Wissenschaft, von "professionals" praktiziert, werden kann.

An dieser Stelle erweist sich die Problematik eines sogenannten standpunktfreien Konzepts. Offensichtlich ist es so, daß alle Ansätze für Sozialpolitik Inhaltlichkeit intendieren. Somit bewegt sich das Bewertungsproblem in einem Spektrum zwischen elitärem und verfahrenstheoretischem Ansatz: beide unterscheiden sich nach Maßgabe des Grades von Partizipations- und Kontrollmechanismen, die in den jeweiligen Ansatz an verschiedenen Stellen und mit verschiedenem Gewicht eingehen sollen. Hier müßte der vermögenstheoretische Ansatz in der Lage sein, durch die Trennung der verschiedenen Ebenen des Handlungsbereichs für Sozialpolitik die Verwendung der drei Rationalitätsmuster auf ihre Implikationen hin zu überprüfen und Entscheidungsmodi und Zielkonflikte transparenter zu machen - als Beitrag zur logischen Klärung des Feldes, auf dem man tätig ist (*Achinger*). Zentral wird dabei die Frage, ob das Informationspotential von Alltagsindividuen, d. h. die Möglichkeit, für die eigene Bedürfnissituation relevantes Wissen und relevante Daten zu erheben, grundsätzlich kleiner oder nicht kleiner ist als das Informationspotential überindividueller Instanzen.

Wie auch immer gefragt wird, solange Konsensus besteht, daß eine Theorie der Sozialpolitik als Theorie der Sozialreform eine dynamische, d. h. eine entwicklungstheoretische Perspektive umfassen soll, wird die Verwendung eines vermögenstheoretischen Ansatzes obigen Typs unumgänglich. Er ist gleichfalls nicht standpunktlos, daher sei die Übereinstimmung mit dem Denkansatz bei *Bruno Hildebrand*, der als einer der Begründer der historisch-ethischen Volkswirtschaftslehre und damit als ein Vorbereiter der deutschen Sozialreform gilt, eigens erwähnt. Er meinte einst: "Jede neue Wahrnehmung und Erfahrung, welche die einzelnen Glieder der menschlichen Gesellschaft machen, erzeugt neue Vorstellungen und Begriffe und bereichert das geistige Gesamtkapital der Menschen, das von einer Generation zur anderen forterbt und fortwächst. Mit diesem Wachstum erweitert sich die Einsicht, die Erkenntnis und Forschungskraft der Menschheit, und die menschliche Tatkraft erhält neue Hebel, neue Zielpunkte und neue Mittel, diese Zielpunkte zu erreichen." (*Hildebrand* 1922, 307)

Vor diesem Hintergrund erhielte ein Versuch, anhand vermögenstheoretischer Kategorien institutionalisierte Sozialpolitik zu durchleuchten und neu, d. h. zeitgerecht zu fundieren, seine Legitimation. Ein adäquater Titel für diese Diskussion wäre etwa: Über die Übereinstimmungen oder Vereinbarkeiten der Ziele und Mittel einer Politik der sozialen Sicherung mit den Zielen und Mitteln einer Politik der Förderung der Bildung und Sicherung von Vitalvermögen in einem **gemeinsamen** Feld von Sozialpolitik **als** Gesellschaftspolitik. Eine solche programmatische Untersuchung dürfte umso fruchtbarer sein, je weiter die Kooperation zwischen Soziologie und Sozialökonomie reicht.

Anhang: *Hartle*s Schema hat folgende Fassung:

INDIVIDUALVERMÖGEN: Eine umfassende Formulierung

AKTIVA UND (RECHTS-)ANSPRÜCHE
(Gegenwartswert der erwarteten Begünstigungen ("benefits") über die Lebenszeit/GW)
Marktfähige Aktiva
   Geldwert der gegenwärtigen Bestände
   GW des erwarteten zurechenbaren Naturaleinkommens
   GW der erwarteten zurechenbaren psychischen Begünstigungen
      aus wahrnehmbarem Prestige, das auf demonstrativem Reichtum oder Marktmacht beruht[a)]
Humanvermögen
- Bruttoertrag
   GW der erwarteten Einkünfte
     Geldbeträge
     Zurechenbare Naturaleinkommen
     Zurechenbare psychische Begünstigungen
       aus Preestige, Wertschätzung und Stolz,die mit der individuellen Tätigkeit verbunden sind [b)]
   GW der erwarteten "Muße"
     Zurechenbare entgangene Einkünfte
     Zurechenbare psychische Begünstigungen
       aus dem Prestige, das auf demonstrative Untätigkeit zurückführt
- Abzüge
   GW der erwarteten Aufwendungen für den Lebensunterhalt ("Subsistenz")
     Geldbeträge
     Zurechenbare Naturalausgaben
     Zurechenbare entgangene Einkünfte oder Muße
   GW der erwarteten Ausbildungskosten
     Geldbeträge
     Zurechenbare Naturalausgaben
     Zurechenbare entgangene Einkünfte oder Muße
     Zurechenbare psychische Kosten durch Konformität
      mit den Aus-/Bildungsanforderungen
   GW der erwarteten Kosten der Gesundheit
     Geldbeträge
     Zurechenbare Naturalausgaben
     Zurechenbare entgangene Einkünfte oder Muße
     Zurechenbare psychische Kosten für Schmerzen und Leiden
Ansprüche auf die Übertragung von Begünstigungen, die speziell für das Individuum bestimmt sind
- von Verwandten und anderen Individuen
   GW der erwarteten Eingänge von Geld
   GW der erwarteten zurechenbaren Eingänge in Naturalien
   GW der erwarteten psychischen Begünstigungen aus Prestige, Wertschätzung und Zuneigung, die dem Individuum von Verwandten oder anderen Individuen entgegengebracht werden
- von staatlichen Instanzen (Gemeinde, Land, Bund)
   GW der erwarteten Eingänge von Geld
   GW der erwarteten zurechenbaren Eingänge von Naturalien
   GW der erwarteten psychischen Begünstigung aus Prestige
     oder Wertschätzung, die dem Individuum von den staatlichen Instanzen entgegengebracht werden
- von Vereinigungen auf freiwilliger Basis
   GW der erwarteten Eingänge von Geld
   GW des erwarteten zurechenbaren Werts der Eingänge in Naturalien
   GW des erwarteten zurechenbaren Werts psychischer Begünstigungen
     aus Prestige oder Wertschätzung, die dem Individuum als Mitglied von den anderen Mitgliedern der jeweiligen Gruppe entgegengebracht werden

Ansprüche auf Teilhabe an kollektiven Leistungen/Begünstigungen
- GW der erwarteten zurechenbaren Begünstigungen aus dem gemeinsamen Vermögen jeder der Gruppen, denen das Individuum als Mitglied angehört: Familie, Nachbarschaft, Gemeinde, Region, Nation, Welt, Zusammenschlüsse auf freiwilliger Basis, rassisch-ethnisch-linguistische Gruppen
  Gemeinsames Vermögen umschließt:
    Quantität und Qualität der nicht individuell angeeigneten natürlichen Ressourcen einschließlich Luft und Wasser
    Zugang zum Wissensfonds (Bestand an Wissen) sowie dessen Quantität und Qualität
    Zugang zu sozialen, kulturellen und der Erholung dienenden Aktivitäten sowie deren Quantität und Qualität
    Gültigkeit der Privatsphäre
    Prestige der Gruppe in den Augen der Nichtmitglieder, das auf der Fähigkeit der Gruppe beruht, die Entscheidungen anderer Gruppen zu beeinflussen
    Wertschätzung der Gruppe in den Augen der Nichtmitglieder, die auf der Übereinstimmung des Verhaltens der Gruppe mit den Normen der Nichtmitglieder beruht
    Stolz der jeweiligen Gruppe auf ihre Gruppe, der auf der Übereinstimmung ihres Verhaltens mit den Normen der jeweiligen Gruppe beruht

PASSIVA UND VERPFLICHTUNGEN
(Gegenwartswert der erwarteten Kosten ("costs") über die Lebenszeit/GW)

Nicht anderweitig spezifizierte finanzielle Verbindlichkeiten

Andere Verpflichtungen
- gegenüber Verwandten und anderen Individuen
  GW der erwarteten Geldausgaben
  GW der erwarteten zurechenbaren Naturalausgaben
  GW der erwarteten zurechenbaren entgangenen Einkünfte oder Muße
  GW der erwarteten zurechenbaren psychischen Kosten durch Konformität mit den Verhaltensnormen anderer, abzüglich der psychischen Begünstigungen (Stolz) durch Konformität mit eigenen Verhaltensnormen
- gegenüber staatlichen Instanzen (Gemeinde, Land, Bund)
  GW der erwarteten Geldbeträge für Steuern sowie für Verluste durch Enteignungen
  GW der erwarteten zurechenbaren entgangenen Einkünfte oder Muße während des Wehrdienstes
  GW der erwarteten zurechenbaren psychischen Kosten durch gesetzeskonformes Verhalten, abzüglich der psychischen Begünstigungen (Stolz) durch Konformität mit eigenen Verhaltensnormen
- gegenüber Vereinigungen auf freiwilliger Basis
  GW der erwarteten Geldausgaben
  GW der erwarteten zurechenbaren Naturalausgaben
  GW der erwarteten zurechenbaren entgangenen Einkünfte oder Muße
  GW der erwarteten zurechenbaren psychischen Kosten durch Konformität mit den Verhaltensnormen der Vereinigungen, abzüglich der psychischen Begünstigungen durch Konformität mit eigenen Verhaltensnormen

NETTO-WERT

Anmerkung: Alle Geldwerte werden grundsätzlich mittels der erwarteten Preise des Warenkorbes sowie der Dienstleistungen, die das Individuum zu kaufen wünscht, deflationiert. Vermögen wird deshalb in realer Kaufkraft ausgewiesen.
a) Psychische Begünstigungen (Nutzen) und Kosten sind subjektiv und deshalb einer objektiven Bewertung nicht zugänglich. Psychische Begünstigungen aus Prestige und Wertschätzungen hängen von den Vorstellungen des Individuums über die Vorstellungen anderer ab und sind deshalb in doppelter Hinsicht subjektiv.
b) Prestige wird definiert als die wahrnehmbare positive Einstellung anderer, die sich aus dem wahrnehmbaren Einfluß ergibt, den das Individuum durch die Allokation von Belohnungen und Bestrafungen auf andere ausübt.
Wertschätzung wird definiert als die wahrnehmbare positive Einstellung anderer, abgeleitet aus der wahrnehmbaren Übereinstimmung des Verhaltens des Individuums mit den Normen der anderen.
Stolz wird definiert als das Gefühl der Befriedigung, das das Individuum genießt, wenn es nach seinen eigenen Verhaltensnormen handelt.

Literatur

Abel, Wilhelm (1967), Agrarpolitik, 3. Auflage, Göttingen.

Achinger, Hans (1969), Das Problem der sozialen Daten in der Sozialpolitik, in: *Helmut Arndt* (Hrsg.), Sozialwissenschaftliche Untersuchungen, *Gerhard Albrecht* zum 80. Geburtstag, Berlin.

Achinger, Hans (1971), Sozialpolitik als Gesellschaftspolitik, 2. Auflage, Frankfurt a. M.

Albert, Hans (1967), Marktsoziologie und Entscheidungslogik, Neuwied.

Albert, Hans (1976), Aufklärung und Steuerung, Hamburg.

Allardt, Erik (1975), Dimensions of Welfare in a Comparative Scandinavian Study, Helsinki.

Badura, Bernhard und *Peter Groß* (1976), Sozialpolitische Perspektiven, München.

Blaug, Mark (1976), The Empirical Status of Human Capital Theory: A Slightly Jaundiced Survey, in: Journal of Economic Literature 14.

Bombach, Gottfried (1972), Neue Dimensionen der Lehre von der Einkommensverteilung, Basel.

Bombach, Gottfried, Bruno S. Frey und *Bernhard Gahlen* (Hrsg.) (1974), Neue Aspekte der Verteilungstheorie, Tübingen.

Boulding, Kenneth E. (1962), A Reconstruction of Economics, New York.

Boulding, Kenneth E. (1971), Collected Papers, Bd. 1, Boulder, Col.

Chenery, Hollis und *Montek S. Ahluwalia* (1974), Redistribution with Growth, London.

Dahrendorf, Ralf (1966), Markt und Plan, Zwei Typen der Rationalität, Tübingen.

Derthick, Martha (1975), Uncontrollable Spending for Social Services Grants, Washington.

Engels, Wolfram, Herbert Sablotny und *Dieter Zickler* (1974), Das Volksvermögen, Frankfurt a. M.

Ferber, Christian von (1967), Sozialpolitik in der Wohlstandsgesellschaft, Hamburg.

Giersch, Herbert (1960), Allgemeine Wirtschaftspolitik, Wiesbaden.

Grimm, Dieter (Hrsg.) (1976), Rechtswissenschaft und Nachbarwissenschaften 1, 2. Aufl., München.

Hartle, Douglas G. (1973), Comment, in: *Milton Moss* (Hrsg.), The Measurement of Economic and Social Performance, New York.

Hecker, Karl (1968), Friedrich Lists Theorie der produktiven Kräfte und ihre gesellschaftspädagogischen Perspektiven, in: Mitteilungen der List-Gesellschaft 6.

Hildebrand, Bruno (1922), Die Nationalökonomie der Gegenwart und Zukunft, Bd. 1, Jena.

Hüfner, Klaus (1970), Die Entwicklung des Humankapitalkonzeptes, in: *Klaus Hüfner* (Hrsg.), Bildungsinvestitionen und Wirtschaftswachstum, Stuttgart.

Jöhr, Walter Adolf (1971), Thesen zum Problemkreis Wissenschaft und Werte, in: Schweizerische Zeitschrift für kaufmännisches Bildungswesen 65.

Juster, F. Thomas (1973), A Framework for the Measurement of Economic and Social Performance, in: *Milton Moss* (Hrsg.), The Measurement of Economic and Social Performance, New York.

Kapp, K. William (1976), The Nature and Significance of Institutional Economics, in: Kyklos 29.

Kaufmann, Franz-Xaver (1973), Sicherheit als soziologisches und sozialpolitisches Problem, 2. Aufl., Stuttgart.

Kempski, Jürgen von (1964), Brechungen, Reinbek bei Hamburg.

Krüsselberg, Hans-Günter (1963), Ein Entwurf zur Entwicklung eines Verhaltensschemas der Investition, Economia Internazionale XVI (2).

Krüsselberg, Hans-Günter (1965), Organisationstheorie, Theorie der Unternehmung und Oligopol, Berlin.

Krüsselberg, Hans-Günter (1973), Die Wiederentdeckung der Politischen Ökonomie, in: *Günter Albrecht, Hansjürgen Daheim* und *Fritz Sack* (Hrsg.), Soziologie, *René König* zum 65. Geburtstag, Opladen.

Krüsselberg, Hans-Günter (1975), Der Beitrag der kollektiven Leistungen zum Versorgungsniveau der privaten Haushalte, Hauswirtschaft und Wissenschaft 23.

Krüsselberg, Hans-Günter (1976a), Aspekte der Einkommensverteilung: Theorie und Politik, in: *Dieter Cassel* und *H. Jörg Thieme* (Hrsg.), Einkommensverteilung im Systemvergleich, Stuttgart.

Krüsselberg, Hans-Günter (1976b), Wirtschaftswissenschaft und Rechtswissenschaft, in: *Dieter Grimm* (Hrsg.), Rechtswissenschaft und Nachbarwissenschaften 1, 2. Aufl., München.

Külp, Bernhard und *Wilfrid Schreiber* (1971), Gegenstand und Aufgaben der Sozialpolitiklehre, in: *B. Külp* und *W. Schreiber* (Hrsg.), Soziale Sicherheit, Köln-Berlin.

Külp, Bernhard u. a. (1975), Wohlfahrtsökonomik I. Die Wohlfahrtskriterien, Tübingen.

Kuhn, Thomas S. (1973), Die Struktur wissenschaftlicher Revolutionen, Frankfurt a. M.

Kuznets, Simon (1955), Economic Growth and Income Inequality, in: American Economic Review, Bd. 45.

Lautmann, Rüdiger (1976), Soziologie und Rechtswissenschaft, in: *Dieter Grimm* (Hrsg.), Rechtswissenschaft und Nachbarwissenschaften 1, 2. Aufl., München.

Leibowitz, Arleen (1974), Home Investments in Children, in: *Theodore W. Schultz* (Hrsg.), Economics of the Family, Chicago-London.

Liefmann-Keil, Elisabeth (1961), Ökonomische Theorie der Sozialpolitik, Berlin.

List, Friedrich (1959), Das nationale System der politischen Ökonomie, Basel.

Marshall, T. H. (1965), Social Policy, London.

Meyer, Willi (1976), Das Vermächtnis des Adam Smith, Rheinischer Merkur Nr. 11, 12.3.

Moss, Milton (Hrsg.) (1973), The Measurement of Economic and Social Performance, New York.

Myrdal, Gunnar (1961), Asian Drama, New York.

Myrdal, Gunnar (1965), Das Wertproblem in der Sozialwissenschaft, Hannover.

Preiser, Erich (1961), Bildung und Verteilung des Volkseinkommens, Göttingen.

Raisch, Peter und *Karsten Schmidt* (1976), Rechtswissenschaft und Wirtschaftswissenschaften, in: *Dieter Grimm* (Hrsg.), Rechtswissenschaft und Nachbarwissenschaften 1, 2. Aufl., München.

Rüstow, Alexander (1950), Das Versagen des Wirtschaftsliberalismus, 2. Aufl., Düsseldorf.

Rüstow, Alexander (1957), Ortsbestimmung der Gegenwart, 3. Bd., Herrschaft oder Freiheit?, Erlenbach-Zürich.

Sanmann, Horst (1975), Sozialpolitik, in: *Werner Ehrlicher, Ingeborg Esenwein-Rothe, Harald Jürgensen* und *Klaus Rose* (Hrsg.), Kompendium der Volkswirtschaftslehre, Bd. 2, 4. Aufl., Göttingen.

Schmoller, Gustav (1890), Rede zur Eröffnung der Besprechung über die sociale Frage in Eisenach den 6. Oktober 1872, in: *Gustav Schmoller*, Zur Social- und Gewerbepolitik der Gegenwart, Leipzig.

Schmoller, Gustav (1898), Über einige Grundfragen der Socialpolitik und der Volkswirtschaftslehre, Leipzig.

Schmölders, Günter (1962), Geschichte der Volkswirtschaftslehre, Reinbek bei Hamburg.

Schmucker, Helga (1976), Bedürfnisbefriedigung und Lebensqualität, in: Hauswirtschaft und Wissenschaft 24.

Schultz, Theodore W. (1972), Human Capital: Policy Issues and Research Opportunities, in: National Bureau of Economic Research, Human Resources, New York.

Smith, Adam (1949), Theorie der ethischen Gefühle, Frankfurt a. M.

Smith, Adam (1970), Moral and Political Philosophy, hrsg. von *Herbert W. Schneider*, New York.

Smith, Adam (1974), Der Wohlstand der Nationen, München.

Sommer, Artur (1959), Vorbemerkungen zur Geschichte des Werkes, in: *Friedrich List*, Das nationale System der politischen Ökonomie, Basel.

Stobbe, Alfred (1976), Volkswirtschaftslehre I, Volkswirtschaftliches Rechnungswesen, Berlin.

Struck, Gerhard (1976), Rechtswissenschaft und Soziologie, in: *Dieter Grimm* (Hrsg.), Rechtswissenschaft und Nachbarwissenschaften 1, 2. Aufl., München.

Thünen, Johann Heinrich von (1966), Der isolierte Staat in Beziehung auf Landwirtschaft und Nationalökonomie, Zweiter Teil, II. Abteilung, Berlin 1875, neu herausgegeben von *Walter Braeuer* und *Eberhard E.A. Gerhardt*, Darmstadt.

Weber, Max (1924), Gesammelte Aufsätze zur Soziologie und Sozialpolitik, Tübingen.

Weber, Max (1968), Gesammelte Aufsätze zur Wissenschaftslehre, 3. Auflage, Tübingen.

Weisser, Gerhard (1971), Grundsätze der Verteilungspolitik, in: *B. Külp* und *W. Schreiber* (Hrsg.), Soziale Sicherheit, Köln-Berlin.

Widmaier, Hans-Peter (1976), Sozialpolitik im Wohlfahrtsstaat, Reinbek bei Hamburg.

Willgerodt, Hans, Karl Bartel und *Ullrich Schillert* (1971), Vermögen für alle, Düsseldorf.

Wissenschaftlicher Beirat für Familienfragen beim Bundesministerium für Jugend, Familie und Gesundheit (1975), Gutachten "Familie und Wohnen", Stuttgart.

Zimmermann, Horst und *Klaus-Dirk Henke* (1975), Finanzwissenschaft, München.

Humanvermögen in evolutionären Wettbewerbsprozessen[1]

Hans-Günter Krüsselberg

1. Der Problembereich: Dynamik des Wettbewerbs, Ungewißheit und wirtschaftliches Handeln

Trotz vieler Kontroversen läßt sich meines Erachtens der Objektbereich wettbewerbstheoretischer Analysen **eindeutig** ausmachen. Er kann von drei Seiten her eingegrenzt werden. Die **erste Referenzebene** ist zu bestimmen durch die Antwort *Schumpeters* auf die Frage nach der relevanten Wettbewerbshypothese. Für ihn ist es "eine Tatsache, daß das, was wir (unter Konkurrenzwirtschaft) verstehen, ein Schema von Motiven, Entscheidungen und Handlungen ist, welches der Unternehmung durch die Not-

---

[1] Zuerst erschienen in: *Karl von Delhaes* und *Ulrich Fehl* (Hrsg.), Dimensionen des Wettbewerbs - Seine Rolle in der Entstehung und Ausgestaltung von Wirtschaftsordnungen, Schriften zu Ordnungsfragen der Wirtschaft, Band 52, S. 141-178, Stuttgart 1997.

wendigkeit aufgezwungen wird, Besseres zu leisten oder zumindest erfolgreicher zu sein als der Konkurrent nebenan". **Diese** Situation sei es, auf die wir "die technische und kommerzielle Leistungsfähigkeit" der "Konkurrenz"-Wirtschaft zurückführen. Bei der Suche nach einem "brauchbaren" Wettbewerbsbegriff müsse man zudem davon ausgehen, daß eine dieser Situation entsprechende Verhaltensstruktur am ehesten in Marktformen anzutreffen sei, die sich im Bereich zwischen dem Fall des reinen Monopols und dem des vollkommenen Wettbewerbs ansiedeln (*Schumpeter* 1965, 1186).

Die **zweite Referenzebene** bezieht sich auf die Denkanstöße, die insbesondere *F.A. von Hayek* gegeben hat. Seine kritische Auseinandersetzung mit jenen Vertretern der Wirtschaftswissenschaften, die im "Spätklassischen Formalismus" ein statisches, geschlossenes System der vollständigen Konkurrenz zur sozialökonomischen Norm erhoben, gipfelte in seinem Vorschlag, Wettbewerb als Entdeckungsverfahren zu bezeichnen. Hier wird unterstellt, daß jeder seine eigenen Kenntnisse nutzt, um seine Zwecke zu verfolgen. Dabei ist er jedoch genötigt, sich Umständen zu stellen, die für ihn nicht voraussehbar sind. Gelingt es gleichwohl, sich im Markt so zu verhalten, daß die Bedürfnisse anderer Menschen besser befriedigt werden als zuvor, wird "die zur Verteilung verfügbare Gesamtmenge (an Gütern und Dienstleistungen) vergrößert". Damit könne jeder "zumindest darauf rechnen ..., daß das, was er für seinen ungewissen Anteil bekommt, so viel wie möglich ist". Das ist die "Chance", die eine marktwirtschaftliche Ordnung "unbekannten Menschen" bietet (*von Hayek* 1969a, 167 ff. sowie S. 249 ff.).

Vor diesem Hintergrund entfaltete sich Schritt für Schritt eine marktwirtschaftliche Prozeßtheorie. Sie will zeigen, daß unter Wettbewerbsbedingungen die verantwortlichen Entscheidungen von Einzelakteuren zu einer höheren Leistungsfähigkeit des volkswirtschaftlichen Systems führen. Dieses Handeln auf der Basis von Kenntnissen über verfügbare Ressourcen und von Visionen über individuelle Marktchancen ist allerdings ein Handeln unter den Bedingungen der Ungewißheit. Es ist damit der Intuition, dem Wagnis und zugleich der Bereitschaft zur Verantwortung unterworfen, nicht zuletzt der Verantwortung zur Aufrechterhaltung des historisch gegebenen Standes an Ressourcen (*Krüsselberg* 1969, 15 ff.). Damit wird die **dritte Referenzebene** benannt, die hier von Bedeutung ist. Bislang wurde sie meines Erachtens zu wenig beachtet, wenngleich sie sowohl in der *Schumpeter-* als auch in der *von Hayek*-Analyse eine beachtliche Rolle spielt. Es geht um das Phänomen des Umgangs mit einem Wissen, das stets unvollkommen ist, weil sich Wissen im Prozeß der Evolution nicht-prognostizierbar verändert. Wenn sich die Wirtschaftswissenschaft aber nicht ständig dem Vorwurf der "Anmaßung von Wissen" (*von Hayek* 1989a, 3) aussetzen will, muß sie den menschlichen Umgang mit dem Tatbestand der inhärenten Ungewißheit der Zukunft ebenfalls zu einem Kernbereich ihrer Anforderungen an eine Theorie dynamischer Wettbewerbsprozesse machen.

Es kann gewiß kein Zweifel darüber bestehen, daß über Wettbewerbsprozesse nicht gesprochen werden kann ohne die Einbeziehung handelnder Menschen. Gleichwohl ist in der wissenschaftlichen Debatte weder eine Übereinstimmung erzielt worden über das Menschenbild, von dem die Wirtschaftstheorie ausgehen soll, noch über die Form, in der sich ein handlungsorientiertes Wissenschaftsgebäude zu entfalten vermag. Das aber dürfte vor allem dann zu einigen Engpässen in der Argumentation führen, wenn evolutionstheoretische Forschungsprogramme an Bedeutung gewinnen, was im folgenden unterstellt wird. Wenn an dieser Stelle nun das Wagnis unternommen wird, den Spuren von Humanvermögen in evolutionären Wettbewerbsprozessen nachzugehen, muß von vornherein auf die Bedingtheit dieses Procedere aufmerksam gemacht werden.

Zwei Prämissen sind die Grundlage der Betrachtungen, auf die wir uns hier einlassen. **Die erste** läßt sich ausdrücken in Form einer Generalisierung der für das Werk von *Theodore W. Schultz* fundamentalen Beschreibung wirtschaftlichen Handelns. Er meint, auf der ganzen Welt befaßten sich Menschen mit Kosten, Erträgen und Risiken und seien so quasi von Hause aus Wirtschaftssubjekte, die rechnen können. Im Rahmen ihres alltäglichen Allokationsbereiches seien sie Unternehmer, die sich in der Regel sehr geschickt auf die wirtschaftlichen Bedingungen einstellen, so geschickt, daß manche vermeintliche Experten die Effizienz ihrer Tätigkeit verkennen. Auf der Basis ihrer jeweiligen Ausbildung und ihrer Erfahrungen entwickelten sie mannigfache Fähigkeiten, Neuerungen wahrzunehmen, aufzunehmen, auszuwerten und richtig auf sie zu reagieren. Diese Fähigkeiten stellten die unentbehrliche menschliche Ressource des Unternehmertums dar (*Schultz* 1986, 10 f.). Mit dieser Umschreibung ist jeder Mensch potentieller Unternehmer, in welcher Rolle, in welch kleinem Allokationsbereich er auch immer wirtschaftlich tätig sein mag.

Die **zweite Prämisse** dieser Betrachtung besteht in der Annahme, daß alles wirtschaftliche Handeln auf den Umgang mit Ressourcen bezogen ist. Die Verfügungsgewalt über Ressourcen ist jedoch in jeder Gesellschaft Personen übertragen. Der Begriff Vermögen grenzt ab, wer in jedem Einzelfall über solche Aktiva verfügungsberechtigt ist. Durch die Verwendung des Begriffs Vermögen wird somit für alle Teilnehmer an einem Wirtschaftsprozeß klargestellt, daß die Entscheidung über den Einsatz dieses Vermögens nur sehr konkret benannten Personen (oder sonstigen Handlungseinheiten) obliegt. Da solche Entscheidungen in entwickelten Wirtschaftsgesellschaften stets aber institutionell, d.h. durch Regeln und Normen, geleitet werden, muß ein Versuch, humanvermögenstheoretisch zu argumentieren, unabdingbar das Handlungsfeld von Personen und Organisationen als ein Feld institutioneller Verknüpfung von Humanvermögen mit materiellem Vermögen ansehen. Wirtschaftliche Aktivität erwächst somit stets aus einer auf Humanvermögen zentrierten Bündelung von Aktiva zum Zweck der Schaffung wirtschaftlicher Werte in institutionell strukturierten Handlungsfeldern, z.B. Unternehmen.

Diese Aussage gilt uneingeschränkt für die Perspektive *Schumpeters*, die das Programm einer evolutorischen Ökonomik stark beeinflußt hat. Es empfiehlt sich somit, einleitend jene Elemente seines Werkes zusammenzustellen, die nach wie vor als für unsere oben genannte Problematik grundlegend anzusehen sind. Wir meinen, daß hier vor allem zu erkennen ist, welch hohe Bedeutung dieser Autor der Erörterung des institutionellen Gerüsts einer Marktwirtschaft für die Entfaltung evolutorischer Prozesse zumißt (Abschnitt 2). Gleichwohl wird selbst im *Schumpeter*ansatz das eigentlich unternehmerische Element der Entscheidungen bei Ungewißheit zu wenig thematisiert. Daß die Debatte über die ökonomische Theoriebildung dieses Thema jedoch nicht völlig ausgespart hat, möchten wir zeigen, indem wir insbesondere jene Ideen und Gedanken ansprechen, die sich mit den handlungstheoretischen Konsequenzen der Einsicht beschäftigen, daß in einer inhärent ruhelosen Welt alles Wissen nicht mehr als Vermutungswissen sein kann (Abschnitt 3).

Danach folgt eine Betrachtung der Relevanz der vermögenstheoretischen Perspektive für die Abgrenzung der Handlungsdimension in wettbewerbstheoretischen Analysen unter der nicht aufhebbaren Bedingung von Ungewißheit im Evolutionsprozeß. Argumentiert wird dort, daß Menschen im Umgang mit ihrem Vermögen Ungewißheit zu bewältigen suchen. Dabei können sie auf unterschiedliche institutionelle Arrangements zurückgreifen, die sich im historischen Prozeß - wie in Abschnitt 2 skizziert wird - durchgesetzt haben. Wegen der grundsätzlichen Bedeutung der Fähigkeit, trotz Ungewißheit zu handeln, für die Funktionsweise wettbewerblicher Systeme haben sich im Evolutionsprozeß institutionelle Regelungen entfaltet, die so beschaffen sind, daß sie **zum einen** den Einzelnen und die wirtschaftlichen Entscheidungsträger der Gesellschaft daran hindern, bereits existierende Vermögenspotentiale aufzuzehren, daß sie **zum anderen** aber oberhalb dieses Bestandserhaltungsniveaus Anreize schaffen für Such- und Entdeckungsprozesse, deren Ergebnisse wohlfahrtsfördernde Aktivitäten, im wesentlichen Investitionen, auslösen (Abschnitt 4).

Wie solche Aktivitäten beschaffen sind, wird exemplarisch im Abschnitt 5 erörtert, wo die Konturen einer wettbewerblichen Theorie der Unternehmung dargestellt werden. Als überragendes Merkmal einer wettbewerblich-evolutionären Perspektive wird die Tatsache bezeichnet, daß Wettbewerbsvorteile Resultat einer an Leitbildern orientierten Kombination unternehmensspezifisch gebundener Aktiva sind. Damit erhalten Unternehmen ihr singuläres Profil - ein Profil, das wir als von Humanvermögen dominiert bezeichnen. Unternehmen erlangen ihre marktwirtschaftliche "Individualität" vor allem vermittels der im Vergleich zu anderen Unternehmen spezifischen marktbezogenen Ansammlung von Vermögen unter dem Dach ihrer ureigenen Organisation in einer zweckorientierten Bündelung von Human- und Produktivvermögen. Wie sich jenes Profil verändert, wie innovative Entscheidungen über die Verwendung von Aktiva zu einer - wie wir sagen wollen - Öffnung des Evolutionsraums führen, ist Thema des Abschnitts 6, dem einige abschließende Bemerkungen über die Effizienzmerkmale der Unternehmensstruktur in einer marktwirtschaftlichen Ordnung folgen (Abschnitt 7).

Mit dieser Themenübersicht soll zugleich auf eine grundsätzliche Restriktion aufmerksam gemacht werden, die diesen Beitrag prägt: Es ist die schwerpunktmäßige Beschränkung unserer Diskussion auf jene Institution, die im Wettbewerb wesentliche Akzente setzt, die privatwirtschaftlich geleitete Unternehmung. Gleichwohl klingt - hoffentlich - durchgängig an, was im Abschnitt 4 so grundsätzlich, wie es uns hier möglich ist, diskutiert wird: Die Qualität des Humanvermögens einer Gesellschaft ist in evolutionären Wettbewerbsprozessen **auch in anderen Ebenen** als der Welt der Unternehmen ein entscheidendes wohlstandsförderndes Element.

2. Basisprämissen einer dynamischen Wettbewerbstheorie: Der Ansatz Schumpeters

In diesem Band wird nach einem Bezugssystem gefragt, das es erlaubt, das Phänomen Wettbewerb von mehreren Dimensionen her "einzukreisen" (*von Delhaes* und *Fehl*

1997, 1). Zugleich wird auf die Bedeutung des Phänomens der historischen Zeit verwiesen, der Zeit also, in welcher sich der Wettbewerbsprozeß konkret vollzieht. Außerdem wird die Zweckmäßigkeit eines Übergangs von einer gleichgewichtsorientierten Analyse zu einer prozeßorientierten erörtert. Das sind Gedanken, die sich immer dann aufdrängen, wenn nach einer Theorievariante gesucht wird, die die Schaffung einer Wettbewerbsordnung im Sinne *Walter Euckens* (1968, 254 ff.) als einer Bündelung marktwirtschaftlicher Institutionen zur Lösung des Knappheitsproblems in das Zentrum der Betrachtung rückt und dabei den Prozeß des Wettbewerbs als einen historischen Prozeß sieht (s. *Krüsselberg* 1969, 13 f., 19, 50 ff., 167 ff.). In den hier vorgestellten Bemühungen, solchen Erwägungen nachzugehen, um einen für Wettbewerbsthemen adäquaten humanvermögenstheoretischen Unterbau zu entwickeln, verknüpfen sich die Ansätze der *von Hayek*-Schule und der *Schumpeter*-Schule. *Rosenberg* empfiehlt jenen, die den *Schumpeter*-Ansatz nicht mit "Ungleichgewichtsanalyse" beschrieben wissen wollen, statt dessen den von *Schumpeter* in seinem Kapitalismus-Buch häufig verwendeten Begriff "evolutionär" zu benutzen (*Rosenberg* 1994, 45; *Schumpeter* 1950, 132 bzw. 136 ff.). Das ist ein Begriff, mit dem man inzwischen gleichfalls nahezu uneingeschränkt die Blickrichtung des *von Hayek*schen Denkens charakterisiert.

Diesen Kern evolutionären Denkens findet man - so betonte meines Erachtens *Müller-Armack* (1932) in seinem Buch über die "Entwicklungsgesetze des Kapitalismus" zu Recht - bei *Schumpeter* mit den Vorstellungen verknüpft, daß den Kapitalismus insbesondere seine offene Form auszeichne; ein fixierter "sozialer und technisch organisatorischer Aufbau" sei genau das Gegenteil kapitalistischer Formbildung; "erst im Prozeß der Entwicklung" bilde sich "die Struktur der sozialen und wirtschaftlichen Ordnung" aus. Spontaneität und Freiheit der Aktion gelten hier als grundlegende Elemente des historischen Ablaufs. Durch die Anerkennung der Spontaneität der gesellschaftlichen Entwicklung und ihrer Offenheit in bezug auf die jeweils zu realisierende Zielstruktur stelle sich diese Theorieform in ihrer Handlungs- und Entscheidungsorientierung in einen bewußten Gegensatz zu geschichtsdeterministischen Theorien des Ablaufszwanges. In ihrer Perspektive sei ein Wandel der gesellschaftlichen und wirtschaftlichen Struktur das notwendige Resultat eines allgemeinen gesellschaftlichen Antagonismus, der Bewegungsdimension der Geschichte (*Müller-Armack* 1932, 46 ff., 121 ff., 164 ff.).

Das Thema einer evolutionären Theorie wirtschaftlicher Prozesse ist mit diesen Hinweisen markiert. Zu erörtern ist, inwieweit der in der Realität marktwirtschaftlicher Systeme zu beobachtende stetige Wandel in der Wirtschafts- und Sozialstruktur durch die Notwendigkeit ausgelöst wird, nicht antizipierbar auftretende Impulse wirtschaftlicher Aktivität zu verarbeiten, die einerseits eine Folge der Offenheit des Systems sind, zum anderen dessen Offenheit wiederum stabilisieren.

Offenheit des Systems bedeutet hier Wandlungsfähigkeit, wozu stets auch die Wandlungsfähigkeit menschlicher Entscheidungsträger zählt. Zu untersuchen ist deshalb der Prozeß, "der unaufhörlich die Wirtschaftsstruktur **von innen heraus** revolutioniert, unaufhörlich die alte Struktur zerstört und unaufhörlich die neue schafft". Zu analysieren und zu erklären ist der "evolutionäre Charakter des kapitalistischen Prozesses" (*Schumpeter* 1950, 137 f.).

Was aber ist die Grundlage für die Initiierung wirtschaftlicher Impulse und für deren Inkorporation in das System auf dem Wege über dessen Wandel? Was sind die charakteristischen Merkmale jener Ordnung, die *Schumpeter* "kapitalistische Ordnung" nennt?

Für *Schumpeter* verkörpern sich die Wesensmerkmale dieser Ordnung - handlungsorientiert - in der Einrichtung der Privatunternehmung. Diese ist für ihn als Träger des technischen Fortschritts dominant. Als konstitutive Ordnungselemente des gesellschaftlichen Rahmens, in dem diese Unternehmer tätig sein sollen, gelten Privateigentum an den Produktionsmitteln, Regelung des Produktionsprozesses durch Privatvertrag, Finanzierung der Unternehmungen durch Bankkredite. Notwendig ist zudem ein Mechanismus sozialer Selektion, der "die befähigende und auswählende Funktion" miteinander verbindet und eine Motivationsstruktur formt, durch die "eine maximale Produktion und minimale Kosten zu erreichen" sind. Es sind - so meint er - vornehmlich die Großunternehmen, die in diesem institutionalisierten Ordnungsrahmen ein Handlungsmuster entstehen lassen, "innerhalb dessen ein sich fortwährend in Wandlung begriffener Personenkreis von Innovation zu Innovation schreitet" (*Schumpeter* 1950, 267 ff., 22 ff., 29).

Intensiv setzte sich *Schumpeter* mit einem - wie er meinte - im Hinblick auf entwikkelte Industriegesellschaften besonders wichtigen institutionellen Problem auseinander. Das Problem der Unternehmenskonzentration erschien ihm als Evolutionstatbestand, den er im Gegensatz zur vorherrschenden Meinung vor allem als einen Prozeß wohlfahrtsfördernden Wettbewerbs zwischen Großunternehmen zu analysieren suchte. Seine Lösung basierte auf der generellen Hypothese, die hohe Innovationsfähigkeit des Systems sei eine Konsequenz des institutionell zu sichernden offenen Zugangs zu dynamischen Wettbewerbsmärkten. In diesem System löst sich dann das in der Theorie bis dahin äußerst kritisch beurteilte Allokationsverhalten von Unternehmen im (Monopol und) Oligopol wohlfahrtsfördernd auf. Ins Hintertreffen gerät die früher dominierende theoretische Unterstellung, in einer Welt gegebener Produkte könnten bei einer historisch entstandenen, relativ konstanten Aufteilung der Märkte unternehmerische Absichten, diese Aufteilung zu verändern, nur mit einem hohen Aufwand an unproduktiven "Kampfkosten" durchgesetzt werden. Aus dem Versuch, solche zu vermeiden, resultiere die mangelnde Dynamik in diesen Märkten infolge einer Präferenz der Oligopolisten für die Bewahrung des status quo. *Schumpeter* setzt gegen diese Auffassung seine These vom "oligopolistischen Wettbewerb". Evolution wird hier ohne direkte unproduktive Konfrontation auf bestehenden Märkten möglich, weil sich der Wettbewerb auf die Ebene der Innovation verlagert. Notwendig wird in der volkswirtschaftlichen Perspektive nach *Schumpeter* nicht wesentlich mehr als eine **Neudisposition über bereits vorhandene Ressourcen.**

Jenen "sich fortwährend in Wandlung begriffenen Personenkreis, der von Innovation zu Innovation fortschreitet", jene Personen also, die solche Neudisposition über vorhandene Ressourcen initiieren, nannte *Schumpeter* in seinen Untersuchungen stets "dynamische Unternehmer". Sie sind für ihn die entscheidenden Akteure im Prozeß der schöpferischen Zerstörung und damit diejenigen, durch deren Aktivität die bestehenden Strukturen "mutieren".

Ohne eigens dieses Thema zu diskutieren, geht *Schumpeter* mit diesen Perspektiven deutlich über eine heute weitgehend verwendete Definition von Institutionen hinaus, die deren Bedeutung für Handlungsbeschränkungen markiert. Prinzipiell verlautet hier bislang: Jede Institution ließe sich als ein Bündel von Handlungsbeschränkungen in rekurrenten mehr-personalen Entscheidungssituationen definieren, für die die Individuen reziproke Verhaltenserwartungen besitzen (so z.B. *Elsner* 1987, 5, aber auch *North* 1990, 3 ff.). *Schumpeter*s konkrete Analyse des kapitalistischen Prozesses betont hingegen die Relevanz insbesondere jener Variante der Evolution von Institutionen, die neue Handlungsspielräume eröffnet und damit das gesellschaftliche Handlungspotential erweitert. Das gilt einmal für die moderne "kapitalistische" Großunternehmung. In Reflexionen über die Entwicklung völlig neuartiger monetärer Institutionen während der Ausgestaltung des kapitalistischen Systems werden aber auch speziell jene institutionellen Innovationen aufgelistet, die wie die Institution des Kredits vornehmlich darauf zielen, Zukunft zu gestalten, weil visionäre Vorgriffe auf neue Produktionsstrukturen durch die Bereitstellung von Finanzierungsmitteln möglich werden.

In seinen Untersuchungen über Konjunkturzyklen geht *Joseph A. Schumpeter* davon aus, daß die Innovation die überragende Tatsache in der Wirtschaftsgeschichte der kapitalistischen Gesellschaft sei. Kapitalismus ist für ihn allerdings "jene Form privater Eigentumswirtschaft, in der Innovationen mittels geliehenen Geldes durchgeführt werden, was im allgemeinen, wenn auch nicht mit logischer Notwendigkeit, **Kreditschöpfung** voraussetzt" (*Schumpeter* 1961, 234; Hervorhebung *H.G.K.*).

Kreditschöpfung ist das "monetäre Ergänzungsstück zur Einführung einer Innovation" und der Zins "- genauer die Kapitalsumme zuzüglich Zins -" der Preis, den ein Darlehensnehmer einer sozialen Gemeinschaft für die Erlaubnis zahlt, Waren und Leistungen zu erwerben, "ohne vorher die Bedingung erfüllt zu haben, die in der kapitalistischen Wirtschaftsform normalerweise mit der Ausstellung einer solchen Erlaubnis verbunden ist, d.h. ohne vorher andere Waren und Leistungen zum volkswirtschaftlichen Kreislauf beigetragen zu haben". *Schumpeter* ist sich darüber klar, daß sein Modell bzw. seine Definition des Kapitalismus auf eine ganz bestimmte institutionelle Struktur abstellt: Kapitalismus gibt es, soweit das Element der Kreditschöpfung reicht - **seitdem** "übertragbare Kreditinstrumente auftreten" (*Schumpeter* 1961, 119, 132, 235).

Eine der charakteristischen Eigenschaften der finanziellen Seite der kapitalistischen Entwicklung sei es, alle, selbst die längsten Fälligkeiten so zu "mobilisieren", daß jedes Versprechen, geliehenes Geld aus später verfügbaren Guthaben zurückzuzahlen, der Finanzierung durch jede Art von Mitteln und insbesondere von solchen Mitteln zugänglich wird, die nur für kurze Zeit, ja nur bis zum nächsten Tag verfügbar sind. "Das ist keine bloße Technik. Es ist ein Teil des Kerns des kapitalistischen Prozesses" (*Schumpeter* 1961, 630 f.).

Systemtheoretisch formuliert geht es hier um eine bedeutende Erhöhung der Komplexität des Systems - mit effizienzsteigernden Folgen - durch eine neuartige funktionale Ausdifferenzierung im Wirtschaftssystem in Gestalt einer "Vereigenständigung" des Finanzsektors. Es bildet sich eine neue Stufe im System der Wettbewerbswirtschaft durch eine "Verlängerung der Handlungsketten" - ein Phänomen, das die Wirtschaftstheorie bereits im Rahmen der Kapitaltheorie beschäftigte. Ähnlich argumentierte auch

Fisher - bereits 1906. **Für ihn war es nur eine spezielle Variante der fortschreitenden Arbeitsteilung** innerhalb der Wirtschaft, daß zwischen "property rights" und den ihnen zugrundeliegenden Aktiva "several layers of property", und zwar "several **intermediate layers**" (Hervorhebung *H.G.K.*) treten, die über Märkte vermittelt werden (*Fisher* 1965, 22 ff., 31 f.). Das aber bedeutet, daß neuartige institutionelle Zwischenglieder in Gestalt von Märkten für Finanzinnovationen eine intensivere Nutzung weit verstreuten Wissens fördern, **wenn** es ihnen gelingt, potentielle Neuerer und Risikoträger an Finanzquellen heranzuführen. Die Entwicklung eines umfassenden Netzes des Kredit- und Kapitalverkehrs mit seinen Spezialinstitutionen stellt sich als eine neuartige "Veranstaltung zum Transfer von Risiken und zur Transformation von Unsicherheitsstrukturen in andere Formen" dar (*Stützel* 1964, 39). Jenes Netz zu schaffen ist ein wesentlicher Beitrag dazu, daß "such an order" - *Schumpeter* würde sagen: die kapitalistische - "will utilize the separate knowledge of all its several members, without this knowledge ever being concentrated in a single mind, or being subject to those processes of deliberate coordination and adaptation which a mind performs" (*von Hayek* 1973, 42, ausführlicher *Krüsselberg* 1984 b, 83 ff.).

Hier zeigt sich ein für das Verständnis der Entstehung von Institutionen ungemein bedeutsamer Aspekt. Im Feld der Finanz- und Kapitalmarktinnovationen institutioneller Prägung werden immer dann neuartige Experimente von dynamischen Unternehmern auf den Weg gebracht, wenn es darum geht, **Handlungsbeschränkungen**, die als die wirtschaftliche Dynamik behindernde Elemente empfunden werden, **zu überwinden**. Das war übrigens eine Auffassung, die schon von *J.R. Commons* 1924 sehr dezidiert vertreten wurde. Dabei betont jedoch auch er, wie wichtig die explizit im Hinblick auf die Entwicklung des Kreditsystems begleitende Kontrolle solcher Entwicklungen durch ein übergeordnetes (Verfassungs-) Recht ist, sollen Mißbräuche und Fehlentwicklungen ausgeschlossen werden (*Commons* 1924, hier 1968, 378).

Mit dieser Analysetechnik - das ist die **These 1** dieses Beitrags - begründete *Schumpeter* - oder antizipierte zumindest - eine für jede Evolutionstheorie zentrale Aufgliederung der gesellschaftlich relevanten Ebenen menschlichen Handelns. Deutlich wird hier bereits unterschieden zwischen drei Ebenen menschlichen Handelns:

- der **konstitutionellen** Ebene, auf der das institutionelle Rahmenwerk einer Gesellschaft und ihrer Wirtschaft bestimmt wird (verbindliche Festlegung der Ordnungselemente);

- der **"collective choice"**-Ebene der Verkörperung der institutionellen Arrangements in den unterschiedlichen rechtlich möglichen Organisationen (nicht zuletzt von Unternehmen) und den nach den konstitutionellen Regeln ausgerichteten unterschiedlichen Märkten (auf denen sie tätig werden) sowie

- der **operationalen** Ebene legitimer, d.h. verfassungskonformer, individueller Entscheidungen (s. *Kiser* und *Ostrom* 1982, 184, 206 ff.), vor allem der "dynamischen Unternehmer".

Das Zusammenspiel dieser drei Ebenen, die menschliches Handeln konstituieren, gewährleistet in diesem Ansatz die empirische Relevanz folgender Thesen: Die Marktwirtschaft ist ein offenes System, charakterisiert durch den Marktprozeß als Folge von Ungleichgewichtslagen, in dem Preis-Kosten-Unterschiede einen ständigen Anreiz zum Handeln schaffen. Die Verteilung des wirtschaftlich relevanten Wissens wandelt sich kontinuierlich als Konsequenz dieses Handelns (Informationsfunktion des Wettbewerbs). In diesem Prozeß sind die Erwartungen hinsichtlich der Zukunft ungewiß. Diese Tatsache beeinflußt unmittelbar jedes auf die Zukunft gerichtete Verhalten, denn die Bewegung des Systems kann nur in die Zukunft gerichtet sein. Markierungspunkte dieser Bewegungen in die Zukunft sind menschliche Entscheidungen im Kontext des institutionellen Rahmens. Auf diese Weise wird eine regelgebundene, wenngleich von bewußten menschlichen Entscheidungen getragene Anpassung an sich ständig wandelnde Bedingungen der Umwelt wirksam, die *Commons* wegen dieser die Richtung des Prozesses kontrollierenden Elemente in Abweisung der These von der "natürlichen Selektion" als "artificial selection" bezeichnet (*Commons* 1968, 375 f.). Diese gewährleiste - so wird vermutet - die Stabilität des marktwirtschaftlichen Systems in der "historischen" Zeit!

Wir folgern: Wenn die "evolutionäre" Wettbewerbstheorie wirtschaftliche Dynamik zu erklären beabsichtigt, muß sie bestrebt sein, den institutionellen Rahmen wettbewerblicher Strukturen ausdrücklich zu berücksichtigen (s. *Krüsselberg* 1969, 21-24, speziell S. 155-161). Gewiß ist jedes Marktsystem durch seine Unternehmensstruktur geprägt, die sich nach Größe und Segmenten erheblich differenziert: Unternehmen hinterlassen ihre Spuren im Marktsystem und im Wettbewerbsprozeß sicherlich durch ihre Ausbringungsmengen und deren Preise[2]. Wo aber zeigt sich hier der handelnde Mensch? Und wie bewältigen Menschen den Umgang mit jenen permanenten Umbrüchen, die ihnen der Evolutionsprozeß aufzwingt? Wie geht die Theorie zudem mit der Tatsache um, daß die wohlstandssteigernden Potentiale des marktwirtschaftlichen Prozesses zu einer ständigen Vermehrung wirtschaftlich relevanter Aktiva geführt haben? Wer ist Unternehmer in dieser turbulenten, weil evolutorischen Umwelt? Welche institutionellen Raster begünstigen Unternehmertum? Das sind die Themen der folgenden beiden Abschnitte. Die Welt der Wirtschaft, auf die dabei Bezug genommen wird, ist charakterisiert durch jenes "Netzwerk" von Unternehmens- und Marktverfassung(en), die in diesem Abschnitt diskutiert wurden.

3. Die "inhärente Ruhelosigkeit" des Evolutionsprozesses

Ich bin davon überzeugt, daß ein Versuch, diese Problematik wissenschaftlich anzugehen, sich ganz wesentlich ausrichten muß an Diagnosen, theoretischen Studien und Ideen, die das Werk von *G.L.S. Shackle* in Fülle bereitstellt. Das gilt nicht nur für die Auseinandersetzung mit dem "kognitiven Problem der mentalen Erzeugung von Neuigkeit", der Erklärungsbedürftigkeit der "Fähigkeit, Neuigkeit zu schaffen," (s. dazu *Witt* 1992, 30 f.). Ebenso bedeutsam sind die Gedanken, die *Shackle* bezüglich des Wandels

---

[2] Zum Thema "Spuren und Spurendeutung: ökonomische Erfahrung und ökonomische Theorie" s. *Meyer* 1979, 269 ff.

in der theoretischen Perspektive äußert, der letztlich auf theoretische Entwicklungen zurückzuführen ist, die *Shackle* der Zeit von 1926 bis 1939, den "Years of High Theory", zuordnet. Damals revolutionierte sich die Wirtschaftstheorie durch die **Aufgabe der Annahme**, ökonomisches Handeln entwickle sich in einer grundsätzlich geordneten und ruhigen Welt, **und die Hinwendung zu der nahezu gegenläufigen Position**, es herrsche ruhelose Anarchie und Unordnung, die durch menschliches Handeln aufzulösen sei. An die Stelle der Annahme vollkommenen Wissens und vollkommener Märkte trat die Betonung von Erwartungen und Ungewißheit. Bis hin zu den dreißiger Jahren betrachtete sich - so meint *Shackle* - die Wirtschaftswissenschaft als Wissenschaft über den Umgang mit grundlegenden Knappheiten. Danach ging es in dieser Disziplin um die noch weitaus anspruchsvollere Auseinandersetzung mit der Frage, wie Menschen mit Knappheit **und Ungewißheit** fertig werden. Als "natürliche Bedingung" effizienten Wirtschaftens werde nicht länger ein statisches Optimum der bestmöglichen Verwendung **gegebener** Ressourcen angesehen, sondern ein Wachstumsprozeß im Sinne kontinuierlich sich verbessernder Nutzung **ständig wachsender Bestände an Ressourcen** (*Shackle* 1967, 4 ff.).

"Inhärent ruhelos" sind in der *Shackle*schen Terminologie Tatbestände, die darauf zurückzuführen sind, daß die Ungewißheit über die Zukunft eine autonome, d.h. also eine eigenständige Ursache für Wandel darstellt (*Shackle* 1958, 88). Das ist meines Erachtens die These, an die jegliche evolutionstheoretische Argumentation anzuknüpfen hat. Gesucht wird nach einer endogenen Erklärung des Prozesses wirtschaftlicher Entwicklung, der wirtschaftliches Wachstum bewirkt. Zu Recht vermerken *Biervert* und *Held*, im Mittelpunkt der Untersuchungen im Rahmen der evolutorischen Ökonomik stünden **endogen erzeugte Neuerungen**. Das Spannende sei, "daß **genuin Neues** und **Unerwartetes** 'zugelassen' wird und damit der Ereignisraum nicht mehr länger als bekannt vorausgesetzt wird". **Evolution** sei als prinzipiell offener Prozeß mit Potential zu Neuem zu verstehen. Das darin enthaltene schöpferische Element mache "seine Faszination aus" (*Biervert* und *Held* 1992b, 9).

Schöpferisch ist der Mensch je nach Maßgabe des Herausforderungspotentials seines historischen Umfelds - das ist die Botschaft evolutorischer Ökonomik. Zwar ist - wie insbesondere *Popper* immer wieder hervorgehoben hat - alles, was an Wissen existiert, lediglich "Vermutungswissen". Es ist "unsere Interpretation dessen, was wir sehen ... Wir haben (ständig) Vermutungen, die von uns geschaffen werden. Diese Vermutungen versuchen wir dauernd mit der Wirklichkeit irgendwie zu konfrontieren, (um) sodann unsere Vermutungen zu verbessern und sie der Wirklichkeit näher zu bringen". Entscheidend ist, "daß wir nicht behaupten zu wissen, wenn wir nicht wissen". Gleichwohl strebt der Mensch trotz all seiner Unwissenheit stets nach einer Verbesserung seiner Lebensbedingungen. Alles, was hier getan werden kann, ist, aktiv zu sein "auf der Suche nach einer besseren Umgebung, nach einer besseren Welt". "Das ist die einzige Methode, die wir haben" (*Popper* 1994, 139 f., 143 f.).

Wie geht die Wirtschaftswissenschaft mit dieser Botschaft um? Meines Erachtens ist sie voll enthalten in der These *Müller-Armack*s: Erst im Prozeß der Entwicklung bilde sich die Struktur der sozialen und wirtschaftlichen Ordnung aus! Den Tatbestand des "genuin Neuen" umschreibt *Schumpeter* bekanntlich mit dem Begriff der "industriellen

Mutation". Dabei betont er nachdrücklich, die Geschichte zeige, daß in der Neuzeit der Prozeß des Auftretens solcher Mutationen "als ganzer ununterbrochen" verläuft: "Immer (ist) entweder Revolution oder Absorption der Ergebnisse der Revolution im Gang" (*Schumpeter* 1950, 137 Fn. 2). Wenn es richtig ist, in der Perspektive der historischen Zeit das **Heute als einen Bruch in der Zeit zwischen einer unbekannten Zukunft und einer unabänderlichen Vergangenheit** zu bezeichnen (*Robinson* 1963, 26), dann bezieht sich jede evolutionstheoretische Interpretation wirtschaftlichen Handelns auf die Einleitung von Transformationsprozessen, deren Markierungspunkte menschliche Entscheidungen darstellen. "Das Individuum kann Situationen und Ereignisse in Imagination" schaffen. Sein Versuch, diese durchzusetzen, verändert diese Welt, so wie sich auch die Imaginationen verändern, wenn sie sich aktualisieren. Das ist der Ansatzpunkt *Shackles* für ein komplettes neuartiges Forschungsprogramm, das die Bestimmungsgründe für dieses Handeln in einer "inhärent ruhelosen" Welt aufzudecken sucht (*Shackle* 1958, 15 f.; 1988, 210, 230).

Mit solchen Perspektiven vollzieht sich aber - wie es *Keynes* einst formulierte - eine Abkehr von der "simplifizierten Propädeutik" ökonomischen Denkens, das die Zukunft als fixiert und in jeglicher Hinsicht verläßlich betrachtet. Die Wissenschaft wendet sich statt dessen der Anschauung von einer "realen Welt" zu, "in der unsere bisherigen Erwartungen enttäuschungsanfällig sind und allein unsere Zukunftserwartungen das beeinflussen, was wir heute tun" (*Keynes* 1936, 293 f.). *Keynes* klagte die orthodoxe Theorie an, mit der Hypothese einer kalkulierbaren Zukunft zu einer falschen Interpretation ökonomischer Verhaltensprinzipien zu gelangen. Er meinte, die Menschen seien gezwungen, geeignete Verhaltensprinzipien zu entwickeln, wenn sie in einer Welt der Ungewißheit handlungsfähig bleiben möchten (*Keynes* 1937, 213 f., 222). Zu suchen sei nach "Verbindungsgliedern zwischen Gegenwart und Zukunft". Und er vermutete, solche Verbindungsglieder seien am ehesten zu entdecken im Bereich der monetären Institutionen und in Einstellungen der Menschen in bezug auf den Umgang mit "dauerhaften Aktiva" (*Keynes* 1936, 294).

Eine Forderung wiederholt sich durchgängig in der evolutionstheoretischen Forschung: Die Analyse von Verhaltensweisen muß an die Stelle der Bestimmung von Gleichgewichtsbedingungen treten; Verhaltensmuster sind Leitregeln menschlichen Handelns (*Alchian* 1950, 218). Gleichgewichtsbetrachtungen liegen nicht auf einer Ebene, aus der Hypothesen entwickelt werden können, welche sich anhand von Tatsachen überprüfen lassen. Tatsachen findet man niemals im Zusammenhang mit Gleichgewichtszuständen (*Robinson* 1962, 81). Wo aber zeigen sich Ansätze, die geeignet sind, jenes Entscheidungsdilemma der Evolutionsökonomik in empirisch relevanter Sicht anzugehen?

Schon *Knight* hatte 1921 festgestellt: "Es ist eine Welt der Veränderung, in der wir leben, und eine Welt der Ungewißheit. Wir leben nur, weil wir **etwas** über die Zukunft wissen; daß wir so wenig wissen, beschert uns unsere Verhaltensprobleme." Deshalb sei es notwendig, die Bedeutung von Ungewißheit unmißverständlich zu benennen. *Knight* verweist den Analytiker auf das Phänomen menschlichen Bewußtseins mit seinem Merkmal der Zukunftsbezogenheit und meint, der Mensch reagiere mit Bewußtsein; er baut sich dazu ein 'image' of a future state of affairs" auf. Anpassungen sind somit nicht nur passiver Art, sondern "spontan" und zukunftsgerichtet. "Wir nehmen die Welt wahr, bevor wir auf sie reagieren, und wir reagieren nicht auf das, was wir wahrnehmen, sondern immer auf das, was wir daraus folgern. Die universelle Form bewußten Verhaltens ist somit Aktion, dazu bestimmt, eine zukünftige Situation zu ändern, auf die man von einer gegenwärtigen aus schließt." Darin sind Prozesse der Wahrnehmung und der Projektion auf eine Zukunftslage mit und ohne Berücksichtigung einer eigenen Aktion wie auch Fehlerquellen der Wahrnehmung und Folgerung enthalten (*Knight* 1921, 200 ff.). *Knight* folgert: "It is this true uncertainty which by preventing the theoretically perfect outworking of the tendencies of competition gives the characteristic form of 'enterprise' to economic organisation as a whole and accounts for the peculiar income of the entrepreneur" (*Knight* 1921, 232).

Wichtig an dieser Argumentation von *Knight* ist, daß Ungewißheit als nicht kalkulierbares Phänomen behandelt, gleichwohl aber nach institutionellen Regelungen gefragt wird, die ermöglichen, daß geordnetes menschliches Handeln trotz Ungewißheit erfolgen kann. Das ist ein Vorschlag, auf den sich theoretische Bemühungen insbesondere deshalb einlassen sollten, weil damit nach Kompetenzen im Umgang mit Ungewißheit gesucht wird, nach menschlichen Handlungskompetenzen.

In den Sozialwissenschaften wurde man sich hier erfreulicherweise einig. Im Fünften Familienbericht akzeptierten die Autoren folgende Begriffsbestimmung: "Humanvermögen umfaßt vor allem die Befähigungen zur Bewältigung des Alltagslebens, den Aufbau von Handlungsorientierungen und Werthaltungen in der Welt zwischenmenschlicher Beziehungen. Die Anforderungen, die die moderne Gesellschaft an das Wissen, an die Verläßlichkeit, an die Effizienz und Kreativität des Handelns ihrer Menschen stellt, sind in erster Linie Ansprüche an die Qualität der Bildung und der Erhaltung des Humanvermögens. Gefordert ist sowohl der Aufbau sozialer **Daseinskompetenz** (Vitalvermögen) als auch die Vermittlung von Befähigungen zur Lösung qualifizierter gesellschaftlicher Aufgaben in einer arbeitsteiligen Wirtschaftsgesellschaft, der Aufbau von **Fachkompetenz** (Arbeitsvermögen im weiten Sinne). Der Begriff des Humanvermögens bezeichnet zum einen die **Gesamtheit der Kompetenzen aller Mitglieder einer Gesellschaft**. Zum anderen soll mit diesem Begriff in einer individualisierenden, personalen Wendung **das Handlungspotential des Einzelnen** umschrieben werden, d.h. all das, was ihn befähigt, sich in unserer komplexen Welt zu bewegen und sie zu akzeptieren" (Fünfter Familienbericht 1994, 28).

In der wissenschaftlichen Diskussion zeichnet sich damit - so finde ich - ein breiter Konsens ab. Auch die sogenannte Österreichische Schule meint schließlich, angesichts dessen, daß Realität nicht an sich gegeben ist, sondern stets zu schaffen sei, enthielte menschliches Handeln in signifikanter Ausprägung jeweils ein unternehmerisches Element. Ganz nachdrücklich äußerte sich *Ludwig von Mises* zu dieser Position: Wenn die Nationalökonomen von Unternehmern sprächen, meinten sie nicht Personen oder bestimmte Gruppen und Klassen von Menschen. Sie bezögen sich darauf, daß jede Handlung notwendigerweise immer einen zukünftigen Zustand zu beeinflussen beabsichtigt (selbst wenn es oft nur um die unmittelbare Zukunft des nächsten Augenblicks ginge). Da aber zu unterstellen sei, daß in einer konkreten Realität von vielen Menschen permanent gehandelt werde, müsse jeder Akteur davon ausgehen, daß sich die Dinge, so wie sie sich ihm gegenwärtig darstellten, schon geändert haben könnten. "Damit ist das Ergebnis des Handelns immer ungewiß. Eine Handlung ist immer spekulativ. ... In jeder realen und lebendigen Wirtschaft ist jeder Akteur stets ein Unternehmer und Spekulant." Diese Funktion sei **jeder** Handlung inhärent und von **jedem** Akteur wahrzunehmen[3].

Mit ähnlicher Begründung lehnt - meines Erachtens zu Recht - *Theodore W. Schultz* die Verwendung des Begriffs "human resources" ab: Natürliche und andere materielle Ressourcen sind **passive** ökonomische Faktoren; sie sind auch frei von Präferenzen. Menschliche Handlungseinheiten sind **aktiv** nicht zuletzt in der Entwicklung von Fähigkeiten und Präferenzen. "Humanvermögen" umfaßt "alle Attribute eines Menschen - die physischen, biologischen, psychologischen und kulturellen -, die sowohl die sozialen Werte", zu denen er sich bekennt, "als auch die ökonomischen Werte", die er schafft, zu begründen und zu erklären helfen (*Schultz* 1972, 9). *Schultz* folgert: In dynamischen (oft turbulenten) Umwelten wird der individuelle und gesellschaftliche Erfolg durch die Fähigkeit der Akteure bestimmt, Handlungspotentiale in einer Welt, in der sich die Rahmenbedingungen permanent verändern, so wahrzunehmen und zu bündeln, daß ein angestrebtes Niveau der Lebenslage nicht nur erreicht, sondern möglichst sogar überschritten wird. Erforderlich sind die Fähigkeiten zu lernen, "sinnvolle" Arbeit zu verrichten, Neues zu schaffen und Probleme zu lösen. Der Wert des Humanvermögens entspricht dem "Wert der Fähigkeit, mit Ungleichgewichten fertigzuwerden" (*Schultz* 1975, 827 ff.).

Hier schließt sich die Argumentation: Der Politische Ökonom muß sich zentral für all das interessieren, was aus den Gedanken des menschlichen Individuums werden kann. Weil das Universum offen ist, muß auch der Analytiker bereit sein, für sein Gebiet "ein grenzenloses Potential für Neuheiten und Noch-nie-Dagewesenes" zu akzeptieren. Angesichts dessen erfordert das Verständnis menschlichen Handelns die Beantwortung der Frage nach dessen Charakteristika (*Shackle* 1988, 187, 189 f.). Erneut steht die Frage zur Beantwortung an: Was sind die Charakterista menschlichen Handelns bei Ungewißheit? Unser humanvermögenstheoretisch angelegter Vorschlag zur Erörterung dieses Problems folgt einer Basisthese, die lautet: Der Umgang des Menschen mit dem Phänomen der Ungewißheit ist geprägt durch seinen Umgang mit den ihm verfügbaren verschiedenen Varianten von Vermögen.

4. Die vermögenstheoretische Perspektive in ihrer Bedeutung für wettbewerbstheoretische Analysen - oder: Der menschliche Faktor im Evolutionsprozeß: Humanvermögen

Schon in den vierziger Jahren dieses Jahrhunderts hatte *K.E. Boulding* (1950, hier 1962) Vorschläge für eine "Rekonstruktion" der Wirtschaftswissenschaften unterbreitet. Enthalten waren hier bereits die Grundideen für seine **spätere** "neue Theorie der gesellschaftlichen Evolution", die als Theorie der Evolution menschlichen Wissens angelegt ist (s. *Boulding* 1981, 5-37). Deren Basisaussage lautet: Niemals können wir dessen sicher sein, die Wahrheit zu wissen; wir vermögen nur unsere Irrtümer zu korrigieren.

---

[3] *Von Mises* 1949; s. auch *Kirzner* 1982b und 1982c; *Krüsselberg, U.* 1993.

Weiter heißt es: Insbesondere soziale Systeme sind durch unreduzierbare Ungewißheit und inhärent unvorhersagbare Veränderungen in ihren Parametern gekennzeichnet. Gleichwohl ist die Zukunft nicht völlig ungewiß. Zumindest zum Teil bleiben im Prozeß permanenten Wandels Strukturen erhalten. Das sind einmal solche Tatbestände der Umwelt, die sich dem direkten verändernden Einfluß des Menschen entziehen. Zum anderen sind es solche, die der Mensch selbst aufbaute. Im Evolutionsprozeß lernte nämlich der Mensch, "Artefakte" zu schaffen: Sie nehmen nicht nur die Gestalt von Produkten und Organisationen an. Aus dem Evolutionsprozeß gingen ebenfalls (und gehen zudem immerzu) Menschen mit neuartigen Wissens- und Wertstrukturen, mit bisher unbekannten Handlungs-, Anpassungs- und Sprachpotentialen hervor. So entstand (und entsteht) nicht nur Produktiv- und Gebrauchsvermögen, sondern stets auch Humanvermögen. Wir fügen hinzu, all das geschah zum Zweck der Bewältigung von Ungewißheit und zur Schaffung von Ordnungen als Leitbilder des Handelns. Das ist ein Forschungsprogramm, auf dessen Bedeutung wir bereits aufmerksam machten mit *Knight*s Hinweis, Ungewißheit bewältigen zu wollen, veranlasse den Menschen zur Organisation. Auch *von Hayek* greift dieses Problem auf, wenn er davon spricht, in den Sozialwissenschaften müßten wir uns mit Vorgängen vom Typ "organisierter Komplexität" befassen (*von Hayek* 1989, 4).

Wie *Boulding* hatten schon die klassischen Ökonomen Wohlstandssteigerungen auf die Akkumulation von menschlichem und nichtmenschlichem Vermögen, das heißt, auf Investitionen in Human- und Realvermögen zurückgeführt. Sie wußten, daß jeder Prozeß der Akkumulation unter Berücksichtigung der historischen Zeitkomponente zu analysieren ist und sehr wahrscheinlich mit ungewissen Folgen bezüglich des wirtschaftlichen und sozialen Wandels behaftet ist. Deshalb billigten sie insbesondere jene Veränderungen im Bereich "organisierter Komplexität", welche zum Aufbau von Institutionen führten, die die Menschen zur Akkumulation ermutigten und gleichzeitig jene Prozesse unterstützten, welche die Erhaltung des Wertes gegebener Ressourcen im evolutionären Prozeß zu gewährleisten schienen.

Ich habe in meinen Studien über das Werk von *Adam Smith* darauf aufmerksam gemacht, daß im Gegensatz zu vielen landläufigen Meinungen die *Smith*sche Theorie der Wohlstandsmehrung als eine Theorie der Akkumulation von Vermögen zu interpretieren ist und nicht lediglich als eine Theorie zunehmender Arbeitsteilung, "die sich im Tausch objektiviert". Für *Smith* stellt die Akkumulation ohne Zweifel die Essenz der ökonomischen Dynamik dar, was etwa Autoren wie *Riese* (1975, 69 f.) leugnen. - Das heißt: Das Volumen der Produktion hängt von der Existenz von Beständen an Produktiv- und Humanvermögen ab, die geeignet sind, bei effizienter Kombination im Produktionsprozeß jene Güter und Dienstleistungen zu erstellen, die in Form von Investitionen (in Produktiv- bzw. Humanvermögen) das Produktionspotential aufstocken oder im Konsumakt untergehen (*Krüsselberg* 1984a, 195 f.). Aber erst über die explizite Berücksichtigung der handlungstheoretischen Komponente gelingt es *Smith*, die klassische Theorie von der Annahme zu befreien, die menschliche Arbeit sei als Ware zu betrachten. Arbeit wird deshalb zu einem Aktivum eigener Art, weil in jeder Transaktion, in jeder ihrer unterschiedlichen Rollen - als Arbeiter, Unternehmer, als Bürger oder Eltern - Individuen danach streben, im persönlichen Engagement ihre Ziele zu verwirklichen.

Daher bilden sich in ihren Aktivitäten ihre Erfahrungen, ihre Erwartungen und die Optionen ab, denen sie gegenüberstehen (*Ginzberg* 1976, XIV, 4).

Immer dort, wo es um Handlungsmöglichkeiten zum Aufbau von Humanvermögen geht, ob im Bereich der Schul- oder Berufsausbildung bzw. des Arbeitslebens, stets setzt *Smith* auf ein "learning by doing", den Erfahrungszuwachs bei der praktischen Anwendung vorhandenen Wissens mit der Konsequenz der Wertsteigerung oder zumindest Erhaltung des akkumulierten Vermögens. Selbst Forschung und Entwicklung sind davon betroffen. Schließlich sind viele der technischen Verbesserungen im Bereich produktiver Anlagen das Resultat von Erfindungen einfacher Arbeiter und nicht allein des Entdeckungspotentials von vermeintlichen Experten. "Jeder sammelt Erfahrung und wird Fachmann in seiner Disziplin, alles in allem wird mehr geleistet, und der Wissensstand wächst beträchtlich" (*Smith* 1974, 14).

Der Aufbau und der Erwerb solcher Fähigkeiten vollzieht sich in einem komplexen historischen Prozeß, in einem "anthropologisch-soziologischen Rahmen" (*W. Röpke*), über dessen Bedeutung für den Marktprozeß sich Autoren wie *L. Erhard, A. Müller-Armack* und *A. Rüstow* schon geäußert hatten, bevor diese Elemente in der ökonomischen Evolutionstheorie wieder aufgegriffen wurden (s. *Krüsselberg* 1994, 37-44). Zu Recht wird gleichwohl betont, wie wichtig im marktwirtschaftlichen Evolutionsprozeß "the skill of the players and the knowledge they possess", aber auch der Unterschied zwischen "kommunizierbarem" und "unterbewußtem" (tacit) Wissen ist (*North* 1990, 74).

Jegliche Chance zur Wohlstandsmehrung erwächst einmal aus der Ausstattung des Menschen mit Hilfsmitteln zum Zwecke der Produktion (Produktivvermögen), zum anderen aus seinem Wissensstand und seinen persönlichen Fähigkeiten (Humanvermögen). *Schumpeter* umschrieb die besonderen Eigenschaften von Humanvermögen mit dem Begriff "dynamischer Unternehmer". Ihm verdanke Evolution ihre Impulse. *Keynes* fragte nach den Bedingungen für die Schaffung von "new wealth" und meinte, daß zusätzlicher Wohlstand nur durch Arbeit entstehen könne, die unterstützt werde durch den Zugang zu natürlichen Ressourcen und den Ergebnissen vergangener Arbeit, "embodied in assets", sowie von Kenntnissen, welche bislang "used to be called art and (are) now called technique". Die persönlichen Dienstleistungen des Unternehmers und "seiner Assistenten" seien der allein entscheidende Produktionsfaktor, der in einem Umfeld operiert, das durch den Bestand an Ressourcen und Verhaltensmustern begrenzt sei (*Keynes* 1936, 212 ff.).

Aus alledem folgt - was auch *Preiser* (1961, 111 Fn. 12) sehr nachdrücklich betonte -, daß handlungstheoretisch (nicht statistisch) gesehen der Begriff des Vermögens nur einzelwirtschaftlich einen Sinn hat. Bislang ist es wohl kaum gelungen, die damit verbundene Forderung nach einer Kurskorrektur wirtschaftswissenschaftlichen Denkens im Bewußtsein der Fachwelt und der Öffentlichkeit zu verankern. Deshalb soll an dieser Stelle versucht werden, jenes Paradigma ein wenig zu erläutern.

Generell stellt Vermögen "Vorschüsse" zur Nutzung im Prozeß der Daseinsvorsorge durch Individuen und Organisationen dar. Als Geld oder Güter zum Zweck der Versorgung (Geld- oder Sachvermögen), als Produktivgüter (Anlage- und Produktionsvermögen) sowie als erworbene und natürliche Fähigkeiten von Menschen (Humanvermögen) vor Beginn der in Frage stehenden Produktion angesammelt, ist ihre Existenz die Voraussetzung für jegliche wirtschaftliche und soziale Aktivität. Das hatte wohl auch *Samuelson* (1963, 53) im Sinn, als er formulierte, **in der wirtschaftlichen Realität seien letztlich alle Entscheidungen "decisions about wealth", Entscheidungen vom Typ einer Investition.** Menschen sind somit im wirtschaftlichen Handeln grundsätzlich Investoren und damit Gestalter zukünftiger Handlungsstrukturen. Evolution ist das Ergebnis von Sequenzen der Umschichtung von Vermögen unter den Bedingungen eines gegebenen institutionellen Umfelds und deshalb gilt: Die Wohlfahrt einer Gesellschaft ist eine Funktion ihrer totalen Vermögensstruktur sowie ihrer Gesetze und Institutionen (*Krüsselberg* 1984 b, 4). Vermögen ist jenes durch konkret verfügbare produktive Faktoren verkörperte Handlungspotential in den Händen von privaten Haushalten, Unternehmen oder des Staates, welches maßgeblich über die Lebenschancen, den Platz und Einfluß von Menschen in ihrer Gesellschaft bestimmt.

Nach *Boulding* besteht die sinnvollste Möglichkeit, Evolution empirisch zu erfassen, in einem Versuch, Zustandsänderungen zu registrieren. Zu jedem Zeitpunkt läßt sich in einem System ein bestimmter Bestand und eine bestimmte Struktur von Aktivitäten ausmachen. Institutionen legen deren Zuordnung zu unterschiedlichen Handlungseinheiten, Personen und Organisationen fest. Nur so läßt sich ein Bild der Struktur von Wirtschafts- und Gesellschaftsordnungen vermitteln. Es ist nicht selbstverständlich, daß sich solche Strukturen ändern, aber: Evolution ist stets das Ergebnis der Transformation gegebener Aktiva.

Den Schlüssel zur Erfassung des dynamischen Pfades, den eine Organisation wie z.B. die Unternehmung im Zuge der Erzeugung wirtschaftlichen Wachstums durchläuft, liefern Lernprozesse im Wechselspiel von Enttäuschungen und Erfolgen. Um Lernprozesse (rational) bewältigen zu können, bedarf es eines Verfahrens, mit dessen Hilfe man die Spuren des Wechselspiels von Enttäuschungen und Erfolgen lesen kann. Das Verfahren heißt "Bilanzierung". Es zeichnet die Konturen des Evolutionsprozesses nach: Schritt für Schritt, konkret: In einer institutionell festgelegten Folge von Stichtagen wird die jeweilige Unternehmensposition (in einer Bilanz-Rechnung) durch die Gesamtheit der Aktiva (Vermögen) und Passiva (Kapital) und das daraus resultierende "Reinvermögen" (als Nettowert) bestimmt. Positionsveränderungen vollziehen sich nach Maßgabe der Bilanzgewinne oder -verluste. Gewinne und Verluste, im Budget ausgewiesen, bewirken für die jeweils folgende Periode des Entscheidungsprozesses eine Neubewertung aller unternehmensrelevanten Vermögenskategorien. Diese Neubewertung äußert sich in Form von Auf- bzw. Abwertungen von Geld-, Real- und Humanvermögen.

Halten wir fest: Für diesen Ansatz gilt grundlegend, daß die Ungewißheit der Zukunft in der Gegenwart "nur im ungewissen Wert" der den Wirtschaftssubjekten verfügbaren bzw. bewußt von ihnen ausgewählten Aktiva zum Ausdruck kommen kann. Insofern spiegelt sich unternehmerisches Handeln ebenso wie das Ergebnis von Prozessen in der Umwelt der Organisation in den Wertveränderungen der Einzelelemente wider, die in der Bilanz erscheinen. Welche Tatbestände hier von Belang sind, zeigt Abb. 1.

Abb. 1: Klassifikation von Ereignissen, die den Bilanzwert ändern

Auswirkungen auf den Nettowert (d.h. das Reinvermögen) einer Organisation / Auswirkungen auf das Gesamtvermögen (d.h. die Größe der Organisation)	Ertragstatbestand (Nettowert nimmt zu) (A)	Tauschtatbestand (Nettowert bleibt unverändert) (B)	Aufwandstatbestand (Nettowert nimmt ab) (C)
Expansiver Fall (Gesamtvermögen nimmt zu)	A1 Vermögen + Nettowert +	B1 Vermögen + Verbindlichkeiten +	C1
Neutraler Fall (Gesamvermögen bleibt unverändert)	A2 Verbindlichkeiten - Nettowert +	B2 Vermögen + und - ___ B2' Verbindlichkeiten + und -	C2 Verbindlichkeiten + Nettowert -
Kontraktiver Fall (Gesamtvermögen nimmt ab)	A3	B3 Vermögen - Verbindlichkeiten -	C3 Vermögen - Nettowert -

Quelle: *Boulding* (1966), 311.

Auf der Basis dieses Konzepts der Betrachtung konkreter Handlungen und Entscheidungen im Rahmen institutioneller Arrangements (s. Abschnitt 2.) - so meine ich nun - und nur auf dieser Grundlage läßt sich eine theoretisch befriedigende Lösung für eine handlungstheoretische Zuordnung der Entscheidungen bei Ungewißheit finden.

Zu leisten ist weiterhin lediglich die Verknüpfung der hier erörterten These von der bewußten Selektion von Aktiva, die sich in der Bilanz ausdrückt, mit der von uns oben bereits genannten Verhaltenshypothese, der Umgang des Menschen mit dem Phänomen der Ungewißheit sei geprägt durch seinen Umgang mit den verschiedenen ihm zur Verfügung stehenden Kategorien von Vermögen. Erinnert sei dazu an jene Feststellung von *Shackle* (1988, 194), Ungewißheit sei jenes Wissensdefizit hinsichtlich der "time-to-come", "from which we can escape only in thought". Der Gedanke über die Möglichkeiten, sich aus dieser Ungewißheit zu befreien, bezieht sich aber - das ist der Kern des Arguments - auf die Entscheidung des Menschen, seine Disposition über verfügbare Aktiva heute bewußt einzuschränken, um in einer ungewissen Zukunft handlungsfähig zu sein. Ungewißheit als existentielles Phänomen anzuerkennen bedeutet für die Theorie, daß sie auf die Annahme verzichtet, Menschen könnten die Zukunft voraussagen, menschliches Verhalten sei prognostizierbar. Mit der Entwicklung einer Theorie über die bewußte Disposition über "Verfügbarkeiten" wird unseres Erachtens jedoch eine empirisch tragfähige Theorie ökonomischen Handelns aufgebaut werden können. Obwohl er Vorgänger hatte, muß zugestanden werden, daß *Keynes* mit der Einführung seines Konzepts der Liquiditätspräferenz eine Perspektive wies, nach der Entscheidungen trotz aller Eingeständnisse gegebener Unkenntnis von Menschen im Einzelfall vollzogen werden können.

In Übereinstimmung mit dem verhaltensorientierten Denkansatz bei *Keynes* und *Shackle* formulieren wir unsere **These 2**: Wegen der durch Ungewißheit gegebenen existentiellen Restriktion menschlichen Wissens entwickeln potentielle Akteure individuelle Verhaltensmuster, die die Entscheidung über den Umgang mit Ressourcen angesichts Ungewißheit in die Ebene des Aufbaus eines wohlausgewogenen Portefeuilles an Aktiva verlagern. Das ist die sicherlich wichtigste Einsicht der hier beschriebenen Variante evolutorischen Denkens: **Vermögenspositionen aufzubauen und in ihrem Bestand zu bewahren ist die fundamentale Strategie der Bewältigung von Ungewißheit.**

Sie gilt, das sei am Rande vermerkt, für alle Handlungseinheiten - nicht nur für Unternehmen! Humanvermögen, Geldvermögen, Produktivvermögen und soziales Sicherungsvermögen sind die modernen Quellen der Erzielung von Einkommen zur Sicherung und Entfaltung menschlicher Existenz. Sie stellen die Auswahlmöglichkeiten dar für individuelle Arrangements bewußten Umgangs mit dem Phänomen der Ungewißheit der Zukunft. Daß solche Wahlmöglichkeiten bestehen, ist bereits ein Ergebnis dessen, daß Gesellschaften Institutionen entwickeln, die den Umgang mit Ungewißheit erträglich machen. Das gilt für Einrichtungen der Sozialen Sicherung ebenso wie für die Entwicklung von Institutionen vom Typ des Privatunternehmens oder von Märkten jeglicher Art, insbesondere von Kapital- bzw. Vermögensmärkten. Nur der zuletzt genannte auf die Institutionalisierung von Vermögensmärkten ausgerichtete Sektor konnte - wie einleitend gesagt wurde - in unserer Studie näher erörtert werden.

Wenn diese Hypothese - wie wir meinen - ein zentraler Tatbestand der Verhaltensmuster in entwickelten Industriegesellschaften ist, führt dies zu einer für die Analyse ökonomischer Prozesse fundamental wichtigen These. Angesichts der Vielfalt der Wahlmöglichkeiten bezüglich der Bündelung von Vermögen müssen wir alle Annahmen über etwaige Uniformitäten der Handlungsstrukturen aufgeben. Nicht Personen und irgendwelche Varianten von "Kapital oder Vermögen" determinieren wirtschaftliche Entscheidungen, sondern ein personenspezifisches Bündel von Humanvermögen mit den der Person verfügbaren Zugriffsmöglichkeiten auf Aktiva. Da die Anzahl der personenspezifischen Vermögenskombinationen mit der Zahl der potentiellen Entscheidungsträger identisch ist, muß angesichts der Verschiedenheit von Menschen jegliche Vermutung etwaiger Homogenität in den Entscheidungsstrukturen aufgegeben werden. Mannigfaltigkeit und Vielfalt sind daher die Muster, die ein marktwirtschaftliches System prägen. Die fundamentale Heterogenität der Handlungspotentiale ist Quelle von Wettbewerb ebenso wie eine Chance zur Kooperation im Evolutionsprozeß.

Dieser evolutionäre, vermögenstheoretisch fundierte Ansatz wendet sich gegen die durch die Neoklassik verbreitete These, die Marktdynamik vollzöge sich lediglich im Bereich der (Güter-) Mengen und (Güter-) Preise. Bekanntlich verleitete diese Sicht dazu, das wirtschaftliche Leben als eine Welt der Beziehungen zwischen Gütern zu betrachten und die hier handelnden Menschen aus der Perspektive auszuklammern. Damit verschwand nicht nur die Unternehmung, sondern auch der Haushalt und jede andere wirtschaftlich relevante "Organisation assoziierter Individuen" als Handlungseinheit aus dem Blickfeld der Analyse. Eliminiert wurde das eigentliche unternehmerische Problem der Organisation "dynamischer" Aktivitäten Die Bedeutung dieser hier thematisierten theoretischen alternativen Perspektive für eine Evolutionstheorie betonte bereits *J.R. Commons* (1924/1968, 6, 143 ff.), als er darauf verwies, daß in entwickelten Wirtschaftsgesellschaften vor allem das Studium des Verhaltens und der Verhaltensregeln für sich herausbildende neuartige Assoziationen zum Verständnis der wirtschaftlichen und gesellschaftlichen Prozesse immer unentbehrlicher werde.

Die **Grundthese eines evolutionstheoretischen Ansatzes** - das ist unsere **These 3** - muß also lauten: Der für die dynamischen Prozesse in einer Volkswirtschaft entscheidende Sachverhalt ist folgender: Wir müssen alle Annahmen über etwaige Uniformitäten der Handlungsstrukturen deshalb aufgeben, weil jede wirtschaftliche Handlungseinheit durch die andersartige Bündelung ihrer Aktiva gekennzeichnet ist. In der Realität moderner Industriegesellschaften herrscht "Vielfalt", Vielfalt in den Organisationsmustern z.B. der Familienhaushalte und deshalb der Nachfragestrukturen, in den Entwicklungen im Hinblick auf Kosten und Größe von Unternehmen (mit all ihren Persönlichkeitselementen - einschließlich des Geschicks und der Fähigkeiten der Belegschaften), bei den Produkten und deren Preise, in der Art und im Ausmaß der Beziehungen zwischen Unternehmen und - somit in Marktprozessen. All dies erscheint als "das natürlichste und selbstverständlichste Ergebnis" einer Prozeßanalyse[4]

5. Humanvermögen und der Wettbewerb auf den Gütermärkten

Wie einleitend bereits gesagt wurde, kann und soll diese Perspektive hier allein anhand einer verhaltenstheoretischen Analyse erläutert und vertieft werden, die die marktwirtschaftliche Theorie der Unternehmung betrifft. Exakt jene oben erwähnte neoklassische Ausblendung der Handlungskomponenten aus der Prozeßanalyse gilt es zu verhindern durch eine Betrachtung der Unternehmung als Organisationsbasis für die Bündelung marktrelevanter Vermögensbestände. Problem ist, daß in einer Welt ständigen Wandels und in der Konkurrenz um die Erzielung von Einkommen unternehmensspezifische Kombinationen immer wieder aufgelöst und neu begründet werden. Ob dabei die Bestandserhaltung von Vermögen gewährleistet ist, bleibt fraglich. In der Welt des marktwirtschaftlichen Wettbewerbs herrscht kein Gesetz der Konservierung von Vermögen, wohl aber ein ständiges Streben der über Vermögensteile Verfügungsberechtigten, jene Aktiva zu verkaufen, die der Markt höher bewertet als sie selbst, und jene zu erwerben, bei denen die Eigeneinschätzung der Nutzbarkeit höher liegt, als es bei anderen der Fall ist (*Shackle* 1972, 195 f). Da aber jede Veränderung in der Art der

---

[4] *Chamberlin* 1962, 303; grundlegend dazu *Krüsselberg* 1969, 224 ff.; zum Thema "Vielfalt von Unternehmensgrößen" ebd. S. 226 ff. sowie *Krüsselberg* 1983, 90 und *Fehl* 1988, 343 ff.

Bündelung von Ressourcen deren Wert beeinflußt, werden Kapitalgewinne und -verluste entstehen (*Lachmann* 1977, 311 ff.), die ihre Spuren in den Bilanzen hinterlassen.

Wettbewerb auf den Gütermärkten - so registrierten wir mit *Schumpeter* - wird unter bestimmten Rahmenbedingungen Unternehmungen "aufgezwungen". Grundsätzlich gilt *Buchanan*s These: "A market is not competitive by assumption or by construction. A market **becomes** competitive, and competitive rules come to be established as institutions emerge to place limits on individual behavior patterns. ... A general solution, if there is one, **emerges** as a result of a whole network of evolving exchanges, bargains, trades, side payments, agreements, contracts which, finally at some point, ceases to renew itself" (*Buchanan* 1979, 29). Diese These *Buchanan*s erinnert einmal an die Ordnungsgebundenheit von Wettbewerb, wie sie durch die Diskussion über die "konstituierenden" und "regulierenden" Prinzipien im Werk von *Walter Eucken* (1968, 254 ff.) konstatiert wurde. Sie betont jedoch ebenfalls - und das ist in unserem Zusammenhang weitaus gravierender - die prozessuale Vielfalt des Wettbewerbsprozesses und die daraus erwachsende "organisierte Komplexität" marktwirtschaftlicher Systeme. Verwiesen wird hier auf jene grundsätzlich handlungs- und entscheidungstheoretisch angelegte Perspektive von Marktwirtschaft, die uns in unserer Auffassung bestärkt, nur jene Handlungseinheiten als Träger wirtschaftlicher Aktivitäten anzusehen, in denen jeweils typische institutionelle Verknüpfungen von Humanvermögen mit sonstigem Vermögen zum Zweck einer Entfaltung spezifischer wirtschaftlicher Aktivitäten erfolgen.

In diesem Abschnitt soll deshalb auf der eben dargestellten Linie vermögenstheoretisch-evolutionstheoretischer Argumentation gezeigt werden, welche Konsequenzen sich daraus für eine wettbewerbliche Theorie der Unternehmung ergeben. Evolutionstheoretisch dürfte es hilfreich sein, von der Annahme auszugehen, daß "die moderne Unternehmung ein Geschöpf des Marktes und des Rechts ist" (*Krüsselberg, U.* 1993, 247 ff.; s. ebenfalls *Krüsselberg* 1986, 83 ff.). Entscheidend ist auch hier, den Tatbestand hervorzuheben, daß die ökonomische Handlungseinheit durch eine spezifische Bündelung von Humanvermögen mit anderen Vermögenskategorien entsteht. Angedeutet wurden diese Ideen in der Theorie schon mehrfach. In diesem Rahmen erscheint dann auch der Aufbau einer Unternehmung als Ergebnis eines Prozesses der Wahl von Aktiva.

Die Entstehung der Unternehmung als Institution ist von *Coase* als Verdrängung eines Produktmarktes durch einen Faktormarkt dargestellt worden, die zu Einsparungen bei den Transaktionskosten führt. Unternehmungen sind jene speziellen Einrichtungen, welche produktive Faktoren durch vertragliche Vereinbarungen an sich binden, um Märkte rascher und besser durch gezielte Angebote bedienen zu können. Das Hauptinteresse von *Coase* gilt dem Vertragstyp, bei dem der Eigentümer eines Produktionsfaktors einem anderen Akteur sein Recht, diesen Faktor ökonomisch zu nutzen, gegen die Zusage einer Einkommensleistung überträgt.

Träger der marktwirtschaftlichen Prozesse - so läßt sich sagen - sind Unternehmen, deren Unternehmensorganisation durch die Summe und Struktur (Hierarchie) bestehender Faktorbeschäftigungsverhältnisse geprägt wird. Kern eines jeden Faktorbeschäftigungsverhältnisses ist aber eine soziale Beziehung, eine Beziehung zwischen Personen (oft auch im Hinblick auf eine Sache), eine "Transaktion zwischen zwei oder mehr

Menschen, die in die Zukunft blicken", um zu einer Vereinbarung zu gelangen, die ihnen als wechselseitig vorteilhaft erscheint. Meines Erachtens gibt es nur eine - wenngleich recht komplexe - Definition von Transaktionen, die humanvermögenstheoretisch gesehen voll befriedigt. Sie lautet: "The transaction is two or more wills giving, taking, persuading, coercing, defrauding, commanding, obeying, competing, governing, in a world of scarcity, mechanism and rules of conduct" (*Commons* 1968, 4, 7 (Zitat), 65 ff.). Es empfiehlt sich, diese Definition mit der *Buchanan*-These über die Vielfalt der Tatbestände zu vergleichen, die in wettbewerblichen Marktprozessen eine Rolle spielen. Dann dürfte verständlich werden, was vor allem *Commons* als Botschaft zu vermitteln bemüht war: " ... economic theory has passed from commodities to feelings, and finally to a process, and from principles of mechanism to principles of scarcity, and then of working rules that apportion the conduct of individuals ... in a going concern", in einer sich ständig wandelnden Form wirtschaftlicher Initiativen (*Commons* 1968, 8). Die Frage lautet hinfort: Weshalb wird die Bündelung von Aktiva in Organisationen wie z.B. den Unternehmen effizient? Die Beantwortung folgt wiederum unserem Denkmuster von der Notwendigkeit einer institutionellen Verknüpfung von Humanvermögen und sonstigem materiellen Vermögen als Voraussetzung für wirtschaftliche Aktivitäten.

In einer Organisation vom Typ einer marktwirtschaftlich orientierten Unternehmung beschäftigen "zentrale Agenten" von ihnen angeworbene Faktoren zu speziellen Bedingungen, die sie mit den jeweiligen Verhandlungspartnern ausmachen, und verkaufen nach abgeschlossenem Produktionsprozeß das Endprodukt nach eigenem Ermessen (s. Abbildung 2).

Die Handlungsmöglichkeiten einer zentralen Agentur beginnen mit der Bereitstellung eines Budgets zur Finanzierung des Produktionsprozesses. Hinsichtlich der Ausrichtung des Produktionsprozesses gilt grundsätzlich bei Ungewißheit bezüglich der Produktionsergebnisse sowie der Absatzchancen, daß sowohl für die Marktpreise als auch - z.B. bei Teamarbeit - für die Faktorentlohnung lediglich auf der Grundlage von Erwartungswerten kalkuliert werden kann. Ungewißheit gilt also auch für den Umgang mit dem Produktionsfaktor Arbeit. Arbeitsverträge spiegeln ebenfalls nur die Erwartungen über das spezifische Leistungspotential von Beschäftigten wider. Diese werden angeworben, um im Produktionsprozeß arbeitsteilig Spezialaufgaben wahrzunehmen, wobei sie - nahezu routinemäßig - stets eine Kontrolle über die ihnen zur Nutzung anvertrauten Arbeitsmittel in Form von Produktivvermögen und Materialeinsatz ausüben. Der Grad ihrer je spezifischen Qualifikation entscheidet maßgeblich über das Gesamtergebnis, das die Unternehmung im Marktprozeß erzielt.

Das Gesamtergebnis, welches eine Unternehmung im Marktprozeß erzielt, der Bruttoerlös also, ist ebenfalls durch Ungewißheit gekennzeichnet. Die Gruppe der Käufer ist ebensowenig homogen wie andere menschliche Gruppen. Qualitätsansprüche, Testbereitschaft u.ä. sind gleichfalls wesentliche Merkmale des Humanvermögens. Die von *Fritz Machlup* vorgelegte volkswirtschaftliche Analyse der Elemente, in die der Bruttoerlös aufgegliedert werden kann, ist meines Erachtens immer noch deshalb besonders interessant, weil sie die Möglichkeit bietet, Erlöspartien handlungsbezogen zuzurechnen. Vor allem mit der Unterscheidung zwischen den Renten spezifischer Faktoren und dem reinen Profit macht er auf zentrale Elemente des dynamischen Prozesses aufmerksam.

Abb. 2: Grundlegende Tatbestände für Aktivitäten in einer Unternehmung

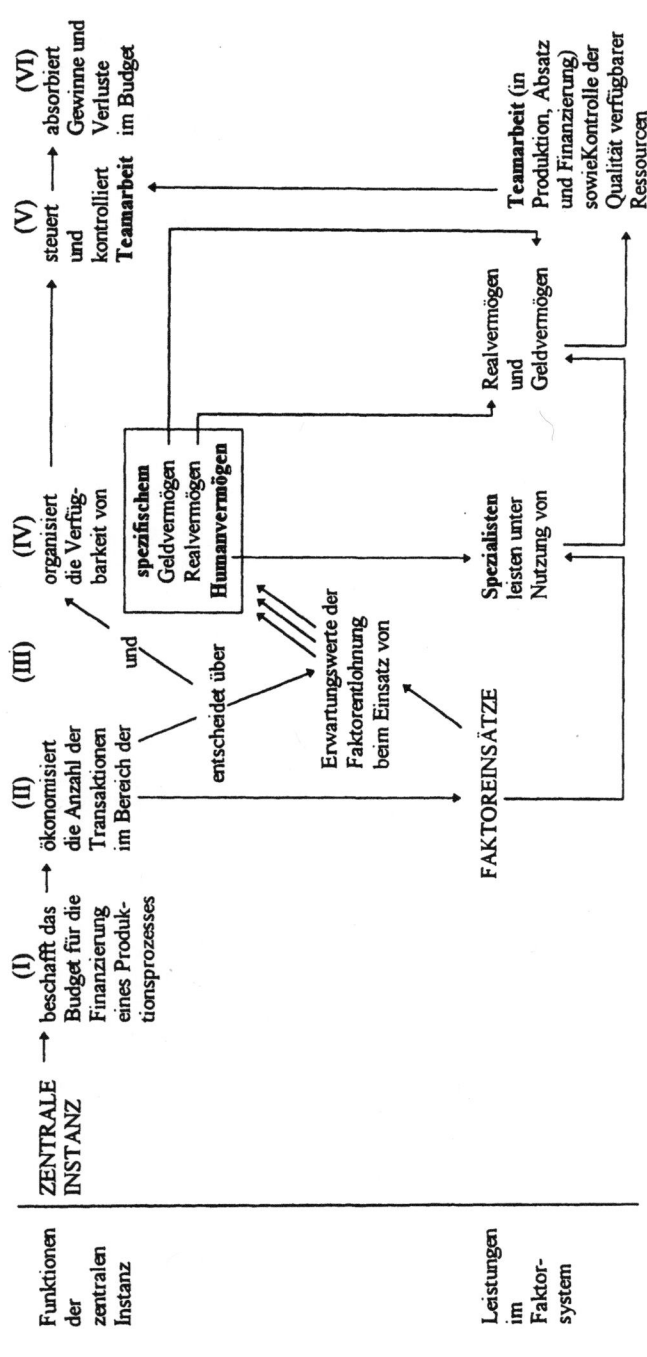

Quelle: *Krüsselberg* (1986), S.76.

Abb. 3: Volkswirtschaftlicher Verteilungsmodus

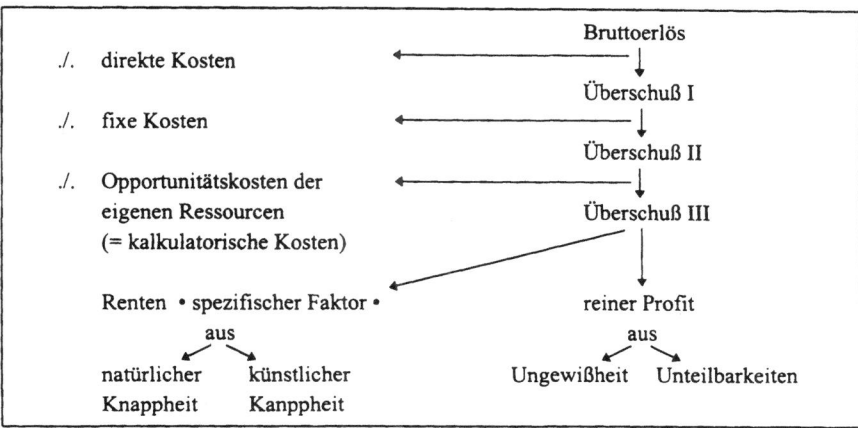

Quelle: *Machlup* (1952), 257; *Krüsselberg* (1969), 205.

Nach wie vor meine ich, es sei sinnvoll, von einer organisations- und vermögenstheoretischen Grundposition her auf eine handlungsorientierte Analyse von Wettbewerbsprozessen hinzuarbeiten. Um zu verdeutlichen, daß Unternehmungen in einer Welt des Wettbewerbs nie homogen sein können (*Krüsselberg* 1965, 11 ff.), hatte ich bereits 1958/59 in einem Bericht über ein Forschungsprojekt der Deutschen Forschungsgemeinschaft zum Thema "Theoretische und empirische Studien zum Verhalten der Investoren" (s. auch *Krüsselberg* 1963, 34 f., insbes. Fn. 3) ein "Drei-Phasen-Schema der Produktion" entwickelt, das Evolutionsprozesse in der Unternehmung abbilden sollte. Mit Hilfe dieses Drei-Phasen-Schemas - so finde ich - lassen sich leicht bestimmte Strategiephasen der Unternehmenspolitik veranschaulichen. Die Produktionsphase dürfte als der Zeitraum der Unternehmensexpansion anzusehen sein. In ihr sind die Bedingungen der kostengünstigen, risikoarmen Expansion mit bereits bekannten Produkten gegeben, zumal dann auch mit einer wachsenden Nachfrage zu rechnen sein wird. Verschärft sich später der Wettbewerb, der zu Rationalisierungen zwingt, mögen die damit verbundenen Enttäuschungen der Erwartungen zunächst die Expansionspläne beschneiden. Die beginnende Rationalisierungsphase ist aber zugleich eine Phase der Besinnung auf die Möglichkeiten bislang ungenutzter Ressourcen. Hier scheint der Ansatz für eine neue Entwicklungsphase zu liegen und der Anstoß zur Innovation, die wiederum - allerdings bei unter Umständen weitreichenden Veränderungen in der Komposition der Erzeugnisse - in die Expansion führt (*Krüsselberg* 1965, 145).

Aus einer Kombination der Darstellung des Phasenzyklus mit den erlösbildenden Faktoren ergibt sich Abbildung 4. Hier wird der Lebenszyklus eines Produktes oder einer Industrie in Verbindung mit typischen Konstellationen der Quellen, aus denen sich Gewinne rekrutieren, präsentiert unter expliziter Bezugnahme auf die Aufgliederung nach Maßgabe der unterschiedlichen Erlösüberschüsse. Es ist nicht zu übersehen, daß der Grundtatbestand des Sich-Annäherns oder der Übereinstimmung von Kosten und Erlösen, von dem her die neoklassische Preistheorie argumentierte, lediglich ein Tatbestand der Rationalisierungsphase ist. Exakt diese Phase ist jedoch für den wirtschaftlichen Prozeß unter Wettbewerbsbedingungen ein Bereich, in dem Evolution nur dann stattfindet, wenn man eben diese Phase verläßt. Für dynamisch planende Unternehmensführungen müßte dies ein Anlaß sein, bereits vorher aus solchen Märkten, die dorthin abgleiten, auszusteigen, um unter Besinnung auf die Möglichkeiten einer wiederum wertsteigernden Umstrukturierung verfügbarer Vermögen erneut eine expansive Phase in einem neuen Produktionssegment einzuleiten.

Abb. 4: Lebenszyklus eines Produktes oder einer Industrie

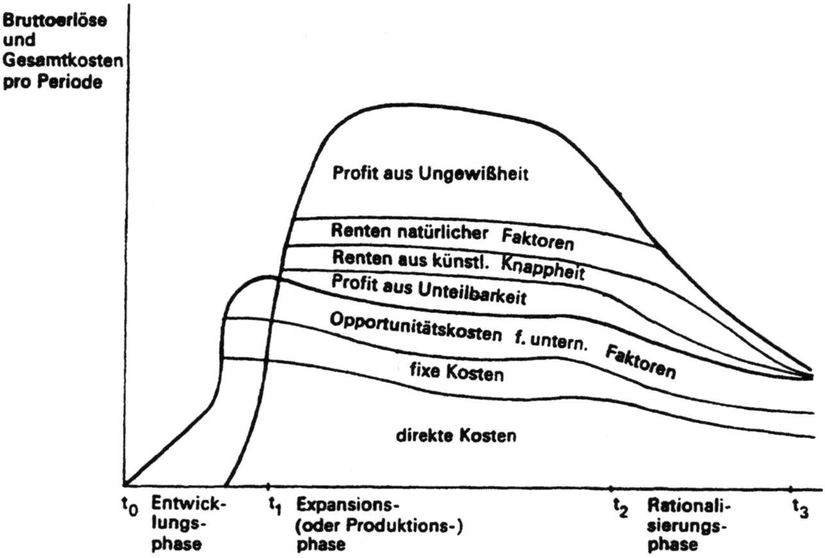

Quelle: *Krüsselberg* (1969), 282.

Wenn davon ausgegangen werden kann, daß moderne Unternehmen in einem sehr wesentlichen Umfang als Mehr-Produkt-Unternehmen tätig sind, wird die Entscheidung, jeweils nur in bestimmten Marktphasen präsent sein zu wollen, stark divergierende Unternehmensprofile entstehen lassen. Abhängig sind diese sowohl von den Ideen über das, was man mit den akquirierten Aktiva zu leisten vermag, als auch von den Vorstellungen über die gewünschte Position des eigenen Unternehmens im Feld der Wettbewerber.

Diese Betrachtungsweise ist für die Wettbewerbstheorie von erheblicher Bedeutung, was zu häufig in der Theoriediskussion übersehen wird. Deshalb lautet meine **These 4**:

Mit der Existenz von Unternehmungen in entwickelten Industriegesellschaften hebt sich unter Wettbewerbsbedingungen die Trennung zwischen "Wettbewerb auf den Gütermärkten" und "Wettbewerb auf den Faktormärkten" prinzipiell auf. - Die Nachfrage nach Produktionsfaktoren ist nicht länger - wie es die neoklassische Perspektive zu vermuten nahelegt - eine von den Preisen für Güter, besser: für Endprodukte, abgeleitete Nachfrage. Sie ist vielmehr das Ergebnis von Unternehmensentscheidungen angesichts der Wahl zwischen einer bestimmten Anzahl von "images of possible future events". Weil Unternehmen durch Enttäuschungen lernen, beschafft dieser Lernprozeß ihnen sowohl Informationen bzw. "Visionen" über mögliche Zukunftslagen als auch Leitbilder für den Entscheidungsprozeß. Nicht - wie auch immer beschaffene - Informationen über die Kosten von Produktionsfaktoren oder Vorstellungen über bestimmte Transaktionskosten lenken den Entscheidungsprozeß. Ertragsprofile, also Vorstellungen über erreichbare Ziele einerseits und Kalküle über die dazu notwendigen und zugleich verfügbaren Ressourcen (Aktiva) andererseits, bestimmen über die Ausprägung der Bilanzstruktur und damit über das Unternehmensprofil. Über zukunftsträchtigere Vermögenspotentiale als die Konkurrenten verfügen zu können, wird **als die eigentlich bestimmende dynamische Kraft im Wettbewerbsprozeß** gesehen.

Daraus folgt **These 5**:

In einer Welt dynamischen Wettbewerbs, in der Ungewißheit existentiell nicht aufhebbar ist, konzentriert sich das Entscheidungspotential in Unternehmen auf Bemühungen, jene Kombination von Aktiva zu realisieren, die das höchste Innovationspotential besitzt und damit den Erwartungswert des Portefeuilles maximiert.

Eine in Wettbewerbsprozessen führende Unternehmung zeigt folglich das Bild einer Organisation, die "a) einen Fonds spezialisierter Aktiva verkörpert, der b) ein Netzwerk komplementärer Interaktionsbeziehungen zwischen materiellen und immateriellen Ressourcen begründet, (ein Netzwerk) das c) **durch die Humanvermögenskomponente gesteuert** wird" (*Krüsselberg, U.* 1993, 83; Hervorhebung *H.G.K.*).

6. Innovative Entscheidungen über die Verwendung von Aktiva: die Öffnung des Evolutionsraums

Wie wir in Abschnitt 4 zu zeigen versuchten, macht die Aufgabe, "to account for the course" eines in historischer Zeit ablaufenden Prozesses, die Verwendung vermögenstheoretischer Ansätze unentbehrlich. Dabei werden, was *Shackle* immer wieder angeführt hat, mit dem Rückgriff auf die Idee der historischen Zeit folgende Elemente der Realität unmittelbar theorierelevant: Erwartungen und Ungewißheit; Wandel und Wachstum; Hoffnungen und Furcht; Entdeckungen, Erfindungen und Innovationen; Neuheit und Information (*Shackle* 1958, 93). Sie alle bündeln sich in der laufenden Bewertung und Umbewertung von Gütern und spiegeln sich in den jeweils individuellen Bewertungen solcher Aktiva, die in den Verfügungsbereich einzelner Entscheidungsträger fallen (*Shackle* 1972, 178 ff., 195 ff.). Solche Prozesse abzubilden, war Ziel der Ungleichgewichtsmethode der Stockholmer Schule, der Sequenzanalyse (siehe hierzu *Krüsselberg* 1969, 46 ff., 167 f.). Die Leitidee dieses theoretischen Ansatzes besteht darin, die wirtschaftliche Entwicklung zu interpretieren als Ergebnis der Bemühungen von Wirtschaftssubjekten, ihre Pläne zu realisieren. Diese Wirtschaftspläne werden durch Zukunftserwartungen bestimmt, welche wiederum durch die wirtschaftliche

Entwicklung beeinflußt werden und von Zeit zu Zeit revidiert werden müssen. Zudem sind nicht alle Pläne der Wirtschaftssubjekte kompatibel. Notwendigerweise folgen daraus Enttäuschungen bei gewissen Akteuren, welche ebenfalls zu Planrevisionen Anlaß geben müßten. Mit jeder Planrevision wird jedoch in diesem Ansatz eine neue Periode begründet. Gesucht werden "chains of causation" (s. *Krüsselberg* 1969, 47). Diese Ketten der Verursachung von Wandel tragen - so läßt sich die Botschaft dieses Ansatzes formulieren - das Merkmal "strategischer Investitionen".

Das nicht-aufhebbare Faktum unvollkommener Voraussicht, das stets gegebene Moment einer "begrenzten Ungewißheit" (*Shackle* 1969, 271 ff.) bietet die Erklärung für die Existenz von "Lücken", in die die Unternehmungen mit "strategischen Investitionen" hineinzustoßen vermögen, also für die Existenz eines Evolutionspotentials. Nach *Lundberg* und *Myrdal* ist der Investitionsprozeß nur zu verstehen, wenn als Bezugsbasis eine Wirtschaft gewählt wird, die ständig jenseits des statischen Gleichgewichts liegt. Ein mehr oder weniger kontinuierlicher Fluß von Störungen durch technischen Wandel und Veränderungen in den Angebots- und Nachfragekonstellationen schaffe über die daraus resultierenden partiellen Ungleichgewichtspositionen Investitionschancen (*Myrdal* sprach hier von "Marktvacua"). Jeder Investitionsprozeß führe kontinuierlich zu neuen Ungleichgewichten. Die Unternehmer als Experten für die 'technical-progress function' (*Kaldor*) auf der Mikroebene der individuellen Firma nehmen solche Möglichkeiten in realen Märkten jedoch stets in unterschiedlichem Umfang und nach Maßgabe unterschiedlich strukturierter Unternehmungen wahr, was sich in den Rentabilitätskalkulationen und den Ertragserwartungen für verschiedene Investitionsarten niederschlägt. Dabei bildet eine wichtige Expansionsbasis die Existenz noch ungenutzter oder neuartig miteinander verknüpfter Ressourcen (s. im einzelnen *Krüsselberg* 1965, 197 ff.). - In dieser Sicht besteht die Funktion einer ökonomischen Organisation vom Typ der Unternehmung darin, das fragmentierte produktionsrelevante Wissen bestmöglich zu nutzen. Zur Erörterung steht nicht lediglich eine Logik der Allokation, sondern das empirische Phänomen von "search and discovery".

An dieser Stelle soll unser Versuch einsetzen, "die bisher wenig konkretisierte *von Hayek*sche Vorstellung vom 'Wettbewerb als Entdeckungsverfahren' inhaltlich aufzufüllen". Mit *Streit* und *Wegner* (1989), auf die diese Forderung zurückgeht, sind wir uns einig, daß dies voraussetzt, seine Vorbehalte gegenüber den theoretisch bislang verwendeten "Wissensannahmen" zum Ausgangspunkt weiterer Betrachtungen zu machen. Für die Praxis des Wettbewerbsprozesses ist in der Tat davon auszugehen,

- daß ein konstitutioneller Wissensmangel der Marktakteure unterstellt werden muß, dem sich auch der (wissenschaftliche) Beobachter des Marktgeschehens nicht entziehen kann;

- daß die Menge dessen, was von einem Marktakteur in Erfahrung gebracht werden kann, grundsätzlich auch als offen gelten muß, das betrachtete System also evolutionsfähig ist;

- daß der Wissenserwerb selbst als ein Problem betrachtet werden muß, das zwar der konventionellen Entscheidungslogik allein nicht zugänglich ist, von dessen individuellen Bewältigungsversuchen jedoch Markt- bzw. Wettbewerbsfolgen zu erwarten sind (*Streit* und *Wegner* 1989, 183). Diese Annahmen stehen unseres Erachtens in keinem Punkt unseren obigen Ausführungen entgegen.

Unsere Analyse des "Wissenserwerbs als Wettbewerbsvoraussetzung" (*Streit* und *Wegner* 1989, 197) unterscheidet sich jedoch in einem wesentlichen Bereich vom Ansatz der genannten Autoren. Sie bedarf nicht der Transaktionskosten-Argumentation. Ihre Grundlage ist in den vorangegangenen Abschnitten entwickelt worden mit der These, das Wettbewerbspotential einer Unternehmung sei als das Ergebnis einer unternehmensindividuellen Bündelung spezifischer Aktiva anzusehen, in die die Nutzung des Wissens aller Beschäftigten, d.h. des Teamwissens, sowie der organisatorischen und unternehmerischen Befähigung eingegangen ist. Nur kurz deuten *Streit* und *Wegner* an, daß Auslöser eines Prozesses der Wissenserschließung "pekuniäre externe Effekte" sein "dürften". Soweit sie über Märkte vermittelt würden, informierten sie jedoch nicht "über konkrete Handlungen, die sich daraus im Interesse der Unternehmensziele ergeben könnten" (*Streit* und *Wegner* 1989, 195). Genau diese Frage nach den Hintergründen für konkrete Handlungen, insbesondere Investitionsentscheidungen von Unternehmen, im Wachstums- und Entwicklungsprozeß hatte mich bereits früher veranlaßt zu prüfen, ob monetäre externe Effekte einem einheitlichen theoretischen Ansatz zuzuordnen seien, der so beschaffen ist, daß er den Unternehmensbereich in eine Theorie der volkswirtschaftlichen Produktion einbezieht (*Krüsselberg* 1967, 272 ff.). Pekuniäre (monetäre) externe Effekte waren bis dahin vorrangig in entwicklungstheoretischer Perspektive erörtert worden.

Meine **These 6** ist nun die, daß der Weg der Wissenserschließung im konkreten Kontext von Vermögensstrukturen über die Entdeckung pekuniärer externer Effekte geht. Gefragt wird nach komplementären Aktiva zu bereits verfügbaren, die es einem Akteur ermöglichen, in einer neuartigen Bündelung bislang externe Gewinne in einer umfassenderen Handlungs- bzw. Entscheidungseinheit zu internalisieren.

Im folgenden möchte ich die Grundargumente dieses Gedankens zumindest so weit darstellen, daß sie weiter diskutiert werden können[5]. Mein Ausgangspunkt war eine Studie von *Scitovsky* (1954, 69 ff.) über externe Effekte. Dort betonte er, in der Theorie der Industrialisierung messe man externen Vorteilen die Aufgabe zu, als Allokationsindikator für Investitionen zu dienen. Dabei unterstelle man zunächst, daß die private Rentabilität der Investitionen als guter Index für ihre gesellschaftliche Bedeutung anzusehen sei; im übrigen erweitere man die Bezugsbasis dadurch, daß man externe Gewinne einbezieht. Die Bedeutung dieser erweiterten Definition besteht darin festzustellen, daß die Gewinne einer Unternehmung A (P_A) nicht nur von ihrer eigenen gesamten Produktionsmenge G_A und ihren Faktoreinsätzen (l_A, c_A ...), sondern auch von den Mengen und Einsätzen anderer Unternehmen (G_N, l_N, c_N ...) abhängen:

$$P_A = F_P (G_A, l_A, c_A ..., G_N, l_N, c_N ...).$$

Zu registrieren ist, daß monetäre externe Effekte das Ergebnis dynamischer Prozesse sind. Sie begründen monetäre Vor- und Nachteile, die bei einzelnen Unternehmungen in

---

[5] Zum weitaus ausführlicher angelegten Gesamtkonzept s. *Krüsselberg* 1967, 271 f.

Abhängigkeit von der allgemeinen wirtschaftlichen Entwicklung, jedoch unabhängig von deren individuellen Produktionsakten anfallen. Aktionen in einem Teil der Wirtschaft, mit dem sie durch Interdependenzbeziehungen verbunden sind, führen zu Rückwirkungen auf ihre Positionen in Form von Geldgewinnen und Geldverlusten. Mit der Zusammenfassung außermarktmäßiger und marktmäßiger Interdependenzen in dieser Kategorie der externen Effekte strebt *Scitovsky* - so möchten wir ihn interpretieren - die unmittelbare Hinwendung zu den kalkulatorischen Grundlagen der Wirtschaftspläne und Entscheidungen der Einzelwirtschaften an. Als entscheidendes Faktum unternehmerischer Disposition erscheint für ihn hinfort die Beeinflussung der individuellen Gewinnposition durch monetäre Interdependenzen der oben genannten Art. Auch wir werden im folgenden den Begriff der externen Effekte nur in diesem Sinne verwenden.

Wiederholt haben wir betont, daß Wissenserwerb als Wettbewerbsvoraussetzung stets im Kontext der Bedeutung von Investitionen als Träger der Veränderung der wirtschaftlichen Struktur zu sehen ist. Deshalb ist es wichtig, darauf aufmerksam zu machen, daß Investitionen nicht nur einen Einkommens- und einen Kapazitätseffekt, sondern auch einen Komplementaritätseffekt zeitigen. Nicht zuletzt bedeutet das, daß die volkswirtschaftlichen Investitionen einer Vorperiode wie "Entwicklungsblöcke" (*Dahmén* 1956, 129 f.) wirken, wenn und weil sie komplementäre Investitionen in der Nachperiode induzieren. Daraus folgt ähnlich den bereits bekannten Multiplikatoreffekten ein - wie ich sagen möchte - Multiplikatoreffekt der Investitionspropagation. Mit diesem Bezugspunkt der Investitionspropagation drängt sich die Vorstellung, wirtschaftliche Entwicklung sei eine Folge von Ungleichgewichtslagen, als konstitutive Grundkonzeption einer Evolutionstheorie des Wissens, die den Kontext zur marktwirtschaftlichen Kapitalstruktur sucht, geradezu auf. Ungleichgewichte sind damit gekennzeichnet als eine Folge von Lücken in der Struktur der Kombination produktiver Aktiva, also: der Struktur unternehmerisch genutzter Vermögen, oft "Kapitalstruktur" genannt. Evolutionstheoretisch bedeutsam ist, daß - wie in der Einleitung zu diesem Abschnitt gesagt wurde - nicht zuletzt infolge des Tatbestandes "strategischer", d.h. inhärent der Ungewißheit unterworfener Investitionen diese "Kapitalstruktur" konzeptionell "ständig jenseits (der Idee) eines statischen Gleichgewichts" anzusiedeln ist. Unser Anknüpfungspunkt zur Vertiefung dieser Vorstellung sind Gedanken von *L.M. Lachmann* (1956) über die Bedeutung einer "Structure of Capital", d.h. der strukturellen Verknüpfung von produktiven Aktiva.

Geht man mit *L.M. Lachmann* von der Annahme aus, die Komplementarität von "Kapital", gemeint ist von Aktiva, also von Vermögen, sei ein typisches Merkmal der Realität, folgt daraus, daß jedes Aktivum als ein Teilstück einer Gesamtstruktur produktiver Aktiva anzusehen ist. Mit dem Hinweis auf die Existenz einer solchen Struktur soll unter anderem betont werden, daß Güter, die sich in keine allgemeine Produktivkombination einfügen, mit ihrer Ertragslosigkeit auch ihre Eigenschaft verlieren, Renten zu erzielen. Für *Lachmann* ist diese universelle Komplementarität das konstituierende Merkmal der Produktionsstruktur einer Volkswirtschaft: Der Vermögensbestand als "heterogener Bestand materieller Ressourcen" ist kein homogenes Aggregat; viel eher stellt er als strukturelles Muster das koordinierende Gefüge für die Heterogenität ("die multiple Spezialität") der produktiven Aktiva dar. Das Konzept des volkswirtschaftlichen Produktivvermögens zielt somit auf die Erfassung einer komplexen Struktur, welche funktional in der Weise differenziert ist, daß verschiedene Aktiva erst in ihrer unterschiedlichen Verwendung sinnvoll kombiniert sind. Im Investitionsakt vollzieht sich die Bindung liquider Mittel nur an ganz bestimmte Nutzungsmöglichkeiten. Daher sind alle unternehmerischen Entscheidungen spezifizierende Entscheidungen. Durch sie wird der konkrete Charakter eines jeden neuen Aktivums fixiert. Jedes einzelne von ihnen fügt sich wiederum in einen Gesamtzusammenhang ein: Es muß einfach in eine Kombination produktiver Aktiva passen, soll die Investition rentabel sein.

Erscheinen alle Vermögensformen als homogen, muß ein neues Aktivum in einer vollkommenen Substitutionsbeziehung zum alten stehen: Es konkurriert mit ihm und mindert dessen Rentabilität. Gilt es als heterogen, hängt der Anreiz zur Investition von den Rentabilitätseffekten ab, die man für die Kombination aus alten und neuen Aktiva erwartet. Jede Investitionsentscheidung ist somit zumindest auf das Faktum der Komplementarität ausgerichtet.

Der Unternehmer wird sich von den Erwartungen hinsichtlich der Entstehung komplementärer Vermögensvarianten innerhalb seiner Investitionsperiode leiten lassen. Er wird **jegliche komplementäre Kapazität zu registrieren suchen und annehmen können, daß sich mit dem Grad der Entwicklung auch der Grad komplementärer Kapazität vervielfacht.** Mit wachsendem Vermögensbestand verstärkt sich nämlich die Tendenz fortschreitender Ausdifferenzierung neuer Funktionsbereiche in Form von Spezialisierungen. Vor diesem Hintergrund bildet sich ein Verhaltensmuster folgender Art aus, das den Unternehmer bei der Suche nach wohlstandssteigernden Aktiva leitet: Ihm erscheint die Möglichkeit der Ergänzung der Produktionsstruktur immer dann als unternehmerische Chance, wenn die jeweilige Investition Lücken in einer im Detail noch unvollständigen Struktur zu schließen verspricht. Im Systemablauf sorgen nach *Lachmann* die marktwirtschaftlichen Kräfte dafür, daß am Ende alle von den Unternehmungen erworbenen Aktiva die notwendigen Komplementärfaktoren finden und somit zumindest eine Tendenz zur lückenlosen Komplementarität des Produktivvermögens gegeben ist.

Plankomplementarität als Komplementarität der Aktiva im Rahmen eines individuellen Plans wird durch unternehmerische Aktion erzielt. Die Entscheidungen auf dem Weg zu einer hinreichend umfassenden Komplementarität der Aktiva im ökonomischen System folgen den Signalen des Marktes, der jene Aktiva ständig neu bewertet. Das Preissystem der Märkte schafft die Komplementarität der Einsatzfaktoren und erhält sie im Zeitablauf. An den Unternehmen liegt es, lediglich solche Kombinationen zu wählen, die zumindest konstante, wenn nicht steigende Erträge erwarten lassen. In diesem System ist kein Platz für eine determinierte Profitrate. Schwankungen und Divergenzen in den Gewinnen zeigen im Kommunikationssystem des Marktes den Grad der Inkonsistenz unternehmerischer Planung auf, welche aus der Dynamik der Märkte unabwendbar folgt. Solche Dynamik verlangt ständig Bemühungen der Entscheidungskorrektur.

Hirschman (1958, 98 ff.) konzipiert auf der Basis dieser - wie ich sagen möchte - komplementaritätsorientierten Ansätze eine Theorie der Industrialisierung, die meines Erachtens zeigt, daß die Akzeleration des industriellen Wachstums nicht ohne Rückgriff auf die Aktivitäten von Unternehmen erklärt werden kann (*Krüsselberg* 1967, 385 ff.).

Völlig zu Recht war dazu von *Hirschman* festgestellt worden, daß Entwicklungseffekte Konsequenzen der Marktchancen, d.h. der erwarteten Gewinne, sind. Unter diesen Bedingungen verlagert sich die gesamte Fragestellung in das Gebiet der Investitionsrechnung. Sie reduziert sich auf das Problem der Notwendigkeit, den Komplementaritätseffekt von Investitionen bzw. die Interdependenzbeziehungen zwischen Investitionen zu berücksichtigen. Das bedeutet: Externe Vorteile, die ein jedes Einzelprojekt im Rahmen einer Faktorkombination bewirkt, müssen in die Investitionsrechnung einbezogen werden. Für die Unternehmenstheorie handelt es sich um die Einfügung heterogener Aktiva in eine vorgegebene Produktionsstruktur, wobei die gelungene oder mißlungene Erfüllung des Komplementaritätsgebotes über die Höhe des zu erzielenden Gewinns entscheidet.

Was uns in diesem Zusammenhang als besonders beachtenswert erscheint, ist die sich nunmehr anbietende Möglichkeit, das Problem der Marktstruktur auf der Basis von Komplementaritätsblöcken zu veranschaulichen. Unterstellen wir zum Zwecke der Erläuterung, das Repartitionsproblem (das Problem also, einen gegebenen Gesamtertrag aufzuteilen) könne für den Faktoreinsatz pro Projekt I_i (i=1,2, ..., n) gelöst werden, dann könnte pro Periode jedem I_i der Betrag des zurückfließenden Gewinns P_i (i=1,2 ..., n) zugerechnet werden. Angesichts der eben erfolgten Unterstellung der exakten Zurechenbarkeit ließen sich die aus dem Komplementaritätseffekt resultierenden externen Gewinne beim empfangenden Projekt I_i ebenfalls ausweisen (dies wäre mit dem Argument zu rechtfertigen, daß erst nach vollzogener Investition die effektive Höhe des Komplementaritätsgewinns als Überschuß über den unmittelbar kalkulierten Gewinn sichtbar wird). Hier sind es nur noch die Investitionseinheiten I_1, I_2, ..., I_n, welche als Grundeinheit für die Einteilung des Tableaus dienen. Angesichts unserer Annahmen würde I_1 bei I_1 selbst, d.h. in direkter unabhängiger Zurechnung, einen unmittelbaren Gewinn π_{11} und etwa bei I_2 einen (mittelbaren) externen Gewinn p_{12} entstehen lassen. I_2 läßt wiederum I_2 den unmittelbaren Gewinn π_{22} zufließen, während **externe Gewinne** z.B. bei I_1 als p_{21} oder bei I_3 als p_{23} anfallen usw. Auf der Hauptdiagonalen der quadratischen Matrix wird dann stets der unmittelbare Gewinn π_{ii} des Projektes sichtbar, während die ausgewiesenen externen Gewinne p_{ij} den Grad der profitmäßigen Interdependenz zwischen den Projekten veranschaulichen. Hier gilt also: $P_{Ii} = \pi_{ii} + \Sigma\ p_{ij}$, d.h. die durch ein Investitionsprojekt I_i erzielten Gesamtgewinne P_{Ii} ergeben sich aus dem unmittelbaren Gewinn π_{ii} und der Summe der bei den anderen Investitionsprojekten hervorgerufenen externen Gewinne p_{ij}. Wir folgern: **Die strategische Komponente des Entdeckungsprozesses ist der "externe Gewinn"; durch seine Existenz wird der Prozeß des Wissenserwerbs in übersehbare Bahnen gelenkt.** Das Wissen um dessen "Möglichkeit" schafft Anreize, Konstellationen zu entdecken, die ihn zu einem "Realphänomen" werden lassen. Auf die Bedingungen einwirken zu wollen, die konkrete Chancen im Evolutionsraum öffnen, das ist das Feld, in dem Kreativität gefordert ist. Nicht zuletzt geht es hier wiederum um die Bündelung von Aktiva mit speziellen Aktivitätsprofilen in konkreten Unternehmen.

In einem einfachen Grundschema der oben beschriebenen Art könnte man unter der Annahme, daß jeder Investitionseinheit ein gleicher Wert zukommt, unterschiedliche

Unternehmensgrößen durch unterschiedliche Grade der Gewinninterdependenz begründet sehen (s. Abb. 5).

Abb. 5: Gewinninterdependenzen in einem Investitionsmodell

↘ → an Sektor ↓ von Sektor		empfangende Einheiten					
		I_1	I_2	I_3	I_4	I_5	I_6
liefernde Einheiten	I_1	π_{11}	p_{12}	p_{13}			
	I_2	p_{21}	π_{22}	p_{23}			
	I_3	p_{31}	p_{32}	π_{33}			
	I_4				π_{44}	p_{45}	
	I_5				p_{54}	π_{55}	
	I_6						π_{66}

Quelle: *Krüsselberg* (1967), 291.

Hier könnte man z.B. die Kombination I_1 - I_3 als Großunternehmung, I_4 - I_5 als mittelgroße Unternehmung und I_6 als kleine Unternehmung ansprechen.

Die **These 7** dieses Beitrags lautet also: In der Realität marktwirtschaftlicher Systeme wird der Prozeß des Wissenserwerbs als Wettbewerbsvoraussetzung vornehmlich als Prozeß der Entdeckung sogenannter externer Gewinne zu verstehen sein. Auch massive Umstrukturierungen in Märkten und bei Unternehmen lassen sich damit begründen.

7. Schlußbemerkung

Im Abschnitt 5 wurde die These vorgestellt, nur in der "Verkörperung von Wissen" in den Aktiva von Organisationen, z.B. von Unternehmen, sei die Quelle des wirtschaftlichen Fortschritts zu suchen. Folgte man unserem dort vorgestellten Forschungsvorschlag, müßte es möglich werden, Unternehmensgeschichten als "konsekutive Positionsbeschreibungen" zu präsentieren. Sie sind das Ergebnis von Unternehmensentscheidungen angesichts der Wahl einer bestimmten Anzahl von "images of possible future events". Unternehmen "lernen durch Enttäuschungen". Dieser Lernprozeß beschafft Informationen über mögliche Zukunftslagen und auch über Leitbilder für die Entscheidungsträger (s. *Boulding* 1966, 302 ff.). Wie auch immer gehandelt wird, jede Entscheidung hinterläßt ihre "Spuren" in der Positionsrechnung, eben in der Unternehmensbilanz. Hier wird der jeweils aktuelle Wert des Handlungsvermögens erfaßt - sowohl für alle Aktionseinheiten eines wirtschaftlichen Systems als auch für das System insgesamt. Dabei ist insbesondere die Heterogenität der Individualstrukturen im aggregierten Vermögensbestand (der Unternehmen - und auch der Haushalte) als eigentlich bestimmende dynamische Potenz eines Wirtschaftssystems anzusehen. In der Bilanz erscheint das Bild der produktiven Potentiale eines Handlungssystems.

Für eine dynamische Theorie der Marktwirtschaft ist das Phänomen des Eintritts in den Markt konstitutiv. Aber: Eintrittsmöglichkeiten werden bestimmt durch die Fähigkeiten in Unternehmen, spezifische Kombinationen von Aktiva zu vollziehen, die wettbewerbsfähig sind (*Krüsselberg* 1969, 224 ff.). Die Voraussetzung also für die "Umkämpfbarkeit von Märkten" ist die Existenz eines Unternehmenssystems mit einer ziemlich genau beschreibbaren Struktur.

Wenn der Anspruch *Chamberlins* als begründet akzeptiert wird, daß die Heterogenität des Angebots selbst als Wohlfahrtsideal anzusehen ist, hängt die Effizienz eines marktwirtschaftlichen Systems entscheidend von dessen Fähigkeit zur Differenzierung und Funktionsteilung in der Marktstruktur ab. Aufgabe von Wettbewerb (*Krüsselberg* 1980, 98 ff.) ist es, die Prozesse der Produktkreation und der Produktentwicklung sowie des Wandels in den technischen Verfahren so zu steuern, daß die Zahl der konkret in einer Volkswirtschaft erreichbaren, differenzierten Kostenminima maximiert wird.

Damit ist **die** Industrie ebenso wie **die** optimale Unternehmensgröße eine theoretische Fiktion. Dann kann aber auch nur noch **eine** realitätsrelevante Frage gestellt werden, die nach einer **optimalen Verteilung** der Unternehmen, die nach der effizientesten Struktur der industriellen Organisation. Sie wird dann erreicht sein, wenn es infolge der Offenheit des Marktzugangs und wegen der Heterogenität der Unternehmen stets eine Unternehmensgröße gibt, welche die Marktchancen, die sich angesichts der Wandelbarkeit der Bedingungen in einer Marktwirtschaft immer wieder neu eröffnen, wahrzunehmen vermag. Diese Tendenz ist eine unabdingbare Voraussetzung für eine bestmögliche Marktversorgung. - Mit der **Konzeption eines Kontinuums effizienter Unternehmensgrößen**, "from pygmies to giants", bietet sich deshalb meines Erachtens eine theoretisch voll ausgereifte Alternative zu den bisherigen miteinander konkurrierenden Ordnungsideen für den Wettbewerb an[6].

Wie jede theoretische Konstruktion bietet auch dieses Leitbild zunächst einen Projektionshintergrund für in der Realität ablaufende Prozesse der Bewegungen innerhalb dieses Kontinuums. Daraus folgt jedoch: Es wäre ein grobes Mißverständnis anzunehmen, hier werde ein politikfreier Raum eröffnet. Dazu ist der institutionelle Rahmen zu bedeutsam. Die harte Realität von heute, die der neunziger Jahre, mit Arbeitslosigkeit, Innovationshemmnissen und einer Politik, die das Gewicht von Großunternehmen in einer Wettbewerbsordnung weitaus zu überschätzen scheint, zeigt, daß eine - wie auch immer bedingte - Erosion des Kontinuums in der Unternehmensstruktur erhebliche Wohlfahrtsverluste zur Folge hat.

---

[6] S. *Krüsselberg* 1969, 224 ff.; 1983, 90 ff.; *Herdzina* 1986, 529 f.; *Fehl* 1991, 120; *Wagner* 1995, 151 f.

Literatur

Alchian, Armen A. (1950), Uncertainty, Evolution, and Economic Theory, Journal of Political Economy, Vol. LVIII, No. 3, S. 211-221.

Albert, Hans und *Kurt Stapf* (Hrsg.) (1979), Theorie und Erfahrung. Beiträge zur Grundlagenproblematik der Sozialwissenschaften, Stuttgart.

Besters, Hans (Hrsg.) (1967), Theoretische und institutionelle Grundlagen der Wirtschaftspolitik, *Theodor Wessels* zum 65. Geburtstag, Berlin.

Biervert, Bernd und *Martin Held* (Hrsg.) (1992a), Evolutorische Ökonomik. Neuerungen, Normen, Institutionen, Frankfurt, New York.

Biervert, Bernd und *Martin Held* (1992b), Das Evolutorische in der Ökonomik: Neuerungen - Normen - Institutionen. Eine Einführung, in: *Biervert* und *Held* (1992a).

Boulding, Kenneth E. (1962), A Reconstruction of Economics, second Edition (first Edition 1950), New York.

Boulding, Kenneth E. (1966), Economic Analysis, Vol. I: Microeconomics, 4th Edition, New York.

Boulding, Kenneth E. (1971), Collected Papers, Vol. 1, Boulder, Col.

Boulding, Kenneth E. (1981), A New Theory of Societal Evolution, London.

Buchanan, James M. (1979), What Should Economists Do?, Indianapolis.

Chamberlin, Edward H. (1962), The Theory of Monopolistic Competition. A Re-orientation of the Theory of Value, Cambridge, Mass.

Commons, John R. (1968), Legal Foundations of Capitalism, Madison (erste Auflage 1924).

Dahmén, Erik (1956), Technologie, Neuerungen und internationale industrielle Transformation, in: Zeitschrift für Nationalökonomie, Bd. XV, S. 128-136.

Delhaes, Karl von und *Ulrich Fehl* (1997), Dimensionen des Wettbewerbs: Problemstellung, in: *Karl von Delhaes* und *Ulrich Fehl* (Hrsg.), Dimensionen des Wettbewerbs - Seine Rolle in der Entstehung und Ausgestaltung von Wirtschaftsordnungen, Schriften zu Ordnungsfragen der Wirtschaft, Band 52, Stuttgart.

Elsner, Wolfram (1987), Institutionen und ökonomische Institutionentheorie - Begriffe, Fragestellungen, theoriegeschichtliche Ansätze, in: WiSt - Wirtschaftswissenschaftliches Studium, Bd. 16, Nr. 1, S. 5-14.

Enke, Harald, Walter Köhler und *Wilfried Schulz* (Hrsg.) (1983), Struktur und Dynamik der Wirtschaft. Beiträge zum 60. Geburtstag von *Karl Brandt*, Freiburg im Breisgau.

Eucken, Walter (1968), Grundsätze der Wirtschaftspolitik, 4. Aufl., Tübingen, Zürich (1. Aufl. 1952).

Fehl, Ulrich (1988), Optimale Unternehmensgröße versus Vielfalt von Unternehmensgrößen. Einige grundsätzliche Überlegungen zu einem alten Thema, in: *Klaus* und *Klemmer* (1988), S. 343-353.

Fehl, Ulrich (1991), Einige Überlegungen zur Betriebsgrößenstruktur der DDR-Wirtschaft angesichts des Übergangs von der Zentralverwaltungswirtschaft zur Marktwirtschaft, in: Transformation (1991), S. 115-129.

Fisher, Irving (1965), The Nature of Capital and Income, New York.

Fünfter Familienbericht (1994), Familien und Familienpolitik im geeinten Deutschland - Zukunft des Humanvermögens, hrsg. vom Bundesministerium für Familie und Senioren, Bonn.

Ginzberg, Eli (1976), The Human Economy, New York.

Hayek, Friedrich A. von (1969a), Der Wettbewerb als Entdeckungsverfahren, in: *von Hayek* (1969b), S. 249-265.

Hayek, Friedrich A. von (1969b), Freiburger Studien, Tübingen.

Hayek, Friedrich A. von (1973), Law, Legislation and Liberty, Vol. I, London.

Hayek, Friedrich A. von (1989), The Pretence of Knowledge, Nobel Memorial Lecture, December 11, 1974, in: American Economic Review, Vol. 79, No. 6, December, S. 3-7.

Herdzina, Klaus (1986), Wettbewerbstheorie und Wettbewerbspolitik. Stand der Entwicklungstendenzen, in: Wirtschaftsdienst, Nr.X, S. 525-532.

Hicks, John R. (1965), Capital and Growth, Oxford.

Hirschman, Albert O. (1958), The Strategy of Economic Development, New Haven.

Jacob, Herbert (1964), Neuere Entwicklungen in der Investitionsrechnung, in: Zeitschrift für Betriebswirtschaft, 34. Jg., Nr. 8+9, S. 487-507 und 551-594.

Kaufmann, Franz-Xaver und *Hans-Günter Krüsselberg* (Hrsg.) (1984), Markt, Staat und Solidarität bei Adam Smith, Frankfurt, New York 1984.

Keynes, John Maynard (1936), The General Theory of Employment Interest and Money, London 1961.

Keynes, John Maynard (1937), The General Theory of Employment, in: Quarterly Journal of Economy, Vol. LI, February, S. 209-223.

Kirzner, Israel M. (Hrsg.) (1982a), Method, Process, and Austrian Economics, Essays in Honor of Ludwig von Mises, Lexington, Toronto.

Kirzner, Israel M. (1982b), Introduction, in: *Kirzner* (1982a), S. 1-5.

Kirzner, Israel M. (1982c), Uncertainty, Discovery, and Human Action: A Study of the Entrepreneurial Profit in the Misesian System, in: *Kirzner* (1982a), 139-160.

Kiser, Larry L. und *Elinor Ostrom* (1982), The Three Worlds of Action. A Metatheoretical Synthesis of Institutional Approaches, in: *Ostrom* (1982), S. 179-222.

Klaus, Joachim und *Paul Klemmer* (Hrsg.) (1988), Wirtschaftliche Strukturprobleme und soziale Fragen. Analyse und Gestaltungsaufgaben. *J. Heinz Müller* zum 70. Geburtstag, Berlin 1988.

Klein, Werner, Spiridon Paraskewopoulos und *Helmut Winter* (Hrsg.) (1994), Soziale Marktwirtschaft. Ein Modell für Europa. Festschrift für *Gernot Gutmann* zum 65. Geburtstag, Berlin.

Knight, Frank H. (1921), Risk, Uncertainty, and Profit, New York 1965.

Krüsselberg, Hans-Günter (1963), Ein Entwurf zur Entwicklung eines Verhaltensschemas der Investitionen. (Auf der Basis Shacklescher Konzeptionen), in: Economia Internazionale, Vol. XVI, Nr. 2, S. 231-278.

Krüsselberg, Hans-Günter (1965), Organisationstheorie, Theorie der Unternehmung und Oligopol, Materialien zu einer sozialökonomischen Theorie der Unternehmung, Berlin.

Krüsselberg, Hans-Günter (1967), Profite, externe Vorteile und wirtschaftliche Entwicklung, in: *Besters* (1967), S. 271-297.

Krüsselberg, Hans-Günter (1969), Marktwirtschaft und Ökonomische Theorie. Ein Beitrag zur Theorie der Wirtschaftspolitik, Freiburg i. B.

Krüsselberg, Hans-Günter (Hrsg.) (1980a), Vermögen in ordnungstheoretischer und ordnungspolitischer Sicht, Köln.

Krüsselberg, Hans-Günter (1980b), Die vermögenstheoretische Tradition in der Ordnungstheorie, in: *Krüsselberg* (1980a), S. 13-32.

Krüsselberg, Hans-Günter (1983), Paradigmawechsel in der Wettbewerbstheorie?, in: *Enke, Köhler* und *Schulz* (1983), S. 45-98.

Krüsselberg, Hans-Günter (1984a), Wohlfahrt und Institutionen: Betrachtungen zur Systemkonzeption im Werk von Adam Smith, in: *Kaufmann* und *Krüsselberg* (1984), S. 185-216.

Krüsselberg, Hans-Günter (1984b), Vermögen im Systemvergleich - die Problemstellung, in: Krüsselberg (1984c), S. 1-20.

Krüsselberg, Hans-Günter (Hrsg.) (1984c), Vermögen im Systemvergleich, Stuttgart, New York.

Krüsselberg, Hans-Günter (1986), Transaktionskostenanalyse der Unternehmung und Markttheorie, in: *Leipold* und *Schüller* (1986) , S. 67-91.

Krüsselberg, Hans-Günter (1994), Humanvermögen in der Sozialen Marktwirtschaft, in: *Klein, Parakewopoulos* und *Winter* (1994), S. 31-56.

Krüsselberg, Hans-Günter und *Herwig Brendel* (1980), Innovationsfinanzierung, Kapitalmärkte und Kontrolle des Unternehmensverhaltens, in: *Krüsselberg* (1980a), S. 83-109.

Krüsselberg, Utz (1993), Theorie der Unternehmung und Institutionenökonomik, Heidelberg.

Lachmann, Ludwig M. (1956), Capital and its Structure, London.

Lachmann, Ludwig M. (1959), Böhm-Bawerk und die Kapitalstruktur, in: Zeitschrift für Nationalökonomie, Bd. XIX, S. 235-245.

Lachmann, Ludwig M. (1963), Cultivated Growth and the Market Economy, in: The South African Journal of Economics, Bd. 31, S. 165-184.

Lachmann, Ludwig M. (1966), Marktwirtschaft und Modellkonstruktionen, in: ORDO, Bd. 17, S. 261-279.

Lachmann, Ludwig M. (1977), Capital, Expectations and the Market Process, Kansas City.

Leipold, Helmut und *Alfred Schüller* (Hrsg.) (1986), Zur Interdependenz von Unternehmens- und Wirtschaftsordnung, Stuttgart, New York.

Lutz, Friedrich A. und *Douglas C. Hague* (1963), The Theory of Capital, London.

Meyer, Willi (1979), Ökonomische Theorien und menschliches Verhalten. Zwischen theoretischen Fiktionen und empirischen Illusionen, in: *Albert* und *Stapf* (1979), S. 269-312.

Mises, Ludwig von (1949), Human Action: A Treatise on Economics, New Haven.

Müller-Armack, Alfred (1932), Entwicklungsgesetze des Kapitalismus, Berlin.

North, Douglass C. (1988), Theorie des institutionellen Wandels, Tübingen.

North, Douglass C. (1990), Institutions, Institutional Change and Economic Performance, New York.

Ostrom, Elinor (Hrsg.) (1982), Strategies of Political Inquiry, Beverly Hills, London, New Delhi.

Perroux, Francois (1964), L'Economie du XXième Siècle, Paris.

Popper, Karl R. (1994), Alles Leben ist Problemlösen. Über Erkenntnis, Geschichte und Politik, München.

Preiser, Erich (1961), Bildung und Verteilung des Volkseinkommens, Göttingen.

Raiser, Ludwig, Heinz Sauermann und *Erich Schneider* (Hrsg.) (1964), Das Verhältnis der Wirtschaftswissenschaft zur Rechtswissenschaft, Soziologie und Statistik, Berlin.

Richardson, George B. (1959), Equilibrium, Expectations, and Information, in: Economic Journal, Juni, S. 223-237.

Riese, Hajo (1975), Wohlfahrt und Wirtschaftspolitik, Hamburg.

Robinson, Joan V. (1962), Economic Philosophy, London.

Robinson, Joan V. (1963), Essays in the Theory of Economic Growth, London.

Rosenberg, Nathan (1994), Joseph Schumpeter: Radical Economist, in: *Shionoya* und *Perlman* (1994), S. 41-58.

Samuelson, Paul A. (1963), The Evaluation of Social Income, in: *Lutz* und *Hague* (1963), S. 32-57.

Schultz, Theodore W. (1972), Human Capital: Policy Issues and Research Opportunities, in: National Bureau of Economic Research, Human Recources. Fiftieth Anniversary Colloquium. Vol. VI., New York, S. 1-73.

Schultz, Theodore W. (1975), The Value of the Ability to Deal with Disequilibria, In: Journal of Economic Literature, Vol. 13, Nr. 3, S. 827-846.

Schultz, Theodore W. (1981), Investing in People: The Economics of Population Quality, Berkeley.

Schultz, Theodore W. (1986), In Menschen investieren, Tübingen.

Schumpeter, Joseph A. (1950), Kapitalismus, Sozialismus und Demokratie, 2. erw. Aufl., Bern.

Schumpeter, Joseph A. (1961), Konjunkturzyklen. Eine theoretische, historische und statistische Analyse des kapitalistischen Prozesses, Göttingen.

Schumpeter, Joseph A. (1965), Geschichte der ökonomischen Analyse II, Göttingen.

Scitovsky, Tibor (1964), Papers on Welfare and Growth, London, Ch. 3: Two Concepts of External Economies (1954).

Shackle, George L. S. (1958), Time in Economics, Amsterdam.

Shackle, George L. S. (1967), The Years of High Theory. Invention and Tradition in Economic Thought 1926-1939, Cambridge.

Shackle, George L. S. (1969), Decision, Order and Time in Human Affairs, Second Edition, Cambridge.

Shackle, George L. S. (1972), Epistemics and Economics. A Critique of Economic Doctrines, Cambridge.

Shackle, George L. S. (1988), Business, Time and Thought. Selected Papers of G. L. S. Shackle, hrsg. von *Stephen F. Frowen*, London.

Shionoya, Yuichi und *Mark Perlman* (Hrsg.) (1994), Schumpeter in the History of Ideas, Michigan.

Smith, Adam (1974), Der Wohlstand der Nationen, übersetzt und eingeleitet von *Horst Claus Recktenwald*, München.

Streit, Manfred E. und *Gerhard Wegner* (1989), Wissensmangel, Wissenserwerb und Wettbewerbsfolgen - Transaktionskosten aus evolutorischer Sicht, in: ORDO, Bd. 40, S. 184-200.

Stützel, Wolfgang (1964), Entscheidungstheoretische Elementarkategorien als Grundlage einer Begegnung von Rechtswissenschaft und Wirtschaftswissenschaft, in: *Raiser, Sauermann* und *Schneider* (1964), S. 27-50.

Transformation (1991), Zur Transformation von Wirtschaftssystemen: Von der Sozialistischen Planwirtschaft zur sozialen Marktwirtschaft, *Hannelore Hamel* zum 60. Geburtstag, 2. erweiterte Aufl., Marburg.

Wagner, Adolf (1995), Mikroökonomik, 3. Aufl., Stuttgart.

Witt, Ulrich (1992), Überlegungen zum gegenwärtigen Stand der evolutorischen Ökonomik, in: *Biervert* und *Held* (1992a), S. 23-55.

Humanvermögen in der Sozialen Marktwirtschaft[1]

Hans-Günter Krüsselberg

1. Vorbemerkung

Grundthese dieses Beitrags ist die Aussage, daß sich erst dann, wenn das Konzept des Humanvermögens in das Zentrum wissenschaftlichen Denkens gerückt wird, die Intentionen theoretisch konsistent zuordnen lassen, die die geistigen Väter der Idee der Sozialen Marktwirtschaft in die politische Diskussion einzubringen bemüht waren. Nur auf diesem Wege - so meine ich - kann das Prinzip von der "Einheit des Menschen" (*Erhard*, *Müller-Armack*) mit dem Konzept der "Einheit der Ordnungen" (*Eucken*) in einer geschlossenen Argumentation verknüpft werden.

Um dies darlegen zu können, wird im folgenden zunächst der Begriff des Humanvermögens in seiner Bedeutung zu klären sein. Dabei geht es vor allem darum, deutlich zu machen, welche wirtschaftlichen und gesellschaftlichen Beziehungen thematisiert

---

[1] Zuerst erschienen in: *Werner Klein, Spiridon Paraskewopoulos* und *Helmut Winter* (Hrsg.), Soziale Marktwirtschaft - Ein Modell für Europa, Festschrift für *Gernot Gutmann* zum 65. Geburtstag, S. 31-56, Berlin 1994.

werden (sollen), wenn von Humanvermögen die Rede ist. Bislang scheint zumindest die Volkswirtschaftslehre ziemlich unbedacht mit diesem Begriff umgegangen zu sein (s. Abschnitt 2). Daß er geeignet sein muß, die Stellung des Menschen in Wirtschaft und Gesellschaft zu beschreiben, legt die der Wirtschaftswissenschaft (weitgehend) zugrundeliegende Annahme vom aktiv agierenden Individuum nahe. Nahezu selbstverständlich haben *Erhard, Eucken, Müller-Armack* und *Röpke* - so mutet die Analyse ihrer Schriften an - ihre Wissenschaft nicht nur als Lehre von den Handlungsmöglichkeiten des Menschen verstanden (s. Abschnitt 3), sondern stets auch als Lehre von den Chancen, menschenwürdige Institutionen zu schaffen (s. Abschnitt 4).

Wir folgern daraus, daß der Humanvermögensbegriff als Ordnungsbegriff (s. Abschnitt 5) zu interpretieren ist. Zudem kommen wir zu dem Ergebnis, daß wichtige Schulen der Nationalökonomie diesen Begriff implizit und explizit bereits in diesem Sinne verstanden haben. Allerdings wurden unseres Erachtens nicht alle Komponenten dieses Ansatzes in die Theoriebildung einbezogen. Dieses theoretische Defizit kann jedoch durch die Entfaltung einer Theorie der Bildung und Erhaltung von Humanvermögen beseitigt werden. Wir sind ferner der Ansicht, daß das damit angebotene theoretische Fundament eine Chance eröffnet, jene Diskussion in einem für Konsensbildung weit offenen Raum wiederzubeleben, die *Alfred Müller-Armack* unter dem programmatischen Titel "Zweite Phase der Sozialen Marktwirtschaft" einzuleiten bemüht war (s. Abschnitt 6).

2. Eine sprachliche Verirrung: Humanvermögen ist nicht Humankapital

Humanvermögen ist ein Begriff, dessen Bedeutung Politik und Öffentlichkeit meines Erachtens noch zu entdecken haben, obwohl er bereits im Werk von *Adam Smith* eine zentrale Position einnahm (s. *Krüsselberg* 1984a, 205 ff.). Über "Humanvermögen" nachzudenken und zu schreiben, stellt somit eine besondere Herausforderung dar. Diese beginnt bereits im sprachlichen Bereich: Ohne Zweifel darf die Wissenschaftssprache nicht beliebig definieren. Das registrierte bereits *Malthus*, der großen Wert darauf legte, daß wissenschaftliche Begriffe der Alltagssprache möglichst nah bleiben sollten. *Machlup* (1991, 3 ff.), dem zu verdanken ist, daß explizit über "ökonomische Semantik" geredet wird, beklagte zudem in Übereinstimmung mit vielen anderen prominenten Autoren, daß viel zu oft terminologische "ambiguities are perpetually overlooked". Exakt diese Mehrdeutigkeit ist infolge einer simplen Gleichsetzung von Vermögen und Kapital bis in die unmittelbare Gegenwart hinein zu beklagen: die Terminologie ist nicht eindeutig, die Begriffe schillern - nicht zuletzt angesichts der nach wie vor weit verbreiteten Neigung zur bewußt auf negative Wortbedeutungen abzielenden Verwendung von "...ismen". Was alles kann oder soll z.B. "Kapitalismus" heißen?[2]

"Die Freiheit der Begriffsbildung ... behindert die Verständigung" (*Preiser* 1963, 99). Zu fordern ist deshalb, daß stets geklärt wird, in welchem Zusammenhang Begriffe gebraucht werden sollen. Verzichtet man darauf, ergeben sich Inkonsistenzen in der Ter-

---

[2] S. zum Thema der wertenden Begrifflichkeit beim Umgang mit dem Terminus "Kapitalismus" den umfassenden Beitrag von *Ingomar Bog* 1978, 418-432.

minologie. Dieser Tatbestand trifft weitgehend auf den Umgang mit dem Begriff "Vermögen" zu. So interessierten sich bis zum 19. Jahrhundert die führenden Ökonomen (der Physiokratie und der Klassik) vor allem für die Funktionsweise realwirtschaftlicher Prozesse. Ihnen erschienen die Existenz, d.h. das bloße Vorhandensein von Menschen, die wirtschaftlich nützliche Tätigkeiten ausüben konnten, und die Existenz von Geld und von "Subsistenzmitteln" für produktive Arbeit, also Vermögensbestände, die sie "wealth", "stocks" oder "funds" nannten, als grundlegende Voraussetzung für jegliche wirtschaftliche Aktivität. Sie fragten nach den Ursachen für deren Vermehrung als Ausgangspunkt für eine Politik der Wohlfahrtsförderung.[3]

Vom Kapitalbegriff machte man erst später zunehmend Gebrauch, als sich eine die Wirtschaftsordnung neu strukturierende Geld- und Kreditwirtschaft entwickelte. Kapital hieß hier sowohl "Kredit" als auch "Geld für Investitionszwecke" oder gar "Besitz von Produktionsmitteln". Hier begann die bis heute nicht (völlig) überwundene Gleichsetzung der Begriffe von Kapital und Vermögen. Führende Geld- und Kapitaltheoretiker wie z.B. *Irving Fisher* beklagten heftig die daraus resultierende Konfusion von Begriffen (s. *Krüsselberg* 1984c, 38 ff., 41 ff.). Dieser "Begriffswirrwarr" (s. auch *Arndt* 1979, 199 ff.) spiegelt sich international nicht zuletzt im Tatbestand der ziemlich unreflektierten Eindeutschung des angelsächsischen "human capital" als "Humankapital".

Die Sprache ist ein Instrument der Kommunikation. Wörter hängen von Konzeptionen ab, die in logische Konstruktionen eingebettet sind. Diese beinhalten Aussagen über deren Elemente und deren relationale Zuordnung - nicht zuletzt um zu verdeutlichen, auf welche Ebene der Betrachtung eine Aussage zielt (s. *Ostrom* 1987, 225). In diesem Kontext ist festzustellen, daß sich die angelsächsischen Ökonomen bis (fast) zur Gegenwart nicht auf einen Begriff zu einigen vermochten, der dem deutschen Wort "Vermögen" gleichkommt. "Vermögen" bedeutet explizit die Gesamtheit der Aktiva, die eine Handlungseinheit "besitzt" und über die sie als Besitzer verfügen kann. Der m. W. einzige amerikanische Wissenschaftler, der wörtlich den Begriff "Vermögen" verwendete, war *John R. Commons* (1968, 165). Aber ich bin sicher, daß zumindest *Irving Fisher* und *Frank Knight* wußten, was jenes Konzept aussagen sollte.

In der deutschen ökonomischen Tradition gibt es hingegen eine theoretische Linie, die spätestens mit *Joseph Schumpeter* beginnt und mit *Erich Preiser* endet, welche konsequent zwischen **Kapital** als Geld für Investitionszwecke und **Vermögen** als Bestand an wirtschaftlich bedeutsamen produktiven Einsatzfaktoren unterscheidet. Offensichtlich ist aber - bedauerlicherweise - in der deutschsprachigen Ökonomik die *Preiser*sche Studie über ökonomische Semantik mit dem Titel: "Der Kapitalbegriff und die neuere Theorie" inzwischen wohl wieder in Vergessenheit geraten.

Dort bemängelte *Preiser*, daß die Betriebswirtschaftslehre und Volkswirtschaftslehre anscheinend "einen verschiedenen Kapitalbegriff" haben, obwohl sie über einen gemeinsamen verfügen sollten. Die Begriffsverwirrung lastet er der Volkswirtschaftslehre an. Der Sprachgebrauch der Betriebswirtschaftslehre sei in diesem Fall der angemesse-

---

[3] So entwickelte z.B. *Johann Heinrich Jung-Stilling* seine Lehre von der Finanzwissenschaft ausgehend vom Begriff des "Landesvermögens", das er nach seiner Ertragskraft zu bewerten versuchte (*Jung-Stilling* 1978, 29 ff.).

ne, er stimme zudem trotz der "Unbestimmtheit der Alltagssprache" mit dem der Praxis überein (*Preiser* 1963, 99 ff.). Hier werde nämlich der Vermögensbegriff in der Sprache der Buchhaltungslehre unmißverständlich abgegrenzt. Rekurriert wird auf die Konzeption und die logische Konstruktion der Bilanz. Die Bilanzkonzeption bezieht sich auf die Idee von der Notwendigkeit, den Vermögensbestand einer Handlungseinheit in seinem Wert zu erhalten. Deren Elemente ordnen sich nach der Regel der fundamentalen Identität, die jede Bilanz kennzeichnet. Sie drückt sich in dem Satz aus, daß der Wert der Aktiva dem Wert der Passiva bzw. dem der Verbindlichkeiten plus dem Wert des Eigenkapitals gleich sein muß. Weiterhin zeigt die Bilanz als Gegenüberstellung von "Vermögen" als Aktiva (engl. "assets") und "Kapital" als Passiva (engl. "liabilities") eines Betriebes die Verhältnisse an, die zwischen dem Betrieb und den für ihn wichtigen potentiellen Entscheidungsträgern bestehen. Über die Zuordnung von Aktiva und Passiva zu drei potentiellen Akteuren: dem Unternehmen selbst, den Eigentümern sowie den Gläubigern, wird klargestellt, daß die Unternehmung als "Besitzer" der Aktiva darüber unbeschränkt - nur den geltenden Gesetzen verpflichtet - verfügen kann. Mit der Aufgliederung der Passiva wird "lediglich" vermerkt, wer die Aktiva finanziert hat und wer deshalb (Eigentümer-) Ansprüche auf die Beteiligung am Unternehmenserfolg und etwaige Rückgabe des Kapitals anzumelden hat.

Diese unmißverständliche Trennung zwischen den wirtschaftlich relevanten Einsatz- und Kontrollfunktionen macht einen wichtigen institutionellen Tatbestand sichtbar. Autonome "unternehmerische" Entscheidungen über die gezielte Nutzung gegebener Aktiva in einem laufenden Prozeß sollen die "Transformation" gegebener Aktiva in wertvollere bewirken. Diese Dynamik unternehmerischen Handelns ist definitiv das, was *Commons* bereits in den dreißiger Jahren so intensiv wie möglich hervorzuheben beabsichtigte: Der Einsatz von Vermögen ("assets") im Marktprozeß "ist mehr als ein passives Aus- und Einströmen. Er ist eine aktive willensbezogene Akquisition von Einkommen, ... ein Transaktionsprozeß, der zusätzliche Kaufkraft schafft" (*Commons* 1968, 165).

Mit ähnlicher Begründung lehnt - m. E. zu Recht - *Theodore W. Schultz* die Verwendung des Begriffs "human resources" ab: natürliche und andere materielle Ressourcen sind **passive** ökonomische Faktoren; sie sind auch frei von Präferenzen. Menschliche Handlungseinheiten sind **aktiv** - nicht zuletzt in der Entwicklung von Fähigkeiten (einschließlich Geschick und Wissen) und Präferenzen. "Humanvermögen" umfaßt "alle Attribute eines Menschen - die physischen, biologischen, psychologischen und kulturellen -, die sowohl die sozialen Werte", zu denen er sich bekennt, "als auch die ökonomischen Werte", die er schafft, zu begründen und zu erklären helfen (*Schultz* 1972, 9). All das ist "'Vermögen' im Sinne von Können, von Fertigkeiten und von Wissen" (*Boettcher* 1986, IX).

Für mich ist es nicht überraschend, daß inzwischen auch die angelsächsische Terminologie stärker um begriffliche Klarheit bemüht ist. "Vermögen" heißt wieder (wie früher) "wealth"; alle seine Elemente sind "assets": "human assets" **und** "real assets" (*Economic Commission for Europe* 1992, etwa S. 205). Anlaß zu dieser sprachlichen Revision gaben offensichtlich sowohl die Privatisierungsstrategien der Gegenwart als auch - danach - der osteuropäische Transformationsprozeß, also ordnungspolitische Herausforderungen. Auf den Tatbestand, daß die Begriffe der Wirtschaftswissenschaft institutionen- und somit auch ordnungsabhängig zu definieren sind, war allerdings deutlich früher schon verwiesen worden.[4]

In der wirtschaftlichen Praxis ist es sprachlich ganz eindeutig: Vermögen sind Wertobjekte, die auf der Aktivseite einer Bilanz erscheinen; sie werden zur Durchführung wirtschaftlicher Aktivitäten benötigt. Sie stellen das wirtschaftliche Handlungspotential einer Aktionseinheit - generell: deren Verfügungsmacht über einen Bestand an Gütern und Dienstleistungen - dar. Die Passivseite der Bilanz umfaßt Kapitalpositionen: die Auflistung aller Verpflichtungen gegenüber den Finanziers der Vermögensbestände, unterschieden zwischen Eigenkapital als den Anteilen, die die kapitalmäßig an den Wirtschaftseinheiten unmittelbar Beteiligten (meist Eigentümer genannt, - zu ihnen können auch Firmen gehören) beisteuern, und Fremdkapital, das externe Gläubiger zur Verfügung stellen.

Sozialökonomisch sind hier zwei Tatbestände voneinander zu scheiden. Es gibt einmal den Anleger von Geld, den **Finanzier**, und zum anderen denjenigen, der dieses Geld zum Erwerb von Produktionsmitteln nutzt, den **Investor**. Der Anleger erwirbt gegen Hingabe von Geld ein Recht, das eine potentielle "Rentenquelle" darstellt. Er erhält einen Rechtstitel vom Typ einer Forderung (auf Rückerstattung der eingebrachten Geldsumme), der in seiner Bilanz als Vermögenselement, als Aktivum, erscheint. Real-Vermögen schafft (durch seine Investition) der Investor - gleichfalls mit der Absicht, eine Renten-, eine Einkommensquelle zu erschließen. "Da der Korrelatsbegriff zum Einkommen 'Vermögen' heißt, ist für die ökonomische Problematik der entscheidende Begriff nicht das Eigentum, sondern ... das Vermögen". "Eigentum" grenzt den Güterbesitz der Wirtschaftssubjekte gegenüber dem anderer Wirtschaftssubjekte ab. Eigentum - so wird in Übereinstimmung mit *Eucken* betont - ist "ein Rechtsbegriff, kein Begriff der Nationalökonomie" (*Preiser* 1967, 161 ff.).

Oft wird zudem übersehen, daß im volkswirtschaftlichen Prozeß marktwirtschaftlicher Systeme die Kreditschöpfung für die Finanzierung von Netto-Investitionen und damit die Dynamik des Prozesses die systembezogen entscheidende Voraussetzung ist (bzw. sein sollte). Schon seit geraumer Zeit gilt die Existenz von Vermögensmärkten - "assets markets" - (natürlich einschließlich der sogenannten "Kapitalmärkte") als exklusives Merkmal von Marktwirtschaften (s. *Krüsselberg* 1984c, 57 f.). *Schumpeter* (1961) und *Preiser* sind sich - wie viele andere mit ihnen - darin völlig sicher: Ein Wachstum der volkswirtschaftlichen Produktion im "kapitalistischen System" wäre "überhaupt nicht möglich, wenn das Banksystem keine Investitionskredite gäbe" (*Preiser* 1967, 162 f.). Erst derjenige, der die Konsolidierung der Finanzierung von Investitionen durch die Ablösung des ursprünglichen Kapitalgebers (Banksystem) vollzieht, erwirbt das Eigentum an dem Realvermögen. Unter den rechtlichen Rahmenbedingungen einer Gesellschaft, die Privateigentum auch an Produktionsmitteln duldet, kann dies durch Unternehmer oder Sparer oder auch durch beide erfolgen. So werden sie zu Eigentümern an den Produktionsmitteln. Im Grundsatz sind sich die Ökonomen einig: Vom Standpunkt der Theorie wirtschaftlichen Fortschritts ist "security in the

---

[4] *Boulding* 1962; *Krüsselberg* 1984b, 5 ff., 9 ff.; *Krüsselberg* 1984c, 37 ff.; *Krüsselberg* 1986, 370 ff., 378 ff.

administration of property" bedeutsamer als die "security of **ownership**" (*Boulding* 1963, 32; Hervorh. *H.G.K.*).

Das ist sicherlich kein Tatbestand, der für Humanvermögen ebenfalls gilt. Schließlich ist die Freiheit des Menschen historisch damit durchgesetzt worden, daß Leibeigenschaft und Sklaverei abgeschafft wurden. Seit *Adam Smith*s eindeutiger Festlegung hätte sich die Wirtschaftswissenschaft an der These orientieren können, daß das "Vermögen, das jeder Mensch durch seine Fähigkeit zu eigener Arbeit besitzt, ... das heiligste und unverletzlichste" zu sein habe. Deshalb ist das Recht, nach eigenem Ermessen über den Einsatz von Humanvermögen entscheiden zu können, das wichtigste Individualrecht. Gleichwohl ist nach *Smith* ein Mensch "wirtschaftlich erst dann wirklich frei, wenn er fähig ist, **in einem doppelten Sinn** Vermögen zu erwerben: einmal an der eigenen Person, zum anderen - zumindest anteilig - an jenen Gütern, die er über seinen Lebensunterhalt hinaus produziert" (*Smith* 1981, 138, 389; s. ausführlich *Krüsselberg* 1984a, 206 ff., 210 ff.).

Was mag als Grund dafür angesehen werden, daß dennoch die Wirtschaftswissenschaften der Betrachtung des Realvermögens sehr viel mehr Aufmerksamkeit geschenkt haben als der Bestimmung der Rolle des Humanvermögens im wirtschaftlichen Prozeß? Prüfen wollen wir insbesondere, ob dieses wissenschaftstheoretische Defizit auch jenen Teilen der Wirtschaftswissenschaft anzulasten ist, die sich am Konzept der "Sozialen Marktwirtschaft" orientieren. Die "sachliche Frage" (*Preiser* 1963, 99), die hinter der Erörterung der Bedeutung von Humanvermögen für die Wirtschaftsordnung steht, ist nämlich keine andere als die der Bestimmung der Stellung des Menschen in Wirtschaft und Gesellschaft. Das war bereits *Adam Smith* wohl bewußt.

3. Die Stellung des Menschen in der modernen Gesellschaft - Das Grundthema der Konzeption »Soziale Marktwirtschaft«

"In **meinem Weltbild** und auch in meiner wirtschaftspolitischen Vorstellung [steht] **der Mensch** im **Mittelpunkt allen Geschehens**"! Dieses Bekenntnis legte *Ludwig Erhard* - so betonte er nachdrücklich - allen seinen wirtschaftspolitischen und politischen Äußerungen sowie allen wirtschaftspolitischen Maßnahmen, die er ergriff, zugrunde (*Erhard* 1963, 97 f.). Seine Vorstellung vom Menschen - das zeigt die Analyse seiner Schriften - ist bestimmt durch seine Wahrnehmung der "Einheit des Menschen".

Historisch sieht er zunächst die Notwendigkeit, Aufbauarbeit zu leisten. Deren Erfolg schreibt er dem Fleiß und der Hingabe der "wirtschaftenden Menschen selbst" zu, ihrer "ehrlichen und rechtschaffenen Arbeit". Zugleich vertraut er auf "die seelischen Kräfte im Menschen, die ihn dazu bewegen, im materiellen Wohlergehen und in der persönlichen Freiheit eine sittliche Verpflichtung und nicht ein letztes Ziel zu sehen" (*Erhard* 1988, 374, 429).

*Erhard*s Perspektive von der Wirtschaft und Gesellschaft im Konzept der "Sozialen Marktwirtschaft" ist geprägt durch die Auffassung, "daß die Armut **das sicherste Mittel**" ist, um den Menschen "in den kleinen materiellen Sorgen des Alltags **verkümmern** zu lassen". Sowohl für das Individuum als auch für ein Volk als Ganzes müsse eine funktionsfähige Wirtschaft "die Grundlage für jedes höhere Streben und die Erfüllung geistig-seelischer Anliegen" sicherstellen. "Erst wenn die materielle Basis der Menschen geordnet ist, werden diese selbst frei und reif für ein höheres Tun" (*Erhard* 1963, 137). Der ökonomische Sinn und soziale Inhalt einer Politik der Sozialen Marktwirtschaft entfalte sich in der "Eröffnung einer immer **besseren** und **freieren Lebensführung** für das **gesamte Volk**". Der menschliche Fleiß, das Schaffen aller am Wirtschaftsprozeß Beteiligten dienten "in letzter Konsequenz der Bereicherung des menschlichen Seins aller im Bereich der Sozialen Marktwirtschaft lebenden und schaffenden Menschen". *Erhard* betont dabei die Notwendigkeit, "die Frucht des wirtschaftlichen Fortschritts immer breiteren und am Ende möglichst **allen** Schichten des Volkes zugute" kommen zu lassen (*Erhard* 1963, 132 f.).

Erhard wird nie müde zu betonen, die Wirtschaft habe kein Eigenleben "im Sinne eines seelenlosen Automatismus". Sie werde "von Menschen getragen und von Menschen geformt" (*Erhard* 1963, 141). Deshalb seien "Kraft, Leistung, Initiative" und weitere menschliche Werte gefordert: "Gesinnung und Verantwortung", die sittliche Bindung von Freiheit und das Bewußtsein der menschlichen Verantwortung "vor Gott und den Menschen" - sie seien die Voraussetzung für eine "auf der Initiative der Persönlichkeit begründeten 'Sozialen Marktwirtschaft'" und damit "die unantastbaren Grundlagen einer Politik für eine solche Ordnung" (*Erhard* 1963, 148, 192 f.).

Mit *Erhard* war sich *Alfred Müller-Armack* einig, stets auf die Voraussetzungen verweisen zu müssen, die letztendlich den Erfolg eines Systems der Sozialen Marktwirtschaft zu begründen vermögen. "Soziale Sicherheit" sei überall dort zu erwarten, wo man sich zum einen den Kräften des Marktes anvertraut und zum anderen alle vom Staat und von den sozialen Gruppen anzustrebenden Ziele der Bindung an Ordnungen unterwirft. Nur damit schaffe man die Bedingungen für die Verwirklichung einer freien politischen und wirtschaftlichen Ordnung sowie einer sozial gerechten und gesellschaftlich humanen Lebensordnung. Im Zentrum dieser Gesamtordnung und aller ihrer Teilordnungen - insistiert *Alfred Müller-Armack* - steht der Mensch in seiner Personalität, in seiner Würde und seiner Einzigartigkeit. Auf einen funktionsfähigen Ausgleich zwischen allen Teilordnungen zum Zweck der Wahrung des Prinzips "Humanität" hinzuwirken, begründe für Wissenschaft und Politik eine permanente und sich im Detail stets erneuernde Aufgabe! (s. etwa *Müller-Armack* 1974, 212-214; ferner *Gutmann* 1990, 182)

Humanität im gemeinten Sinne ist für diese Autoren nicht nur ein Ziel an sich, sondern stets auch Grundlage einer humanen Gesellschaft marktwirtschaftlicher Prägung. So ist die Marktwirtschaft z.B. nach *Röpkes* Überzeugung niemals überlebensfähig, ohne in ein "Außenfeld" eingerahmt zu sein, "in dem die Menschen nicht Konkurrenten, Produzenten, Konsumenten" sind. Dieses Außenfeld nennt er den "anthropologisch-soziologischen Rahmen" (*Röpke* 1979, 82 f.) Mit der Formel "Marktwirtschaft ist nicht alles" warnt *Röpke* vor einer drohenden Entartung des Wettbewerbs, sofern man diesen Rahmen vernachlässige (*Röpke* 1965, 136). Marktwirtschaft kann nach *Röpke* nur auf einer ethisch-moralischen Basis existieren, die der Markt selbst benötigt und nutzt, ohne sie selbst "erzeugen" zu können. Sie müsse in Lebensfeldern "jenseits des Marktes" geschaffen werden (*Röpke* 1965, 148), in Lebensfeldern, die nicht den Regeln des Marktes, den Regeln von Angebot und Nachfrage, folgen (s. - vertiefend - Abschnitt 6).

In seinem Hinweis auf einen marktwirtschaftlichen Bedarf an "sittlichen Reserven" wird *Röpke*s Anliegen noch deutlicher. Er hebt hervor, daß der Produktionsprozeß, aus dem die Güter und die Einkommen fließen, die über den Markt realisiert werden, menschliche Qualitäten verlangt wie "Selbstdisziplin, Ehrlichkeit, Fairneß, Maßhalten". Solche Kompetenzen werden in den Familien und anderen Gemeinschaften erworben und stabilisiert (*Röpke* 1965, 148). Ist - aus welchen Gründen auch immer - diese Reserve einmal nicht vorhanden oder wird sie aufgezehrt, verblassen die Potentiale des Marktes.

Röpke fürchtet, jenes sittliche Potential werde durch die "Monstrosität unserer Verhältnisse - der Großstadt, der Riesenbetriebe, der Wurzellosigkeit, der Eigentumslosigkeit, der Entpersönlichung, der Devitalisierung, der Naturentfremdung" bedroht. Er will "daraus immer und überall ebenso rücksichtslose Konsequenzen" für die Gestaltung der Gesellschaftsordnung ziehen (*Röpke* 1979, 275). Bei allen Entscheidungen in der Gesellschaft und in den Betrieben sei es unerläßlich, "die soziologisch-anthropologischen Faktoren genau so wie die physikalisch-chemischen im Auge zu behalten", und immer "den menschlichen Faktor - sozusagen den Koeffizienten Ó (anthropos) -", "den menschlich-sozialen" Koeffizienten "einzukalkulieren" (*Röpke* 1979, 305, 311).

Betrachten wir diese Positionen in ihrer Gesamtheit, kann kein Zweifel darüber aufkommen, daß der aktive, der sein Leben selbst gestaltende Mensch eine Schlüsselrolle im Konzept der Sozialen Marktwirtschaft einnimmt. Handlungsvermögen des Menschen in diesem weitgefaßten Sinne erfaßt die moderne Theorie - wie wir bereits sahen - im Begriff des Humanvermögens.

4. Die Erkenntnis der Daseinsform des Menschen: Geistiger Ausgangspunkt einer Verfassung für »Soziale Marktwirtschaft«

Noch grundlegender als *Röpke* äußerte sich *Alfred Müller-Armack* zur Stellung des Menschen in einer Sozialen Marktwirtschaft, so z.B. im Jahre 1973 unter dem Titel "Der humane Gehalt der Sozialen Marktwirtschaft" (*Müller-Armack* 1973, 15-26). Durchgängig betonte er, sein zentrales Anliegen beruhe auf einer geistigen Werthaltung, "der Idee einer humanen Ordnung für die Wirtschaftsgesellschaft" (*Tuchtfeldt* 1973, 7 ff.). Nach *Müller-Armack* muß "Soziale Marktwirtschaft" stets mehr als eine "Sozialtechnik" sein.

Ausdrücklich legt *Müller-Armack* dar, warum er sich für "eine besondere Form der Wirtschaftstheorie" entscheidet, die sich signifikant von den "mathematischen Modellapparaten" unterscheidet, welche durchgängig als "**die** moderne Wirtschaftstheorie bezeichnet" würden. Zu erkennen und theoretisch zu erfassen sei der Tatbestand, daß die Soziale Marktwirtschaft speziell von ihrem geistigen Fundament her ihre Wirkung entfalte (*Müller-Armack* 1974, 164). Zunächst seien somit die Werte zu bestimmen, zu denen sich diese Ordnung bekennt; zugleich aber stelle sich die "Frage ihrer Realisierung". Sozialgestaltung bedeute aber "realisierendes Auswählen", die Entwicklung "einer der menschlichen Existenz angemessenen Sozialform" (*Müller-Armack* 1974, 177 f.).

Darin sind sich die Theoretiker der Sozialen Marktwirtschaft einig: Gesucht wird - und zu schaffen ist - eine für den Menschen und die industriell-technische Welt "zureichende - einheitliche - Verfassung" (*Eucken* 1968, 11, 15, 48 f., 327 f.; s. zudem *Krüsselberg* 1989, insb. S. 232-238). Damit konstatiert die Wirtschafts**theorie** ihre Zuständigkeit für eine Beteiligung an der Debatte über menschengerechte Verfassungen. Um solche Verfassungen begründen zu können, ist zunächst oberhalb des Handlungssystems, d.h. unabhängig von aktuellen Bedürfnissen oder Erfordernissen und von aktuellen materiellen Interessen, eine Werteordnung zu konstituieren. Aus dieser Grundlage erwächst dann der Entwurf einer Verfassung als Muster von Verhaltensregeln und einer Mindestzahl ethischer Normen, auf die sich eine Gemeinschaft zukunftsorientiert einigt und an die sie sich bindet (ausführlich *Krüsselberg* 1976, 185-192).

In seiner Begründung für die Wahl dem Menschen angemessener Ordnungen hebt *Müller-Armack* vor allem auf die geistigen Komponenten seines Verfassungskonzepts ab. Insbesondere geht es um die Abgrenzung der von ihm gewünschten Ordnung von marxistisch-sozialistischen Ordnungen - "nicht nur im Ökonomischen, sondern auch in den tieferen geistigen Schichten". Diese Abgrenzung ermöglichten *Müller-Armack* - wie er berichtet - zwei persönliche Wissenschaftserfahrungen: die Entwicklung der philosophischen Anthropologie und die mit *Max Weber* einsetzende geistesgeschichtliche Soziologie, die ihn (*Müller-Armack*) besonders zur Religions- und Kultursoziologie führte (*Müller-Armack* 1973, 16 ff.). Von hier aus findet er den Zugang zu einem **Menschenbild, das sein Konzept "Sozialer Marktwirtschaft" fundiert**. Dessen Grundlegung soll über die Suche nach einer **geistigen Perspektive** erfolgen, die die Stellung des Menschen in dieser unserer Welt bestimmt. Allein von dort her könne - so meint er - über die humanen Möglichkeiten der Gesellschaftsgestaltung nachgedacht werden (s. zudem *Gutmann* 1990, 178 ff.).

Die Auffassung vom Menschen, zu der sich *Müller-Armack*[5] bekennt, und das damit von ihm herausgestellte sozialphilosophische Element der Sozialen Marktwirtschaft ist durch die Ablehnung eines Wissenschaftsverständnisses, das den Menschen einer "rein

---

[5] Unter wissenschaftstheoretischen Aspekten sei vermerkt, daß *Müller-Armack* das Ideal werturteilsfreier Erkenntnis insofern als berechtigt ansieht, als es die Forderung enthält, im Erkennen selbst nur der Sache zu folgen. Er betont jedoch, daß dann, wenn das Erkennen einen konkreten Lebenssinn behalten solle, dies nicht bedeuten könne, das Ergebnis sachgerechter Erkenntnis nicht im Dienste des Lebens einsetzen zu dürfen und "gar von der Wissenschaft her jegliche Antwort auf dringende Lebensfragen zu verweigern" (*Müller-Armack* 1968, 13).

Keineswegs soll dies ein Argument gegen Rationalität in der ordnungspolitischen Debatte sein. Die bewußte Stellungnahme zu einem an sich offenen Problem bedeutet nicht, daß Vertreter anderer Auffassungen keine Gelegenheit haben sollten, ihre Ansichten gleichfalls ungehindert auszuarbeiten und zur Geltung zu bringen, "soweit nicht die Freiheit anderer dadurch beeinträchtigt wird". Am ehesten werde - so lautet die These *Albert*s - durch "kulturelle, soziale und politische Vielfalt und damit freie Entfaltung aller Individuen" gewährleistet, daß "rationales Problemlösungsverhalten in allen Bereichen annähernd erreicht" wird (*Albert* 1977, 198). In jedem Fall sollten die Grundpositionen so eindeutig formuliert werden, daß sie entscheidungsfähig sind. Menschen müssen in der Lage sein, gedanklich nachzuvollziehen, was andere ihnen zur Begründung der jeweiligen Position vortragen. Das gilt nicht zuletzt für die Aussagen zum jeweiligen Menschenbild.

naturwissenschaftlich" ausgerichteten Betrachtungsweise unterwarf, vorgeprägt. Die These der Trennung der **Natur** des Menschen und seiner Welt von dessen **geistigem Sein** sei unannehmbar. *Müller-Armack* betont, die "natürlich-geistige Einheit des Menschenwesens" (*Müller-Armack* 1968, 480) müsse als unantastbarer Ausgangspunkt sozialwissenschaftlichen Denkens angesehen werden.

Der Mensch sei "ein auf die Erfahrung einer Transzendenz, eines höchsten göttlichen Seins gerichtetes Wesen. Seine geistigen und seelischen Intentionen befähigen ihn, über die ihn umgebende endliche Welt sich an eine göttliche Person zu wenden und ihr Dasein oder ihren Anruf in der Offenbarung Gottes zu vernehmen" (*Müller-Armack* 1968, 404 f.). Gemeint ist damit, daß der Mensch aus seiner Natur heraus die Fähigkeit besitzt, über diese seine endliche Welt hinauszuschauen, obwohl er dazu nicht gezwungen ist: Er ist nicht gezwungen, an Gott zu glauben. Er kann sich durchaus auf seine irdische Welt zurückziehen und ohne Transzendenz leben. Gleichwohl könne er "seine Intention auf ein letztlich geltendes höchstes Sein auch in seiner irdischen Welt vor sich selbst nicht unterschlagen" (*Müller-Armack* 1968, 405). Daß diese Erkenntnis auch die Wissenschaft leite, zeige sich in deren vielfältig zu beobachtenden Versuchen, innerhalb der säkularisierten Kultur, im Gewissen oder im Sittengesetz "Quellen persönlicher oder weltlicher Ethik zu erschließen" (*Müller-Armack* 1968, 411).

Jede oberflächliche Deutung dieses Tatbestandes versperre den Zugang zu einer entscheidenden Einsicht der Sozialwissenschaften: "Indem der Mensch seine geistig-vitale Welt als bedingte, endliche erkennt und schon damit seiner Freiheit zu einem Unbedingten inne wird, vermag er nie in seiner Umwelt aufzugehen wie das Tier". Nicht um psychologische Erfahrungen gehe es hier, auch sei der Mensch weder Engel noch Teufel. Zu erkennen ist "ein strenges Gesetz seiner Wesens- und Weltstruktur, das den Menschen zwingt, zur Transzendenz, sei es gläubig, sei es zweifelnd, Stellung zu beziehen". ... "Der Mensch ist seinem Wesen nach derart auf die Erfahrung einer religiösen Transzendenz angelegt, daß er zwar zum Glaubensabfall innerlich befähigt ist, nicht aber dazu, in seiner immanenten Welt den Akt des Transzendenten auszuschalten." In einer säkularisierten Welt wie der unsrigen verlagere sich "in der Glaubensabwendung der religiöse Akt in eine ihm nicht adäquate Sphäre". *Müller-Armack* konstatiert damit eine sich zu seiner Zeit verstärkende historische Tendenz, weltliche Werte kultisch zu verabsolutieren: z.B. in der Idee **des** Staates, **der** Nation, **der** Rasse, **der** Vernunft, **der** Klasse und **des** Sozialen. Deren Huldigung als "höchste, ... jeder Hingabe würdige Realität" macht "Massen" von Menschen "bereit ..., ihr Daseinsopfer für solche irdischen Ziele nicht für zu groß zu halten". Statt "im Irdischen irdisch" leben zu wollen, werden von Menschen je nach persönlichem Gutdünken solche Wertsetzungen irdischer Prägung mit der "ganzen Würde des Absoluten, ... des Ewigen" umkleidet. So können sich politische Strömungen über ganze Völker hinweg nationalistisch, sozialistisch, faschistisch oder auch nationalsozialistisch entfalten, - nicht zuletzt mit dem jeweiligen Anspruch auf "geschichtliche (oder ökonomische) Notwendigkeit ..., aus der es kein Entrinnen gibt" (*Müller-Armack* 1968, 405 f., 409 f., 453, 474).

Gegen diese (wie er sagt - ideologisierenden) Perspektiven setzt *Müller-Armack* seine These von der Freiheit und Verantwortlichkeit des Menschen für seine Entscheidungen in der Geschichte. Er fragt nach der Möglichkeit für die Bindung des Menschen an eine als sinnvoll geltende Wertstruktur durch eine Verfassung. *Müller-Armack* erscheint der Mensch als ein Wesen, das zwar wie das Tier an eine biologische Umwelt gebunden ist. Obwohl er somit unwiderruflich in seine Welt an einer bestimmten historischen Stelle hineingeboren werde, besitze er gleichwohl die Befähigung, diese Immanenz einer bestimmten Zeitstelle durch sein eigenes sittliches Handeln zu verändern. Das heißt, der Mensch ist fähig, Gesellschaft zu gestalten. Konsequent argumentiert *Müller-Armack* gegen eine "passive Ergebenheit gegenüber den politischen Gewalten", gegen eine "gleichgültige Preisgabe geistiger Werte" (*Müller-Armack* 1968, 465, 505, 429, 486 f., 507).

Was mit dieser Analyse bewirkt werden sollte, war zunächst die entschiedene Widerlegung aller Geschichtsdeterminismen - nicht allein marxistischer Prägung. Damit verknüpft war für *Müller-Armack* eine tiefgreifende Einsicht in die Bedeutung der geistigen, wissenschaftlichen und religiösen Faktoren für die Gestaltung der Lebensbedingungen in der Neuzeit und in die Aufgabe, sie in eine Ordnung einzubinden, die der Würde des Menschen entspricht. Mit der Annahme, Menschen seien fähig, ihr Leben zu ordnen, werden ihre Wünsche wichtig, werden ihre Planungen, Forschungs- und Entwicklungsaktivitäten sinnvoll. - Menschen sind heterogen in ihren Begabungen, Neigungen und Handlungspotentialen. Heterogenität bedeutet Vielfalt an Denkanstößen und an Wahlmöglichkeiten zwischen Alternativen. Solche Vielfalt in Freiheit zu ordnen, vermag allein ein Marktsystem, das dem Prinzip der Wettbewerblichkeit unterworfen ist, und ein Gesellschaftssystem, das die Klassenbindung des Menschen aufhebt. Wandel der wirtschaftlichen und gesellschaftlichen Strukturen ist die notwendige Folge eines derart geschichtsoffenen Prozesses. Wettbewerb zerstört veraltete Strukturen und schafft Ungewißheiten, deren Chancen allein durch konkretes Handeln auszuloten sind. Wettbewerb bietet Chancen **für** unternehmerisches Handeln und **zu** unternehmerischem Handeln (s. *Krüsselberg* 1969, 13 ff., 21 ff., 68 f.; ferner *Müller-Armack* 1974, 246 ff.).

In einer Welt der (zumindest begrenzten) Ungewißheit bleiben zentrale Bereiche des Handelns der Intuition, dem Wagnis und zugleich der Bereitschaft zur Verantwortung verhaftet. Diese Welt ist eine Welt existierender Handlungsspielräume. Es ist eine Welt des handelnden, des sein Leben selbst prägenden Menschen. *Müller-Armack* folgert: Die "Dialektik einer vorfindlichen historischen Welt und ihrer begrenzten historischen Variierbarkeit ist die Grundformel für die Existenzweise des Menschen. Würde das Machbare, das Variierbare Ausschließlichkeit gewinnen, wäre der Schritt in die Utopie getan".[6]

Meines Erachtens ist bis heute kaum zureichend erkannt und anerkannt worden, welche Variante von Wirtschaftstheorie *Müller-Armack* damit schuf: eine theoretische Ordnungskonzeption, deren Mehrdimensionalität der Mehrdimensionalität des Menschen entspricht und sich deshalb explizit auf Bemühungen um eine Synthese verpflichtet.

---

[6] *Müller-Armack* 1973, 19. S. auch *Albert* (1977, 187), der sich kritisch einmal - wie *Müller-Armack* (1974, 165) - gegen "die Neigung zur Dogmatisierung bisheriger Problemlösungen" wendet und zum anderen gegen "einen utopischen Radikalismus, der auf der Suche nach radikalen Lösungen bereit ist, zunächst ein soziales Vakuum zu schaffen, aus dem sich dann ein vollkommener Neuaufbau ergeben soll, ohne daß eine konkrete Alternative angeboten werden könnte, die sich hinsichtlich ihrer Leistung mit der bisher praktizierten Lösung vergleichen ließe".

Gesucht und angeboten wird eine Integrationsformel, eine irenische Lösung, die geeignet ist, "Heterogenes zu kombinieren", "sich Widerstrebendes zu verbinden", "eine Ordnung, die Werte empfängt, aber nicht selbst setzt", diese Werte jedoch miteinander zu
versöhnen, zu einer "echte[n] Kooperation" zu führen bemüht ist (*Müller-Armack* 1966,
299 ff.; *Müller-Armack* 1974, 163 ff., 176 ff., 200 ff.). Grundsätzlich geht es um die
Theorie der Verfassung der Sozialen Marktwirtschaft, d.h. um eine Theorie der institutionellen Sicherung von menschlicher Freiheit in einer demokratischen Gesellschaftsordnung und einer Wirtschaftsordnung, die "den Bestand [und] die Steigerung
des Gesamtpotentials unseres Lebens" wahren hilft. "Die künftige Verfassung unserer
freiheitlichen und sozialen Ordnung muß das Ganze unter ein Recht und die Anerkennung von Prinzipien stellen, die auch die produktiven Minoritäten vor Willkür schützen." (*Müller-Armack* 1974, 170)

5. Humanvermögen als Ordnungsbegriff

Ohne Zweifel sind die Äußerungen der von uns ausgewählten Theoretiker der Sozialen Marktwirtschaft, über die in den Abschnitten 2 und 3 dieses Beitrags berichtet wurde, für die marktwirtschaftliche Theoriebildung zentral. Meines Erachtens sind dabei
alle Elemente benannt worden, denen in der modernen Theorie des Humanvermögens
Bedeutsamkeit zugesprochen wird. Was mag der Grund dafür sein, daß die deutschsprachige Theorie in der Nachfolge zu *Erhard, Eucken, Müller-Armack* und *Röpke* bislang
die Chance nicht genutzt hat, das Konzept der Sozialen Marktwirtschaft humanvermögenstheoretisch zu fundieren? Ist man auch hier der verkürzten Perspektive von Neoklassik und Postkeynesianismus verfallen, Wirtschaft und Beschäftigung allein aus der
Sicht der Erwerbswirtschaft zu behandeln sowie die Möglichkeit der Entstehung von
Einkommen als im Prinzip dauerhaft gewährleistet zu unterstellen? (s. *Krüsselberg*
1988, 105 ff.) Manches Lehrbuch und manche wirtschaftspolitische Empfehlung scheint
diese Einschätzung zu belegen.

Kenneth E. Boulding war - so meine ich - der erste, der die politischen Probleme registrierte, die mit solchen Auffassungen verbunden sind. Wer wirtschaftliche Erfolge
allein an Einkommenszuwächsen mißt, neigt dazu, die Vermögensbildung und
-erhaltung für selbstverständlich zu erachten, obwohl gerade sie die unabdingbare Voraussetzung für die Erzielung von Einkommen ist. Der kritische Punkt ist der, daß Ge-
genwartskonsum für eine z.T. recht lange Zeit durch Aufzehrung von Vermögen gewährleistet oder gar im Niveau gesteigert werden kann. Daran scheiterten bekanntlich
die Systeme des realen Sozialismus. Wegen der systemunabhängigen Bedeutung dieses
Problems schlug *Boulding* schon während der 50er Jahre eine "Rekonstruktion der
Wirtschaftswissenschaften" vor. Seine Ideen wurden damals nicht sehr beachtet, und er
beklagte, daß nur die Institutionalisten seine Botschaft verstanden haben mochten.
Boulding selbst dachte, seine "prinzipielle Häresie" bestünde darin zu fordern, daß die
Wohlfahrtsposition einer Person nicht keynesianisch durch deren Einkommens- oder
Konsumpotential als Stromgröße erfaßt werden sollte. Die Wohlfahrtsposition einer
Person sei sehr viel sinnvoller durch eine Aussage über den Gesamtwert ihres Vermö-
gens zu bestimmen, durch eine Aussage über den Wert aller relevanten Human- und
Realaktiva (*Boulding* 1971, IX).

Wie *Boulding* hatten schon die klassischen Ökonomen Wohlstandssteigerung auf die Akkumulation von menschlichem und nicht-menschlichem Vermögen, d.h. auf Investitionen in Human- und Realvermögen zurückgeführt. Sie wußten, daß jeder Prozeß der Akkumulation unter Berücksichtigung der historischen Zeitkomponente zu analysieren ist und mit einer sehr hohen Wahrscheinlichkeit mit ungewissen Folgen bezüglich des wirtschaftlichen und sozialen Wandels behaftet ist. Deshalb billigten sie insbesondere jene Veränderungen, die zum Aufbau von Institutionen führten, die die Menschen zur Akkumulation ermutigten und gleichzeitig jene Prozesse unterstützten, welche die Erhaltung des Wertes gegebener Ressourcen im evolutionären Prozeß zu gewährleisten schienen (*Krüsselberg* 1983, 73 ff.).

Das Interesse des Postkeynesianismus wandte sich eher jenen Institutionen zu, die die Sicherheit von Einkommen zur Gewährleistung des Lebensunterhalts zu garantieren schienen. Das Vollbeschäftigungsziel stellte voll auf den Einkommenskreislauf ab, wobei allein die Erwerbsarbeit von Belang war. Als volkswirtschaftlich relevante Produktion galt allein die der gewerblichen Wirtschaft. Dazu vermerkt etwa *Galbraith* äußerst kritisch: Keynesianer meinen, sie könnten die wirtschaftlichen Prozesse sicher planen. Mit vollkommener Gewißheit wollten sie die Leistungsströme kontrollieren - nicht zuletzt, weil der Staat hier die Planung übernehmen und durchführen könne (*Galbraith* 1987, 252, 263).

Im Gegensatz dazu hatten Soziale Marktwirtschaftler wie z.B. *Walter Eucken* und *Fritz W. Meyer*[7] nachdrücklich die Ansicht vertreten, in den Familienhaushalten laufe **ein wichtiger Teil des gesamtwirtschaftlichen Produktionsprozesses** ab. Sie rügten damit die idealtypische Verkürzung des Konzepts Haushalt auf eine "ausschließliche Konsumgemeinschaft". *Meyer* sah darin die Ursache für "bedenklichste Schwächen" der Wirtschaftswissenschaft, die - so fürchtete er - zu erheblichen "Verirrungen in der ordnungspolitischen Urteilsfähigkeit" führen könnten. Seine Botschaft lautete: "Hochentwickelte Haushalte ..., die mit ihren Leistungen bis in den Bereich der Erwerbswirtschaft hineinreichen", registrieren äußerst sensibel in den Märkten auftretende Störungen. Sie reagieren auf solche Störungen durch die Verlagerung produktiver Funktionen. Sie vollziehen eine Umverteilung ihrer Ressourcen sowohl im Bereich der Erwerbswirtschaft als auch in dem der Haushaltungen. Das Ziel ihres Handelns ist die Stabilisierung des Wohlstandsniveaus ihrer Mitglieder.[8]

---

[7] Vor mehr als 25 Jahren veröffentlichte *Fritz W. Meyer* (1967) einen Beitrag mit dem Titel "Die Haushaltung in der Nationalökonomie". Hier kritisierte er die vorwiegend in den Lehrbüchern dargebotene Auffassung von Wirtschaft mit den Worten, ihr Bereich sei an der Schwelle der Haushalte zu Ende. Er zeigte auf, daß gerade die Haushaltungen wichtige Ausgleichsfunktionen für die Volkswirtschaften übernehmen - und zwar immer dann, wenn die "offizielle" Wirtschaft Desorganisationserscheinungen zeigt.

[8] Wichtig ist die Erkenntnis, daß "immer dann ..., wenn eine nach Art und Umfang zureichende Bedarfsdeckung am Markt oder im Rahmen eines Bewirtschaftungssystems subjektiv oder objektiv schwierig ist, ... in den Haushaltungen eine kompensatorische Produktion vor(dringt), durch die im Rahmen des Möglichen der Mangel abgewendet werden soll". Unter diesem Aspekt ist selbst das sogenannte "Wirtschaftswunder" in der Bundesrepublik Deutschland "zu einem nicht geringen Teil ... der Wirtschaftsstatistik (zu verdanken)". Sie hat nur den Marktteil und damit lediglich einen Bruchteil der wirtschaftlichen Aktivität er-

Die These von der "Einheit des Menschen" verlangt - so läßt sich folgern - stets eine umfassende Sicht menschlichen Handelns. Humanvermögen geht nicht allein in die Erwerbstätigkeit ein. Humanvermögen ist ganzheitlich allen Lebensbereichen als Handlungspotential zuzuordnen. Hier scheint allerdings die Theorie der Sozialen Marktwirtschaft zumindest in die Politik hinein gewirkt zu haben. Die politische Verfassung garantiert ebenso die Grundrechte (*Eucken* 1968, 48) wie die soziale Verfassung die Verwirklichung sozialer Gerechtigkeit und sozialer Sicherheit. Das Rechtssystem der Bundesrepublik Deutschland will (und soll) den Menschen Lebensbedingungen bieten, die dazu beitragen,

- ein menschenwürdiges Dasein zu sichern,
- gleiche Voraussetzungen für die freie Entfaltung der Persönlichkeit, insbesondere auch für junge Menschen, zu schaffen,
- die Familie zu schützen und zu fördern,
- den Erwerb des Lebensunterhalts durch eine frei gewählte Tätigkeit zu ermöglichen und
- besondere Belastungen des Lebens, auch durch Hilfe zur Selbsthilfe, abzuwenden oder auszugleichen.

Jeder Mensch hat zur Entfaltung seiner Persönlichkeit ein Recht auf Erziehung, ein Recht auf eine Ausbildung, die seiner Neigung, Eignung und Leistung entspricht, ein Recht auf Hilfe zur Erlangung und Erhaltung eines angemessenen Arbeitsplatzes, auf wirtschaftliche Sicherung bei Arbeitslosigkeit und bei Zahlungsunfähigkeit des Arbeitgebers sowie ein Recht auf Zugang zur Sozialversicherung (s. §§ 1 bis 10 des Sozialgesetzbuches der Bundesrepublik Deutschland). **In bislang kaum zureichend gewürdigter Weise thematisiert das Sozialgesetzbuch mit seiner Charta der sozialen Rechte jenen als Einheit zu sehenden gesellschaftlichen Kontext, auf den dieser Beitrag in seiner Gesamtsystematik abstellt: die gesellschaftlich zwingende Verknüpfung von Humanvermögen mit Arbeit im Lebenszusammenhang aller letztlich in Familien lebenden Menschen.**

Es ist durchgängig zu betonen, daß die Schicksale des Einzelnen immer auch familiale Bezüge aufweisen. Zudem wird darauf insistiert, daß der Weg des Aufbaus von menschlichem Handlungspotential, von Humanvermögen, in der Familie beginnt. Dort nämlich wird die Befähigung junger Menschen zur Bewältigung des Alltagslebens vermittelt: das setzt den Aufbau von sozialer Daseinskompetenz (Vitalvermögen) und von Fachkompetenz (Arbeitsvermögen) als Grundkomponenten des Humanvermögens voraus. Erst auf dieser Basis kann sich im gesellschaftlichen Raum Arbeit entfalten - als Nutzung des in entscheidender Weise im Kontext von Familien entstandenen Humanvermögens.

---

faßt und ausgewiesen. Die Basis des Vergleichs der Produktionsgrößen vor und nach der Währungsreform wurde "wesentlich zu niedrig angesetzt, woraus sich ein erheblich übertriebenes Bild des Produktionsanstiegs" ergab. Ähnliche Fehlaussagen liefere der unreflektierte Vergleich zwischen Sozialproduktgrößen industrialisierter und weniger industrialisierter Volkswirtschaften (*Meyer* 1967, 295, 297).

Daraus leiten sich folgende drei Thesen ab, die die Bedeutung des Humanvermögensbegriffs als Ordnungsbegriff erhellen:

1. Jede Variante von Arbeit verlangt den Einsatz von Humanvermögen.

2. Jede Gesellschaft ist verpflichtet, mit dem maßgeblich in den Familien und durch die Familien geschaffenen und finanzierten Humanvermögen verantwortlich umzugehen, es eher in seinem Bestand zu mehren als es durch Nicht-Verwendung brachliegen zu lassen und gar zu dezimieren;

3. Jede Gesellschaft muß daran interessiert sein, sich dieses Handlungspotentials zu bedienen, denn: die gesellschaftlich sinnvolle Nutzung von Humanvermögen ist die Grundlage jeglicher Variante gesellschaftl.chen Wohlstandes.

Für die Arbeit im Haus trifft in dieser Perspektive der zentrale Tatbestand des Wirtschaftens ebenso eindeutig zu wie für Arbeitnehmer und Unternehmer jeglicher Art. Der jeweilige Erfolg wird bestimmt durch die Fähigkeit der tätig werdenden Personen, Handlungspotentiale wahrzunehmen, ihre Elemente korrekt zu erfassen und die vorhandenen Ressourcen trotz permanenter Veränderung der Rahmenbedingungen so einzusetzen, daß die angestrebte Lebenslage nicht nur erreicht, sondern möglichst in ihrer Qualität und in ihrem Niveau verbessert wird. Handlungspotentiale dieser Art umfassen die Fähigkeiten zu lernen, sinnvolle Arbeit zu leisten, etwas zu schaffen und mit Ungleichgewichtslagen fertigzuwerden. Exakt diese Auffächerung der Grundmerkmale dispositiven, also unternehmerischen Handelns im Familienhaushalt hat *Theodore W. Schultz* vorgenommen: Dort entsteht "die essentiell menschliche Eigenschaft des Unternehmertums".[9]

Wie oft zuvor wurde damit - wie wir gerade sahen - nur eine alte deutschsprachige Tradition belebt, die zwischenzeitlich durch die Formalisierung der Lehrinhalte unseres Faches an den Rand der Beachtung gedrängt worden war. Um so wichtiger ist es zu betonen: eine tragfähige Ökonomik des Humanvermögens bedarf der Fundierung durch eine Ökonomik der Familie bzw. des Familienhaushalts im Sinne der These von der Einheit des Menschen und seiner Institutionen.

---

[9] *Schultz* 1975, 827-846; *Schultz* 1981, 4 f., 7 ff. Angesichts dessen, daß nach dieser Auffassung Realität nicht an sich gegeben ist, sondern jeweils zu schaffen sei, enthält menschliches Handeln in signifikanter Ausprägung jeweils ein unternehmerisches Element. Ganz nachdrücklich äußerte sich Ludwig von Mises zu dieser Position: Wenn die Nationalökonomen von Unternehmern sprächen, meinten sie nicht Personen oder bestimmte Gruppen und Klassen von Menschen. Sie bezöger. sich darauf, daß jede Handlung notwendigerweise immer einen zukünftigen Zustand zu beeinflussen (selbst wenn es oft nur um die unmittelbare Zukunft des nächsten Augenblicks ginge) beabsichtigt. Da aber zu unterstellen sei, daß in einer konkreten Realität von vieler Menschen permanent gehandelt werde, müsse jeder Akteur davon ausgehen, daß sich die Dinge, so wie sie sich ihm gegenwärtig darstellten, schon geändert haben könnten. "Damit ist das Ergebnis des Handelns immer ungewiß. Eine Handlung ist immer spekulativ. ... In jeder realen und lebendigen Wirtschaft ist jeder Akteur stets ein Unternehmer und Spekulant". Diese Funktion sei **jeder** Handlung inhärent und werde von **jedem** Akteur wahrzunehmen sein (*Mises* 1949, 253; s. auch *Kirzner* 1982a, 3 f.; *Kirzner* 1982b, 139; *Krüsselberg, Utz* 1993, 138 ff.).

Der kritische Faktor im Wohlstandssystem ist schließlich der "human agent", der handelnde Mensch, dessen "Qualität", ich würde sagen: dessen Leistungs- und Belastungsfähigkeit, bestimmt wird durch Investitionen wie die "Sorge für Kinder, der Erwerb von Erfahrungen im Familienhaushalt und während der Erwerbstätigkeit, die Aneignung von Informationen und Geschicklichkeiten im Schul- und Ausbildungssystem sowie die Aufwendungen für Gesundheit und Bildung" (s. *Schultz* 1981, insb. S. 3-17).

6. Humanvermögen in Familie, Wirtschaft, Staat und Gesellschaft[10] oder: Die unvollendete zweite Phase der Sozialen Marktwirtschaft: Gesellschaftspolitik als Vitalpolitik

Unser Versuch, unter Berücksichtigung der in 1. bis 4. genannten Denkansätze zu einem theoretischen Basiskonzept für eine Wirtschafts- und Gesellschaftspolitik zu gelangen, die sich den Prinzipien der "Einheit des Menschen" und der "Einheit der Ordnungen" verpflichtet weiß, beginnt also mit der dezidierten Feststellung: Die Familie ist die Institution, in der die Bildung und Erhaltung von Humanvermögen erfolgt. Zweifellos übernimmt die Familie in vielfältigen Formen zentrale Aufgaben der privaten und gesellschaftlichen Daseinsfürsorge. Gleichwohl kann davon ausgegangen werden, daß sich die besondere Bedeutung dieser Institution für die Stabilität gesellschaftlicher Prozesse aus ihrem überragenden Beitrag zur Reproduktion des gesellschaftlich unverzichtbaren Humanvermögens ableitet. Sowohl in der individuellen als auch in der gesamtwirtschaftlichen Sicht rückt dabei die Bereitschaft zur Elternschaft und zur Übernahme von Familienpflichten, die Bereitschaft zur Übernahme von Verantwortung für die Sicherung der Versorgung, der Pflege, Erziehung und Ausbildung von Menschen, die in einem Familien- und Haushaltsverbund leben, ins Zentrum auch der volkswirtschaftlichen Bewertung ihrer Leistungen.

Die Anforderungen, die die moderne Gesellschaft an das Wissen, an die Verläßlichkeit, an die Effizienz und Kreativität des Handelns ihrer Menschen stellt, sind in erster Linie Ansprüche an die Qualität der Bildung des Humanvermögens in den Familien. Zum Schlüsselbegriff moderner familienwissenschaftlicher und familienpolitischer Diskussion avanciert damit der Begriff des Humanvermögens - und zwar in seiner vollen Breite: Die Bildung von Humanvermögen umfaßt die Vermittlung von Befähigungen zur Bewältigung des Alltagslebens, das heißt: den Aufbau von Handlungsorientierungen und Werthaltungen in der Welt zwischenmenschlicher Beziehungen. Gefordert ist sowohl der Aufbau sozialer Daseinskompetenz (Vitalvermögen) als auch die Vermittlung von Befähigungen zur Lösung qualifizierter gesellschaftlicher Aufgaben in einer arbeitsteiligen Wirtschaftsgesellschaft, der Aufbau von Fachkompetenz (Arbeitsvermögen im weiten Sinne). Wie wesentlich hier die Bereitstellungsleistungen der Familien sind, wird in der Debatte über die Reichweite von Wirtschafts- und Gesellschaftspolitik vielfach übersehen.

Im Kooperationsfeld der Familie baut das Individuum Verhaltenssicherheit durch den Erwerb von Werthaltungen, Handlungsorientierungen und von seelischer sowie physi-

---

[10] Die folgenden Passagen stützen sich wesentlich auf meine Ausführungen in der Veröffentlichung: *Krüsselberg* und *Strätling* 1993, 397 - 443.

scher Gesundheit auf und begründet damit seine je spezifische Persönlichkeit. Im "inneren Milieu" ihrer Familie suchen und finden Kranke und Behinderte ebenso wie die gesunden Mitglieder vielfältig jenen Schutz, jene Hilfe und Geborgenheit, die aus Wertstrukturen erwachsen, die im Zeichen der Humanität, der Verantwortlichkeit für andere, der Elternliebe, der wechselseitigen Achtung und zwischenmenschlichen Solidarität stehen. Erst allmählich tritt die Erkenntnis wiederum ins Bewußtsein der Öffentlichkeit, daß in den Familienhaushalten jene werteschaffenden Leistungen erbracht werden, die nicht nur den privaten Lebensbereich des Menschen mit Inhalten erfüllen und dessen Lebensqualität und Sinngehalt bewirken, sondern zugleich das Fundament schaffen, auf das sich alle anderen Lebensbereiche der Gesellschaft gründen.

In der Alltagserfahrung erlebt jeder Mensch Familie vor jeder anderen Lebensform. Ohne die Phase des Aufbaus der sozial-kulturellen Person in der Familie gibt es für ihn keine Grundlage zum Eintritt in weitere Prozesse der gesellschaftlichen Sozialisation. Der Erwerb der Befähigung zu gesellschaftlich relevanter Arbeit (in Form etwa der Arbeit in der Familie, der Wirtschaft, der Wissenschaft, der Kunst und der Politik) setzt voraus, daß in Familien junge Menschen ihre Kreativität, Lernfähigkeit und Sittlichkeit erworben haben.

Im Zeichen der Dominanz erwerbswirtschaftlichen Denkens in Industriegesellschaften ist es deshalb notwendig, ständig an eine grundlegende Tatsache zu erinnern. Im Lebenszyklus geht die familiale und schulische Sozialisation stets der Erwerbstätigkeit voraus. Nur mit dem Sozialisationserfolg von Familie und Schule wird effiziente Wirtschaft möglich. Eine intakte Welt der Familien ist als unverzichtbare Voraussetzung für die Schaffung einer effizienten Arbeitswelt anzusehen. Ohne einen tragfähigen Unterbau an humanem und geistigem Vermögen wird nicht nur die Hoffnung auf Wohlstandssteigerungen, sondern selbst die auf Wohlstandsbewahrung durch ein effizientes Wirtschaftssystem zu einer Illusion; ohne diese Basis an Humanvermögen unterbleibt zudem jegliche Übertragung kultureller und moralischer Werte.

Wie umfassend die hier skizzierten Zusammenhänge und Wechselbeziehungen sind, kann in diesem Kontext nur angedeutet werden. Dazu soll die folgende Abbildung dienen.

Abbildung: Zur Interdependenz von familialem und sozialökonomischem System
- Bildung von Humanvermögen und gesellschaftliche Produktivität

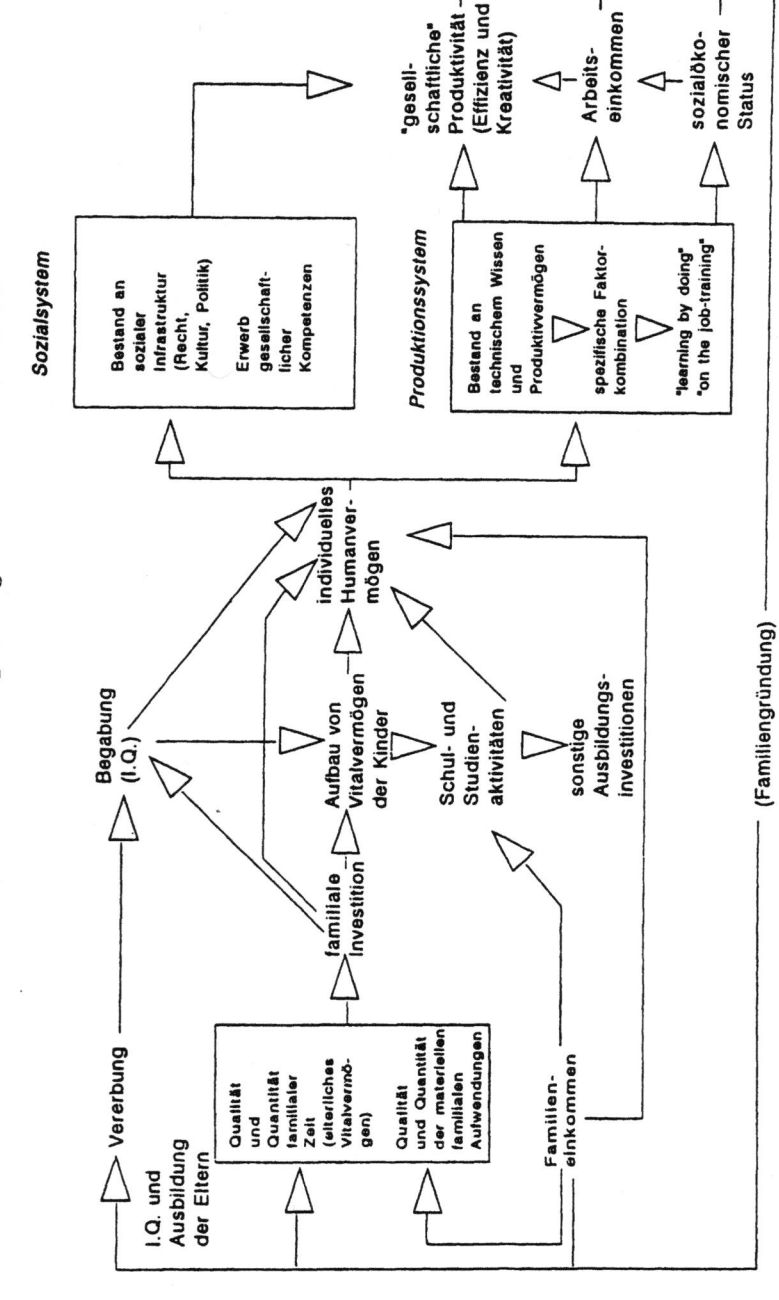

Meines Erachtens läßt sich anhand dieser Perspektive sehr gut veranschaulichen, warum *Alfred Müller-Armack* bis zu seinem Tode mahnte, die Vollendung der Bemühungen um die Schaffung einer "Sozialen Marktwirtschaft" stünde als Aufgabe noch an. Bekanntlich forderte *Alfred Müller-Armack* (1966, 267 ff.) schon 1960, in einer "zweiten Phase der Sozialen Marktwirtschaft" habe die Ergänzung des ursprünglich vorgelegten Konzepts durch das Leitbild einer "neuen Gesellschaftspolitik" zu erfolgen. Der Staat habe sich hier auf seine "spezifischen Aufgaben für die Setzung einer konkreten Umweltordnung", auf die Förderung von Forschung und Wissenschaft und die "Notwendigkeit geistiger Investitionen" zu besinnen. Unter Verweisung auf *Alexander Rüstows* Gedanken konstatierte *Müller-Armack* einen großen Handlungsbedarf im Bereich "Vitalpolitik".

Alexander Rüstow prägte den Begriff "Vitalpolitik" für eine Politik, die "nicht nur wirtschaftliche Werte, in Ziffern meßbare, in Geldsummen ausdrückbare Werte berücksichtigt, sondern die sich bewußt ist, daß viel wichtiger ist, wie der Mensch sich in seiner Situation fühlt". In seinen Betrachtungen über allgemeine soziologische Ursachen ökonomischer Desintegration sowie über Möglichkeiten, sie zu beheben, hatte *Rüstow* von "Vitalsituation" bzw. "Lebenslage" gesprochen. Er wollte hervorheben, daß auch innerhalb der Wirtschaft selbst "das unabwägbar Vitale und Anthropologische wichtiger [sei] als das eigentlich Wirtschaftliche, in Mengenzahlen Meßbare". Für *Rüstow* ist die Vitalsituation des wirtschaftenden Menschen ein überwirtschaftlicher Wert innerhalb der Wirtschaft: "Die Wirtschaft ist Mittel, die Vitalsituation aber Zweck". Als Hauptaufgabe der Gesellschaftspolitik müsse man die grundlegende Verbesserung unmenschlicher und menschenunwürdiger Lebenslagen erkennen und umfassend in Angriff nehmen. Zu erwarten sei eine "Politik, die bewußt alles einbezieht, wovon das wirkliche Sichfühlen des Menschen, seine Zufriedenheit und sein Glück, abhängen, und die es sich zum Ziel setzt, die Voraussetzungen für ein lebenswertes und verteidigungswürdiges Leben zu schaffen" (*Rüstow* 1950, III, 91 ff.; *Rüstow* 1957, 168, 170, 520).

Müller-Armacks Vorstellungen über das "Prinzip einer neuen Gesellschaftspolitik" zielen - so fasse ich sie zusammen - auf die Stabilisierung der Human-, Geld- und Realvermögenspotentiale: verlangt wird die bewußte "Schaffung neuer Stabilitäten". Von der Notwendigkeit des Abbaus von "Umweltunsicherheit" ist ebenso die Rede wie von "objektiver Sicherung" durch Vermögensbildung und -gestaltung. Den "allgemeinen Satz", "der Mensch habe im Mittelpunkt der Wirtschaft zu stehen", - so meint er -, müsse man präzisieren. Seine Forderungen lauten, es sei "in geistiges Kapital zu investieren", "Selbständigkeit" sei zu fördern; Mitarbeitern (in der Großwirtschaft) müsse man "Verantwortung" einräumen, durch die sie "zu einer ... relativen Selbständigkeit" gelangen. Der "Gefährdung" der Sicherheit des Einzelnen in seiner wirtschaftlichen Arbeit "durch wechselnde Konjunkturen" sei ebenso entgegenzutreten wie der Gefährdung von "Einkommen und Vermögen" durch "eine schleichende oder gar eine offene Geldentwertung". Das "Problem der sozialen Umwelt" müsse in einem sehr konkret "auf den Menschen bezogenen Sinne angefaßt werden". Eine Politik, die "auf die vitale Einheit des Menschen gerichtet ist", könne die "Einheit der menschlichen Umwelt nicht allein in der Familie ... herstellen". Die betriebliche Existenz, die natürliche Umwelt seien ebenso zu verbessern wie die Raumstruktur von Städten und Dörfern (s. vor allem *Müller-Armack* 1966, 247 ff., 272-283).

Immer wieder ist von Verfechtern der Idee der "Sozialen Marktwirtschaft" betont worden, das "Zukunftsziel einer in Frieden und Freiheit demokratisch vereinigten Menschheit" verlange nach Ausfüllung im Sinne einer Reihe von Antworten, die sich auf die "Vitalsituation des Menschen im weitesten Sinne" beziehen müssen. Erst über die Realisierung eines "Optimums menschlich erfreulichen Lebens" konkretisiere sich die humane Ordnung der Sozialen Marktwirtschaft.

Nicht von ungefähr - so sieht man - stellt Humanvermögen für mich mehr als Arbeitsvermögen dar. Explizit verwende ich deshalb den Begriff "Vitalvermögen" als Teilelement des Begriffs Humanvermögen, um seine umfassende ordnungstheoretische und ordnungspolitische Bedeutung und die Bezüge zu Denkansätzen in der Theorie der Sozialen Marktwirtschaft zu unterstreichen. Inwieweit für die damit eingeforderte Variante von Wirtschafts- und Gesellschaftspolitik politischer Handlungsbedarf verlangt ist, kann hier nicht zusätzlich erörtert werden. Dazu soll gleichwohl auf die "Botschaften" des - bislang noch unveröffentlichten - 5. Familienberichts verwiesen werden, an dessen Kommissionstext ich mitarbeiten konnte.

Literatur

Albert, Hans (1977): Kritische Vernunft und menschliche Praxis, Stuttgart.

Arndt, Helmut (1979): Irrwege der Politischen Ökonomie, München.

Boettcher, Erik (1986): Vorwort zur deutschen Ausgabe, in: *Th. W. Schultz*, In Menschen investieren: die Ökonomik der Bevölkerungsqualität, Tübingen, S. VII - XI.

Bog, Ingomar (1978): Kapitalismus, in: Handwörterbuch der Wirtschaftswissenschaft (HdWW), Bd. 4, hrsg. von *W. Albers*, Stuttgart, New York, S. 418 - 432.

Boulding, Kenneth E. (1962): A Reconstruction of Economics, 2. Aufl. (1. Aufl. 1950), New York.

Boulding, Kenneth E. (1963): Principles of Economic Policy, Englewood Cliffs, N.J.

Boulding, Kenneth E. (1971): Collected Papers, Vol. 1, Boulder, Col.

Commons, John R. (1968): Legal Foundations of Capitalism, Madison, Milwaukee, London.

Economic Commission for Europe (1992): Economic Survey of Europe in 1991 - 1992, New York.

Erhard, Ludwig (1963): Wohlstand für alle, Gütersloh.

Erhard, Ludwig (1988): Gedanken aus fünf Jahrzehnten: Reden und Schriften, hrsg. von *K. Hohmann*, Düsseldorf, Wien, New York.

Eucken, Walter (1968): Grundsätze der Wirtschaftspolitik, hrsg. von *E. Eucken* und *K. P. Hensel*, 4., unveränderte Aufl., Tübingen.

Galbraith, John Kenneth (1987): Economics in Perspective: A Critical History, Boston.

Gutmann, Gernot (1990): Soziale Marktwirtschaft als Gesellschaftsidee. Zur anthropologischen und ethischen Grundlegung einer ordnungspolitischen Konzeption, in: *J.-D. Gauger* und *K. Weigelt* (Hrsg.), Soziales Denken in Deutschland zwischen Tradition und Innovation, Bonn, S. 171 - 191.

Jung-Stilling, Johann Heinrich (1978): Lehrbuch der Finanz-Wissenschaft, Nachdruck d. Originalausgabe 1789, Wiesbaden.

Kirzner, Israel M. (1982a): Introduction, in: *I. M. Kirzner* (Hrsg.), Method, Process, and Austrian Economics, Essays in Honor of Ludwig von Mises, Toronto, S. 1 - 6.

Kirzner, Israel M. (1982b): Uncertainty, Discovery, and Human Action: A Study of the Entrepreneurial Profit in the Misesian System, in: *I. M. Kirzner* (Hrsg.), Method, Process, and Austrian Economics, Essays in Honor of Ludwig von Mises, Toronto, S. 139 - 160.

Krüsselberg, Hans-Günter (1969): Marktwirtschaft und ökonomische Theorie: Ein Beitrag zur Theorie der Wirtschaftspolitik, Freiburg i. B.

Krüsselberg, Hans-Günter (1976): Wirtschaftswissenschaft und Rechtswissenschaft, in: *D. Grimm* (Hrsg.), Rechtswissenschaft und Nachbarwissenschaften, Bd. 1, 2. Aufl., München, S. 168 - 192.

Krüsselberg, Hans-Günter (1983): Property Rights-Theorie und Wohlfahrtsökonomik, in: *A. Schüller* (Hrsg.), Property Rights und ökonomische Theorie, München, S. 45 - 78.

Krüsselberg, Hans-Günter (1984a): Wohlfahrt und Institutionen: Betrachtungen zur Systemkonzeption im Werk von Adam Smith, in: *H.-G. Krüsselberg* und *F.-X. Kaufmann* (Hrsg.), Markt, Staat und Solidarität bei Adam Smith, Frankfurt, New York, S. 185 - 216.

Krüsselberg, Hans-Günter (1984b): Vermögen im Systemvergleich - die Problemstellung, in: *H.-G. Krüsselberg* (Hrsg.), Vermögen im Systemvergleich, Stuttgart, New York, S. 1 - 17.

Krüsselberg, Hans-Günter (1984c): Vermögen, Kapital, Eigentum - Schlüsselbegriffe der Ordnungstheorie?, in: *H.-G. Krüsselberg* (Hrsg.), Vermögen im Systemvergleich, Stuttgart, New York, S. 37 - 60.

Krüsselberg, Hans-Günter (1986): Markets and Hierarchies: in: *F.-X. Kaufmann, G. Majone* und *V. Ostrom* (Hrsg.), Guidance, Control, and Evaluation in the Public Sector, Berlin, New York, S. 349 - 386.

Krüsselberg, Hans-Günter (1988): Die wertschaffende Leistung der Frau im Haus - Sinn und Unsinn der Erfassung -, in: *H. Rapin* (Hrsg.), Frauenforschung und Hausarbeit, Frankfurt, New York, S. 105 - 122.

Krüsselberg, Hans-Günter (1989): Zur Interdependenz von Wirtschaftsordnung und Gesellschaftsordnung: Euckens Plädoyer für ein umfassendes Denken in Ordnungen, in: ORDO, Bd. 40, S. 223 - 241.

Krüsselberg, Hans-Günter und *Rebecca Strätling* (1993): Familienpolitik und europäische Integration, in: *H. Gröner* und *A. Schüller* (Hrsg.), Die europäische Integration als ordnungspolitische Aufgabe, Stuttgart, Jena, New York, S. 397 - 443.

Krüsselberg, Utz (1993): Theorie der Unternehmung und Institutionenökonomik: Die Theorie der Unternehmung im Spannungsfeld zwischen neuer Institutionenökonomik, ordnungstheoretischem Institutionalismus und Marktprozeßtheorie, Heidelberg.

Machlup, Fritz (1991): Economic Semantics, 2. Aufl. m. e. neuen Einleitung v. *M. Perlman*, New Brunswick, London.

Meyer, Fritz W. (1967): Die Haushaltung in der Nationalökonomie, in: ORDO, Bd. 18, S. 278 - 298.

Mises, Ludwig von (1949): Human Action: A Treatise on Economics, New Haven.

Mises, Ludwig von (1980): Nationalökonomie: Theorie des Handelns und Wirtschaftens, Nachdruck der 1. Aufl. 1940, München.

Müller-Armack, Alfred (1966): Wirtschaftsordnung und Wirtschaftspolitik: Studien und Konzepte zur Sozialen Marktwirtschaft und zur Europäischen Integration, Freiburg i. B.

Müller-Armack, Alfred (1968): Religion und Wirtschaft, 2., unveränderte Aufl., Stuttgart, Berlin, Köln, Mainz.

Müller-Armack, Alfred (1973): Der humane Gehalt der Sozialen Marktwirtschaft, in: *E. Tuchtfeldt* (Hrsg.), Soziale Marktwirtschaft im Wandel, Freiburg i.B., S. 15 - 26.

Müller-Armack, Alfred (1974): Genealogie der Sozialen Marktwirtschaft: Frühschriften und weiterführende Konzepte, Bern, Stuttgart.

Ostrom, Vincent (1987): The Political Theory of a Compound Republic: Designing the American Experiment, 2., revidierte u. erweiterte Aufl., Lincoln, London.

Preiser, Erich (1963): Der Kapitalbegriff und die neuere Theorie, in: *E. Preiser*, Bildung und Verteilung des Volkseinkommens: Gesammelte Aufsätze zur Wirtschaftstheorie und Wirtschaftspolitik, 3., durchg. Aufl., Göttingen, S. 99 - 123.

Preiser, Erich (1967): Wirtschaftspolitik heute, München.

Röpke, Wilhelm (1965): Fronten der Freiheit; Wirtschaft, Internationale Ordnung, Politik: Eine Auslese aus dem Gesamtwerk, hrsg. von *O. Wesemann*, Stuttgart.

Röpke, Wilhelm (1979): Civitas humana, Grundfragen der Gesellschafts- und Wirtschaftsreform, 4. Aufl., Zürich, Stuttgart.

Rüstow, Alexander (1950): Das Versagen des Wirtschaftsliberalismus, 2. Aufl., Düsseldorf.

Rüstow, Alexander (1957): Ortsbestimmung der Gegenwart, 3. Bd.: Herrschaft oder Freiheit?, Erlenbach, Zürich.

Schultz, Theodore W. (1972): Human Capital: Policy Issues and Research Opportunities, in: National Bureau of Economic Research, Human Resources, Fiftieth Anniversary Colloquium, VI, New York, S. 1 - 73.

Schultz, Theodore W. (1975): The Value of the Ability to Deal with Disequilibria, in: Journal of Economic Literature, Vol. XIII, S. 827 - 846.

Schultz, Theodore W. (1981): Investing in People: The Economics of Population Quality, Berkeley, Los Angeles, London.

Schumpeter, Joseph A. (1961): Konjunkturzyklen, Göttingen.

Smith, Adam (1981): An Inquiry into the Nature and Causes of the Wealth of Nations, Vol. I, Glasgow edition, hrsg. von *R. H. Campbell* und *A. S. Skinner*, Indianapolis.

Tuchtfeldt, Egon (1973): Vorwort, in: *E. Tuchtfeldt* (Hrsg.), Soziale Marktwirtschaft im Wandel, Freiburg i.B., S. 7 - 13.

III.

Familie

Ökonomik der Familie[1]

Hans-Günter Krüsselberg

1. Ökonomik der Familie als sozialwissenschaftlicher Entwurf?

Zwei entscheidende Moralregeln bilden die Voraussetzung für die Entstehung jener Großgesellschaft, welche sowohl die Entwicklung der Kultur als auch das weitere Wachstum der Zivilisation erst ermöglicht. Es sind jene, die die Institutionen des Eigentums und der Familie schützen (*Hayek* 1983, 11). Das ist die Kernthese des wissenschaftlichen Werks von *Friedrich A. von Hayek*. Von Hayek, Nobelpreisträger für Wirtschaftswissenschaften, will die "zentralen (Streit-)Fragen" bezüglich der konkreten Möglichkeiten, eine humane Gesellschaftsordnung zu begründen, auf der "Basis von Fakten und Logik" in einer evolutionstheoretischen Perspektive fachübergreifend angehen. Wie selbstverständlich bezeichnet er die familiale Organisation (*Hayek* 1973, 4 f., 164, *Hayek* 1976, 135, 9 f., 131) als Grundeinheit jeglicher ökonomischen Aktivität. Daß die Position eines jeden Individuums in der Gesellschaft ganz wesentlich durch die Handlungsmöglichkeiten bestimmt wird, die über und durch die Familie vermittelt werden, gilt ihm gleichfalls als evident. Daß Eltern zudem in ihren Lebensplänen kalkulierbare Folgen für ihre Kinder bedenken, ist seines Erachtens "ein wichtiger Faktor bei der

---

[1] Zuerst erschienen in: *Klaus Heinemann* (Hrsg.), Soziologie wirtschaftlichen Handelns, Kölner Zeitschrift für Soziologie und Sozialpsychologie, Sonderheft 28, S. 169-192, Köln-Opladen 1987.

Anpassung der Nutzung menschlicher Ressourcen an mutmaßliche zukünftige Entwicklungen". Schließlich weite sich wegen der Einbettung des Menschen in die Institution der Familie dessen Blickfeld "notwendigerweise über seine Lebenszeit hinaus" aus. Die "Bereitstellung von Mitteln für ungewisse zukünftige Bedürfnisse" ist stets auch eine Disposition über Zukunftschancen von Individuen, Familien und Gesellschaften.

Das sind die Konturen eines evolutionstheoretischen Denkansatzes, den *von Hayek* gleichwohl im einzelnen für den Bereich der Familie bislang nicht vertieft hat. Dennoch befindet er sich mit seiner Perspektive auf einer Argumentationslinie, die gegenwärtig in der Wirtschaftswissenschaft in starkem Maße Beachtung findet. So fehlen Betrachtungen über die Rolle der Familie in keiner der wissenschaftlich gewichtigen Studien über "evolutionary economics" (s. z. B. *Boulding* 1981a, sowie *Boulding* 1981b). Aber auch Schwerpunkttexte wie *Gary S. Beckers* "A Treatise on the Family" wollen sich zum Thema: "The Evolution of the Family", hier im Sinne einer Erklärung von Veränderungen der Familienstrukturen im historischen Ablauf, äußern (*Becker* 1981a).

Erstaunlicherweise bleibt in jenem Forschungsbereich meines Wissens bislang völlig außer acht, welch zentrale Bedeutung für den Prozeß der Entwicklung der menschlichen Gesellschaft bereits *Adam Smith* der Institution der Familie zugemessen hat. Für *Smith* besteht die Aufgabe einer systematisch begründeten Sozialwissenschaft in der Behandlung der Frage, "worin Glück und Vollkommenheit des Menschen nicht nur als Individuum, sondern auch als Mitglied einer Familie, eines Staates und der menschlichen Gesellschaft insgesamt bestehen" (*Smith* 1978a). Daß exakt mit dieser Umschreibung die Basisstruktur des *Smith*schen Werkes bestimmt wird, förderte erst die aktuelle *Smith*-Forschung wieder zu Tage.

Durch die Erhaltung und Wiederentdeckung von Mitschriften seiner "Lectures on Jurisprudence" läßt sich leicht der zentrale Stellenwert von Familie im *Smith*schen System bestimmen. Die Hauptaufgabe jeder zivilen Regierung sei es - so heißt es dort -, den Menschen die Aufrechterhaltung ihrer vollständigen Rechte zu gewährleisten. Solche Rechte seien für jeden Einzelnen in seiner jeweiligen Eigenschaft als **Individuum**, als Mitglied einer **Familie** und als Mitglied einer **Gesellschaft** zu errichten. Ein Blick auf die von *Smith* gewählte Systematik zeigt die Reichweite seines Ansatzes (*Smith* 1978b, 3).

Ausdrücklich betont *Smith*, daß jede Gesellschaft die Interessen zukünftiger Generationen in ihr Regelwerk mit einzubeziehen habe. Jede Generation verhalte sich nur dann als gerecht, wenn sie so disponiert, als ob mit den Folgegenerationen ein sozialer Kontrakt bestünde, welcher sichert, daß deren Eigeninteressen in **jeglicher Gegenwart** Beachtung finden.[2]

All dies scheint auch heute noch bemerkenswert zu sein. Deshalb kann hier gefragt werden, ob sich die Wirtschaftswissenschaften gegenwärtig anschicken, jenes Systemkonzept von *Smith* wiederzuentdecken und zugleich mit modernen Theoriekonzepten zu vertiefen. Die Chancen dazu mögen nicht ungünstig sein: "Familien sind (nämlich) in Mode".

---

[2] Diesen Aspekt betont insbesondere auch *West* 1979, 134.

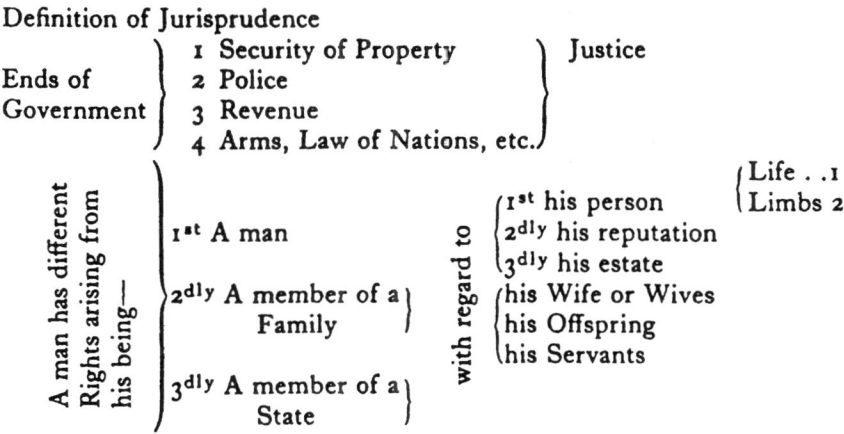

Mit exakt jener Feststellung leitet *Robert A. Pollak* einen Aufsatz (*Pollak* 1985, 581 ff) über den Stand der ökonomischen Diskussion zum Thema: Familien und Haushalte ein. Im Namen der Autoren, die sich an dieser Debatte beteiligen, betont er, eine Theorie, die menschliches Verhalten erklären wolle, müsse bemüht sein, "ökonomisches Verhalten nicht nur in Markt-Zusammenhängen zu analysieren". Daß ökonomische Denkmuster auch auf Verhaltensweisen anwendbar seien, die außerhalb des Feldes monetarisierter Marktbeziehungen liegen, hält insbesondere *Gary S. Becker* als für die "Relevanz der Neuen Ökonomik der Familie" ausschlaggebend (*Becker* 1974, 317 ff.). Sie weite den Erklärungsbereich der ökonomischen Theorie z. B. auf Entscheidungen über die Familiengröße, die Arbeitsmarktpartizipation verheirateter Frauen oder die Akkumulation von Ausbildung und Erziehung sowie von Humanvermögen aus.

Andere Autoren sehen allerdings Probleme darin, daß sich das *Becker*sche Forschungsprogramm streng an die Vorschriften neoklassischer mikroökonomischer Analyse hält. Die Anwendung der traditionellen mikroökonomischen Analyse des Haushaltsverhaltens, die in der Maximierung stabiler Nutzenfunktionen die Gleichgewichtsbedingungen erfüllt sieht, sei gewiß nützlich - bei gegebenem institutionellen Umfeld. Darüber hinaus müsse sich familienökonomische Forschung der in den Wirtschaftswissenschaften nie verstummten Forderung stellen, ihre institutionellen Rahmenbedingungen zu reflektieren. Auch die "neuen Mikrotheorien" als Theorien wirtschaftlichen Handelns hätten die Frage nach der "ökonomischen Fundierung von Organisationen und Institutionen" aufzugreifen. Zu analysieren seien "Mechanismen und Institutionen, die individuelle und gesellschaftliche Handlungsmöglichkeiten schaffen und kontrollieren": Märkte, Wahlverfahren, Gerichte, Gesetzgebungsmuster, Assoziationen, Familien, vertragliche Arrangements. Anhand eines Vergleichs der besonderen Leistungsmerkmale spezieller Institutionen sei zu erklären, wie sich gesellschaftliche Aktivitäten institutionell ausprägen. "Institutional choice" folgt dem "institutionellen Vorteil". Bei der Durchleuchtung des Phänomens "institutional advantage" erweise sich dann, daß die Neigung des Menschen, "to truck, barter, and exchange", lediglich ein Spezialfall seiner "propensity for social exchange in nonmarket and institutionally constrained market contexts" ist (*Smith* 1974, 320 f.).

Letztlich sei es unmöglich, einen bestimmten Teilbereich sozialer Existenz als Sonderterritorium für die Wirtschaftswissenschaft zu beanspruchen. Ökonomische Analyse durchdringe alle sozialen Disziplinen und werde reziprok von ihnen durchdrungen: "Deshalb gibt es nur eine Sozialwissenschaft" (*Hirshleifer* 1985, 53 ff.). Mit gewissem Recht könne man zwar sagen, die universelle Grammatik der Sozialwissenschaften entfalte sich in der ökonomischen Theorie - und zwar deshalb, weil ihre grundlegenden Kategorien (wie z. B. Knappheit, Kosten, Präferenzen, Möglichkeiten) umfassend angelegt sind. Noch wichtiger sei jedoch die Forderung an die Konzepte der Theorie, die wechselseitige Verzahnung von Mikroentscheidungen und die daraus resultierenden Gleichgewichts- bzw. Ungleichgewichtslagen auf der gesellschaftlichen Ebene der Analyse adäquat abbilden zu können.

Hier allerdings müsse der Ökonom auf die Erkenntnisse anderer Sozialwissenschaften achten und neue Erklärungsansätze liefern, wenn tradierte offensichtlich untauglich sind. Ein zentrales analytisches Problem resultiere aus der Tendenz, Verhalten unter Bezug auf das Eigeninteresse zu erklären. Schließlich sei die "analytisch unbequeme (wenngleich menschlich erfreuliche) Tatsache" zu vermerken, daß in allen Gesellschaften ein höherer Grad an Kooperation zu beobachten ist als über eine lediglich pragmatische Strategie von Egoismen erklärt werden kann. Vor allem im Bereich der Familie, bei Verwandtschaftsbeziehungen, spiele - das könne niemand ernsthaft leugnen - "benevolence" eine überwältigende Rolle (hier verwendet der Autor bewußt anstelle von "Altruismus" den Terminus, den *Adam Smith* bereits in diesem Zusammenhang verwendet hatte). Es sei auch nicht zu übersehen, daß im Zuge der Entfaltung von immer unpersönlicheren Tauschbeziehungen "familial sharing" als Leitbild nachwirke. Das Element wechselseitigen Vertrauens zwischen Tauschpartnern bleibe ein unverzichtbarer Bestandteil des Alltagslebens. Es gelte nach wie vor, Reziprozität innerhalb der nunmehr weniger persönlichen sozialen Interaktion zu erhalten. Im langfristigen Trend möge zwar an die Stelle des "Wohlwollens", das freiwillige Transfers von Ressourcen innerhalb einer Verwandtschaftsgruppe bewirkt, eine alternative gesellschaftliche Ethik treten, die einer Marktordnung entspricht. In ihrer Ausrichtung auf "fair dealing" und "reciprocity", auf die Realisierung wechselseitiger Vorteile[3], werde gleichwohl jene familiale Komponente bewahrt, die Reziprozität als soziale Norm begründete.

Erneut zeigt sich, wie Versuche zur theoretischen Grundlegung einer "Ökonomik der Familie" Familien- und Wirtschaftsentwicklung sowie die Evolution von Verhaltensmustern gedanklich zu verknüpfen bemüht sind. *Hirshleifer* argumentiert - wie schon *Smith* - mehrdimensional, wenn er meint, die soziale Evolution habe den Menschen Elemente von zumindest drei unterschiedlichen Sozialethiken eingeprägt: "Eine, die sich auf die Goldene Regel der gemeinsamen Nutzung von Ressourcen bezieht, eine zweite, die einer Silbernen Regel privater Rechte und der Reziprozität verpflichtet ist,

---

[3] Daß Märkte eben jene Bedingung am ehesten erfüllen, war für *Adam Smith* eine Einsicht, die dessen Vorstellung über eine gerechte Wirtschafts- und Gesellschaftsordnung entscheidend prägte (s. *Krüsselberg* 1984a, 190, 192 f.).

und eine dritte, welche man die Eiserne Regel der Dominanz und Subordination nennen mag" (*Hirshleifer* 1985, 58).

Vor dem Hintergrund dieser Erwägungen scheint es nicht ausgeschlossen zu sein, daß sich tatsächlich "im Rahmen der ökonomischen Tradition ein theoretischer Institutionalismus" entwickelt (so etwa *Albert* 1978, 81), auf dessen wissenschaftliche Notwendigkeit *Gunnar Myrdal* immer wieder hinwies. Institutionelle Ökonomik versuche, sich über das komplizierte Muster sozialer Beziehungen zu informieren, und könne sich nicht auf die Sphäre vermeintlicher ökonomischer Faktoren beschränken. Dazu sei ein transdisziplinärer Ansatz notwendig.

Nach *Myrdal* ist dann auch "das einzige Konzept, das nicht definiert werden braucht und nicht definiert werden kann, das der Wirtschaftswissenschaft" (*Myrdal* 1973, 14 ff.). Für ihn gibt es relevante und irrelevante Elemente der Lebensverhältnisse, Institutionen und Attitüden. Die Isolierung eines Teils der sozialen Realität durch dessen Etikettierung als ökonomisch ist seines Erachtens logisch nicht möglich. In der Realität gebe es keine "ökonomischen", "soziologischen" oder "psychologischen" Probleme, sondern lediglich Probleme: "Sie alle sind komplexer Natur" (*Myrdal* 1973, 142). Mir scheint, hier ist die Distanz zu den Intentionen einer Neuen Ökonomik der Familie nicht mehr groß, "ein überzeugendes Werkzeug zum Verständnis menschlichen Verhaltens" bereitzustellen, "insbesondere in ihrer Verknüpfung mit empirischer Arbeit und in ihrer (wenngleich oft nur indirekten) Orientierung an relevanten sozialen Problemen".[4]

Im folgenden soll versucht werden, über jene Ansätze zu informieren, die sich in eben diese umfassendere sozialwissenschaftliche Linie der Forschung einordnen. Meines Erachtens lassen sich drei Forschungsrichtungen unterscheiden, obwohl letztlich alle auf das Basiskonzept des Humanvermögens rekurrieren, das für den - zumindest bei *Gary Becker* entscheidungstheoretisch, im Grunde gar entscheidungslogisch angelegten - Ansatz der "New Home Economics" konstitutiv wurde. Die Chicago-Variante möchte ich hier als den entscheidungslogischen Ansatz der "Familienökonomik" bezeichnen, deren Grundideen und deren Bedeutung im 2. Abschnitt dieses Beitrags zusammenfassend zu skizzieren sind. Sie ist der Ausgangspunkt für die moderne Diskussion. Als ein zumindest partiell konkurrierendes "Paradigma" versteht sich der "Transaktionskosten"-Ansatz der Familienökonomik, über den in Abschnitt 3 zu berichten ist. Schließlich sollen in Abschnitt 4 die Konturen eines Integrationsversuchs aufgezeichnet werden, der sich bemüht, die familiale Handlungsdimension und deren institutionelle Komponente vermögenstheoretisch zu verbinden. Diese Auflistung folgt der Leitvorstellung, daß es für die weiterführende Forschung nützlich sein mag, die Mehr-Dimensionalität der bisher vorgelegten Arbeiten zu erkennen und über ihre Verknüpfungsmöglichkeiten nachzudenken.

---

[4] *Becker* 1974, 319. Diese Einschätzung unterstreicht dieser Autor noch einmal ausdrücklich in seinem späteren Werk: *Becker* 1981b.

2. Der entscheidungslogische Ansatz der Chicagoer Schule: Hypothesenbildung und empirische Forschung

Wie bereits angedeutet wurde, will in der Chicago-Variante die "Neue Ökonomik" der Familie mit Hilfe des wirtschaftswissenschaftlichen Instrumentariums jene Verhaltensweisen erfassen und einer Erklärung zuführen, denen kalkulatorische Entscheidungen über knappe Ressourcen und Vermögenspotentiale zugrunde liegen. Dabei gilt die Annahme, daß die Begrenzung des Handelns durch die historische Zeit seitens der Familie als "primäre Knappheit" empfunden wird. Der Zeitablauf soll deshalb nach Maßgabe eigener Präferenzen gestaltet werden, er wird nicht passiv hingenommen. Zeit ist ein Objekt familialer Wahlhandlungen. Über deren Einsatz wird bewußt zum Zweck der Maximierung familialen Nutzens durch Produktion und Konsum verfügt.

Damit rückt die ökonomische Theorie der Zeitallokation in das Zentrum des entscheidungstheoretischen Ansatzes. Restriktionen für das Maximierungskalkül stellen sich in Form der familialen Produktionsfunktion, der begrenzten individuellen Zeitbudgets, der persönlichen Möglichkeiten, Lohneinkommen zu erzielen, sowie anderer relevanter Variablen dar. Im Unterschied zur traditionellen Perspektive der mikroökonomischen Haushaltstheorie werden die am Markt erworbenen Konsumgüter nicht mehr unmittelbar mit der Nutzenstiftung für Haushaltsmitglieder identifiziert. Diese Güter sind lediglich "Einsatzfaktoren", mit deren Hilfe unter Einbringung eigener Zeitelemente der Haushalt erst jene Leistungen ("commodities") erstellt, die in seine individuelle Nutzenfunktion eingehen.

Die neue Analyse erfaßt damit sowohl die Allokation der Zeit als auch des Geldeinkommens und betrachtet als Ergebnisse der Haushaltsproduktion die Schaffung von "skills, health, self-esteem, and various other 'commodities'".[5] Menschliche Fertigkeiten, Gesundheit, Selbstwertschätzung, individualisierte Bereitstellung von Mahlzeiten und persönlichen Dienstleistungen - ihr Entstehen ist Erklärungsgegenstand, nicht ihre - wie auch immer bewirkte - Verfügbarkeit. Das Zeitkosten- bzw. Zeitallokationskonzept geht zudem von der Annahme aus, daß jede im Famillenhaushalt vollzogene Leistung zwei Preisvarianten zu berücksichtigen hat: Marktpreise und Zeitpreise. Mit der Verwendung der Kategorie "Schattenpreis" können auch Zeitpreise für jene Aktivitäten eingeführt werden, die über den Markt keinen monetären Bewertungsausdruck erfahren. Der historisch gegebenen Zeit kann in dieser Sicht generell nicht die Eigenschaft zuerkannt werden, ein kostenloses, frei verfügbares Gut zu sein.

Inzwischen haben sich zahlreiche Ausformungen dieses Denkansatzes entwickelt. Die wichtigsten zeigen **Übersicht 1** und **Übersicht 2**.

"Skills, health, self-esteem", sie - so hieß es - sind wesentliches Ergebnis familialer Leistungen in individualisierter, auf spezifische Präferenzen und spezifische Handlungspotentiale zugeschnittener Form. Ökonomen fassen Tatbestände dieser (und ähnli-

---

[5] *Becker* 1981b, 4 ff. S. zudem die sehr informativen Darstellungen bei *Schilp* 1984, 81 ff.; *Auge* 1984, 84 ff.; *Zimmermann* 1985, 65 ff. sowie die knappe Zusammenfassung in: *Krüsselberg, Auge* und *Hilzenbecher* 1986, 35 ff.

Übersicht 1: Varianten der Theorie der Zeitallokation

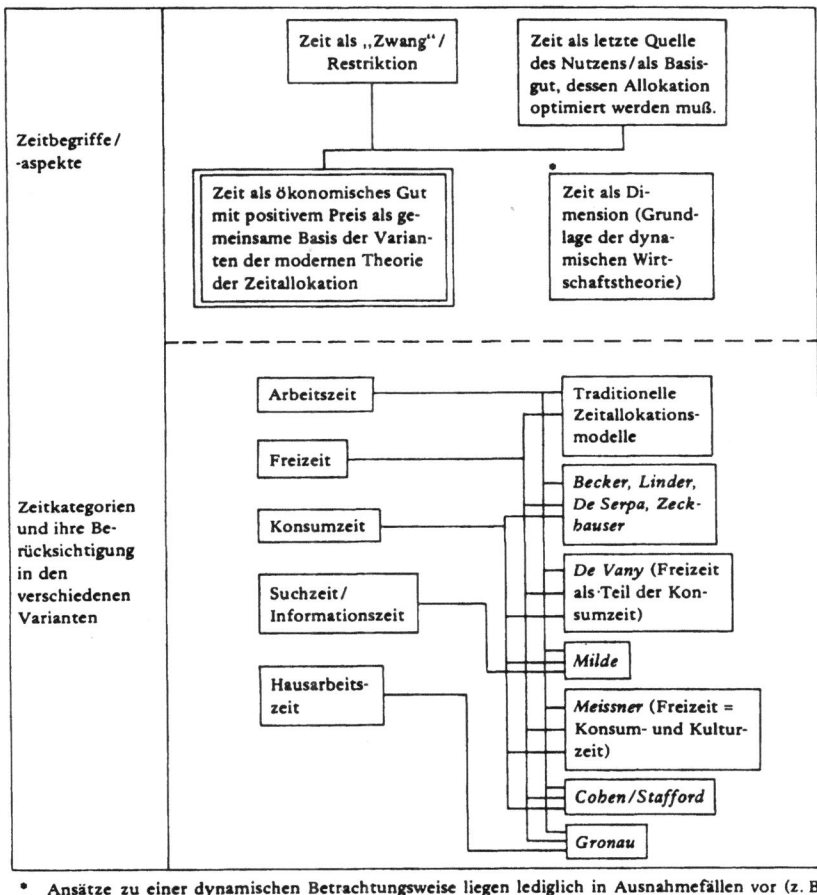

* Ansätze zu einer dynamischen Betrachtungsweise liegen lediglich in Ausnahmefällen vor (z. B. *Cohen/Stafford*).
Quelle: Auge, a. a. O., S. 113

cher) Art unter den Begriff des Humanvermögens. Insbesondere *Theodore W. Schultz*[6] und *Gary S. Becker*[7] ist es zu verdanken, daß das Humanvermögenskonzept wieder stärker in den Blickpunkt der ökonomischen Diskussion gerückt worden ist. Sie insistieren zu Recht darauf, daß die ökonomische Theorie auf der bereits in den Werken bekannter Klassiker angelegten Erkenntnis basiert, die vom Menschen erworbenen Fähigkeiten seien nicht als freie Güter zu behandeln. Schließlich sei der Einsatz knapper Ressourcen zum Erwerb solcher Fähigkeiten und somit zum Aufbau jeglicher Personalität

---

[6] S. etwa *Schultz* 1961, 1 ff.; *Schultz* 1972 sowie *Schultz* 1974.
[7] Speziell etwa *Becker* 1964.

Übersicht 2: Varianten der Theorie der Zeitallokation

Charakteristika der verschiedenen Varianten / Autoren	In den Modellen ausgewiesene Zeitkategorien				Erläuterungen zu den Besonderheiten der verschiedenen Varianten (Zeitbegriff, Zeitaspekt, Rolle der Zeit, Bewertung der Zeit)
	Arbeits-zeit	Frei-zeit	Konsum-zeit	Such-zeit	
Traditionelle Zeitallokations-modelle (z. B.: *Robbins* 1930)	x	x	–	–	Die Gesamtzeit wird lediglich auf Arbeitszeit und Freizeit verteilt. Die optimale Arbeitszeit wird aus der Analyse der Nutzenmaximierung des Verbrauchers abgeleitet, dessen Nutzen eine Funktion von Einkommen und Freizeit (= Nicht-Arbeitszeit) ist. Übersehen wird dabei u. a., daß zur Konsumtion von Marktgütern auch Freizeit gehört.
Becker (1965)	x	x	x	–	Der Haushalt wird als „Produktionsunternehmen" aufgefaßt, welches Güter und Zeit kombinieren muß, um Konsumleisitungen (-aktivitäten) zu „produzieren", die als Argumente in die Nutzenfunktion des Haushalts eingehen. Zeit wird als wirtschaftliches Gut betrachtet und deren Verteilung damit Gegenstand der ökonomischen Analyse.
De Vany (1970)	x	–	x	–	Abweichend zu *Becker* ist die Konsumzeit der einzelnen Konsumgüter jeweils vom Anbieter fixiert. Die Möglichkeit, Güter- und Zeitinputs in einer optimalen Weise zu kombinieren, besteht daher für den Haushalt nicht. In die Nutzenfunktion gehen nur Gütermengen ein. Freizeit ist für *De Vany* der Konsum von Freizeitgütern – also ein Teil der Konsumzeit.
Milde (1971)	x	–	x	x	*Milde* baut auf *De Vany* auf, berücksichtigt jedoch explizit die Suchzeit. Mit diesem Begriff wird der aus der „Neuen Mikroökonomik" abgeleiteten Erkenntnis Rechnung getragen, daß der Haushalt zwecks Nutzenmaximierung nach den niedrigsten Preisen und höchsten Löhnen suchen muß. Auch für diese Aktivitäten ist die optimale Suchzeit zu bestimmen, wobei der Haushalt nur Informationen über Bandbreiten und Eintrittswahrscheinlichkeiten von Preisen, Güterqualitäten und Lohnsätzen besitzt.
De Serpa (1971)	x	x	x	–	Die Zeitmenge, die der Konsumtion irgendeines Gutes gewidmet wird, ist teilweise „Zwangssache" und teilweise „Wahlsache". Dabei existiert eine untere Grenze der für die Konsumtion eines jeden Gutes benötigten Zeit. Zeit ist einmal als Ressource und zum anderen als Ware zu betrachten. Es ist zu unterscheiden zwischen dem Wert der Zeit als Ressource und dem Wert der ersparten Zeit. Eine Vermehrung der Zeit ist im Gegensatz zur Zeitersparnis nicht möglich.

Fortsetzung Übersicht 2

Charakteristika der verschiedenen Varianten / Autoren	In den Modellen ausgewiesene Zeitkategorien				Erläuterungen zu den Besonderheiten der verschiedenen Varianten (Zeitbegriff, Zeitaspekt, Rolle der Zeit, Bewertung der Zeit)
	Arbeits-zeit	Frei-zeit	Konsum-zeit	Such-zeit	
Meissner (1971)	x	x	–	–	Bei der Konsumzeit spielt der Einsatz von Gütern eine bedeutende Rolle, wohingegen dieser bei der Kulturzeit von relativ untergeordneter Bedeutung ist. Makroökonomische Fragestellungen werden von einer mikroökonomischen Basis ausgehend diskutiert – Arbeitszeitverkürzung, Wirtschaftswachstum... Ähnlich wie bei Linder wird auch hier die Frage gestellt, ob es eine Grenze der Allokation des Produktivitätsfortschritts zugunsten von Einkommenserhöhungen gibt.
Zeckhauser (1973)	x	–	x	–	Der Hauptunterschied zu Becker, De Vany, Milde u. a. besteht darin, daß Zeckhauser Zeit weniger als „Zwang", sondern in erster Linie als letzte Quelle des Nutzens, als Basisgut verstanden wissen will, dessen Allokation zu optimieren ist.
Cohen/Stafford (1974)	x	–	x	–	Haushaltsentscheidungen sind in ihren Hauptkategorien und auch intertemporal voneinander abhängig. Hauptziel ist es, einige dieser Beziehungen herauszustellen, wobei es insbesondere um die intertemporalen Abhängigkeiten geht. Beschrieben wird das familiale Verhalten unter der Prämisse, daß sich die Familie für eine Maximierung der Konsumtion über den gesamten Lebenszyklus entschieden hat.
Gronau (1977)	x	x	–	–	Übersehen worden ist in den bisherigen Ansätzen von einigen Ausnahmen abgesehen die Haushaltsproduktion im „common sense" dieses Ausdrucks. Die außermarktliche Zeit wird in Freizeit und Arbeit im Haushalt untergliedert. Damit wird der Tatsache Rechnung getragen, daß diese Komponenten (der Nicht-Arbeitszeit im Sinne Beckers) in durchaus unterschiedlicher Weise von Veränderungen der sozialökonomischen Variablen beeinflußt werden und die Analyse von Zeitbudget-Daten wirkungsvolle Hilfestellung leistet.

x: Explizite Berücksichtigung
–: nicht oder allenfalls implizit enthalten
Quelle: Auge, a. a. O., S. 114

erforderlich. Das gelte auch in der Lebenszyklus-Betrachtung: permanent erfolge ein Ressourcenverzehr zum Zwecke der Erhaltung und Erweiterung menschlichen Handlungspotentials - als (ökonomisch gesprochen) "investment in human capital", als Investitionen in Menschen sowohl in die eigene Person als auch in Menschen der eigenen Umwelt. Humanvermögen ist dann das Resultat jener Aktivitäten, die das gegenwärtige und zukünftige monetäre und nichtmonetäre "Einkommen" durch Vermehrung und Verbesserung der "menschlichen Ressourcen" erhöhen. Gewiß gilt, daß Humanvermögen untrennbarer Bestandteil des Menschen ist; es ist mit der Personalität des Menschen identisch. Daß gegenwärtig nur die Arbeitskraft als Teil des Humanvermögens "verkauft" oder "vermietet" werden kann, nicht jedoch der Potentialträger selbst, sei jedoch ein Ergebnis institutioneller Regelungen durch Recht und Verfassung, kein naturgegebener Tatbestand. Nur unter diesen Voraussetzungen treffe dann auch zu, daß Humanvermögen durch den Menschen erworben wird, indem er "Investitionen in sich selbst" vornimmt. *Schultz*[8] nennt fünf Obergruppen von Aktivitäten, die eine Verbesserung der menschlichen Fähigkeiten und Fertigkeiten bzw. eine Konstituierung von Humanvermögen bewirken:

1. Gesundheitsförderung und Gesundheitsdienste;
2. Aneignung von Berufserfahrung;
3. formal organisierte Ausbildung auf elementaren, sekundären und höheren Stufen;
4. Studienprogramme für Erwachsene;
5. regionale und sektorale Mobilität von Individuen und Familien zum Zwecke der Anpassung an veränderte Arbeitsmöglichkeiten.

Zeitallokationstheorie, die Idee der Haushaltsproduktionsfunktion und das Humanvermögenskonzept - das sind die theoretischen Grundpfeiler, auf denen das analytische Gebäude ruht, mit dessen Hilfe sich die "New Home Economics" an die Erklärung des Phänomens "Familie" heranwagt. Sie schickt sich an, familiales Verhalten (und das gilt für Heirat, Fruchtbarkeitsverhalten, Erziehung, Arbeitsmarktverhalten, häusliche Arbeitsteilung, Scheidung etc.) allokationstheoretisch zu analysieren.

"Eine beachtliche Zahl signifikanter Implikationen resultiert aus diesem Ansatz", so kündigt *Becker* (1974, 317 f.) das Analyseverfahren selbstbewußt an, und es folgt eine Explosion der Ausfächerung von Hypothesen, die entscheidungslogisch begründet und empirisch getestet werden sollen (und werden)[9]. Die folgenden Beispiele können nur ausschnitthaft das gedankliche Grundmuster erhellen, das diesen Ansatz charakterisiert.

Heirat und Ehe: Die durch die Eheschließung ermöglichten Größenvorteile und Spezialisierungsgewinne steigern sowohl die einzel- als auch die gesamtwirtschaftliche Wohlfahrt. Heiratswillige Personen erwarten, daß ihr Nutzenniveau zukünftig dasjenige übersteigt, welches sie erreicht hätten, wenn sie ledig bleiben würden.

Das Alter des "Eintritts in den Heiratsmarkt" ist abhängig von der gewünschten Kinderzahl, dem erwarteten Lebenszeiteinkommen und dem (Aus-)Bildungsniveau. Je höher die gewünschte Kinderzahl und je niedriger das Ausbildungsniveau ist, desto früher erfolgt tendenziell der Eintritt. Die Suche nach einem Ehepartner dauert so lange an, bis der Wert der erwarteten Verbesserung gleich den Kosten der zusätzlichen Suche (Zeit und andere Inputs) ist. Die Suchkosten werden variieren, je nach Art der Charakterzüge des potentiellen Partners, über die ein Suchender Klarheit gewinnen möchte.

Frauen (Männer), die sich in psychischem Kapitalbestand, Bildung, Intelligenz, Größe etc. unterscheiden, heiraten tendenziell Männer (Frauen) mit ähnlichen Ausprägungen dieser Charakterzüge. Das heißt: Intelligenz, Erziehung, Alter, Religion u. a. korre-

---

[8] *Schultz* nennt fünf Obergruppen von Aktivitäten, die eine Verbesserung der menschlichen Fähigkeiten und Fertigkeiten bzw. eine Konstituierung von Humanvermögen bewirken: *Schultz* 1971, 36.

[9] Ausführliche Darstellungen bieten vor allem die in den obigen Anmerkungen 4-8 genannten Texte.

lieren bei den Ehepartnern positiv. Eigenschaften mehr psychologischer Natur - wie etwa Leistungswille und Hilfsbereitschaft - weisen eine eher negative Verknüpfung auf.

Familiale Arbeitsteilung und inner-familiales Rollenverständnis: Ein Anstieg im Lohnsatz eines Familienmitglieds relativ zu dem eines anderen veranlaßt die Familie, unter Berücksichtigung relevanter Substitutionseffekte weniger Zeit des ersten und mehr Zeit des letzteren für Leistungen im Bereich des Familienhaushalts zu nutzen. Die Aufteilung der Arbeit und die Differenzierung von Rollen innerhalb der Familie erfolgen unter Berücksichtigung von Komplementaritäts- und Substitutionsbeziehungen im Haushaltsmanagement sowie von komparativen Vorteilen bezüglich jener Fertigkeiten und Einkommenspotentiale, mit denen die Familienmitglieder jeweils unterschiedlich ausgestattet sind.

Familiale Investitionen und Zeitallokation sind miteinander verknüpft: Während die gegebene Verteilung des Humanvermögens die laufende Zeitallokation in der Familie bestimmt, beeinflußt die prospektive Zeitallokation die laufenden Investitionen in Humanvermögen. Prospektive Diskontinuität im Beschäftigungsverhältnis mag viele junge Frauen veranlassen, vor der Geburt ihrer Kinder weniger "job training" anzustreben und zu erhalten als Männer mit vergleichbarem Ausbildungsstand. Während der Zeit der häuslichen Erziehung ihrer Kinder wird zudem die erworbene berufliche Qualifikation jener Frauen "veralten". Gleichwohl sind insbesondere nach dieser Periode wieder starke Anreize zu erwarten, "to resume investments in job-related skills".[10]

Die nach wie vor geringere Erwerbsbeteiligung der Ehefrau sowie eine größere Diskontinuität ihrer Berufstätigkeit zeichnen über niedrigere Humanvermögensinvestitionen und eine größere Entwertungsrate des Humanvermögensbestandes für zumindest einen erheblichen Teil der Einkommensunterschiede zwischen Männern und Frauen verantwortlich. Hinzu kommt, daß der immer noch relativ schmale Bereich der für Frauen zugänglichen Betätigungsfelder vielfach zu einem Überangebot an Arbeitskräften in den entsprechenden Teilarbeitsmärkten geführt hat, welches den Lohnsatz zusätzlich drückt.

Generatives Verhalten: Familien entscheiden simultan über den angestrebten Lebensstandard, den Umfang der Erwerbstätigkeit der Frau und die Zahl der Kinder.

Der Ressourceneinsatz zur Deckung der Kinderbedürfnisse ist vom Wohlfahrtsniveau der Eltern proportional abhängig. Mit steigerdem Ausbildungsniveau der Frau steigt die Wahrscheinlichkeit ihrer Erwerbstätigkeit und sinkt ihre Kinderzahl.[11] Bei einem hohen Anteil von Familien, die den Status/die soziale Schicht wechseln, ist zu erwarten, daß die Aufsteiger einen vergleichsweise hohen Anteil ihres Einkommens für Statusgüter verausgaben. Dies mag zu einer Verminderung der gewünschten Kinderzahl führen. Je knapper die Ressourcen eines Paares im Vergleich zu seinem Anspruchsniveau sind, desto geringer ist die Anzahl der gewünschten Kinder.

---

[10] So z. B. *Jacob Mincer* und *Solomon Polachek*, in: *Schultz* 1974, 397 ff.

[11] Das sind die zentralen Annahmen der bereits genannten Studie von *Klaus F. Zimmermann*, in der - m. E. mit Erfolg - versucht wird, diese Thesen empirisch zu belegen. S. *Zimmermann* (1985), als Beleg etwa S. 149, 192, 290.

Entwicklung von Humanvermögen im Sozialisationsprozeß: Eltern präferieren geringe Altersunterschiede zwischen ihren Kindern. Altersmäßig weit differierende Kinder erhöhen den Zeitaufwand für ihre Betreuung. Die häuslichen Aufwendungen (Güter- und Zeitinputs) als zentrale Form der Humanvermögensinvestition wirken sich vornehmlich über die formale Ausbildung auf den späteren ökonomischen Erfolg der Kinder aus. Ausbildungsabschluß und beruflicher Erfolg korrelieren positiv mit der Ausbildung der Eltern und deren beruflichem Status.

Die Ausbildung der Mutter ist für die Erklärung der Begründung individueller Fähigkeiten in der Kindheit als eine mit dem späteren Einkommen korrelierende Variable von besonderer Bedeutung. Ihr Einfluß zeigt sich an der Beobachtung, daß mit der mütterlichen Ausbildung auch die Zeitinputs pro Kind steigen. Die Anzahl der Geschwister bzw. die Familiengröße ist mit dem beruflichen Erfolg eng verbunden. Die Art der Einflußnahme auf das Einkommen erfolgt indirekt über Schulunterricht und Beruf - eine Erkenntnis, die darauf hindeutet, daß Einkommen primär als eine Funktion der individuellen Charakteristika und weniger als eine Rente auf den "Familien-Background" zu sehen ist.

Scheidung: Der Anreiz zur Trennung einer Ehe hängt wesentlich vom Ausmaß der getätigten Investitionen ab, die als "spezifisch" für eine bestimmte Ehe bezeichnet werden können. Als augenfälligstes Beispiel für "ehespezifische Investitionen" sind Kinder zu nennen. Da ehespezifische Investitionen, zumindest für eine beträchtliche Zeit, während des Bestandes einer Ehe wachsen, verringert sich der Trennungsanreiz tendenziell mit der Ehedauer.

Paare mit relativ großen Unterschieden in Ausbildung, Intelligenz oder Religion werden, wenn sie, weil sie in ihrem Suchverhalten scheiterten, eine bestehende Ehe auflösen, bei Wiederheirat diese Unterschiede zu reduzieren bemüht sein. Scheidungskosten variieren sehr stark in Abhängigkeit vom verfügbaren Realvermögen.[12]

Gesellschaftliche Schichtung: Die Verhaltensmuster bei der Partnerwahl führen langfristig zu einer Reduktion der Ungleichheit innerhalb der Familien und zu einer Verstärkung derselben zwischen den Familien.

Mit diesen Hinweisen möchte ich den - sicherlich äußerst gedrängten - Überblick über diese Forschungsrichtung abschließen. Insgesamt kann nicht bezweifelt werden, daß sie entscheidende Impulse zum Ausbau einer Ökonomik der Familie gab und weiterhin liefert. Gleichwohl bleiben Bedenken und gewichtige Vorbehalte. Das sind einmal Einwände, wie sie zu Recht grundsätzlich (so etwa *Albert* 1967) gegen zu weit reichende Erklärungsansprüche des entscheidungslogischen Verfahrens vorgetragen werden, eine Diskussion, die hier nicht aufgenommen und nicht vertieft werden kann. Gleichwohl muß (und will) auch diese Kritikvariante sich dessen bewußt bleiben, daß "there is a need for conflict as well as synthesis ... by a dialectic process between alternative paradigms, between theories and empirical findings". Das entscheidungslogische Vorgehen, das *Becker* in (fast) reiner Form praktiziert, erhält nicht zuletzt durch die Tat-

---

[12] S. etwa die Beiträge über "Economics of Marriage", insbesondere von *Gary S. Becker, Alan Freiden* und *T. Dudley Wallace,* in: *Schultz* 1974, 299 ff.

sache eine tiefgreifende wissenschaftliche Legitimation, daß es auf breiter Front empiri-sche Studien initiierte. Nicht unerheblich wurden zudem ökonometrische Arbeiten be-fruchtet.[13] Gewiß ist es gerecht, wenn ein sachverständiger Kritiker feststellt: "There are many issues that attract other theorists, but so far no definite alternative with a similar impact has emerged" (*Ben-Porath* 1982).

In den folgenden Abschnitten soll gleichwohl über jene "issues that attract other theorists" gesprochen werden. Hier wird zunächst zu erwägen sein, wie weit die Bemü-hungen reichen, welche jene institutionalistische Forschungsrichtung unternommen hat, die von der Kategorie der Transaktionskosten ausgehend das Studium familialen Ver-haltens betreibt. Danach soll - wie bereits angedeutet wurde - der Versuch einer vermö-genstheoretischen Fundierung der Ökonomik der Familie, die *Hans-Günter Krüsselberg* propagiert, erörtert werden. Hier wird vor allem die These zu prüfen sein, über die Ein-bettung der Idee des Humanvermögens in ein breiteres Vermögenskonzept sei ein ge-dankliches Bindeglied zu finden, das die Verknüpfung von Argumenten aus der Mikro-ebene familialen Verhaltens und familialer Strukturen mit solchen, die auf die Makro-ebene der gesellschaftlichen Tatbestände und Prozesse abheben, in theoretisch tragfähi-ger Form ermöglicht. Das ist einfach das der Interdependenzbeziehungen zwischen Familien und familienrelevanten Handlungsfeldern der Gesellschaft - auch unter dem Aspekt der Begründung einer Politik für Familien.

3. Minimierung von Transaktionskosten - eine institutionelle Begrün-dung für die Existenz von Familie?

In seiner ausgezeichneten Rezension des Buches von *Gary S. Becker* "A Treatise on the Family" konstatiert *Yoram Ben-Porath* (1982, 55-64), mit diesem Text werde ein Höhepunkt in den ökonomischen Studien über die Familie und die damit verbundenen demographischen Phänomene erreicht. Dennoch schränkt er diese positive Aussage mit dem kritischen Hinweis ein, die dort verwendete Arbeitsmethode sei **nicht durchgän-gig** geeignet, relevante familiale Tatbestände zu erfassen. Insbesondere dann, wenn es um die Frage der Entstehung und Veränderung von Institutionen ginge, stieße sie rasch an ihre Grenzen. Das wieder erweckte Interesse an der theoretischen Erklärung von In-stitutionen zeige, was jenem Erklärungsschema fehle: die Analyse der Bestimmungs-gründe für die Existenz der Institution Familie an sich. Schon früher hatte dieser Autor (*Ben-Porath* 1980, 1-30) hervorgehoben, wesentliche Unterschiede zwischen gesell-schaftlich bedeutsamen Institutionen seien die Folge dessen, daß die Ablaufmuster der in ihrem Bereich stattfindenden Austauschprozesse stark voneinander abweichen. So seien Transaktionen zwischen Familienmitgliedern (infolge ihrer lediglich "impliziten

---

[13] Im deutschen Sprachraum lassen sich für beide Aussagen konkrete Belege finden. Zahlrei-che Beiträge zur von *Karl Heinrich Oppenländer* und *Adolf Wagner* herausgegebenen Stu-die: Ökonomische Verhaltensweisen und Wirtschaftspolitik bei schrumpfender Bevölkerung greifen Fragestellungen und Denkanstöße der "New Home Economics" auf. Weitere Belege für die Aufnahme und Fortführung jener Gedanken in konkreter empirischer Anwendung bieten die ökonomisch-fundierte Publikation von *Zimmermann* 1985, deren Untertitel: Theoretische und empirische Untersuchungen zur Frauenerwerbstätigkeit und Geburtenent-wicklung deutlich die Herkunft aus der demographischen Fragestellung erkennen läßt, so-wie die erwähnte Familienzeitbudgetstudie: *Krüsselberg, Auge* und *Hitzenbecher*, 1986.

Vertragsbeziehungen") ganz anders strukturiert als etwa Transaktionen zwischen Marktteilnehmern.

Daraus folgert er: Beim Aufbau einer theoretisch befriedigenden Ökonomik der Familie mag durchaus zunächst der Linie des Chicago-Ansatzes gefolgt werden. Gleichwohl müsse dessen Argumentation durch die Berücksichtigung eines Theoriekonzeptes, das die transaktionskostentheoretische Komponente einbringt, ergänzt und erweitert werden.

Pollak (1985, 582) kritisiert ebenfalls die "new home economics" der Chicago-Schule wegen ihrer - wie er zu Recht sagt - "neoklassischen" Attitüde. Tatsächlich ist es ein Merkmal neoklassischer Theoriebildung, Handlungseinheiten (wie Unternehmen oder Familienhaushalte) allein über deren (konstante) Präferenz- und Produktionsfunktionen abzubilden. Das bedeutet aber - so auch *Pollak* -, deren interne Struktur (insbesondere die Ablaufmuster interner Entscheidungsprozesse) "zu ignorieren". Diese Ausblendung erfordere die recht problematische Einführung der Annahme, alle internen Handlungsabläufe vollzögen sich effizient und friktionslos. Sehr viel realistischer sei hingegen die These, daß die interne Struktur einer Handlungseinheit über die Ablaufmuster ihrer Entscheidungs- und Austauschprozesse ihr Verhalten prägt[14] - und zwar nicht allein in ihrem Verhalten nach außen, d. h. gegenüber anderen Handlungseinheiten, sondern auch in ihrem Verhalten nach innen, gegenüber den Mitgliedern dieses Handlungssystems. Über diese Annahme, interne Prozesse berücksichtigen zu müssen, und über die weitere, daß auch solche Prozesse Ressourcen beanspruchen, komme - so wird von den genannten Autoren betont - der Transaktionskostenansatz zu einer im Vergleich zur Chicago-Schule "umfassenderen und nützlicheren Sicht der ökonomischen Aktivität und des Verhaltens der Familie".

Die Kritik lautet also: jede Analyse von Assoziationen, Organisationen und Institutionen muß gezielt die "Betriebskosten" von Institutionen in den Blickpunkt rücken. Nur wenn die Vorteile der Institutionalisierung größer sind als deren Kosten, werden die damit entstehenden Handlungskollektive dauerhaft existieren können. Mit dem Begriff der Transaktionskosten sollen folglich die Kosten des Zustandekommens, der Abwicklung und der Kontrolle vertraglicher (und quasi-vertraglicher) Arrangements erfaßt werden[15] - und zwar im Sinne einer Auflistung des Aufwands an Zeit und anderen Ressourcen, der zur Begründung und Durchsetzung solcher Arrangements erforderlich wird. Stets seien - so verlautet zu Recht - für eine Institutionalisierung relevante Analyseleistungen und Aktivitäten gefordert: Zunächst sei die Notwendigkeit und Zweckmäßigkeit von wechselseitigen Vereinbarungen im zwischenmenschlichen Bereich zu erkennen. Dann seien sie zustandezubringen, ihre Abwicklung sei zu gewährleisten und ihre Kontrolle zu sichern. Die Verfügbarkeit individueller Analyse- und Kommunikationsfähigkeit sei ebensowenig kostenlos zu haben wie die inter-personelle Einigung über Lei-

---

[14] Exakt dieser Tatbestand hat die Forderung ausgelöst, eine sozialökonomiscbe Theorie der Unternehmung zu entwickeln, die sowohl der "Ungewißheit" jeglicher Zukunft als auch den stets gegebenen Handlungsspielräumen im "offenen" System Rechnung trägt; s. *Krüsselberg* 1965, 11-25.

[15] S. etwa die Beiträge von *Willi Meyer, Hans-Günter Krüsselberg* und *Alfred Schüller*, in: *Schüller* 1983, 1 ff., 45 ff., 145 ff., ferner *Schneider* 1985, 491 ff., 527 ff.

stungen und Gegenleistungen und etwaige Sanktionsmuster.

Arrangements, die geeignet sind, allfällige "Betriebskosten" dieser Art zu reduzieren, werden als "effizient" deklariert. In der Konkurrenz potentieller Arrangements - so wird argumentiert - werde die effizientere Lösung an Gewicht gewinnen und sich langfristig als Musterlösung für eine der Gesellschaft nützliche Institution durchsetzen.

Der Vergleich von "Betriebskosten" konkurrierender Arrangements mache letztendlich sichtbar, warum es eine beachtliche Vielfalt von Assoziationen, Organisationen und Institutionen gibt und in welcher Kombination sie "überleben".

Für unterschiedliche Funktionsbereiche gesellschaftlicher Existenz ließen sich also in einer evolutorischen Analyse die Ordnungsmuster entdecken, die in einer Welt, in der die Menschen die Spielregeln für zwischenmenschliches Handeln selbst zu finden haben, Transaktionskosten absenken und damit Wohlfahrtseffekte bewirken. Der Transaktionskostenbegriff gilt damit als das grundlegende Konzept für die Begründung einer Theorie der Entstehung (und des Untergangs) von Institutionen. Vor allem *Oliver E. Williamson* hat immer wieder die Allgemeinverwendbarkeit dieser Idee behauptet. Sein Argument lautet: das relevante Problem sei zwar anhand der Theorie der Unternehmung entwickelt worden, aber unmittelbar auf die Analyse von Beziehungen innerhalb der Familie übertragbar.

Ausgangspunkt ist die Behauptung, die Unternehmung stelle eine Alternative[16] zur "Organisation" der Produktion durch Märkte dar. *R. Coase* (1937, 386 ff.) meinte, Unternehmen entstehen, weil sie Transaktionskosten minimieren. Sie existieren immer dort, wo die Kosten eines Markttransfers die Ineffizienzen der Zentralisation übersteigen. Die Alternative zur Lenkung von Ressourcen in bestimmte Verwendungen durch Preissignale sei die der Gruppierung durch Anweisung.

Innerhalb von Unternehmen würden zahlreiche Markttransaktionen unnötig, denn das Zusammenwirken der Produktionsfaktoren sei durch "Anordnung" bestimmt. Durch den Arbeitsvertrag werde gewährleistet, daß an die Stelle einer potentiellen Markttransaktion eine administrative Entscheidung treten kann. Effizienzvorteile durch die Minimierung von Transaktionskosten resultierten dann u. a. daraus, daß diejenigen, die durch Vertrag Dispositionsbefugnisse erlangen, eine Änderung der Faktorenkombination zum Zwecke neuartiger Ergebnisse bewirken können, ohne auf langwierige Marktprozesse verwiesen zu sein. Umgruppierungen bereits vertraglich gebundener Ressourcen seien - im Rahmen der Regelungen solcher Vereinbarungen - innerhalb dieser Institution Unternehmung weniger kostenträchtig und damit effizienter. In Unternehmen entfalte sich Organisation "auf Inseln bewußter Macht".

Wahrscheinlich war diese Feststellung der Anknüpfungspunkt für *Oliver E. Williamsons* Wortprägung "governance structure". Gemeint ist die "Führungsstruktur in Organisationen", "der institutionelle Rahmen, in dem über die Gesamtheit einer Transaktion entschieden wird", "die institutionelle Matrix, in der Transaktionen ausgehandelt und ausgeführt werden".[17] Die Erklärungslücke, die der Chicago-Schule angelastet wird,

---

[16] Zur Problematik dieser These s. jetzt *Krüsselberg* 1986, 67 ff.
[17] S. die Aufsatzsammlung von *Williamson* 1986, dort etwa S. 84, 102, 104.

soll also in der *Williamson*-Linie durch die Betrachtung der Familie als "governance structure" geschlossen werden. Als Transaktionskosten minimierende Institution zentralisiere und "internalisiere" die Familie Aktivitäten im eigenen Entscheidungsbereich. Diese Art der "Steuerung" familialer Verhaltensweisen (*Pollak* 1985, 584 ff.) böte vier Vorteile:

1. Eine effizientere Nutzung familialer Ressourcen. Unterstellt wird ein langfristiges Interesse an einer Aufrechterhaltung des Familienvermögens auch in der Generationenfolge. Da in der Familie ökonomisches Handeln sehr ausgeprägt in persönliche Beziehungen eingebunden sei, verfüge die Familie über äußerst wirksame Sanktionsmöglichkeiten bezüglich der Sicherung ihrer langfristigen Wohlfahrtsposition.

2. Verhaltensüberwachung und offener Informationsaustausch. Angesichts der sehr engen familialen Kontakte seien Arbeits- und Konsummuster sowie der Lebensstil für alle transparent; die kooperative Bündelung individuellen Wissens vermittle einen Informationsstand, der für Außenseiter unzugänglich bleibt.

3. Altruismus. Die gefühlsmäßigen Bindungen innerhalb der Familie bewirken eine Begrenzung opportunistischen Verhaltens.

4. Loyalität. Die soziale Grundlage für familiale Loyalität sei die Wertschätzung, die Personen entgegengebracht wird, welche ihre familialen Verpflichtungen erfüllen. Damit verstärkt sich stets auch das Selbstwertgefühl.

Dem stehen - so *Pollak* (1985, 587 f., 605 f.) - vier Nachteile gegenüber: 1. die Gefahr, daß sich partielle Konflikte zu umfassenden auswachsen; 2. die Tolerierung ineffizienten Handelns (zur Vermeidung interner Spannungen); 3. eine potentielle Diskrepanz zwischen vorhandenen und benötigten Fähigkeiten und 4. die Größenbeschränkung, die verhindert, daß "economies of scale" genutzt werden können. Ich meine, daß mit diesen Perspektiven der Transaktionskostenansatz weder neue Erkenntnisse noch wegweisende Theorieversionen liefert.

Theoretisch interessanter sind m. E. in diesem Kontext die Arbeiten von *Yoram Ben-Porath*, die gleichfalls zwar auf die Analyse von Transaktionskosten zielen, dennoch stärker handlungstheoretisch ausgerichtet sind. Die grundlegende Aussage lautet hier: Die Identität der Personen, die sich in einer Transaktion engagieren, ist eine Hauptdeterminante der institutionellen Ausprägung der Transaktion (*Ben-Porath* 1980).

So sei anzunehmen, daß in einer Welt unvollständiger Information und hoher Transaktionskosten Beziehungen zwischen "wechselseitig identifizierten" Partnern, zwischen Personen, die erwarten, für längere Zeit miteinander verbunden zu bleiben, die Transaktionskosten senken. Sie möchten zudem effizienter sein, weil das Verhalten der Partner auf einer Selbstverstärkung impliziter Kontrakte beruht. Die traditionelle Familie sei der Inbegriff einer Spezialisierung durch Identität, die auf einer internen Nutzung produktiver Dienstleistungen sowie auf wechselseitiger Absicherung und wechselseitigem Beistand basiert[18]. Die weite Spannbreite ihrer Aktivitäten drücke die Dominanz jener Bereiche aus, für die Spezialisierung durch Identität Vorteile schafft - und das sind diejeni-

---

[18] S. zum folgenden auch *Ben-Porath* 1982, 61 ff.

gen, in denen es schwierig ist, Verträge durch externe Sanktionen zu schützen, und wo externe Risiken und statische Technologie eine Rolle spielen. So können z. B. Investitionen in Ressourcen, die in bezug auf eine Beziehung zwischen identifizierbaren Partnern spezifisch sind, Transaktionskosten sparen und Austauschprozesse stimulieren. Wenn solche Investitionen zu einer Konzentration von Austauschakten zwischen jeweils denselben Partnern führen, vollziehe sich - analog zur Spezialisierung durch unpersönliche Dimensionen der (Markt-)Transaktion - eine "Spezialisierung durch Identität". Die **Familie sei aber "Schauplatz" für Transaktionen**, in denen **Identität dominiert**.

Die Vorteile im Transaktionssektor, die durch Familie erzielt werden, könnten die allokativen Vorteile und die Ertragszuwächse, die mit Marktspezialisierung verbunden sind, allerdings nur in engeren Aktivitätsfeldern überbieten. So richte die Familie ihre produktiven Leistungen und ihre Spezialisierungsmodi vor allem auf affektive Beziehungen und verbundenen Konsum aus. Letzteres induziere wahrscheinlich starke positive wechselseitige Identifikation: durch ähnliche Konsummuster oder größere Gleichheit der Einkommensaufteilung innerhalb der Familie.

Die Bedeutung des Humanvermögens in der modernen Welt, die begrenzte Fähigkeit von Finanzmärkten, seine Finanzierung zu fördern, Benachteiligung der Familie bei der direkten Produktion und Nutzung von Humanvermögen, all dies verschiebe den Nachdruck in der Eltern-Kind-Beziehung auf die Finanzierung der "Investition in Kinder" durch Eltern. Damit ergeben sich komplizierte Zusammenhänge zwischen sozialer und ökonomischer Entwicklung (*Ben-Porath* 1980, 12 ff.), insbesondere bezüglich der Verknüpfung von Einkommenstransfers und Einkommenssicherung sowie von Entscheidungen über die Wahl des individuellen Portefeuilles (die Art der Vermögenshaltung) und des Nachlasses in den Beziehungen zwischen Eltern und Kindern. *Ben-Porath* möchte die institutionelle Struktur als ein allgemeines Gleichgewichtsfeld von Assoziationen verstehen, deren Verhalten mikrotheoretisch sinnvoll fundiert ist. Hier will er an der Annahme des Eigeninteresses festhalten. Sie könne die Tendenz von Menschen erklären, sich in kleinen Gruppen zusammenzufügen, um gewisse Funktionen wahrzunehmen und sowohl die Spannweite dieser Funktionen und die Komposition solcher Gruppen auf relevante externe Ursachen zu beziehen.

Ben-Porath schlußfolgert, es gäbe manche Schwierigkeiten bezüglich der Anwendungen ökonomischen Denkens auf die Familie. Die Abgrenzung der individuellen Entscheidung von der Gruppenentscheidung werde problematisch bei Konflikten über Werte und die Verteilung von Einkommen und Macht. Auch das Maximierungskalkül sei fragwürdig. Gleichwohl gäbe es bis heute keine definitive Alternative mit ähnlich weitreichenden Auswirkungen auf die Entwicklung von theoretischer und empirischer Forschung. Hier müsse einfach weitergearbeitet werden. Dazu werde ein allgemeiner Bezugsrahmen benötigt, der ökonomische und soziale Entwicklungslinien in einer neuartigen Fundierung einer institutionellen Theorie miteinander verknüpft (*Ben-Porath* 1980, 23 f.). Ohne Zweifel - so meinen wir - hat dieser Autor wichtige Beiträge dazu bereits geleistet.

4. Der vermögenstheoretische Ansatz: Familie als institutionelle Konstante im historischen Prozeßablauf

Im Abschnitt 1 dieses Beitrages war davon die Rede, daß nicht nur in Nebenlinien der ökonomischen Tradition "Familie" definitiv als Grundeinheit wirtschaftlichen und gesellschaftlichen Handelns angesehen wurde. Die Ökonomik der Familie akzeptiert gleichfalls die in zahlreichen Versionen in den Sozialwissenschaften anzutreffende Formel von der "animalischen Präformation" von Familie: Familie und Ehe sind "universelle Institutionen der menschlichen Gesellschaft" (s. z. B. *König* 1969, 9 ff. oder: *Boulding* 1981a, 212ff.). Sie mag zudem darauf hinweisen, seit *Adam Smith* werde die Widerstandskraft und Überlebensfähigkeit von Familie als Verwandtschaftssystem auch in Krisenzeiten vor allem mit der These begründet, sie sei eine Institution, die für alle an ihr Beteiligten wechselseitige Vorteile schafft.[19]

Basis für die Möglichkeit wechselseitig vorteilhaften Handelns ist der Aufbau konkreten Handlungsvermögens. Eindrucksvoll zeigt *Joan Robinson* in den einführenden Passagen ihres Hauptwerks "Accumulation of Capital", daß die Familie (in der Tierwelt und der Welt der bäuerlichen Gesellschaft) jene gesellschaftliche Institution ist, die grundlegende Anreize für "capital construction, finding materials and building a nest" schafft. Familie ist damit in ökonomischer Perspektive jene Handlungseinheit, in der Vermögen aller Art ursprünglich akkumuliert wird, in der über seine Verwendung entschieden und in der es letztlich auch erhalten wird.

Hier wird eine zentrale Eigenschaft der Institution Familie umschrieben: Human- und Produktivvermögen sind in ihr stets zueinander komplementär: Es gilt: "Work without property can produce nothing, and property without work is soon consumed. The rules of the game are largely concerned with the manner in which work and property are combined in production (processes which take time to complete) and with the rights that they give to shares in procceds".[20] Die Vielfalt der Kombinationsmöglichkeiten von Vermögen und Nutzungsrechten begründet unterschiedliche Handlungsmuster und bewirkt Unterschiede im Wohlfahrtsniveau. Familie schafft im Prozeß ihrer Entstehung Handlungsspielräume und Sicherheitspotentiale für alle ihre Mitglieder. Eine ihrer wesentlichen Funktionen ist die Reduktion von Ungewißheit.

Das Denken in dieser vermögenstheoretischen Perspektive reicht weit in die Geschichte der Wirtschafts- und Sozialwissenschaften zurück. Sie gruppiert sich um die These, daß für menschliches Handeln die Fähigkeit, Wohlstand zu schaffen, gewichtiger sei als der Wohlstand selbst. Ihre Formulierung, etwa bei *Friedrich List*[21], lautet im Original, "die Kraft, Reichtümer zu schaffen", sei "unendlich wichtiger als der Reichtum selbst". Institutionelle Tatbestände ("gesellschaftliche Ordnung", welche die Tätig-

---

[19] Zur Bedeutung dieser institutionellen Idee für den Systemansatz bei *Adam Smith* s. *Krüsselberg* 1984a, 185 ff., zudem *Anderson* 1971, 136 ff., 163 ff.

[20] *Robinson* 1958, 3 ff. In m. E. gleichartig strukturierter Form spricht *Boulding* davon, eine Version einer evolutorischen Interpretation der Geschichte habe die Interaktion zwischen "Things, Organizations, and People" zugrunde zu legen (*Boulding* 1981a, 211 ff.).

[21] S. *List* 1959, 41, 125, 146, 152, 166, 269. S. "Zur Entwicklung der vermögenstheoretischen Basishypothesen" *Krüsselberg* 1984b, 1-4.

keit der Individuen "befruchtet") seien die eigentlichen "Ursachen" wohlstandsbegründenden Handelns und weniger "die Naturkräfte" ("deren Benutzung ihnen zu Gebote stehen"). U. a. verweist *List* auf die Rolle der Familie bezüglich der Vorsorge für die Zukunft, ihre Bemühungen, "die Zukunft der ... Angehörigen sicherzustellen und ihr Glück zu befördern", sowie die Anstrengungen "der Eltern", durch die Erziehung der künftigen Generation "geistiges Kapital" zu bilden. Statt Tauschwertanhäufung erfolge Produktivkraftvermehrung. Ohne das "vereinigte Streben der gleichzeitig lebenden Individuen und der aufeinander folgenden Generationen" könne keine Gesellschaft gedeihen. Familien sind jene Grundeinheiten, die über "förmliche Verbindungen" untereinander "Korporationen" aufbauen. Damit werde gewährleistet, daß neue Produktivkräfte entstehen und Produktivkraft erhalten bleibt.

Produktive Aktiva aller Art nennt die ökonomische Terminologie "Vermögen". Die vermögenstheoretische Perspektive verknüpft "Dinge" und Personen durch Institutionen. Sie will trotz der unleugbaren Tatsache, daß die "Spielregeln", auf die sich eine Gesellschaft einigt, die Handlungsabläufe steuern, die gleichberechtigte Existenz einer "Sachordnung" in Rechnung stellen - als "property", als Teilelement eines Handelns für die Zukunft.

Die vermögenstheoretische Basishypothese muß also lauten: Die Wohlfahrt einer Gesellschaft ist eine Funktion ihrer totalen Vermögensstruktur sowie ihrer Gesetze und Institutionen. Zwischen Makro- und Mikroperspektive stehen die Phänomene der **Sozialstruktur** (als Ausdruck für die Distributionsmuster in modernen Gesellschaften) sowie der **Vermögensstruktur** (als Ausdruck für das wirtschaftliche Handlungspotential). Geht man davon aus, daß Voraussetzung für die Existenz von Gütern und Diensten der Aufbau und die dauerhafte Existenz von produktiven Ressourcen ist, dann setzt jede wirtschaftliche Analyse an am: a) Bestand an erwerbsfähiger Bevölkerung, d. h. an Humanvermögen, und b) Bestand an angesammeltem ("akkumuliertem") Produktivvermögen. Damit sind der Aufbau **und** die Bewahrung von Vermögen die eigentlichen wohlfahrtsbestimmenden Kräfte.

Wie schon *John R. Commons*[22] ganz deutlich herausarbeitete, steht "Vermögen" als theoretischer Begriff für zwei Inhalte: Einmal geht es um physische Objekte, zum anderen um den Tauschwert eben dieser Objekte. Als Begriff der Sozialtheorie umfaßt Vermögen damit nach *Commons* zwei Komponenten: a) die "faculties" als Handlungspotentiale sowie b) die "opportunities" als Anwendungspotentiale. Das Entscheidende ist nunmehr, daß sich im Vermögenskonzept dessen Komponenten "faculties" und "opportunities" durch die Kategorien "Handlung" oder "Transaktion" miteinander verknüpfen. Über den individuellen Willen als "Focus der Persönlichkeit", über konkrete persönliche Einsatzentscheidungen für "faculties" wird - so argumentiert *Commons* zu Recht - Vermögen erst wertmäßig begründet - und zwar als Wert in der Zukunft: In diesem Sinne ist Vermögen "unsichtbar und behavioristisch": Sein Wert ist erwartungsbedingt. Exakt das ist zu bedenken, wenn es heißt, Aktiva seien die Erwartungswerte für die Ergebnisse von Austauschprozessen. Aktiva sind aber breit gestreute Handlungspotentiale, nach *Commons* z. B. "one's reputation, one's horse, house or land, one's ability to work, one's

---

[22] S. sehr ausführlich *Commons* 1968, dort z. B. S. 16 ff., 155-165.

goodwill, patent right, good credit, stocks, bonds or bank deposits". Sie alle sind "faculties", die "an active volitional acquisition of income" erwarten lassen. "Vermögen" ist folglich handlungstheoretisch gesehen die Beziehung, die eine Person zwischen ihren persönlichen (physischen, mentalen und administrativen) Fähigkeiten und ihrer wirtschaftlichen und sozialen Umwelt zu begründen vermag und damit eine Kategorie, die zwischen sehr unterschiedlichen Lebensbereichen vermittelt.

Die ideale Darstellungsform der Verknüpfung von Rechten und Pflichten, von Sachen und Menschen, die darüber verfügen können, ist die der Bilanz. Alle Versuche, "Lebenslagen" (*Gerhard Weisser*) oder "Vitalsituationen" (*Alexander Rüstow*) abzubilden, sind letztlich gehalten, Aktiva und Passiva einander gegenüberzustellen, um "Netto-Werte" als Wohlfahrtsniveaus zu ermitteln (s. *Krüsselberg* 1977, 243, 251 ff., 257 ff.). Dynamik enthüllt sich in der Veränderung von Bilanzpositionen (als Sequenz von Änderungen im Bestand der Aktiva). In einer Welt ständigen Wandels müssen spezifische Kombinationen immer wieder aufgelöst und neu begründet werden. Ob dabei die Bestandserhaltung von Vermögen gewährleistet ist, bleibt fraglich. Ungewißheit der Zukunft reflektiert sich in der Gegenwart im ungewissen Wert der Aktiva sowie in den Schutzmaßnahmen gegen Ungewißheit, die sich in der Auswahl der Aktiva für das eigene Portefeuille äußern. Angesichts der Ungewißheit der Zukunft als zentralem Phänomen wirtschaftlicher Existenz stellt sich dann für jeden wirtschaftlichen Akteur die Schlüsselfrage nach der Bestandserhaltung des Handlungspotentials, das sich in der Struktur der verfügbaren Aktiva ausdrückt.

Exakt dies ist die Perspektive der wirtschafts- und sozialhistorischen Forschung, wenn sie den Strukturwandel der Familie im industriellen Modernisierungsprozeß von der Idee her angeht, in der vorindustriellen Phase unserer Gesellschaft sei das Dasein weniger vom Individuum als von der Familie her zu erschließen. "Familie" war aber an das Haus gebunden, und dem Haus einschließlich seiner "Wirtschaft" sei alles persönliche Leben ein- und untergeordnet worden. Durch das Haus wurde die Geschlechterfolge bedingt. Dem Haus hatten Hausherr, Hausfrau, Kinder und das zugehörige Gesinde zu dienen. Das Leben stand unter der "Sachdominanz des Erbes". Die Form der unteilbaren und geschlossenen Weitergabe eben dieses (zentral auf Grundbesitz bezogenen) Erbes in der Geschlechterfolge erschien als wesentliche Voraussetzung für die Überlebensfähigkeit bestimmter Gruppen von Gesellschaft und damit der sich um sie konstituierenden Lebensgemeinschaften (s. etwa *Conze* 1979, 10 ff.).

Daß diese Verhaltensmuster sich ganz massiv von denjenigen der Familien unterscheiden, deren grundlegendes Handlungspotential in der Gesamtheit der familialen Arbeitskraft, im familialen Gesamthumanvermögen gründet,[23] zeigt, wie gut dieser Ansatz geeignet ist, die Entwicklung einer empirisch fundierten Ökonomik der Familie voranzutreiben (ohne gezwungen zu sein, Theoriestücke der Chicago-Schule aufzunehmen).

---

[23] S. beispielhaft *Medick* 1976, insb. S. 265 ff.; zur "ausschlaggebenden Bedeutung sachlicher Kriterien bei der Partnerwahl" im 19. Jahrhundert, insb. des Vermögens, *Borscheid* 1983, etwa S. 121 ff.; oder auch die sehr interessanten Beiträge von *Heinz Reif* in: *Kocka, Ditt, Mooser, Reif* und *Schüren* 1980, dort S. 17 ff. und S. 67 ff.

Die empirische Betonung der Vermögenskomponente öffnet unmittelbar den Zugang zur Ebene der Politik. Es ist kein Zufall, daß die vermögenstheoretische Perspektive zunächst unter dem Aspekt eines Theoriedefizits in der Lehre von der Sozialpolitik angesprochen worden ist. Schließlich hat sich Sozialpolitik entfaltet als ein politisches Handlungsfeld gegen - wie *Alexander Rüstow* formulierte - "strukturelle Negativitäten", als Politik einer grundlegenden Verbesserung unmenschlicher und menschenunwürdiger Lebenslagen, als Politik, die die Vitalsituation eines jeden Einzelnen im Sinne eines menschenwürdigen Daseins sichern wollte.

Mit der intendierten "Auflösung des Hauses als ständischer Herrschaftseinheit"[24] in Preußen im Gefolge der französischen und preußischen Gesetzgebung zwischen 1793 und 1848 zeigte sich, wie sehr "die wirtschaftlichen Hindernisse der Modernisierung ... in der sozialökonomischen Verfassung beschlossen (lagen), die durch keine Gesetzgebung unmittelbar zu beeinflussen war". Der Preis für die politisch beabsichtigte Freisetzung der einzelnen Personen zu möglichst selbständigen, unabhängigen und mit Menschenrechten versehenen Gliedern der Gesellschaft war "die Entfremdung von Haus und Gewerbe, von Haus und Fabrik, von Gutshof und landwirtschaftlichem Betrieb". Das "Haus" als Lebensraum für eine ständisch gegliederte Wirtschafts- und Lebensgemeinschaft ("Weib und Kind, Knecht und Magd. Vieh und Futter"), als Oikos einer unabhängigen Produktions- und Konsumgemeinschaft, verlor seinen Charakter als dominante Einheit des Rechts. "Familie" wird juristisch zur "häuslichen Gesellschaft"; sie wandelt sich zur Vertragsfigur: in rigoroser Individualisierung wird Familie "letztlich auf die Rechte ihrer einzelnen Mitglieder hin konstruiert".

Gleichwohl zeigte sich, daß Handlungsrechte und -pflichten zu regeln waren: die Vermögensrechte der Frau und ihre Verfügungsgewalt, das Recht der Kinder auf Schulbildung sowie Individualrechte auf Schutz bei Krankheitsfällen oder persönlichem Unglück. Viele dieser Handlungsnormierungen blieben solange dem "Haus" verhaftet, bis andere gesellschaftliche Regelungen in der Lage waren, sie dort abzulösen. Schließlich resultiert das Kernproblem personeller Verteilung, d. h. individueller Lebenslagen, aus dem Gesamtzusammenhang zwischen Einkommen, sozialem und ökonomischem Status und dem Lebenszyklus (*Krüsselberg* 1976, 17 ff., 24 f.; *Krüsselberg* 1977). Das Bindeglied zwischen allen Aspekten der Verteilung ist die Verteilung des Vermögens in seiner gesellschaftlichen Mannigfaltigkeit (als Human-, Gebrauchs-, Sach-, Geld- und Sozialvermögen) auf die Besitzer oder Gruppen von Besitzern.

Wenn es richtig ist - mit *Commons* - zu argumentieren, Transaktionen seien auf die Zukunft gerichtete Beziehungen zwischen zwei oder mehr Personen, deshalb enthüllten sich die Gestaltungsabsichten der Zukunft in Verhaltensregeln für Transaktionen, dann werden durch Verhaltensregeln für Transaktionen die Regeln bestimmt für den Umgang mit Aktiva. Angesichts dessen, daß in der Summe der Aktiva stets auch das Handlungspotential von Gesamtgesellschaften begründet ist, ist zu erwarten, daß die genannten Varianten von Vermögen zu zentralen Ansatzpunkten für Prozesse der Institutionalisierung werden. Angesichts der geschichtlichen Erfahrungen aller Gesellschaften, daß mit

---

[24] Das ist der Titel einer Studie von *Reinhart Koselleck*, in: *Bulst, Goy* und *Hoock* 1981, 109 ff., auch *Koselleck* 1981, 52 ff., speziell S. 62 ff.

ihren und ihrer Mitglieder Entscheidungen über volkswirtschaftlich bedeutende Bestandsgrößen wie Human- und Produktivvermögen ihre langfristige Wohlfahrtsposition determiniert wird, daß jede dieser Entscheidungen in der Zukunft Werte begründet, sie erhält oder untergehen läßt, wird "Vermögen" zu einer Angelegenheit von "öffentlichem Interesse". Damit wird letztlich Familie zu einem zentralen Bestandteil der wirtschaftlichen und politischen Verfassung.

5. Schlußbemerkung

Im "spätklassischen Formalismus" - wie *Ludwig M. Lachmann* treffend jene Epoche der Walras-Paretianischen Gleichgewichtsökonomik nannte, in der eine gesamtwirtschaftlich ausgerichtete Entscheidungslogik dominierte, die weder den Faktor der historischen Zeit noch die Existenz von Institutionen als theorie-relevante Phänomene ansah - fiel Familie als Erklärungsobjekt ökonomischen Denkens aus. Wie oben erörtert wurde, bleibt die Variante der Ökonomik der Familie, die sich in der Tradition der Chicago-Schule entfaltete, in ihrer mikroökonomisch-individualistisch angelegten Entscheidungslogik und in ihrer deduktiven Theorieentwicklung jener neoklassischen Perspektive verhaftet. Gleichwohl gibt es theoretische Alternativen. Hier scheint mir vor allem jene Linie der Diskussion wichtig zu sein, die die Probleme der Debatte um eine theoretische Grundlegung einer modernen Konzeption der Sozialpolitik aufgreift, wie sie durch *Gerhard Mackenroth*, *Hans Achinger* und *Wilfrid Schreiber* thematisiert wurden. Eine Ökonomik der Familie kann nicht umhin, das Stichwort des Vertrags zwischen den Generationen zu behandeln; sie muß sich stets auch als Ökonomik der Politik für Familie verstehen (s. *Krüsselberg, Auge* und *Hilzenbecher*, 1986, 1-22).

Wenn damit die Frage zur Klärung ansteht, unter welchen Bedingungen soziale Arrangements vom Typ der Familie entstehen und überleben, mag es sinnvoll sein zu bedenken, ob sich die Argumente auf a) eine präkonstitutionelle Stufe von Gesellschaft oder b) die konstitutionelle Ebene bzw. c) die Diagnose postkonstiutioneller Prozeßabläufe beziehen wollen. In der "Ökonomik der Politik" will man hier säuberliche Trennungslinien ziehen. Unseres Erachtens tendiert die Transaktionskostenökonomik dazu, präkonstitutionell zu argumentieren. Die Chicago-Variante der Ökonomik der Familie dürfte eher auf Prozeßabläufe abheben, die bei gegebenem Datenkranz zu erwarten sind. Die Lücke, die damit im Analysebereich verbleibt, wäre die konstitutionelle Ebene einer Ökonomik der Familie. Ob und inwieweit die Betonung der vermögenstheoretischen Perspektive in einer Theorie menschlicher Ordnungen hier weiterführende Impulse geben kann, wird abzuwarten sein.

Es ist gleichwohl festzustellen, daß die Diskussion über Grundfragen von Konzeptionen, Begriffsbildungen und Methoden einer Ökonomik der Familie in vollem Gang ist. Nach meiner Auffassung muß sie - im Sinne *Myrdal*s - transdisziplinär geführt werden. Die Reorientierung der Wirtschaftswissenschaft zur institutionellen Forschung hin sei - so *Myrdal* - eindeutig ein solches transdisziplinäres Unterfangen. Hier dürfe die Makroperspektive nicht aus den Augen verloren werden und nicht die Politikkomponente, die darin zu sehen sei, daß sozialwissenschaftliche Forschung koordinierende Lösungen anbieten will, die in Politik übersetzt werden können. Ohne Zweifel ist all dies für die Programmatik einer Ökonomik der Familie verbindlich.

Literatur

Albert, Hans (1967), Marktwirtschaft und Entscheidungslogik, Neuwied a. Rh.-Berlin.

Albert, Hans (1978), Traktat über rationale Praxis, Tübingen.

Anderson, Michael (1971), Family Structure in Nineteenth Century Lancashire, Cambridge.

Auge, Michael (1984), Humanvermögen, Sozialisation und Familienlastenausgleich, Spardorf.

Becker, Gary S. (1964), Human Capital, New York-London.

Becker, Gary S. (1974), On the Relevance of the New Economics of the Family, in: The American Economic Review, LXIV, Nr. 2.

Becker, Gary S. (1981a), A Treatise on the Family, Cambridge, Mass.

Becker, Gary S. (1981b), A Treatise on the Family, Cambridge/Mass., London.

Ben-Porath, Yoram (1980), The F-Connection - Families, Friends and Firms and the Organization of Exchange, in: Population and Development Review, 6, Nr. 1.

Ben-Porath, Yoram (1982), Economics and the Family - Match or Mismatch? A Review of Becker's A Treatise on the Family, in: Journal of Economic Literature, XX.

Borscheid, Peter (1983), Geld und Liebe: Zu den Auswirkungen des Romantischen auf die Partnerwahl im 19. Jahrhundert, in: *Peter Borscheid* und *Hans J. Teuteberg* (Hrsg.), Ehe, Liebe, Tod, Münster.

Boulding, Kenneth E. (1981a), Ecodynamics, 2. Aufl., Beverly Hills-London (1978).

Boulding, Kenneth E. (1981b), Evolutionary Economics, Beverly Hills-London.

Bulst, Neithard, Joseph Goy und *Jochen Hoock* (Hrsg.) (1981), Familie zwischen Tradition und Moderne, Göttingen.

Coase, Ronald (1937), The Nature of the Firm, in: Economica, 4.

Commons, John R. (1968), Legal Foundations of Capitalism, Madison-London (1924).

Conze, Werner (1979), Der Strukturwandel der Familie im industriellen Modernisierungsprozeß - historische Begründung einer aktuellen Frage, Dortmund.

Hayek, Friedrich A. von (1973), Law, Legislation and Liberty, Bd. 1, London.

Hayek, Friedrich A. von (1976), Law, Legislation and Liberty, Bd. 2, London.

Hayek, Friedrich A. von (1983), Sitte, Ordnung und Nahrung. Über die Ethik des Eigentums und die Entwicklung der Kulturen, Frankfurter Allgemeine Zeitung, 30. Juli.

Hirshleifer, Jack (1985), The Expanding Domain of Economics, in: The American Economic Review, LXXV, Nr. 6.

Kocka, Jürgen, Karl Ditt, Josef Mooser, Heinz Reif und *Reinhard Schüren* (1980), Familie und soziale Plazierung, Opladen.

König, René (1969), Die Familie der Gegenwart, München.

Koselleck, Reinhart (1981), Preußen zwischen Reform und Revolution, 3. Aufl., Stuttgart (1967).

Krüsselberg, Hans-Günter (1965), Organisationstheorie, Theorie der Unternehmung und Oligopol, Berlin.

Krüsselberg, Hans-Günter (1976), Aspekte der Einkommensverteilung: Theorie und Politik, in: *Dieter Cassel* und *H. Jörg Thieme* (Hrsg.), Einkommensverteilung im Systemvergleich, Stuttgart.

Krüsselberg, Hans-Günter (1977), Die vermögenstheoretische Dimension in der Theorie der Sozialpolitik, in: *Christian von Ferber* und *Franz-Xaver Kaufmann* (Hrsg.), Soziologie und Sozialpolitik, Opladen.

Krüsselberg, Hans-Günter (1984a), Wohlfahrt und Institutionen: Betrachtungen zur Systemkonzeption im Werk von Adam Smith, in: *Franz-Xaver Kaufmann* und *Hans-Günter Krüsselberg* (Hrsg.), Markt, Staat und Solidarität bei Adam Smith, Frankfurt/New York.

Krüsselberg, Hans-Günter (Hrsg.) (1984b), Vermögen im Systemvergleich, Stuttgart.

Krüsselberg, Hans-Günter (1986), Transaktionskostenanalyse der Unternehmung und Markttheorie, in: *Helmut Leipold* und *Alfred Schüller* (Hrsg.), Zur Interdependenz von Unternehmens- und Wirtschaftsordnung, Stuttgart-New York.

Krüsselberg, Hans-Günter, Michael Auge und *Manfred Hilzenbecher* (1986), Verhaltenshypothesen und Familienzeitbudgets - Die Ansatzpunkte der "Neuen Haushaltsökonomik" für Familienpolitik, Stuttgart.

List, Friedrich (1959), Das Nationale System der politischen Ökonomie, Basel (1841).

Medick, Hans (1976), Zur strukturellen Funktion von Haushalt und Familie im Übergang von der traditionellen Agrargesellschaft zum individuellen Kapitalismus: die protoindustrielle Familienwirtschaft, in: *Werner Conze* (Hrsg.), Sozialgeschichte der Familie in der Neuzeit Europas, Stuttgart.

Myrdal, Gunnar (1973), Against the Stream. Critical Essays on Economics, New York.

Pollak, Robert A. (1985), A Transaction Cost Approach to Families and Households, in: Journal of Economic Literature, XXIII.

Robinson, Joan (1958), Accumulation of Capital, London.

Schilp, Marie-Lore (1984), Ökonomik der Familie, Krefeld.

Schneider, Dieter (1985), Allgemeine Betriebswirtschaftslehre, München-Wien.

Schüller, Alfred (Hrsg.) (1983), Property Rights und ökonomische Theorie, München.

Schultz, Theodore W. (1961), Investment in Human Capital, in: The American Economic Review, LI, Nr. 1.

Schultz, Theodore W. (1971), Investment in Human Capital, The Role of Education and Research, London.

Schultz, Theodore W. (1972), Human Resources, New York.

Schultz, Theodore W. (1974), Economics of the Family, Chicago-London.

Smith, Vernon L. (1974), Economic Theory and Its Discontents, in: The American Economic Review, LXIV, Nr. 2.

Smith, Adam (1978a), Der Wohlstand der Nationen, Eine Untersuchung seiner Natur und seiner Ursachen, München (zuerst Edinburgh 1776).

Smith, Adam (1978b), Lectures on Jurisprudence, hrsg. von *R. L. Meek, D. D. Raphael* und *P. G. Stein*, Oxford.

West, E. G. (1979), Adam Smith's Economics of Politics, in: *Gerald P. O'Driscoll, Jr.* (Hrsg.), Adam Smith and Modern Political Economy, Ames, Iowa.

Williamson, Oliver E. (1986), Economic Organization, Brighton (Sussex).

Zimmermann, Klaus F. (1985), Familienökonomie, Berlin.

Familienpolitik - Aufgaben und Probleme[1]

Perspektiven des Wissenschaftlichen Beirats für Familienfragen beim Bundesministerium für Jugend, Familie und Gesundheit

Hans-Günter Krüsselberg[2]

1. Vorbemerkung: die Zielsetzung dieses Beitrags

Aufgabe dieses Beitrags soll es sein, einer ganz bestimmten Variante von Familienpolitik nachzugehen, - und zwar den Bemühungen des Wissenschaftlichen Beirats für Familienfragen beim Bundesministerium für Jugend, Familie und Gesundheit (BMJFG), für die Einführung und Durchsetzung familienpolitischer Aktivitäten vor dem Hintergrund jeweils konkreter Situationsanalysen zu werben. Nach dem Selbstverständnis dieses Beirats umfaßt "Politik" nicht nur Maßnahmen der "Steuerung", sondern stets auch die Funktion der "Aufklärung". Seines Erachtens kann sich wissenschaftliche Be-

[1] Zuerst erschienen in: *Karl Heinrich Oppenländer* und *Adolf Wagner* (Hrsg.), Ökonomische Verhaltensweisen und Wirtschaftspolitik bei schrumpfender Bevölkerung, S. 429-463, ifo Studien zur Bevölkerungsökonomie, Nr. 2, München 1985.

[2] Der Verfasser dankt der Deutschen Forschungsgemeinschaft, Bonn-Bad Godesberg, für die finanzielle Förderung des Projektes "Familienpolitik und familiale Verhaltensmuster als interdependentes System", das gegenwärtig im Institut für Sozial- und Familienpolitik des Fachbereichs Wirtschaftswissenschaften der Philipps-Universität Marburg durchgeführt wird. Da in diesem Zusammenhang auch bevölkerungspolitische Fragestellungen von Belang sind, war er gern bereit, sich, der Anregung der beiden Herausgeber dieses Bandes folgend, mit einem familienpolitischen Beitrag an ihrer DFG-Studie zu beteiligen.

ratung von Politik nicht in der Maßnahmenfindung zum Zweck der Steuerung erschöpfen; sie hat zugleich dem Ziel der Aufklärung über Tatbestände, Trends und Chancen zu einer gestaltenden Einflußnahme zu dienen. Sie sei aufgefordert, Zeichen zu setzen und Informationen über konkrete Entwicklungen und Gestaltungsmöglichkeiten zu liefern. - Ein solches Selbstverständnis setzt voraus, verdeutlichen zu können, daß durch die Thematisierung von Basisproblemen der Familienpolitik Konturen einer in sich geschlossenen Politik-Konzeption sichtbar zu machen sind, weil sie Familienpolitik dem Anspruch unterwirft, sich an den Herausforderungen messen zu lassen, die im historischen Prozeß jeweils spezifisch an Familien herangetragen werden.

Absicht der folgenden Ausführungen ist es also, unter exakt diesem Aspekt die Themen und Politikempfehlungen aufzulisten, mit denen der Wissenschaftliche Beirat für Familienfragen beim BMJFG in der Zeit von 1970 bis zur Gegenwart zu familienpolitischen Einzelfragen Stellung genommen hat. Zu beachten ist dabei insbesondere die Art des Umgangs mit jener familienpolitischen Komponente, die im Zusammenhang dieses Bandes besonders interessiert, die Aufmerksamkeit, die der generativen Funktion der Familie zuteil wird. Es wird sich zeigen, daß der Beirat (seit 1970) ihre Bedeutung nie übersehen hat. Es dürfte ferner deutlich werden, daß der Beirat stets der Ansicht war, Fertilitätsverhalten ergebe sich als Resultante sehr komplexer Wirkungsmuster. Sein Bemühen ging deshalb dahin, empirisch abgrenzbare Felder dieses Musters auszumachen und deren Elemente zu bestimmen. Seine Vorgehensweise zielte immer wieder auch auf die Entdeckung von Konfliktbereichen und Belastungskumulationen, auf die Beschreibung von Rabmenbedingungen, die dazu beitragen mochten, daß junge Ehepaare ihre Kinderwünsche nicht glaubten verwirklichen zu können. Mir scheint, daß in einer Bestandsaufnahme ökonomischer Verhaltensweisen und der Wirtschaftspolitik bei schrumpfender Bevölkerung die Perspektiven zumindest zur Kenntnis genommen werden sollten, die der Beiratsarbeit bislang deutliche Konturen verliehen haben. Ich bin darüber hinaus der Meinung, daß der Arbeitsstil dieses Forschergremiums speziell bezüglich des wissenschaftlichen Umgangs mit komplexen Phänomenen beispielhaft ist. Das bedeutet, daß m. E. nur über diesen Weg der (geduldigen) "Schritt für Schritt"-Analyse Ergebnisse zu erwarten sind, die einer Familienpolitik, die sich nicht vor ihrer bevölkerungspolitischen Komponente verschließt, von Nutzen sein können.

2. Familie als gesellschaftliche Institution

Familie und Ehe sind universelle Institutionen der menschlichen Gesellschaft. In zunehmendem Maße wird in den Sozialwissenschaften darauf hingewiesen, daß Familie und Ehe in der Spezies Mensch "vorgebildet" waren. Müßig sei es daher, nach ihrem etwaigen Ursprung zu fragen. Ehe und Familie wurden nicht etwa durch einen Gesetzgeber eingeführt oder erfunden. Sie sind Resultat einer (fast unbewußten) Befolgung von Regeln der Gewohnheit, des Brauchs und der Sitte. Die Familie als Institution zählt zu den dauerhaften Strukturen, die als Ergebnis eines Prozesses selektiver Evolution anzusehen sind, sich durch ständige Adaption ihrer internen Konstellationen an Veränderungen der Umwelt erhalten und damit umweltgeprägt sind. Familie als sich selbst erhaltende komplexe Struktur in diesem evolutorischen Sinne zu sehen, impliziert die Verwendung einer umfassenden gesellschaftlichen Perspektive: Das Mikrosystem Familie ist eingebettet in Umwelt-Systeme, die über Nachbarschaft, Gemeinde, über Verwandtschafts- und Rechtssystem, über Normen und Wertmuster familiales Verhalten und dessen Handlungsspielraum bestimmen.

Unter Familie versteht man heute meist jene biologisch-soziale Gruppe, deren Mitglieder in einem gemeinsamen Haushalt zusammenleben, wobei das Elternpaar mit den unselbständigen Kindern den Kern der Familie bildet. Grundsätzlich ist "Familie" jedoch nicht an ein Haushaltssystem mit zwei Generationen gebunden. Das Bedeutungsfeld der Familie bezieht sich zwar auf Lebens- und Wirtschaftsgemeinschaften infolge von Eheschließung und ehelicher Zeugung, es schließt jedoch grundsätzlich weitere Verwandtschaftsbeziehungen nicht aus. Insbesondere werden Kommunikations-, Pflege- und Versorgungsleistungen für die ältere Generation (Großeltern) nicht aus dem Handlungsfeld von Familien auszugrenzen sein. Geschlechts- und Verwandtschaftsverhältnis stellen die Konstanten dar, die (bislang) die Variationsbreite in der Gestaltung der Institutionen Ehe und Familie begrenzen.[3]

Familienpolitik gilt als eine spezielle Variante allgemeiner Sozialpolitik und des Rechts. Sie erfolgt einmal unter Hinweis auf die Belastungen, die durch sozialen Wandel, insbesondere unter den Bedingungen dynamischer Wirtschaftssysteme, auf Handlungseinheiten wie die Familie entfallen. Ursprünglich mit Maßnahmen zum Schutz von Findel- und Waisenkindern sowie von Kindern beiderseits erwerbstätiger Eltern (Betreuungseinrichtungen) als Aktivitäten zur Existenzsicherheit bei Proletarität beginnend, setzt heute Familienpolitik an der der Familie eigenen Mittlerrolle zwischen Individuum und Gesellschaft (*K. Lüscher*; s. etwa *Lüscher* und *Böckle* 1981, 106-116) an.

Argumentiert wird zudem, daß, seitdem der Staat über sein Monopol als Gesetzgeber mittels des Ehe- und Familienrechts eine Art Kontrollfunktion über die Familie ausübt, ihm auch der Familienschutz ausdrücklich obliegen müsse. In dieser Version erscheint Familie als eine soziale Institution, der die Gestaltung der Beziehungen zwischen Eltern und Kindern obliegt, wobei diesen Beziehungen aufgrund der ehelichen Lebensgemeinschaft ein besonderer sozialer Status zuerkannt wird.

Die moderne Politikentwicklung trägt in die Familienpolitik eine spezielle Konfliktkonstellation hinein: eine immer stärker werdende Betonung von Individualrechtskomponenten impliziert eine Verstärkung des familiären Konfliktbewußtseins. Familie als Ort und Austragungsstätte von Rollen- und Generationskonflikten in einer dynamischen Industriegesellschaft (die gesellschaftliche Mobilität und Bildungsmobilität eher benötigt als eine schichtenzuweisende Funktion der Familie), - dieses Problemverständnis führt zu einer Konkurrenz zwischen dem Prinzip des Institutionenschutzes (Hilfe für die Familie) und des Individualschutzes (Hilfe z B. für Kinder, Mütter). Hier begegnet man Leitideen wie allseitige persönliche Entfaltung des Einzelnen (in der Familie von Mann und Frau, von Eltern und Kindern), tatsächliche Gleichberechtigung der Geschlechter, Ausgleich von Ungleichheiten in den Start- und Entwicklungschancen der Kinder. Sie müssen abgewogen werden gegen die Erkenntnis, daß Familie eine gesellschaftlich anerkannte Einrichtung darstellt, durch die Leistungen erbracht und Aufgaben gelöst wer-

---

[3] S. etwa Wissenschaftlicher Beirat 1984, 26 ff.; sowie: Arbeitsgruppe Familienbericht 1982, 25 ff.; ferner *Wingen* 1980, 589 ff.

den, die für das Leben und die Entwicklung der einzelnen Menschen, sozialer Gruppen
und der Gesellschaft von grundlegender Bedeutung sind. Dort geht es um (quantitative
und qualitative) Nachwuchssicherung durch Fortpflanzung sowie Pflege und Erziehung
der Kinder seitens der Eltern im Zuge des Sozialisationsprozesses (Aufbau der sozial-
kulturellen Person des Menschen), Bewältigung der Spannungen zwischen öffentlichen
und privaten Lebensbereichen und Schaffung von Freiräumen (und Schutzzonen) für
personale Entwicklungen.

Immer wieder wird gegenwärtig konstatiert, daß bei raschem wirtschaftlichen und
sozialen Wandel das Anspruchsniveau an die Qualität der Bedarfsdeckung steigt, daß
allen an der Bereitstellung von Leistungen der Daseinsvorsorge beteiligten Institutionen
neue Funktionen zuwachsen: sie müßten mehr und Besseres leisten. Ich möchte betonen, daß, soweit diese These zutrifft, sie natürlich für den Familienhaushalt von Belang
ist. Die Besonderheit familialer Aktivitäten besteht nämlich in persönlichen Dienstleistungen, die sich schwerlich wie die Produktion von marktorientierten Erzeugnissen
standardisieren lassen. Ihr Merkmal ist vor allem der konkrete individuelle Zuschnitt der
Leistungen auf die spezifischen Belange, Bedürfnisse und Nöte der Familienmitglieder.
Diese Eigenart familialer Leistungen wird im Alltagsleben häufig übersehen, weil sie
als "selbstverständlich" gilt. Erst in Zeiten, in denen Familienmitglieder aus welchen
Gründen auch immer in Umweltsystemen (wie Schule und Arbeitswelt) scheitern, wenn
Krankheiten nicht reibungslos überwunden werden u.a.m., ist diese Fähigkeit, Alltags-
ereignisse im familialen Umfeld zu bewältigen, gefordert. Sie ist die letzte Basis für
Schutz, Hilfe und Sicherung, wenn es familienexterne Systeme wie Schule, Bildungs-
system, Arbeitswelt, Krankenhaus nicht mehr vermögen, den Einzelnen in seiner individuellen Existenz zu stabilisieren.

Solche Einsichten begründen den gedanklichen Hintergrund für all jene Feststellungen, die von Familienpolitik eine Stärkung des Handlungspotentials der Familien und
einen besonderen Schutz der Familie erwarten. Eine notwendige Voraussetzung für
Familienpolitik ist deshalb ein permanentes Ausloten von Möglichkeiten und Grenzen
der familialen Leistungsfähigkeit.

Wesentliche Elemente der gesellschaftlichen Anforderungen an Familien lassen sich
ausmachen, wenn ihnen folgende Funktionen zugerechnet werden:

- ihre generative Funktion, deren Kern die Entscheidung über die Geburt von Kindern
  ausmacht,

- ihre Sozialisationsfunktion, die Leistungen der Pflege, Erziehung und Ausbildung
  von Kindern bedingt,

- ihre Plazierungsfunktion der sozialen Vermittlung von Status, d.h. der Einstellung
  des Kindes auf die Anforderungen sozialer Positionen in Familie, Schule, Beruf,
  Politik und Freizeit und der Bemühungen, ihnen bestmögliche Startchancen zu gewähren,

- ihre regenerative Funktion der Schaffung von "Rückzugsmöglichkeiten, die in Notzeiten ein Gefühl der Geborgenheit verschaffen"[4], und schließlich

- ihre Haushaltsfunktion der Bereitstellung persönlicher Versorgungsleistungen durch einen Produktionsprozeß, in dem familiale Arbeitszeit, Marktgüter und kollektive Leistungsangebote miteinander kombiniert werden[5].

3. Familienpolitik als Querschnittsaufgabe

Bereits oben wurde davon gesprochen, Familie sei eine Institution des Lebens, die sich historisch wandelt und selbst das Recht eher zur Anpassung zwingt als ihm die Möglichkeit einräumt, sie nach Zweckmäßigkeitserwägungen auszurichten. Familienpolitik heißen dann sinnvollerweise alle öffentlich anerkannten Maßnahmen und Einrichtungen zur Beeinflussung familialer Leistungen, ungeachtet dessen, ob sie in staatlicher oder nichtstaatlicher Trägerschaft stehen[6]. Damit erscheinen alle wesentlichen Komponenten von Wirtschaft und Gesellschaft als Tatbestände von familienpolitischer Bedeutung: beginnend etwa mit dem System der nicht-organisierten und organisierten Arbeit über die Wohn- und Siedlungsstrukturen, die Wertmuster der Bevölkerung bis hin zum Stand der wirtschaftlichen und kulturellen Entwicklung und den Verfassungsnormen. Ohne Zweifel ist es somit berechtigt, wenn einst eine Familienministerin (*K. Focke*) Familienpolitik als die "größte Querschnittsaufgabe" der Politik umschrieb. Gleichwohl wird der Familienpolitik in der Bundesrepublik Deutschland oft Konzeptionslosigkeit vorgeworfen, obwohl schon 1966 von *Wingen* (1966) überzeugend dargelegt wurde, wie durch die Thematisierung von Grundaussagen deutliche Konturen der jeweils praktizierten Politik herausgearbeitet werden konnten. Wenn eine Politikvariante Querschnittscharakter aufweist, droht gleichwohl die Gefahr, daß sich einschlägig geforderte Ressorts für nur marginal beteiligt und deshalb letztlich unbetroffen halten. Damit entfiele jedoch die Möglichkeit, komplexe Therapien in die politische Realität, d.h. in die konkrete Praxis politischen Handelns einzubringen.

Tatsache ist, daß Familienpolitik in dem Sinne Vitalpolitik ist, daß sie "jenseits des Ökonomischen auf die vitale Einheit des Menschen" in seiner jeweils konkreten Umwelt ausgerichtet ist. Familienpolitik als Querschnittsaufgabe macht erforderlich, daß der Besonderheit familialer Kapazitäten, Belastungen und Bedürfnisse sowohl im Entwurf einer Wirtschaftsordnung als auch einer Sozial- und einer Umweltordnung Rechnung getragen wird. Familienpolitik konstituiert sich im Spannungsfeld aller gesellschaftlichen Institutionen. Sie stellen das Gerüst dar, in dem sich eine äußerst komplexe Interdependenz zwischen Individuen und ihren Gruppen sowie der Gesellschaft verkörpert. Zu oft ist in Politikentwürfen der Gegenwart übersehen worden, daß die Institution

---

[4] S. hierzu wie generell zur Erörterung der Familienfunktionen: Sachverständigenkommission der Bundesregierung 1979, 17.

[5] S. etwa *Krüsselberg* 1975, hier S. 164. Generell dürfte es sich empfehlen, bei der Erörterung familienpolitischer Konzeptionen darüber nachzudenken, ob nicht analog der Darstellung von Prozeßelementen des Wirtschaftens für Familientätigkeiten geprüft wird, inwieweit sie Elemente eines Produktionsprozesses, eines Kooperationsprozesses, eines Prozesses der Risikentransformation und der Bestandsumschichtung sowie eines Konkurrenzprozesses aufweisen. S. zu dieser Terminologie *Grass* und *Stützel* 1984.

[6] S. *Achinger* 1971, sowie die grundlegende Arbeit von *Wingen* 1965.

des Familienhaushalts deshalb gesellschaftlich unabdingbar ist, weil sie ihren Mitgliedern mit dem hier angesammelten Alltagswissen die Fähigkeit der Integration und Koordination arbeitsteilig angebotenen Wissens erleichtert (s. etwa *Krüsselberg* 1978, 211 ff.).

Wie jede andere Institution verfügt auch die Familie über einen Bestand an überliefertem Rezeptwissen. Familie ist die erste und intimste Sphäre der Begegnung mit gedanklich verarbeiteter Welt, an der sich Individuen entfalten. Dies wurde gänzlich übersehen, als in den Wissenschaften und der Politik vom zunehmenden Funktionsverlust moderner Familien die Rede war. Meines Erachtens war diese Ansicht maßgeblich daran beteiligt, daß Familienpolitik so lange ins Defizit geraten konnte. Die Suggestion, die Erziehungs-, Wissensvermittlungs-, Ausbildungs-, Versicherungs- und Versorgungsfunktion, der Schutz der Kranken, Invaliden und Alten sei den Familien verlorengegangen oder durch andere gesellschaftliche Institutionen entzogen worden, ließ die Familie lediglich als Intimgruppe erscheinen, für die ausschließlich Fragen nach dem Binnenverhältnis der Familie, z.B. ihrer Autoritätsstruktur, der Rollenverteilung, der Partnerwahl Aufmerksamkeit beanspruchen. Erst vor dem Hintergrund der Erkenntnis, daß allein im Verbund von Familie und Gesellschaft die Daseinsvorsorge gesichert wird, daß nicht nur der Staat die Familie unterstützt, ergänzt oder ersetzt, sondern auch die Familie den Staat ersetzt, ergänzt und unterstützt (s. auch *Schweitzer* 1978, 218 ff. und S. 223 ff.), konnte sich ein umfassendes familienpolitisches Konzept konstituieren, das problemorientiert und ohne ideologische Überlastung empirischen Fragestellungen und empirischer familienpolitischer Forschung den Freiraum verschafft, der die Voraussetzungen für zeitgerechte Politikempfehlungen sichtbar zu machen erlaubt.

Es ist ein ständiges Anliegen des Wissenschaftlichen Beirats für Familienfragen, unter Bezugnahme auf die Ergebnisse seiner empirischen Studien die Mehrdimensionalität von Familienpolitik zu betonen. Familienpolitik muß in aller Regel gleichzeitig auf mehreren Ebenen ansetzen. Als erste Voraussetzung für eine erfolgreiche Familienpolitik gilt ihm deshalb die Entwicklung eines Strategiekonzepts, "welches allen Bürgern die Überzeugung vermittelt, daß ihr Staat und ihre Gesellschaft gewillt sind, familienpolitische Prioritäten zu setzen" (Wissenschaftlicher Beirat 1984, 262). Daß sich dabei die bevölkerungspolitische Komponente von Familienpolitik nicht ausblenden läßt, soll in den folgenden Partien, die unter dem Titel spezieller Beiratsgutachten stehen, im einzelnen erörtert werden.

4. Zur Reform des Familienlastenausgleichs (1971)[7]

In seinem Gutachten "Zur Reform des Familienlastenausgleichs" benannte der Beirat folgende Ziele des Familienlastenausgleichs (und mit ihnen zugleich die ihnen zugrunde liegenden Normen):

1. Verankerung des Rechts auf Sicherung des sozialkulturellen Mindestbedarfs für alle Kinder (Ziel A): hier sei zudem die laufende Anpassung an die wirtschaftliche Entwicklung (Dynamisierung) zu gewährleisten. Nur zum Teil sei jedoch mit einem Ab-

---

[7] Wissenschaftlicher Beirat (1971).

bau der auf die ökonomischen Lebensbedingungen zurückgehenden Ungleichheiten der Entwicklungschancen von Kindern ihr darüber hinausgehender Anspruch auf gleiche Entwicklungschancen (einschließlich der Chancengleichheit im Sozialisationsprozeß - Erziehung und Ausbildung) zu realisieren;

2. Anpassung der Familienhaushaltseinkommen an den durch Kinder bedingten unterschiedlichen Bedarf (Ziel B): je nach der Zahl der Kinder seien die Familien mit einem unterschiedlichen materiellen Aufwand für die Kinder belastet; - diese Last des Aufziehens der Kinder sei gleichmäßiger auf alle Haushalte zu verteilen, um die Aufgabenerfüllung der Familien zu sichern;

3. Finanzielle Anerkennung der Leistungen der Familie für die Gesellschaft, insbesondere jener, die in der Erfüllung (der Haushalts- und) der Sozialisationsfunktion liegen (Ziel C): im Vergleich zu Erwachsenen ohne Kinder übernehmen Eltern spezifische gesellschaftspolitische Funktionen; sie entlasten die Allgemeinheit von Kosten, die sonst diese selbst zu tragen hätte.

Für diese Perspektive ist es grundlegend, eine quantifizierbare Vorstellung des sozialkulturellen Mindestbedarfs für jedes Kind zu entwickeln, um hinreichend konkret sagen zu können, wie stark Familien durch Kinder finanziell **tatsächlich** belastet werden. Schließlich gibt es keine objektiv eindeutig zu bestimmenden Bedarfsgrößen. Deshalb benötigen alle Versuche, einen Normaufwand für Kinder zu ermitteln, eine Überprüfung an den tatsächlichen Ausgaben, die letztlich von den wirtschaftlichen Möglichkeiten bestimmt sind.

Gefordert wird, daß die Leistungen zugunsten von Familien mit Kindern in ihrer Kaufkraft stabil bleiben sollen (d. h. um den gleichen Prozentsatz wie die Preise steigen). Allerdings könnte die Erhöhung hinter der realen Steigerung des Sozialprodukts zurückbleiben; die Eltern vermöchten mit steigendem Wohlstand einen zunehmenden Teil der Kosten selbst zu tragen. Die Finanzierung solle über ein sich selbst tragendes Umverteilungssystem erfolgen. Unterdurchschnittlich mit Kinderkosten belastete Familien müßten auf einen Teil ihres Einkommens zugunsten der überdurchschnittlich belasteten Familien verzichten.

Zu Recht sind für diese Zielbestimmung folgende Komponenten des Familienlastenausgleichs benannt worden (*Auge* 1984, 275 ff.):

- eine kindbezogene Zielkomponente: Kinder haben einen Anspruch, ein Recht auf Förderung durch die Gesellschaft zwecks Annäherung an eine Situation möglichst gleicher Start- und Entwicklungschancen;

- eine familienbezogene Zielkomponente: auf Art. 6 Abs. 1 GG basierend soll der Familienlastenausgleich zu einer Anpassung der Einkommen der Familien an die durch die Zahl der Kinder bedingten unterschiedlichen Bedarfe beitragen. Damit soll vermieden werden, daß Familien - infolge der Existenz von Kindern - aus ihrer sozioökonomischen Schicht herausfallen;

- eine gesellschaftsbezogene Zielkomponente: mit der Pflege und Erziehung der Kinder erfüllen Familien eine gesellschaftspolitisch bedeutsame Funktion.

Neben diesen familienpolitischen Komponenten läßt sich

- eine steuerpolitische Zielkomponente herausstellen. Wenn die Anzahl der Kinder einen entscheidenden Einfluß auf die steuerliche Belastbarkeit von Familien ausübt, sollten Anzahl und Alter der Kinder bei der Bemessung der Einkommensteuer der Familie berücksichtigt werden.

Es muß angemerkt werden, daß die Anregung des Beirats von 1971 explizit

- keine bevölkerungspolitische Zielkomponente enthält.

Gleichwohl wird bereits hier der Tatbestand der unterschiedlichen materiellen Belastung von Familien durch den Aufwand für Kinder und die Entlastung der Allgemeinheit von Kosten, "die diese sonst übernehmen müßte", als für die Familienpolitik konstitutiv bezeichnet.[8] Exakt dieser Punkt findet heute zu Recht in der familienpolitischen Diskussion zunehmend Beachtung.[9]

Zudem ist anzumerken, daß im Bereich der wissenschaftlichen Beratung von Familienpolitik anerkannt war, was seit 1955 von *O. von Nell-Breuning* immer wieder mahnend als realer "Kern eines Familienlastenausgleichs" herausgestellt wurde: "Wie erreichen wir, daß diejenigen, die im Alter versorgt sein wollen, die **dafür unerläßliche Vorleistung** erbringen: entweder eigene Nachkommenschaft aufziehen oder die Mittel für die Aufzucht fremder Nachkommenschaft beistellen"? (1956). Vor dem Hintergrund dieser Frage hätte der "Familienlastenausgleich an den Anfang der Sozialreform", d.h. der Reform der Sozialordnung, gehört. Alles andere müsse als "Finessen und Subtilitäten" gesehen werden, denn "Familienlastenausgleich und Altersversorgung (bilden) eine Einheit" (1957/1971; s. hierzu jetzt *Nell-Breuning* 1979, 22, 35, 59 f.).

5. Familie und Wohnen (1975)[10]

In seinem Gutachten "Familie und Wohnen" nahm der Wissenschaftliche Beirat eine seiner Bemerkungen im Gutachten von 1971, die über die Bedeutung kollektiver Maßnahmen für aktuelle Familienpolitik und die vermutliche Notwendigkeit ihres Ausbaus, wieder auf. Zu prüfen galt es seines Erachtens im Zuge von Erwägungen über einen umfassenderen, d.h. nicht allein monetären, Familienlastenausgleich, ob Kollektivleistungen, die "immer Sachleistungen" sind, in hinreichendem Umfang angeboten werden und, soweit sie angeboten werden, von den Familien stets hinreichend genutzt werden. Schließlich könne nur für einen Teil der Einrichtungen ihre Inanspruchnahme zur Pflicht gemacht werden. Andererseits könne durch Vergünstigungen oder durch Aufklärung versucht werden, eine verstärkte Inanspruchnahme von Kollektivleistungen zu erreichen.

---

[8] Diese Akzentuierung deckt sich mit der Grundaussage einer im Jahr 1961 erschienenen Veröffentlichung von *Helga Schmucker, Hermann Schubnell, Oswald von Nell-Breuning, Willi Albers* und *Gerhard Wurzbacher* über "Die ökonomische Lage der Familie in der Bundesrepublik Deutschland". Sie erhob den Tatbestand der Schlechterstellung von Familien mit Kindern zum Ausgangspunkt für familienpolitische Empfehlungen.

[9] S. den vorangehenden Beitrag von *Otfried Hatzold*.

[10] Wissenschaftlicher Beirat (1979a).

Der Beirat zeigte an, daß er seine Arbeit seit 1972 auf die Probleme der Erfassung und Ausgestaltung der zweckgebundenen Individualleistungen und der kollektiven Leistungen zugunsten von Familien und Kindern "außerhalb des Familienlastenausgleichs" konzentriert habe. Neben den Leistungen der öffentlichen Hand zur Sicherung des sozialkulturellen Mindestbedarfs für alle Kinder, die individuell und ohne Zweckbindung gewährt werden und "oft noch" als Kernstück der Familienpolitik in der Bundesrepublik angesehen würden, verdienten nämlich jene Leistungsangebote vermehrte Beachtung, die ohne spezielles Entgelt vom Staat interessierten oder ausgewählten Bevölkerungskreisen angeboten werden. Wenngleich diese häufig nicht ausdrücklich unter familienpolitischen Gesichtspunkten gewährt würden, machten sie faktisch einen erheblichen Anteil der öffentlichen Aufwendungen für die Familie aus. Sie könnten sogar in Zukunft - im Vergleich zu den individuellen, nicht zweckgebundenen Leistungen - wachsende Bedeutung erlangen.

Ein erster Schritt auf dem Wege zur Erweiterung der familienpolitischen Perspektive um diesen Aktivitätsbereich waren Analysen, Überlegungen und Empfehlungen des Beirats zum Thema: Förderung familiengerechten Wohnens. Er meinte, daß besonders dann, wenn eine gezielte - z. B. Versäumnisse und Schwächen familiärer Sozialisation und Regeneration reduzierende - Veränderung der Wohnsituation von Familien erreicht werden soll, sowohl zweckgebundene als auch kollektive Leistungen zu erbringen sind. Ausdrücklich hebt der Beirat die Rolle hervor, die der Familie bezüglich der quantitativen Reproduktion der heimischen Bevölkerung zufällt. Dazu sei die Gesellschaft auf die Fortpflanzungsleistungen der Familien angewiesen. Es stehe aber fest, daß die Zahl der Kinder heute in wachsendem Maße von den Entscheidungen der Eltern selbst abhängt. Naheliegend sei es anzunehmen, daß sich diese Entscheidungen "in erheblichem Maße" an den Möglichkeiten orientieren, die die Eltern für das Heranwachsen der Kinder sehen. Der Beirat verweist auf die Ergebnisse einer im Bundesinstitut für Bevölkerungsforschung im Jahre 1973 durchgeführten Faktorenanalyse über die Bestimmungsgründe der seinerzeit zu beobachtenden regionalen Fruchtbarkeitsunterschiede. Danach sei zu erwarten, daß "heute in der Bundesrepublik ein vergleichsweise enger Zusammenhang zwischen Wohn- und Siedlungsweise und der Zahl der gewünschten bzw. tatsächlich geborenen Kinder besteht".

Generell wird folgendes konstatiert: Eine feste Wohnung zu haben, gehört zu den elementaren Bedürfnissen des Menschen. Die Wohnung ist der zentrale Ort des Familienlebens. Ungünstige Wohnverhältnisse behindern die individuelle Entwicklung ebenso wie die Entfaltung zwischenmenschlicher Beziehungen innerhalb der Wohngemeinschaft. Für die Kinder ist die Wohnung einerseits primäre Umwelt, andererseits der Standort, von dem aus sie sich Stück um Stück die räumliche und soziale Umwelt jenseits der Familie erschließen.

Eine familiengerechte Wohnung muß einer Vielfalt von Bedürfnissen Rechnung tragen, die sich zudem ständig im Familienzyklus wandeln. Es ist nicht belanglos, ob es sich um Familien mit Kleinkindern (0-3 Jahre), Vorschulkindern (3-6 Jahre), Schulkindern (6-12 Jahre), Jugendlichen (über 12 Jahre) handelt, um Familien mit behinderten Kindern oder anderen Pflegepersonen, die die Großelterngeneration umfassen mögen, oder um solche, die sich bewußt an Anforderungen nicht-familiärer Wohnungsnutzer

(Spielkameraden der Kinder, Nachbarn, Verwandte) orientieren. Hier werden nämlich in unterschiedlicher Kombination Faktoren der Umweltprägung der Beziehungen zwischen Erwachsenen und Kindern wirksam. Die Wohnungsgröße, die Wohnungsgestaltung, das Wohnverhalten, die Wohnumgebung, sie sind bedeutsame ökologische Einflußfaktoren im Bereich der Sozialisationsleistung der Familie.

Der Beirat meint, daß Anforderungen an eine familiengerechte Wohnung und Wohnungsumwelt im Rahmen von Modellsiedlungen konkretisiert und erprobt werden müssen. Bei der Planung solcher Projekte solle den künftigen Bewohnern ein verstärktes Mitspracherecht eingeräumt werden.

Bei der Planung neuer Wohnviertel müsse das Angebot weitgehend an die unterschiedlichen Bedürfnisse der Familien angepaßt werden, u.a. durch die Bereitstellung eines differenzierten und flexiblen Fächers an Nutzungsvarianten. Der soziale Wohnungsbau sollte vor allem auf den Bedarf von Familien mit mehreren Kindern, alten Menschen und Pflegebedürftigen abstellen. Zentrale Zielsetzung des sozialen Wohnungsbaus sei es, denjenigen Bevölkerungsschichten verbilligte Sozialwohnungen zukommen zu lassen, die sich zu den Mieten des freien Wohnungsmarktes keinen ausreichenden Wohnraum beschaffen können oder nur unter Inkaufnahme unverhältnismäßig hoher Mietbelastungen.

Die Unterversorgung von Familien mit Wohnraum ist abhängig vom Familieneinkommen, der Kinderzahl und der Ehedauer. Die Analyse der Wohnungsversorgung der Bevölkerung durch den Beirat (bezogen auf das Jahr 1969) zeigte, daß insbesondere Familien mit niedrigem Einkommen und überdurchschnittlicher Kinderzahl sowie junge Familien nicht ausreichend mit Wohnraum versorgt waren. Bei den Hauptmieterhaushalten stieg der Anteil der unterversorgten Haushalte von 6% bei einem Haushaltsnettoeinkommen je Monat von über DM 2.500 auf 58% bei einem Einkommen von unter DM 800. Bei kinderlosen Ehepaaren betrug der Anteil der nicht ausreichend mit Wohnraum versorgten Hauptmieterhaushalte 31%. Er stieg bis auf 79% in Haushalten mit vier und mehr Kindern an. Der Anteil der unterversorgten Kinder (57%) war deutlich größer als der Anteil der unterversorgten Haushalte (47%). Insgesamt lebten seinerzeit ca. 45% aller Kinder unter 18 Jahren in der Bundesrepublik in Wohnungen, die der Mindestnorm, von der der Beirat glaubte ausgehen zu müssen, nicht entsprachen. Zumindest bis 1972 hatte sich an der starken Unterversorgung der Familien mit mehreren Kindern und der Bezieher niedriger Einkommen nur wenig geändert.

Insgesamt entwickelte der Beirat für Familienfragen in diesem Gutachten ein umfangreiches Reformprogramm zur Beseitigung der Wohnungsdefizite unterversorgter Familien. Dieses Ziel sollte stärker als bisher über einen vermehrten Einsatz der an die individuelle Leistungsfähigkeit und den individuellen Wohnbedarf anknüpfenden Individualförderung erreicht werden. Im einzelnen regte der Beirat folgendes an:

-   Festsetzung von Mindeststandards für die Wohnungsversorgung der Familien und für die Gestaltung der Wohnungsumwelt.

-   Verlagerung des Schwergewichts der öffentlichen Maßnahmen vom Sozialen Wohnungsbau (Objektförderung) auf das Wohngeld (Individualförderung).

- Reform der Struktur des Wohngeldsystems mit dem Ziel, seine Höhe besser an die durch Einkommen und Kinderzahl differenzierte Leistungsfähigkeit der Familien anzupassen.

- Beseitigung des erschwerten Marktzugangs für Familien mit drei und mehr Kindern mit Hilfe eines Prämiensystems.

- Gleichstellung des Wohnbedarfs von Kindern mit demjenigen eines Erwachsenen und Anerkennung eines erhöhten Wohnbedarfs für junge Familien, bei denen noch mit der Geburt von Kindern zu rechnen ist

- Anpassung der Maßnahmen zur Eigentumsbildung an das verbesserte Wohngeldsystem.

- Verstärkung und qualitative Verbesserung der Wohnberatung.

Nachweisbare Verteilungsmängel bei der Wohnungsversorgung von Familien mit mehreren Kindern und jungen Familien deckten auf, daß es der Wohnungspolitik nicht gelungen war, Benachteiligungen dieser Bevölkerungsgruppen in ausreichender Weise zu kompensieren.

Unmißverständlich wiederholt die Dritte Familienberichtskommission im Jahr 1979 diesen Vorwurf und spricht von "Unterschätzung einer ausreichenden Wohnung", "unbefriedigender Entlastung durch das Wohngeld" und einer "familienfeindlichen Objektförderung". Ausdrücklich heißt es, neben der Möglichkeit von Familien, trotz vergrößerter Zahl in zu kleinen Wohnungen zu bleiben, ergebe sich die andere: **nicht** die Wohnung der Kinderzahl, **sondern** die Kinderzahl der Wohnung anzupassen. Grundsätzlich stehe fest, daß "von der bisher praktizierten Form des sozialen Wohnungsbaus eine starke Tendenz zur Beschränkung der Kinderzahl ausgeht" (Sachverständigenkommission der Bundesregierung 1979, 52).

6. Leistungen für die nachwachsende Generation (1979)[11]

Wie bereits in den Schlußpassagen des Abschnitts 4 hervorgehoben wurde, ist jede Gesellschaft zu ihrer Selbsterhaltung und Weiterentwicklung darauf angewiesen, daß neue Generationen in ihr heranwachsen und das Wissen über den jeweils erreichten Stand der kulturellen, wirtschaftlichen und sozialen Entwicklung übernehmen. Dieses Faktum ist ein Kernelement jeglicher Familienpolitik.

Wissenschaftliche Beratung im Bereich der Familienpolitik setzt daher die Kenntnis von hinreichenden Informationen über Ausmaß und Struktur der Leistungen voraus, die sowohl von Familien für ihre Kinder als auch von Trägern außerhalb der Familie für Familien und Kinder erbracht werden. Deshalb unternahm der Beirat den Versuch, einen möglichst vollständigen Überblick über alle Aufwendungen für die nachwachsende Generation zu erstellen.

Leistungen für die nachwachsende Generation können in folgender Weise erfaßt werden: Die **Leistungen der Familie** für Kinder und Jugendliche lassen sich unterglie-

---

[11] Wissenschaftlicher Beirat (1979b).

dem in **Geldausgaben** (oder den daraus resultierenden Sachaufwand), die die Familien im Rahmen ihrer Einkommensverwendung direkt oder indirekt für die Kinder tätigen, und in den **Zeitaufwand**, der für die Kinder und Jugendlichen in den Familien aufgebracht wird. Leistungen der außerfamilialen Träger für die nachwachsende Generation können entweder den Kindern und Jugendlichen unmittelbar (z. B. bei Heimunterbringung) oder, was im Regelfall zutrifft, den Familien im Interesse der Kinder und Jugendlichen gewährt werden. Bezüglich der Leistungen außerfamilialer Träger für die nachwachsende Generation wäre infolgedessen von Leistungen für "Kinder, Jugendliche und Familien" zu sprechen.

Die Leistungen der Familien für die nachwachsende Generation (in Form von Geldausgaben und Zeitaufwand) sind stets als Leistungen zu interpretieren, die sich auf bestimmte Einzelpersonen beziehen; sie können deshalb immer "Individualleistungen" genannt werden. Bei den Leistungen der außerfamilialen Träger sind hingegen "Individualleistungen" und "Kollektivleistungen" zu unterscheiden. Als individuelle Leistungen bezeichnete der Beirat alle diejenigen Leistungen, welche das verfügbare Einkommen des Familienhaushaltes mit und ohne Zweckbindung erhöhen (Transferzahlungen, Steuererleichterungen). Neben Individualleistungen gewähren die außerfamilialen Träger auch "Kollektivleistungen" in dem Sinne, daß nicht auf bestimmte Einzelpersonen bezogene Leistungsarten bereitgestellt werden (z.B. Kindergartenplätze, Krankenbetten, Beratungskapazitäten). Diese können von einem wechselnden Personenkreis in Anspruch genommen werden, ohne daß die Abgabe der Leistungen ausschließlich nach dem Kriterium der "pretialen Lenkung" - d. h. gemäß einer Steuerung allein über Marktpreise - erfolgt. Damit wird allerdings eine finanzielle Beteiligung derjenigen, die das Leistungsangebot in Anspruch nehmen, nicht grundsätzlich ausgeschlossen (z. B. Elternbeiträge bei Inanspruchnahme von Kindergartenplätzen).

Neben möglichst genauen Informationen über Umfang und Struktur der Leistungen für die nachwachsende Generation benötigt die Familienpolitik Kenntnisse darüber, wer die von den einzelnen Trägern erbrachten Leistungen finanziert. Bei der Ermittlung der Leistungen der Familien müssen z. B. neben den Einkommen empfangene Transferzahlungen in Rechnung gestellt werden. Bei den außerfamilialen Trägern sollte bekannt sein, welche finanziellen Verflechtungen zwischen öffentlichen und privaten Trägern (Wohlfahrtsverbände) bei der Gewährung von Leistungen für die nachwachsende Generation bestehen.

Im Mittelpunkt des Gutachtens "Leistungen für die nachwachsende Generation in der Bundesrepublik Deutschland" steht nun eine vom Wissenschaftlichen Beirat getätigte empirische Untersuchung, die einen Überblick über weitgehend **alle** Leistungen zugunsten der nachwachsenden Generation intendiert. Diese Bestandsaufnahme ist nach Trägern und innerhalb der Träger nach bestimmten Leistungsarten gegliedert. Zunächst werden die Aufwendungen ermittelt, die innerhalb der Familien selbst erbracht werden. Dabei wird nicht nur der Geldaufwand im engeren Sinne, sondern auch der Zeitaufwand der Eltern zugunsten der Kinder erfaßt. Anschließend werden die Leistungen der wichtigsten außerfamilialen Träger dargestellt. Dies geschieht einerseits dadurch, daß die Leistungen in monetären Größen ausgedrückt werden. Andererseits werden sie unter

Zuhilfenahme nicht-monetärer Kriterien (Anzahl der Einrichtungen, der verfügbaren Plätze oder Betten und der Beschäftigten) erhoben.

Diese Untersuchung kommt zu folgenden Ergebnissen:

1. Der Gesamtaufwand für die 17,5 Mill. Kinder betrug 1974 etwa 320 Mrd. DM.

2. Die Familie hat für den Lebensunterhalt ihrer 17,5 Mill. Kinder 111 Mrd. DM in bar ausgegeben, von denen ihr in der Form direkter Transferzahlungen 37 Mrd. erstattet wurden. Damit ergibt sich eine Nettobelastung der Familien in Höhe von 74 Mrd. DM.

3. Mit diesen verbleibenden 74 Mrd. DM haben die Familien 17,5 Mill. Kinder aus ihren Einkommen unterhalten. Die bare Nettobelastung der Familie für ein Kind liegt danach bei DM 4.229,-- im Jahr oder bei DM 352,-- im Monat. Familien mit 2 bis 3 Kindern sind gegenüber kinderlosen Haushalten über Jahre hinweg erheblich belastet, weil sie für die Gesellschaft das Aufziehen und die Sozialisation der Kinder übernehmen.

4. Die Öffentliche Hand und die Wohlfahrtsverbände tragen zu dem Lebensunterhalt der Kinder mit 84 Mrd. DM bei. Neben den direkten Transferleistungen in Höhe von 37 Mrd. DM sind es kostenlos oder zu verbilligten Preisen bereitgestellte kollektive Leistungen der Öffentlichen Hand und der Wohlfahrtsverbände mit zusammen 47 Mrd. DM.

5. Von der Familie werden den Kindern vor allem die Sorgeleistungen für das Aufziehen und die Sozialisation der Kinder als Hilfen gewährt. Bei vorsichtiger Schätzung ist hierfür der mit Geld bewertete Zeitaufwand mit 162 Mrd. DM anzusetzen.

6. Im ganzen beteiligte sich somit die Familie an dem Aufwand für die nachwachsende Generation mit rd. 236 Mrd. DM und die Gesellschaft mit 84 Mrd. DM. Von den insgesmt 320 Mrd. DM entfielen auf die Leistungen der Familie allein rd. 74%.

7. Dieser Gesamtaufwand von 320 Mrd. DM bedeutet, daß für jedes Kind in der Bundesrepublik Deutschland im Jahre 1974 als bare Ausgabe DM 18.286,-- aufgewendet wurden. Beschränkt man sich auf den finanziellen Aufwand ohne den bewerteten Zeitaufwand, so wurden DM 9.029,-- je Kind im Jahre 1974 aufgewendet.

8. Rechnet man im Durchschnitt mit 18 Sorgejahren für den heranwachsenden Menschen, so ergibt sich ein Gesamtaufwand (mit bewertetem Zeitaufwand) auf der Basis der Angaben von 1974 von DM 329.148,-- je Kind.

Ausdrücklich betont der Beirat in diesem Gutachten, Familienpolitik sei nach bisher herrschender offizieller Auffassung in der Bundesrepublik nicht Bevölkerungspolitik. Familienpolitik gehe nicht von der Zielsetzung einer Beeinflussung der Geburtenzahl aus. Andererseits sei die Familie unbestritten nach wie vor der wichtigste Träger der Reproduktion der Bevölkerung. Ändere sich ihr Reproduktionsverhalten, dann ändere sich auch die Struktur der Familie, das Volumen der von ihr wahrgenommenen Aufgaben, der Zyklus des Familienlebens. Bekannt sei der Tatbestand des Geburtenrückgangs in der Bundesrepublik, der im Vergleich zu anderen europäischen Staaten besonders ausgeprägt ist. Dieser Geburtenrückgang deute **auf eine neue Qualität des Problems**

gesellschaftlicher Reproduktion hin: Während bisher das Problem gesellschaftlicher Reproduktion im wesentlichen als ein **qualitatives** Problem gesehen worden sei - als Frage nach den Erziehungs-, Bildungs- und Sozialisationsbedingungen der nachwachsenden Generation -, käme neuerdings das **quantitative** hinzu - als Frage nach den Bedingungen, unter denen Eheleute bereit sind, sich für eine bestimmte Zahl von Kindern zu entscheiden.

Die Aufwendungen der Öffentlichen Hand, der Wohlfahrtsverbände und der Familien für die nachwachsende Generation 1974 in Mrd. DM

Leistungs- art / Leistungs- träger	Monetäre Aufwendungen						Bewerteter Zeit- aufwand		Gesamt- auf- wendungen	
	individuell		kollektiv		insgesamt					
	Mrd.DM	%	Mrd.DM	%	Mrd.DM	%	Mrd.DM	%	Mrd.DM	%
Private Haushalte	74	67	-	-	74	47	162	100	236	74
Öffentliche Hand	37	33	40	85	77	49	-	-	77	24
Wohlfahrts- verbände	-	-	5	11	5	3	-	-	5	2
Unerfaßte Posten a)	-	-	2	4	2	1	-	-	2	0
Insgesamt	111	100	47	100	158	100	162	100	320	100

a) Einschließlich von etwa 2 Mrd. DM Zuwendungen der Öffentlichen Hand an Dritte, die als Träger nicht gesondert erfaßt wurden.

In weit höherem Maße als zuvor müsse damit gerechnet werden, daß den Eltern die Vor- und Nachteile von Kindern (und ihrer Zahl) für das eigene Leben bewußt werden und in ihrer Entscheidung Berücksichtigung finden. Solches erfolge vermutlich unter Orientierung an sowohl materiellen als immateriellen Gesichtspunkten, beinhalte stets aber eine Einschätzung der gegenwärtigen Lage und den Versuch einer Antizipation zukünftiger Ereignisse. Diese Einschätzungen dürften sich sowohl auf die Veränderungen beziehen, die für das Paar selbst durch die Ankunft eines (weiteren) Kindes entstehen, als auch auf zukünftige Bedingungen, unter denen das Kind zu leben hat, bzw. unter denen die Eltern versuchen müssen, für das Wohl ihrer Kinder zu sorgen.

Die Entwicklung in Richtung auf "bewußte Elternschaft" werde in der Bundesrepublik weitgehend befürwortet. Sie gilt zum einen als ein Fortschritt menschlicher Freiheit für Mann und Frau und erscheint zum anderen als ein Vorteil für die Kinder, denen die Eltern auf Grund ihrer freien Entscheidung zur Gründung einer Familie besondere - die Leistungen für die nachwachsende Generation prägende - Verantwortung entgegenbringen mögen.

Diese Entscheidungsfreiheit der Eltern könne - so meint der Beirat - jedoch weder Politiker noch Wissenschaftler von der Prüfung der Frage entbinden, ob die gesellschaftliche Reproduktion in demographischer, wirtschaftlicher, pädagogischer und kultureller Hinsicht wünschenswert und wie sie gesichert ist.

Bisher gebe es in der Bundesrepublik keinerlei Anhaltspunkte dafür, daß der **Familienlastenausgleich in seiner gegebenen Form** Entscheidungen zugunsten einer höheren Kinderzahl zur Folge habe. Es sei jedoch anzunehmen, daß die hohe finanzielle Belastung der Familie durch Kinder sowie die etwaige Aufgabe der Erwerbstätigkeit eines Ehepartners als wesentliche Komponente im Motivationsbündel der Eltern, die Geburtenzahl zu beschränken, anzusehen sind. Allerdings sei offen, inwieweit es gelingen könne, allein durch ökonomische Maßnahmen die Geburtenrate positiv zu beeinflussen. Der Beirat wolle mit seinem Gutachten vornehmlich die einschlägige Größenordnung der Belastungen ermitteln. Er könne nicht damit einverstanden sein, daß über das Volumen der definitiven Aufwendungen von Eltern und Öffentlichkeit für Kinder Unkenntnis herrsche. Aussagen vom Typ: Die Aufwendungen der Eltern für den Unterhalt und die Erziehung der Kinder sind in ihrer Gesamtheit nicht exakt zu erfassen, passen einfach nicht in eine Welt, die auch für Familienpolitik Rationalität in Anspruch nehmen möchte. Sein Material mache deutlich. in welchem Umfang das Aufbringen der nachwachsenden Generation eine Last darstellt, die von der Familie getragen wird. Trotz staatlicher Aktivität bewirke die finanzielle Beanspruchung der Gesamtheit der Bevölkerung **nur in einem sehr beschränkten Maße** eine Lastenumverteilung zugunsten derer, die durch ihre Kinder die Voraussetzungen dafür schaffen, daß die nicht im Produktionsleben stehenden Bevölkerungsgruppen weiterhin mit Gütern und Dienstleistungen versorgt werden können.

Bemerkenswert sind - so sollte zusätzlich festgehalten werden - die Tabellenergebnisse über die "Wohlstandsschichtung der Kinder nach Einkommensstufen"[12], denen zu entnehmen ist, daß mit steigendem Haushaltseinkommen und der damit ermöglichten Erhöung des Anspruchsniveaus die Aufwendungen für den Unterhalt der Kinder zunehmen. Damit stellt sich die für die Familienpolitik ungemein wichtige Frage, inwieweit die schichtenspezifische Versorgung von Kindern in eine Normversorgung transformiert werden kann und soll, d. h. welches in der Empirie ermittelte Versorgungsniveau als "angemessen" und damit als politische Zielgröße herausgehoben werden soll.

Es wird jedenfalls in diesen Zahlen sichtbar, daß die "Qualität" der Aufgabenerfüllung in den Familien und z. T. auch im öffentlichen Bereich sehr unterschiedlich sein kann. Diese Tatsache ist nicht ohne Belang für die Beantwortung der Frage nach einer zweckmäßigen Arbeitsteilung zwischen Familien und öffentlicher Hand als jeweiligen Sozialisationsträgern. Einerseits könnte man vor dem Ziel einer angemessenen Versorgung der nachwachsenden Generation Familien mit einem hohen "Qualitätsstandard" der Versorgung von Kindern einfach einen hohen Handlungsspielraum zugestehen. An-

---

[12] Wissenschaftlicher Beirat 1979b, 39 ff-; s. insbesondere die bahnbrechenden Studien von *H. Schmucker* aus den Jahren 1954 bis 1979, die auch die einschlägigen Abschnitte des Gutachtens verfaßt hat; jetzt in: *Schmucker* 1980, Erster Teil: Das generative Verhalten und die ökonomische Lage der Familie mit Kindern, vor allem etwa S. 3 ff. und S. 115 ff.

dererseits mag Politik versucht sein, bezüglich der Sozialisation der nachwachsenden Generation in all jenen Fällen, in denen die familiale Versorgung unter einem als "angemessen" zu bezeichnenden Standard liegt, außerfamilalen Trägern ein höheres Volumen an Aufgabenwahrnehmung zuzugestehen. Entscheidungsprobleme schwerwiegendster Art resultieren dann jedoch aus der Tatsache, daß es zunächst "die Familie" mit einer bestimmten Sozialisationskapazität nicht gibt, daß es - abgesehen von relativ extremen Fällen - kaum eine Chance gibt, konkret auszuloten, wo außerfamiliale Träger die Familientätigkeit ergänzende oder ersetzende Aktivitäten zu übernehmen hätten. Das Feld für Familienpolitik - so glaubt der Beirat hierzu feststellen zu müssen - sei wissenschaftlich weniger erschlossen und in der Praxis weniger scharf konturiert, als vom Anspruchsniveau einer rationalen Familienpolitik her gefordert werden müßte.

Die vielleicht aktuellste, aber auch zugleich brisanteste Frage, die sich im Zusammenhang dieses Gutachtens stellt, zielt auf die Klärung des Verhältnisses zwischen Familien- und Bevölkerungspolitik. Aus einer Reihe von naheliegenden Gründen habe - so heißt es - die Politik diese Frage bisher in der Bundesrepublik nicht aufgegriffen. Sicher sei, daß hier das Spektrum der konsensusfähigen Lösungen eng begrenzt ist. Gleichwohl könne dieser Frage wegen der konkreten Bevölkerungsentwicklung nicht ausgewichen werden. "Damit erhält die Familienpolitik wegen der möglichen Auswirkungen ihrer Maßnahmen auf die Geburtenentwicklung eine neue Dimension"!

7. Familien mit Kleinkindern (1980)[13]

Im Gutachten "Familien mit Kleinkindern" stellte sich der Beirat die Aufgabe, spezifische Belastungen von Familien mit Kindern in den ersten Lebensjahren zu ermitteln. Er beabsichtigte zudem, eine Bestandsaufnahme bestehender öffentlicher Aktivitäten zugunsten von Familien mit Kleinkindern zu vollziehen und Empfehlungen bezüglich der Bereitstellung von Hilfen für solche Familien zu entwickeln. Ein Anlaß für diese Erörterung war die kontroverse politische und wissenschaftliche Diskussion, die 1974 im Zusammenhang mit der Einrichtung eines aus Bundesmitteln geförderten Modellprogramms "Tagesmütter" eingesetzt hatte. Diese Diskussion bot einen Anhaltspunkt zu prüfen, ob und in welchem Umfang Pflege-, Betreuungs- und Erziehungsleistungen für die nachwachsende Generation von der Familie in außerhäusliche Institutionen verlagert werden könnten. Generell tauchte damit die Frage nach einem Rationalitätskonzept für Familienpolitik auf, mit dessen Hilfe beurteilt werden kann, inwieweit familienersetzende Hilfen ohne Benachteiligungen für die Kinder möglich sind und ob generell der Umfang familienunterstützender und familienergänzender Hilfen zu erweitern sei.

Voraussetzung für eine solche Analyse mußte es daher sein zu ermitteln, welche gesellschaftlichen Prozesse gegenwärtig die Erziehung und Entwicklung von Kleinkindern, insbesondere von Kindern in den ersten drei Lebensjahren, nachhaltig bestimmen und in bestimmter Hinsicht nachweislich beeinträchtigen. Es galt somit, nach den Rahmenbedingungen frühkindlicher Entwicklung und Erziehung zu fragen, um jene Rahmenbedingungen feststellen zu können, die die Familien in die Lage versetzen, erforderliche personenbezogene Dienstleistungen für die nachwachsende Generation selb-

---

[13] Wissenschaftlicher Beirat (1980).

ständig zu erbringen. Dabei ging der Beirat von der Erkenntnis aus, kleine Kinder benötigten eine auf ihre individuelle Eigenart ausgerichtete Betreuung. Erst wenn das Kind sich seiner wichtigsten Beziehungspartner sicher sei, werde es sich selbst aktiv und auswählend mit seiner sozialen Umgebung vertraut machen können. Von diesem Kernfeld aus, das auch einer räumlichen Ordnung bedarf, erschließt sich das Kind seine nähere und weitere soziale Umwelt. So wie Eltern wissen müssen, daß ihr Verhalten das Kind beeinflußt, bestimme die Umwelt wiederum in starkem Maße das gesamte Verhalten der Eltern und wirke unmittelbar fördernd oder behindernd auf das Kind ein. Zentrale Aufgabe sei es nun, die im näheren und weiteren Lebensbereich der Familie wirksamen Kräfte aufzudecken, die die Fähigkeiten und Persönlichkeitsstrukturen eines Kindes zusammen mit den Erziehungsbemühungen der Eltern formen.

Hier fallen folgende Aussagen an:

Entwicklung und Erziehung der Kinder sind gefährdet bei

- zeitlichen und motivationalen Defiziten in den Zuwendungen der intensiven Beziehungspartner der Kinder an diese selbst;

- Nichtbeachtung der individuellen Neigungen und spezifischen Entwicklungsprobleme der Kinder;

- Belastungen der Eltern oder Alleinerziehenden durch materielle Probleme einschließlich der Wohnungsversorgung und Umweltfaktoren;

- Benachteiligung der Mutter durch traditionelle Aufgabenteilungen mit der Folge, daß ihr alle Verantwortung und alle Aufgaben der Erziehung angelastet werden;

- fehlenden Betreuungseinrichtungen auf Zeit;

- Nichtkoordinierbarkeit beruflicher und familialer Zeitplanungen und Verpflichtungen;

- Zweifel an den Möglichkeiten, gegebene Lebensverhältnisse aufrecht zu erhalten infolge beruflicher Unsicherheit oder Undurchschaubarkeit rechtlicher Regelungen etwaiger Leistungssysteme;

- Isolierung von Eltern und Familien gegenüber ihrer Umwelt;

- Diskriminierung von Eltern und Kindern durch Gruppen, die Kinder ablehnen;

- Schwierigkeiten beim unmittelbaren Zugang zu Beratungsinstitutionen und Fachleuten in Notlagen;

- mangelnder Unterstützung von Eltern und alleinerziehenden Müttern und Vätern über eine positive Wertschätzung von Kindern und der Aufgabe, sie zu erziehen.

Der Beirat stellt fest, die früheste Kindheit sei heute nicht nur von den Nöten der Eltern gezeichnet, dem Versorgungs- und Erziehungsanspruch des Kleinkindes gerecht zu werden und damit - insbesondere bei den Müttern - auf berufliche Karriere und Einkommen verzichten zu müssen. Sie sei zudem von den Erfahrungen der jungen Eltern geprägt, die bei der Wohnungssuche als Eltern mit Kindern Benachteiligungen erfahren, beruflich zurückgesetzt werden und Schwierigkeiten registrieren, für die Heranwachsenden einen befriedigenden Platz im Leben zu finden. Er äußert die Befürchtung, daß unter diesen Voraussetzungen Eltern kaum das Gefühl entwickeln könnten, unsere Gesellschaft begrüße, daß junge Paare Kinder haben, und belohne die Leistung der Familie für die nachwachsende Generation.

Bewußte Elternschaft, die offensichtlich gegenwärtig stark praktiziert werde, tendiere dann zu einer Entscheidung für ein Kind oder höchstens zwei. Eltern möchten in ihrer Versorgungs- und Erziehungsleistung nicht alleingelassen und gesellschaftlich durch eklatante Benachteiligungen bestraft werden. Niemand würde für die Arbeitsleistung der Familie von der Gesellschaft belohnt, für die 1974 immerhin (allein für die Leistungen an Kinder bis zu drei Jahren) rund 35 Mrd. DM aufzubringen gewesen wären, wenn bezahlte Kräfte diese Aufgabe der Versorgung übernommen hätten.

Der Beirat hebt hervor, Belastungen ergäben sich auf verschiedenen Ebenen des Familienlebens, in verschiedenen Stadien des Familienzyklus sowie in besonderen Problemlagen in sehr unterschiedlichem Maße. Aufgabe von Familienpolitik müsse es daher sein, Belastungskumulationen auszumachen, um familienpolitische Maßnahmen in phasenspezifischer und adressatenspezifischer Sicht zu treffen. Er untersucht die Bedeutung ausgewählter Belastungsfaktoren wie außerhäusliche Erwerbstätigkeit beider Eltern, Fehlen eines Elternteils, Kinderreichtum, Status ausländischer Arbeitnehmer und verlangt ein differenziertes System familienpolitischer Entlastungen für diese übermäßig benachteiligten Gruppen. Seine Vorschläge zur Verbesserung der Lebensbedingungen von Familien mit Kleinkindern erstrecken sich auf Maßnahmen zur Verbesserung der Einkommenssituation, zur Verbesserung der Wohnsituation, zur zeitlichen Entlastung von Eltern und zur Verbesserung der Betreuungssituation für Kleinkinder sowie zur Verbesserung der Erziehungskompetenz der Eltern.

Ausdrücklich bezieht der Beirat in den Zielkatalog für Familienpolitik Anforderungen an Binnenstruktur und Außenbeziehungen der Familie ein, "die mit Wandlungen der Familie sowie der Rolle der Frau und des Kindes in demokratischen Industriegesellschaften zusammenhängen". Dazu zählen die Durchsetzung der Gleichberechtigung von Mann und Frau in Familie und Gesellschaft, die Ausbildung partnerschaftlicher Beziehungen zwischen Mann und Frau, die Achtung des Kindes als eines Trägers eigener Grundrechte, die Berücksichtigung der jeweils altersgemäßen Bedürfnisse und Fähigkeiten des Kindes, familiengerechte äußere Lebensbedingungen im Bereich der Einkommen, Wohnwelt und Wohnumwelt sowie der sozialen Dienste und Bildungshilfen, gemeinsame freie Zeit für familiales Zusammenleben sowie gesetzlicher Schutz und öffentliche Wertschätzung der Familie.

8. Familie und Arbeitswelt (1984)[14]

In seinem derzeit letzten der Öffentlichkeit vorgelegten Gutachten "Familie und Arbeitswelt" fährt der Beirat diese Erwägungen fort. Er betont die Bedeutung der Verknüpfung des Familienlebens mit anderen Lebens- und Politikbereichen. Familienpolitik müsse zudem neben der Bewältigung aktueller Problemlagen stärker als bisher in mittel- und langfristigen Perspektiven denken. Ansatzpunkt für diese Diskussion ist

---

[14] Wissenschaftlicher Beirat (1984).

seine Überzeugung, daß die Verhaltensnormen gegenwärtig dahingehen, auf eine Vereinbarkeit von Familientätigkeit und Erwerbstätigkeit zu dringen sowie ein Recht von Müttern und Vätern auf Wahlfreiheit zwischen Familientätigkeit und Erwerbstätigkeit zu fundieren. Schließlich sei für den arbeitenden Menschen die starke Wechselbeziehung zwischen Arbeitswelt und Lebenssphäre nicht vom Raum seiner Familie zu trennen. Ein politisches Interesse, solchen für Familien brennenden Fragen näherzutreten, sei gleichwohl bislang kaum zu entdecken. Deshalb sei es notwendig, Anstöße zu geben in Richtung auf Zielsetzungen für Familienpolitik, die intendieren, mehr Gemeinsamkeit zwischen Männern und Frauen, partnerschaftlichere Arbeitsteilung innerhalb und außerhalb der Familie, mehr Rollenflexibilität, stärkere Selbstbestimmung über Familien- und Erwerbsorientierung im Lebens- und Familienzyklus zu erreichen.

Wie bereits in früheren Gutachten erfolgt zunächst eine breite Berichterstattung über konkrete Tatbestände heutigen Familienlebens. Erneut geht es um die Analyse von Lebenslagen angesichts Belastungen, die kumulieren können und deshalb politischer Gestaltung bedürfen. Als potentielle "Spannungsfelder" interessieren solche Konstellationen, in denen etwa aufgrund von Einkommens- und Kommunikationsdefiziten, übernormalen zeitlichen Belastungen, unterwertiger Beschäftigung und Defiziten im Bereich der sozialen Sicherung die Wahlfreiheit zwischen Erwerbstätigkeit und Familientätigkeit und die Vereinbarkeit von beiden erheblich beeinträchtigt ist. Ausdrücklich nimmt sich der Beirat zudem der Wertproblematik an, die sich insbesondere in der unterschiedlichen gesellschaftlichen Einschätzung der Bedeutung von Erwerbstätigkeit und Familientätigkeit äußert. Beide Bereiche werden - so kritisiert er - nicht mehr als gleichermaßen bedeutsam für das individuelle, familiale und gesellschaftliche Leben wahrgenommen. Beide Bereiche seien zudem so weit auseinandergerückt, daß der Sinnzusammenhang zwischen ihnen kaum noch sichtbar werde. Folge sei dann oft das Erlebnis vermeintlich sinnlosen Tuns oder das der Überforderung.

Die Bedeutung von Familie und Beruf, bezogen auf den Lebenszyklus und Familienzyklus des Einzelnen, habe sich offenbar verschoben. Zwar sind nach wie vor bestimmte Zeitmarken erkennbar, die vom Einzelnen nur begrenzt beeinflußbar sind wie Pflichtschulzeit, Zeitspannen zwischen Ausbildungsabschluß und Berufsantritt, zeitliche Anforderungen als Voraussetzungen für den Rentenanspruch. Gleichwohl könne gegenwärtig die Koordination der Lebensbereiche Beruf und Familie und ihre langfristige Planung immer weniger einem einheitlichen gesellschaftlich normierten Muster entsprechen. Zu erkunden ist deshalb, welche Perspektiven für Frauen und Mütter, Männer und Väter sowie für Jugendliche hinsichtlich der Vereinbarkeit des Erwerbs- und des Familienlebens in lebenszyklischer Sicht auszumachen sind. Wie schon oft zuvor leistet auch hier der Beirat Pionierarbeit in Sachen wissenschaftlicher Fundierung von Familienpolitik. Ähnliche Bestandsaufnahmen waren bislang unbekannt.

In diesem Gutachten nimmt der Beirat zudem die Fragestellung wieder auf, inwieweit Familienpolitik günstiger Rahmenbedingungen bedarf. Er betont, daß innerhalb dieser Rahmenbedingungen der Arbeitsplatz und der Arbeitsort eine wichtige Rolle übernehmen. Die Bedeutung des Arbeitsplatzes für die Familienpolitik resultiere daraus, daß sich widrige Arbeitsbedingungen negativ auf die Sozialisationsleistungen der Familie auswirken könnten. Die Bedeutung des Arbeitsortes für die Familienpolitik äußere sich darin, daß die aus den Wegstrecken zwischen Wohnung und Arbeitsplatz erwachsende Belastung im Zeitbudget der Familienmitglieder oft beachtliche Ausmaße annimmt. Daher müsse die Einordnung der Arbeitsstätten und Wohnungen in das Siedlungsgefüge erörtert werden. Hier komme es vor allem auf die an, die als Erwerbstätige Leistungen für ihre Kinder zu erbringen haben: insgesamt rund ein Drittel aller außerhalb der Land- und Forstwirtschaft erwerbstätigen Frauen und Männer. Generell gilt, daß die Ausstattung eines Wohnstandortes mit Einrichtungen zur Kinderbetreuung und die Öffnungszeiten dieser Institutionen nicht nur Maßnahmen zur Erleichterung der Vereinbarkeit von Erwerbstätigkeit und Familientätigkeit darstellen. Zu beachten bleibt auch, daß sich mit diesen Angeboten zudem Erziehungs- und Bildungsansprüche verknüpfen, die jenen Kindern zugute kommen sollen, deren Eltern daheim oder außerhalb Familientätigkeit bzw. Erwerbstätigkeit leisten. Mit solchen Erwägungen wird belegt, wie breit und differenziert diskutiert werden muß, wenn das Ziel einer familienorientierten Arbeitswelt ernsthaft angestrebt werden soll.

Vereinbarkeit von Familientätigkeit und Erwerbstätigkeit sowie Wahlfreiheit zwischen Familientätigkeit und Erwerbstätigkeit erscheinen dem Beirat als unverzichtbare familienpolitische Postulate. Er geht davon aus, daß das traditionell vornehmlich von Frauen erfahrene Spannungsverhältnis von Familientätigkeit und Erwerbstätgkeit inzwischen vermehrt auch von Männern wahrgenommen wird. Selbstbestimmte Problemlösungen, die jungen Paaren, die sich Kinder wünschen, möglich zu sein scheinen, stehen - wie der empirische Aufriß zeigt - häufig in Konflikt zu objektiven Rahmenbedingungen in der Arbeitswelt und im System der sozialen Sicherung.

Maßnahmen zur Entspannung des Verhältnisses von Familientätigkeit und Erwerbstätigkeit müssen - so zeigt sich - daher auf verschiedenen Ebenen ansetzen: bei der Familie selbst, in der Arbeitswelt, im Gebiet der räumlichen Infrastruktur und im Bereich der Politik sozialer Sicherung. Sie müssen problemgruppenorientiert sein, individuellen Bedürfnissen entsprechen können und Vereinbarkeit zwischen den Organisationsmustern in Familien, Haushalten und Unternehmen bewirken. Größere Flexibilität im Entscheidungsbereich von Frauen und Männern zielt auf partnerschaftliche Lösungen in der Teilhabe von Familientätigkeit und Erwerbstätigkeit. Sie könne jedoch nur dann erreicht werden, wenn konkrete Umorientierungen im System der organisierten Arbeit und im System der sozialen Sicherung erfolgen. Damit beweist sich, daß Familienpolitik nicht als alleinige Aufgabe staatlicher Instanzen angesehen werden kann. Familienpolitische Verantwortung ruht auf allen Institutionen, die - wie z. B. die Tarifvertragsparteien und die Unternehmen - durch ihre Handlungen und etwaigen Unterlassungen die Lebenslage von Familien beeinflussen. Hier ist nicht lediglich die Personaleinsatzpolitik, die Ausgestaltung der Arbeitsbedingungen, die Lohn- und Ausbildungspolitik sowie die betriebliche Sozialpolitik gefordert. Gegenwärtig scheint vor allem jener Bereich als reformbedürftig, der individualisierte flexible Arbeitszeitregelungen be- und verhindert. Neuartige flexible Arbeitszeitmuster sind von der Praxis gefordert, will sie Familieninteressen nicht völlig außer acht lassen.

Als problematisch erscheint zudem, daß der Tatbestand sozialer Sicherung eindeutig mit der Institution des Tarifvertrages als Grundlage von Erwerbstätigkeit verknüpft ist. Daraus resultieren Probleme der sozialen Sicherung insbesondere der nicht mehr erwerbstätigen Frauen. Wenn ein Ehepartner nicht oder nicht mehr erwerbstätig ist, statt dessen Familientätigkeit ausübt, ist nicht allein das Familiengeldeinkommen betroffen, sondern zugleich das Volumen der Ansprüche auf Leistungen im System sozialer Sicherung. Zum Teil und unter bestimmten Bedingungen erfährt der nicht mehr Erwerbstätige eine erhebliche Verschlechterung des Grades seiner sozialen Sicherung, die in gewissen Fällen sogar als diskriminatorisch gegenüber vergleichbaren, jedoch erwerbstätigen Personen zu bezeichnen ist. Gleichwohl ist der Beirat zuversichtlich bezüglich der Einschätzung der Möglichkeiten, langfristig entscheidende Änderungen zu erreichen. Maßnahmen etwa im Bereich der Neuregelung der sozialen Sicherung für Familienhausfrauen, der Qualifikation und Freistellung von Männern für Haushalts- und Familienführung, der flexibleren Ausgestaltung von Arbeitsverhältnissen, der familiengerechteren Planung von Wohnumwelten und des Verkehrsnetzes sind Beispiele für den übergreifenden Charakter von Familienpolitik.

Familienpolitik ist und bleibt eine Aufgabe mit Querschnittscharakter. Vielleicht ist dies der Grund dafür, daß der Beirat immer wieder eindeutige Defizite in diesem Politiksektor auszumachen hat. Für ihn gilt auch 1984, daß der Familienpolitik in der Bundesrepublik Deutschland nach wie vor ein erheblicher Nachholbedarf anzulasten ist. Wenn Familienpolitik das Handlungspotential der Familien in ihren gesellschaftlichen Umwelten stärken und durch die Schaffung günstiger Rahmenbedingungen dem besonderen Schutz der Familien dienen will, muß sie sich in wesentlichen Teilen als gesellschaftliche Strukturpolitik verstehen. Ein weiteres Auseinanderdriften der Regeln und Muster von Familien- und Arbeitswelt müßte jedoch, so empfindet der Beirat, die Konfliktsituationen junger Eltern - maßgeblich bezüglich ihrer Entscheidungen für (weitere) Kinder - vergrößern.

9. Schlußbemerkung

Dieser Beitrag ist das Resultat der Überzeugung des Verfassers, daß der Wissenschaftliche Beirat für Familienfragen beim Bundesministerium für Jugend, Familie und Gesundheit wichtige Einsichten in die komplexen Zusammenhänge zwischen familialen Lebenslagen, dem Politikumfeld der Familienhaushalte und dem Geburtenverhalten zu vermitteln weiß, obwohl er sich bislang nicht schwerpunktmäßig bevölkerungspolitisch geäußert hat. Die Stärke seiner wissenschaftlichen Position dürfte dabei insbesondere darin begründet sein, daß sie der Mehr-Dimensionalität gesellschaftlicher Existenz Rechnung zu tragen sucht und deshalb zudem ständig den Querschnittscharakter relevanter Politik betont. Vielleicht ist diese Stärke der wissenschaftlichen Position zugleich der Grund für die Schwäche adäquater Politik. Sollte den Politikern unserer Zeit das Gespür abhanden gekommen sein, Politikmuster bedürften der Integration (was visionäre Kraft, kreativen Zweifel und viel gedankliche Anstrengung verlangt), sollten sie nicht in der Lage sein, viele Einzelelemente einem Kontext zuzuordnen, der gesellschaftliche Perspektiven erschließt, wird Familienpolitik in ihrer Randzone verbleiben. Gleichwohl bleibt es richtig, daß damit über "Zukunft" entschieden wird.

Literatur

Achinger, Hans (1971), Sozialpolitik als Gesellschaftspolitik, Hamburg 1958; 2. Aufl., Frankfurt/M.

Arbeitsgruppe Familienbericht (1982), Familienpolitik in der Schweiz, Schlußbericht zuhanden des Vorstehers des Eidgenössischen Departements des Innern, Bern.

Auge, Michael (1984), Humanvermögen, Sozialisation und Familienlastenausgleich, Spardorf.

Grass, Rolf-Dieter und *Wolfgang Stützel* (1984), Volkswirtschaftslehre, München.

Krüsselberg, Hans-Günter (1975), Der Beitrag der kollektiven Leistungen zum Versorgungsniveau der privaten Haushalte, in: Hauswirtschaft und Wissenschaft, 23, S. 157-165.

Krüsselberg, Hans-Günter (1978), Bildung und Ausbildung. Der Familienhaushalt im Spannungsfeld gesellschaftlicher Institutionen, in: Hauswirtschaft und Wissenschaft, 26.

Lüscher, Kurt und *Franz Böckle* (1981), Familie, in: Christlicher Glaube in moderner Gesellschaft, Teilband 7, Freiburg - Basel - Wien.

Nell-Breuning, Oswald von (1979), Soziale Sicherheit?, Freiburg i.Br.

Sachverständigenkommission der Bundesregierung (1979), Bericht "Die Lage der Familien in der Bundesrepublik Deutschland - Dritter Familienbericht", Bonn.

Schmucker, Helga (1980), Studien zur empirischen Haushalts- und Verbrauchsforschung, Berlin.

Schweitzer, Rosemarie von (1978), Der Funktionswandel des Familienhaushalts im Zuge veränderter kollektiver Leistungen für die Versorgung, in: Hauswirtschaft und Wissenschaft, 28.

Wingen, Max (1965), Familienpolitik, 2. Aufl., Tübingen.

Wingen, Max (1966), Familienpolitik - Konzession oder Konzeption?, Köln.

Wingen, Max (1980), Familienpolitik, in: Handwörterbuch der Wirtschaftswissenschaften, 2. Bd., Stuttgart.

Wissenschaftlicher Beirat (1971), Gutachten "Reform des Familienlastenausgleichs", Bonn.

Wissenschaftlicher Beirat (1979a), Gutachten "Familie und Wohnen", Stuttgart - Berlin - Köln - Mainz 1975, 3. Aufl.

Wissenschaftlicher Beirat (1979b), Gutachten "Leistungen für die nachwachsende Generation", Stuttgart - Berlin - Köln - Mainz.

Wissenschaftlicher Beirat (1980), Gutachten "Familien mit Kleinkindern", Stuttgart - Berlin - Köln - Mainz.

Wissenschaftlicher Beirat (1984), Gutachten "Familie und Arbeitswelt", Stuttgart - Berlin - Köln - Mainz.

Familienpolitik und europäische Integration[1]

Hans-Günter Krüsselberg und Rebecca Strätling[2]

---

[1] Zuerst erschienen in: *Helmut Gröner* und *Alfred Schüller* (Hrsg.), Die europäische Integration als ordnungspolitische Aufgabe, Schriften zum Vergleich von Wirtschaftsordnungen, Band 43, S. 397-442, Stuttgart, Jena und New York 1993.

[2] Abschnitt III dieses Beitrags basiert auf Vorarbeiten, die Rebecca Strätling durchführte. Beide Verfasser danken Ulrike Etzelmüller, Herwig Brendel, Thomas Gerhardt und Sven Ricks sehr herzlich für wichtige Ratschläge und umfassende Hilfe.

1. Familienpolitik in den Ländern der Europäischen Gemeinschaft

Familienpolitik umfaßt die Gesamtheit von Maßnahmen, Aktivitäten und Entwicklungen, die geeignet sind, familiale Leistungen zu schützen, zu stärken und gesellschaftlich angemessen zu bewerten. Sie will der Besonderheit familialer Leistungspotentiale, Probleme und Bedürfnisse in modernen Industriegesellschaften Rechnung tragen.

Die Notwendigkeit von Familienpolitik wird von vielen Sozialwissenschaftlern mit dem Hinweis auf Belastungen von Familien durch Prozesse des sozialen Wandels begründet, die die Handlungsgrundlagen von Familien tiefgreifend veränderten. So zerstörte der Industrialisierungsprozeß mit der für ihn repräsentativen außerhäuslichen Erwerbstätigkeit die Einheit von Arbeitsplatz und Wohnstätte: Er ließ neuartige Unsicherheiten hinsichtlich der Stetigkeit der Ernährung und Einkommen entstehen, trennte die Zeitmuster von Eltern und Kindern und schuf einen Handlungsbedarf für integrierende sozialpolitische Maßnahmen. Zunächst galten diese der Abwendung von Notlagen, später übernahmen sie unterstützende und schließlich (einkommens-) stabilisierende Aufgaben.

Sie alle gehen von der Einsicht aus, daß es zwei Ansatzpunkte für eine familienorientierte Gesellschaftspolitik gibt. **Einmal** (s. 4.1.) müssen alle Familien in die Lage versetzt werden, ihren eigenständigen Beitrag zum Aufbau und zur Erhaltung menschlichen Handlungsvermögens (Humanvermögen) zu leisten. Schon *Adam Smith* forderte für den Familienhaushalt Handlungsbedingungen, die eine Gewähr dafür bieten, daß Kinder gut ernährt und umsorgt werden, und Unterstützung bei der familialen Vermittlung von gesellschaftlich bedeutsamen Werten und Wissensbeständen. Dazu ist für die 'security of property' bezüglich der Erzielung von Einkommen Sorge zu tragen - nicht zuletzt unter dem Aspekt, daß jede Gesellschaft die Interessen zukünftiger Generationen in ihr Regelwerk mit einzubeziehen habe (*Krüsselberg* 1978, 240; 1991, 213 ff.). - **Zum anderen** ist das Problem des intertemporären Einkommensausgleichs zu lösen (s. 4.3.). Schließlich zeigt sich, daß in der Industriegesellschaft das Einkommen der Menschen äußerst unstetig anfällt, obwohl es "für das *ganze* Leben ausreichen (muß), auch für die nicht einkommensträchtigen Jahre der Kindheit, der Ausbildungszeit, des Greisenalters" (*Schreiber* 1992, 104). Diese zweite Aufgabe von Familienpolitik besteht darin, dafür Sorge zu tragen, daß sich das Lebenseinkommen in bedarfsgerechter Weise über alle Phasen eines Menschenlebens verteilt, eine Aufgabe, die in früheren Zeiten der Familien- und Haushaltsverband leistete. Daß diese Sicherungsfunktion in der Gegenwart von der in ihrer Größe auf die Kernfamilie (Eltern und Kinder) geschrumpften Familieneinheit übernommen werden kann, wird allgemein bezweifelt.

Gleichwohl bleibt der Leistungscharakter von Familie in der Gegenwart voll erhalten. Er gründet in der Institution der Familie als Ort der Geburt, der Pflege und der Erziehung von Kindern (Reproduktions- und Sozialisationsfunktion), als Ort der Daseinsvorsorge (Regenerations- und Haushaltsfunktion) sowie als Ausgangspunkt für den Weg in die gesellschaftlich möglichen Positionen, in die Stufen der sozialökonomischen Struktur (Plazierungsfunktion) (vgl. *Krüsselberg, Auge* und *Hilzenbecher* 1986, 9-29).

In erster Linie orientiert sich deshalb moderne Familienpolitik an der Eltern-Kind-Beziehung. "Kinder (zu) haben ist ... für jedes gesund denkende Elternpaar nicht nur Last, sondern auch eine Glücksquelle ersten Ranges ... Es ist daher durchaus angemessen, daß die Eltern für diesen immateriellen Nutzen ... Opfer bringen, Opfer an Zeit, Mühe, Verdruß, auch an Geld und Geldeswert. **Nur soll dieses Opfer nicht so drükkend sein, daß es die Eltern gegenüber Junggesellen und Kinderlosen deklassiert"** (*Schreiber* 1992, 110; Hervorhebung d. Verf.).

Diese These will auf ein Grundproblem moderner Wirtschaftsgesellschaften verweisen. Sie erlangt deshalb besondere Bedeutung, weil entwickelte Industriegesellschaften Handlungschancen in der Form der Erzielung von Geldeinkommen sowie der Gewährung von sozialer Sicherung und gesellschaftlichem Status **nahezu ausschließlich über Erwerbstätigkeit vermitteln.** Familie ist kein gesellschaftlicher Tatbestand, der Ansprüche auf Lebenslagen begründet, die bezüglich der Einkommens- und Statussicherung auch nur einigermaßen gleichwertig sind. Wenn eine Gesellschaft, die überleben will, auf Familien und ihre Kinder angewiesen ist, entbehrt diese Ungleichbewertung gesellschaftlich notwendiger Leistungen, also die Ungleichbewertung von Erwerbstätigkeit und Familientätigkeit, jeglicher Grundlage. Tatsache ist, daß ganz offensichtlich die Familie einer Bewertung unterliegt, die ihrer gesellschaftlichen Bedeutung eindeutig nicht entspricht (s. 4.3.).

Notwendig wird deshalb politische Gestaltung, die das Handlungspotential der Familien in ihrem gesellschaftlichen Umfeld zu stärken sucht und durch die Schaffung günstiger Rahmenbedingungen Familien besonderen Schutz gewährt. Dies gilt einmal für eine stärkere finanzielle Anerkennung der Leistungen der Familie für die Gesellschaft. Damit soll der Tatsache Rechnung getragen werden, daß Familien durch die Übernahme der zeitlichen und monetären Verpflichtungen für die Erziehung und Ausbildung von Kindern gesellschaftspolitische Handlungsmöglichkeiten schaffen, die der Allgemeinheit, z.B. hinsichtlich der Stabilisierung des Systems der sozialen Sicherung, von Nutzen sind. Zum anderen geht es um Maßnahmen im Bereich der eigenständigen sozialen Sicherung für Frauen, der flexibleren Ausgestaltung von Arbeitsverhältnissen, um Wahlfreiheit für Frauen und Männer im Bereich von Familien- und Erwerbstätigkeit zu begründen, der familiengerechteren Planung von Wohnumwelten und des Verkehrsnetzes.

So gesehen ist Familienpolitik Teil einer umfassenden Gesellschaftspolitik (vgl. *Wingen* 1989, 589) und nicht bloß ein Teilbereich der Sozialpolitik. Die Gesellschaft und die Familie stehen in wechselseitiger Abhängigkeit voneinander (vgl. Bundesminister für Jugend, Familie und Gesundheit 1975, 73). Auf der einen Seite beeinflussen die gesellschaftspolitischen Teilordnungen und Institutionen das Handlungspotential der Familien, auf der anderen Seite wirken sich die auf der Ebene der Familien gefällten Entscheidungen durchgängig auf eben diese Teilordnungen und Institutionen aus.

Abbildung 1:　Familie im Spannungsfeld der gesellschaftlichen Teilordnungen

Quelle: *Krüsselberg* u.a. 1986, 17

Aus diesem Grund umfaßt Familienpolitik "arbeits- und sozialrechtliche Fragen ebenso wie Bereiche der Gesundheits-, der Bildungs- und der Wirtschaftspolitik. Die Sicherung der Arbeitsplätze gehört ebenso dazu wie die Wohnbauförderung und der Schutz der Umwelt. Familienpolitische Anliegen müssen daher ressortübergreifend behandelt werden" (*Fröhlich-Sander* 1986, 15). Dazu bedarf es entweder eines hohen Maßes an Sensibilität in allen politischen Entscheidungsstellen gegenüber Fragen, die die Lebensverhältnisse von Familien betreffen, oder aber zentraler politischer Instanzen, welche über die Belange der Familien wachen.

Gefordert ist zunächst nicht mehr als ein Nachteilsausgleich. Belastungen, die für Eltern und Kinder mit der Entscheidung für Familie verbunden sind, lassen sich vielfältig auflisten. Die wichtigsten sind

- Deprivation der Eltern oder Alleinerziehenden durch Einkommensverluste und Versorgungsmängel einschließlich der Wohnungsversorgung;

- Benachteiligung der Mütter durch die traditionelle Aufgabenteilung zwischen den Geschlechtern;
- fehlende Betreuungseinrichtungen auf Zeit;
- Nichtkoordinierbarkeit beruflicher und familialer Zeitplanungen und Verpflichtungen;
- Isolierung von Eltern und Familien gegenüber ihrer Umwelt;
- Diskriminierung von Eltern und Kindern durch Gruppen, die Kinder ablehnen;
- Schwierigkeiten beim unmittelbaren Zugang zu Beratungsinstitutionen und Fachleuten in Notlagen;
- Ungereimtheiten in der steuerlichen Belastung, die nur unzulänglich die familialen Budgetbeschränkungen bei Existenz von Kindern berücksichtigt, und
- die Tatsache, daß Familientätigkeit bislang nur in Ansätzen zu einer eigenständigen sozialen Sicherung der Familienmitglieder, die diese Aufgabe übernehmen, führt.

Zur Abmilderung solcher Belastungen haben die Länder der Europäischen Gemeinschaft (EG) den Familien Ausgleichs- und Hilfeleistungen gewährt - allerdings in sehr unterschiedlicher Form und mit oft stark divergierendem finanziellen Einsatz. Einige Länder setzen sich nachhaltig für die Verbesserung der Lebenslage von Familien ein. In anderen Ländern der EG entsteht erst allmählich ein Bewußtsein der Notwendigkeit, Familienbelange nachhaltig zu fördern. Für einige Länder kann ohne Zweifel davon ausgegangen werden, daß familienpolitische Modelle oder Konzeptionen existieren und eine intensive, oft allerdings kontroverse Diskussion über die Bedeutung von Familienpolitik stattfindet. In anderen Ländern lassen sich kaum ausgeprägte Initiativen zur Verbesserung der Lebenslage von Familien in Wissenschaft und Politik ausmachen (vgl. *Neubauer* u.a. 1992, 13, 22 ff.).

Inzwischen gibt es eine Reihe von Veröffentlichungen über den Stand der Familienpolitik in den jeweiligen Ländern der EG[3]. Der Tenor der daran anschließenden Diskussion ist eindeutig: Es werden zwölf Wege der Familienpolitik beschritten. Durch Maßnahmenbündel, die sich nach und nach im Umfang anreicherten, entwickelten sich eigenständige Systeme, deren Qualitäten schwer zu vergleichen sind.

In dieser Situation fällt der wissenschaftlichen Arbeit zunächst die Aufgabe zu, sich um eine Bestandsaufnahme einschlägiger Maßnahmen zu bemühen. Die relevante Leistungen für Familien in ihrer Verteilung auf die verschiedenen Länder der Europäischen Gemeinschaft sind in Übersicht 1 dargestellt.

Wie sehr der materielle Umfang familienpolitischer Leistungen im Bereich der Europäischen Gemeinschaft divergiert, verdeutlichen die systematischen Übersichten über Kindergeld, Mutterschutzfristen und Erziehungsurlaub (s. Anhang, Übersicht 3-5). Wie unterschiedlich sich das finanzielle Gewicht des Kindergeldes länderspezifisch darstellt, veranschaulicht Übersicht 2. Dort zeigen die Zahlen der Spalten 2 und 4 jeweils an, wieviel Lohnstunden in der Industrie gearbeitet werden müßten, soll ein Einkommen in Höhe des monatlichen Kindergeldes erzielt werden.

---

[3] Z.B. Institut der deutschen Wirtschaft 1992; *Dumon* 1992. Mit dem Hinweis auf die Dumon-Edition soll nachdrücklich auf die besondere Bedeutung der Veröffentlichungen des 'European Observatory of National Family Policies' für die Diskussion über Familienpolitik in Europa verwiesen werden.

Übersicht 1:   Leistungen bzw. Steuererleichterungen für Familien in der EG

Art der Maßnahme	B	DK	D	F	GR	IRL	I	LUX	NL	P	SP	VK
Rente bei Zusammenleben mit pflegebedürftigen Verwandten											SP	
Anrechnung der Betreuungszeit von Angehörigen in Rentenversicherung												VK
Vaterschaftsurlaub, bezahlt		DK										
Freistellung von Arbeit zur Beaufsichtigung des Schulerfolgs					GR							
Besondere Vergünstigungen für kinderreiche Familien				(F)	GR						SP	
Wiedereingliederung nach der Familienphase			D	F				LUX				
Beihilfe für häusliche Kinderbetreuung	(B)		(D)	F							(SP)	
Hilfen zur Haushaltsgründung	B		(D)					LUX		P		
Beihilfe für Alleinerziehende (unabhängig vom Einkommen)	(B)	DK		F								VK
Möglichkeit der Reduzierung der Arbeitszeit	B		D		(GR)					P	SP	
Spezielle Leistungen für einkommensschwache Familien				F		IRL	I				SP	VK
Beihilfe für Schüler				F		IRL	I	LUX			SP	
Unterhaltsvorschußzahlungen	B	DK	D	F								(VK)
Anrechnung von Erziehungszeiten in Rentenversicherung	(B)		D	F.						P	SP	
Erziehungsgeld	(B)		D	(F)			(I)	LUX	(NL)			
Geburtszulage	B			F	GR	(IRL)		LUX 2x		P		VK
Einkommensabhängige Beihilfe für Alleinerziehende	(D)			F	GR	IRL	I	LUX				(VK)
Steuerentlastung in Hinblick auf zu versorgende Kinder	B		D	F	GR	(IRL)		LUX		P	SP	
Freistellung von Arbeit bei Krankheit des Kindes	B	DK	D	F	GR		I			P	SP	
Leistungen/Steuervergünstigungen für pflegebedürftige Angehörige	B	DK		F		IRL		LUX	NL		SP	VK
Leistungen an Pflegepersonen bzw. Steuervergünstigungen	(B)	DK	D			IRL		LUX	NL	P	SP	VK
Erziehungsurlaub (in Monaten)	(B) 3		D 36	F 36	(GR) 6		(I) 4	LUX -24	(NL) 6	P 6-24	SP 36	
Sozialhilfe bzw. garantiertes Mindesteinkommen	B	DK	D	F		IRL		LUX	NL	(P)		VK
Kindergeld, steuerfrei (GR: nicht steuerfrei)	B	DK	D	F	GR	IRL		LUX	NL	P		VK
Studienbeihilfen (einkommensabhängig)	B	DK	D	F	GR	IRL	I	LUX	NL	P	SP	VK
Leistungen für behinderte Kinder bzw. Steuerentlastung	B	DK	D	F	GR	IRL	I	LUX	NL	P	SP	VK
Mutterschutz mit Kündigungsschutz (in Wochen)	B 15	DK 28	D 14	F 16	GR 14/16	IRL 14/12	I 20	LUX 16	NL 16	P 12	SP 16	VK 18

Leistungen bestehen in weniger als der Hälfte der Länder

Sachleistungen:
- Kostenlose Mitversicherung von (Ehe-)Partnern und unterhaltsberechtigten Kindern im jeweiligen Versicherungssystem
- Medizinische Versorgung bei Geburt eines Kindes
- Subventionierung von Kinderbetreuungseinrichtungen; d.h. Elternbeitrag ist nicht kostendeckend
- Gebührenfreiheit beim Besuch öffentlicher Schulen (zumindest während Pflichtschulzeit)
- Ermäßigung für Kinder bzw. Familien in öffentlichen Verkehrsmitteln

Anmerkungen:
- Angaben in Klammern, wenn Maßnahme in diesen Ländern eingeschränkt ist.
- Das Vorhandensein von Maßnahmen enthält keine Bewertung

Quelle: *Neubauer* u.a. 1992, Übersicht 13/1

Übersicht 2:　Kindergeld in Relation zum Stundenlohn der Industrie

	Hourly wage (1)	Ratio: Family allowances 1 child/hourly wage in industry	Index: Danmark = 100	Ratio: Family allowances 3 children/ hourly wage	Index: Danmark = 100
Belgique-België (2)	7,55	6,89	128	38,95	195
Danmark	11,48	5,38	100	16,15	100
BR Deutschland (3)	9,42	2,59	48	13,47	83
Hellas (4)	3,31	1,21	23	9,15	57
España (6)	(5,45)	(4,29)	(80)	(12,88)	(80)
France	6,21	d.n.a	d.n.a.	32,08	199
Ireland	6,73	3,06	57	9,18	57
Italia (6)	(5,13)	(8,91)	(47)	(26,73)	(47)
Luxembourg (5)	8,15	5,61	104	37,73	234
Nederland (5)	7,94	3,44	85	12,09	110
Portugal	1,65	5,33	99	18,73	116
United Kingdom	7,13	7,21	134	19,86	123

(1) Average gross hourly earnings for workers in industry (in ECU), dd. October 1989 (Eurostat 1991). (2) Employed persons only. (3) Basic amounts. (4) Private sector only, third child allowance and large family allowance are not taken into account. However the figures refer to the highest amounts (for lower income groups). (5) For Luxembourg and for the Netherlands the amounts of family allowances have been rescaled in order to have amounts for one child of a specified 'rank' instead of amounts for a group of children. (In these two countries indeed, a first child receives more if he/she is followed by a second child, and even more if there is a third child, and so on.) These supplements have been allocated to the child who entitles to the right. (6) Means tested.

Quelle: *Dumon* (Hrsg.) 1991a, 94.

2. Anmerkungen zum Thema 'Integration'

Die Frage, wie in einem zusammenwachsenden Europa mit dieser Vielfalt und Unterschiedlichkeit familienpolitischer Leistungen in den Ländern der EG umzugehen sei, wird intensiv diskutiert. Ausgangspunkt ist oft die Erwägung, daß es gegenwärtig ziemlich aussichtslos sei, sich um eine Integration zu bemühen. Das ergäbe nur dann einen Sinn, wenn sich die Lebensverhältnisse in den EG-Ländern stärker angeglichen hätten. Möglicherweise könnte das heißen, daß gegenwärtig kein Versuch einer Angleichung bestehender familienpolitischer Maßnahmen stattfinden sollte, weil es keine gemeinsame Basis gibt, von der her eine Integration in Angriff genommen werden kann. Sollte deshalb überhaupt auf Integrationsversuche verzichtet werden? Offensichtlich muß in diesem Zusammenhang geklärt werden, was 'Integration' bedeutet.

Wo 'Integration' aus dem Abbau von zwischenstaatlichen Beschränkungen des Waren-, Dienstleistungs- und Kapitalverkehrs erwachsen soll, wird erwartet, daß durch Verstärkung des Wettbewerbs positive Allokations- und Wachstumswirkungen erzielt werden - als Schritt zur Verbesserung der Lebensverhältnisse in den betroffenen Ländern (Integration und Fortschritt durch höhere Funktionsfähigkeit der Märkte). Daran könnten familienpolitische Initiativen ansetzen. Neben dieser Variante von Integration steht eine andere Auffassung. Sie meint, es sollten Integrationsbemühungen darauf zielen, eine nicht integrierte (oder eine bislang vermeintlich nicht integrierte) Gesamtheit von Volkswirtschaften in ihren Politikfeldern zu vereinheitlichen. In dieser These steckt offensichtlich die Vorstellung, sich um Integration zu bemühen, müsse heißen, durch gesetzliche Maßnahmen auf die Angleichung der Lebensverhältnisse hinzuwirken; Integration sei dann das zwangsläufige Ergebnis solcher Ex ante-Harmonisierung. Erwartet wird, daß soziale Integration gesetzlich bewirkt werden kann.

Eine derartige Schlußfolgerung verwischt allerdings völlig unzulässig die Grenze zwischen ökonomisch und sozial relevanten Tatbeständen. Sie erkennt nicht, daß sie einer zusätzlichen soziologischen Begründung bedarf. Im soziologischen Sprachsystem ist 'Integration' der Begriff für jene Phase historischer Entwicklung, die durch wachsende prozessuale Verbundenheit von an sich zum Teil recht heterogenen Handlungseinheiten gekennzeichnet ist. Kernpunkt dieses evolutorischen Prozesses (der Industrialisierung) ist die fortschreitende Differenzierung von Funktionen im Sinne einer sich vertiefenden wirtschaftlichen und sozialen Arbeitsteilung, der Weg von einem nahezu zusammenhanglosen Nebeneinander homogener Gruppen zu einem 'System kohärenter Heterogenität'. Ob dieser Prozeß gelingt, hängt entscheidend davon ab, ob ein gemeinsames Wert- und Normensystem entsteht als "Zentrum, an dem sich Menschen orientieren können" (s. *Peuckert* 1986, 138 ff.). Auf die ordnungstheoretische Relevanz solcher Denkansätze, nicht zuletzt im Hinblick auf die Notwendigkeit, alle Teilordnungen als Glieder einer Gesamtordnung anzusehen, also auf die Bedeutung von Verfassungen für die Funktionsfähigkeit von Gesellschaftsordnungen, ist anderweitig bereits deutlich aufmerksam gemacht worden (vgl. *Krüsselberg* 1989, 102 ff., 112 ff.).

Dennoch ist es unerläßlich, in diesem Zusammenhang die Relevanz eines Grundtatbestandes der westlichen Wirtschaftsgesellschaften und zugleich eines zentralen Merkmals ihrer gesellschaftlichen und wirtschaftlichen Dynamik zu betonen:

"Die Vereinigung höchst verschiedenartiger Elemente, ... die kulturelle Vielgestaltigkeit einer modernen Industriegesellschaft ..., hat nämlich sehr eigenartige kulturelle Konsequenzen; ... hier entstehen andauernd Spannungen und Konflikte zwischen den Gesamtinteressen der Gesellschaft und den Teilinteressen ihrer Untergruppen. Es ist unmöglich, diese Konflikte dadurch zu beseitigen, daß man die Vielfältigkeit unserer Gesellschaft zum Verschwinden bringt. Da diese Vielgestaltigkeit ein Strukturmerkmal der komplexen Gesellschaft ist, würde eine politische Vereinheitlichung, die die Existenz dieser Sonderinteressen mißachtet, die Gesellschaft strukturell vergewaltigen. Die totalitären politischen Systeme versuchen immer wieder, in dieser Weise den Pluralismus der komplexen Gesellschaft zum Verschwinden zu bringen, sie sind aber regelmäßig an dieser Komplexheit der Gesellschaft gescheitert, oder sie haben auf die Dauer die Sonderexistenz der Einzelinteressen respektieren müssen. Aber auch hier ist der dauernde Konflikt zwischen verschieden gelagerten Interessen nicht nur negativ zu bewerten; denn aus dem freien Spiel der verschiedenen Kräfte erwachsen außerordentlich schöpferische Energien, die sowohl wirtschaftlich als auch politisch und kulturell den sozialen Wandel fördern und neue Kulturgestalten heraufbringen. So kann also letztlich selbst der Konflikt eine integrative Wirkung erreichen, und das gilt für die politische Sphäre wie für die Kultur" (*König* 1965, 64, 65, 69 f.).

Diese (soziologische) Perspektive moderner Industriegesellschaften und ihrer Merkmale führt unmittelbar zu einer Auffassung von Politik, in der Ex ante-Harmonisierungsideen keinen Platz finden. Wenn schon eine nationale Familiengesetzgebung sehr sorgfältig auf oft erhebliche Unterschiede in der "gesamten Lebensauffassung und Lebensweise" (*König* 1965, 65 f., 70 f.) der Bevölkerung achten muß, dürfte dieser Tatbestand im übernationalen Feld nicht als eine zu vernachlässigende Größe bezeichnet werden. So ist zumindest darüber nachzudenken, ob sich nicht gerade in den national unterschiedlichen Aktivitäten zur Stärkung der Institution Familie heterogene Lebensmuster manifestieren, die auch aus kulturellen Gründen keiner Vereinheitlichung zu unterwerfen sind. Diese Vorstellung könnte sich unter anderem auf Artikel 8 der Europäischen Menschenrechtskonvention von 1950 berufen, der das Recht auf Achtung des Familienlebens als Abwehrrecht im Sinne des klassischen Grundrechtsverständnisses ausdrücklich verbürgt.

3. Die 'familiale Dimension' in der EG-Diskussion

3.1. Familienpolitik und Recht im europäischen Integrationsprozeß

Bei der Betrachtung der Praxis des europäischen Integrationsprozesses fällt ein merkwürdiges Spannungsverhältnis auf, welches daraus erwächst, daß einmal die Gemeinschaft keine Zuständigkeiten für Familienpolitik besitzt, obwohl sie andererseits zahlreiche Verordnungen erlassen hat, deren Auswirkungen für das Leben in Familien oft sehr erheblich sind. Soll (und kann) aber europäische Familienpolitik auf dem Verordnungsweg entstehen (s. 3.4.)? Es ist sicherlich nicht zu übersehen, daß europäische Institutionen, nicht zuletzt der Europäische Gerichtshof (EuGH), immer wieder das Thema Familienpolitik aufgreifen und damit möglicherweise Anstöße zu Initiativen der Kommission geben. Umstritten bleibt, ob die Kommission dazu legitimiert ist. Was bis zur Gegenwart an Aktivitäten festzustellen ist, soll im folgenden dargestellt werden.

Bereits 1979 hat der EuGH für Menschenrechte in einer grundlegenden Entscheidung den Staaten auferlegt, ihre Gesetzgebung so zu gestalten, daß "die Führung eines normalen Familienlebens" möglich wird (vgl. *Neubauer* u.a. 1992, 4, 13 f.). Darüber hinausgehend verlangte am 9. Juni 1983 das Europäische Parlament in einer Resolution, daß Familienpolitik zu einem "integralen Teil aller Gemeinschaftspolitiken" werden müsse.

Nach dem Ziel- und Mittelkatalog für die Gemeinschaftspolitiken der EG-Mitgliedstaaten (Artikel 2, 3 und 3a des EG-Vertrags in seiner Fassung vom 7. Februar 1992[4]) könnten jedoch allenfalls die Forderungen nach einem hohen Maß an sozialem Schutz, nach Hebung der Lebenshaltung und der Lebensqualität auf die Situation von Familien bezogen werden. Die EG-Sozialpolitik umfaßt nach herrschender Ansicht ne-

---

[4] Die Römischen Verträge (1957), die Einheitliche Europäische Akte (1987) und die Maastrichter Verträge (1992) stellen ein aufeinander aufbauendes Vertragswerk dar. In Artikel G der Präambel der Maastrichter Verträge wurde festgelegt, daß die EG nicht nur eine wirtschaftliche Union, sondern auch eine politische Union sein soll. Demnach wird nach Ratifizierung der Maastrichter Verträge der Begriff "Europäische Wirtschaftsgemeinschaft" durch den der "Europäischen Gemeinschaft" ersetzt. Vgl. Amt für amtliche Veröffentlichungen der Europäischen Gemeinschaften 1992d, Artikel G, Abs. A.1.

ben den Fragen des Sozialrechts hauptsächlich die der Arbeitsbeziehungen und des Arbeitsrechts (vgl. *Kaltenbach* 1990, 41). Der Katalog sogenannter 'sozialer Grundrechte' der EG[5] ist nur auf die Bedürfnisse und Rechte der Arbeitnehmer zugeschnitten und zudem in erster Linie auf die wirtschaftliche Funktionsfähigkeit des angestrebten Gemeinsamen Marktes hin konstruiert.

Lediglich über ein Verbot der Diskriminierung auf Grund der Staatsangehörigkeit (Art. 6 EWGV) und ein System zur Sicherstellung von Sozialversicherungsansprüchen von Wanderarbeitnehmern (Art. 51 EWGV) ergeben sich indirekte Bezüge zur familialen Situation. Seit 1975 hat der Rat zudem fünf Richtlinien zur Gleichbehandlung von Männern und Frauen erlassen.

3.2. Die 'soziale Dimension' der EG-Politik

Zu Beginn der 80er Jahre wurde das Thema 'soziale Dimension der EG-Politik' zu einem zentralen Diskussionspunkt auf allen Ebenen der Gemeinschaft. Die Erkenntnis, daß die Leistungsfähigkeit der Systeme der sozialen Sicherheit, aber auch die der übrigen Bereiche der Sozialpolitik, in wechselseitigem Zusammenhang mit den Leistungen der Volkswirtschaften stehen, führte innerhalb der EG zu einer Sprachregelung derart, daß wirtschaftlichen und sozialen Fragen die gleiche Bedeutung beizumessen sei und deshalb die wirtschaftliche Integration mit der sozialen an sich Hand in Hand zu gehen habe (vgl. Amt für amtliche Veröffentlichungen der Europäischen Gemeinschaft 1992b, 7).

1984 bekräftigte der Rat seinen politischen Willen, in der Sozialpolitik enger zusammenzuarbeiten (vgl. Amtsblatt der Europäischen Gemeinschaften 1984). Neben einer Intensivierung der bereits vorhandenen Koordination und Kooperation im Bereich der Freizügigkeit der Arbeitnehmer, der Beschäftigung, der Berufsberatung und Berufsausbildung, des Gesundheitsschutzes am Arbeitsplatz, der Gleichstellung von Männern und Frauen und von Aktionen zugunsten benachteiligter Gruppen wurden auch Möglichkeiten erwogen, neue Initiativen im Bereich des sozialen Schutzes, der Bevölkerungs- und der Familienpolitik zu starten. Außerdem wurden Aktionsprogramme zugunsten von Wanderarbeitnehmern, arbeitslosen Jugendlichen und Frauen, Behinderten und armen Menschen initiiert (vgl. Amt für amtliche Veröffentlichungen der Europäischen Gemeinschaften 1991, De III/L(1)).

Mit der Absicht, die Schaffung eines 'Europäischen Sozialraumes' voranzutreiben, der nicht nur durch einen Kodex sozialer Mindeststandards, sondern zugleich durch Bemühungen um eine Angleichung der Arbeits- und Lebensverhältnisse innerhalb der EG gekennzeichnet sein sollte, wurde 1987 die Einheitliche Europäische Akte verabschiedet. Sie erhob die Entwicklung des wirtschaftlichen und sozialen Zusammenhalts in der Gemeinschaft mit der Aufnahme der Artikel 130 a-e in den EG-Vertrag zu einem

---

[5] Dazu zählen: das Recht auf Freizügigkeit (Art. 48 f. EWGV) und auf Niederlassungsfreiheit (Art. 52 ff. EWGV), das Verbot der Diskriminierung auf Grund der Staatszugehörigkeit (Art. 7 EWGV), das System zur Sicherstellung von Sozialversicherungsansprüchen von Wanderarbeitnehmern (Art. 51 EWGV) sowie das Gebot des gleichen Entgelts für Männer und Frauen (Art. 119 EWGV). Vgl. *Borchardt* 1989, 65.

vorrangigen Ziel der gemeinsamen Politik (vgl. Amt für amtliche Veröffentlichungen der Europäischen Gemeinschaften 1991, De III/L(2)).

Je näher die Verwirklichung des EG-Binnenmarktes[6] rückte, um so stärker wurde die Sorge, daß Mitgliedsländer ihre sozialen Standards absenken könnten, "um auf Kosten von Ländern mit einem höheren sozialen Standard Wettbewerbsvorteile zu erlangen" (*Walwei* 1990, 46).

Hier ist es interessant darauf hinzuweisen, daß die französische Regierung schon in der Gründungsphase der EWG eine Harmonisierung der Sozialleistungssysteme forderte, weil sie wegen des relativ hochentwickelten französischen Sozialleistungssystems Wettbewerbsnachteile für den Unternehmensstandort Frankreich befürchtete. Sie konnte sich damals jedoch mit dieser Forderung nicht durchsetzen, da die übrigen Vertragspartner die Auffassung vertraten, bei Sozialleistungen handele es sich um Kosten, von denen keine wettbewerbsverzerrenden Impulse ausgingen (vgl. Soziale Sicherheit in der EG 1990, XV-XVI).

Ihren vorläufigen Höhepunkt fand die Diskussion um die 'sozialen Grundrechte der EG' mit der Verabschiedung der 'Gemeinschaftscharta für die sozialen Grundrechte der Arbeitnehmer' (1992) durch elf der zwölf Mitgliedstaaten der EG[7] 1989 in Paris.

3.3. Die Familie im Zielkatalog der EG-Politik

Nach Aussage der verantwortlichen Mitglieder der Kommission besitzt die Gemeinschaft im Bereich der Familienpolitik keine besonderen Zuständigkeiten[8]. Der Begriff Familienpolitik taucht weder im allgemeinen Zielkatalog (Artikel 2 EWGV) noch im speziellen für die EG-Sozialpolitik (Artikel 117 ff. EWGV) auf. Allerdings meint die EG-Kommission (so Frau *Papandreou*[9]), sie sei beauftragt (s. 3.7.), die (gegenwärtig) "tiefgreifenden Veränderungen" der Familien- und Bevölkerungsstrukturen zu beobachten und zu erfassen, da sie für die Politik-Entscheidungen in der EG offensichtlich von Belang sind.

Obwohl die Kommission (vgl. o.V. 1991, 4) in ihrer Mehrheit und wohl auch ein Teil der nationalen Regierungen[10] kein Interesse daran zu haben schienen, der EG familienpolitische Kompetenzen einzuräumen, forderte das Europäische Parlament - wie bereits erwähnt - in seiner Entschließung zur Familienpolitik in der EWG vom 9. Juni 1983[11]

---

[6] Ziel des EG-Binnenmarktes ist gemäß Art. 8a EWGV die Verwirklichung der vier Grundfreiheiten: des freien Waren-, Personen-, Dienstleistungs- und Kapitalverkehrs.

[7] Die Ausnahme bildete das Vereinigte Königreich Großbritannien und Nordirland.

[8] Vgl. Schriftliche Anfrage Nr. 313/91 vom 19.04.1991 betreffend den Schutz der Familie sowie die Antwort von Frau *Papandreou* im Namen der Kommission am 15.05.1991 (Amtsblatt der Europäischen Gemeinschaften 1991a).

[9] *Vasso Papandreou* war als Mitglied der Kommission bis 1991 zuständig für die Bereiche: Beschäftigung, Arbeitsbeziehungen und soziale Angelegenheiten, Humanressourcen und allgemeine und berufliche Bildung.

[10] So hat sich z.B. der deutsche Bundesrat im November 1989 ausdrücklich gegen eine Ausdehnung der Kompetenzen der EG auf den familienpolitischen Bereich ausgesprochen. Vgl. *Wolfram* 1990, 5.

[11] Vgl. *Marquardt* 1986, 45; s. auch Amtsblatt der Europäischen Gemeinschaften 1983.

umfassende familienpolitische Kompetenzen für die EG. Ein weiterer Entschließungs-
entwurf, der 1986 vom parlamentarischen Ausschuß für soziale Angelegenheiten und
Beschäftigung erarbeitet wurde und konkrete Aktionen zugunsten von Eltern und Kindern fordert, wurde bislang jedoch nicht verabschiedet (vgl. *Marquardt* 1986, 46 f.).
Dafür hat der Ministerrat für Arbeits- und Sozialfragen in einer Erklärung am
18.12.1990 gefordert, daß die Familie in den EG-Verträgen "unter voller Achtung der
Rechte und Freiheiten der Person als Gegenstand der Sozialpolitik der Gemeinschaft
anerkannt werden"[12] sollte. Schließlich hat "die Politik der Gemeinschaft in verschiedenen Sektoren eindeutig Auswirkungen auf die Lebensbedingungen der Familie. Indirekt
ist die Familie also doch Gegenstand politischer Maßnahmen der Gemeinschaft"
(*Rosenzveig* 1989, 11).

Im folgenden werden die wichtigsten sozialpolitischen Maßnahmen der EG, welche
einen offenkundigen Einfluß auf die Funktionsfähigkeit und Struktur von Familien haben, dargestellt.

3.4. EG-Familienpolitik auf dem Verordnungsweg?

3.4.1. Maßnahmen zur Förderung der sozialen Sicherung ausländischer EG-Bürger

Einer der ersten Bereiche der Sozialpolitik, in dem der Rat nach seiner Gründung ge-
setzgeberisch tätig wurde, ist der der sozialen Sicherung von EG-Wanderarbeitnehmern.
1958 wurde die Verordnung (EWG) Nr. 3 des Rates über die soziale Sicherheit der
Wanderarbeitnehmer und 1960 die Verordnung (EWG) Nr. 4 des Rates zur Durchführung und Ergänzung der Verordnung Nr. 3 erlassen[13]. Sie bauen auf dem Diskriminie-
rungsverbot der Artikel 6 und 48 EWGV und dem Artikel 51 EWGV auf, der dem Tatbestand Rechnung trägt, "daß die Freizügigkeit behindert würde, müßte ein Arbeitnehmer befürchten, bei der Wanderung von einem Mitgliedstaat in einen anderen aufgrund
daraus resultierender Zugehörigkeit zu verschiedenen nationalen Systemen der sozialen
Sicherheit bestimmte Sozialleistungen nicht zu erhalten oder bereits erworbene Ansprüche einzubüßen" (Soziale Sicherheit in der EG 1990, XI). Ziel der Verordnungen ist es,
die einzelstaatlichen Rechtsvorschriften für soziale Sicherheit so zu koordinieren, daß
die oben erwähnten Arbeitnehmer und ihre anspruchsberechtigten Angehörigen innerhalb der Gemeinschaft an ihrem jeweiligen Arbeits- und Wohnort wie Inländer behandelt werden und durch den Umzug von einem Land in ein anderes keine Anspruchsver-
luste auf Leistungen der sozialen Sicherheit erleiden. Sie umfassen "alle Rechtsvor-

---

[12] *Hutte* 1991, 4. S. zu diesem Thema u.a.: *Hasinger* 1990, 4; *Jans* 1992, 1; o.V. 1990, 1.

[13] Im Oktober 1972 wurde die Verordnung (EWG) Nr. 3 durch die Verordnung (EWG) Nr.
1408/71 des Rates zur Anwendung der Systeme der sozialen Sicherheit auf Arbeitnehmer
und deren Familien, die innerhalb der Gemeinschaft zu- und abwandern, ersetzt. Anstelle
der Verordnung (EWG) Nr. 4 trat die Verordnung (EWG) Nr. 574/72 des Rates über die
Durchführung der Verordnung (EWG) Nr. 1408/71 in Kraft. Die Verordnung (EWG) Nr.
1408/71 gilt nur für Arbeitnehmer, die europäische Bürger oder Flüchtlinge oder Staaten-
lose sind und in dem Gebiet eines EG-Mitgliedstaates wohnen, sowie für deren Familienan-
gehörige. Vgl. dazu: Soziale Sicherheit in der EG 1990, XI-XII; s. auch: Kommission der
Europäischen Gemeinschaften 1992, 92-97; *Kaltenbach* 1990, 48.

schriften über Zweige der sozialen Sicherheit, die Leistungen bei Krankheit und Mutterschaft, bei Invalidität, bei Alter, an Hinterbliebene, bei Arbeitsunfällen und Berufskrankheiten, bei Arbeitslosigkeit sowie Familienleistungen und Sterbegeld betreffen" (Kommission der Europäischen Gemeinschaften 1992, 92). Das so geschaffene Gemeinschaftssozialrecht ist von den nationalen Leistungsträgern anzuwenden[14].

Um die Integration der EG-Wanderarbeitnehmer in ihre Gastländer zu erleichtern, wurde 1974 durch eine Entschließung des Ministerrates ein Aktionsprogramm zugunsten der Wanderarbeitnehmer und ihrer Familien initiiert (vgl. *Marquardt* 1986, 42; s. auch: Amtsblatt der Europäischen Gemeinschaft 1974 sowie 1986). Ziel dieses fortlaufenden Programms ist es, die Wanderarbeitnehmer und ihre Familien dazu zu ermuntern, die ihnen zustehenden Rechte auch in Anspruch zu nehmen.

Während die Situation der Familien natürlich von allen genannten Regelungen beeinflußt wird, ist jedoch nur eine Handvoll von ihnen familienspezifisch wirksam. Dazu zählen die Regelungen über Mutterschaftsschutz, Familienleistungen, Familiendarlehen, die Familienzusammenführung und in begrenztem Umfang die Hilfen für Behinderte sowie die Wohndarlehen.

Spezifisch auf die Familien der Wanderarbeiter ausgerichtet ist auch die Richtlinie des Rates zur schulischen Betreuung der Kinder von Wanderarbeitnehmern von 1977, welche "einen kostenlosen Einführungsunterricht, insbesondere Unterricht in der Sprache des Gastlandes, der den spezifischen Bedürfnissen dieser Kinder angepaßt ist", vorsieht (*Marquardt* 1987, 809).

3.4.2. Der Europäische Gerichtshof und die Verordnung (EWG) 1408/71

Über 200 Urteile des EuGH beziehen sich auf die Verordnung (EWG) 1408/71 (Soziale Sicherheit in der EG 1990, XIII). Damit stellt sich diese wahrscheinlich als diejenige Verordnung dar, welcher der EuGH bis heute seine größte Aufmerksamkeit geschenkt hat. Zu den strittigsten Entscheidungen zählen wohl die Urteile über den "Export von Familienzulagen", besonders im Bereich des Kindergeldes.

Auf Grund der Verordnung (EWG) Nr.1408/71 über die Gleichstellung von EG-Wanderarbeitnehmern mit einheimischen Arbeitnehmern kam es 1971 zu einem EuGH-Urteil in der Rechtssache Pinna gegen die Republik Frankreich. Entschieden wurde, daß Wanderarbeitnehmer, die Staatsbürger eines Mitgliedslandes sind, in dem Land, in dem sie arbeiten, vollen Anspruch auf Kindergeld haben, auch wenn die Kinder nicht in diesem Land wohnen. Solange in dem Land, in dem die Kinder wohnen, kein Antrag auf Kindergeld gestellt wurde, war der volle Betrag des Kindergelds zu zahlen. Diese Entscheidung wurde durch die Urteile in den Rechtssachen Salzano 1984 und Kracht 1989 (beide jeweils gegen die Bundesrepublik Deutschland) bestätigt.

Diese Urteile stießen vor allem bei den Nationen mit relativ hohen Kindergeldleistungen auf Ablehnung. Dementsprechend wurde der Artikel 76 der Verordnung (EWG) 1408/71 ergänzt, um den sogenannten "Kindergeldexport" einzuschränken. Allerdings

---

[14] Die Gemeinschaft selbst verfügt über keine eigenen Leistungsträger.

kann auch nach diesen Regelungen ein ausländischer Arbeitnehmer, der europäischer Bürger ist und in einem EG-Mitgliedsland arbeitet, weiterhin selbst dann von diesem Kindergeld beziehen, wenn seine Kinder in einem anderem Land leben. In diesem Fall jedoch muß der betreffende Staat nur noch die Differenz zwischen dem Betrag des Kindergeldes, den er normalerweise entrichten würde, und dem Betrag des Kindergeldes, auf das der Arbeitnehmer im Wohnland seiner Kinder einen Anspruch hat, zahlen. Dabei ist es ohne Belang, ob der Arbeitnehmer diese Leistungen in dem Land, in dem seine Kinder wohnen, tatsächlich beantragt hat oder nicht, wie durch die Urteile des EuGH in den Rechtssachen Ferraioli und Laterza zum Ausdruck kam (vgl. *Reis* und *Wieland* 1990, 65-70; *Reiter* 1991, 21). Dieselbe Regelung gilt für die Gewährung von Waisenrenten aus der Versicherung von Wanderarbeitnehmern (vgl. *Reiter* 1991, 21).

Zu den Kritikern dieser Urteile zählt der deutsche Sachverständigenrat zur Begutachtung der gesamtwirtschaftlichen Entwicklung. In seinem Jahresgutachten 1989/90 kommt er zu dem Schluß: "Das Kindergeld ist ein Instrument des Familienlastenausgleichs, die Leistungshöhe muß sich daher an den Kosten und Lebensverhältnissen des Landes orientieren, in dem die Kinder leben. Daher ist es auch nur gerechtfertigt, Kindergeld nach den Bestimmungen dieses Landes zu zahlen" (Sachverständigenrat 1989, Ziff. 467).

3.5. Familienbezogene Maßnahmen zur Förderung der Beschäftigung und der Solidarität

Die meisten der sozialpolitischen Entscheidungen der EG, die sich direkt auf die Familien auswirken, werden im Bereich der Maßnahmen zur Förderung der Chancengleichheit von Frauen und Männern getroffen, zu denen alle Maßnahmen gehören, die es Frauen und Männern ermöglichen, ihre beruflichen und familiären Pflichten besser miteinander in Einklang zu bringen (vgl. Amt für amtliche Veröffentlichungen der Europäischen Gemeinschaften 1992c, 22). Allerdings betreffen die fünf EG-Richtlinien zur Gleichberechtigung von Frauen und Männern nicht ausschließlich die Familien, sondern auch kinderlose Frauen und Männer[15].

3.5.1. Die Richtlinie 79/7/EWG und die 'Neutralität' des Rates in bezug auf familienpolitische Fragen

An der Richtlinie 79/7/EWG "zur schrittweisen Verwirklichung des Grundsatzes der Gleichbehandlung von Männern und Frauen im Bereich der sozialen Sicherheit" ist bemerkenswert, daß sie in Bereichen, die wegen des Vorwurfs der Diskriminierung von Frauen auf dem Arbeitsmarkt familienpolitisch sensibel sind, den Mitgliedstaaten gestattet, vom Grundsatz der Gleichbehandlung von Mann und Frau in den Systemen der sozialen Sicherheit Ausnahmen zu machen. Die Mitgliedstaaten können vom Anwendungsbereich der Richtlinie ausschließen

---

[15] Daß diese Richtlinien nicht nur "Frauenrechte" fördern, sondern auch die Interessen von Männern schützen, läßt sich vor allem anhand der Entscheidungen des EuGH zum Rentenrecht veranschaulichen. S. *Clever* 1992, 1-3.

- die Festlegung des Rentenalters,
- die Vergünstigungen, welche Personen gewährt werden, die Kinder aufgezogen haben (Altersversicherung, Erwerb von Ansprüchen auf Leistungen im Anschluß an Zeiträume der Beschäftigungsunterbrechung),
- die Gewährung von Ansprüchen auf Leistungen wegen Alter oder Invalidität aufgrund abgeleiteter Ansprüche der Ehefrau
- sowie die Gewährung von Zuschlägen zu langfristigen Leistungen wegen Invalidität, Alter, Arbeitsunfall oder Berufskrankheit für die unterhaltsberechtigte Ehefrau (vgl. Kommission der Europäischen Gemeinschaften 1992, 170).

Es kann nicht ausgeschlossen werden, daß diese Freistellungsregelung der EG Regelungen von Mitgliedsländern toleriert, durch die ein ökonomischer Anreiz zu einer Verstärkung der geschlechtsspezifischen Rollenverteilung innerhalb der Familie gegeben wird. Das wäre ein Verstoß gegen jenes familienpolitische Prinzip, welches Wahlfreiheit zwischen Familientätigkeit und Erwerbstätigkeit für Männer und Frauen gewährleistet wissen will.

Der Ministerrat hat im Rahmen des ersten und des zweiten Aktionsprogramms der Gemeinschaft zur Förderung der Chancengleichheit von Frauen zwar zwei Entschließungen[16] verabschiedet, in denen den Mitgliedstaaten empfohlen wurde, Sensibilisierungs- und Informationsmaßnahmen durchzuführen, um ein "Umdenken in bezug auf die Rollenverteilung in Beruf, Familie und Gesellschaft" (*Marquardt* 1986, 43) herbeizuführen und eine stärkere Beteiligung der Männer an der Erfüllung der elterlichen "Pflichten der Betreuung und Erziehung von Kindern" (Amtsblatt der Europäischen Gemeinschaften 1992) zu fördern. Der 1988 vorgelegte Richtlinienvorschlag der Kommission, der darauf abzielt, die Richtlinie 79/7/EWG dahingehend zu ergänzen, daß er die Ausnahmeregelungen aufhebt, wurde jedoch vom Ministerrat bislang nicht angenommen. Der Vorschlag sieht im einzelnen das Verbot geschlechtsspezifischer Diskriminierung vor in den Bereichen der Rentenleistungen (auch der abgeleiteten) und des Rentenalters, der Familienleistungen (z.B. Kindergeld, Geburts- oder Adoptionsbeihilfen) und der Vergünstigungen und Ansprüche, welche Personen, die Kinder aufgezogen und deshalb ihre Tätigkeit unterbrochen haben, auf dem Gebiet der Alterssicherung gewährt werden (vgl. Kommission der Europäischen Gemeinschaften 1992, 182 f.).

3.5.2. Die EG-Arbeitsmarktpolitik und das Problem der Kinderbetreuung

In allen Mitgliedsländern der EG haben Eltern Probleme, während ihrer Arbeits- oder Ausbildungszeit die Betreuung ihrer Kinder sicherzustellen. Das 'Netzwerk Kinderbetreuung' hat festgestellt, daß in allen EG-Staaten die Systeme der außerhäuslichen Kinderbetreuung in bezug auf den konkreten Bedarf unzulänglich sind. Das zeigt sich nicht nur an oft sehr langen Wartezeiten bis zur Aufnahme von Kindern in Betreuungsstätten, sondern auch an absolut fehlenden Betreuungsangeboten oder an Angeboten, bei denen der gewünschten Dauer der Betreuung nicht Rechnung getragen wird oder die Entfernung von der Wohnung zu groß ist (vgl. Kommission der Europäischen Gemeinschaften

---

[16] Entschließung des Rates vom 12. Juli 1982 und Entschließung des Rates vom 5. Juni 1986. S. *Marquardt* 1986, 43.

1991b). Dies führt insbesondere zu Belastungen von Eltern und anderen Familienange-
hörigen, die sich für Erwerbstätigkeit entschieden haben.

Aus diesem Grund verlangt Artikel 16 der Gemeinschaftscharta der sozialen Grundrechte der Arbeitnehmer die Förderung von Maßnahmen, "die es Männern und Frauen
ermöglichen, ihre beruflichen und familiären Pflichten besser miteinander in Einklang
zu bringen" (vgl. Amt für amtliche Veröffentlichungen der Europäischen Gemeinschaft
1992b, 9). Des weiteren wurde im März 1992 im Rahmen des dritten Aktionsprogramms zur Chancengleichheit für Männer und Frauen eine Empfehlung des Rates zur
Kinderbetreuung[17] verabschiedet. Diese empfiehlt den Mitgliedsländern,

-   Kinderbetreuungsmöglichkeiten bereitzustellen, während die Eltern erwerbstätig, auf
    Arbeitssuche oder in Aus- oder Weiterbildung sind,
-   Urlaubsvereinbarungen auszuarbeiten, welche der Verantwortung für die Betreuung
    und Erziehung von Kindern Rechnung tragen,
-   eine Gestaltung der Umgebung, Struktur und Organisation der Arbeitsplätze zu för-
    dern, welche den Bedürfnissen der Betreuer von Kindern entsprechen, und
-   partnerschaftliche Teilung der familiären Pflichten zu propagieren, die sich aus Kin-
    derbetreuung und -erziehung für die Eltern ergeben (vgl. Kommission der Europäi-
    schen Gemeinschaften 1991b, 4 f.; Amtsblatt der Europäischen Gemeinschaften
    1992).

Wiederum taucht die Frage auf, inwieweit die Tatsache, daß die Kommission 1995
einen Bericht über die nationalen Maßnahmen zur Umsetzung dieser Empfehlung vorle-
gen soll, deren Kompetenzen überschreitet. Um die einzelnen Mitgliedstaaten zu veranlassen, hier tätig zu werden, müßte sie deren Verantwortlichkeit (nach dem Subsidiaritätsprinzip) an sich betonen.

Soweit hier die EG Unterstützung geben will, könnte sie auf die Regelung der Verordnung (EWG) Nr 4235/88 über die Förderung transnationaler Maßnahmen zur Be-
rufsbildung und Beschäftigungsförderung von Frauen zurückgreifen, in der festgelegt
wurde, daß der EG-Strukturfonds die Entwicklung von Kinderbetreuungseinrichtungen
in den förderungswürdigen Regionen der EG finanziell unterstützen kann. Diese Möglichkeit wurde anfangs nur äußerst spärlich genutzt, weshalb die EG in ihrem dritten
Aktionsprogramm zur Chancengleichheit von Frauen noch einmal explizit darauf hinwies (vgl. Amtsblatt der Europäischen Gemeinschaften 1990; Kommission der Europäischen Gemeinschaften 1992, 48). Problem bleibt, daß diese Verordnung nur in den Regionen der EG greift, die durch den Strukturfonds gefördert werden dürfen, wiewohl in
allen EG-Mitgliedstaaten Kinderbetreuungseinrichtungen fehlen.

Doch nicht nur der Mangel an Kinderbetreuungseinrichtungen beeinträchtigt die
Möglichkeit von Erwachsenen, ihr Arbeits- und Familienleben miteinander in Einklang
zu bringen. Besonders jüngere Kinder stellen Ansprüche an die Zeit ihrer Eltern, ohne
deren berufliche Verpflichtungen zu berücksichtigen. Nach Meinung der Kommission

---

[17] Das erste Aktionsprogramm zur Förderung der Chancengleichheit der Frauen lief von 1982
      bis 1985, das zweite von 1986 bis 1990, das dritte begann 1991 und soll bis 1995 laufen. S.
      Langguth 1991, 3; Amtsblatt der Europäischen Gemeinschaften 1992; s. auch o.V. 1992, 3.

war es nicht zu vertreten, die Vereinbarkeit von Familie und Beruf ganz zu Lasten von Kindern und Eltern zu realisieren. Deshalb erarbeitete sie 1983 einen Vorschlag für eine Richtlinie des Rates über Elternurlaub und Urlaub aus familiären Gründen, der - in einer auf Antrag des Europäischen Parlaments leicht geänderten Fassung - seit 1984 dem Rat zur Entscheidung vorliegt, ohne daß dieser sich bis heute zu einer Verabschiedung entschließen konnte. Der Richtlinienvorschlag verlangt zum einen das Recht auf einen mindestens dreimonatigen Elternurlaub innerhalb der ersten zwei Jahre nach der Geburt eines leiblichen Kindes oder nach der Adoption eines Kindes unter fünf Jahren für einen der beiden Elternteile. Dieser sollte als zusammenhängender Voll- oder Teilzeiturlaub genommen werden können, für den Kündigungsschutz bestünde. Während des Elternurlaubs sollten alle vorher ganz oder teilweise erworbenen Rechte bestehen bleiben. Ferner sollten die Zeiten des Elternurlaubs auf die Versicherungszeiten für Krankheit, Arbeitslosigkeit, Invalidität und Alter angerechnet werden. Zum anderen fordert der Vorschlag einen Anspruch der Arbeitnehmer auf eine nicht näher bezeichnete Mindestanzahl von Urlaubstagen im Jahr aus dringenden familiären Gründen. Diese Urlaubstage sollen hinsichtlich des Arbeitsentgelts, der Sozialversicherungsbeiträge und -leistungen sowie der Altersruhegeldansprüche dem bezahlten Urlaub gleichgestellt werden (vgl. Kommission der Europäischen Gemeinschaften 1992, 180f).

3.6. Vorschlag der Kommission zur Annäherung der nationalen Sozialpolitiken

Der Vorschlag der Kommission für eine Empfehlung des Rates zur Annäherung der Politik des sozialen Schutzes der Mitgliedsländer ist ein Versuch, eine schrittweise Angleichung der Lebensverhältnisse in der EG über den Weg der selektiven Harmonisierung der Leistungen der Systeme der sozialen Sicherheit herbeizuführen (vgl. Kommission der Europäischen Gemeinschaften 1991a; s. auch Art. 117 EWGV).

Neben den allgemeinen Empfehlungen, die an Nichterwerbstätige gewährten Leistungen der Systeme der sozialen Sicherheit regelmäßig dem Anstieg des Lebensstandards der erwerbstätigen Bevölkerung anzupassen und das Recht auf soziale Sicherheit als Individualrecht zu verankern, enthält der Vorschlag der Kommission auch Leitlinien, die sich speziell an die Belange von Familien richten. So werden die Übernahme der sich durch Schwangerschaft, Entbindung und ihre Folgen ergebenden medizinischen Kosten durch die Allgemeinheit und die Erweiterung der Leistungen an Ein-Eltern-Familien (Alleinstehende mit Kindern) sowie an Familien mit behinderten Kindern gefordert. Ferner soll Frauen in der Zeit des Mutterschutzes ein Einkommen garantiert werden. Die Mitgliedstaaten der EG sollen außerdem die Unterstützung der beruflichen (Re-) Integration von Eltern, die nach einer 'Familienphase' (wieder) berufstätig werden möchten, ausbauen. Abschließend schlägt die Kommission dem Rat vor, den Mitgliedsländern zu empfehlen, die Leistungen für benachteiligte Familien so zu verbessern, daß niemand durch unzureichende finanzielle Mittel davon abgehalten wird, Kinder zu bekommen. Insbesondere sollen die Leistungen für Ein-Eltern-Familien sowie Familien, die ein behindertes Kind aufziehen, verbessert werden.

Diese Empfehlungen stimmen unseres Erachtens nahezu deckungsgleich mit dem Katalog der sozialen Rechte im Sozialgesetzbuch der Bundesrepublik Deutschland und der Praxis ihrer Umsetzung überein. Was bislang davon europaweit konsensfähig ist, läßt sich schwerlich sagen. Einerseits verabschiedete der Rat bereits im Juni 1986 eine Entschließung, in der er den Mitgliedstaaten eine Individualisierung der Vorschriften des sozialen Schutzes und der sozialen Sicherheit nahelegte. Betrachtet man aber andererseits die Unterschiede, die es zwischen den einzelnen Mitgliedstaaten im Ausmaß des Familienlastenausgleichs und der Bereitschaft gibt, familienfördernde Dienstleistungen einzurichten und/oder auszubauen sowie familienfreundliche Gesetze zu erlassen (vgl. Anhang, Übersicht 3-5), läßt sich nicht ausschließen, daß unkoordinierte Ex ante-Harmonisierungsbemühungen den Intentionen einer wohl bedachten Familienpolitik zuwiderlaufen.

3.7. Die Familienpolitik als Schwerpunkt von Untersuchungen EG-eigener Einrichtungen

Obgleich die EG keine familienpolitischen Kompetenzen besitzt, ist sie seit einiger Zeit sehr stark an der Untersuchung der Lebensumstände von Familien in der Gemeinschaft interessiert. Dabei steht auffallend oft die Sorge über die demographische Entwicklung in den Mitgliedsländern im Vordergrund, was im Gegensatz zur Debatte in der Bundesrepublik Deutschland steht und eher der französischen Tradition von Familienpolitik entspricht.

Bereits 1984 beauftragte das Präsidium des Wirtschafts- und Sozialausschusses (WSA) eine Studiengruppe, einen "Informationsbericht über die demographische Lage in der Gemeinschaft zu erstellen". Dieser Bericht versuchte, auf die Bedeutung der Familie für die Zukunft der Gemeinschaft aufmerksam zu machen, und beschäftigte sich, zumindest ansatzweise, mit Überlegungen über demographisch notwendige familienpolitische Maßnahmen (vgl. Wirtschafts- und Sozialausschuß 1986, 26-30). Seine Bekanntheit verdankt dieser Bericht der Tatsache, daß sein Erscheinen zeitlich eng mit dem französischen Memorandum auf dem Gipfel des Europäischen Rates in Kopenhagen von 1987 (vgl. *Rosenzveig* 1989, 8) zusammenfiel, in dem die französische Delegation auf die "besorgniserregende demographische Entwicklung in Europa" aufmerksam machte und betonte, "daß Europa seine politische, wirtschaftliche und kulturelle Stellung in der Welt nicht ohne eine Erneuerung seiner demographischen Kräfte behaupten könne" (Kommission der Europäischen Gemeinschaften 1989, 3). Mit diesem Memorandum wurde die Kommission verpflichtet, die Bevölkerungsentwicklung in der EG fortlaufend zu beobachten und in ihren jährlichen Berichten zur sozialen und wirtschaftlichen Lage der Gemeinschaft darzustellen.

Seit 1985 forderte der WSA mehrfach eine stärkere Beachtung der Familie und der Kinder in Politik und Gesellschaft. Er vertritt die Ansicht, "die EG sollte sich bei ihrer Politik auf den Grundsatz stützen, daß alle Familien gleichermaßen die Möglichkeit der Teilhabe am gesellschaftlichem Geschehen haben sollten, wobei die Frage nach der Höhe der zur Verwirklichung dieses Ziels erforderlichen öffentlichen Aufwendungen je nach den privaten wirtschaftlichen und anderen Ressourcen der Familien geprüft werden sollten" (Amt für amtliche Veröffentlichungen der Europäischen Gemeinschaften 1985, 23; 1992a, 56).

Die familienpolitische Lobby des WSA setzt sich aus zwei von der COFACE[18] bestimmten Mitgliedern und fünf Vertretern der französischen Familiendachorganisation (Union der französischen Familienorganisationen) zusammen. Die COFACE, der Bund der Familienorganisationen der Europäischen Gemeinschaften, bemüht sich, die Interessen von Familien und Kindern zu schützen und eine EG-Familienpolitik zu fördern, deren Ziel es ist, eine soziale, wirtschaftliche und kulturelle Umwelt zu schaffen, in der Familien ihre menschlichen und sozialen Verantwortungen erfüllen können. In dieser Eigenschaft arbeitet die COFACE eng mit dem Parlamentsausschuß für soziale Angelegenheiten und den Generaldirektionen für soziale Angelegenheiten und für Forschung, Wissenschaft und Bildung zusammen (vgl. *Schwaiger* und *Kirchner* 1981, 107). Ihre größten Erfolge bei der Beeinflussung von EG-Politiken liegen allerdings auf dem Gebiet des Verbraucherschutzes.

4. Familienpolitik wozu?

Geht man von den in 3.7. genannten Voten zugunsten von Familienpolitik aus, läßt sich die Notwendigkeit von Familienpolitik auf zweierlei Weise begründen: zum einen mit gesellschafts- und sozialpolitischen Zielsetzungen hinsichtlich des Ausgleichs von Unterschieden in "der wirtschaftlichen und sozialen Lebenslage der Individuen, die durch die Zugehörigkeit zu Familien unterschiedlicher Größe, Struktur und Schichtzugehörigkeit bedingt sind" (*Lampert* 1980, 358 f.), zum anderen durch den Hinweis auf eine Gefährdung der Erfüllung familialer Funktionen, an deren erfolgreicher Wahrnehmung die Gesellschaft ein begründetes Interesse hat.

Wenn nun die in 1. festgestellte Heterogenität der familienpolitischen Maßnahmen und die in 2. erörtete Integrationsproblematik im Zusammenhang gesehen werden mit dem in 3.1. konstatierten Spannungsverhältnis zwischen der Nichtzuständigkeit der Gemeinschaft für Familienpolitik und der permanenten indirekten Intervention in familiale Lebensbereiche, muß dringend zumindest eine Orientierungshilfe für politisches Denken (und Handeln) angemahnt werden. Wenn dieser Orientierungshilfe hinreichendes Gewicht verliehen werden soll, müßte sie den Rang einer Europäischen Familiencharta erhalten (s. 5.). Sie muß zudem sorgfältig begründet werden durch einen Argumentationsstrang, der zumindest die Konturen einer konsistenten Theorie der Familienpolitik sichtbar macht. Wenn hierzu die nun folgenden Erörterungen, die sich vornehmlich, wenngleich nicht ausschließlich auf Denkansätze der deutschen Theorie der Sozialpolitik stützen, beitragen könnten, wäre dies gewiß ein Schritt in Richtung 'Integration'.

4.1. Familie als Ort der Bildung und Erhaltung von Humanvermögen

In vielfältigen Formen übernimmt die Familie zentrale Aufgaben der privaten und gesellschaftlichen Daseinsfürsorge. Dennoch kann davon ausgegangen werden, daß sich die besondere Bedeutung der Institution Familie für die Stabilität gesellschaftlicher Prozesse aus ihrem überragenden Beitrag zur Reproduktion des gesellschaftlich unverzichtbaren Humanvermögens ableitet. Sowohl in der individuellen als auch in der gesamt-

---

[18] COFACE ist eine Abkürzung für: Confédération des Organisations Familiales de la Communauté Européenne.

wirtschaftlichen Sicht rückt dabei die Bereitschaft zur Elternschaft und zur Übernahme von Familienpflichten, die Bereitschaft zur Übernahme von Verantwortung für die Sicherung der Versorgung, der Pflege, Erziehung und Ausbildung von Menschen, die in einem Familien- und Haushaltsverbund leben, ins Zentrum der Bewertung ihrer Leistung.

Die Anforderungen, die die moderne Gesellschaft an das Wissen, die Verläßlichkeit, die Effizienz und Kreativität des Handelns ihrer Menschen stellt, sind in erster Linie Ansprüche an die Qualität der Bildung des Humanvermögens in den Familien. Zum Schlüsselbegriff moderner familienwissenschaftlicher und familienpolitischer Diskussion avanciert damit der Begriff des Humanvermögens - und zwar in seiner vollen Breite: Die Bildung von Humanvermögen umfaßt die Vermittlung von Befähigungen zur Bewältigung des Alltagslebens, das heißt: den Aufbau von Handlungsorientierungen und Werthaltungen in der Welt zwischenmenschlicher Beziehungen. Gefordert ist sowohl der Aufbau sozialer Daseinskompetenz (Vitalvermögen) als auch die Vermittlung von Befähigungen zur Lösung qualifizierter gesellschaftlicher Aufgaben in einer arbeitsteiligen Wirtschaftsgesellschaft, der Aufbau von Fachkompetenz (Arbeitsvermögen im weiten Sinne). Wie wesentlich hier die Bereitstellungsleistungen der Familien sind, wird in der Debatte über die Notwendigkeit von Familienpolitik oft übersehen. Gleichwohl ist dieser Aspekt von überragender gesellschaftlicher Bedeutung.

Kernbereich der Familie ist stets eine Eltern-Kind-Beziehung, eine Beziehung, die zwar schwerpunktmäßig, nicht aber ausschließlich auf leiblicher Verwandtschaft beruht. Familie entfaltet sich in einem Prozeß, der ein hohes personelles Engagement in der Zeit erfordert, in einem Prozeß der permanenten Umwidmung persönlicher Zeit und persönlicher Verfügungsgewalt über Ressourcen in Hinwendung auf andere. In solchen familialen Beziehungen bilden sich die Persönlichkeitsmerkmale von Menschen in ihrer je individuellen Prägung aus. Dort vollzieht sich das Heranreifen von Kindern als "Aufbau der sozial-kulturellen Person" (R. König) in Phasen des Erlebens, des Erlernens und des Sich-Aneignens von Handlungspotentialen, im Erwerb der Fähigkeit, sich selbst in komplexe Felder sozialer Beziehungen einzuordnen und mit diesen gestaltend umzugehen.

In einem familialen Austauschprozeß von Sorgeleistungen und Gefühlen erfährt der junge Mensch, was Menschsein bedeutet und worin seine eigene Identität besteht. Lange ist er zunächst nahezu ausschließlich auf die Kooperation und die Hilfe anderer angewiesen. Ein starkes zeitliches Engagement der Eltern für ihre Kinder und eine betont emotionale Zuwendung sind die Faktoren, die dazu beitragen, daß der Sozialisationsprozeß des Menschen gelingt. Im Kooperationsfeld der Familie baut das Individuum Verhaltenssicherheit durch den Erwerb von Werthaltungen, Handlungsorientierungen und von seelischer sowie physischer Gesundheit auf und begründet damit seine je spezifische Persönlichkeit.

Im 'inneren Milieu' ihrer Familie suchen und finden Kranke und Behinderte ebenso wie die gesunden Mitglieder vielfältig jenen Schutz, jene Hilfe und Geborgenheit, die aus Wertstrukturen erwachsen, die im Zeichen der Humanität, der Verantwortlichkeit für andere, der Elternliebe, der wechselseitigen Achtung und zwischenmenschlichen Solidarität stehen. Familie fordert von allen ihren Mitgliedern, insbesondere von Müttern und Vätern, grundsätzlich eine Fülle von Leistungen, die von ihnen als nahezu selbstverständlich erwartet werden. Dieser Tatbestand mag wesentlich dazu beigetragen haben, daß all diese Leistungen als 'Privatangelegenheit von Familie' betrachtet wurden und nicht als eine Aktivität von ungewöhnlich großem gesellschaftlichen Rang. Erst allmählich tritt die Erkenntnis wiederum ins Bewußtsein der Öffentlichkeit, daß in den Familienhaushalten jene werteschaffenden Leistungen erbracht werden, die nicht nur den privaten Lebensbereich des Menschen mit Inhalten erfüllen und dessen Lebensqualität und Sinngehalt bewirken, sondern zugleich das Fundament schaffen, auf das sich alle anderen Lebensbereiche der Gesellschaft gründen.

In der Alltagserfahrung erlebt jeder Mensch Familie vor jeder anderen Lebensform. Ohne die Phase des Aufbaus der sozial-kulturellen Person in der Familie gibt es für ihn keine Grundlage zum Eintritt in weitere Prozesse der gesellschaftlichen Sozialisation. Der Erwerb der Befähigung zu gesellschaftlich relevanter Arbeit (in Form etwa der Arbeit in der Familie, der Wirtschaft, der Wissenschaft, der Kunst und der Politik) setzt voraus, daß in Familien junge Menschen ihre Kreativität, Lernfähigkeit und Sittlichkeit erworben haben.

Daß jene Leistungen nahezu selbstverständlich - ohne besondere Einkommensanreize - angeboten wurden, ließ den Eindruck aufkommen, sie erfolgten kostenlos. So ergab sich eine groteske Entwicklung: Alle Aufwendungen, die für die nachwachsende Generation und die Erhaltung der Schaffenskraft der produzierenden Generation und der häuslichen Pflege von Kranken und Behinderten erbracht wurden, verloren das Prädikat, gesellschaftlich wertvoll zu sein. Alle Leistungen zur Förderung der produktiven Kräfte einer Gesellschaft schienen unter diesem Aspekt mangelnder unmittelbarer Meßbarkeit zur 'Wertlosigkeit' zu entarten. Im Gegensatz dazu stieg Erwerbstätigkeit in den Rang eines allumfassenden Arbeitsbegriffs auf. Dazu reichte offensichtlich sowohl die Eigenschaft, solche Leistungen in ihrem Rang über den Maßstab der am Markt sichtbar werdenden Tauschwerte numerisch zu erfassen, als auch der deutlich höhere soziale Status dieser Variante gesellschaftlich relevanter Arbeit. Familientätigkeit zählte nicht zu den Aktivitäten, die zu Geldeinkommen führen; Familientätigkeit verlieh keine gesellschaftlich herausgehobene Statusposition. Familientätigkeit als Arbeit war lange Zeit kein Thema, dem in der Öffentlichkeit und auf Politikebene sonderliche Bedeutung zugemessen wurde. Auch in den entstehenden Systemen der sozialen Sicherung erhielt Erwerbsarbeit einen höheren Stellenwert für das Ausmaß der Alterssicherung des Einzelnen als dessen gesellschaftlich zumindest ebenso relevante Tätigkeit der konkreten Daseinsvorsorge für Kinder und andere Familienmitglieder.

Obwohl unzählige Menschen Familie wünschen und Familie leben möchten, erfahren sie doch täglich, daß die Familie als Institution sowohl überfordert als auch ausgebeutet wird durch jene, die sich ihr verweigern, und andere, die die Leistungen der Familien, ohne Kostenausgleich zu bieten, dem eigenen Nutzen dienlich machen. Daraus resultiert eine Verantwortung der Gesellschaft für die Sicherung der Lage der Familie als Ort der Bildung und Erhaltung von Humanvermögen. Zu gewährleisten ist die Fähigkeit, Familie in unserer Gesellschaft zu leben, und die Möglichkeit, Familie leben zu können. Schließlich verknüpfen sich in der Familie die Lebenspotentiale aller Gesellschaftsmitglieder.

4.2. Familienlastenausgleich als Verfassungsgebot

Offensichtlich haben Prozesse des wirtschaftlichen und gesellschaftlichen Wandels, zum Teil durch politische Entscheidungen fundiert, die Verteilungsordnung in den westlichen Ländern entscheidend geändert. Innerhalb jeder Sozialklasse und Einkommensschicht sind die verfügbaren Einkommen und die Lebenschancen zwischen den familienmäßig Ungebundenen, den kinderlosen Ehen und Paaren und den Familien mit einem Kind oder mehreren höchst ungleich verteilt. Wer Gerechtigkeit in der Lastenverteilung zwischen diesen Gruppen anstrebt, muß die Tatsache anerkennen, daß die Familien über ihre Aufwendungen für die nachwachsende Generation für alle Mitglieder der Gesellschaft nichthonorierte Leistungen erbringen.

Elternschaft bedeutet, persönlich ein gewichtiges Maß an Konsumverzicht auf sich zu nehmen, um eine Investition in das Humanvermögen der Gesellschaft leisten zu können. Die moderne Familienforschung ist deshalb inzwischen der Frage nachgegangen, wie hoch die tatsächliche volkswirtschaftliche Belastung der Eltern ist. Sie bezieht dazu die konkreten Aufwendungen an Zeit ein, die Eltern bei der Erziehung und Versorgung ihrer Kinder erbringen. Sie fragt zudem, ob nicht durch solche Familientätigkeit sehr konkrete und bedeutsame gesellschaftliche Werte geschaffen werden. Im Zusammenhang mit solchen Studien stellt z.B. der Wissenschaftliche Beirat für Familienfragen beim Bundesministerium für Jugend, Familie und Gesundheit fest, daß bereits im Jahr 1974 (allein für die Leistungen an Kinder bis zu 3 Jahren) rund 35 Milliarden DM aufzubringen gewesen wären, wenn bezahlte Kräfte diese Aufgabe übernommen hätten. - Für das Jahr 1974 stellte der Beirat fest, daß der Aufwand der Familien (einschließlich des bewerteten Zeitaufwandes) 74 vH der gesamten Aufwendungen für die nachwachsende Generation ausmachte[19].

Das macht einen Familienlastenausgleich erforderlich mit folgenden Komponenten:

1. Sicherung des sozialkulturellen Mindestbedarfs für alle Kinder (Ziel A). Dabei geht es nicht nur um einen Abbau der auf die ökonomischen Lebensbedingungen zurückgehenden Ungleichheiten der Entwicklungschancen von Kindern; ihr darüber hinausgehender Anspruch auf gleiche Entwicklungschancen (einschließlich der Chancengleichheit im Sozialisationsprozeß - Erziehung und Ausbildung) ist stets zusätzlich zu beachten;

2. Anpassung der Familienhaushaltseinkommen an den durch Kinder bedingten unterschiedlichen Bedarf (Ziel B): Je nach der Zahl der Kinder sind die Familien mit einem unterschiedlichen materiellen Aufwand für die Kinder belastet; diese Last ist gleichmäßiger auf alle Haushalte zu verteilen, um die Aufgabenerfüllung der Familien zu sichern;

3. finanzieller Ausgleich für die gesellschaftlichen Leistungen der Familie, insbesondere für jene, die in der Erfüllung (der Haushalts- und) der Sozialisationsfunktion liegen (Ziel C): Im Vergleich zu Erwachsenen ohne Kinder übernehmen Eltern spezifi-

---

[19] Vgl. Bundesminister für Jugend, Familie und Gesundheit 1979, 99-102; zur Fortschreibung und Neubewertung dieser Jahre mit der Basis 1985 s. *Albers* 1986, 45 f.

sche gesellschaftspolitische Funktionen; sie entlasten die Allgemeinheit von Kosten, die sonst diese zu tragen hätte;

4. auf das individuelle Wohl aller Mitglieder von Familien bezogene gesellschaftliche Leistungen (Ziel D): Hier geht es zentral um die familienunterstützenden und familienergänzenden Leistungen der Gesellschaft im Bereich der Wohnungsumwelten, der Erwerbsarbeitsverhältnisse und der sozialen Infrastrukturen (von den Betreuungsmöglichkeiten für Kinder, Pflegebedürftige und alte Menschen über Beratungsangebote bis hin zu familiengerechten Formen der sozialen Sicherung).

Inzwischen hat das Bundesverfassungsgericht Ungereimtheiten in der steuerlichen Belastung, die nur unzulänglich die familialen Budgetbeschränkungen bei Existenz von Kindern berücksichtigt, beanstandet. In seiner Entscheidung vom 25.9.1992 (BVerfG 1992b) wies es darauf hin, daß der steuerliche Zugriff auf die Einkommen stets unter Beachtung der prinzipiellen Steuerfreiheit des Existenzminimums zu erfolgen habe. Nach Feststellung des Bundesverfassungsgerichts wurden in den vergangen Jahren die steuerlichen Grundfreibeträge und die Kinderfreibeträge so niedrig angesetzt, daß das vom Gesetzgeber steuerfrei gestellte Existenzminimum nicht erreicht wurde.

In Abbildung 2 wird für das Jahr 1990 ermittelt, inwieweit zur Zeit in der Bundesrepublik Deutschland eine Diskrepanz zwischen geltendem Steuerrecht und der gültigen Verfassungsnorm existiert. Wie bereits bei anderen Anlässen geschehen, wird wiederum der Gesetzgeber aufgerufen, sich um eine Revision dieser Ungerechtigkeit in der steuerlichen Belastung, einer Ungerechtigkeit, die insbesondere Familien stark trifft, nachdrücklich zu bemühen.

4.3. Ein Solidarsystem in der Drei-Generationen-Perspektive

Die Betrachtung von Familie in einer Drei-Generationen-Folge von Familie ist konstitutiv geworden für die kritische Analyse des aktuellen Systems der sozialen Sicherung in der Bundesrepublik Deutschland. Ausgangspunkt ist die Aussage *Wilfrid Schreibers*: "Das Königseinkommen von heute ist das Arbeitseinkommen - Arbeit im weitesten Sinne verstanden. Das vitale Problem des Industrialismus ist daher die Verteilung des Lebenseinkommens auf die drei Lebensphasen: Kindheit und Jugend, Arbeitsalter und Lebensabend" (*Schreiber* 1971, 295). Aufgabe einer modernen Theorie der Sozialpolitik müsse es sein, sich über die daraus folgenden Konsequenzen ein klares Bild zu verschaffen. Nur wenn eine gegebene Problemlage erkannt sei, könne sinnvolle Politik greifen. Nach *Schreiber* (1971, 291) erfordern die "Kriterien der sozialen Gerechtigkeit" eine Verteilung, die sowohl den Unterhalt der mittleren Generation als auch "die Aufzucht von Kindern und die Erhaltung der Alten ermöglicht".

Den damit gedachten gesellschaftlichen Zusammenhang veranschaulicht Abbildung 3. Den einfachsten Zugang findet man zu den hier enthaltenen Implikationen, wenn man die Lebenslinie der 2. Generation betrachtet. Dort zeigt sich, daß sie während der Kindheitsphase Leistungen von seiten der dann im Erwerbsalter stehenden Elterngeneration (1. Generation) empfängt (Pfeil a). Dafür unterhält sie diese Elterngeneration in deren letzter Lebensphase (Pfeil b). Zudem gewährt sie während ihres Erwerbsalters den Kindern der 3. Generation Unterhalt (Pfeil c) und empfängt von dieser Generation ihren

Alters-Unterhalt, sobald diese in das Erwerbsalter und sie selbst in die Phase des Lebensabends hineingewachsen sind (Pfeil d).

Abbildung 2:   Existenzminimum nach geltendem Steuerrecht und tatsächliches Existenzminimum

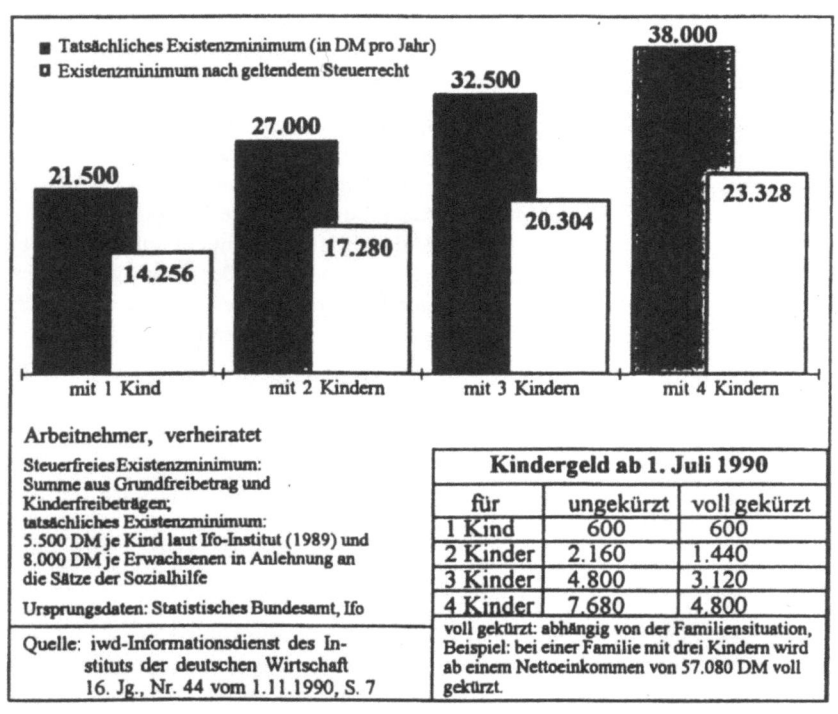

Hier stellt sich zunächst ein Bild der realen Leistungsströme dar, das dem berühmt gewordenen Satz von *G. Mackenroth* (1952, 41) exakt entspricht, "daß aller Sozialaufwand immer aus dem Volkseinkommen der laufenden Periode gedeckt werden muß". Das ist der Satz von der "Einheit des Sozialbudgets", dem finanzierungstechnisch das im System der dynamischen Rente verwendete Umlageverfahren entspricht.

Dieses Bild der realen Leistungsströme wird jedoch von einem anderen Bild, dem der Rechte und Ansprüche, überlagert. So soll gemäß obiger Darstellung ein Recht auf Versorgung im Alter infolge der Vorleistungen während der Zeit der Erwerbstätigkeit begründet werden (s. Schleife). Zugleich entsteht eine Verpflichtung, während der Zeit der Erwerbstätigkeit die Unterhaltsleistungen der Kindheitsphase rententechnisch abzugelten. Dieser Systemidee folgend, leistet Sozialpolitik einen intertemporalen Ausgleich der Lebenseinkommen in engeren sozialen Gruppen zum Zweck der Sicherung bestimmter Lebensstandards oder Versorgungsniveaus (vgl. *Liefmann-Keil* 1961).

Bekanntlich sind diese Reformideen nur unvollkommen in das Gesetzgebungswerk der Rentenreform in der Bundesrepublik eingegangen. Die Idee der 'Kinderrenten' wurde nur als Annäherung in Form von Kindergeldzahlungen realisiert. *Schreibers* Vorstellung geht dahin, "daß jegliches, auch das heutige Kindergeldsystem in ökonomischer Sicht immer ein Geben und Nehmen ist, - ein Einkommenstransfer aus der Erwerbsphase vorgreifend in die Kindheit, eine Kindheitsrente, die man vorschußweise bekommt und später, nach Eintritt ins Erwerbsleben wieder abdeckt, mögen diese späteren Gegenleistungen nun Steuern oder Beiträge oder Tilgungsraten heißen" (*Schreiber* 1992, 113). Von Anbeginn ist deshalb eine zentrale Voraussetzung eines Systems dynamischer Renten mißachtet worden, die nämlich, daß "das 'Geschäftsvolumen' einer Volksrentenanstalt nicht abnimmt, sondern eher zunimmt". Lediglich "bei einem stetig wachsenden Volk" gilt diese Voraussetzung als von vornherein gesichert (*Schreiber* 1971, 288).

Abbildung 3: **Naturale Leistungsströme zwischen den Generationen und rechtliche Leistungsbilanz innerhalb einer Generation**

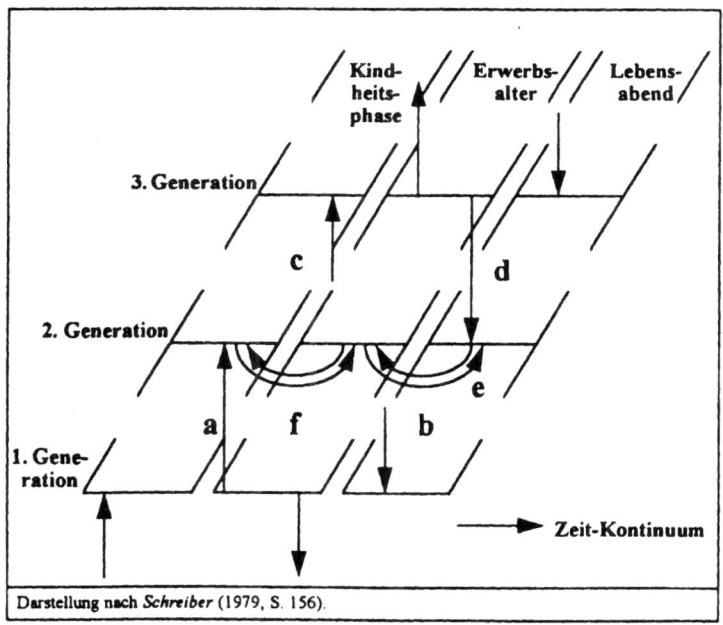

Darstellung nach *Schreiber* (1979, S. 156).

Auch unter rententechnischen Gesichtspunkten wird die Sicherung eines bestimmten Bestandes an Humanvermögen konstitutiv für die Aufrechterhaltung eines (Sub-) Systems moderner Gesellschaft, dessen Existenzfähigkeit von den gerade regierenden Parteien stets als besonders verläßlich gepriesen wird. Ohne die Leistungen der Familien für die nachwachsende Generation, die - wie in 4.2. gezeigt wurde - zu ca. zwei Dritteln aus individuell erbrachten Eltern- bzw. Familienaktivitäten bestehen, kann dieser Schlüsselbereich sozialer Sicherheit nicht überleben. Ein Altersaufbau, der einer zahlenmäßig schrumpfenden Erwerbsbevölkerung anteilig steigende Lasten für die Versorgung von Nichterwerbstätigen aufbürdet, könnte Anlaß zu Umverteilungskämpfen zwischen den Generationen bieten, zu einer Aufkündigung des Solidarvertrags durch die Erwerbsbevölkerung in Richtung auf die 'Kinder' und 'Alten'. So kann z.B. nicht ausgeschlossen werden, daß jene Mitglieder einer Generation, die sich von den Ansprüchen überfordert fühlen, welche tagtäglich mit der Erziehung und dem Unterhalt von Kindern verbunden sind, mit dem Verzicht auf Familie reagieren, d.h. ihre ohne Zweifel vorhandenen Kinderwünsche nicht realisieren.

Vor diesem Hintergrund konnte es nicht verwundern, daß es kürzlich für all diejenigen, die das außerordentlich hohe Niveau der sozialen Sicherung in der Bundesrepublik Deutschland voraussetzungslos als gewährleistet ansahen, eine böse Überraschung gab. Wiederum wurde das höchste deutsche Gericht, das Bundesverfassungsgericht, in Familiensachen tätig. In seinem Urteil vom 7. Juli 1992 verpflichtete es den Gesetzgeber ausdrücklich, "den Mangel des Rentenversicherungssystems, der in den durch Kindererziehung bedingten Nachteilen bei der Altersversorgung liegt, in weiterem Umfang als bisher auszugleichen" (BVerfG 1992a, Leitsätze, 1, Abschnitt 2). Bisher seien zwar "erste Schritte zum Ausgleich bestehender Ungleichheiten" unternommen worden. Darüber hinausgehend habe allerdings der Gesetzgeber "sicherzustellen, daß sich mit jedem Reformschritt die Benachteiligung der Familie tatsächlich verringere" (BVerfG 1992a, Leitsätze, 3, Abschnitt 3).

Offensichtlich vertritt das Bundesverfassungsgericht die Auffassung, daß die gegenwärtige Rechtslage nicht den Forderungen entspricht, die aus dem Prinzip der Solidarität zwischen den Generationen, das weitgehend mit dem Familienprinzip korrespondiert, abzuleiten sind. In seinen Argumenten weist das Bundesverfassungsgericht darauf hin, daß Familienpolitik konstitutiver Teil einer Politik ist, die den Ansprüchen eines modernen demokratischen Rechtsstaats genügen will. Das heißt: Es ist zunächst davon auszugehen, daß in einem demokratischen Rechtsstaat die individuellen Grundrechte als Freiheitsrechte begründet sind, als Freiheiten des Individuums gegenüber Staat und Gesellschaft. Zugleich ist aber darauf aufmerksam zu machen, daß mit der Existenz von Familien als gesellschaftlicher Institution dem Einzelnen Pflichten zuwachsen. Mit der Übernahme von Familienfunktionen begründen sich Pflichten, für andere Menschen Verantwortung zu übernehmen.

Grundsätzlich werden Menschen in Familien hineingeboren. Familie zu haben, in Familien zu leben, erscheint dem Einzelnen als Selbstverständlichkeit. Ohne den Rückgriff auf Familie ist jegliche soziale Existenz undenkbar. - Es ist allerdings nicht selbstverständlich, daß auch eine Generationenfolge begründet wird. Eine gesellschaftlich sanktionierte Pflicht, Familien zu gründen, ist unvereinbar mit den Prinzipien eines demokratischen Rechtsstaats und den damit verknüpften individuellen Grundrechten. Es ist exakt diese für Einzelne 'herstellbare' Asymmetrie zwischen Rechten und Pflichten in einem demokratischen Rechtsstaat, der in der gegebenen Form Alterssicherung garantiert, die eines Ausgleichs bedarf. Oft ist dieser Ausgleichsmechanismus über den Tatbestand der Solidarität gewährleistet. Er ist damit aber nicht zwingend etabliert. Wo immer Asymmetrien solcher Art denkbar oder spürbar werden ('Free rider'-Positionen nennt sie die Ökonomik), wird Familienpolitik zu einer Politik der Gewährleistung von Symmetrien zwischen Rechten und Pflichten im Zeichen einer sozialen Gerechtigkeit.

Grundsätzlich ist - so zeigte sich durchgängig - Familienpolitik Familien-Lastenausgleichspolitik. Das gilt für jegliche moderne Industriegesellschaft und damit auch für die Europäische Gemeinschaft.

4.4. Familie und Wirtschaft

Mit dieser kritischen Analyse des sozialen Sicherungssystems wird zugleich die Fragwürdigkeit der These unterstrichen, allein die "Wirtschaftskraft" eines Systems bestimme die Niveaus der zu erbringenden Sozialleistungen. Ohne das Humanvermögenspotential gibt es keine 'Wirtschaftskraft'. Unübersehbar tritt hier die unaufhebbare Komplementarität zwischen Humanvermögen und Realvermögen ins Blickfeld. Das gilt dann auch für die Notwendigkeit der Verschränkung der Politikebenen. Oft heißt es: Familienpolitik schade der Wirtschaftspolitik; sie mindere die wirtschaftliche Effizienz. Ihren Wohlstand verdanke die Gesellschaft der Wirtschaft, deshalb müsse sich die Sozialpolitik und mit ihr die Familienpolitik stets der Wirtschaftspolitik unterordnen.

Unter dem oben genannten Gesichtspunkt empfiehlt es sich, diese These deutlich zu relativieren. Im Zeichen der Dominanz erwerbswirtschaftlichen Denkens in Industriegesellschaften ist es notwendig, ständig an eine grundlegende Tatsache zu erinnern. Im Lebenszyklus geht die familiale und schulische Sozialisation stets der Erwerbstätigkeit voraus. Nur mit dem Sozialisationserfolg von Familie und Schule wird effiziente Wirtschaft möglich. Eine intakte Welt der Familien ist als unverzichtbare Voraussetzung für die Schaffung einer effizienten Arbeitswelt anzusehen. Ohne einen tragfähigen Unterbau an humanem und geistigem Vermögen wird nicht nur die Hoffnung auf Wohlstandssteigerungen, sondern selbst die auf Wohlstandsbewahrung durch ein effizientes Wirtschaftssystem zu einer Illusion; ohne diese Basis an Humanvermögen unterbleibt auch jegliche Übertragung kultureller und moralischer Werte.

Die bildungs- und entwicklungstheoretische Forschung berichtet über zentrale Zusammenhänge zwischen der Stabilität der Familien und der Arbeitsproduktivität der Wirtschaft. Nicht wenige Wissenschaftler meinen, sie sinke in verschiedenen Ländern vor allem deshalb, weil infolge der Schwächen in der Sozialisationsfähigkeit vieler Familien die nachwachsende Generationen erhebliche Befähigungs- und Bildungsdefizite aufweist. Trotz Führungsleistungen in Forschung und Technologie seien z.B. die Firmen der USA im Alltag nicht in der Lage, die neuen bahnbrechenden Ideen im konkreten Produktionsprozeß wegen unzureichender Arbeitsqualifikation in Innovationen, d.h. in absatzfähige Produktneuerungen, umzusetzen. Amerikanische Kollegen prognostizieren, ihr Land setze seine wirtschaftliche und politische Stärke aufs Spiel, weil die Erkenntnis nicht greife, daß die Investition in den jungen Menschen die wichtigste aller Investitionen ist.[20] Eine Gesellschaft zerstöre sich selbst, wenn ihre Gesellschaftspolitik nicht grundlegend familienpolitischen Erfordernissen entspreche. Mit diesen

---

[20] Über die Bedeutung solcher Investitionen in Humanvermögen urteilt *Theodore W. Schultz*: Der jeweilige Erfolg der Arbeit werde bestimmt durch die Fähigkeit der Akteure, Handlungspotentiale in einer Welt, in der sich die Rahmenbedingungen permanent verändern, so wahrzunehmen, daß ein angestrebtes Niveau der Lebenslage nicht nur erreicht, sondern in seiner Qualität eher überboten wird. Gemeint ist die Fähigkeit zu lernen, sinnvolle Arbeit zu verrichten, Neues zu schaffen und Ungleichgewichte zu bewältigen. Er betont damit, daß die Investition in Menschen und deren Wissen als entscheidender Faktor der Sicherung und Steigerung menschlicher Wohlfahrt anzusehen seien und daß diese Leistung wesentlich in den Familienhaushalten erbracht werde (vgl. *Schultz* 1975, 827-846; 1981).

Abbildung 4: **Zur Interdependenz von familialem und sozialökonomischem System - Bildung von Humanvermögen und gesellschaftliche Produktivität**

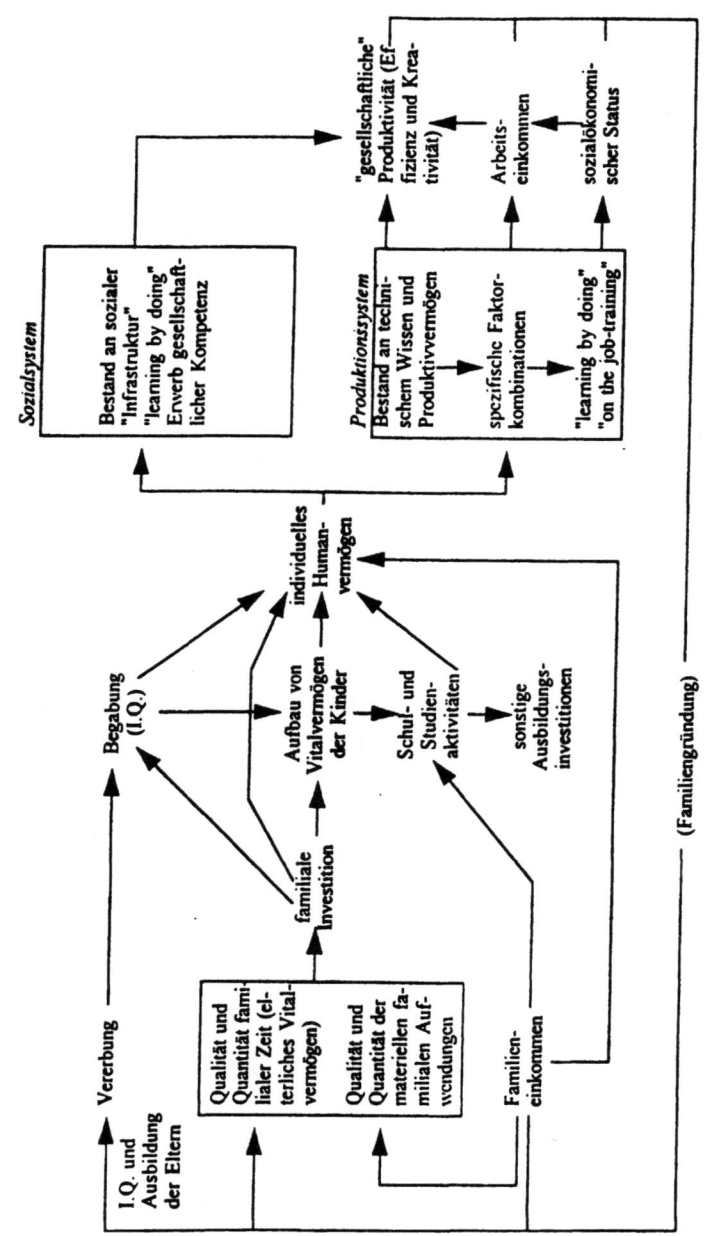

Feststellungen bestätigt die heutige Wissenschaft lediglich die Relevanz der klassischen These von der Notwendigkeit der Solidaritä: einer Gesellschaft mit ihren Kindern. Die Basis für jene Makro-These ist die Einsicht, daß Familientätigkeit und Elternschaft entscheidend zur Schaffung jenes geistigen und humanen Vermögens beitragen, das die Überlebensfähigkeit einer Gesellschaft sichert.

Man sollte nicht sagen, das sei für Europa kein Thema. Familienarmut muß nicht unbedingt mit einem Einkommensniveau unter dem Existenzminimum gleichgesetzt werden. Es geht hier um die Tatbestände der relativen Armut und der Diskriminierung. Das Problem, das sich hier stellt, ist für Europa weniger das der Ungleichverteilung zwischen reichen und armen Haushalten. Es ist vor allem ein Problem der Ungleichbelastung von Lebensgemeinschaften mit Kindern und ohne Kinder. Wird diese Ungleichbelastung als ungerecht und unsolidarisch betrachtet, droht eine (stillschweigende) Verweigerung gegenüber Familie oder ein (offener) Umverteilungskampf der Eltern gegen die Kinderlosen. Beides wird die Leistungsfähigkeit der Wirtschaft nicht steigern. Grundlegende Ursache für die gesellschaftlich unzureichende Berücksichtigung der Belange der Familien ist eben eine törichte Unterbewertung ihrer gesellschaftlichen und volkswirtschaftlichen Leistungen.

5. Europäische Familiencharta: ja - Ex ante-Harmonisierung: nein!

In den Abschnitten 4.1. bis 4.4. wurden schwerpunktmäßig Makro-Fragen der Familienpolitik erörtert, Fragen, die die Mitgliedsländer der EG ebenso berühren wie die Bundesrepublik Deutschland (auf die allein in unseren Zahlenangaben abgestellt wurde). Offensichtlich ist es kein Zufall, daß sich diese Abgrenzung mit den einschlägigen Auffassungen der EG-Kommission deckt. So meint z.B. *K.-H. Narjes* (1988, 381 f.), daß sich "die sozialpolitischen Aufgaben der EG ... mit wenigen Zahlen veranschaulichen" lassen. Er nennt

- die Relation zwischen Kindern und Jugendlichen bis zum 25. Lebensjahr (1984/85 in den zwölf Mitgliedstaaten: 122 Mio.) einerseits und Erwachsenen andererseits (200 Mio.) sowie
- deren weitere Untergliederung in: erwerbstätig 38 vH, erwerbsfähig, aber arbeitslos 5 vH und "abhängig" vom sozialen Leistungssystem in Ruhestand oder Frühinvalidität 57 vH.

"Die Zukunft Europas liegt auf den Schultern der 105 Mio. Jugendlichen, die heute noch Schulen, Hochschulen oder berufliche Ausbildung durchlaufen" markiert er den Aufgabenschwerpunkt für Sozialpolitik in der EG. Es fällt auf, daß er dann gleich über die Bedeutung von Bildungspolitik redet, die deren Weg in die Erwerbsarbeit besser vorzubereiten habe. Über den Stellenwert von Familie erfährt man in diesem Zusammenhang nichts. 'Familie' als Begriff erscheint lediglich in einer unstrukturierten Aufzählung der Bereiche 'sozialer Sicherheit'. - Gleichwohl verlautet abschließend zum Stichwort 'Perspektiven der Europäischen Sozialpolitik': "Die Verwirklichung der sozialen Kohäsion verbunden mit einer kooperativen Wachstumsstrategie sind der wesentliche Beitrag zur Sicherung des sozialen Gleichgewichts in der Gemeinschaft" (*Narjes* 1988, 385). Vorher jedoch hatte der Autor notiert: "Der soziale Schutz der Wanderarbeitnehmer verdeutlicht bisher am besten den Ansatz einer kohärenten Sozialpolitik der Gemeinschaft" (*Narjes* 1988, 379).

Aber: Ist es belanglos, daß - wie *Narjes* weiter feststellt - "die Familie ... in ihrer Kohäsion durch alle Formen der Wanderungen aufs schwerste erschüttert (wird)", daß auch dann, "wenn der Familienzusammenhang ... gewahrt bliebe", den Abgewanderten weit gefächerte Lebenswirklichkeiten der gegenseitigen Hilfe durch Sippen und Nachbarschaft, "von Spannung und Kooperation, also auch von Sicherheit", verlorengehen? Trifft hier nicht wiederum *Achinger*s Feststellung zu, daß "die ganze ursprüngliche Konzeption der sozialen Sicherung ... durch eine ausgesprochene Familienfremdheit gekennzeichnet (erscheint)" (*Achinger* 1958, 39, 41)? Kann außer acht gelassen werden, daß jedes System der sozialen Sicherung auf **Familie und Arbeit** rekurriert? Ist hier nicht grundsätzlich über eine Neuordnung der Sicherungssysteme im Sinne der Einheit der Lebensverhältnisse nachzudenken? Könnte nicht darin eine zentrale gesellschaftspolitische Aufgabe zu sehen sein, die die EG zu lösen hat?[21]

Eindeutig ist unseres Erachtens nur eines: Jegliche Variante von Sozialpolitik hat zu beachten, daß keine ihrer Einrichtungen und Maßnahmen die Familie gefährden darf. Dieses Votum ist seit *Mackenroth*s gewichtigem Monitum (1952) in der deutschen Theorie der Sozialpolitik als ständige Mahnung präsent (vgl. *Krüsselberg* 1979, 160 ff.) und durchzieht nunmehr auch durchgängig die Grundaussagen des deutschen Bundesverfassungsgerichts. Welche Aktivitäten im einzelnen gefordert sind, bedarf jedoch stets einer konkreten Analyse. Ansatzpunkte gibt es in großer Fülle; vielfach werden sie als Rechte für Familie bezeichnet, die durch eine Europäische Familiencharta zu schützen seien:

- Wahrung und Förderung des natürlichen Rechts der Eltern, sich für Kinder zu entscheiden und sie zu erziehen. Das bedeutet einmal: Korrektur jener zahlreichen 'Anreize' im Steuer- und Sozial-(-versicherungs-)recht, auf Nachkommenschaft zu verzichten, zum anderen: 'Investitionshilfen' für die 'Aufbauphase' von Familien;
- Sicherung des sozialen (Einkommens-) Existenzminimums für alle Familienmitglieder einschließlich einer angemessenen Altersversorgung bei Elternschaft;
- Gewährleistung der Vereinbarkeit von Familie und Beruf durch flexible Arbeitsverhältnisse und familienunterstützende Betreuungseinrichtungen;
- Aufhebung jeglicher Diskriminierung von Kindern, Frauen und Familien im Alltag und Berufsleben (s. etwa COFACE 1989; *Hasinger* 1991).

Es wäre gewiß hilfreich, wenn die EG auf der Linie bereits vorliegender Anregungen eine Europäische Familiencharta entwerfen könnte. Davon würden nicht zuletzt die nationalen familienpolitischen Programme profitieren. Offen bleibt gleichwohl, ob ge-

---

[21] In der Festschrift, die *Heinrich Franke* zum 65. Geburtstag gewidmet wurde, werden unter dem Titel: "Zusammenwachsende Arbeitsmärkte und Sozialräume" ausführliche Stellungnahmen über die "Arbeits- und Sozialpolitik auf dem Weg zum EG-Binnenmarkt" vorgelegt. Schwerpunktmäßig wird das Thema: Familienpolitik auf EG-Ebene nicht erörtert. Lediglich *Rita Süßmuth* verweist darauf, daß die Sozialpolitik in den nächsten Jahren noch einige "Hausaufgaben" zu erledigen habe - nicht zuletzt jene Nachbesserung des Familienlastenausgleichs, die das Urteil des Bundesverfassungsgerichts vom 12.6.1990 fordert (vgl. *Buttler, Reiter* et al. 1993, 387).

meinschaftseinheitliche Regelungen erforderlich sind. Die damit geäußerte Skepsis geht vor allem darauf zurück, daß die sozialen Sicherungsnetze in Europa auf sehr unterschiedliche Leitbilder und Traditionen zurückzuführen sind: Zentralistische und föderative Staatskonzepte konkurrieren ebenso miteinander wie Ideen über staatsfreie Räume, Ansprüche auf Mitbestimmung und Selbstverwaltung sowie Möglichkeiten, das Verhältnis zwischen den Geschlechtern (Gleichstellung, Gleichbehandlung, Geschlechterrivalität) neu zu ordnen.

In diesem Zusammenhang wird - namentlich in der Bundesrepublik Deutschland - Kritik bezüglich der Rechtsprechung des EuGH im Sozialbereich laut. Vorgeworfen wird dem EuGH "mangelhafte Rücksichtnahme auf den Gesamtzusammenhang nationaler Rechtsvorschriften" (O. *Schlecht*) - nicht zuletzt im Sinne einer "Entterritorialisierung von Sozialleistungen". Hier hat der EuGH z.B. ermöglicht, daß der 'Export' einer **beitragsunabhängigen** Sozialleistung ohne jeden Bezug zu einer anderen nationalen Sozialversicherungsleistung erstritten wurde. Das steht in eklatantem Gegensatz zur Forderung des Deutschen Bundestags, im Bereich der Gewährung von Sozialleistungen in der Regel nach dem Territorialitätsprinzip zu verfahren (s. sowohl zur Verweisung auf *Schlecht* als auch zur Darstellung des Falles: *Clever* 1992, 1 und 5). Hier kommt es zu Kollisionen im Bereich der Zuständigkeiten und zu Konflikten bezüglich der Zuständigkeitsordnungen. Das ist ein Konflikt zwischen ordnungspolitischen Grundsatzentscheidungen.

In der deutschen Sozialpolitik ist diese Debatte vielfach geführt worden: Es ging um die Beziehungen zwischen Solidaritäts- und Subsidiaritätsprinzip. Nicht immer hat sich das Subsidiaritätsprinzip gegenüber dem Solidaritätsprinzip behaupten können. Unter dem Aspekt der erforderlichen Solidarität ist häufig der Vorrang der Kollektivverantwortlichkeit und wegen der Umverteilungskomponente in Einrichtungen sozialer Sicherung deren zentralistische Ausformung reklamiert worden. Ob dies dem verlangten hilfreichen Beistand förderlich sei, bezweifelt das Subsidiaritätsargument. Es plädiert für den Einsatz von Trägern, die den zu fördernden Handlungseinheiten näherstehen, ihre Probleme und Ressourcen besser zu beurteilen vermögen und deshalb zielgerichteter agieren können.

Wenn das Subsidiaritätsprinzip im Sozialraum EG von Belang sein soll, müssen Einzelinitiativen im Feld der Familienpolitik eher ermutigt als (vor dem Hintergrund befürchteter politischer Konflikte) diskreditiert werden. Dazu eignet sich eine dezentrale Strategie eindeutig besser als eine zentrale, zumal wichtige Aufgaben von Familienpolitik unterhalb der Ebene nationaler Gesetzgebung in staatsfreien Räumen (Tarifautonomie) zu bewältigen sind. Wenn zu unterstellen ist, daß bei sinkender Bevölkerung zur Abwendung ernsthafter Produktivitätsverluste die Frauenerwerbstätigkeit zunehmen muß, dürfte - zumindest für die Bundesrepublik Deutschland - zu erwarten sein, daß familienpolitisch förderliche Maßnahmen in der Arbeitswelt durchsetzbar sind.

Was Unternehmen, Tarifpartnern und unter Umständen auch Gemeinden möglich ist, darf der staatlichen Gesetzgebung nicht verwehrt sein. Familienpolitische Leistungen sind Maßnahmen zur Verbesserung der sozialen Infrastruktur; deren Ausbau ist eindeutig zu begrüßen, wenn die Argumente des Abschnitts 4. tragen. Natürlich können im EG-Bereich bei solchen Begünstigungen für Familien keine unterschiedlichen Behandlungen von EG-Staatsangehörigen zulässig sein. Unverzichtbar bleibt jedoch die Forderung, daß nicht wiederum "als erste Frucht der neuen Ära" - wie es bei sozialpolitischen Aktivitäten der Vergangenheit vielfach zu beobachten war - einer Verschärfung der "Trennung zwischen Familien- und Arbeitsleben" (*Achinger* 1958, 40) Vorschub geleistet wird. Unter familienpolitischem Aspekt darf keine Differenzierung zwischen einem Beschäftigungslandprinzip und einem Wohnsitzlandprinzip vorgenommen werden. Ein 'Domizilprinzip' ist durchzusetzen, wenn soziale Verantwortlichkeit gegenüber Familie greifen will. Jede extreme Individualisierungsrechtsprechung birgt einen Verstoß gegen das Familienprinzip in sich.

Hinzu kommt zudem, daß jeder gesetzliche Zwang, der "auf dem eigenen Staatsgebiet gewährte Leistungen bei dauerhaftem Wohnsitzwechsel in einen anderen Staat einer Exportpflicht unterwirft", die bereits genannten politischen Konflikte verschärft, weil (und solange) das Prinzip der nationalen Finanzierung gilt. Es ist nicht auszuschließen, daß damit all jenen, die familienpolitische Blockaden wünschen, in die Hand gearbeitet wird (vgl. *Clever* 1992, 5).

"Die Gemeinschaft steht vor weitreichenden Entscheidungen, die demokratische Legitimität zu stärken, sowie Exekutive und Legislative in ihrer Entscheidungsfähigkeit effizienter zu machen. Dies gebietet - vielleicht im Gegensatz zu den Anfangsjahren der EG, als sich der EuGH als Integrationsmotor verstehen und ohne Gefahr eines Akzeptanzverlustes auch als treibende Kraft agieren konnte - heute ein größeres Maß an Zurückhaltung gerade auf den für die Bürger besonders sensiblen Feldern des Arbeits- und Sozialrechts" (*Clever* 1992, 6).

Wenn unsere in 2. dargestellte Auffassung über soziale Integration und gesellschaftliche Offenheit zutrifft, können solche "Entscheidungen, die demokratische Legitimität zu stärken", nur bedeuten, daß es gelingt, ein Bewußtsein zu wecken für ein gemeinsames Wert- und Normensystem. Nur dann kann das darauf fußende Recht Akzeptanz erwarten. Von einem konsensfähigen Wert- und Normensystem, auf das sich eine Verfassung Europas gründen könnte, die die Erweiterung von einer Wirtschaftsgemeinschaft zu einer Wirtschafts- und Sozialunion legitimiert, ist bislang (zu) wenig zu erkennen. Ein unentbehrlicher Schritt auf dem Weg dorthin ist, daß die Interdependenzen zwischen den wirtschaftlichen und sozialen Lebensbereichen hinreichend reflektiert und einem Integrationsmodell zugeordnet werden, dessen Dynamik aus Vielfalt erwächst. Das könnte auch eine Maxime für eine europäische Familienpolitik sein.

Literatur

Achinger, Hans (1958), Sozialpolitik als Gesellschaftspolitik, Hamburg.

Albers, Willi (1986), Auf die Familie kommt es an, Stuttgart.

Amt für amtliche Veröffentlichungen der Europäischen Gemeinschaften (Hrsg.) (1985), WSA-Jahresbericht 1984, Luxemburg.

Amt für amtliche Veröffentlichungen der Europäischen Gemeinschaften (Hrsg.) (1991), Das Europäische Parlament und die Tätigkeit der Europäischen Gemeinschaft: Kurzdarstellungen, Luxemburg.

Amt für amtliche Veröffentlichungen der Europäischen Gemeinschaften (Hrsg.) (1992a), WSA-Jahresbericht 1991, Luxemburg.

Amt für amtliche Veröffentlichungen der Europäischen Gemeinschaften (Hrsg.) (1992b), Gemeinschaftscharta der sozialen Grundrechte der Arbeitnehmer, Soziales Europa, H. 1, S. 7-11.

Amt für amtliche Veröffentlichungen der Europäischen Gemeinschaften (Hrsg.) (1992c), Die Anwendung der Gemeinschaftscharta der sozialen Grundrechte der Arbeitnehmer durch die Europäische Gemeinschaft, Erster Bericht über die Anwendung der Gemeinschaftscharta der sozialen Grundrechte der Arbeitnehmer, Soziales Europa, H. 1, S. 13-27.

Amt für amtliche Veröffentlichungen der Europäischen Gemeinschaften (Hrsg.) (1992d), Vertrag über die Europäische Union vom 7. Februar 1992, Luxemburg.

Amtsblatt der Europäischen Gemeinschaften, Luxemburg:

1974 (ABl. Nr. C 13/1);

1983 (ABl. Nr. C 184/116);

1984 (ABl. Nr. C 175/84);

1986 (ABl. Nr. C 34/2);

1990 (ABl. Nr. C 327);

1991a (ABl. Nr. C 227/33);

1991b (ABl. Nr. C 242/3);

1992 (ABl. Nr. L 123/16, Art. 3).

Borchardt, Knut (1989), Die Europäische Einigung, o.O.

Bundesminister für Jugend, Familie und Gesundheit (Hrsg.) (1975), Zweiter Familienbericht, Bonn.

Bundesminister für Jugend, Familie und Gesundheit (Hrsg.) (1979), Leistungen für die nachwachsende Generation in der Bundesrepublik Deutschland, Stuttgart.

Buttler, Friedrich, Heinrich Reiter et al. (1993), Europa und Deutschland: Zusammenwachsende Arbeitsmärkte und Sozialräume, Stuttgart.

BVerfG (1992a), Urteil des Ersten Senats des Bundesverfassungsgerichts vom 7. Juli 1992 (hektographierte Fassung).

BVerfG (1992b), Beschluß des Zweiten Senats des Bundesverfassungsgerichts vom 25. September 1992 (hektographierte Fassung).

Clever, Peter (1992), Rechtsprechung des EuGH im Sozialbereich auf dem Prüfstand, Sozialer Fortschritt, 41.Jg., H. 1, S. 1-6.

COFACE (1989), Families in a frontier-free Europe, in: COFACE documents, o.O.

Dumon, Wilfried (1990), Family Policy in the EEC-Countries: A General Overview, in: *Wilfried Dumon* (Hrsg.), Family Policy in EEC-Countries, Luxemburg, S. 351-175.

Dumon, Wilfried (Hrsg.) (1991a), European Observatory on Family Policies: National Family Policies in EC-Countries in 1990, o.O.

Dumon, Wilfried (Hrsg.) (1991b), Families and Policies: Evolutions and Trends in 1989-1990 (Short Report), Brüssel.

Dumon, Wilfried (Hrsg.) (1992), National Family Policies in EC-Countries in 1991, Brüssel.

Fröhlich-Sander, Gertrude (1986), Das Wohl des Kindes - Aufgabe der Politik, in: *Gertrude Fröhlich-Sander* (Hrsg.), Kindeswohl - Wohl des Kindes?, Salzburg, S. 13-25.

Hasinger, Albrecht (1990), Herausforderung Europa, Stimme der Familie, 37. Jg., H. 4, S. 4-5.

Hasinger, Albrecht (1991), Familienpolitik in europäischer Dimension, Stimme der Familie, 38.Jg., H. 6, S. 8-10.

Hutte, Hans (1991), Jahresbericht 1990 der Verbindungsstelle für Internationale Familienfragen über die Tätigkeit der Familienorganisationen und Mitglieder des Deutschen Nationalkomitees der Internationalen Union der Familienorganisationen (UIOF), Bonn/Eichstätt.

Institut der deutschen Wirtschaft (Hrsg.) (1992), Dossier 11: Sozialraum Europa, Köln.

Jans, Bernhard (1992), Familienpolitik auf der Strecke? Stimme der Familie, 39.Jg., H. 6, S. 1-2.

Kaltenbach, Helmut (1990), EG-Binnenmarkt und die gesetzliche Rentenversicherung, in: *Winfried Schmähl* (Hrsg.), Soziale Sicherung im EG-Binnenmarkt, Baden-Baden, S. 39-54.

König, René (1965), Soziologische Orientierungen: Vorträge und Aufsätze, Köln/Berlin.

Kommission der Europäischen Gemeinschaften (Hrsg.) (1989), Mitteilung der Kommission über die Familienpolitik, KOM(89) 363 endg., Brüssel.

Kommission der Europäischen Gemeinschaften (Hrsg.) (1991a), Entwurf für eine Empfehlung des Rates über die Annäherung der Ziele und der Politik im Bereich des sozialen Schutzes, KOM(91) 228 endg., Amtsblatt der Europäischen Gemeinschaften, 1991 (ABl Nr. C 194), Luxemburg.

Kommission der Europäischen Gemeinschaften (Hrsg.) (1991b), Vorschlag für eine Empfehlung des Rates zur Kinderbetreuung, KOM(91) 233 endg., Amtsblatt der Europäischen Gemeinschaften, 1991 (ABl. Nr. C 242/3), Luxemburg.

Kommission der Europäischen Gemeinschaften (Hrsg.) (1992), Die Vollendung des Binnenmarktes 1992: Soziale Gemeinschaftspolitik, Luxemburg.

Krüsselberg, Hans-Günter (1977), Die vermögenstheoretische Dimension in der Theorie der Sozialpolitik: Ein Kooperationsfeld für Soziologie und Ökonomie, in: *Christian von Ferber* und *Franz-Xaver Kaufmann* (Hrsg.), Soziologie und Sozialpsychologie, Köln-Opladen, S. 232-259.

Krüsselberg, Hans-Günter (1979), Vitalvermögenspolitik und die Einheit des Sozialbudgets: Die ökonomische Perspektive der Sozialpolitik für das Kind, in: *Kurt Lüscher* (Hrsg.), Sozialpolitik für das Kind, Stuttgart, S. 143-179.

Krüsselberg, Hans-Günter, Michael Auge und *Manfred Hilzenbecher* (1986), Verhaltenshypothesen und Familienzeitbudgets: Die Ansatzpunkte der »Neuen Haushaltsökonomik« für Familienpolitik, Stuttgart/Berlin.

Krüsselberg, Hans-Günter, 1989, Ordnungstheorie - Zur Konstituierung und Begründung der Rahmenbedingungen, in: *Bernd Biervert* und *Martin Held* (Hrsg.), Ethische Grundlagen der ökonomischen Theorie: Eigentum, Verträge, Institutionen, Frankfurt, New York, S. 100-133.

Krüsselberg, Hans-Günter (1991), Die immanente Ethik des Vermögensbegriffs bei *Adam Smith*: Kooperationspotential einer freien und gerechten Gesellschaft, in: *Arnold Meyer-Faje* und *Peter Ulrich* (Hrsg.), Der andere *Adam Smith*: Beiträge zur Neubestimmung von Ökonomie als Politischer Ökonomie, Bern/Stuttgart, S. 193-222.

Lampert, Heinz (1980), Sozialpolitik, Berlin/Heidelberg.

Langguth, Gerd (1991), Grundrechte für Europas Frauen, EG-Informationen Extra, Nr.7, S. 3.

Liefmann-Keil, Elisabeth (1961), Ökonomische Theorie der Sozialpolitik, Berlin/Göttingen, Heidelberg.

Mackenroth, Gerhard (1952), Die Reform der Sozialpolitik durch einen deutschen Sozialplan, in: *Gerhard Albrecht* (Hrsg.), Verhandlungen auf der Sondertagung in Berlin, Berlin, S. 39-59.

Marquardt, Karl-Heinrich (1986), Europäische Aspekte einer Familienpolitik (Manuskript), Strasbourg.

Marquardt, Karl-Heinrich (1987), Europäische Aspekte einer Familienpolitik, in: *Otto Fichtner* (Hrsg.), Familie und soziale Arbeit, Frankfurt a.M., S. 766-821.

Narjes, Karl-Heinz (1988), Sozialpolitik in den Europäischen Gemeinschaften, in: *Bernd von Maydell* und *Walter Kannengießer* (Hrsg.), Handbuch der Sozialpolitik, Pfullingen, S. 376-386.

Neubauer, Erika et al. (1992), Zwölf Wege der Familienpolitik in der Europäischen Gemeinschaft: Eigenständige Systeme und vergleichbare Qualitäten? Bonn.

o.V. (1990), Second European Family Conference, COFACE Contacts - Special Issue, Dezember.

o.V. (1991), COFACE - Family Observatory: Relations on Sound Footing, COFACE Contacts, September, S. 4-6.

o.V. (1992), Industry and Families: Striking a Balance, COFACE Contacts, May/June, S. 3-5.

Peuckert, Rüdiger (1986), Integration, in: *Bernhard Schäfers* (Hrsg.), Grundbegriffe der Soziologie, Opladen, S. 138-140.

Reis, Klaus und *Manfred Wieland* (1990), Zur sozialen Dimension des Binnenmarktes, Frankfurt a.M.

Reiter, Heinrich (1991), Europas Stärke liegt in seiner Vielfalt, EGmagazin, Nr. 1/2, S. 20-21.

Rosenzveig, J. P. (1989), Auswirkungen der Gemeinschaftspolitik auf die Familie: Zusammenfassender Bericht eines Seminars der Kommission der Europäischen Gemeinschaften vom 17./18. April 1989 in Frankfurt a. M. (Manuskript).

Sachverständigenrat zur Begutachtung der gesamtwirtschaftlichen Entwicklung (1989), Jahresgutachten 1989/90, Deutscher Bundestag, Drucksache 11/5786, Bonn.

Schreiber, Wilfrid (1964), Kindergeld im sozio-ökonomischen Prozeß, Köln.

Schreiber, Wilfrid (1971), Existenzsicherheit in der industriellen Gesellschaft, in: *Bernhard Külp* und *Wilfrid Schreiber* (Hrsg.), Soziale Sicherheit, Köln/Berlin, S. 276-309.

Schreiber, Wilfrid (1992), Versuch einer ökonomischen Analyse des Systems der sozialen Sicherungen, in: *Philipp Herder-Dorneich* et al. (Hrsg.), Sozialpolitiklehre als Prozeß, Baden-Baden, S. 99-113.

Schultz, Theodore W. (1975), The Value of the Ability to Deal with Disequilibria, Journal of Economic Literature, Vol. 13, S. 827-846.

Schultz, Theodore W. (1981), Investing in People: Economics of Population Quality, Berkeley.

Schwaiger, Konrad und *Emil Kirchner* (1981), Die Rolle der Europäischen Interessenverbände, Baden-Baden.

Soziale Sicherheit in der EG (1990), München.

Walwei, Ulrich (1990), Arbeits- und Sozialrecht im Europäischen Binnenmarkt, in: *Friedrich Buttler, Ulrich Walwei* und *Heinz Werner* (Hrsg.), Arbeits- und Sozialraum im Europäischem Binnenmarkt, Nürnberg, S. 45-68.

Wingen, Max (1980), Familienpolitik, in: Handwörterbuch der Wirtschaftswissenschaft, Bd. 2, Stuttgart et al., S. 589-599.

Wirtschafts- und Sozialausschuß (Hrsg.) (1986), Die demographische Lage in der Gemeinschaft, Brüssel.

Wolfram, Herbert (1990), Familie - Familienpolitik - Familienorganisationen in Deutschland und Europa, Manuskript der Union Internationale des Organismes Familiaux.

Übersicht 3:   Kindergeld in Europa

Land	Höhe/monatlich	Altersgrenze	Sonstiges
B	1. Kind: 2356 bfr (114 DM) 2. Kind: 4359 bfr (210 DM) 3. Kind: 6508 bfr (315 DM)	18 Jahre bei Ausbildung/ Studium: 21/25 J.	Für Kinder über 6 Jahre Zuschläge. Zusätzliche Beihilfe für behinderte Kinder bis 21 J.
D	1. Kind: 70 DM (1992) 2. Kind: 130 DM 3. Kind: 220 DM	16 Jahre bei Ausbildung/ Studium: 27 Jahre	Bei höherem Einkommen stufen- weise Minderung. Für behinderte Kinder Zahlung ohne Altersgrenze
DK	Jedes Kind bis 3 Jahre 567 dkr. (147 DM), jedes Kind von 4-18 Jahren 475 dkr (123 DM)	18 Jahre	
E	Jedes Kind: 250 Pts (4 DM)	18 Jahre	Kinderreiche Familien erhalten Zu- schläge - je nach Anzahl der Kinder. Zuschlag für behinderte Kinder un- begrenzt
F	1. Kind: - 2 Kinder: 615 FF (180 DM) 3 Kinder: 1402 FF (412 DM)	17 Jahre bei Ausbildung/ Studium: 20 Jahre	Beim 1. Kind einkommensabhängige Leistungen nur bei Bedürftigkeit. Bei Kindern über 10 Jahren oder bei mindestens 3 Kindern Zuschläge. Zusätzliche Beihilfen für behinderte Kinder
GB	Pro Kind: 32,15 Pfund (93 DM)	16 Jahre bei Ausbildung/ Studium: 19 Jahre	
GR	1. Kind: 920 Dr (9 DM) 2. Kind: 3170 Dr (30 DM) 3. Kind: 6920 Dr (65 DM)	18 Jahre bei Ausbildung/ Studium: 22 Jahre	Bei höherem Einkommen stufen- weise Minderung. Zuschlag für be- hinderte Kinder - unbegrenzt
I	Arbeitnehmer, Arbeitslose und Rentner erhalten ein Familiengeld. 1. Familienangehöriger (FA): 60000 Lit (80 DM) 2. FA: 90000 Lit (120 DM) 3. FA: 160000 Lit (212 DM)	18 Jahre	Zu- und Abschläge je nach Ein- kommen. Ist ein Familienmitglied behindert, Erhöhung der Einkom- mensgrenze
IRL	Pro Kind 15,80 Pfund (41 DM)	16 Jahre bei Ausbildung/ Studium: 19 Jahre	
L	1. Kind: 1847 lfr (90 DM) 2 Kinder: 5629 lfr (270 DM) 3 Kinder: 12384 lfr (600 DM)	18 Jahre bei Ausbildung/ Studium: 25 Jahre	An Familien mit 2 und mehr Kin- dern über 6 Jahre wird einmal jährlich eine Schülerbeihilfe gezahlt. Zuschlag für behinderte Kinder
NL	Abhängig vom Alter der Kinder und Zahl der Familienmitglieder: Beträge pro Kind in Familien mit Kindern im Alter von 0-5 Jahre 1. Kind: 79 hfl (70 DM) 2 Kinder: 99 hfl (88 DM) 3 Kinder: 105 hfl (93 DM) 6-11 Jahre 113 hfl (100 DM)/ 142 hfl (126 DM)/ 151 hfl (133 DM)	17 Jahre bei Ausbildung/ Studium: 27 Jahre	
P	1. Kind: 1550 Esc (19 DM) 2. Kind: 1550 Esc (19 DM) 3. Kind: 2350 Esc (27 DM)	14 Jahre bei Ausbildung/ Studium: 25 Jahre	Bei Bedürftigkeit Erhöhung des Kindergeldes. Zeitlich begrenz- ter Zuschlag für behinderte Kinder

Quelle: Institut der deutschen Wirtschaft (iwd) 1992, S. 7.

Übersicht 4:   **Mutterschutzfristen in der EG**

Land	Mutterschutzfrist vor und nach der Entbindung	Leistungen des Arbeitgebers	Leistungen der Krankenkasse	Kündigungsschutz
D	14 Wochen	Aufstockung des Mutterschaftsgeldes auf 100% des Nettolohns für 14 Wochen	▪ Mutterschaftsgeld maximal 25 DM pro Tag, für 14 Wochen	Während Schwangerschaft und Erziehungsurlaub bzw. 4 Monate nach Entbindung
B	14 Wochen	▪ 100 Prozent des Verdienstes - für Arbeiterinnen 1 Woche - für Angestellte 1 Monat	▪ Nach Ende der AG-Leistung 79,5 Prozent des Verdienstes 30 Tage, danach 75 % bis Höchstgrenze, 14 Wochen	Während der Schwangerschaft bis einschließlich 1 Monat nach Erziehungsurlaub
DK	28 Wochen (4 Wochen vor, 24 Wochen nach der Niederkunft, 6 Wochen können davon auf den Vater übertragen werden)	▪ 90 Prozent des durchschnittlichen Verdienstes während der letzten 4 Wochen vor der Mutterschutzfrist für Arbeiterinnen ▪ Wenigstens 50 Prozent des durchschnittlichen Gehalts bis zu 5 Monaten für Angestellte (Arbeitgeber kann Erstattung verlangen)	▪ 90 Prozent des durchschnittlichen Verdienstes während der folgenden 15 Wochen für Arbeiterinnen (bis Höchstgrenze) ▪ Angestellte: Pauschalsatz für weitere 10 Wochen	Während Mutterschutzfrist und Erziehungsurlaub
E	16 Wochen		▪ 75 Prozent eines auf Grundlage der Sozialversicherungsbeiträge berechneten Grundlohnes für 16 Wochen	Während Schwangerschaft und Mutterschutzfrist
F	16 Wochen (ab 3. Kind 18 Wochen)	Zuschuß zum Krankengeld	▪ 84 Prozent des Tageslohnes bis zur Höchstgrenze plus Schwangerschaftshilfe	Während Schwangerschaft bis einschl. 1 Monat nach Erziehungsurlaub
GB	18 Wochen (4 weitere Wochen aus gesundheitlichen Gründen mit Attest)	▪ 90 Prozent des Normalverdienstes für 6 Wochen bei Betriebszugehörigkeit von mehr als 2 Jahren (Arbeitgeber kann später von Maternity Fund Erstattung verlangen)	▪ Pauschalsatz von 32,85 £ pro Woche während der anschließenden 12 Wochen ▪ Pauschalsatz während 18 Wochen, wenn weniger als 2 Jahre beschäftigt	Während Mutterschutzfrist

Übersicht 4: Mutterschutzfristen in der EG (Fortsetzung)

Land	Mutterschutzfrist vor und nach der Entbindung	Leistungen des Arbeitgebers	Leistungen der Krankenkasse	Kündigungsschutz
GR	15 Wochen (6 Wochen vor der Niederkunft)	▪ 15-30 Tage Lohnfortzahlung abzügl. Leistung der Krankenversicherung	▪ Pauschalsumme für Entbindungsgebühren ▪ 50 Prozent des Normallohnes für 98 Tage	Während Schwangerschaft bis Ende der Mutterschutzfrist
I	20 Wochen (8 Wochen vor der Niederkunft) 2 Freistunden täglich bis 1. Geburtstag des Kindes	▪ 20 Prozent des Normallohns	▪ 80 Prozent des Normalverdienstes, 8 Wochen vor, 12 Wochen nach der Niederkunft	Während Schwangerschaft und anschließend bis das Kind 1 Jahr alt ist
IRL	14 Wochen		▪ 70 Prozent des wöchentlichen Einkommens, 14 Wochen	Während Mutterschutzfrist
L	8 Wochen vor, 8 Wochen nach der Niederkunft		▪ Gleicher Betrag wie Krankengeld, 8 Wochen vor, 8 Wochen nach der Niederkunft	Während Mutterschutzfrist und Schwangerschaft
NL	16 Wochen	▪ 100 Prozent des Lohns für 16 Wochen. AG kann Erstattung von Sozialversicherung fordern	▪ 100 Prozent des Normalverdienstes, 16 Wochen	Während Schwangerschaft und anschließend 6 Wochen
P	90 Tage, 1 Freistunde pro Tag während 9 Monaten		▪ 100 Prozent des Normalverdienstes für 90 Tage	Während Mutterschutzfrist und 1 Jahr nach Entbindung

Quelle: Institut der deutschen Wirtschaft (Hrsg.) 1992, S. 54-55.

Übersicht 5:   Erziehungsurlaub in der EG

Land	Dauer des Erziehungsurlaubs	Finanzierung
D	▪ Für Mütter oder Väter für Geburten nach dem 1. Januar 1992 36 Monate Tarifvertraglich: zusätzlich bis max. 4 Jahre	- Bund: 600 DM monatlich, vom 7. Monat an Kürzung bei Höherverdienenden Tarifvertraglich: unbezahlt, nicht für Unternehmen < 500 Beschäftigten
B	▪ 1 Jahr für Mütter oder Väter ▪ 3 Jahre unbezahlten Urlaub	- Arbeitslosenversicherung: monatliche Pauschalsumme
DK	▪ 10 Wochen für Mütter ▪ 2 Wochen Sonderurlaub nach der Geburt für Väter	- 90 Prozent des durchschnittlichen Verdienstes für Arbeiter; mindestens 50 Prozent des durchschnittlichen Verdienstes für Arbeiter; mindestens 50 Prozent des durchschnittlichen Gehalts für Angestellte. Die Aufwendungen werden dem Arbeitgeber von der Sozialversicherung erstattet
E	▪ 1-3 Jahre für Mütter oder Väter unbezahlt, Verkürzung der täglichen Arbeitszeit um eine 1/2 Stunde möglich	
F	▪ Maximal 3 Jahre unbezahlt für Mütter o. Väter (oder beide) oder 3 Jahre Arbeitszeitreduzierung (Betriebe unter 100 Beschäftigte können Urlaub ablehnen)	- Krankenversicherung: ab 3. Kind Zuschuß von 2.400 FF monatlich
GB	▪ Bis 22 Wochen für Mütter, kein Rechtsanspruch - nur auf tariflicher Basis	- Arbeitgeber: In Tarifverträgen sehr unterschiedlich geregelt
GR	▪ bis 30 Monate	- unbezahlt
I	▪ 6 Monate während des 1. Lebensjahres des Kindes für Mütter oder Väter Tarifvertraglich: bis zum 3. Geburtstag des Kindes	- Krankenversicherung: 30 Prozent des Lohnes (nur Arbeiter) Tarifvertraglich: unbezahlt
IRL	▪ In der Regel kein Erziehungsurlaub (nur öffentlicher Dienst)	
L	▪ Kein Rechtsanspruch auf Erziehungsurlaub	
NL	▪ Kein Erziehungsurlaub, Mütter oder Väter mit Kind unter 4 Jahren haben Anrecht auf wöchentliche Arbeitszeitverkürzung	
P	▪ Kein Erziehungsurlaub, nur in Ausnahmefällen bis zum 3. Geburtstag des Kindes	- unbezahlt

Quelle: Institut der deutschen Wirtschaft (Hrsg.) 1992, S. 56.

Vermögenspolitik und Familienpolitik [1,2]

Hans-Günter Krüsselberg

1. Vermögenspolitik in einer Sozialen Marktwirtschaft

Schon *Adam Smith* sprach davon: Ein Mensch ist erst dann wirklich frei, wenn er in einem doppelten Sinn Vermögen erwerben kann, einmal an der eigenen Person, zum anderen - zumindest anteilig - an jenen Gütern, die er über seinen Lebensunterhalt hinaus produziert. Deshalb sollten die Gesetze eines Landes die Freiheit zur ungeteilten Vermögensbildung sichern als Freiheit der Person und als Freiheit zum persönlichen Erwerb nicht-humanen Vermögens. Dann werde - so dachten wie *Smith* auch andere Philosophen der Aufklärung - eine gesellschaftliche Entwicklung stattfinden, die den Menschen durch wirtschaftlichen Fortschritt Wohlstand ermöglicht und ihnen zugleich ihre religiöse, politische, ökonomische und soziale Unabhängigkeit sichert. Das aber ist jene Unabhängigkeit, die nach dem Wortlaut moderner Verfassungen der Würde des Menschen entspricht.

Diese gesellschaftspolitische Botschaft deckt sich uneingeschränkt mit der Auffassung jener Wissenschaftler und Politiker, die das Konzept der Sozialen Marktwirtschaft

---

[1]   Zuerst erschienen in: Evangelische Arbeitsgemeinschaft für Familienfragen (EAF) - Familienpolitische Informationen, 33. Jg., Nr. 5, S. 6-12, September/Oktober 1994.

[2]   Dieser Beitrag ist *Siegfried Keil* zu seinem 60. Lebensjahr gewidmet.

entwarfen. Unablässig warb *Ludwig Erhard* für seine Politik mit der These: Wohlstand für alle! Eigentum für jeden! Damit meinte er: Menschen sollten frei von Sorgen und Nöten leben können. Sie sollten Möglichkeiten haben, Eigentum zu erwerben und unabhängig zu werden von der Gnade anderer, auch des Staates. Sie sollten menschliche Würde entfalten können. Dazu gehört zunächst die Überwindung von Armut.

Die Chance zur Wohlstandsmehrung und die nicht minder wichtige der Wohlstandserhaltung ergibt sich einmal aus der Ausstattung des Menschen mit Hilfsmitteln zum Zweck der Produktion, vor allem aber aus seinen Fähigkeiten. Worum es hier geht, beschreibt einer der Nobelpreisträger für Wirtschaftswissenschaften, *Theodore W. Schultz*, mit folgenden Worten: Der jeweilige Erfolg der Arbeit wird durch die Fähigkeit der Akteure bestimmt, Handlungspotentiale in einer Welt, in der sich die Rahmenbedingungen permanent verändern, so wahrzunehmen, daß ein angestrebtes Niveau der Lebenslage nicht nur erreicht, sondern in seiner Qualität eher überboten wird. Erforderlich ist die Fähigkeit zu lernen, sinnvolle Arbeit zu verrichten, Neues zu schaffen und Probleme zu lösen. Diese Fähigkeiten zu vermitteln - so betont *Schultz* immer wieder -, stellt eine gesellschaftliche Leistung dar, die wesentlich in den Familienhaushalten erbracht wird. Diese Leistung erfordert nicht nur ein hohes Maß an zeitlicher Zuwendung; sie verlangt zudem von den Familien beachtliche Verzichte auf an sich verfügbare Einkommen, d.h. Konsumverzicht. Es geht um nicht mehr und nicht weniger als um eine "Investition" in Menschen und deren Wissen, eine Investition, die als entscheidender Faktor zur Sicherung und Steigerung menschlicher Wohlfahrt anzusehen ist.

Doch *Erhard* insistiert, daß erst dann, wenn auch die materielle Basis der Menschen geordnet sei, die "echten menschlichen Tugenden" zur Geltung kommen könnten: Fleiß, Nächstenliebe, "Verantwortungsfreudigkeit" gegenüber der Zukunft, der eigenen Familie oder auch dem Alter. Deshalb gehöre nicht nur die Förderung des privaten Eigentums an Haus und Boden, sondern auch die Förderung der Bildung von Geldvermögen und die der Beteiligung am Produktivvermögen in allen sozialen Schichten zum Programm einer Politik Sozialer Marktwirtschaft. Eine breite Streuung des sich bildenden Vermögens stärke nicht allein die wirtschaftliche Freiheit und Unabhängigkeit des Einzelnen und der Familien, sondern auch die Stabilität der freiheitlichen Wirtschafts- und Gesellschaftsordnung.

Im Mittelpunkt eines Konzepts der Sozialen Marktwirtschaft steht der Mensch als soziales Wesen. Als Kind wird er in eine menschliche Gruppe, die Familie, hineingeboren und bedarf zu seiner Entwicklung und persönlichen Entfaltung der Hilfe seiner Mitmenschen, insbesondere zunächst seiner Familie. Wie deren Lebenschancen werden auch die Chancen seiner Daseinsgestaltung von der Verfügbarkeit von Nahrung, Wohnung und Gebrauchsgütern bestimmt, die durch Arbeit als "Naturaleinkommen" bereitgestellt oder durch den Einsatz von Geldvermögen beschafft werden. Die Bereitstellung bzw. die Beschaffung setzen folglich das Vorhandensein von Menschen voraus, deren Aktivitäten für die Nutzung dieser Güter durch andere hilfreich oder gar unentbehrlich sind - bei der Zubereitung der Mahlzeiten, der Reinigung der Wohnung, bei Krankheitsfällen und Behinderungen. Zu jedem Zeitpunkt wird daher die Lebenslage eines Menschen maßgeblich bestimmt durch seine Zugriffsmöglichkeiten auf solche Ressourcen, die die Ökonomen materielles und immaterielles Vermögen nennen. Jegliche Existenz ist in diesem Sinne vermögensabhängig.

Vermögen sind "Vorschüsse". Als Geld oder Güter zum Zweck der Versorgung (Geld- oder Sachvermögen) und als Produktivgüter (Anlage- und Produktionsvermögen) sowie als erworbene und natürliche Fähigkeiten von Menschen (Humanvermögen) vor Beginn der in Frage stehenden Produktion angesammelt, ist ihre Existenz die Voraussetzung für jegliche wirtschaftliche und soziale Aktivität. Damit sind der Aufbau und die Bewahrung von Vermögen als grundlegende wohlfahrtsbestimmende Kräfte anzusehen. Nicht zuletzt deshalb haben alle Gesellschaften ihr Rechts- und Moralsystem so konstruiert, daß es Vermögensverzehr zu vermeiden sucht zur Sicherung des Leistungspotentials für die nachfolgenden Generationen. Gesellschaften, die sich der Verantwortung für die Lebenslage gegenwärtiger und zukünftiger Menschheit bewußt sind, suchen solche Institutionen aufzubauen und mit gesellschaftlicher Zustimmung auszustatten, die gewährleisten, daß Vermögen zumindest erhalten wird. Vermögenspolitik muß deshalb auch heute noch in einem Zusammenhang gesehen werden, der die Bildung von Humanvermögen, d.h. die Entwicklung von Menschen zu selbsttätig und selbstverantwortlich handelnden Persönlichkeiten, und die Bildung materiellen Vermögens in unmittelbarer Verknüpfung sieht. Nicht von ungefähr zählen zu den Grundrechten des Grundgesetzes der Schutz der Familie und des Eigentums. Eigentum im Sinne des Artikel 14 GG sind alle vermögenswerten Rechte.

2. Die Begriffsbestimmung von Vermögen

Vermögen ist ein sozialökonomischer Begriff, ein Begriff, mit dessen Hilfe ökonomische Tatbestände gesellschaftlich zugeordnet werden. Er stellt gegenüber außenstehenden Betrachtern verbindlich fest, welche Güter in der Verfügungsgewalt einer bestimmten Person, einer Gruppe, einer Organisation oder Institution stehen. Im Begriff des Vermögens ist einmal dieses Moment der Verfügungsgewalt, des "Besitzes", zum anderen der Hinweis auf ein mögliches Einkommen, das durch seinen Einsatz erlangt werden kann, enthalten. Die zielgerichtete Verwendung von Vermögen dient in Marktwirtschaften dem Erwerb von Geldeinkommen; zudem vermag sie (direkten) Nutzen zu stiften (z.B. Wohn- und Lebensqualität). Vermögen ist somit in seiner Gesamtheit jenes durch konkret verfügbare produktive Faktoren verkörperte Handlungspotential in den Händen von privaten Haushalten, Unternehmen oder des Staates, welches maßgeblich über die Lebenschancen, den Platz und Einfluß von Menschen in ihrer Gesellschaft bestimmt.

Vermögen zu besitzen bedeutet, jeweils über "Aktiva" verfügen zu können, deren Einsatz notwendig ist, um nützliche Güter und Dienstleistungen zu erzeugen. Der Begriff "Aktivum" ist ein Schlüsselbegriff der Bilanztheorie. In der Bilanz (z.B. eines Unternehmens) erfolgt die (bewertende) Bestandsaufnahme sowohl der Vermögensteile, über die eine Wirtschaftseinheit verfügt (Aktiva), als auch der Verbindlichkeiten (Passiva). Auf der Passivseite der Bilanz werden die Quellen und Wertsummen jener Ressourcen (Finanzierungsmittel) identifiziert, welche den Aufbau des Vermögensbestandes ermöglichten. Aussagen über Vermögen verlangen somit stets nach einer Präzisierung durch eine Wertangabe. Unbewertetes und unbewertbares Vermögen ist kein Vermögen im Sinne der Bestandsaufnahme in einer Bilanz.

Mit Hilfe der Bilanz kann jeweils eine präzise Zuordnung aller Vermögenseinheiten vorgenommen werden, über die die Akteure der Wirtschaft wie die Haushalte und Unternehmen, aber auch die Verantwortungsträger der öffentlichen Hand verfügen können. Vermögen gliedert sich jeweils auf in Geld- bzw. Finanzvermögen, sachliches Produktivvermögen und Humanvermögen. Humanvermögen ist einmal Arbeitsvermögen im Sinne von Vermögen, für dessen Einsatz Löhne und Gehälter gezahlt werden. Arbeitsvermögen ist jedoch mehr als nur Erwerbshumanvermögen. Da sich Dienstleistungen für andere nicht in Lohnarbeit erschöpfen, muß jede wirklich umfassende, vermögenspolitisch relevante Bestandsaufnahme bemüht sein, die gesellschaftliche Bedeutung auch jenes Arbeitsvermögens (als Nichterwerbs-Humanvermögen) hervorzuheben, dessen Wert aus den vielen Millionen von Arbeitsstunden resultiert, die in den Familienhaushalten geleistet werden. Deren Einsatz wird nicht über Marktpreise abgegolten, obwohl sich ihr gesellschaftlicher Wert in großen Volkswirtschaften wie der Bundesrepublik Deutschland nur in Milliarden von DM bemessen läßt. Nach wissenschaftlichen Untersuchungen, die in meinem Institut für Sozial- und Familienpolitik in Marburg durchgeführt wurden, reicht ihr Wert nahezu an die Größenordnungen der jährlich im sog. Sozialprodukt ausgewiesenen (im wesentlichen mit Marktpreisen bewerteten) Güter und Dienstleistungen heran.

Eine systematische Auswertung der Informationen über die in den Familienhaushalten als "Investition in den Menschen" getätigten Aufwendungen kommt zu dem Ergebnis, daß sich der Wertausdruck, der die ökonomische Bedeutung der Menschen einer Volkswirtschaft in ihrer Rolle als potentielle "Produktionsfaktoren" sichtbar und als "Humanvermögenswert" gesellschaftlich meßbar zu machen sucht, in der Bundesrepublik Deutschland (Bezugsjahr 1990) auf zumindest 15,3 Billionen DM beläuft. Dieses Vermögen ist deutlich höher als jenes (reproduzierbare) Sachvermögen, welches in der Öffentlichkeit meist allein als "Produktivvermögen" bezeichnet wird. Dessen vergleichbarer Wert belief sich 1990 auf 6,9 Billionen DM (5. Familienbericht, 145). - Wer solche Bewertungsbemühungen nicht mag, muß sich den Einwand gefallen lassen, daß stets gewertet wird und allein der Vergleich einschlägiger Wertangaben solche gesellschaftlich bedeutsamen Größenordnungen ins Bild rückt.

Jede Familienpolitik - so zeigt sich - ist ein bedeutsamer Teil moderner Vermögenspolitik: wo sonst als in Familien entsteht die wichtigste Variante von Vermögen, das menschliche Handlungsvermögen? Auch in der hier verwendeten ökonomischen Perspektive darf ein Tatbestand nicht übersehen werden: Im Erziehungsprozeß vermitteln die Eltern mehr als lediglich die Qualitäten des Arbeitsvermögens. Zunächst wird nämlich in diesem Prozeß der Heranführung junger Menschen an Lebenserfahrungen die Fähigkeit geschaffen, sich überhaupt in menschlichen Gruppen zurechtzufinden. Allmählich gewinnt der junge Mensch seine Persönlichkeitsmerkmale und die Einsicht in die Normen gesellschaftlichen Lebens. Verhaltenssicherheit entsteht nicht allein durch den Erwerb von sozialer Daseinskompetenz, sondern auch durch die Gewährleistung von Gesundheit. Diese Dimensionen von Humanvermögen sollte man meines

Erachtens durch die Verwendung des Begriffs Vitalvermögen eigens benennen. Humanvermögen stellt immer sowohl Vitalvermögen als auch Arbeitsvermögen dar.

Dort, wo sich in modernen Gesellschaften die berechtigte Sorge verbreitete, daß sich angesichts fehlender (Geld- und Sach-) Vermögen zeitweise Einkommensunsicherheiten und Versorgungsdefizite für Menschen in ihren (Familien-) Haushalten einstellen könnten, schufen die Menschen Sicherungsinstitutionen, in denen Mittel angesammelt wurden, um den jeweils lebensnotwendigen Bedarf decken zu können. Durch staatlich erzwungene Umverteilung entstanden gesellschaftliche Fonds, die "Sozialvermögen" darstellen: sie sind Geldsammelstellen, deren Mittel bei jenen zu Einkommen werden, denen Sicherungsansprüche gesetzlich zugestanden wurden.

Humanvermögen, Geldvermögen, Produktivvermögen und Sozialvermögen sind die modernen Quellen der Erzielung von Einkommen zur Sicherung und Entfaltung menschlicher Existenz. Daher kommt jeglicher Variante von Vermögenspolitik eine hohe Bedeutung für die Lebenslage von Familien zu. Familienpolitik ist - das sollte nachhaltiger als bisher bedacht werden - stets Vermögenspolitik, und Vermögenspolitik ist immer von Belang für Familienpolitik (Abbildung 1).

3. Die Asymmetrie von Rechten und Pflichten als Problem für Familienpolitik

Bereits seit *Adam Smith* sieht die Wirtschaftswissenschaft die Gesellschaft als ein Handlungssystem, das infolge einer sinnvollen Aufgliederung von Aufgaben zwischen Menschen je nach ihrer spezifischen Befähigung für alle Beteiligten wechselseitige Vorteile schafft. Gesellschaft ist ein kooperatives System, ein System der Zusammenarbeit, dessen Prinzipien nicht nur auf wechselseitige Hilfe rekurrieren, sondern stets zugleich ein "wohlverstandenes Eigeninteresse" einbeziehen. Ständig bleibt der Mensch in einer zivilisierten Gesellschaft auf die Kooperation und die Hilfe vieler anderer angewiesen. Durch andere erfährt er zudem, was Menschsein bedeutet und worin seine eigene Identität besteht. Nachhaltig äußert sich dies im Erziehungsprozeß, den die Wirtschaftswissenschaft - wie wir sahen - als Investition in Humanvermögen interpretiert. Ein starkes zeitliches Engagement der Eltern für ihre Kinder und eine betont emotionale Zuwendung sind die Faktoren, die dazu beitragen, daß der Sozialisationsprozeß des Menschen gelingt.

Die klassische Nationalökonomie unterstellt, daß die Mitglieder der jeweils eigenen Familie diejenigen Personen sind, auf die sich die "wärmste Zuneigung" der Menschen richtet. Im Kind und in den Erwartungen bezüglich seiner Einstellungen und Handlungsmöglichkeiten verkörpere sich "als Erwartung und Hoffnung" die jeweilige Zukunft der Gesellschaft. Zudem wird deutlich erkannt, daß die Ungleichheit der gesellschaftlichen Positionen der Eltern im Vergleich zu ihren Kindern von den Eltern Leistungen verlangt, für die die Gegenleistungen weit in der Zukunft liegen. Sie werden - wenn überhaupt - von Menschen erwartet, deren Schicksal noch nicht bekannt ist. Das bedeutet, bei der Kindererziehung wird eine eindeutige Vorleistung von den Eltern ver-

Abbildung 1: Die Bedeutung von Vermögen für die Lebenslage von Personen und Familien

INSTITUTIONEN	Familienhaushalt	Private u. öffentl. Unternehmen	Staat	Umwelt
WOHLFAHRTSZIELE	Handlungspotential und -kompetenz	Wirtschaftlicher Umgang mit knappen Ressourcen	Soziale Sicherung	Bewahrung der Umwelt
Funktionenbündel	Endkonsumproduktion, Sozialisations- und Versorgungsarbeit	Produktions- und Distributionsleistungen	Stabilisierungs-, Schutz-, Redistributionsaktivitäten	Schonung der unvermehrbaren und Pflege der reproduzierbaren Ressourcen

VERMÖGEN in institutioneller Zuordnung

	Familienhaushalt	Private u. öffentl. Unternehmen	Staat	Umwelt
Humanvermögen	Vitalvermögen			
	Arbeits- (und Entscheidungs-) vermögen			
	Nichterwerbs-Humanvermögen	Erwerbs-Humanvermögen		
Sozialvermögen	Spezifisches (Lebenslagen-) Sicherungsvermögen			
Geldvermögen	Finanzvermögen und Kreditpotential			
Realvermögen	Gebrauchsvermögen	Produktivvermögen	Soziales, technisches und ökologisches Infrastrukturvermögen	Umweltvermögen

langt, deren Belastungspotential unmittelbar erkennbar und deren definitive Beanspruchung im wesentlichen berechenbar ist. Ihre Zuwendung wird heute "fällig" bei zumindest mit beachtlicher Ungewißheit behafteter Hoffnungen auf Gegenleistungen.

Was auch immer Eltern veranlassen mag, sich für Kinder zu entscheiden: Ihre Entscheidung ist in dem Sinne gesellschaftlich produktiv, daß Handlungsvermögen für die zukünftige Gesellschaft entsteht. Familientätigkeit und Elternschaft insbesondere begründen schließlich fundamental die Bildung jenes geistigen und humanen Vermögens, das die Überlebensfähigkeit von Gesellschaft, ihren Fortbestand sichert. Elternschaft bedeutet, persönlich ein gewichtiges Maß an Konsumverzicht auf sich zu nehmen, um eine Investition in das Humanvermögen der Gesellschaft leisten zu können.

Der Kern des sozialökonomischen Problems von Elternschaft wird in der Wissenschaft über das Konzept der Lebenslage analysiert. Die haushaltsökonomische Forschung hat Belastungstatbestände für das Familieneinkommen systematisch erfaßt und dabei sichtbar gemacht, daß viele Familien durch die Geburt von Kindern in wirtschaftliche Bedrängniszonen gelangen. Der Grundverlauf der Entwicklung von Einnahmen und Ausgaben wird über Abbildung 2 sichtbar gemacht.

Dort zeigt sich, wie sich typischerweise das Pro-Kopf-Einkommen im Familienzyklus entwickelt. In den unteren Einkommensschichten droht dabei die Versorgungssituation immer wieder unter ein sozialökonomisches Existenzminimum gedrängt zu werden. Tatsache ist zudem, daß Familien ihre wirtschaftliche Lage mit der wirtschaftlichen Situation von kinderlosen Erwerbstätigen vergleichen. Deren Handlungsmöglichkeiten spiegeln die Lebenschancen von Menschen, die - aus welchen Gründen auch immer - ohne Kinderkosten über ihre Budgets verfügen können: Ihre Einkommen steigen zumindest in der potentiellen Familienphase normalerweise stetig. Ihr Konsumverzicht verschafft ihnen zusätzliches Vermögen mit dem Anspruch auf weitere Einkommenserhöhungen. Demgegenüber enthüllt der Familienzyklus das Problem einer drohenden Verschuldung (im Prinzip) junger Familien. Für alle Bevölkerungsschichten gilt jedenfalls, daß Vermögensverzehr oder Vermögensbildungsdefizite quasi unabwendbare Begleiterscheinungen im Familienzyklus sind.

Dabei werden in dieser Einnahmen-Ausgaben-Rechnung nicht einmal alle Kosten berücksichtigt. Die Geldausgaben, die die Familien zur Versorgung ihrer Kinder tätigen, sind jedoch nicht alle Kosten, die volkswirtschaftlich zu erfassen sind. Die moderne Familienforschung ist deshalb der Frage nachgegangen, wie hoch die tatsächliche volkswirtschaftliche Belastung der Eltern ist. Sie bezieht dazu die konkreten Aufwendungen an Zeit ein, die Eltern bei der Erziehung und Versorgung ihrer Kinder erbringen. Sie akzeptiert damit die These, daß durch solche Familientätigkeit sehr konkrete und bedeutsame gesellschaftliche Werte geschaffen werden. In diesem Zusammenhang stellte z.B. der Wissenschaftliche Beirat für Familienfragen beim Bundesministerium für Jugend, Familie und Gesundheit fest, daß bereits im Jahr 1974 (allein für die Leistungen an Kinder bis zu 3 Jahren) rund 35 Milliarden DM aufzubringen gewesen wären, wenn bezahlte Kräfte diese Aufgabe übernommen hätten. Unsere Untersuchungsergebnisse wurden bereits in Abschnitt erwähnt. - Gegenwärtig bemüht sich das Statistische Bundesamt in Wiesbaden in einer bundesweiten Untersuchung um die Ermittlung aktueller Zahlen für die hier erbrachte Arbeitsleistung.

Die daraus folgende - politisch gewichtige - Frage muß lauten: Läßt sich die Verantwortung für die nachwachsende Generation ohne gesellschaftliche Nebenwirkungen

Abbildung 2: Ersparnisbildung und Vermögensverzehr während des Lebens- und Familienzyklus

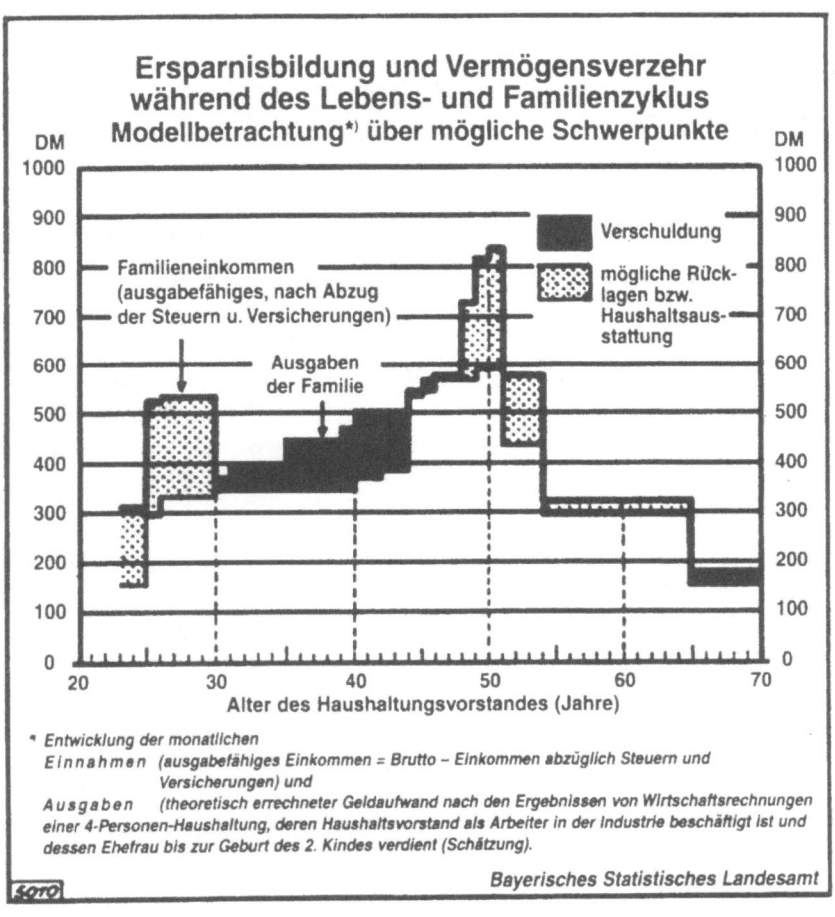

Quelle: Helga Schmucker, Studien zur empirischen Haushalts- und Verbrauchsforschung, Berlin 1980, S. 47

einfach auf jene Teile der Gesellschaft abwälzen, die zur Elternschaft bereit sind? Sind allein potentielle Eltern der Gesellschaft diese Leistungen schuldig? Die Anerkennung der Tatsache, daß die Gesellschaft jene Leistungen zum Überleben benötigt, führte dazu, daß es einen Familienlastenausgleich gibt. Gefordert wird eine finanzielle Beteiligung der Gesellschaft an den Kinderkosten. Als Zielgröße war in der Politik einst - was heute wohl verdrängt wird - von einer Entlastung um 50% die Rede. Wenn die Familie - wie bereits *Erhard* meinte - einen Anspruch darauf hat, am wirtschaftlichen Aufstieg teilzuhaben, darf sie wegen ihrer Entscheidung für Kinder nicht gezwungen sein, ihren Lebensstandard deutlich abzusenken. Sie sollte zudem in ihrer sozialen Schicht nicht grundsätzlich schlechter gestellt sein als kinderlose Paare. Insgesamt müssen für Kinder und deren Eltern im Vergleich zu jenen, die von zeitlichen und monetären Kinder-"Kosten" frei bleiben, gleiche Lebenschancen gelten. Familienlastenausgleichspolitik hat stets etwas mit Vermögensausgleichspolitik zu tun.

Am deutlichsten zeigt sich die Verknüpfung von Familienpolitik mit einer gesellschaftsübergreifend verstandenen Vermögenspolitik bei der Erörterung der Kategorie des Sozialvermögens. Der Aufbau und die Wahrung eines Grundstocks an Humanvermögen ist für die modernen Systeme der Sozialversicherung, die wie das der dynamischen Rente in der Bundesrepublik Deutschland auf dem Umlageverfahren beruhen, konstitutiv. Es gewährleistet - bislang - allen, selbst den kinderlosen Anspruchsberechtigten, ihre Alterssicherung. Damit wird das Grundprinzip jeglicher Versicherung durchbrochen: das Äquivalenzprinzip als Prinzip, das die Gleichwertigkeit von Leistung und Gegenleistung fordert. Stillschweigend unterstellte die Annahme, daß die Kinder von heute selbstverständlich morgen nicht nur ihre Eltern, sondern auch ihnen völlig fremde Menschen versorgen, daß die Gesellschaft blind bleibt bezüglich der asymmetrischen Verteilung der Rechte aus Erwerbstätigkeit und Familientätigkeit. Für die Eltern sind in der Perspektive ihrer Zukunftssicherung Kinder hinfort nicht mehr jenes Aktivum, das ihnen und nur ihnen die Altersversorgung sichert, sondern ein Kostenfaktor, der anderen ohne Gegenleistung ein von wirtschaftlichen Nöten freies Altwerden gewährleistet.

Gleichwohl belegen alle Meinungsbefragungen, daß - trotz dieser institutionalisierten Diskriminierung - der Wunsch, Kinder zu haben, nach wie vor besteht. Für die moderne Gesellschaft stellt sich damit explizit eine besondere Frage. Sie muß ein offensichtlich völlig neuartiges Phänomen reflektieren: das Phänomen einer Ungleichbelastung zwischen Familien und Kinderlosen durch moderne Sozialpolitik. Zu erkennen ist die Tatsache der Kostenbelastung der Familien durch Kinder; die Erfassung von Kinderkosten wird zu einer wissenschaftlichen Aufgabe; die Anerkennung der Übernahme von Kinderkosten als gesellschaftspolitische Leistung wird zu einer politischen Pflicht. Das zeigt ein Blick in die Geschichte und die Rechtsprechung des Bundesverfassungsgerichts.

4. Familiengerechtigkeit für Vermögenspolitik als Verfassungsgebot: Gegen die Plünderung familialen Vermögens

In einer äußerst verdienstvollen Studie aus dem Jahre 1983 präsentierte *M. Miegel* unter dem Titel "Die verkannte Revolution" einen Ausblick auf die Entwicklung der Vermögen in der Bundesrepublik Deutschland bis in die Zeit nach 2000. Die hier angedeutete Tendenz hat sich voll bestätigt: die Vermögensbestände sind nahezu explodiert. Das wird einmal für die Kategorie des "Sozialvermögens", aus dem die Versorgungsansprüche zu befriedigen sind, besonders auffällig, zum anderen für den Bereich des Geldvermögens.

Abbildung 3: Entwicklung und Struktur der Vermögen 1800 bis 2000 (im Geldwert von 1983)

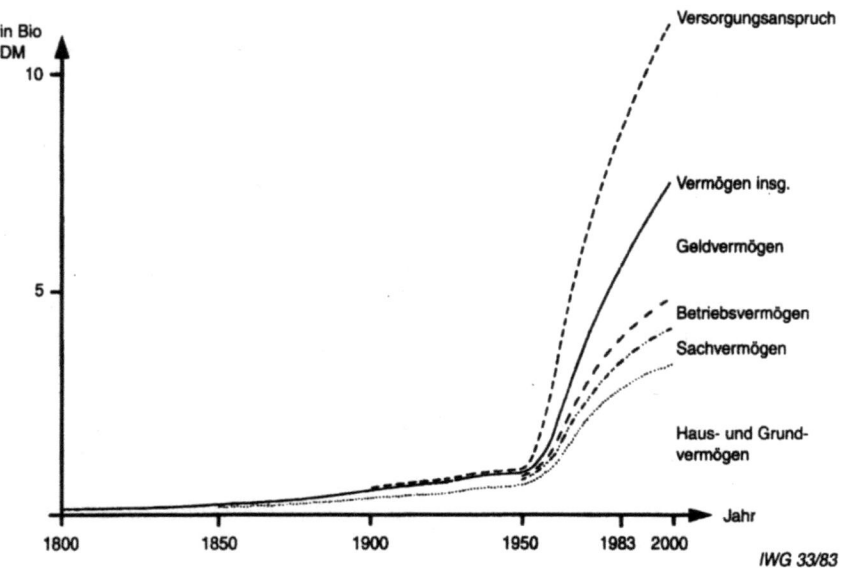

Quelle: Meinhard Miegel, Die verkannte Revolution – Einkommen und Vermögen der privaten
         Haushalte, Stuttgart 1983, S. 182

Nach Berechnungen für 1987, bezogen auf den Nettovermögensbestand der privaten Haushalte, belief sich der Anteil des Sozialvermögens (definiert als Versorgungsansprüche gegen die Privat- und Sozialversicherung), auf 34,6%. Die Angaben über die Anteile der übrigen Vermögenskategorien lauten: Haus- und Grundvermögen 29,3%; Geldvermögen einschließlich Aktien 22,0%; Sachvermögen 7,3% und Betriebs- oder Produktivvermögen 6,8% (Schöner nach: *Lampert* 1993, 247).

Längst ist somit die Zeit vorbei, in der es möglich war, verteilungspolitische Fragen so zu stellen, als ob sie allein von Marktprozessen, d.h. von den Leistungen der Menschen auf dem Arbeitsmarkt, bestimmt seien. Staatliche Versorgungs- und Umverteilungspolitik ist in ihrem Volumen ständig gestiegen. Zwar wird nach wie vor die Sozialquote als "Sozialausgaben in % des Bruttosozialprodukts" definiert; sie stieg von 26,5% in 1970 bis auf 34,0% im Jahre 1993. Vergleicht man jedoch das den Haushalten im Jahr 1992 verfügbare Einkommen in Höhe von fast 2 Bill. DM mit den für 1992 ausgewiesenen Sozialausgaben in der Höhe von etwas mehr als 1 Bill. DM, zeigt sich, daß Einkommen in einem gewaltigen Ausmaß nach politischen Kriterien vergeben wird.

Die vermögenspolitische Diskussion ist lange Zeit ohne ernsthafte familienpolitische Bezüge geführt worden. Es gab sogar Anzeichen dafür, daß man im Hinblick auf die nicht zu leugnende Explosion der Vermögen in der Bundesrepublik Deutschland eine Familienlastenausgleichspolitik für obsolet zu erklären gedachte. Ohne die gravierenden

Ungleichheiten in der Vermögensverteilung (Tabelle 1 und 2) zur Kenntnis zu nehmen, wurde darüber spekuliert, ob nicht wiederum Familie als Familie in einem Mehr-Generationen-Verbund zu sehen sei. Dann aber könne die junge Familie in ihrer Hauptbelastungsphase mit finanzieller Unterstützung durch die Altersgruppen rechnen, die Vermögensüberschüsse erzielen.

Tabelle 1: Vermögensverteilung 1986 bei den zur Vermögensteuer veranlagten, unbeschränkt steuerpflichtigen natürlichen Personen: insgesamt 727.010 Haushalte mit einem Gesamtvermögen von 543,155 Mrd. DM

Vermögensgröße insgesamt	Zahl der Haushalte (in 1000)	relativ (in %)	Vermögen (in Mrd. DM)	relativ (in %)
50 Mill. und mehr	0,444	0,06	58,721	10,80
5 Mill. und mehr	10,776	1,48	177,671	32,70
1 Mill. und mehr	89,075	12,25	324,244	59,69
500.000 und mehr	218,979	30,12	413,618	76,15
250.000 und mehr	457,182	62,88	497,969	91,68
150.000 und mehr	626,294	86,15	531,572	97,87
100.000 und mehr	697,961	96,00	543,155	99,53
unter 100.000	727,010	100,00	543,155	100,00

Quelle: Beteiligung am Produktiveigentum, *Krelle* (1993), 53

Anerkannt bleibt selbst bei solchen Gedankenspielen der empirische Tatbestand der Belastung durch Kinderkosten - und der der Belastung durch Abgabepflichten zugunsten kollektiver Sicherungssysteme. Es lag daher nahe zu fragen, ob das zu beobachtende hohe Volumen an verbrieftem Sozialvermögen nicht das Ergebnis von Umschichtungsprozessen bei Einkommen und Vermögen ist, was die Familienhaushalte zwingt, auf eine Vermögensbildung zu verzichten, die ihre eigene Altersversorgung stützen könnte. Darüber hatte schließlich das Bundesverfassungsgericht zu entscheiden.

Tabelle 2: Verteilung des Betriebsvermögens 1986 bei den zur Vermögensteuer veranlagten, unbeschränkt steuerpflichtigen natürlichen Personen: insgesamt 162.163 Haushalte mit Betriebsvermögen; dies betrug insgesamt 106,320 Mrd. DM

Betriebsvermögen insgesamt	Zahl der Haushalte (in 1000)	relativ (in %)	Vermögen (in Mrd. DM)	relativ (in %)
50 Mill. und mehr	0,335	0,21	14,211	13,37
5 Mill. und mehr	7,743	4,77	54,317	51,09
1 Mill. und mehr	45,408	28,00	86,935	81,77
500.000 und mehr	85,559	52,76	97,872	92,05
250.000 und mehr	133,633	82,41	104,492	92,28
150.000 und mehr	154,329	95,17	105,977	99,68
100.000 und mehr	159,617	98,43	106,228	99,91
unter 100.000	162,163	100,00	106,320	100,00

Quelle: Beteiligung am Produktiveigentum, *Krelle* (1993), 53

Streitig waren vor dem Bundesverfassungsgericht die Fälle von Ehepaaren, die es den Klage führenden Parteien ermöglichten, Rechnungen folgender Art aufzumachen. Die monatliche Rente einer Frau, deren Kinder pro Monat Rentenversicherungsbeiträge in Höhe von DM 8.500,- zahlen, beläuft sich auf rund DM 370,-. Monatlich fließen also ca. DM 8.130,- auf die Rentenkonten anderer Leute - insbesondere derjenigen, deren Rentenansprüche nicht durch die Tatsache "getrübt" sind, daß sie wegen der Kindererziehung auf Erwerbstätigkeit verzichteten, und die zudem "Einsparungen" im Hinblick auf etwaige Ausgabenvolumen für die Versorgung und Pflege von Kindern wahrnahmen. - Würde der von der Beschwerdeführerin getätigte Aufwand für die Erziehung ihrer Kinder hingegen in Barbeträgen zur Rentenversicherung geflossen sein und hätte sie nur ein Kind aufgezogen, das ihre Rente dann um rund DM 30,- erhöht, wäre anstelle von DM 370,- eine Rente zumindest in Höhe von DM 2.200,- zu erwarten gewesen. Zu folgern ist, daß im "Vorsorgesystem" der Rentenversicherung die **Beiträge**, die zur Versorgung der alten Generation in Höhe von ca. DM 2.170,- führen, 73mal mehr zählen als die **Vorleistungen der Kindererziehung**, die mit DM 30,- zu Buche schlagen.

Mit mit gutem Grund wird unterstellt, daß ca. 40% der Leistungen im Bereich der Alterssicherung von Kindern anderer Leute erbracht werden. **Das entspräche gegenwärtig einem jährlichen Betrag an Vermögensübertragung von Familien mit Kindern auf die Kinderlosen in Höhe von zumindest 120 Milliarden DM.**

Ohne sich auf diese Zahlenangaben einzulassen, aber: ohne sie zu bestreiten, konstatierte das Bundesverfassungsgericht eine im Ergebnis erhebliche Benachteiligung der Erzieher von Kindern gegenüber Kinderlosen und eine Verpflichtung des Gesetzgebers, diese Benachteiligung grundsätzlich abzubauen.

Wissenschaftlich ist es unbestritten, daß das in der Bundesrepublik Deutschland praktizierte System der dynamischen Rente von zwei Voraussetzungen ausgeht: Einmal ist zu gewährleisten, daß Teile des Einkommens der Erwerbstätigen in einen Rentenfonds fließen, aus dem alle Rentenberechtigten systemanteilig ihre Alterseinkommen erhalten. Diese Leistungen gelten als Zahlungen, die wertäquivalent sind jenen Zuwendungen, die die zu versorgende Generation für ihre jetzt erwerbstätigen Kinder aufwandte, als diese noch einkommenslos waren. Zudem muß diese derzeit erwerbstätige Generation dafür Sorge tragen, daß sie von der nunmehr nachwachsenden Generation in ihrem Altersfall ähnlich versorgt wird, wie es mit der derzeit dritten Generation bereits geschieht. Das Modell unterstellt eine demographisch intakte Folge von drei Generationen. Unterstellt wurde vom Gesetzgeber, daß sich das Bevölkerungsverhalten systemkonform gestalten würde.

Das Bundesverfassungsgericht urteilte, die Kindererziehung habe für das System der Altersversorgung eine bestandssichernde Bedeutung. Ohne die nachrückende Generation ließe sich die als Generationenvertrag ausgestaltete Rentenversicherung nicht aufrechterhalten. **Es bestätigte die** nicht allein von mir **seit vielen Jahren in der Wissenschaft vertretene Position**: Ohne nachrückende Generation habe die jetzt erwerbstätige Generation zwar Beiträge zur Rentenversicherung gezahlt, **sie könne aber keine Leistungen aus der Rentenversicherung erwarten.**

Auch die **staatlichen Haushalte** beteiligen sich an dieser Umverteilung von Vermögen aus den Kassen der Familien in andere Kanäle. Allein im Jahr 1989 haben die vollständigen Ein- und Zweikinderfamilien (mit Kindern unter 18 Jahren) nach Ermittlungen der Fünften Familienberichtskommission rd. 11 Milliarden DM mehr an Steuern gezahlt als das BVerfG für vertretbar hält. Zufällig liegt im Jahre 1991 die Zahl von Kindern unter 18 Jahren bei 11,711 Mio. Das heißt, mit diesem Transfervolumen hätte der Staat für jedes Kind jährlich ein zusätzliches Kindergeld in Höhe von DM 1.000,- zahlen können.

Erinnert sei ferner daran, daß einst im Zeichen einer zu praktizierenden Gerechtigkeit für Familien eine 50%-Beteiligung der Öffentlichkeit an den Kinderkosten im Gespräch war. Alle Forschungsergebnisse sprechen dafür, daß die Politik noch sehr weit von der Einlösung dieses Versprechens entfernt ist. - Schon für das Jahr 1974 war durch den Wissenschaftlichen Beirat für Familienfragen ermittelt worden, daß 74% des Gesamtaufwandes der Leistungen für die nachwachsende Generation im Jahr 1974 die Familienhaushalte trugen; 24% die öffentlichen Hände und 2% die Wohlfahrtsverbände. Eine Modellanalyse von *Lampert* (1993a) bestätigt, daß sich diese Relation bis heute nicht verändert hat. Danach erreicht der Anteil der öffentlichen Leistungen an den durchschnittlichen Versorgungs- und Betreuungsaufwendungen für Kinder bei Ehepaaren mit bis zu 2 Kindern - selbst unter Einbeziehung der Leistungen der Krankenversicherung für die Familien - maximal 25%. Dabei ist zusätzlich zu berücksichtigen, daß die Familien selbst am Aufkommen der Einkommen-, Lohn- und Umsatzsteuern beteiligt sind. Bei einem Selbstfinanzierungsanteil der Familien in Höhe von 32 % für das alte Bundesgebiet 1990 beläuft sich der Anteil der staatlichen Nettotransfers auf nicht mehr als etwa 10%.

Es verwundert also nicht, daß die "Mindestkinderkosten" (Maßstab sind hier die Grundbedarfssätze bei ständiger Aufnahme von Kindern in Pflegefamilien des Landes Baden-Württemberg in Höhe von 7.500 DM jährlich) nie durch Leistungen des monetären ("allgemeinen") Familienlastenausgleichs [FLA] (Kindergeld und kinderbedingte Steuerentlastungen) ausgeglichen werden. Bestürzend ist, daß die Entlastungsanteile nahezu willkürlich streuen - im Jahr 1986 z.B. zwischen Werten von 16% (Ehepaare mit 1-2 Kindern, private Wirtschaft) und 74% (alleinstehende Frauen mit 1-2 Kindern, öffentlicher Dienst). In der hier zitierten Studie von *Willeke* und *Onken* (1990) wird der tatsächlich vollzogene FLA über die Kategorie "Veränderung des verfügbaren Einkommens" erfaßt. In dem von den beiden Wissenschaftlern untersuchten Zeitraum von 1972 bis 1986 lag der ungünstigste Entlastungswert bei 6% eines die Mindestkinderkosten deckenden FLA (erste Hälfte der 70er Jahre), der günstigste 1986 bei den eben genannten 74%. - Die Konsequenz ist eindeutig: **Wenn vermögenswerte Leistungen der Familien nicht honoriert werden, wird ihnen eine leistungsgerechte Vermögensbildung verwehrt.**

5. Die vermögenspolitische Situation in der Bundesrepublik Deutschland nach der Wiedervereinigung - Handlungsbedarf für Vermögenspolitik -

Es besteht nach dieser Bestandsaufnahme wohl kein Zweifel an einem weitreichenden politischen Handlungsbedarf in diesem Feld. Mit der Wiedervereinigung der beiden deutschen Staaten sind die Probleme der Vermögensbildung und der Vermögensverteilung in familienpolitischer Sicht eher noch dringlicher geworden.

In der ehemaligen Deutschen Demokratischen Republik war eine private Vermögensbildung nur in engen Grenzen zulässig. Die Bildung von privatem Produktionsmitteleigentum widersprach den Systemprinzipien. Selbst in der Wohnungswirtschaft war Privateigentum unerwünscht. Daher bot sich die Chance, privates Vermögen zu bilden, lediglich in Teilen der Wohnungswirtschaft, beim Gebrauchsvermögen der privaten Haushalte und beim Geldvermögen. Selbst hier war die Art und die Höhe der Vermögensbildung stets weniger das Ergebnis freier Wahlentscheidungen als eine Folge wirtschafts- und gesellschaftspolitischer Planung. Beachtliche Teile der Geldvermögensbildung waren infolge fehlender Waren- und Leistungsangebote ungeplante Kassenhaltung. Große Teile der Bevölkerung der DDR sind durch Enteigung und/oder allgemein durch die "sozialistische" Einkommensverteilungspolitik der SED jahrzehntelang eigentumslos geblieben. Die verteilungspolitische Ausgangssituation der Familien in den neuen Bundesländern ist somit wesentlich ungünstiger als in Westdeutschland. Die Förderung des Zusammenwachsens Ost- und Westdeutschland läßt daher eine gezielte Vermögenspolitik geboten erscheinen.

Bis heute ist von den Anhängern des Konzepts einer Sozialen Marktwirtschaft die Auffassung nie ernsthaft in Zweifel gezogen worden, eine freiheitliche Wirtschafts- und Gesellschaftsordnung sei weder mit allumfassendem Staatseigentum an den Produktionsmitteln noch mit einer Konzentration des Produktivvermögens in den Händen weniger Personen, Familien und Schichten vereinbar. Die Forderung nach einer breiteren Beteiligung auch der Arbeitnehmer am Produktivvermögen findet sich - wie wir sahen - seit Beginn der Bundesrepublik im gesellschaftspolitischen Programm. Es ist unbestritten, daß die Wiederaufbauleistung nach dem Zweiten Weltkrieg während der 50er und 60er Jahre mit hohen Selbstfinanzierungsquoten für die Unternehmen verbunden war und zu einer Produktivvermögensbildung führte, an der die Arbeitnehmer nur in geringem Umfang partizipierten. Die wissenschaftliche Debatte hat inzwischen zahlreiche Vorschläge zu einer besseren Vermögensbeteiligung der Arbeitnehmer erbracht, - von Gewinnbeteiligungskonzepten bis hin zu Investivlohnplänen. Sie werden deshalb heute wieder aktuell, weil der Zwang zur wirtschaftlichen Angleichung der Produktionsverhältnisse in den neuen Bundesländern an die Produktionsbedingungen in der alten Bundesrepublik eine Vermögensbildung im Produktionssektor erforderlich macht, die nach überschlägigen Rechnungen einem Kapitaleinsatz in Höhe von mehr als einer Billion Mark entsprechen wird. Es ist gesellschafts- und familienpolitisch nicht belanglos, wie sich die Finanzierung dieser Investitionen vollzieht.

Diese Einsicht veranlaßte den Rat der Evangelischen Kirche in Deutschland und die Deutsche Bischofskonferenz, sich erneut - wie schon 1964 - gemeinsam für eine Beteiligung breiter Schichten der Bevölkerung am Produktivvermögen auszusprechen. Mit ihnen plädierten namhafte Autoren für eine angemessene Beteiligung der Bevölkerung der ehemaligen DDR an der Privatisierung des durch diese Politik entstandenen Staatsvermögens an Grund und Boden und am Sachvermögen, nicht zuletzt im Bereich des Wohnungsbestandes (*Schüller* 1993, 89).

Ich stimme uneingeschränkt dieser Meinung zu. Zur Aufgabe der Vermögenspolitik in den kommenden Jahren gehört es ebenfalls zu verhindern, daß bei dem notwendigen und sicherlich - wenngleich unter hohen Belastungen - zu bewältigenden Finanzierungsschub zur Begründung wettbewerbsfähiger Produktivvermögen in Ostdeutschland wiederum recht ungleiche Vermögensstrukturen entstehen oder gar bestehende Konzentrationsgrade verstärkt werden.

Literatur

Bundesministerium für Familie und Senioren (Hrsg.) (1994). Familien und Familienpolitik im geeinten Deutschland - Zukunft des Humanvermögens, Fünfter Familienbericht, Bonn.

Kirchenamt der Evangelischen Kirche in Deutschland und Sekretariat der Deutschen Bischofskonferenz (Hrsg.) (1993), Beteiligung am Produktiveigentum, Hannover, Bonn; s. dort vor allem die Beiträge von *Krelle, Schüller* und *Lampert*.

Krüsselberg, Hans-Günter (1984), Wohlfahrt und Institutionen: Betrachtungen zur Systemkonzeption im Werk von Adam Smith, in: *Franz-Xaver Kaufmann* und *Hans-Günter Krüsselberg* (Hrsg.), Markt, Staat und Solidarität bei Adam Smith, Frankfurt, New York, S. 185-216.

Krüsselberg, Hans-Günter, Michael Auge und *Manfred Hilzenbecher* (1986), Verhaltenshypothesen und Familienzeitbudgets - Die Ansatzpunkte der "Neuen Haushaltsökonomik" für Familienpolitik, Schriftenreihe des Bundesministers für Jugend, Familie, Frauen und Gesundheit, Band 182, Stuttgart, Berlin, Köln, Mainz.

Lampert, Heinz (1993a), Wer "produziert" das Humanvermögen einer Gesellschaft?, in: *Norbert Glatzel* und *Eugen Kleindienst* (Hrsg.): Die personale Struktur des gesellschaftlichen Lebens, Festschrift für Anton Rauscher, Berlin.

Willeke, Franz-Ulrich und *Ralph Onken* (1990), Allgemeiner Familienlastenausgleich in der Bundesrepublik Deutschland, Frankfurt, New York.

Schriftenverzeichnis

Hans-Günter Krüsselberg

1. Buchpublikationen

1.1. Organisationstheorie, Theorie der Unternehmung und Oligopol, Materialien zu einer sozialökonomischen Theorie der Unternehmung. Berlin 1965 (Volkswirtschaftliche Schriften, Heft 86).

1.2. Marktwirtschaft und Ökonomische Theorie - Ein Beitrag zur Theorie der Wirtschaftspolitik. Freiburg i.Br. 1969 (Beiträge zur Wirtschaftspolitik, Band 9).

1.3. Hg.: Vermögen in ordnungstheoretischer und ordnungspolitischer Sicht. Köln 1980 (Schriftenreihe des Otto A. Friedrich-Kuratoriums "Grundlagen - Eigentum und Politik", Band 6).

1.4. Hg.: Vermögen im Systemvergleich. Stuttgart, New York 1984 (Schriften zum Vergleich von Wirtschaftsordnungen, Heft 34).

1.5. Hg. (zusammen mit *F.X. Kaufmann*): Markt, Staat und Solidarität bei Adam Smith. Frankfurt, New York 1984.

1.6. Hg. (zusammen mit *A. Schüller*): Grundbegriffe zur Ordnungstheorie und Politischen Ökonomik. 1. Aufl. Marburg 1985; 2., überarb. u. erw. Aufl. Marburg 1991; 3., überarb. Aufl. Marburg 1992 (Forschungsstelle zum Vergleich wirtschaftlicher Lenkungssysteme; Arbeitsberichte zum Systemvergleich, Nr. 7).

1.7. *Hans-Günter Krüsselberg, Michael Auge, Manfred Hilzenbecher*: Verhaltenshypothesen und Familienzeitbudgets - Die Ansatzpunkte der "Neuen Haushaltsökonomik" für Familienpolitik. Stuttgart-Berlin-Köln-Mainz 1986 (Schriftenreihe des Bundesministers für Jugend, Familie, Frauen und Gesundheit, Band 182).

1.8. *Eduard Gaugler, Hans-Günter Krüsselberg*: Flexibilisierung der Beschäftigungsverhältnisse. Berlin 1986.

1.9. Hg. (zusammen mit *Wolfgang Lück*): Jung-Stillings Welt. Das Lebenswerk eines Universalgelehrten in interdisziplinären Perspektiven. Krefeld 1992.

1.10. Bundesministerium für Familie und Senioren (Hg.), Familien und Familienpolitik im geeinten Deutschland - Zukunft des Humanvermögens. Fünfter Familienbericht. Bonn 1994, Federführung für S. 146-187 (Familie und Erwerbsarbeit) und S. 275-284 (Familienpolitische Orientierung und Ausgestaltung der Beschäftigungs- und Arbeitsmarktpolitik).

2. Beiträge zu Festschriften

2.1. Profite, externe Vorteile und wirtschaftliche Entwicklung, in: Theoretische und institutionelle Grundlagen der Wirtschaftspolitik. *Theodor Wessels* zum 65. Geburtstag. Berlin 1967, S. 271-297.

2.2. Das Systemkonzept und die Ordnungstheorie: Gedanken über einige Forschungsaufgaben, in: *Dieter Cassel, Gernot Gutmann, H. Jörg Thieme* (Hg.), 25 Jahre Marktwirtschaft in der Bundesrepublik Deutschland - Konzeption und Wirklichkeit. Stuttgart 1972, S. 26-45.

2.3. Die Wiederentdeckung der Politischen Ökonomie - Betrachtungen zum gegenwärtigen Stand der Diskussion über die Beziehung zwischen Wirtschaft und Gesellschaft, in: Soziologie. *René König* zum 65. Geburtstag. Köln-Opladen 1973, S. 434-452.

2.4. Politische Ökonomik in Vergangenheit und Gegenwart: Wirtschaftswissenschaft in Marburg, in: Weltwirtschaftsordnung und Wirtschaftswissenschaft, Vorträge der Festveranstaltung des Fachbereichs Wirtschaftswissenschaften der Philipps-Universität Marburg aus Anlaß des 450jährigen Jubiläums am 26. Mai 1977. Stuttgart, New York 1978, S. 4-13.

2.5. Das Arbeitspotential der Frau, in: *Rosemarie von Schweitzer* (Hg.), Leitbilder für Familie und Familienpolitik. Festgabe für *Helga Schmucker* zum 80. Geburtstag. Berlin 1981, S. 145-165.

2.6. Paradigmawechsel in der Wettbewerbstheorie? in: *Harald Enke, Walter Köhler, Wilfried Schulz* (Hg.), Struktur und Dynamik der Wirtschaft. Beiträge zum 60. Geburtstag von Karl Brandt. Freiburg im Breisgau 1983, S. 75-97.

2.7. Adam Smith und die Deutschen - Gedanken zu den ethischen Grundlagen von Wirtschaftssystemen, in: Zur Transformation von Wirtschaftssystemen: Von der Sozialistischen Planwirtschaft zur Sozialen Marktwirtschaft. *Hannelore Hamel* zum 60. Geburtstag, hrsg. von der Forschungsstelle zum Vergleich wirtschaftlicher Lenkungssysteme. Marburg 1990, S. 25-40 [Forschungsstelle zum Vergleich wirtschaftlicher Lenkungssysteme, Arbeitsberichte zum Systemvergleich, Nr. 15].

2.8. Siehe 2.7.; 2. Auflage, Marburg 1991, S. 27-43.

2.9. Humanvermögen in der Sozialen Marktwirtschaft, in: *Werner Klein, Spiridon Paraskewopoulos, Helmut Winter* (Hg.), Soziale Marktwirtschaft: Ein Modell für Europa. Festschrift für Gernot Gutmann zum 65. Geburtstag. Berlin 1994, S. 31-56.

2.10. Der wissenschaftliche Umgang mit dem Thema: Wirtschaftliche und gesellschaftliche Ordnungen. - Probleme, Methoden, Experimente -, in: *Gerhard Kleinhenz* (Hg.), Soziale Ausgestaltung der Marktwirtschaft. Die Vervollkommnung einer "Sozialen Marktwirtschaft" als Daueraufgabe der Ordnungs- und Sozialpolitik. Festschrift zum 65. Geburtstag für Prof. Dr. *Heinz Lampert*. Berlin 1995, S. 87-103.

3. Beiträge zu Sammelbänden

3.1. Unternehmen. In: Sowjetwirtschaft und Demokratische Gesellschaft. Eine vergleichende Enzyklopädie, Band VI, Freiburg im Breisgau 1972, Sp. 532-557.

Englische Fassung: Enterprise. In: Marxism, Communism and Western Society. A Comparative Encyclopedia, Vol. 1, Freiburg im Breisgau 1972, S 183-187.

3.2. Die schleichende Inflation - Eine Herausforderung der mündigen Gesellschaft. In: Niedersächsische Landeszentrale für Politische Bildung (Hg.), Gefahr und Bewährung, Hannover 1973, S. 31-54.

3.3. Wirtschaftswissenschaft und Rechtswissenschaft. In: *Dieter Grimm* (Hg.), Rechtswissenschaft und Nachbarwissenschaften, Bd. 1, Frankfurt am Main 1973; 2. Auflage, München 1976, S. 168-192.

3.4. Aspekte der Einkommensverteilung: Theorie und Politik. In: *Dieter Cassel, H. Jörg Thieme* (Hg.), Einkommensverteilung im Systemvergleich, Stuttgart 1976, S. 11-29.

3.5. Die vermögenstheoretische Dimension in der Theorie der Sozialpolitik - Ein Kooperationsfeld für Soziologie und Ökonomie -. In: *Christian von Ferber, Franz-Xaver Kaufmann* (Hg.), Soziologie und Sozialpolitik, Köln-Opladen 1977, S. 232-259 [Kölner Zeitschrift für Soziologie und Sozialpsychologie, Sonderheft 19].

3.6.　Wirtschaft und Gesellschaft in wissenschaftsanalytischer Sicht. In: *Josef Mück* (Hg.), Politische Ökonomie, Frankfurt am Main 1977, S. 256-272 [Bad Wildunger Beiträge zur Gemeinschaftskunde].

3.7.　Über die spezifische Borniertheit der letzten Jahrhunderte: die metaphysische Denkweise - oder: Wissenschaft im Test. In: *Josef Mück* (Hg.), Politische Ökonomie, Frankfurt am Main 1977, S. 280-320 [Bad Wildunger Beiträge zur Gemeinschaftskunde].

3.8.　Vitalvermögenspolitik und die Einheit des Sozialbudgets: Die ökonomische Perspektive der Sozialpolitik für das Kind. In: *Kurt Lüscher* (Hg.), Sozialpolitik für das Kind, Stuttgart 1979, S. 143-179.

3.9.　Marktwirtschaft versus optimale Unternehmensgröße. In: *Józef Popkiewicz, Jochen Schumann* (Hg.), Aufgaben und Funktionsweisen der Unternehmungen in den Wirtschaftsordnungen Polens und der Bundesrepublik Deutschland, Bad Honnef 1980, S. 89-106 [Deutsch-polnische wirtschaftswissenschaftliche Studien, Bd. 2].

3.10.　Marktwirtschaft und Planwirtschaft. In: Das moderne Lexikon, Ergänzungsband II, Gütersloh 1980, S. 238-241.

3.11.　Die vermögenstheoretische Tradition in der Ordnungstheorie. In: *Hans-Günter Krüsselberg* (Hg.), Vermögen in ordnungstheoretischer und ordnungspolitischer Sicht, Köln 1980 (s.1.3.), S. 13-32.

3.12.　(und *Herwig Brendel*) Innovationsfinanzierung, Kapitalmärkte und Kontrolle des Unternehmensverhaltens. In: *Hans-Günter Krüsselberg* (Hg.), Vermögen in ordnungstheoretischer und ordnungspolitischer Sicht, Köln 1980 (s. 1.3.), S. 83-109.

3.13.　Soziale Sicherung bei Arbeitslosigkeit. In: Handwörterbuch der Wirtschaftswissenschaft (HdWW), Bd. 6, Stuttgart 1981, S. 603-611.

3.14.　Property Rights-Theorie und Wohlfahrtsökonomik. In: *Alfred Schüller* (Hg.), Property Rights und ökonomische Theorie, München 1983, S. 45-77.

3.15.　Vermögen im Systemvergleich - die Problemstellung. In: *Hans-Günter Krüsselberg* (Hg.), Vermögen im Systemvergleich, Stuttgart, New York 1984 (s.1.4.), S. 1-17 [Schriften zum Vergleich von Wirtschaftsordnungen, Band 34].

3.16.　Vermögen, Kapital, Eigentum - Schlüsselbegriffe der Ordnungstheorie? In: *Hans-Günter Krüsselberg* (Hg.), Vermögen im Systemvergleich, Stuttgart, New York 1984 (s. 1.4.), S. 37-60 [Schriften zum Vergleich von Wirtschaftsordnungen, Band 34].

3.17.　Wohlfahrt und Institutionen: Betrachtungen zur Systemkonzeption im Werk von Adam Smith. In: *Franz-Xaver Kaufmann, Hans-Günter Krüsselberg* (Hg.), Markt, Staat und Solidarität bei Adam Smith, Frankfurt, New York 1984 (s. 1.5.), S. 185-216.

3.18.　Neue Herausforderungen für Familien - Rahmenbedingungen des Arbeitsmarktes in Gegenwart und Zukunft - (politische, wirtschaftliche, technologische Bedingungen). In: *Heinz Behnken* (Hg.), Arbeitswelt und Familienleben, Loccumer Protokolle, Nr. 58, Loccum 1985, S. 53-73.

3.19.　Unternehmen in dynamischen Arbeitsmärkten. In: Unternehmensverhalten und Beschäftigung, Marburg 1985, S. 18-40 [Forschungsstelle zum Vergleich wirtschaftlicher Lenkungssysteme, Arbeitsberichte zum Systemvergleich, Nr. 8].

3.20. Familienpolitik - Aufgaben und Probleme. In: *Karl Heinrich Oppenländer, Adolf Wagner* (Hg.), Ökonomische Verhaltensweisen und Wirtschaftspolitik bei schrumpfender Bevölkerung, München 1985, S. 429-463 [Ifo-Studien zur Bevölkerungsökonomie, Nr. 2].

3.21. Markets and Hierarchies. In: *Franz-Xaver Kaufmann, Giandomenico Majone, Vincent Ostrom*, ed., Guidance, Control, and Evaluation in the Public Sector, Berlin, New York 1986, S. 349-386.

3.22. Transaktionskostenanalyse der Unternehmung und Markttheorie. In: *Helmut Leipold, Alfred Schüller* (Hg.), Zur Interdependenz von Unternehmens- und Wirtschaftsordnung, Stuttgart 1986, S. 67-92 [Schriften zum Vergleich von Wirtschaftsordnungen, Band 38].

3.23. Einige Hypothesen der "economics of the family" im empirischen Test. In: *Horst Todt* (Hg.), Die Familie als Gegenstand sozialwissenschaftlicher Forschung, Berlin 1987, S. 102-127 [Schriften des Vereins für Socialpolitik, Neue Folge Band 164].

3.24. Ethik und Wirtschaftsordnung. Eine Problemskizze unter besonderer Berücksichtigung der Denkansätze von Walter Eucken und Alfred Müller-Armack. In: Theologische Aspekte der Wirtschaftethik III, Loccum 1987, S. 23-66 [Loccumer Protokolle].

3.25. Vital Capital Policy and the Unity of the Social Budget: Economic Prospects of a Social Policy für Childhood, International Journal of Sociology, Vol. 17, Fall 1987, No. 3, S. 81-97.

3.26. Ökonomik der Familie. In: *Klaus Heinemann* (Hg.), Soziologie wirtschaftlichen Handelns, Opladen 1987, S. 169-192 [Kölner Zeitschrift für Soziologie und Sozialpsychologie, Sonderheft 28].

3.27. Das handelnde Subjekt in der Wirtschafts- und Sozialwissenschaft. In: Theologische Aspekte der Wirtschaftsethik IV, Loccum 1988, S. 13-29 [Loccumer Protokolle].

3.28. Neue Erkenntnisse über die Beziehungen zwischen Familienleben und Arbeitswelt: Familientätigkeit im Konflikt zwischen Wirtschaft und Gesellschaft. In: *Andreas Hoff* (Hg.), Vereinbarkeit von Familie und Beruf - Neue Forschungsergebnisse zwischen Wissenschaft und Praxis, Stuttgart, Berlin, Köln, Mainz 1987, S. 21-38 [Schriftenreihe des Bundesministers für Jugend, Familie, Frauen und Gesundheit, Band 230].

3.29. Wirtschaftswissenschaft an der Philipps-Universität: Blickpunkte - Brennpunkte. In: *Wolfgang Lück* (Hg.), Wirtschaftswissenschaften in Theorie und Praxis. Vorträge zum Absolvententreffen des Fachbereichs Wirtschaftswissenschaften, Marburg 1989, S. 31-47 [Aus den Fachbereichen der Philipps-Universität Marburg, Reihe A, Band 3].

3.30. Die werteschaffende Leistung der Frau im Haus - Sinn und Unsinn der Erfassung -. In: *Hildegard Rapin* (Hg.), Frauenforschung und Hausarbeit, Frankfurt/New York 1988, S. 105-122 [Reihe »Stiftung Der Private Haushalt« Band 4; Campus Forschung, Band 575].

3.31. Ordnungstheorie - Zur Konstituierung und Begründung der Rahmenbedingungen. In: *Bernd Biervert, Martin Held* (Hg.), Ethische Grundlagen der ökonomischen Theorie. Eigentum, Verträge, Institutionen, Frankfurt, New York 1989, S. 100-133.

3.32. Core Issues of Comparative Systems Analysis: Interdependence, Institutional Diversity, Social Maintenance of Assets' Value. In: *Jirí Jonás* (ed.), Theoretical Approaches to Economic Mechanism in Czechoslovakia and Federal Republic of Germany, Proceedings of the Conference held in Prague, May 15-18, 1989, Prag 1989, S. 81-109.

3.33. Zur Interdependenz von Wirtschaftsordnung und Gesellschaftsordnung: Euckens Plädoyer für ein umfassendes Denken in Ordnungen. In: *Hans Otto Lenel* u.a. (Hg.), ORDO, Band 40, Stuttgart, New York 1989, S. 223-241.

3.34. Die immanente Ethik des Vermögensbegriffs bei Adam Smith - Kooperationspotential einer freien und gerechten Gesellschaft. In: *Arnold Meyer-Faje, Peter Ulrich* (Hg.), Der andere Adam Smith. Beiträge zur Neubestimmung von Ökonomie als Politischer Ökonomie, Bern, Stuttgart 1991, S. 193-222.

3.35. Zeit als Dimension theoretischer, empirischer und politischer Analyse in der Familienökonomik. In: *Manfred Ehling, Rosemarie von Schweitzer* u.a., Zeitbudgeterhebung der amtlichen Statistik, Wiesbaden 1991, S. 182-187 [Statistisches Bundesamt, Ausgewählte Arbeitsunterlagen der Bundesstatistik, Heft 17].

3.36. Markets and Hierarchies: About the Dialectics of their Antagonism and Compatibility. In: *Franz-Xaver Kaufmann* (ed.), The Public Sector - Challenge for Coordination and Learning, Berlin, New York 1991. S. 369-393 [de Gruyter Studies in Organization].

3.37. Distribution versus Allokation: Zur Dominanz verteilungsorientierten Denkens und dessen Effekte. In: *Karl-Hans Hartwig, H. Jörg Thieme* (Hg.), Transformationsprozesse in sozialistischen Wirtschaftssystemen, Berlin, Heidelberg u.a. 1991, S. 55-80 [Studies in Contemporary Economics].

3.38. Compatibility/Incompatibilty (Family Roles versus Career). In: Commission of the European Communities (Hg.), Conference »Child, Family and Society« Luxembourg, 27 to 29 May 1992, Proceedings, Brüssel 1992, S. 145-146.»

3.39. Sinnstiftung durch Familienzeitbudgetstudien: Ist Familienarbeit »Produktion im Schatten« In: *Sylvia Gräbe* (Hg.), Alltagszeit - Lebenszeit: Zeitstrukturen im privaten Haushalt, Frankfurt/Main, New York 1992, S. 31-52 [Reihe »Stiftung Der Private Haushalt« Band 15].

3.40. Familienhaushalt. In: *Rudolph Bauer* (Hg.), Lexikon des Sozial- und Gesundheitswesens, München, Wien 1992, S. 585-587.

3.41. Familienökonomik. In: *Rudolph Bauer* (Hg.), Lexikon des Sozial- und Gesundheitswesens, München, Wien 1992, S. 587-591.

3.42. Jung-Stillings Vision einer humanen Gesellschaft. In: *Hans-Günter Krüsselberg, Wolfgang Lück* (Hg.), Jung-Stillings Welt. Das Lebenswerk eines Universalgelehrten in interdisziplinären Perspektiven, Krefeld 1992, S. 50-61.

3.43. Jung-Stillings Lehre der Politischen Ökonomie. In: *Hans-Günter Krüsselberg, Wolfgang Lück* (Hg.), Jung-Stillings Welt. Das Lebenswerk eines Universalgelehrten in interdisziplinären Perspektiven, Krefeld 1992, S. 72-109.

3.44. Verkannte Revolutionen? - Der Familienhaushalt im Licht sozialökonomischer Forschung. In: *Sylvia Gräbe* (Hg.), Der private Haushalt im wissenschaftlichen Diskurs, Frankfurt, New York 1993, S. 79-107 [Reihe »Stiftung Der Private Haushalt« Band 17].

3.45. Ordnungstheorie und -politik: Markt und Soziale Marktwirtschaft. In: *Eckart Müller, Hans Diefenbach* (Hg.), Wirtschaft und Ethik, Heidelberg 1992, S.147-150.

3.46. Combinations of family responsibilities and professional responsibilities - Introductory statements -. In: Bundesinstitut für Bevölkerungsforschung (Hg.), Changing Families in Changing Societies. Proceedings of the International Conference in Brussels, 8-10 February 1992, Wiesbaden 1993, S. 132-136 [Materialien zur Bevölkerungswissenschaft, Sonderheft 21].

3.47. (und *Rebecca Strätling*) Familienpolitik und europäische Integration. In: *Helmut Gröner, Alfred Schüller* (Hg.), Die europäische Integration als ordnungspolitische Aufgabe, Stuttgart, Jena, New York 1993, S. 397-442 [Schriften zum Vergleich von Wirtschaftsordnungen, Band 43].

3.48. Einige ordnungstheoretische Thesen zum Thema »Eigentum und/oder Verfügungsrechte (Vermögen)« In: *Friedhelm Hengsbach SJ, Matthias Möhring-Hesse* (Hg.), Eigentum und/oder Verfügungsrechte. Thesen zur Nachbereitung einer Fachkonferenz, Frankfurt am Main 1994, S. 8-14 [Frankfurter Arbeitspapiere zur gesellschaftsethischen und sozialwissenschaftlichen Forschung (FAgsF), Heft 9].

3.49. Enttäuschungspotentiale, Motivationen und Mentalitäten als Transformationsbarrieren. In: *Carsten Herrmann-Pillath, Otto Schlecht, Horst Friedrich Wünsche* (Hg.), Marktwirtschaft als Aufgabe. Wirtschaft und Gesellschaft im Übergang vom Plan zum Markt, Stuttgart, Jena, New York 1994, S. 245-262 [Ludwig-Erhard-Stiftung, Grundtexte zur Sozialen Marktwirtschaft, Band 3].

3.50. Solidarnosc Miedzypokoleniowa Jako Zasada Wspólczesnej Polityki Rodzinnej [Solidarität zwischen den Generationen als Grundsatz moderner Familienpolitik]. In: Instytut Pracy i Spraw Socjalnych (Hg.), O Polityce Rodzinnej: Definicje, Zasady, Praktyka, Warszawa 1994, S. 28-58.

3.51. Strukturelle Veränderungen des Arbeitsmarktes in der Nachkriegszeit: Arbeit in der Dienstleistungsgesellschaft? In: *Sylvia Gräbe* (Hg.), Private Haushalte und neue Arbeitsmodelle. Arbeitsmarkt und Sozialpolitik im Kontext veränderter Lebensformen, Frankfurt, New York 1995, S. 15-37 [Reihe »Stiftung Der Private Haushalt« Band 26].

3.52. Der familienpolitische Handlungsbedarf: Vom Familienlastenausgleich zum Familienleistungsausgleich? In: *Siegfried Keil, Ingrid Langer* (Hg.), Familie morgen? Ertrag und Perspektiven des Internationalen Jahres der Familie 1994, Marburg 1995, S. 75-91.

4. Artikel in wissenschaftlichen Zeitschriften

4.1. Betriebsstruktur und Lohnanreizsystem, Kölner Zeitschrift für Soziologie und Sozialpsychologie, 10. Jg., 1958, S. 615-641.

4.2. Kritische Betrachtungen zu G. Merks Aufsatz: »Wahrscheinlichkeitstheorie und Investitionstheorie«, Weltwirtschaftliches Archiv, Bd. 82, 1959, S. 122-131.

4.3. Ursachen und Problematik der Unternehmenskonzentration, Die Fortbildung, 7. Jg., 1962, S. 23-28.

4.4. Ein Entwurf zur Entwicklung eines Verhaltensschemas der Investition (auf der Basis Shacklescher Konzeptionen), Economia Internazionale, Vol. XVI, 1963, S. 231-278.

4.5. Lehren aus der Vergangenheit? Einige Gedanken zu dem gleichnamigen Buch J. Tinbergens, Kölner Zeitschrift für Soziologie und Sozialpsychologie, 17. Jg., 1965, S. 118-133.

4.6. Grundzüge der modernen Geldtheorie, Die Fortbildung, 11. Jg., 1966, S. 49-52.

4.7. Bildungspolitik als Gesellschaftspolitik - einige Anmerkungen zur "bildungsökonomischen Perspektive", alma mater philippina, WS 1970/71, S. 1-5.

4.8. Der Beitrag der kollektiven Leistungen zum Versorgungsniveau der privaten Haushalte, Hauswirtschaft und Wissenschaft, 23. Jg., 1975, Heft 4, S. 157-165.

4.9. Grenzen des Sozialstaates in ordnungspolitischer Sicht, Wirtschaftsdienst, 58. Jg., 1978, Heft VI, S. 302-307.

4.10. Symposium: Kommission für wirtschaftlichen und sozialen Wandel, Wirtschaftlicher und sozialer Wandel in der Bundesrepublik Deutschland. Gutachten der Kommission, Soziologische Revue, Jg. 1, 1978, S. 255-261.

4.11. Bildung und Ausbildung: Der Familienhaushalt im Spannungsfeld gesellschaftlicher Institutionen, Hauswirtschaft und Wissenschaft, 26. Jg., 1978, Heft 5, S. 211-217.

4.12. Umwelteffekte in Marktwirtschaften, List Forum, Bd. 13, 1985/86, S. 101-117.

4.13. Vermögenspolitik im Sozialen Rechtsstaat, ORDO, Band 39, 1988, S. 301-313.

4.14. Politische Ökonomik, Wirtschaftsstudium (WISU), 18. Jg., 1989, Heft 2, S. 85-88.

4.15. Soziale Marktwirtschaft: Idee und Wirklichkeit, Orientierungen zur Wirtschafts- und Gesellschaftspolitik, Heft 41, September 1989, S. 56-64.

4.16. Zur sozialen Dimension des Wettbewerbs, Die Politische Meinung, 36. Jg., 1991, Heft 22, S. 61-63.

4.17. Familienarbeit und Erwerbsarbeit, Dialog, 8. Jg., 1992, Heft 1, S. 18-19.

4.18. Soziale Marktwirtschaft - Idee, Wirklichkeit, Vision?, Slovene Economic Review (Slovenska ekonomska revija), Jg. 43, 1992, Heft 2, S. 132-152.

4.19. Professoren-Profile: Hans-Günter Krüsselberg, Wirtschaftsstudium (WISU), 21. Jg., 1992, Heft 7, S. 535-536.

4.20. Zur sozialwissenschaftlichen Theorie des Familienhaushalts. Frau Prof. Dr. *Rosemarie von Schweitzer* zum 65. Geburtstag, Hauswirtschaft und Wissenschaft, 41. Jg., 1993, Heft 5, S. 206-210.

4.21. Zur sozialwissenschaftlichen Theorie des Familienhaushalts, Gießener Universitätsblätter, Jg. 26, Dezember 1993, S. 27-34.

4.22. Vermögenspolitik und Familienpolitik, Evangelische Aktionsgemeinschaft für Familienfragen (EAF) - Familienpolitische Informationen, 33. Jg., Nr. 5, September/ Oktober 1994, S. 6-12.

4.23. The Heavy Burden of a Divestiture Strategy of Privatization: Lessons from Germany's Experiences for Latin American Privatization?, The Quarterly Review of Economics and Finance, Vol. 34, Special Issue, Summer 1994, S. 281-299.

5. Beteiligung an wissenschaftlichen Gutachten und Stellungnahmen des Wissenschaftlichen Beirats für Familienfragen
- **beim Bundesministerium für Jugend, Familie und Gesundheit bzw.**
- **beim Bundesministerium für Jugend, Familie, Frauen und Gesundheit bzw.**
- **beim Bundesministerium für Familie und Senioren.**

- Schriftenreihe des Bundesministeriums für Jugend, Familie und Gesundheit:

5.1. Band 20: Familie und Wohnen, Stuttgart 1975.

5.2. Band 73: Leistungen für die nachwachsende Generation in der Bundesrepublik Deutschland, Stuttgart 1979.

5.3. Band 84: Familie mit Kleinkindern, Stuttgart 1980.

5.4. Band 143: Familie und Arbeitswelt, Stuttgart 1984.

- Schriftenreihe des Bundesministeriums für Jugend, Familie, Frauen und Gesundheit:

5.5. Band 241: Familienpolitik nach der Steuerreform, Stuttgart 1988.

5.6. Band 243: Erziehungsgeld, Erziehungsurlaub und Anrechnung von Erziehungszeiten in der Rentenversicherung, Stuttgart 1989.

- Schriftenreihe des Bundesministeriums für Familie und Senioren:

5.7. Band 01: Leitsätze und Empfehlungen zur Familienpolitik im vereinigten Deutschland, Stuttgart, Berlin, Köln 1991.

5.8. Band 15: Familie und Beratung, Stuttgart, Berlin, Köln 1992.

5.9. Band 16: Zur Berechnung des steuerfreien Existenzminimums für den Lebensunterhalt eines Kindes, Stuttgart, Berlin, Köln 1992.

5.10. Band 104: Zur Weiterentwicklung des Familienlastenausgleichs nach den Entdes Bundesverfassungsgerichts seit 1990, Stuttgart, Berlin, Köln 1995.

6. Beiträge zu Lexika

6.1. Volkswirtschaftspolitik, in: *Wolfgang Lück* (Hg.), Lexikon der Betriebswirtschaft, [1. Auflage 1983], 5., überarbeitete Auflage, Landsberg am Lech 1993, S. 1314-1315.

6.2. Wirtschaftspolitik, in: *Wolfgang Lück* (Hg.), Lexikon der Betriebswirtschaft, [1. Auflage 1983], 5., überarbeitete Auflage, Landsberg am Lech 1993, S. 1366-1368.

6.3. Sozialpolitik, in: Gabler Wirtschafts-Lexikon, Band 5, 12., vollständig neu bearbeitete und erweiterte Auflage, Wiesbaden 1988, Sp. 1557-1564.

6.4. Volkswirtschaftspolitik, in: *Wolfgang Lück* (Hg.), Lexikon der Rechnungslegung und Abschlußprüfung, 2., überarbeitete und erweiterte Auflage, Marburg 1989, S. 840-841.

6.5. Familienhaushalt, in: *Rudolph Bauer* (Hg.), Lexikon des Sozial- und Gesundheitswesens, München, Wien 1992, S. 585-587.

6.6. Familienökonomik, in: *Rudolph Bauer* (Hg.), Lexikon des Sozial- und Gesundheits-
      wesens, München, Wien 1992, S. 587-591.

6.7. Vermögen, Vermögenspolitik, in: *Georges Enderle, Karl Homann, Martin Honecker,
      Walter Kerber, Horst Steinmann* (Hg.), Lexikon der Wirtschaftsethik, Freiburg, Ba-
      sel, Wien 1993, Sp. 1212-1221.

6.8. Vermögen, in: *Dieter Brümmerhoff, Heinrich Lützel* (Hg.), Lexikon der Volkswirt-
      schaftlichen Gesamtrechnungen, München, Wien 1994, S. 390-395.

6.9. Freiburger Schule, in: Vahlens Großes Wirtschaftslexikon, 2., überarbeitete und er-
      weiterte Aufl., München 1993, S. 723.

6.10. Historische Schule, in: Vahlens Großes Wirtschaftslexikon, 2., überarbeitete und er-
      weiterte Aufl., München 1993, S. 917-919.

6.11. Institutionalismus, in: Vahlens Großes Wirtschaftslexikon, 2., überarbeitete und er-
      weiterte Aufl., München 1993, S. 1001-1002.

6.12. Kameralismus, in: Vahlens Großes Wirtschaftslexikon, 2., überarbeitete und erweiter-
      te Aufl., München 1993, S. 1079-1080.

6.13. Kathedersozialismus, in: Vahlens Großes Wirtschaftslexikon, 2., überarbeitete und
      erweiterte Aufl., München 1993, S. 1112-1113.

6.14. Klassik, in: Vahlens Großes Wirtschaftslexikon, 2., überarbeitete und erweiterte
      Aufl., München 1993, S. 1128-1129.

6.15. Laissez faire, in: Vahlens Großes Wirtschaftslexikon, 2., überarbeitete und erweiterte
      Aufl., München 1993, S. 1278-1279.

6.16. Liberalismus, in: Vahlens Großes Wirtschaftslexikon, 2., überarbeitete und erweiterte
      Aufl., München 1993, S. 1317-1318.

6.17. Manchestertum, in: Vahlens Großes Wirtschaftslexikon, 2., überarbeitete und erwei-
      terte Aufl., München 1993, S. 1375.

6.18. Merkantilismus, in: Vahlens Großes Wirtschaftslexikon, 2., überarbeitete und erwei-
      terte Aufl., München 1993, S. 1446-1447.

6.19. Neoliberalismus, in: Vahlens Großes Wirtschaftslexikon, 2., überarbeitete und erwei-
      terte Aufl., München 1993, S. 1517.

6.20. Physiokratie, in: Vahlens Großes Wirtschaftslexikon, 2., überarbeitete und erweiterte
      Aufl., München 1993, S. 1643-1644.

7. Sonstiges

7.1. Laudatio (zum Goldenen Doktor-Jubiläum von Herrn Bundespräsidenten D. Dr. Dr.
      Gustav W. Heinemann), alma mater philippina, WS 1972/73, S. 3-6.

7.2. Abschied von Karl Paul Hensel, alma mater philippina, WS 1975/76, S. 8 f.

7.3. Freiheitliche Politik für Markt und Staat. Laudatio für Professor Dr. *Walter Hamm*,
      alma mater philippina, WS 1988/89, S. 20 f.

7.4. Ingomar Bog in memoriam, in: *Peter Hertner; Hans-Georg Reuter* (Hg.), Ingomar
      Bog in memoriam, Wolfenbüttel 1991, S. 54-57.

7.5. Wirtschaftspolitik der Wiedervereinigung, in: Vorträge aus Anlaß des vierten Treffens Marburger Senioren mit Mitgliedern des Seniorenvereins der Universität Rostock in der Aula der Alten Universität Marburg am 5. Mai 1995, o.O., o.J., S. 5-6.

7.6. Literaturbericht: Kapitalismus in der Krise? In: Die Welt der Bücher, Literarische Beihefte zur Herder-Korrespondenz, 4. Folge, 3. Heft, Ostern 1970, S. 131 ff.

7.7. Literaturbesprechungen in verschiedenen Zeitschriften:

- Kölner Zeitschrift für Soziologie und Sozialpsychologie,

- Kyklos,

- The German Economic Review,

- Jahrbücher für Nationalökonomie und Statistik.

7.8. Theorie für die Praxis. Die Idee der Sozialen Marktwirtschaft haben viele noch immer nicht begriffen, in: DIE ZEIT vom 5.5.1989, S. 42 f.

Schriften zu Ordnungsfragen der Wirtschaft

ISSN 1432-9220

Herausgegeben von
Gernot Gutmann, Hannelore Hamel, Klemens Pleyer, Alfred Schüller, H. Jörg Thieme
(bis Band 51: „Schriften zum Vergleich von Wirtschaftsordnungen")

Band 55: *Heiko Geue*, **Evolutionäre Institutionenökonomik: Ein Beitrag aus der Sicht der österreichischen Schule**, 1997, 336 S., 68 DM, ISBN 3-8282-0050-8.

Band 54: *Andreas Knorr*, **Umweltschutz, nachhaltige Entwicklung und Freihandel**, 1997, 49 DM, ISBN 3-8282-0035-4.

Band 53: *Spiridon Paraskewopoulos* (Hg.), **Wirtschaftsordnung und wirtschaftliche Entwicklung**, 1997, 79 DM, ISBN 3-8282-0034-6.

Band 52: *Karl von Delhaes* und *Ulrich Fehl* (Hg.), **Dimensionen des Wettbewerbs**, 1997, 84 DM, ISBN 3-8282-0033-8.

Band 51: *Franz X. Keilhofer*, **Wirtschaftliche Tranformation in der Tschechischen Republik und in der Slowakischen Republik**, 1995, 89 DM, ISBN 3-437-50398-7.

Band 50: *Dirk Wentzel*, **Die Geldordnung in der Transformation**, 1995, 49 DM, ISBN 3-437-50397-9.

Band 49: *Holger Müller*, **Spontane Ordnungen in der Kreditwirtschaft Rußlands**, 1995, 44 DM, ISBN 3-437-50396-0.

Band 48: *Wendelin Sitter*, **Perestroika und Innovation**, 1995, 64 DM, ISBN 3-437-50386-3.

Band 47: *Stefanie Hamacher*, **Glaubwürdigkeitsprobleme in der Geldpolitik**, 1995, 58 DM, ISBN 3-437-50385-5.

Band 46: *Ralf L. Weber*, **Außenwirtschaft und Systemtransformation**, 1995, 69 DM, ISBN 3-437-50384-7.

Band 45: *Gernot Gutmann* und *Ulrich Wagner* (Hg.), **Ökonomische Erfolge und Mißerfolge der deutschen Vereinigung**, 1994, 74 DM, ISBN 3-437-50373-1.

Band 44: *Uwe Vollmer*, **Arbeitslosigkeit in sozialistischen Planwirtschaften**, 1994, 68 DM, ISBN 3-437-50375-8.

Band 43: *Helmut Gröner* und *Alfred Schüller* (Hg.), **Europäische Integration als ordnungspolitische Aufgabe**, 1993, 84 DM, ISBN 3-437-50363-4.

Lucius & Lucius
Gerokstraße 51 · 70184 Stuttgart
Tel.: (0711) 24 20 60 · Fax.: (0711) 24 20 88

Arbeitsberichte zu Ordnungsfragen der Wirtschaft

Herausgegeben von der
Forschungsstelle zum Vergleich wirtschaftlicher Lenkungssysteme
der Philipps-Universität Marburg

Nr. 21 *Alfred Schüller* (Hg.), **Kapitalmarktentwicklung und Wirtschaftsordnung,**
August 1997, ISBN 3-930834-04-9, 107 S. 24,80 DM.

Nr. 20: *Sandra Hartig,* **Die westeuropäische Zahlungsunion: Ein Vorbild für Ost-europa?**, Mai 1996, ISBN 3-930834-03-0, 76 S., 17,60 DM.

Nr. 19: *Reinhard Peterhoff* (Hg.), **Privatwirtschaftliche Initiativen im russischen Transformationsprozeß,**
November 1995, ISBN 3-930834-02-2, 120 S., 24,80 DM.

Nr. 18: *Helmut Leipold* (Hg.), **Ordnungsprobleme Europas:
Die Europäische Union zwischen Vertiefung und Erweiterung,**
November 1994, ISBN 3-930834-01-4, 151 S., 19,80 DM.

Nr. 17: *Helmut Leipold,* **Ordnungsprobleme der Entwicklungsländer:
Das Beispiel Schwarzafrika,**
Juli 1994, ISBN 3-930834-00-6, 37 S., 9,20 DM.

Nr. 16: *Helmut Leipold* (Hg.), **Privatisierungskonzepte im Wandel,**
Juni 1992, ISBN 3-923647-15-8, 143 S., 19,20 DM. (vergriffen!)

Nr. 15: **Zur Transformation von Wirtschaftssystemen:
Von der Sozialistischen Planwirtschaft zur Sozialen Marktwirtschaft,**
Hannelore Hamel zum 60. Geburtstag,
Juli 1990, 2. überarbeitete und erweiterte Auflage, Februar 1991,
ISBN 3-923647-14-X, 192 S., 19,80 DM.

Nr. 14: *Hannelore Hamel* (Hg.), **Soziale Marktwirtschaft: Zum Verständnis ihrer Ordnungs- und Funktionsprinzipien,**
April 1990, ISBN 3-923647-13-1, 57 S., 7,60 DM.

In russischer Sprache:

Nr. 7RUS: **Soziale Marktwirtschaft: Verständnis und Konzeptionen,**
in russischer Sprache, 130 S., DM 18,50

alle Preisangaben unter Vorbehalt.

zu beziehen über:

 Marburger Gesellschaft
für Ordnungsfragen
der Wirtschaft e.V.

Barfüßertor 2 · D-35037 Marburg
Tel.: (06421) 28 3928 · 28 3196 · Fax (06421) 28 8974
Internet: http://www.wiwi.uni-marburg.de/lokal/witheo2/fost/liste_ab.htm

ORDO

Jahrbuch für die Ordnung
von Wirtschaft und Gesellschaft

Begründet von
WALTER EUCKEN und FRANZ BÖHM

Band 48:

Soziale Marktwirtschaft
Anspruch und Wirklichkeit seit fünfzig Jahren

Lucius & Lucius · Stuttgart · 1997

Bei Fragen zur Produktsicherheit wenden Sie sich bitte an:
If you have any questions regarding product safety,
please contact:

Walter de Gruyter GmbH
Genthiner Straße 13
10785 Berlin
productsafety@degruyterbrill.com